U0165683

中共黨史

1921~
1949

五南圖書出版公司 印行

蔡國裕、蕭譽 著

序言

　　研究中共問題，不可以不了解中共的歷史。中共自 1921 年創黨之後，一直都是一個非常重視自己歷史發展以及意識形態的剛性政黨，因此，在中共所有建黨建政之進程，都有一定的歷史軌跡可循。我們要研究這個影響當前我國前途發展最大變因的政治團體，惟有深入其歷史的進程，始能發掘各項問題的因果，據以作出較為客觀的分析與論斷。

　　中共黨史，大略可以分為三個階段。第一個階段，是從 1921 年創黨到 1949 年建政為止。在這一個階段，中共領導人們的主要關懷是「革命奪權」。由 1949 年中共建立政權到 1978 年中國大陸開始否定文化大革命為止，可稱為其黨史的第二個階段，這個階段的特色則可用「不斷革命」來總結。最後，自 1978 年 12 月「十一屆三中全會」起，從確立「社會主義現代化」的鄧小平路線，以迄高舉建設「中國特色社會主義」及「新時代中國特色社會主義」的旗幟至今，可視為中共黨史的第三個階段，這個階段的特色是「解放思想，實事求是」，在理論上已經背離了毛澤東「不斷革命」的思想，與共產革命的最終目標也漸行漸遠，可稱之為「告別革命」。

　　在第一階段的中共黨史中，以中共中央大部分時間在何處，又可分為三個時期，即上海時期（1921 至 1927 年）、瑞金時期（1927 至 1936 年）和延安時期（1937 至 1949 年）。其中比較令國人扼腕的，應屬延安時期，也就是國共兩黨實力消長最重要的時期。本來，無論從那一個角度來看，經過「二萬五千里長征」而退居陝北一隅的中共，已可謂是窮途末路了。惟一群瀕臨被國民政府消滅的殘兵敗將，卻在短短十三年的時間裡，不但能夠起死回生，而且還可以不斷的成長茁壯，最終取代執政的國民政府，成為中國大陸的統治者，這個「以小博大」、「反敗為勝」的過程，絕對有其驚心動魄、發人深省的手段和作為，值得我們研究。

　　本書所述內容，即為上述中共黨史之第一個階段，至於第二、三階段

(4) 中共黨史（1921～1949）

的內容，另稱之為「中華人民共和國史」，以符合當前國內大專院校課程之配當。本書原係蔡國裕教授多年前所著，由國史館於 1988 年、1990 年分兩冊先後出版，至今因時間已久遠，且近年來中共史料不斷翻新，因此經取得國史館同意「另洽其他出版社重行編輯出版」（105.07.26 國修字第 1050002692A 號函）後，即由蕭譽博士進行增刪修改，重新編排，並經蔡國裕教授審閱，合訂成一冊出版，尚祈讀者不吝指教，是幸！

蔡國裕、蕭譽

2019年9月23日

CONTENTS
目錄

第一章

社會主義思潮傳入中國

　　近代西方社會主義思想源於十六世紀，其間經十七、十八世紀的發展，到十九世紀三〇、四〇年代，才形成具有國際主義意識的社會主義運動，並且建立國際性的社會主義組織。至十九世紀七〇年代的普法戰爭和巴黎公社事件發生後，社會主義思潮開始傳入中國，對中國思想界和政治界發生相當程度的影響。1920 至 1921 年間，中共黨的雛形組織之出現，乃至中共正式建黨，就是此一影響的重要產物之一。

第一節　從十九世紀七〇年代到二十世紀初

　　十九世紀七〇年代初期的普法戰爭與巴黎公社事件，無疑是世界近代史上的一件大事，也是國際社會主義運動史上的一件大事，而近代西方社會主義思潮，就在這個時候開始傳入中國。

　　當 1870 年普法戰爭爆發後，剛從歐洲遊歷歸來的王韜與張芝軒、何十洲、陳靄廷等人，譯撰了大批有關普法戰爭的報導，交香港《華字日報》發表。次年（1871），王韜將這些報導彙集起來，再補充一些其他資料，編成《普法戰紀》十四卷，刊刻發行，使讀者群從香港、廣州一隅，擴大到中國內地。王韜在該書中首次以較爲原始的形式，及時的將巴黎公社事件介紹到中國。例如，當時他對「公社」有如下的描述：

　　先是法京各鄉間，欲行保甲，例各自不相轄，賦稅則由自征，徭役則由自供，兵勇則由自出，上之人一概毋得鈐制之。[1]

　　此後，江南製造局編印的《西國近事彙編》，自 1873 年至 1882 年

---

[1]　轉引自姜義華，〈馬克思主義在中國的初期傳播與近代中國啟蒙運動〉，《近代史研究》，1983 年第一期（北京：1983 年 1 月），頁 8-9。

初，逐週匯述西方各國重要時事，是當時中國人藉以瞭解西方的一個重要窗口。該《匯編》經常記載和報導歐美各國的工人運動，以及社會民主黨人和共產黨人的活動。他們把社會主義譯述爲「貧富適均」、「貧富均財」之說。

圖 1-1　李提摩太

　　繼《西國近事匯編》之後，給中國人提供了西方社會主義運動發展較多消息的，是由上海「廣學會」[2]主辦的《萬國公報》。該報於 1899 年 2 至 5 月，第一二一至一二四期連載由英國傳教士李提摩太（Timothy Richard, 1845-1919）（如圖 1-1）節譯，中國文人蔡爾康筆述的《大同學》，[3] 其中提到了馬克思（Karl Marx, 1818-1883）的名字及馬克思的一些主張，這是在中國出版的報刊最早提到馬克思之名及其學說者。

　　甲午戰爭後，維新變法運動日益高漲，大批宣傳變法的報刊問世。在這些出版物中，報導第二國際和各國社會黨活動，介紹所謂「均富」、「無君」思想的文章，也日漸增多。如《時務報》第六冊刊登了〈社會黨開萬國大會〉的消息，報導了 1896 年第二國際倫敦大會的情況；第四十七冊也刊出〈論英國機器製造各工匠停工事〉一文，評述 1897 年倫敦機械工人大罷工事件。此外，還有一些著作，也曾對聖西門（Saint-Simon, 1760-1825）、傅立葉（F. M. Charles Fourier, 1772-1837）、歐文（Robert Owen, 1771-1858）等人的學說作過介紹，並評述廢除私有財產的各種主張。如英國傳教士傅蘭雅（John Fryer, 1839-1928）（如圖 1-2）口譯、應祖錫筆述的《佐治芻言》；英國經濟學者法思德（Henry Fawcett, 1833-1884）著、汪鳳藻譯的《富國策》等，

---

[2] 廣學會（1887-1956），是英美基督教傳教士在中國創辦的出版機構，1887 年在上海成立，前身為 1884 年成立的同文書會。《萬國公報》是該會發行的兩份重要刊物之一，著重介紹西方最新知識和思潮；另一份是《中西教會報》，以報導中外基督教發展情況為主。

[3] 該《大同學》乃英國進化論者班傑明（Banjamin Kidd, 1858-1916）所著《社會進化》（*Social Evolution*）一書的節譯。

便都有專章討論這些問題。

　　十九世紀七〇年代至九〇年代，中國報刊
對西方社會主義運動及社會主義學說的介紹，
雖然還只是零星的、片斷的、初步的，但它在
中國思想界中仍發生了一定程度的影響。有人
說：「它使許多嚮往西方的思想家，對於資本
主義的政治制度和經濟制度開始持保留態度。
它最為顯著的結果，就是康有為大同思想的醞
釀與初步形成。」[4] 康有為是清末維新變法運動
的主要倡導者，他在回溯自己思想發展與轉變
的歷程時曾說，他就是在 1879 年得到《西國近
事匯編》、《環遊地球新錄》及其他幾種西學

圖 1-2　傅蘭雅：清朝的
外國官員，長期
在江南製造局擔
任翻譯

書籍，並遊覽了香港之後，「始知西人治國有法度，不得以古舊之夷狄視
之」，由此而「漸收西學之書，為講西學之基」；1884 年「始演大同之
義」；1885 年「手定大同之制，名曰《人類公理》」；1886 年「又作《公
理書》，依幾何為之者」。[5]

　　康有為在他的《大同書》中談到歐洲的社會主義和共產主義思潮時
說：「近者人群之說益昌，均產之說益盛」，「合群均產之說，皆為大同
之先聲也」。康氏所謂「人群之說」指的是「社會主義」，「均產之說」
則指「共產主義」。[6] 細審康氏《大同書》的內容，有人說它已不完全是
中國傳統的大同思想，它已接受了許多西方社會主義思想，所以它乃是
「中西烏托邦社會主義思想混合的作品」。[7] 史學家周木齋甚至把康有為

4　姜義華，〈馬克思主義在中國的初期傳播與近代中國啟蒙運動〉，《近代史研究》，
　　1983 年第一期（北京：1983 年 1 月），頁 13。

5　姜義華，〈馬克思主義在中國的初期傳播與近代中國啟蒙運動〉，《近代史研究》，
　　1983 年第一期（北京：1983 年 1 月），頁 13。

6　高放，《社會主義的過去、現在和未來》（北京：北京出版社，1982 年），頁 81。

7　司馬璐編著，《中共黨史暨文獻選粹》，第一部（香港：自聯出版社，1973 年），頁
　　23-24。

的《大同書》，稱之爲一篇社會主義的「綱領」。[8]

　　中國人最早使用「社會主義」這個名詞是在二十世紀的開端，譯自日本的著作。1901 年 1 月，中國留日學生主辦的《譯書匯編》雜誌，登載了日本著名法政學者有賀長雄（1860-1921）著述的《近世政治史》之部分譯文。該書在介紹萬國工人總會（即第一國際）和社會黨的歷史時，提到了馬克思和歐洲的社會主義學說。譯文中說：「一千八百六十二年，各國工人之首領均會集於倫敦，名曰：『萬國工人總會』。」[9] 又說：「一千八百六十六年，開總會於其內伐（即日內瓦），議定總會規約，麥克司（即馬克思）自爲參事會長，總理全體。」該譯文還解釋說：「西國學者，憫貧富之不等，而爲傭工者，往往受資本家之壓制，遂有倡均貧富制恆產之說者，謂之社會主義。」[10] 這是中國報刊第一次談到社會主義和第一國際的歷史，並把馬克思和社會主義及第一國際聯繫起來。

　　二十世紀的最初幾年，是中國人對社會主義獲得較多瞭解的年代。一方面，由於戊戌變法和義和團運動迭遭失敗，人們焦慮徬徨，如飢似渴地急於找尋救國救民的新路；另一方面，隨著留學運動急速開展，大批青年學子前往日本，與正在勃興的日本社會主義運動有了直接接觸，讀到了在國內根本接觸不到的一大批社會主義著作。就在這兩種因素的刺激下，從 1902 年到 1904 年間，形成了將日本社會主義著作譯介到中國來的熱潮。[11] 其中，比較重要的有《廣長舌》、《社會主義》、《近世社會主義》、《社會黨》、《近世社會主義評論》、《社會主義神髓》、《社會

---

[8] 司馬璐編著，《中共黨史暨文獻選粹》，第一部（香港：自聯出版社，1973 年），頁 23。

[9] 即「第一國際」，成立時間為 1864 年 9 月 28 日。譯文「一千八百六十二年」應為筆誤或誤植。

[10] 有賀長雄著，譯書匯編社員譯，〈社會黨鎮壓及社會政策〉，《譯書匯編》，第二期，1901 年 1 月 28 日。轉引自林代昭、潘國華編，《馬克思主義在中國－從影響的傳入到傳播》，上冊（北京：清華大學出版社，1983 年），頁 62-63。

[11] 姜義華，〈馬克思主義在中國的初期傳播與近代中國啟蒙運動〉，《近代史研究》，1983 年第一期（北京：1983 年 1 月），頁 14。

主義概評》、《新社會》等著作。[12]

　　除了譯自日文的上述專著外，當時出版的一些歷史學、社會學、經濟學、法學等譯著，也曾涉及社會主義學說。而報刊上除發表各國社會主義運動的有關消息外，還發表了一些由中國人自己執筆撰寫介紹或討論社會主義的專門論著。中國人在自己的著述中最早使用「社會主義」一詞，也最早提到馬克思名字的是梁啟超。梁氏在流亡日本期間研究西學，並寫過不少篇介紹西方思想的文章，也接觸過社會主義和有關馬克思學說的著作。他在一些文章中，對社會主義、馬克思和馬克思學說作過零碎的、片斷的介紹。例如，1902 至 1904 年在《新民叢報》先後發表的〈進化論革命者頡德之學說〉、〈二十世紀之巨靈托辣斯〉、〈中國之社會主義〉等文均是。[13]

　　幾與梁啟超同時，中國留日學生在東京創辦的《譯書匯編》、《浙江潮》、《江蘇》等雜誌，也出現了由中國人著述的談論到社會主義的一些文章。例如，1903 年 2 月，馬君武在《譯書匯編》發表〈社會主義與進化論比較〉一文，他指出：「社會主義誠今世一大問題。最新之公理，皆在其內，不可不研究也。」又說：「馬克司（思）者，以惟物論解歷史學之人也。馬氏嘗謂階級競爭為歷史之鑰。」他在文章的最後還附錄了一份書單，其中有聖西門的著作六本、傅立葉的著作一本、路易・佈朗（Louis Jean Joseph Charles Blanc, 1811-1882）的著作一本、普魯東（Pierre Joseph Proudhon, 1809-1865）的著作三本、拉薩爾（Ferdinand Lassalle, 1825-1864）的著作十本，以及馬克思的著作四本、恩格斯（Friedrich Engels, 1820-1895）的著作一本。[14] 這份包括二十六本著作的

---

[12] 姜義華，〈馬克思主義在中國的初期傳播與近代中國啟蒙運動〉，《近代史研究》，1983 年第一期（北京：1983 年 1 月），頁 15-18。

[13] 〈進化論革命者頡德之學說〉，載於《新民叢報》第十八號（1902 年 9 月 15 日）；〈二十世紀之巨靈托辣斯〉，載於《新民叢報》第四十、四十一號合刊（1903 年 11 月 2 日）；〈中國之社會主義〉，載於《新民叢報》四十六至四十八號合刊（1904 年 2 月 14 日）。其中〈進化論革命者頡德之學說〉、〈二十世紀之巨靈托辣斯〉二文，後收錄於氏著，《飲冰室文集》。

[14] 馬君武所列書單是用西文寫的，包括有英文、法文和德文。關於馬克思的著作，他舉出五本，但其中有一本《英國工人階級狀況》其實是恩格斯寫的。

書單，可以說是近代中國第一份關於社會主義思想史的研究書目，甚具歷史意義。

創刊於 1903 年 4 月的《江蘇》雜誌，在 8 月間出版的第五期上刊登了一篇署名壯游，題爲〈國民新靈魂〉的文章，主張吸收外來優秀文化理論以培植適合中國實際需要的新文化、新理論。該文說：吾人應「上九天下九淵，旁求泰東西國民之粹，囊之以歸，化分吾舊質而更鑄吾新質。」該文提出要吸收外國的「五大原質」，其中之一是「社會魂」，即指社會主義。他認爲，中國「下等社會之困難于經濟，類皆受上、中二等社會之壓制，故共產均貧富之說，乃個人所歡欣崇拜，香花祝而神明奉者也。」[15]

創刊於 1903 年 2 月的《浙江潮》雜誌，在 10 月間出版的第八期上刊登一篇署名大我，題爲〈新社會之理論〉的長文。該文提出了只有社會主義才能作爲建立新社會的理論，並詳述了共產主義的原理－「廢私有相續制」、「土地與資本歸于國有」。[16] 這篇文章是近代中國報刊上第一次介紹共產主義理論發展歷史，並詳述共產主義原理的重要文獻。[17]

1905 年 8 月，中國同盟會成立；11 月，創辦《民報》作爲機關報。在 1905 年至 1906 年間，《民報》陸續刊登了一系列介紹社會主義和馬克思學說的文章。例如第二、三號連載由朱執信執筆（署名蟄伸）的重要文章〈德意志社會革命家小傳〉，即全面的介紹了馬克思、恩格斯的生平事蹟，重點介紹了《共產黨宣言》的基本內容，並評述了馬克思的剩餘價值和資本積累學說。該文指出：「馬爾克（即馬克思）之爲學者所長也，以《資本論》，然世之短之亦以是。」[18] 實爲中肯之論。此外，在這兩年

---

[15] 壯游所謂之「五大原質」係指「山海魂」、「軍人魂」、「游俠魂」、「社會魂」及「魔鬼魂」。見壯游，〈國民新靈魂〉，收錄於張枬、王忍之編，《辛亥革命前十年間時論選集》，第一卷，下冊（香港：三聯書店，1962 年），頁 571-576。

[16] 大我，〈新社會之理論〉，收錄於張枬、王忍之編，《辛亥革命前十年間時論選集》，第一卷，下冊（香港：三聯書店，1962 年），頁 513-514。

[17] 林代昭、潘國華編，《馬克思主義在中國——從影響的傳入到傳播》，上冊（北京：清華大學出版社，1983 年），前言，頁 7。

[18] 蟄伸（即朱執信），〈德意志社會革命家小傳〉，《民報》，第貳號，三版（東京：1906 年 5 月），頁 14。

間，《民報》尚刊載了〈論社會革命當與政治革命並行〉（作者朱執信，署名縣解）；〈萬國社會黨大會略史〉（作者宋教仁，署名強力齋）；〈無政府黨與革命黨之說明〉（作者葉夏生，署名夢蝶生）；〈社會主義史大綱〉、〈無政府主義與社會主義〉（作者廖仲愷，署名淵實）等有關社會主義和共產主義的文章。

1907 年以後，中國的無政府主義團體和刊物也開始介紹社會主義。其中以張繼、劉師培等人發起，於 1907 年 6 月在日本東京成立的「社會主義講習會」，及該會出版的機關刊物《天義報》，對社會主義的介紹為最力。另由張靜江、李石曾、吳敬恆等人於 1907 年 6 月在巴黎創辦的《新世紀》周刊，也是中國無政府主義者的重要刊物，對於社會主義的宣傳也發生了很大的作用。

第二節　從辛亥革命到五四運動時期

1911 年的辛亥革命，推翻了滿清政府，建立了中國歷史上第一個民主共和政權。此後，社會主義在中國的傳播進入了一個新的階段。

1911 年 12 月 30 日，孫中山與剛成立的中國社會黨領袖江亢虎就社會主義及社會黨問題交換意見時，認為社會主義在中國的傳播雖已多年，但「國人知其名者已尠，解其義者尤稀」。中山先生表示：「余對此主義必竭力贊成之」，「余意必廣為鼓吹，使其理論普及全國人心目中。」[19] 中山先生所「竭力贊成」，並欲「廣為鼓吹」的社會主義究何所指？次（1912）年 10 月 11 日至 13 日，中山先生在上海，對中國社會黨講演〈社會主義之派別及方法〉時有詳細的解說。

中山先生說：「嘗考社會主義之派別為共產社會主義、集產社會主義、國家社會主義與無政府社會主義。在英、德又有所謂宗教社會主義和世界社會主義。」但中山先生認為，其以「宗教」、「世界」而範圍社會

---

[19] 孫中山，〈鼓吹社會主義普及全國人心目中〉，收錄於中國國民黨中央委員會黨史委員會編訂，《國父全集》，第二冊，再版（臺北：中國國民黨中央委員會黨史委員會，1981 年），頁 794。

主義，皆未適當。中山先生以為，所謂社會主義，僅可區分為二派：一為集產社會主義；二為共產社會主義。至於國家社會主義，依中山先生之看法，本屬於集產社會主義之中，而無政府社會主義則屬於共產社會主義。中山先生接著解釋「集產」與「共產」之義說：所謂「集產」，即指「凡生利各事業，若土地、鐵路、郵政、電器、礦產、森林，皆為國有」；所謂「共產」，則指「人在社會之中，各盡所能，各取所需」，即「各盡其生利之能，各取其衣食所需，不相妨害，不相競爭」，「郅治之極，政府遂處於無為之地位，而歸於消滅之一途」。[20]

　　中山先生認為，今日一般國民道德之程度，未能達於極端，盡其所能以求所需者，尚居少數；任其所需，而未稍盡所能者，隨在皆是。因此，「盡所能者，其所盡未必充分之能，而取所需者，其所取恐又為過量之需矣」，「狡猾誠實之不同，其勤惰苦樂亦因之而不同」，若勉強行之，「其與真正之社會主義反相抵觸」。論者或謂共產社會主義可行於道德智識完美之後，但中山先生以為：「斯時人民，道德智識既較我人為高，自有實行之力，何必我人之窮思竭慮，籌劃於數千年之前乎？」中山先生指出：「我人既為今日之人民，則對於今日有應負之責任，似未可放棄今日我人應負之責任，而為數千年後之人民負責任也。」「故我人處今日之社會，即應改良今日社會之組織，以盡我人之本分。」[21] 那麼，應如何改良今日之社會呢？中山先生的意見為：

　　集產社會主義，實為今日惟一之要圖。凡屬於生利之土地、鐵路，收歸國有，不為一、二資本家所壟斷漁利；而失業小民，務使各得其所，自食其力。既可補救天演之缺憾，又深合於公理之平允，斯

---

[20] 孫中山，〈社會主義之派別及方法〉，收錄於中國國民黨中央委員會黨史委員會編訂，《國父全集》，第二冊，再版（臺北：中國國民黨中央委員會黨史委員會，1981 年），頁 285。

[21] 孫中山，〈社會主義之派別及方法〉，收錄於中國國民黨中央委員會黨史委員會編訂，《國父全集》，第二冊，再版（臺北：中國國民黨中央委員會黨史委員會，1981 年），頁 285。

則社會主義之精神，而和平解決貧富之激戰矣。[22]

　　中山先生所提倡的集產社會主義，實際上乃是一種國家社會主義。早在此之前一個月，即 1912 年 9 月 4 日，中山先生在北京共和黨本部歡迎會上發表演講時，就公開提倡國家社會主義。他說：「中國十年以後，必至有十萬人以上之大資本家，此時杜漸防微，惟有提倡國家社會主義，此則兄弟提倡國家社會主義之微意也已。」又說：「兄弟欲辦鐵路，每主張鐵路國有，是國家社會主義，爲民國富強之基。」[23] 中山先生此時所提倡的國家社會主義，與他後來在民生主義中所說的發達國家資本和獨佔性企業國營之意相符。

　　與此同時，對社會主義宣傳出力甚大的還有一位，即中國社會黨領導人江亢虎（如圖 1-3）。中國社會黨是辛亥革命後，中國第一個宣佈自己爲社會主義者的政黨，它的前身是 1911 年 7 月 10 日在上海成立的「社會主義研究會」。辛亥革命後，上海響應宣佈獨立的第二天，即 11 月 5 日，中國社會黨正式成立，並出版《社會黨月刊》及《社會黨日刊》，作爲宣傳社會主義的機關刊物。此外，中國社會黨各地支部也有自己的機關刊物，廣爲宣傳社會主義，如紹興支部的《新世界》、南京支部的《南京人報》等。

Dr. Kiang Kang-hu
江亢虎字亢虎
(Chiang Kang-hu)

圖 1-3　江亢虎

　　中國社會黨的主張，詳見於該黨的「規章」及「綱領」。依《中國社會黨規章》的規定，該黨的宗旨爲「於不妨害國家存立範圍內主張純粹社

22 孫中山，〈社會主義之派別及方法〉，收錄於中國國民黨中央委員會黨史委員會編訂，《國父全集》，第二冊，再版（臺北：中國國民黨中央委員會黨史委員會，1981 年），頁 285。

23 孫中山，〈提倡國家社會主義〉，收錄於中國國民黨中央委員會黨史委員會編訂，《國父全集》，第二冊，再版（臺北：中國國民黨中央委員會黨史委員會，1981 年），頁 261。

會主義」。黨綱則有以下八條：㈠贊同共和；㈡融化種界；㈢改良法律，尊重個人；㈣破除世襲遺產制度；㈤組織公共機關，普及平民教育；㈥振興直接生利之事業，獎勵勞動家；㈦專徵地稅，罷免一切稅；㈧限制軍備，併力軍備以外之競爭。[24]

　　民國初年，另一個標榜宣傳社會主義的團體，是1912年5月由劉師復成立的「晦鳴學舍」。劉師復及晦鳴學舍的成員都是一些無政府主義者。次（1913）年8月，晦鳴學舍在廣州創辦《晦鳴錄》（又名《平民之聲》），作為宣傳社會主義（主要為無政府主義）的機關刊物。《晦鳴錄》於8月20日及27日出刊兩期後，遭查禁而停刊。至同（1913）年12月20日才在澳門續刊第三期，刊名改為《民聲》。不久，他們又遭澳門當局的壓力，被迫將《民聲》的辦事處遷到上海公共租界。

　　《晦鳴錄》以「提倡社會革命，促進世界大同」為宗旨。[25]依劉師復所撰〈晦鳴錄編輯緒言〉，該刊所記載的綱要為：「共產主義、反對軍國主義、工團主義、反對宗教主義、反對家族主義、素食主義、語言統一、萬國大同」，以及「一切新發明之科學」。[26]從1913年8月20日出版的《晦鳴錄》第一期，到1921年7月15日出版的《民聲》最後一期，即三十三期止，幾乎每一期都有無政府共產主義理論的介紹，及社會黨、共和黨和無政府黨活動的報導，對於無政府主義在中國的傳播發生了極大的作用。

　　1914年7月，劉師復在上海發起組織「無政府共產主義同志社」。該社成立時曾公佈一份〈宣言書〉，說明無政府共產主義的意義為：「滅除資本制度，改造共產社會，且不用政府統治者也。」「質言之，即求經濟上及政治上之絕對自由也。」並表明：「吾人為欲實現無政府共產之社會，所用之惟一手段則曰『革命』，對於真理之障礙物，以『直接行動』

---

24 《中國社會黨規章》，收錄於中國第二歷史檔案館編，《中國無政府主義和中國社會黨》（淮陰：江蘇人民出版社，1981年），頁173。

25 《晦鳴錄》（廣州），第一期，1913年8月20日，刊頭。

26 師復，〈編輯緒言〉，《晦鳴錄》（廣州），第一期，1913年8月20日，頁1-2。

劇除之，無所容其猶豫。」[27] 此外，該社還在《民聲》第十九號上公佈〈無政府共產黨之目的與手段〉一文，詳細列舉無政府共產黨人所欲達到的十四個目的，以及爲達到這些目的所採用的四種手段。十四個目的之要點有：無一切政府、無軍隊警察與監獄；無一切法律規條；廢除宗教；廢除婚姻制度；廢除財產私有權；廢除錢幣；一切生產要件歸之社會公有；自由組織各種公會；人人皆從事勞動；人人皆自由取用勞動所得之結果；兒童皆入學校教育；廢疾及患病者由公共病院調治；年老者皆休養於公共養老院；學校教育採用萬國公語等。四種手段爲：㈠ 傳播主義；㈡ 抵抗、擾動、暴動與暗殺；㈢ 平民大革命；㈣ 世界大革命。[28]

　　《民聲》於 1916 年 11 月 28 日出版第二十九號後即停刊，直到 1921 年 3 月 15 日才復刊第三十號，但只出版至第三十三號（1921 年 7 月 15 日）就永久停刊了。在《民聲》的復刊號上，除了登載〈區聲白致陳獨秀書〉、〈區聲白答陳獨秀書〉和〈區聲白再答陳獨秀書〉等三篇有關無政府主義與馬克思主義論戰的重要文章外（如圖 1-4），《民聲》

圖 1-4　陳獨秀與其在上海創立之《新青年》雜誌

還尖銳批評了佈爾什維克主義。例如在第三十一號上刊出一篇〈無政府主義與佈爾札維克主義〉的譯文，並附有譯者按語指出，無政府主義者對於蘇維埃俄羅斯的態度，大多是反對它那種「集中的、高壓的、武力的、獨裁的政治」。[29]

　　1917 年俄國「十月革命」後，中國第一個接受和傳播馬克思主義的

[27] 〈無政府共產主義同志社宣言書〉，《劉師復文集》（臺北：帕米爾書店，1980 年），頁 53-55。

[28] 〈無政府共產黨之目的與手段〉，《民聲》（上海），第十九號，1914 年 7 月 18 日，頁 6-7。

[29] 〈無政府主義與佈爾札維克主義〉，《民聲》（上海），第三十一號，1921 年 4 月 15 日，頁 7。按：佈爾札維克，即為佈爾什維克（或佈爾塞維克）的不同音譯。

是李大釗（如圖 1-5）。從 1918 年 7 月到 10 月，
李大釗先後發表了〈法俄革命之比較觀〉、〈庶
民的勝利〉、〈Bolshevism 的勝利〉等三篇重
要的文章，介紹和宣傳俄國的「十月革命」和
馬克思主義。1919 年 5 月，李大釗編輯出版了
《新青年》的《馬克思主義研究專號》（六卷五
號），其中載有：李大釗的〈我的馬克思主義觀
（上）〉（按：該文下篇續刊於同年 11 月出版

圖 1-5　李大釗

的六卷六號）、顧兆熊的〈馬克思學說〉、凌霜的〈馬克思學說批評〉、
陳啟修的〈馬克思的惟物史觀與貞操問題〉、淵泉的〈馬克思的惟物史
觀〉和〈馬克思奮鬥的生涯〉、劉秉麟的〈馬克思傳略〉，以及克水的〈巴
枯寧傳略〉等。這個馬克思主義研究的《專號》，對於馬克思主義在中國
的傳播起了很大的作用。

　　「十月革命」及「五四運動」之後，在中國宣傳馬克思主義理論的
人，除李大釗外，還有一位重要人物，即中共早期的著名理論家李達。從
1918 年到 1919 年，他翻譯了《惟物史觀》、《社會問題總覽》、《馬克
思經濟學說》等書，在國內陸續出版，比較系統的介紹了馬克思主義的各
個組成部分。因此，中共的史學工作者說：李達是「我國傳播馬克思主義
的先驅者之一」，「五四運動爆發後，他一方面積極向國內報刊投稿，宣
傳社會主義，另一方面，努力翻譯馬克思主義的書籍」。[30]

　　在李大釗、李達等人的推動下，各地的新文化刊物發表了大量的介
紹和宣傳社會主義的文章。先從報紙方面來說，上海的《民國日報》副刊
「覺悟」、《時事新報》副刊「學燈」，和北京《晨報》副刊等都刊登了
許多討論社會主義、介紹俄國「十月革命」的文章和譯文。例如，北京
《晨報》副刊在李大釗的主持下，於 1919 年 5 月開闢了「馬克思研究」
專欄。從 5 月 5 日起至 8 日止，為紀念馬克思一百零一歲誕辰，連續譯載

30 曾勉之、段啟咸，〈李達對翻譯出版馬列經典著作的貢獻〉，中共中央馬恩列斯著作編
　　譯局馬恩室編，《馬克思恩格斯著作在中國的傳播》（北京：人民出版社，1983 年），
　　頁 19。

了〈馬克思的惟物史觀〉一文（日本河上肇著，淵泉譯），文中摘譯了《共產黨宣言》第一章和《政治經濟學批判序言》中有關歷史惟物主義的論述。從 5 月 9 日起至 6 月 1 日止，「馬克思研究」專欄又連載了馬克思的重要著作《雇傭勞動與資本》的全譯文，當時的標題譯爲《勞動與資本》，這是該著作最早的中譯本，係由日文轉譯的，譯者署名「食力」。其後，在 6 月 2 日至 11 月 11 日，將近半年的時間裡，該專欄又連續譯載了柯祖基（即考茨基，Karl Kautsky, 1854-1938）的《馬氏資本論釋義》（即《馬克思的經濟學說》）一書，這是中國第一次發表介紹《資本論》的通俗性著作，對於《資本論》在中國的傳播發生了很大的作用。此外，該專欄於 7 月 25 日至 8 月 5 日還連載了〈馬氏惟物史觀的批評〉（節譯自日本《改造》雜誌的〈社會主義批評〉）；12 月 1 日又刊出署名「紹虞」所作的〈馬克思年表〉。

　　從刊物方面來說，北京的《新青年》、《每週評論》、《國民》雜誌和上海的《建設》雜誌等，也刊登了不少社會主義方面的文章。例如北京的《國民》雜誌第二卷第一號到第四號連續刊載了介紹馬克思主義和蘇俄新制度的文章：1919 年 11 月出版的二卷一號有李澤彰譯的〈馬克思和恩格斯共產黨宣言（第一章）〉、周炳琳譯的《鮑爾錫維克主義底研究》（作者 Henry C. Emery）；1920 年 6 月、10 月出版的二卷二號、三號有常乃惪譯的《馬克思歷史的惟物主義》（作者 W. Paschal Larkin）、費覺天譯的〈馬克思資本論自述〉；1921 年 5 月出版的二卷四號有陳國榘著的〈蘇維埃俄國底經濟組織〉和〈蘇維埃俄國底新農制度〉。

　　《每週評論》在 1919 年 3 月 30 日及 4 月 6 日出版的第十五號和十六號上的「名著」專欄中，登載了署名「舍」摘譯的〈近代社會主義與烏托邦社會主義的區別〉，和《共產黨宣言》第二章〈無產者和共產黨人〉最後關於「綱領」的一段。尤其是後者譯出了《共產黨宣言》中最重要的「十條政綱」，並論述了馬克思主義的重要觀點 —— 階級鬥爭和無產階級專政。譯者在譯文前面還加了一段按語說：「這個宣言，是 Marx 和 Engels 最先、最重大的意見。……其要旨在主張階級戰爭，要求各地勞工的聯

合，是表示新時代的文書。」[31] 該篇譯文藉著《每週評論》的發行，對於馬克思主義在中國的傳播，起了大的作用。

上海《建設》雜誌在 1919 到 1920 年間，出版的一卷四、五、六號和二卷二、三、五號連載了考茨基所著《馬克思資本論解說》的譯文；二卷一至六號載有林雲陔著的〈社會主義國家之建設概略〉、〈社會主義與社會改良之現形〉、〈近代社會主義之思潮〉、〈近代社會主義進行之動機〉、〈勞力與資本之關係〉、〈階級鬥爭之研究〉等六篇重要文章；此外，在二卷六號上還載有河上肇著、蘇中譯的〈見於資本論的惟物史觀〉一文。

以上所述，乃十九世紀七〇年代開始至二十世紀二〇年代初，西方社會主義思潮傳入中國的經過情形。據中共史家稱，近代西方社會主義思潮，尤其是馬克思主義在中國的傳播，爲 1920 到 1921 年中共黨的誕生「打下思想理論的基礎」。[32] 誠然，從 1918 年李大釗在北京大學發起組織「馬爾格士學說研究會」（1920 年 3 月正名爲「馬克斯學說研究會」），到 1920 年中共在上海、北京、長沙、武漢、廣州、濟南等地成立中國共產黨發起組和共產主義小組，至 1921 年中共在上海（最後一天改在嘉興南湖）召開第一次全國代表大會，正式建立中國共產黨，乃是近代西方社會主義思潮自 1870 年代起，逐漸傳入中國後所發生的深遠而具體的影響之一。而奉俄共和共產國際之命，先後於 1920 至 1921 年間來華的維丁斯基（Grigorii N. Voitinsky, 1893-1953）（如圖 1-6）和馬林（Henk S. Maring, 1883-1942）（如圖 1-7），則是中共誕生的催生者。

---

[31] 舍，〈共產黨的宣言〉（摘譯），載於《每週評論》，第十六號（北京：1919 年 4 月 6 日）。引自林代昭、潘國華編，《馬克思主義在中國 —— 從影響傳入到傳播》，下冊（北京：清華大學出版社，1983 年），頁 6-7。

[32] 林茂生，《馬克思主義在中國的傳播》（北京：書目文獻出版社，1984 年），頁 17-18。

圖 1-6　維丁斯基：中文名字叫吳廷 圖 1-7　馬林：中共「一大」的操盤手
康，是中共的催生者

第二章
中國共產黨的誕生

　　1921 年 7 月，中共在共產國際代表馬林的指導下，於上海和嘉興南湖召開第一次全國代表大會，討論通過黨的綱領與決議，正式宣告中國共產黨的誕生。本章旨在敘述馬林來華與中共正式建黨的經過，而在敘述此一主題之前，茲先述李大釗於 1920 年 3 月與 12 月，先後在北京大學發起組織「馬克斯學說研究會」和「社會主義研究會」的經過，以及俄共代表維丁斯基於 1920 年 4 月抵華後，積極籌組「中國共產黨上海發起組」，並指導成立各地「共產主義小組」，以及「中國社會主義青年團」等中共正式建黨前的雛形組織與活動之經過。

第一節　「馬克斯學說研究會」與「社會主義研究會」

一、「馬克斯學說研究會」

　　1917 年俄國發生「十月革命」，由列寧（Viadimr Ilich Lenin, 1870-1924）所領導的佈爾什維克黨人在俄國建立了世界上第一個赤色政權，這在當時確是一件震驚世人的大事。就在這個時候，中國若干知識分子，外苦於帝國主義的壓迫，內憤於軍閥的亂政，於煩悶徬徨、覓尋出路之際，對俄國革命產生了嚮往之情。例如當時擔任北京大學圖書館主任的李大釗，在俄國「十月革命」之後，就曾先後發表〈法俄革命之比較觀〉、〈庶民的勝利〉、〈Bolshevism 的勝利〉等文，公開讚揚俄國革命，並對佈爾什維克黨領導人推崇備至。

　　據「馬克斯學說研究會」發起人之一的朱務善之回憶，在俄國「十月革命」後不久，為了宣傳和研究馬克思主義，李大釗曾於 1918 年與當時的北大教授高一涵等人發起組織了一個研究馬克思主義的團體。為避免北京當局的注意，這個團體並不叫「馬克思主義研究會」。由於當時有人把馬克思譯為「馬爾格士」，與馬爾薩士（Thomas Robert Malthus,

1766-1834）之音近似，所以他們就把這個團體定名為「馬爾格士學說研究會」，以便在必要時可以對警廳機構說這個團體是研究人口論的，而非研究共產主義。[1]

　　「馬爾格士學說研究會」成立後，並沒有積極展開它的工作，也沒有擴大吸收青年學生參加。直到 1919 年「五四」之後，一些北大學生聚集在李大釗的周圍，他們除了研究馬克思主義，主張走俄國「十月革命」的道路外，還多次討論過組織一個正式的馬克思學說研究會的問題。至翌（1920）年 3 月，李大釗才與北大學生鄧中夏等人在學校裡祕密發起組織「馬克斯學說研究會」。參加的人還有高君宇、何孟雄、朱務善、羅章龍、張國燾等。不久，就讀於北京俄文專科學校的瞿秋白也參加了該組織。後來，為了研究上的需要，他們還設立了一個屬於這個研究會的小型圖書館，並給它取了一個很特別的名稱，叫做「亢慕義齋」（如圖 2-1）──「亢慕義」即英文共產主義（Communism）的音譯，「齋」即書舍之意。

圖 2-1　亢慕義齋：一個最早宣傳馬克思主義的圖書館

---

[1]　朱務善，〈回憶北大馬克斯學說研究會〉，張允侯等編，《五四時期的社團》，第二冊（北京：三聯書局，1979 年），頁 293。

據郭松年在〈一個最早宣傳馬克思主義的圖書館 —— 亢慕義齋圖書館〉一文中說：「亢慕義齋」是中國「最早宣傳馬克思主義的圖書館，成立於一九二〇年，地址在景山東街馬神廟西口原北大第二院內」。「當時，學習和研究馬克思主義是非法的，為了避免被反動軍閥政府查封的危險，取了這個名字」。「北京大學圖書館，現在還珍藏著蓋有『亢慕義齋圖書』方印的列寧著作二十八本」，如德文的《共產主義運動中的「左派」幼稚病》、《偉大的創舉》等。[2]

1920 年 3 月成立的這個北大「馬克斯學說研究會」，當時並不是一個公開活動的團體，直到 1921 年 7 月中共正式建黨後，該研究會才於同年 11 月 17 日在《北京大學日刊》上刊出〈發起馬克斯學說研究會啟事〉，發起人計有：高崇煥、王有德、鄧仲澥、羅章龍、劉仁靜、朱務善等十九人之多。通訊處設於北京大學第一院王有德及北京大學西齋羅章龍處。[3]

「馬克斯學說研究會」是在李大釗的領導下組織發起的，但在十九位列名發起人中並沒有李大釗的名字，這是因為當時他們考慮到李大釗是中共黨的領導人，對外還是以教授和馬克思學說理論家的身分出現的，所以開始時李大釗並未出頭露面，而只是在中共黨內領導。[4]

「馬克斯學說研究會」是在實際成立後的一年又八個月才在《北京大學日刊》登載〈發起啟事〉。在〈啟事〉中，除了確定該會「叫做『馬克斯學說研究會』，以研究關係馬克斯派的著述為目的」外，還提出其會員資格之條件：「對於馬克斯派學說研究有興味的和願意研究馬氏學說的人，都可以做本會底會員。」[5]

---

[2] 郭松年，〈一個最早宣傳馬克思主義的圖書館 —— 亢慕義齋圖書館〉，北京圖書館馬列著作研究室編，《馬恩列斯研究資料匯編（1980 年）》（北京：書目文獻出版社，1982 年），頁 346。

[3] 〈發起馬克斯學說研究會啟事〉，原載《北京大學日刊》，1921 年 11 月 17 日。轉引自張允侯等編，《五四時期的社團》，第二冊（北京：三聯書局，1979 年），頁 273。

[4] 朱務善，〈回憶北大馬克斯學說研究會〉，張允侯等編，《五四時期的社團》，第二冊（北京：三聯書局，1979 年），頁 294。

[5] 〈發起馬克斯學說研究會啟事〉，原載《北京大學日刊》，1921 年 11 月 17 日。轉引自張允侯等編，《五四時期的社團》，第二冊（北京：三聯書局，1979 年），頁 272。

二、「社會主義研究會」

　　李大釗除了在北大組織「馬克斯學說研究會」外，他還在 1920 年 12 月 2 日與郭夢良、費覺天等人組織另一團體，名為「北京大學社會主義研究會」。據刊登於 1920 年 12 月 4 日《北京大學日刊》的通告，這個研究會成立時有會員八人，為李大釗（守常）、何恩樞（北衡）、徐其湘（六幾）、陳學池（儒康）、郭弼藩（夢良）、陳顧遠（晴皋）、費秉鐸（覺天）、鄔祥禔（公復）。通信處設於北京大學第一宿舍郭夢良處。[6]

　　據〈北京大學社會主義研究會簡章〉的規定，其宗旨為：「集合信仰和有能力研究社會主義的同志，互助的來研究並傳播社會主義思想。」其會員資格及入會手續為：「對於社會主義有信仰和有研究能力的北大同學，由本會會員介紹或自願入會，均經全體會員通過加入。」其研究和傳播的方法，包括文字宣傳與演講兩種。在文字宣傳方面，著重於編譯社會主義叢書，翻譯社會主義研究集和發表社會主義論文等。[7]

　　在李大釗倡導下所成立的北京大學「馬克斯學說研究會」和「社會主義研究會」，是兩個不同的團體，彼此之間並沒有什麼聯繫，兩者不僅成立的宗旨有異，其成員也不同。後來有人把這兩個研究會混淆了，視為同一研究會的兩個通用名稱，甚至還有人將它改稱為「馬克思主義研究會」或「俄羅斯研究會」，這是對歷史事實的不求甚解。[8] 這兩個研究會對於中國的社會主義運動發生了甚大的作用，尤其是「馬克斯學說研究會」，對於馬克思主義在中國的進一步傳播，及馬克思主義者從研究馬克思主義到建立馬克思主義者的組織－中國共產黨，並展開馬克思主義的革命運

6　〈北京大學社會主義研究會通告〉，轉引自張允侯等編，《五四時期的社團》，第二冊（北京：三聯書局，1979 年），頁 292。

7　〈北京大學社會主義研究會通告〉，轉引自張允侯等編，《五四時期的社團》，第二冊（北京：三聯書局，1979 年），頁 291。

8　例如瞿秋白於 1935 年 5 月寫〈多餘的話〉時就說：大概是一九一九年底、一九二〇年初，李大釗發起「馬克思主義研究會」（或是「俄羅斯研究會」罷？）我也因為對於社會──尤其是社會主義最終理想發生了好奇心和研究的興趣，所以也加入了。參見瞿秋白，〈多餘的話〉，收錄於蔡國裕，《瞿秋白政治思想之研究》（臺北：共黨問題研究雜誌社，1984 年），附錄三，頁 352-353。

動,起了積極的推動作用。而研究會的發起人李大釗、羅章龍、劉仁靜、何孟雄等人,也都是中共正式建黨後的重要理論家和領導人。

第二節　維丁斯基來華與中共雛形組織的成立

　　從 1917 年俄國「十月革命」到 1919 年中國「五四運動」之後,馬克思主義及列寧主義在中國的傳播有了進一步的發展。1920 年初,中國的馬克思主義者開始結合起來,先有「馬克斯學說研究會」之類的研究團體,再有「共產主義小組」及「共產黨」組織的建立。在中國馬克思主義者組織的形成及其發展過程中,有兩個共產國際(即指第三國際)代表,即維丁斯基和馬林,是它的指導者。維丁斯基於 1920 年 4 月來華,指導中國馬克思主義者成立「中國共產黨上海發起組」,並在中國大陸幾個大城市建立「共產主義小組」,此即中共正式建黨前的雛形組織。馬林於 1921 年 6 月來華,指導中國馬克思主義者召開「第一次全國代表大會」,正式建立中國共產黨。本節先述維丁斯基來華與中共雛形組織的成立。

一、維丁斯基來華

　　維丁斯基,又名查爾金(Zerkhin),中國名為吳廷康或胡定康,俄裔猶太人。生於 1893 年,早年到美國和加拿大求學、工作。俄國「十月革命」後返俄,加入佈爾什維克黨,在克拉斯諾耶爾斯克(Krasnoyarsk)蘇維埃工作。後奉佈黨之命轉往白軍統治區幹地下活動,1919 年參加鄂木斯克暴動失敗,佈黨改派他到海參崴從事祕密工作。同年 5 月被捕,判無期徒刑,押往北庫頁島做苦工。1920 年 1 月,他和當地政治犯一起暴動,奪取該島政權。由於維丁斯基長於組織與祕密工作,俄共(佈)遠東局海參崴支部才於 1920 年春向共產國際報告,並經批准派他來華工作。

　　維丁斯基來華時的身份,中共早期黨史都說是共產國際東方局的代表。但據蘇俄公佈的史料,及對維丁斯基生平傳記有深入研究的國際著名學者格魯寧(V. I. Glunin)之考證,維丁斯基來華時的身份應是俄共(佈)遠東局海參崴支部的代表;遲至翌(1921)年 1 月,共產國際在伊爾庫茨克(Irkutsk)建立遠東書記處(即中共黨史中俗稱的「東方局」)以後,

才成為共產國際執行委員會派駐中國的代表。[9] 維丁斯基是在 1920 年 4 月到達北京的，隨行者有他的妻子庫茲涅佐娃（M. V. Kuznetsova）以及楊明齋（俄籍華僑，擔任翻譯）等人。如上所述，這個維丁斯基小組一開始並不就是共產國際的組織，而是一個蘇俄共產黨小組，由於他們到中國來是經過共產國際批准的，後來共產國際遠東書記處建立了，他們便受共產國際遠東書記處領導，維丁斯基就成了共產國際派駐中國的使者。

維丁斯基小組到了北京之後，經北京大學俄籍教授鮑立維（S. Polevey，又譯佈魯威或柏烈偉）的介紹，先與李大釗見面，討論了在中國建立共產黨的問題。隨後，李大釗介紹他們到上海會見陳獨秀等人，談論有關中國革命與發起成立共產黨的問題。

二、中共雛形組織的成立

在維丁斯基、陳獨秀及李大釗等人的倡導下，中國的馬克思主義者先後在上海成立了「中國共產黨發起組」，在北京、長沙、武漢、廣州、濟南等地建立了「共產主義小組」，另在東京及巴黎也成立了兩個旅外的「共產主義小組」。[10] 茲將中國共產黨這些早期組織的成立時間及主要成員簡述於次：

㈠ 上海

1920 年初，陳獨秀與李達、李漢俊、陳望道、施存統等人在上海組織「馬克思主義研究會」。維丁斯基來上海後，他們就開始醞釀成立「中國共產黨上海發起組」。八月，中國第一個「共產主義小組」，即「中國共產黨上海發起組」正式成立，擔負著發起、籌備、組織中國共產黨的任務，它幫助和推動了其他地區「共產主義小組」的相繼建立。從 1920

---

[9] 向青，〈關於共產國際和中國革命建立聯繫的探討〉，《北京大學紀念中國共產黨成立六十週年論文集》（北京：北京大學出版社，1982 年），頁 98-105。

[10] 當時各地陸續成立的共黨組織名稱不一，有的叫「共產黨」，有的叫「共產黨支部」，有的叫「共產黨小組」，都是中共正式建黨前的地方組織；「共產主義小組」只是通稱。請參見見方曉主編，〈中共誕生前各地的早期組織如何稱謂更為恰當？〉，《中共黨史辨疑錄》（太原：山西教育出版社，1991 年），頁 29-31。

年 9 月起，它把《新青年》改組爲共黨的機關刊物，由李漢俊和陳望道主編。11 月，又創辦了《共產黨》月刊，作爲黨內刊物，由李達主編。此外，他們還辦了《勞動界》、《伙友》週刊，作爲通俗的宣傳刊物。

㈡ 北京

1920 年 3 月，在李大釗的倡導下，成立了「北京大學馬克思學說研究會」。4 月，維丁斯基離開北京前往上海，留下祕書馬邁也夫（I. K. Mamayev）在北京幫助李大釗進行建黨的準備工作。10 月，「北京共產主義小組」正式成立，主要成員有李大釗、鄧中夏、張太雷、何孟雄、高君宇、羅章龍、張國燾、劉仁靜等人。11 月，創辦宣傳刊物——《勞動者》週刊，由鄧中夏主編。

㈢ 長沙

1920 年 4 月，毛澤東從北京到上海，與上海的「馬克思主義研究會」成員取得聯繫，並和陳獨秀商討了成立共產黨的問題。7 月，毛澤東回到長沙。8 月，組織「俄羅斯研究會」，毛澤東、何叔衡、彭璜、包道平四人爲籌備員。9 月，又成立「馬克思主義研究會」，主要成員有毛澤東、何叔衡、彭璜、易禮容、陳昌、夏曦、郭亮等人。「長沙共產主義小組」的成立時間，說法不一，大致在 1920 年秋，主要成員與「馬克思主義研究會」相同，「文化書社」是他們從事宣傳和活動的機關。

㈣ 武漢

1920 年 9 月，陳獨秀派劉伯垂從上海前往武漢發展共產黨組織。10 月，劉伯垂與董必武、陳潭秋、包惠僧、張國恩、鄭凱卿等六人在武昌撫院街董必武寓所開會，討論建黨的問題。會後，他們在武昌多公祠五號正式建立「共產主義小組」，主要成員除上述六人外，稍後加入的還有惲代英、林育南、項英、蕭楚女等人。小組成立後不久，他們還成立了公開的「馬克思主義研究會」。「武漢小組」以「利群書社」作爲他們的活動場所，以《武漢星期評論》作爲他們的宣傳刊物，該刊由惲代英擔任主編。

㈤ 廣州

1920 年 12 月，陳獨秀應陳炯明之邀，到廣州擔任廣東省教育委員會

委員長。陳到廣州後，與譚平山、陳公博、譚植棠等人建立了聯繫，並與廣州的無政府主義者區聲白、梁冰弦等人發生爭論。1921 年 1 月，「廣州共產主義小組」正式成立，主要成員除陳獨秀外，還有譚平山、陳公博、譚植棠等人。「廣州小組」以《群報》作爲其機關報，另外他們還辦了兩個通俗的宣傳刊物《勞動者》和《勞動與婦女》。

㈥ 濟南

1920 年 4 月，維丁斯基從北京去上海途中，路過濟南，曾與王盡美、鄧恩銘等人會見，商談傳播與研究馬克思主義之事。同年秋，王、鄧等人組織了「馬克思學說研究會」。11 月，「北京小組」的李大釗派陳爲人到濟南與王、鄧諸人取得聯繫。同時，上海的陳獨秀也寫信給王盡美的親戚王樂平，希望王盡美等人組織共產主義小組。1921 年春，王盡美與鄧恩銘、王翔千、王復元等人組織「濟南共產主義小組」。5 月，他們創辦《濟南勞動週刊》作爲宣傳刊物。

㈦ 東京與巴黎

除了上述幾個地點外，在日本東京和法國巴黎也相繼建立旅外共產主義小組。1920 年 6 月，原上海小組成員施存統受陳獨秀之託，借赴日留學之便，在東京成立「東京留學生共產主義小組」，主要成員有施存統、周佛海、彭湃等人。1920 年秋，陳獨秀委託張申府在法國勤工儉學學生中建立「共產主義小組」；次（1921）年 2 月，張申府與周恩來、趙世炎、劉清揚、陳公培等五人在巴黎成立「旅法共產主義小組」。

從 1920 年到 1921 年間，維丁斯基及陳獨秀、李大釗等人除了在各地籌建「共產主義小組」外，他們還在上海等地建立「社會主義青年團」，並創辦「外國語學社」，爲共黨培養和輸送幹部。[11] 茲簡述如下：

㈠ 社會主義青年團

1920 年 8 月，在維丁斯基的指導下，以及在陳獨秀和楊明齋的支持

---

[11] 張靜如等著，《中國共產黨的創立》（石家莊：河北人民出版社，1981 年），頁 138。

和幫助下，俞秀松、李震瀛、葉天底、金家鳳等八個青年，在上海霞飛路新漁陽里六號成立了「上海社會主義青年團」，由「上海共產主義小組」成員俞秀松擔任書記。該團後來以「上海工讀互助團」以及「外國語學社」為發展對象，吸收了二十多人。這些團員中，有日後的知名人物，如劉少奇、羅亦農、任弼時、蕭勁光、彭述之等。這些團員都是準備去莫斯科留學的，他們每星期舉行一次會議，每次都有政治報告，報告的內容多半是由黨規定下來的，俞秀松擔任報告的時候較多。至 1920 年底，北京、長沙、廣州、武昌等處也相繼成立「社會主義青年團」的組織。[12]

(二) 外國語學社

　　「外國語學社」又稱「外國語學校」，其成立的主要目的是為到莫斯科學習的「社會主義青年團」團員補習俄文，由維丁斯基小組的翻譯楊明齋擔任校長。1920 年 9 月 30 日，該學社在《民國日報》上刊登招生廣告，內容如下：「本學社擬分設英、法、德、俄、日本語各班，現已成立英、俄、日本語三班，除星期日外，每班每日授課一小時，文法讀本由華人教授，讀音會話由外國人教授，除英文外，各班皆從初步教起。每人選習一班者月納學費銀二元。日內即開課，名額無多，有志學習外國語者請速向法界（按：即法租界）霞飛路新漁陽里六號本社報名。」[13]

　　「外國語學社」雖然在報上登了招生廣告，但極大多數學生都是經人介紹來的。學生最多時達五、六十人，其中有日後的知名人物，如劉少奇、彭述之、彭湃、丁玲、李震瀛、華林、柯慶施等。學生主要學習俄語和馬克思主義的著作，為赴俄學習做準備。俄語課由楊明齋和維丁斯基夫人任教，李達教日文，李漢俊教法文，李震瀛教英文。自 1921 年 3 月開始，「社會主義青年團」從這些學生中挑選了二十多名青年團員，先後分批去俄國學習。俞秀松也於此時前往莫斯科參加「少年共產國際第二次代表大會」，並代表中國的「社會主義青年團」在大會上作專題報告。

---

[12] 1922 年 5 月，成立全國性的「中國社會主義青年團」。1925 年 1 月，改名為「中國共產主義青年團」。

[13] 張靜如等著，《中國共產黨的創立》（石家莊：河北人民出版社，1981 年），頁 138。

第三節　馬林來華與中共正式建黨

　　從 1920 年 8 月以後，中共在北京、上海等地建立了六個「共產主義小組」，在海外也建立兩個旅外「共產主義小組」，這是中國共產黨正式建黨前的雛形組織。這些組織的活動，為日後中共的正式建黨奠定了思想的、組織的與幹部的基礎。至 1921 年 6 月，共產國際的新代表馬林抵達上海，推動和指導中共召開「第一次全國代表大會」，正式宣告中國共產黨的成立。

一、馬林來華

　　馬林，荷蘭人，原名亨德立克斯・斯內夫利特（Hendricus-Sneevliet, 1883-1942），出生於鹿特丹，早年在荷蘭擔任鐵路工人，積極參加鐵路工會的活動。1902 年正式加入荷蘭「社會民主黨」，1913 年前往荷屬殖民地爪哇搞工人運動和建黨工作，1914 年在爪哇建立「社會民主聯盟」。第一次世界大戰期間，他非常左傾，並同情俄國的佈爾什維克革命。1918 年被爪哇當局驅逐出境，他即前往蘇俄，用馬林（Maring）的名字參加「共產國際第二次代表大會」，並作為爪哇的代表，被選為共產國際執行委員會的成員。[14] 1921 年 4 月，馬林奉共產國際之命，作為駐中國代表。6 月 3 日，馬林到達上海，住在南京路東方大旅社，自稱是安德雷森（Andresen）。[15] 6 月 14 日，離開東方大旅社，到麥根路三二號一家公寓住宿。[16] 此時，赤色職工國際代表尼科爾斯基（Vladimir Nikolsky）也到達中國。

---

[14] 詳見〈馬林小傳〉，中國社會科學院現代史研究室編，《馬林在中國的有關資料》（北京：人民出版社，1980 年），頁 1-2。

[15] 馬林一生為了從事地下活動，換了許多化名，例如馬林（Maring）、馬丁（Marting）、馬靈（Marling）、馬倫（Mareng）、馬林（Ma-Lin）、斯內夫利特（Slevelet）、安德雷森（Andresen）……等等。詳見道夫・賓（Dov Bing），〈斯內夫利特和初期的中國共產黨〉，中國社會科學院現代史研究室編，《馬林在中國的有關資料》（北京：人民出版社，1980 年），頁 33。

[16] 荷蘭外交部檔案資料，〈法國巡捕致上海荷蘭總領事函〉，引自知識出版社編，《一大回憶錄》（北京：知識出版社，1980 年），頁 143。

　　馬林與尼柯爾斯基抵達上海時，陳獨秀正在廣州擔任廣東省政府教育委員會委員長，未能直接晤談。因此，馬林即與當時在上海主持中共黨的組織工作的李達、李漢俊建立了聯繫，瞭解了各方面的情況。馬林等人建議及早召開「全國代表大會」，宣告中國共產黨的正式成立。後又與在北京的李大釗、張國燾及在廣州的陳獨秀等人交換了意見，才確定在上海召開中國共產黨的「第一次全國代表大會」。由李達、李漢俊分別通知各地「共產主義小組」，各派兩名代表到上海參加「一大」。

二、「一大」的召開與中共正式建黨

　　關於中共「一大」（如圖2-2）召開的日期及出席代表人數，歷來說法不一，近經中共黨史學者的考證，中共「一大」的召開日期是1921年7月23日至31日；開會地點先在上海，最後一天移至浙江嘉興南湖；出席代表十三人，即上海代表李達、李漢俊，北京代表張國燾、劉仁靜，長沙代表毛澤東、何叔衡，濟南代表王盡美、鄧恩銘，武漢代表董必武、陳潭秋，廣州代表陳公博，東京代表周佛海；另有一位由陳獨秀指派參加會議的代表包惠僧，也出席了「一大」。他們代表的是當時國內六個小組和旅日小組合計五十多名黨員（因旅歐小組未派代表參加會議，故不包含在內）。[17] 此外，還有兩位國際代表也（以共產國際指導員的身分）列席（指

圖2-2　中共「一大」會址現狀：為中共第一批全國重點文物保護單位

---

[17]「一大」時中國共產黨黨員人數說法不一，以五十三人及五十七人兩種說法較常見，亦有六十人之說。請參見方曉主編，〈黨的「一大」時究竟有多少黨員？〉《中共黨史辨疑錄》（太原：山西教育出版社，1991年），頁84-85。

導）了會議，即共產國際代表馬林及赤色職工國際代表尼科爾斯基。[18]

按照馬林的計畫，中共「一大」原定於 6 月 20 日召開，但是來自北京、武漢、廣州、濟南、長沙和東京等各地代表，遲至 7 月 23 日才全部到達上海。因此，中共「一大」遂延至 23 日夜間開幕。當天晚上，中共「一大」在上海法租界望志路一〇六號（現興業路七六號）李漢俊家的客廳正式召開。[19]這是一所弄堂房子，客廳不大，中間擺了一張餐桌，四面擺上十五張椅子，當街的窗牖下，放著一張舊寫字臺，小小的空間，十五個人坐下來，幾乎擠得滿滿的。首先由擔任會議主席的張國燾宣佈大會開幕，並確定議事議程。接著是共產國際代表馬林的長篇報告，內容包括國際形勢、共產國際的使命和工作狀況，以及中國共產黨的任務等。繼馬林之後，尼科爾斯基接著報告共產國際遠東書記處的任務與工作，並敘說他對蘇俄的印象。尼氏的報告結束時，已是深夜了，第一天的會議即宣佈散會。

翌（24）日夜，在原地繼續開會，由各地代表作工作報告，也講了各地的政治文化教育，以及中共的工作活動和自然環境等情況。接著，會議選出起草黨綱和工作計畫的委員會，並決定用兩天的時間進行起草工作。因此，25、26 兩日乃暫時休會。

27 日夜，在原地繼續開會。27、28、29 連續三天的會議，著重於討論黨綱和今後的實際工作問題。會中，出席代表發生了很大的爭論。以李漢俊為首的「右派」認為：中國的無產階級尚幼稚，不懂得馬克思的理論，無產階級革命還缺乏思想準備。現在黨首先要用馬克思理論武裝知識分子，當革命的知識分子掌握了馬克思主義時，再大力組織教育工作，辦馬克思主義大學，出版報紙刊物，建立圖書館，組織和教育工人，提高他

[18] 〈中國共產黨歷次全國代表大會簡介〉，《人民日報》，1982 年 8 月 30 日，第四版。

[19] 該住宅有後門通向貝勒路樹德里（今黃坡南路三七四弄）。請參閱陳至立主編，《中國共產黨建設史》（上海：上海人民出版社，1991 年），頁 34；楊鳳城主編，《中國共產黨歷史》（北京：中國人民大學出版社，2010 年），頁 22。另，該住宅為李漢俊哥哥李書城所有，李漢俊同住在此。李書城為黃興之首席軍事智囊，當時正在外地工作，李漢俊趁哥哥不在，主動出借給中共，作為「一大」開會之用。請參見陳永發，《中國共產革命七十年》，上冊，修訂版（臺北：聯經出版事業公司，1998 年），頁 50。

們的階級覺悟，推動無產階級革命。在現階段共產黨可以參加資產階級民主運動，應該支持孫中山先生的革命。贊成李漢俊意見的有陳公博等人。

以劉仁靜為首的「左派」提出反對意見，認為共產黨應該立即向產業工人進軍，在工人中發展黨員，發動社會主義革命，以無產階級專政為直接的鬥爭目標。無產階級政黨要和資產階級劃清界線，反對任何形式的公開工作。贊成劉仁靜之意見的有張國燾、包惠僧等人。[20]

經過激烈的爭論後，大會通過了中共黨的第一個綱領。這個綱領，現在已經找不到中文原稿，而只有英、俄兩種文字的翻譯稿。英文本是 1924 年陳公博在美國哥倫比亞大學寫的碩士論文 *"The Communist Movement in China"*（《共產運動在中國》）所附〈中國共產黨第一個綱領〉；俄文本是共產國際保存的中共駐共產國際代表團檔案〈中國共產黨第一個綱領〉。這兩分譯稿，內容大致相同，中共北京「知識出版社」於 1980 年編印《一大回憶錄》時，特根據英、俄文本的〈中國共產黨第一個綱領〉譯成中文，並對照排印於《一大回憶錄》中。中共「一大」通過的〈綱領〉共有十五條，但英、俄文譯本均缺第十一條，故該〈綱領〉實際僅有十四條。綜觀這十四條的內容，其要旨有三：

1. 確定黨的名稱為「中國共產黨」。
2. 確定黨的綱領為發動無產階級革命，建立無產階級專政，推翻私有資本，建立社會公有制，並強調要加入共產國際。
3. 確定黨的組織制度和機構是以列寧的建黨原則為指導，是一個高度集中統一的有嚴格紀律的佈爾什維克式的革命黨。[21]

30 日夜，在原地繼續開會，除周佛海因病未出席外，其餘的代表，加上馬林及尼科爾斯基共十四人都參加了。會議開始後不到半小時，因受到法租界巡捕的搜查而停止。後經商議，決定將會議移至浙江嘉興南湖的一艘遊舫上去進行。

---

[20] 中共「一大」會中的爭論，詳見劭維政，〈一大議題初探〉，知識出版社編，《一大回憶錄》（北京：知識出版社，1980 年），頁 168。

[21] 詳見〈中國共產黨的第一個綱領〉，知識出版社編，《一大回憶錄》（北京：知識出版社，1980 年），頁 104-109。

　　31日黎明，中共「一大」代表們三三兩兩的到上海北站上車，準備前往嘉興。陳公博沒有去，帶著他的新婚妻子到杭州玩。國際代表馬林和尼科爾斯基因為是外國人，怕引起注目，也未去參加。大約九時左右，中共「一大」代表們抵達嘉興，隨即登上南湖的一艘遊舫，繼續進行「一大」最後一天的議程。首先，他們討論通過中共黨的第一個決議，包括「工人組織」、「宣傳」、「工人學校」、「工會研究機構」、「對現有政黨的態度」及「黨與第三國際的聯繫」等六項。該〈決議〉與〈綱領〉一樣，中文原件也已不見，現存的只有英文和俄文的譯稿。綜觀這六項決議的內容，可歸納為以下四個方面：

　　其一、關於工人運動方面。決議把成立工會當作黨的「基本任務」，並強調工會必須在黨的領導之下。規定：「黨在工會裡要灌輸階級鬥爭的精神。黨應該警惕，勿使工會成為其他黨派的玩物。為此，黨應特別機警地注意，勿使工會中執行其他政治路線。對於手工業工會，應迅速派黨員前去盡快進行改組工作。」決議還提出要組織工人學校和工會研究機構。指出，前者是「走向組織工會途中的一個階段」，「應逐漸變成工人政黨的中心機關」，所以辦學的基本方針是「提高工人的覺悟，使他們覺得有成立工會的必要」；後者是由「各個工業部門的領導人、有覺悟的工人和黨員組成」，「應研究產業工會組織的工作方法」，以推動工人運動的發展。

　　其二、關於宣傳工作。決議規定中央和地方組織都要利用出版書籍、報刊、散發傳單等手段，宣傳黨的政策和決議。這些宣傳工作必須置於黨的領導之下，決議規定：「一切書籍、日報、標語和傳單的出版工作，均應受中央執行委員會或臨時中央執行委員會的監督」；「一切出版物，不論中央的或地方的，均應在黨員的領導下出版」；任何出版物，「都不得刊登違背黨的原則、政策和決議的文章。」

　　其三、關於對現有政黨的態度。決議強調：「對現有其他政黨，應採取獨立的進取的政策」。決議指出，在政治鬥爭中，在反對軍閥和官僚的鬥爭中，在爭取言論、出版、集會自由的鬥爭中，「應永遠站在完全獨立的立場上，只維護無產階級的利益，不同其他黨派建立任何相互關係」。

　　其四、關於黨與第三國際的聯繫。決議具體規定：「黨中央委員會每

日應向第三國際提出報告」，「在必要時，應派遣特別全權代表一名到駐伊爾庫茨克的第三國際遠東書記處去。」此外，該決議還規定，中共要派代表到其他遠東各國去，「以發展和配合今後階級鬥爭的進程」。這不僅表明了中共黨的工作要在共產國際的直接領導下進行，而且還表明了中共與遠東各國共產黨或工人黨的密切關係。[22]

31 日午後，中共「一大」代表繼續在南湖的遊舫上進行最後一個議程，選舉中共中央領導機構。由於當時黨員人數少，各地組織也不夠健全，會議確定暫時不成立中央委員會，先選舉產生中央局，負責領導全黨的工作。選舉結果，由陳獨秀、李達、張國燾三人組成中央局，陳獨秀為中央局書記，李達負責宣傳工作，張國燾負責組織工作。選舉完畢，中共「一大」會議也宣告結束，中國共產黨及其中央領導機關從此正式成立。

三、俄共及共產國際的催生

從以上的敘述，可知中共的誕生，乃是俄共及共產國際的代表維丁斯基和馬林等人，為執行俄共及共產國際在中國推動社會主義（或稱共產主義）革命，赤化中國的政策，前來中國策劃、指導、組建而成的。所以，俄共及共產國際可謂是中共建黨的催生者。

須知，俄共於「十月革命」後不久，即有在中國推動其東方革命的意圖，如史達林（Joseph Stalin, 1878-1953）[23] 於 1918 年 11 月發表〈不要忘記東方〉一文時即強調：「一分鐘也不能忘記東方」，「誰想要社會主義勝利，誰就不能忘記東方」。[24] 在東方諸國中，中國是一個地大物博、人口眾多的大國，因此，就在 1919 年共產國際成立後，俄共及共產國際隨即於次（1920）年及 1921 年先後派維丁斯基和馬林等人到中國，催促和指導中國的馬克思主義者積極創建中國共產黨，以遂行其東方革命中最

---

[22] 以上四個方面，詳見〈中國共產黨的第一個決議〉，知識出版社編，《一大回憶錄》（北京：知識出版社，1980 年），頁 110-114。

[23] 史達林執政時，官方稱其生日為 1879 年 12 月 21 日，但史學界考證為 1878 年 12 月 18 日。

[24] 史達林，〈不要忘記東方〉，《史達林選集》上卷（北京：人民出版社，1979 年），頁 127-128。

重要的部分——中國革命的推動。

　　俄共及共產國際不僅是中共建黨的催生者，中共建黨之初，其所用的經費也大都是蘇俄或共產國際供給的。據中共「一大」代表周佛海說：中共的經費是蘇俄盧佈換成的鈔票，周佛海自己每月就用了八十元大洋的生活費，另外還有一些活動費不算在內。而在中共剛建黨時，陳獨秀還沒有到上海就任中央局書記之前，暫由周佛海代理中央局書記的兩個月內，由周經手的就用了一萬二千元。[25]

　　另外，1921 年 10 月初，從廣州回到上海，準備就任中共中央局書記的陳獨秀，在上海租界被捕，經過二十三天的牢獄始被釋放。此事，孫中山固然幫了大忙，但是如果沒有共產國際支付昂貴的律師費與高額的保釋金，陳獨秀也不可能出獄。[26] 從陳獨秀出獄，到次（1922）年 6 月底，中共的全部收入只有銀元一萬七千元，其中百分之九十四得自共產國際，來自中共自身的僅一千元而已。[27]

[25] 沈雲龍，《中國共產黨之來源》（臺北：文海出版社，1971 年），頁 12-13。

[26] 參閱陳永發，《中國共產革命七十年》，上冊，修訂版（臺北：聯經出版事業公司，1998 年），頁 74-75。

[27] 參閱陳永發，《中國共產革命七十年》，上冊，修訂版（臺北：聯經出版事業公司，1998 年），頁 93。

第三章
中共早期的聯合戰線策略

　　1924 年 1 月，中國國民黨在廣州召開「第一次全國代表大會」，正式接受中共黨員以個人身分加入中國國民黨；在中國國民黨中央領導機構中，亦有共黨分子多人擔任重要領導職務。就中共而言，這是其建黨後首次運用聯合戰線策略；就中國國民黨而言，則是孫中山先生「聯俄容共」政策的一部分。本章旨在敘述中共早期聯合戰線策略的形成與確定，聯合戰線的建立與中共在聯合戰線期間的企圖與作為，中國國民黨南京政權的「清黨」與「寧漢分裂」，以及汪精衛武漢政權的「分共」，因而結束聯合戰線的經過。

第一節　聯合戰線策略的形成與確定

一、中共制定「聯合戰線」時的政治情勢

　　自 1921 年 7 月中共正式建黨後，國內政治情勢有如下的重大發展：

1. 從 1920 年 7 月皖系軍閥被打敗，直系和奉系軍閥聯合掌握北方政權之後，直奉之間的矛盾日益尖銳，1922 年 4 月終於爆發了直奉戰爭。結果，奉系軍閥被打敗，直系軍閥獨攬了北方政權，於是直系軍閥首領吳佩孚高揭「武力統一」的旗幟，企圖併吞南方的軍事力量。

2. 孫中山自 1921 年 5 月在廣州就任非常大總統之後，即積極準備北伐，不料粵軍總司令陳烔明卻於 1922 年 6 月發動武裝叛變，砲轟觀音山總統府，迫使孫中山離開廣州避往上海。

3. 各省軍閥為了保護各自的地盤和利益，提出「聯省自治」的主張，以抵制吳佩孚的「武力統一」；而胡適、蔡元培、王寵惠等學者則提出組織「好人政府」的改良主義之主張。

4. 帝國主義國家加緊對中國的侵略。特別是 1921 年 11 月至 1922 年 2 月的「華盛頓會議」，通過了「九國公約」，各帝國主義國家打破了日本

對華的獨佔優勢，企圖在各國「機會均等」的口號下，加緊對中國的侵略，以達成渠等對中國的共同佔領。

在這種狀況之下，迫使剛剛建黨的中共，不得不針對中國的現實政治形勢，制定其相應的「革命綱領」── 與中國國民黨建立「聯合戰線」。而在這個「革命綱領」制定的過程中，共產國際的影響力是很大的，尤其是列寧關於民族和殖民地問題的觀點，更具有決定性的影響。

二、共產國際的主導

早在 1920 年 6 月，列寧爲即將召開的「共產國際第二次代表大會」草擬〈民族和殖民地問題提綱初稿〉時，對於殖民地和半殖民地革命的理論，就曾作過系統的闡述。7 月 26 日，列寧在「共產國際第二次代表大會」的第四次會議上，對他草擬的〈提綱初稿〉作口頭說明時指出：「我們的提綱中最重要最基本的思想是什麼呢？就是……在解決一切殖民地和民族問題時，不要從抽象的原理出發，而要從具體的現實的各種現象出發。」[1] 根據這一基本思想，列寧在他的〈提綱初稿〉中明確指出：在殖民地、半殖民地國家裡，首先應當進行反對帝國主義和封建勢力的民族民主革命。因此，共產黨「必須特別援助落後國家中反對地主、反對大土地佔有制、反對各種封建主義現象或封建主義殘餘的農民運動，竭力使農民運動具有最大的革命性。」同時，共產黨還應當同「殖民地和落後國家的資產階級民主派結成臨時聯盟，但是不要同他們混爲一體，甚至當無產階級運動還處在萌芽狀態時，也絕對要保持這一運動的獨立性。」[2]

此外，列寧在共產國際於 1922 年 1 月召開的「遠東各國共產黨及民族革命團體第一次代表大會」上，更明確的指出：「中國現階段的革命是資產階級民主性質的革命，它的任務是反對外國帝國主義和本國封建勢

---

[1] 〈共產國際第二次代表大會第四次會議討論民族與殖民地問題〉，中國社會科學院近代史研究所翻譯室編譯，《共產國際有關中國革命的文獻資料（1919-1928）》，第一輯（北京：中國社會科學出版社，1981 年），頁 19-20。

[2] 〈列寧關於民族和殖民地問題的提綱初稿〉，中國社會科學院近代史研究所翻譯室編譯，《共產國際有關中國革命的文獻資料（1919-1928）》，第一輯（北京：中國社會科學出版社，1981 年），頁 53。

力」，並指示「中國工人階級要廣泛地團結全國革命的人民，以便有利地推動中國革命運動的發展。」[3] 因此，中共史家丁守和即謂：列寧關於殖民地、半殖民地革命的理論和策略，「極大地援助了中國革命，給了中國共產黨以重要的思想武器」；共產國際對中國革命的指示，「直接地幫助了中國共產黨對於民主革命綱領的制定。」[4]

三、「聯合戰線」策略形成的過程

㈠ 中共第一次對於時局的主張

　　中共中央領導人大約在 1922 年 3、4 月間，才明確認識了在中國的現實環境中，應先進行民主革命，至於社會主義革命則是第二步。[5] 所以，中共在該年 5 月召開的「第一次全國勞動大會」和「社會主義青年團第一次全國代表大會」兩次會議上，關於「現階段革命任務」的說法，已經與「一大」以及「一大」後相當一段時間內的說法大不相同了。例如，「社會主義青年團第一次全國代表大會」通過的〈綱領〉，即明確指出：「……接著民主的革命成功，便會發生無產階級對抗資產階級的革命運動，這種革命之目的是採用勞農制度，即是將政權歸諸無產階級。」[6]

　　同年 6 月 15 日，中共發表由陳獨秀起草的〈中國共產黨第一次對於時局的主張〉，駁斥了當時社會上流行的一些改良主義意見，如「恢復國會」、「聯省自治」及「好政府主義」等，並明確宣佈中共的反帝、反封建的民主革命主張，企圖建立民主主義的聯合戰線。該〈主張〉指出：中國共產黨是無產階級的「先鋒軍」、為無產階級奮鬥的「革命黨」。但在無產階級未能獲得政權以前，「依中國政治經濟的現狀，依歷史進化的過程，無產階級在目前最切要的工作，還應該聯絡民主派共同對封建式

3　丁守和、殷敘彝，《從五四啟蒙運動到馬克思主義的傳播》（北京：三聯書店，1979年），頁 376-377。

4　丁守和、殷敘彝，《從五四啟蒙運動到馬克思主義的傳播》（北京：三聯書店，1979年），頁 376-377。

5　張靜如等著，《中國共產黨的創立》（石家莊：河北人民出版社，1981 年），頁 191。

6　〈中國社會主義青年團綱領〉（1922 年 5 月），中共中央黨校黨史教研室選編，《中共黨史參考資料》，第一冊，二版（北京：人民出版社，1980 年），頁 328。

的軍閥革命，以達到軍閥覆滅能夠建設民主政治為止。」因此，該〈主張〉提出如下具體的辦法：「中國共產黨的方法，是要邀請國民黨等革命民主派及革命的社會主義各團體，開一個聯席會議……，共同建立一個民主主義的聯合戰線，向封建式的軍閥繼續戰爭。」「這種聯合戰爭，是解放我們中國人受列強和軍閥兩重壓迫的戰爭，是中國目前必要的不可免的戰爭。」[7] 至此，中共民主革命綱領的基本原則已經提出，為召開中共的「二大」作了思想上和理論上的準備。

(二) 中共「二大」的宣言：黨外合作

　　1922 年 7 月 16 日至 23 日，中共在上海召開「第二次全國代表大會」。出席這次大會的代表有陳獨秀、張國燾、李達、蔡和森、高君宇、鄧中夏、張太雷、施存統、王盡美、鄧恩銘、向警予及項英等十二人。中共「二大」著重地討論了世界形勢和中國社會的基本政治經濟狀況，明確指出中國革命的性質、對象、動力和前途，並制定了中共的民主革命綱領。

　　中共「二大」討論的中心問題及所作的重要決定，都表現在其後發表的〈中國共產黨第二次全國代表大會宣言〉裡。該〈宣言〉共分為三部分：

1. 第一部分，分析第一次世界大戰和俄國「十月革命」後的國際環境。
2. 第二部分，分析中國社會的政治經濟狀況，中國革命的性質及革命的動力。〈宣言〉指出：中國革命的性質是民主主義革命，是反對帝國主義和封建勢力的民族民主革命，革命的動力是無產階級、廣大的農民和小資產階級。〈宣言〉強調：只有無產階級的革命勢力和民主主義的革命勢力合同動作，才能使民主主義革命迅速成功。
3. 第三部分，除了明確提出中共革命的最高綱領為「組織無產階級，用階級鬥爭的手段，建立勞農專政的政治，剷除私有財產制度，漸次達到一個共產主義的社會」外，還具體規定建立「民主主義聯合戰線」的基本任務，以及在這個「聯合戰線」裡中共的最低綱領——「消除內

---

[7] 〈中國共產黨第一次對於時局的主張〉（1922 年 6 月 15 日），中共中央黨校黨史教研室選編，《中共黨史參考資料》，第一冊，二版（北京：人民出版社，1980 年），頁 340-341。

亂，打倒軍閥，建設國內和平；推翻國際帝國主義的壓迫，達到中華民族完全獨立；統一中國本部（東三省在內）為真正民主共和國。」[8]

(三) 共產國際的指示：西湖會議與黨內合作

中共「二大」後不久，共產國際於 1922 年 8 月發出〈給共產國際駐中國特派代表的指示〉，其要旨為：共產國際執行委員會認為國民黨是一個革命的政黨，這個政黨堅持辛亥革命的使命，並渴望建立一個獨立的中華民國。共產黨人為了完成他們的任務，必須在中國國民黨內部和工會中組成從屬於他們自己的團體。

8 月下旬，馬林根據共產國際給他的指示，建議中共中央在杭州西湖召開特別會議，中共中央執行委員會陳獨秀、李大釗、蔡和森、張國燾、高君宇等五人，和張太雷、馬林二人出席了這次會議。馬林在「西湖會議」上傳達了共產國際的指示，提議中共黨員加入中國國民黨的組織。會議針對這個問題進行討論，起初大多數中央委員反對馬林的提議，認為中共黨員加入中國國民黨，與中國國民黨進行黨內聯合會「混合了階級組織」，牽制了中共的獨立政策。後經馬林的解釋與說服，多數中央委員為尊重國際指示，接受了馬林的提議。會議決定建立聯合戰線，採取黨內合作的形式，先由中共少數負責人以個人身分加入中國國民黨，再勸說全體黨員加入中國國民黨。這是中共關於國共合作形式問題的重大改變，即由「二大」決定的「黨外合作」方式，變為「黨內合作」的方式。[9]

(四) 共產國際第四次代表大會

1922 年 11 月，共產國際在莫斯科召開第四次代表大會，陳獨秀率領中共代表團出席。大會就東方殖民地半殖民地國家革命問題通過〈東方問題提綱〉，指出殖民地半殖民地國家建立「反帝統一戰線」，第一步實行

---

[8] 〈中國共產黨第二次全國代表大會宣言〉，《中共黨史教學參考資料》，第一冊（北京：人民出版社，1980 年），頁 3-17。

[9] 中國社會科學院現代史研究室編著，《中國共產黨歷次代表大會》（北京：中共中央黨校出版社，1982 年），頁 50-52；郭華倫，《中共史論》，第一冊，四版（臺北：國立政治大學國際關係研究中心，1982 年），頁 44-46；楊鳳城主編，《中國共產黨歷史》（北京：中國人民大學出版社，2010 年），頁 33。

「資產階級民主革命」的必要性。中共代表團在會上發言，公開宣佈：
「根據要在中國消滅帝國主義這一前提，就必須建立反帝的統一戰線，我
們黨已決定和國民黨建立統一戰線了，其形式是我們的黨員以個人名義參
加國民黨。」[10] 這是中共第一次將加入中國國民黨的問題公佈於眾。

㈤ 共產國際關於中共與國民黨關係問題的〈決議〉與〈指示〉

　　1923 年 1 月，共產國際為促進中共與中國國民黨建立聯合戰線，專
門作出了〈關於中國共產黨同國民黨關係問題的決議〉，指出：「國民黨
是現時中國惟一強大的民族革命組織」，「年輕的中國共產黨與國民黨實
行合作是必要的」，中國共產黨「應在民族革命戰線一切運動中幫助國民
黨」，但無論如何「不應與國民黨合併」，「不應在這些運動中隱藏自己
的特殊的旗幟」。[11]（按：這個〈決議〉的內容，其實包含的是兩種互不
相容的概念，因此成為日後陳獨秀與共產國際歷次爭執的根源，也是國民
黨「容共時期」一再檢舉制裁中共的原因所在。）

　　5 月，共產國際又作出〈對中國共產黨第三次代表大會的指示〉，要
中共立即擴大與中國國民黨的合作，並強調農民運動的重要性和工人階級
的領導權問題。指示中共的首要任務是「加強共產黨使其成為無產階級的
群眾性政黨」，「把工人階級的各種力量組織到工會中去」，以掌握統一
戰線的領導權。[12]

㈥ 中共「三大」的決定：以個人名義加入國民黨

　　根據共產國際的指示，為討論並決定建立國共合作的統一戰線政策，
中共乃於同（1923）年 6 月 12 日至 20 日，在廣州召開「第三次全國代

---

[10] 中國革命博物館黨史陳列研究部彙編，《中共黨史主要事件簡介（1919-1949）》（成
　　都：四川人民出版社，1982 年），頁 55-56；中國社會科學院現代史研究室編著，《中
　　國共產黨歷次代表大會》（北京：中共中央黨校出版社，1982 年），頁 52-53。

[11] 鄭德榮、朱陽主編，《中國共產黨歷史講義》（延邊：吉林人民出版社，1981 年），
　　頁 33；郭華倫，《中共史論》，第一冊，四版（臺北：國立政治大學國際關係研究中
　　心，1982 年），頁 75。

[12] 鄭德榮、朱陽主編，《中國共產黨歷史講義》（延邊：吉林人民出版社，1981 年），
　　頁 33。

表大會」。出席會議的代表有陳獨秀、李大釗、蔡和森、張國燾、毛澤東、瞿秋白等三十餘人，代表全國黨員四百二十人，共產國際代表也出席了大會。大會的中心議題即為中共黨員加入中國國民黨的問題，討論的依據是前述共產國際 1923 年 1 月份的〈決議〉。經過激烈的爭論後，大會決定全體共產黨員以個人名義加入中國國民黨，但同時要保持共產黨在思想上、組織上和政治上的獨立性。[13] 中共「三大」的中心任務，是確定同中國國民黨建立聯合戰線的策略，並規定共產黨在統戰中的任務。由上述可知，中共關於統戰策略的確立，從「二大」到「三大」，大體上經歷了如下的過程：

1. 從反對同中國國民黨合作到贊成聯合。
2. 從反對加入中國國民黨到同意加入。
3. 從少數負責人加入到全體黨員加入中國國民黨。

　　總之，即由「黨外聯合」的形式演變到「黨內合作」的形式。

㈦「三屆一中全會」與〈第十三號通告〉

　　「三大」後，中共為加速所謂國共合作的進程，於 1923 年 11 月 24、25 兩日召開「三屆一中全會」，檢討「三大」後各項決議的執行情形，著重討論中共在國民革命運動、工人運動和宣傳教育方面的工作情形，通過〈國民運動進行計畫〉、〈勞動運動進行方針〉等決議。決議要求中共黨員加強反對帝國主義的宣傳與行動，以中國國民黨的名義加入到各種群眾組織中去。12 月 25 日，中共中央發出〈第十三號通告〉，要求中共全體黨員，積極參與中國國民黨的改組工作，並向各地黨組織部署參加改組的具體步驟。[14]

---

[13] 楊鳳城主編，《中國共產黨歷史》（北京：中國人民大學出版社，2010 年），頁 33。

[14] 中國社會科學院現代史研究室編著，《中國共產黨歷次代表大會》（北京：中共中央黨校出版社，1982 年），頁 73。

四、與國民黨「聯合戰線」的確定

㈠ 中國國民黨召開「一大」

　　1924 年 1 月，中國國民黨在廣州召開「第一次全國代表大會」，中共分子李大釗等十人被選爲國民黨中央執行委員或候補執行委員，約佔委員總數的四分之一。中共所謂的以國共合作爲核心的「聯合戰線」，至此正式建立。（詳見本章第二節，參。）

㈡ 中共「三屆二中全會」

　　國民黨「一大」閉幕後不久，中共於 1924 年 2 月舉行「三屆二中全會」，通過〈同志們在國民黨工作及態度決議案〉，號召中共黨員於中國國民黨改組之後，在各個方面均應努力工作。此處所謂的「努力工作」，當然是指中共「三大」決議中所規定的各項工作，包括爭取勞動階級、發展共產黨組織等。接著，中共中央在 5 月 14 日至 16 日，召開「擴大執行委員會」，討論中共黨員在「聯合戰線」中出現之左傾和右傾的偏差問題，重新決定中共的政策。會議通過中國共產黨在中國國民黨的工作、工會運動、黨的組織及宣傳教育等議決案，強調共產黨員在中國國民黨內工作的重要性和共產黨的獨立性，以及共產黨要加強對工人、農民、青年等革命運動的領導。並特別規定：產業工人運動是共產黨的基本工作，不應與中國國民黨的工作混合。[15]

㈢ 中共「四大」的方針：打擊右派，爭取中派，擴大左派

　　中共爲了總結「三大」後的工作；總結在「聯合戰線」中從事工、農、青、婦各項運動的經驗教訓，以確定中共在中國國民革命運動中的地位，並制定其新的工作方針和政策，乃決定於上海召開「第四次全國代表大會」。「四大」於 1925 年 1 月 11 日開幕，22 日閉幕。出席者有陳獨秀、蔡和森、瞿秋白、張太雷、周恩來、李立三等二十人，共產國際代表維丁斯基也參加了這次大會。此時中共黨員數共有九百九十四人。[16] 大會選出

[15] 中國社會科學院現代史研究室編著，《中國共產黨歷次代表大會》（北京：中共中央黨校出版社，1982 年），頁 76-78。

[16] 胡繩主編，《中國共產黨的七十年》（北京：中共黨史出版社，1991 年），頁 54；陳

新的中共中央執行委員九人，分別是陳獨秀、瞿秋白、蔡和森、張國燾、彭述之、李大釗、譚平山、李維漢、項英；並以陳獨秀、彭述之、張國燾、蔡和森、瞿秋白等五人組成中央局。陳獨秀續任中共中央領導人，其名稱由中央執行委員會委員長改爲總書記，並兼任中共中央組織部主任。

　　中共「四大」決議著重於檢討中共黨員在同中國國民黨建立「聯合戰線」之過程中，所犯的左傾和右傾錯誤。左傾錯誤的表現是：反對加入中國國民黨，反對參加國民革命，以爲這是和資產階級妥協。右傾錯誤的主要表現是：以爲應集全力於中國國民黨的工作，不必同時進行中國共產黨的工作；以爲做國民運動，不必進行階級鬥爭。決議指出：左傾錯誤不懂得爭取革命同盟軍是實現無產階級領導權的關鍵；而右傾錯誤則是主動放棄無產階級對國民革命的領導責任。[17]

　　因此，決議提出中共在「聯合戰線」中與中國國民黨關係的六項新政策，其要點如下：(1)中國國民黨包含社會各階級的成分，要極力反對階級的妥協；(2)在宣傳上要攻擊右派，阻止中派右傾；(3)在思想上、組織上要鞏固左派，擴大左派，攻擊右派，並在工農群眾中宣傳階級鬥爭的理論；(4)在中國國民黨內公開擴大中國共產黨的宣傳和組織工作；(5)建立工人與農民的獨立而強固的職業組織；(6)在中國共產黨指導下使中國國民黨左派從思想上鞏固起來。[18]中共在其日後出版的黨史書籍中公開承認，這六項新政策充分表明，中國共產黨在中國國民黨工作中的基本方針是：「打擊右派，爭取中派，擴大左派」。[19]

　　以上所述，係中共早期「聯合戰線」策略的形成背景及其策略確定的

　　至立主編，《中國共產黨建設史》（上海：上海人民出版社，1991年），頁88；楊鳳城主編，《中國共產黨歷史》（北京：中國人民大學出版社，2010年），頁37。

[17] 中國社會科學院現代史研究室編著，《中國共產黨歷次代表大會》（北京：中共中央黨校出版社，1982年），頁88。

[18] 請參見〈對於民族革命運動之議決案〉（1925年1月中共「第四次全國代表大會」通過），中共中央黨校黨史教研室選編，《中共黨史參考資料》，第二冊（北京：人民出版社，1980年），頁76-81。

[19] 中國社會科學院現代史研究室編著，《中國共產黨歷次代表大會》（北京：中共中央黨校出版社，1982年），頁89。

過程，包括共產國際對中共的有關指示，中共歷次重要會議關於「聯合戰線」策略的討論與決議，以及從中共「二大」到「四大」的組織發展。茲再將中共早期「聯合戰線」的建立經過，中共在「聯合戰線」期間的企圖和作為，以及「聯合戰線」的破裂等，分述於次。

第二節　聯合戰線的建立與中共的企圖和作為

一、馬林的建議與孫中山的回應

　　中共所謂的「聯合戰線」，對中國國民黨而言，是「聯俄容共」。1923 年 1 月 26 日，孫中山與蘇俄特命全權大使越飛（Adolf Abramovich Joffe, 1883-1927）發表的「聯合宣言」，一般咸認係「聯俄容共」的根據和基礎。然則，在此之前，中山先生早與蘇俄或共產國際多位代表有所接觸和晤談。如 1920 年 3 月在上海接見普波夫（C. Popoff），同年秋在上海接見維丁斯基，同年底在廣州接見阿里克夫（Alexieff），1921 年 12 月在桂林會見馬林，1922 年 5 月在韶關會見達林（A. S. Dalin）等。這些代表在和孫中山晤談時，都表示願意協助中國革命，其中以馬林的影響最大，對日後中山先生「聯俄容共」政策之確立，有決定性的作用。

　　馬林於參加中共「一大」後離滬至粵，先與陳炯明等各方人士接觸，進行試探遊說工作。同（1921）年 12 月 23 日，始抵桂林謁見中山先生。馬林認為，中國國民黨在宣傳及組織上太弱，而且缺乏基本武力，因此向中山先生建議：㈠改組中國國民黨，聯合社會各階層，尤其是農民及工人階級；㈡創辦軍官學校，建立革命武力；㈢與中共合作，與蘇俄聯合。[20] 馬林為了取得孫中山的同意，曾向中山先生再三陳述蘇俄並不實行共產主義，而改行新經濟政策，並謂此與中山先生之實業計畫相差無幾。馬林的這個觀點頗引起中山先生的興趣，事後中山先生在給廖仲愷的電文中曾謂：「俄國經濟狀況，尚未具實行共產的條件，故初聞蘇俄實行共

---

[20] 王健民，《中國共產黨史》，第一編（臺北：漢京文化事業有限公司，1988 年），頁94；張玉法，《中國現代史》，第九版（臺北：東華書局，1988 年），頁380。

產，甚爲詫異。今與馬林談，始知俄國的新經濟政策，與我們的實業計畫，相差無幾，至爲欣慰。」[21]

　　當中山先生與馬林晤談時，有一段對話十分重要。馬林問中山先生的「革命哲學基礎」爲何？中山先生答以：「中國有一道統，堯、舜、禹、湯、文、武、周公、孔子相繼不絕。余之思想基礎，即承此道統，而發揚光大耳。」[22]馬林不解其意，再詢中山先生，中山先生所答者依然如此。按馬林向中山先生提出這個問題，原想中山先生會答以「馬克思主義」，結果未如所願。於此可見，中山先生是承襲中國道統來從事革命事業，亦以此來對待蘇俄及中共，決不因「聯俄容共」而有絲毫讓步。

二、越飛來華與〈孫、越宣言〉

　　〈孫、越宣言〉的主角之一越飛（如圖3-1），原是蘇俄富有經驗的外交家，曾任蘇、德停戰談判的代表團團長，在停戰協定簽署之後，擔任蘇俄駐德大使。1922 年 8 月，越飛以蘇俄專使身份抵達北京，主要任務是同北京政府建立外交關係，但並未達成使命。是時，越飛曾與因陳炯明叛變而離粵抵滬的孫中山通信，「信內曾言及當時中、蘇兩國的國內、國際各種問題。」[23]翌（1923）年 1 月 16 日，越飛南抵上海與中山先生數度晤談。越飛向中山先

圖 3-1　越飛

生建議中、蘇聯合，並請求准許中共黨員以個人資格加入中國國民黨，參加國民革命陣容。越飛還向中山先生說明中國只宜實行孫博士之三民主義，絕不能實行共產主義，並稱蘇俄之實況，亦非實行所謂共產主義，即

---

[21] 蔣中正，《蘇俄在中國》，六版（臺北：黎明文化事業股份有限公司，1989 年），頁 14。

[22] 王健民，《中國共產黨史》，第一編（臺北：漢京文化事業有限公司，1988 年），頁 94-95。

[23] 郭華倫，《中共史論》，第一冊，四版（臺北：國立政治大學國際關係研究中心，1982 年），頁 74。

使一、二百年後，共產主義能否在蘇俄真正實行，尚屬疑問。爲確定今後中、蘇關係之基本原則，中山先生與越飛乃於 1 月 26 日發表著名的〈孫、越聯合宣言〉（俗稱〈孫、越宣言〉）。〈宣言〉之要點有四：

1. 孫逸仙博士以爲共產組織，甚至蘇維埃制度，事實上均不能引用於中國，因中國並無使此項共產制度或蘇維埃制度可以成功之情況也。此項見解，越飛君完全同感。且以爲中國最要最急之問題，乃在民國的統一之成功，與完全國家的獨立之獲得。關於此項大事業，越飛君並確告孫博士，中國當得俄國國民最摯熱之同情，且可以俄國援助爲依賴也。

2. 爲明瞭此等地位起見，孫逸仙博士要求越飛君再度切實聲明 1920 年 9 月 27 日俄國對中國通牒列舉之原則。越飛君因此向孫博士重行宣言，即俄國政府準備且願意根據俄國拋棄帝政時代中俄密約（連同中東鐵路等合同在內）之基礎，另行開始中俄交涉。

3. 因承認全部中東鐵路問題，只能於適當之中、俄會議解決，故孫逸仙博士以爲現在中東鐵路之管理，事實上現在只能維持現況。且與越飛同意現行鐵路管理法，只能由中、俄兩政府不加成見，以雙方實際之利益與權利適時改組。同時孫逸仙博士以爲此點應與張作霖將軍商量。

4. 越飛君正式向孫博士宣稱，俄國現政府決無亦從無意思與目的，在外蒙古實施帝國主義之政策，或使其與中國分立。孫博士因此以爲俄國軍隊不必立時由外蒙古撤退。緣爲中國實際利益與必要計，中國北京現政府無力防止因俄兵撤退後白俄反對赤俄之陰謀與敵抗行爲之發生，以及釀成較現在尤爲嚴重之局面。[24]

　　〈孫、越宣言〉發表後兩天，越飛離滬赴日，中山先生派廖仲愷陪往，繼續商討各項細節達一個月之久。「聯俄容共」政策至此大致確定。

三、鮑羅廷來華與中國國民黨改組

　　孫中山在接受馬林與越飛等人「聯俄容共」之請求後，即著手改組

---

[24] 羅家倫主編，《革命文獻》，第九輯，影印再版（臺北：中國國民黨中央委員會黨史史料編纂委員會，1978 年），頁 36-37。

中國國民黨。1923 年 10 月底，中山先生派廖仲愷、鄧澤如等人召集特別
會議，商討改組事宜。是時，蘇俄代表（同時也是共產國際代表）鮑羅廷
（M. M. Borodin, 1884-1951）（如圖 3-2）已至
廣州，中山先生聘他為顧問，想借重他的組織
經驗，協助改組中國國民黨。鮑羅廷此時曾公
開表示：「假定中國國民革命的工作能夠完成，
我就死在中國，我就脫離共產黨，永遠不回俄
國。」情詞如此懇切，中山先生自然引其為好
友，希望他能為中國國民革命有所貢獻。但鮑
羅廷居心叵測，暗中指導中共黨人的活動，他
曾對譚平山等人說：「我在報紙上為國民黨說
話，結果卻是為了擴充共產黨的影響力。」[25]

圖 3-2　鮑羅廷

　　1924 年 1 月 20 日至 30 日，中國國民黨在廣州召開第一次全國代表
大會，制定黨章，發佈宣言，並選舉中央執行委員與監察委員。在中央執
行委員二十四人中，有譚平山、李大釗、于樹德三人為共黨分子；候補中
央執行委員十七人中，有林祖涵（林伯渠）、韓麟符、毛澤東、張國燾、
沈定一、于方舟、瞿秋白等七人為共黨分子；合計共黨分子共當選十人，
約佔中央執行委員（含候補委員）總數四十一人的四分之一。在國民黨中
央所組設的八部中，共黨分子林祖涵、譚平山分任農民部長和組織部長。
另有共黨分子馮菊坡擔任工人部祕書，由於工人部長廖仲愷兼職很多，部
務皆交由祕書處理，馮乃藉此把持工人部。此外，還有不少中共分子，在
國民黨中央黨部和各地方的執行單位中擔任重要職務。[26]

　　在國民黨「一大」討論〈中國國民黨章程草案〉時，方瑞麟、江偉
藩、黃季陸等人曾提議，要在黨章中增加一項條文，規定「本黨黨員不得
加入他黨」。意指中共黨員加入國民黨後，即不得再保有中共黨籍，而兼

[25] 李雲漢，《從容共到清黨》，上冊（臺北：中國學術著作委員會，1966 年），頁 173-
174。
[26] 王邦佐主編，《中國共產黨統一戰線史》（上海：上海人民出版社，1991 年），頁
36；楊奎松，《國民黨的聯共與反共》（北京：社會科學文獻出版社，2008 年），頁
31；胡繩主編，《中國共產黨的七十年》（北京：中共黨史出版社，1991 年），頁49。

跨國、共兩黨；且能防止國民黨員被誘而兼跨中共黨籍。此議迫使李大釗不得不代表加入國民黨的共黨分子提出聲明，陳述他們加入中國國民黨的理由。其要旨如下：「我等之加入本黨，是爲有所貢獻於本黨，以貢獻於國民革命的事業而來的，斷乎不是爲取巧討便宜，借國民黨的名義作共產黨的運動而來的」；「我們加入本黨，是一個一個的加入的，不是把一個團體加入的，可以說我們是跨黨，不能說是黨內有黨」；「我們既經參加了本黨，我們留在本黨一日，即當執行本黨的政綱，遵守本黨的章程及紀律。倘有不遵本黨政綱，不守本黨紀律者，理宜受本黨的懲戒。」[27]

　　李大釗的聲明，看起來好像很坦白。但其實這是因爲共黨分子要加入中國國民黨，就不能不接受中山先生所確定的條件和範圍。而這些條件和範圍，乃是中山先生與蘇俄歷次派來的代表，經過鄭重且周密的商討所確定下來的。李大釗的意見，只不過是公開加以申述而已。但是他在這份笑臉迎人的聲明書中，最後又加上一段話：「我們所希望於先輩諸同志者，本黨既許我們參加，即不必對於我們發生猜疑，而在在加以防制。倘認我們參加本黨不合，則儘可詳細磋商。苟有利於本黨，則我們之爲發展本黨而來者，亦不難爲發展本黨而去。惟有猜疑防制，實爲本黨發展前途的障礙，斷斷乎不可不於本黨改造之日，明揭而掃除之。」[28]依李大釗之意，中國國民黨對於跨黨分子大可不必加以猜疑和防制，於是共黨就可以黨團的組織與活動，來把持、操縱、分化和破壞中國國民黨了。從中共黨員加入中國國民黨的前後史實來看，也難謂中共不是「沒有打算」的。[29]

---

[27] 〈李守常對共產分子加入國民黨之聲明〉，中華民國史料研究中心編，《中國國民黨第一次全國代表大會史料專輯：陸、容共與反共問題》（臺北：中華民國史料研究中心，1984 年）頁 522-525。

[28] 〈李守常對共產分子加入國民黨之聲明〉，中華民國史料研究中心編，《中國國民黨第一次全國代表大會史料專輯：陸、容共與反共問題》（臺北：中華民國史料研究中心，1984 年）頁 522-525。

[29] 克思明，《早期國共關係新論：從俄聯、聯共到三大政策的辯證》，修訂版（臺北：臺灣學生書局有限公司，2005 年），頁 296-302。

四、中共在聯合戰線中的企圖與作為

那麼，中共黨員加入國民黨後，其真正的企圖與作為又是如何呢？早在容共之初，周佛海即曾寫信問過陳獨秀這個問題。陳回答周說，中共黨員加入中國國民黨有兩個作用：

第一，是「利用國民黨的招牌，發展共產黨的勢力。」陳獨秀解釋說：「因為如果拿著共產黨的招牌去活動，一定到處碰釘子，因為人家一見到『共產黨』三個字，就要望而卻步，拿國民黨的招牌，就可和各方面接近。」所以，陳獨秀指示中共黨員在中國國民黨內要「拿國民黨的名義，做共產黨的工作。」

第二，是「使國民黨共產化」。陳獨秀解釋說：「因為共產黨員既取得國民黨員的資格，就可在國民黨內掌握黨權，操縱黨務，製造輿論，煽動黨員，而使國民黨漸變為共產黨。」在這方面，陳獨秀主張中共黨員在中國國民黨內要進行煽動、操縱與掌權，以使「國民黨本來的主張和政策……無形消滅」，「徒有國民黨的空名，事實上等於亡黨。」[30]

中共領導人陳獨秀在上述的信中強調，中共黨員加入中國國民黨，以及利用中國國民黨的招牌，發展共產黨的勢力，並促使中國國民黨逐漸共黨化等，乃是共產國際所定的策略，令中國共產黨實行的。[31]

聯俄容共期間，代表共產國際在華充當中共指導者的鮑羅廷，對於中共黨員加入中國國民黨後的一些具體做法，也有詳細的指示。是時，鮑羅廷告訴中共黨員的策略，最重要的就是「把國民黨分做左右兩派」。鮑羅廷把當時的中國國民黨中央黨部當作「左派」的機關，把廣州市黨部當作「右派」的機關，使這兩級黨部暗中相互排擠。鮑羅廷叫中共黨員以中國國民黨的名義，攻擊那些不接近共產派的黨員，又以捏造所謂「左派」、「右派」的名義，攻擊胡漢民、廖仲愷等人「賣黨」，使中國國民黨自行分裂，以便「共產派」乘機壟斷中國國民黨的黨務。此外，對於中國國民

---

[30] 周佛海，〈我逃出了赤都武漢〉，《陳公博、周佛海回憶錄合編》（香港：春秋出版社，1967 年），頁 149。

[31] 周佛海，〈我逃出了赤都武漢〉，《陳公博、周佛海回憶錄合編》（香港：春秋出版社，1967 年），頁 149。

黨的領袖，鮑羅廷告訴中共黨員要採取如下的策略：㈠對於要利用、也可利用者，例如汪精衛，就極力替他鼓吹，替他捧場；㈡對於不要利用、或雖欲利用但不受利用者，例如蔣中正和戴季陶，便極力誹毀，務使其信用掃地，在黨內及社會上沒有立足的餘地。至於對一般民眾團體的策略，鮑羅廷告訴中共黨員必須設法操縱；如果不能操縱，則務必設法破壞，使其不能成立。[32] 這些，就是當時鮑羅廷指示中共黨員，在中國國民黨內所要採取的策略和手段。

　　如上所述，1924 年 1 月中國國民黨改組後，中共分子在中國國民黨中央黨部位居要職的有組織部長譚平山、農民部長林祖涵、工人部祕書馮菊坡等人。他們在這三部中，極盡掌權、操縱及擴展共黨勢力之能事。據時任青年部長鄒魯的《回顧錄》記載，摘錄如下：

　　組織部是國民黨內最重要的機關，譚平山擔任該部部長，使得黨組織章程都歸其擬訂，各地組織人員都歸其委派。他對各地黨務的籌備員，有共產黨員就派，沒有就不派。派出的人又專收容共產黨員與左傾分子，一般入黨者多被拒絕。中央黨部得此消息，曾由委員在中央執委會議中多次提出。

　　但此事屬於組織部的職權範圍，當然交組織部查辦，而組織部概以一「擱」字了之。

　　工人部長廖仲愷當時身兼多職，部務只有交由祕書馮菊坡主持，於是工人運動多被共黨分子操縱。對共方的工會隨時准其成立，非共者則多方阻撓。屬於共方的工會，直接由共產黨訓練指揮之，非共者則以工人部及政府名義迫挾之，終不歸順、不受利用者，則別立一同業工會以破壞之。中共又以鮑羅廷爲太上皇，鮑在名義上是顧問，卻對罷工事直接下令。罷工後一切經費由政府供給，共產黨則收買工會領袖，主持罷工委員會，名爲中國國民黨員，實爲共產黨員。

　　農民部長初爲林祖涵，繼爲彭素民，再爲黃居素，但一切部務都

---

32 周佛海，〈我逃出了赤都武漢〉，《陳公博、周佛海回憶錄合編》（香港：春秋出版社，1967 年），頁 153-154。

爲祕書共黨分子彭湃所把持。該部欲設農民運動講習所，突然提出，通過招生後，隨即舉行考試，閱卷時祇看卷面名字，凡非共產黨員悉予棄置。又設農民協會與農團軍，由共產黨一手包辦，專收土豪土匪，一入協會，不但前罪全免，以後做惡也不罰。至於農民部派出的農民運動員，儘量出之以共產黨名義，否則即借政府名義壓迫之，務必斷絕國民黨與農民的關係。[33]

容共期間，共產黨的企圖與各項作爲，後人多有揭露。蔣中正在《蘇俄在中國》一書中也有如下的記述：

共黨以《嚮導》週刊爲其機關報，並出版書刊，宣傳馬克思主義，⋯⋯更滲透本黨的宣傳教育工作。共黨分子和同路人，用惟物論和階級鬥爭思想來曲解三民主義。只有他們用馬克思主義曲解三民主義，纔算得是「革命的思想」，反而指本黨黨員對三民主義的正確解釋爲「不革命」或「反革命」。最顯著的事件，就是排擠宣傳部長戴季陶及青年部長鄒魯，致使其憤而離粵。⋯⋯

共黨分子對於本黨組織，最初並不求其完全控制。其第一步僅在滲透，第二步就要來分化。所以他在本黨內部，全力製造其所謂「左派」、「右派」等名稱，而高唱其「革命的向左轉」的口號，更加以挑撥離間的工作。如此本黨黨員受了共黨跨黨分子分化挑撥的影響，自相矛盾，互爲排斥，而共黨分子纔能乘機把持本黨的黨務與民眾運動。就在本黨改組成立不到半年之後，赤色氣燄就逐漸猖獗，已爲識者所深慮了。[34]

1924 年 6 月 1 日，中國國民黨廣州市黨部先向中央黨部提出共黨分

---

[33] 鄒魯，《回顧錄》，引自沈雲龍著，《中國共產黨之來源》（臺北：文海出版社，1978年），頁 38-39。另請參見桂崇基著，沈世平譯，《中國國民黨與中國共產黨》（臺北：國防部總政治作戰部，1974 年），頁 20。

[34] 蔣中正，《蘇俄在中國》，六版（臺北：黎明文化事業股份有限公司，1989 年），頁 26-27。

子破壞組織的檢舉案，請制裁共黨分子的不法行為。接著，中國國民黨中央監察委員鄧澤如、張繼、謝持等人於 6 月 18 日提出彈劾共產黨案。他們認為「中國共產黨員及中國社會主義青年團員之加入本黨為黨員者，實以共產黨黨團在本黨中活動，其言論行動皆不忠實於本黨，違反黨義，破壞黨德，確於本黨之生存發展有重大妨害。」他們舉出中國共產黨及中國社會主義青年團的有關〈決議〉、〈宣言〉等文件，作為彈劾的證據，致書中央執行委員會，提請「從速嚴重處分」。他們在彈劾案中還特別加具意見，說明本案之提出，「非反對或排斥共產黨員、社會主義青年團員之加入本黨為黨員者個人」，而是「完全為本黨之生存發展起見，認為絕對不宜黨中有黨」；惟事實證明，「共產黨員、社會主義青年團團員之加入本黨為黨員者，純係共產黨在本黨中之一種黨團作用」，「既有黨團作用，則已失其為本黨黨員之實質與精神，完全不忠實於本黨，且其行為尤不光明」。[35]

此一彈劾案提出後，經過中國國民黨中央多次討論，最後作出如下的決議：「共產主義者之接受本黨黨綱而加入本黨，即當視為本黨黨員以管理之。」同時，中山先生也對鄧澤如等人作如下的說明與指示：「如果中共分子借本黨的名義來推行其共產主義，從事階級鬥爭，來破壞國民革命，本黨自易加以制裁。就算是陳獨秀想要破壞本黨的組織，本黨也不難加以制裁，而棄絕他於國民革命陣營之外。」[36]

1924 年 11 月，中山先生離粵北上，倡導召開國民會議及廢除不平等條約。當中山先生抵達天津後即感不適，後在北京協和醫院療治無效，於 1925 年 3 月 12 日與世長辭。噩耗傳出，四海同悲，咸認係中國革命最大的損失。誠如蔣中正所言：「如果國父親手領導革命的時間，能再延長五年至十年，同時本黨的領導幹部，能深切體會國父聯俄容共的本旨，及其反對馬克斯惟物主義和階級鬥爭的訓示和精神，我們可以相信北伐不會受

---

[35] 〈中央監察委員會彈劾共產黨案——致中央執行委員書〉，請參見王健民，《中國共產黨史》，第一編（臺北：漢京文化事業有限公司，1988 年），頁 120-125。

[36] 蔣中正，《蘇俄在中國》，六版（臺北：黎明文化事業股份有限公司，1989 年），頁 28。

到共黨分子的阻撓，北伐時期國民革命陣營也不至發生分裂。」[37] 事實確是如此，自中國國民黨總理孫中山病逝後，中共對國民黨的分化、破壞與篡奪工作，便毫無忌憚的積極進行，因而造成中國國民黨內部的分裂，並發生「廖仲愷被刺案」、「西山會議的召開」、「中山艦事變」及「整理黨務案」等幾件重要的歷史性事件。

㈠ 廖仲愷被刺案

1925 年 8 月 20 日上午九時，廖仲愷出席中央執行委員會例會，甫入大門，即被暴徒狙擊身亡。鮑羅廷與中共分子指胡漢民與聞此事，堅持派兵逮捕胡漢民、鄧澤如、謝持、鄒魯等十餘人。當時許崇智詰問鮑羅廷：「事無佐證，何能逮捕？」鮑答以：「政治上只問政見同不同，不問證據有沒有？有人被殺，即為證據。」[38] 結果，胡漢民被迫出國，林森、鄒魯、謝持、張繼、戴傳賢、邵元沖等人亦被迫先後離粵。

㈡ 西山會議的召開

廖案發生後，被迫離粵的中國國民黨中央執、監委員，不忍坐視中國國民黨被共黨分子蠶食鯨吞，乃於 1925 年 11 月 23 日，在北京西山碧雲寺孫中山靈前召集會議，即著名之「西山會議」，出席者有林森、鄒魯、謝持、張繼、戴傳賢、邵元沖、居正、葉楚傖、傅汝霖等人。會中決議取消共產黨員加入中國國民黨者的黨籍，解除鮑羅廷的顧問職務，另設中央執行委員會於北京，其後移設上海，造成上海與廣州的對立。是為中國國民黨改組後，因容共問題的爭執而發生的首次公開分裂。

㈢ 中山艦事變

1926 年 3 月 18 日晚，時任海軍代理局長的共產黨員李之龍，矯令蔣中正的座艦中山號由廣州駛回黃埔，裝滿燃煤。19 日晚，開回廣州，艦上升火，通夜不熄，戒備極嚴，陰謀劫持蔣中正赴海參崴，轉往俄國，

---

[37] 蔣中正，《蘇俄在中國》，六版（臺北：黎明文化事業股份有限公司，1989 年），頁 29。

[38] 鄒魯，《回顧錄》，引自桂崇基著，沈世平譯，《中國國民黨與中國共產黨》（臺北：國防部總政治作戰部，1974 年），頁 25。

以消除其奪取國民革命領導權的惟一障礙。但
事爲蔣中正察覺，乃於 20 日清晨在廣州衛戍
部宣佈戒嚴，逮捕李之龍及各軍黨代表中的共
黨分子，收繳共黨分子所操縱的省港罷工委員
會的槍械，並派兵收回中山艦。事後，蔣中正
堅持驅逐三個主要的蘇俄顧問：顧問團長季山
嘉（Kissarka, 即 Nikolay V. Kuybishev, 1893-
1938）（如圖 3-3）、參謀團主任羅加喬夫（V. P.
Ragachev）和羅茲幹（Razgon）；汪精衛亦託
病請假離粵赴法，中央政治委員會乃推譚延闓
代理國民政府主席。[39]

圖 3-3　季山嘉

（四）整理黨務案

　　中山艦事變平定後，22 日，蘇俄駐廣州的領事館代表沙羅耶夫
（Solovynev）爲此事往見蔣中正，問及「這是對人問題，還是對俄問
題？」蔣答以：「對人不對俄」，並表示希望鮑羅廷速回廣州之意。4 月
29 日，鮑自俄回粵，迭次與蔣會商國共合作問題，訂定整理黨務辦法，
並於 5 月 15 日，向國民黨「二屆二中全會」提出「整理黨務案」。經討
論後，於 5 月 17 日通過，其要旨爲：「共產黨應訓令其黨員改善對於國
民黨之言論態度」，「中央黨部各部長須不跨黨者方得充任」，以及「中
國共產黨及第三國際對於國民黨內共產分子所發一切訓令及策略，應先交
國共聯席會議通過。」[40]

---

[39] 蔣中正，《蘇俄在中國》，六版（臺北：黎明文化事業股份有限公司，1989 年），頁
32-33；李雲漢，《中國近代史》，增訂三版（臺北：三民書局股份有限公司，2014
年），頁 344；徐中約著，計秋楓、鄭會欣譯，《中國近代史》，下冊（香港：中文大
學出版社，2002 年），頁 529；郭廷以，《中國近代史綱》（香港：中文大學出版社，
1980 年），頁 563；郭恆鈺，《俄共中國革命祕檔（一九二六）》（臺北：東大圖書股
份有限公司，1997 年），頁 73-117；楊天石，《找尋真實的蔣介石：蔣介石日既解讀》
（香港：三聯書店有限公司，2008 年），頁 131-149。

[40] 蔣中正，《蘇俄在中國》，六版（臺北：黎明文化事業股份有限公司，1989 年），頁
33-34。

整理黨務案通過後，組織部長譚平山、農民部長林祖涵、代理宣傳部長毛澤東[41]等人，因身為共產黨員而去職。至此，共黨企圖奪取廣州革命基地的企圖既已失敗，北伐的阻力亦告消失。5月21日，中國國民黨中央全會發佈對時局宣言，決定北伐。按北伐原為孫中山的遺志，蔣中正曾屢次提出，至此始排除一切阻力，終於定案。誠如蔣中正日後所說：「這是我們中國國民革命成敗的關鍵，也就是本黨與共黨消長的分水嶺。」[42]

第三節　寧漢分裂與聯合戰線的結束

一、共黨對於北伐的態度

1926年6月5日，中國國民黨中央執行委員會臨時全體會議通過國民革命軍出師北伐案；國民政府於同日任命蔣中正為國民革命軍總司令，主持北伐軍事。7月1日，蔣中正總司令以軍事委員會主席身分，發佈北伐部隊動員令。6日，總司令部正式組成。9日，在廣州東校場舉行國民革命軍總司令蔣中正就職及北伐誓師典禮，由國民政府代主席譚延闓授印，中央黨部代表吳敬恆授旗，中央執行委員孫科則奉中國國民黨總理孫中山之遺像，以示託付孫中山之遺志。[43]在典禮中，蔣中正發表就職宣言，指出「革命戰爭之目的，在造成獨立之國家，以三民主義為基礎，擁

---

[41] 毛澤東在廣州擔任中國國民黨中執會代理宣傳部長的時間為：1925年10月至1926年5月，同時擔任國民黨刊物《政治周報》主編。請參見 Edgar Snow 著，一橋編輯室譯，《西行漫記：紅星照耀中國》（*Red Star over China*）（臺北：一橋出版社，2002年），頁161；Alexander V. Pantsov and Steven I. Levine 著，林添貴譯，《毛澤東：真實的故事》（*Mao: The Real Story*）（臺北：聯經出版事業股份有限公司，2015年），頁172、609。

[42] 蔣中正，《蘇俄在中國》，六版（臺北：黎明文化事業股份有限公司，1989年），頁34。

[43] 李雲漢，《中國近代史》，增訂三版（臺北：三民書局股份有限公司，2014年），頁345；林君長，《國民革命軍之奮鬥》（臺北：黎明文化事業公司，1981年），頁87-88。

護國家及人民之利益」，號召全國軍人，共同爲國民革命奮鬥，並要求全國人民，共負國民革命之責任。[44] 國民革命軍的此一理想與任務，實爲當時全國軍民同胞所嚮往，是以出師之後，進展迅速，不僅北洋軍閥爲之震慴，世界各國亦爲之震驚。

　　國民革命軍出師北伐，是中國現代史上的一件大事，對中共而言，亦有深刻的影響。中共對於北伐的態度，最初遵照共產國際的指示（如季山嘉之反對北伐及宣傳北伐必敗論），以種種理由反對和破壞北伐；後來破壞不成，北伐軍節節勝利，轉而利用北伐，如彭述之主張要「盡力參加北伐，幫助北伐軍在客觀上達到儘可能的勝利」，「在參加北伐中發展自身的力量，儘可能的建立自己的政治地位，取得應得的一切政治權利」。[45] 同時再施分化挑撥故技，利用所謂「左派」，假借「黨的權威」來壓制「軍事領袖」，企圖「以黨來支配一切」，甚至主張汪精衛「趕快銷假復職」。後來的「迎汪復職」運動，就是共黨分子發起的。

　　正當北伐軍乘勝前進，於 7 月 11 日攻佔長沙，9 到 11 月間先後克復武漢、南昌之後，共產國際於 11 月 22 日至 12 月 16 日在莫斯科舉行了「第七次擴大執行委員會議」。11 月 30 日，史達林在這一次會議的中國委員會上，曾以〈論中國革命的前途〉爲題發表演說。該會根據史達林的演說內容，通過〈共產國際第七次大會關於中國問題決議案〉。該〈決議〉指示中共「要在革命中佔領導地位」，除「組織和訓練無產階級」外，必須「勇敢地接近土地問題」，並「全力去實現過渡到非資本主義的發展之革命的前途」。該〈決議〉還指示中共要「加入廣東政府」，要「留在國民黨內」，「使國民黨發展成爲真正平民的政黨」，並採取「幾點行動」來分化中國國民黨，與左派「親密合作」，「有系統的堅決的反對右派」，在策略上要「利用各帝國主義間的一切衝突」。[46] 北伐期中的南京事件、

---

[44] 〈蔣總司令就職宣言〉（1926 年 7 月 9 日），全文收錄於王健民，《中國共產黨史》，第一編（臺北：漢京文化事業有限公司，1988 年），頁 207-208。

[45] 彭述之，〈我的北伐觀〉，《嚮導週報》，第一七〇期（1926 年 9 月 10 日）（東京大安 1963 年影印本），頁 1726。

[46] 郭華倫，《中共史論》，第一冊，四版（臺北：國立政治大學國際關係研究中心，1982 年），頁 200-203。

上海暴動及武漢政權的赤化等，都是這一決議的具體實施。

　　共產國際通過〈中國問題決議案〉後，爲加強這一決議案的執行，乃派譚平山回國（後來任武漢政權的農政部長），並增派英屬印度籍共產黨人羅易（M. N. Roy, 1887-1954）（如圖3-4）來華，與鮑羅廷同爲「國際代表」指揮共黨的活動。

二、共黨破壞北伐的種種作為

圖 3-4　羅易

㈠ 成立武漢聯合政府

　　由於北伐軍進展神速，中國國民黨人士的注意力集中到前線和新收復地區，對於遠處後方的廣州無形放鬆了，於是鮑羅廷乃乘機再施展其分化手段，拉攏一部分國民黨中央左派人士，前往武漢，於 1926 年 12 月 13 日，組織國民政府和中國國民黨中央的「聯席會議」，推徐謙爲主席，執行所謂「黨的最高職權」。12 月 31 日，當國民黨中央和國民政府由廣州遷抵南昌後，武漢的「聯席會議」抗不撤消，而且否決南昌中央的決議。翌（1927）年 3 月 10 日，「聯席會議」又在漢口召開中國國民黨「二屆三中全會」，改組中國國民黨中央和各軍政機關，牽引共黨人員參加中央和省級政府，組織了鮑羅廷和共黨所操縱的武漢聯合政府。

㈡ 製造「南京事件」

　　在這一情勢下，北伐軍仍照原定作戰計畫繼續向長江下游前進，以克復南京、上海爲目標。3 月 24 日，北伐軍克復南京時，共黨分子爲製造對外糾紛，中途破壞北伐，乃乘機煽動部分軍人在南京市內滋事，侵入英、美領事館，殺害館員；更有侵入教堂，殺害外國傳教士之事。此即北伐期間，共黨分子所製造的所謂「南京事件」。

㈢ 製造「上海暴動」

　　當北伐軍繼續指向上海時，中國國民黨所領導的勞工群眾在上海實行總罷工，以爲響應。共黨分子乃乘機組織工人糾察隊，發給槍械，企圖

暴動，成立勞工市政府，以挑起列強在上海與北伐軍的衝突。正在這個時後，北伐軍佔領了上海，蔣總司令即於 3 月 26 日由九江進駐上海，親自鎮攝這遠東第一個國際市場，免爲武漢之續，且及時制止類似「南京事件」之發生。

(四) 迎汪前往武漢

自「南京事件」及「上海暴動」發生後，東南各省的國、共兩黨關係到了劍拔弩張的階段。尤其在「上海暴動」中，共黨已武裝了二千七十名的工人糾察隊，企圖奪取上海政權。在這緊張關頭，汪精衛終於在 4 月 1 日，經莫斯科取得蘇俄的支援返抵上海。汪精衛抵上海後，經吳稚暉等人規勸勿去武漢，免被鮑羅廷利用，惟汪氏當予拒絕，且兩度與駐滬之共黨領導人陳獨秀洽商國、共兩黨關係問題，4 月 5 日與陳獨秀發表「聯合宣言」後，即動身前往武漢。

汪、陳「聯合宣言」之發表，窺其原意，似在緩和當時國、共兩黨間的緊張氣氛。但從整個宣言內容來看，汪、陳協商的交換條件爲：第一，陳獨秀聲明不實行「無產階級獨裁」，改爲建立各被壓迫階級的民主獨裁；而汪精衛則把孫中山的容共政策改爲「聯共」政策，承認國、共兩黨的平等地位。第二，陳獨秀聲明贊同「不以武力收回上海租界」的政策，「不單獨衝入租借」，並表示贊同「各階級合作政策」；汪精衛則保證「決無有驅逐友黨、摧殘工會之事」。[47] 這一宣言的發表，表明了汪、陳共同支持武漢政權，反對東南中國國民黨諸領袖之政策，因而宣言發表後，不但汪氏匆匆西行，陳獨秀及中共黨中央亦隨即遷往武漢。

(五) 爲蘇俄赤化中國之代理人

當汪、陳〈聯合宣言〉發表後的第二天，即 4 月 6 日，北京軍警搜查蘇俄駐華使館，俄館員聞警，趕緊焚燬文件，企圖湮滅證據。軍警見武官室起火，乃往搶救，在烈火中搶出文件千餘卷，後經摘譯三百卷，整編爲

---

[47] 〈汪精衛陳獨秀聯合宣言〉（1927 年 4 月 5 日），全文請參見《共匪禍國史料彙編》，第一冊，再版（臺北：中華民國開國文獻編纂委員會編印，1976 年），頁 271-272；王健民，《中國共產黨史》，第一編（臺北：漢京文化事業有限公司，1988 年），頁 267-268。

《蘇聯陰謀文證彙編》，其中有〈蘇聯在華密探局組織法〉、〈蘇聯在華特務組織系統表〉、〈蘇聯在中國軍事政治工作經費預算書〉、〈列維斯基為擴充大連密探範圍事致哈爾濱蘇聯密探分部部長馬爾克函〉等。

這些機密文件顯示了以下的一些事實：第一，蘇俄對中國之援助，不但完全為蘇俄本國利益著想，而且以中國為預定之敵國；第二，蘇俄派至馮玉祥之國民軍及廣東之國民革命軍中的顧問技師，同時又是蘇俄情報工作人員；第三，共產國際不但是俄共為進行世界革命所運用的工具，同時也是蘇俄情報機關所運用的機構；第四，中國共產黨及國民黨左派份子充當蘇俄情報人員，成為蘇俄密探局的有力工具；第五，蘇俄情報經費用之於中國者為數甚鉅，而中國共產黨之軍事工作人員甚至向蘇俄密探局領取俸祿。[48]

除在北京的搜查外，同（1927）年 2 月 28 日至 3 月在浦口對俄輪 Pamiat Lenina 號的搜查，4 月 7 日在天津對俄國機構的搜查，以及後來於 5 月 12 日在英國倫敦的搜查，均證明俄國有赤化中國的圖謀。

三、南京國民政府實施清黨

就在共產黨的圖謀完全曝露之際，中國國民黨為護黨救國，毅然決然展開全面的清黨運動。1927 年 3 月 28 日，中國國民黨中央監察委員吳稚暉、蔡元培、張人傑、李石曾等人在上海舉行監察委員會議，吳稚暉提出「已入國民黨之共產黨員謀叛國民黨，及不利於中華民國之種種行為，應行糾察。」當經決定發起一項「護黨救國運動」。[49] 4 月 2 日，中央監察委員再度舉行會議，吳稚暉提出查辦共產分子謀叛案，出席各委員亦報告共產黨員在湘、鄂、贛、浙、皖及上海各地受共產國際指使，破壞革命，擾亂社會的違法事實。會議乃一致決議，咨請中央執行委員會，採取非常緊急處置，將各地共黨首要危險分子，就近知照治安機關分別看管，制止

---

[48] 據〈蘇聯在中國軍事政治工作經費預算書〉所列，1925 年至 1926 年半年度對於中國全部之經費總額為美金九萬三千八百六十三元，其中第八項開列「中國共產黨中央軍事人員薪俸五萬元」。詳見《共匪禍國史料彙編》，第一冊，再版（臺北：中華民國開國文獻編纂委員會編印，1976 年），頁 197。

[49] 〈中央監察委員會會議紀錄〉（上海，1927 年 3 月 28 日）。

活動。在滬之中央執行委員會政治會議逐決議清黨。自 4 月 12 日起，上海、南京、江蘇、浙江、安徽、福建、廣東、廣西等省市開始實施全面清黨。

四、寧漢分裂

4 月 18 日，中國國民黨中央常會及國民政府委員會秉承孫中山遺志，定都南京，國民政府各機關即日在首都南京成立。同（18）日，國民政府發表〈告全體將士文〉，號召國民革命軍各軍統帥一致在蔣中正總司令領導下，為護黨救國而奮鬥；蔣中正也發表〈告全體將士書〉，要求革命軍將士要認識並竭誠擁護南京國民政府，消滅共黨所操縱的「武漢偽國民政府」。[50] 從此，共黨操縱的武漢政權便與南京的國民政府對立起來，在民國史上稱之為「寧漢分裂」。

五、中共召開「五大」

中國國民黨的清黨運動給中共以嚴重打擊，共產國際認為這是「中國革命的部分失敗」，從此「革命已進入其發展的第二階段，已開始從全民族聯合戰線的革命，轉變為千百萬工農群眾的革命，轉變為土地革命」。[51] 於是共黨便以全力來赤化武漢政權，以圖挽回其失敗的命運。

1927 年 4 月 27 日至 5 月 9 日，中共在武漢召開「第五次全國代表大會」，出席大會的代表有八十多人，代表黨員五萬七千九百多人，共產國際代表團和職工國際代表團，包括羅易、鮑羅廷、維丁斯基等人也參加了大會。羅易以共產國際代表團團長的身分，在大會上作「共產國際執行委員第七次擴大會議」關於〈中國問題決議案〉報告。羅易指出：共產國際是聯繫全世界革命運動的問題，來分析中國共產黨的過去及其發展道路的，並向中國共產黨提出了有關今後革命發展的一些具體任務。共產國際執委會通過的這個〈決議案〉，其主要內容是指出中國革命的性質，有向

---

[50] 〈國民政府告國民革命軍全體將士文〉，及〈蔣總司令告國民革命軍全體將士書〉全文，詳見清黨運動急進會編，《清黨運動》，全一冊（1927 年 6 月出版），頁 77-93。

[51] 郭華倫，《中共史論》，第一冊，四版（臺北：國立政治大學國際關係研究中心，1982 年），頁 233。

非資本主義前途發展和轉變到社會主義的可能。因此，共產國際指示中共要聯合農民，發展土地革命；領導工人鬥爭，團結工人階級；對於城市小資產階級，也要設法與之鞏固聯合；對於中國國民黨，要實行改組，使廣大工農加入，轉變中國國民黨爲工農小資產階級的聯盟，堅決反對右派。共產國際還具體指示中共要參加國民政府，要從上而下地執行革命的政綱，鞏固革命的政權。[52]

中共「五大」根據「共產國際執委會第七次擴大會議」關於〈中國問題決議案〉的要旨，通過了〈政治形勢與黨的任務決議案〉、〈土地問題決議案〉、〈職工運動決議案〉等，並發表「五一」節〈告中國民眾書〉和〈告世界無產階級書〉，同時還發表〈大會宣言〉。在「五大」的〈宣言〉中，中共強調：「共產黨加入國民黨，參加國民政府的工作」，是爲了「鞏固革命分子的結合，保障革命的發展」。中共所謂的「革命分子」是指工、農、小資產階級。中共指出：「依工農小資產階級三個階級的本性，國民革命的政體應當是民權的，可是對其他階級必須是獨裁的。凡是不和革命站在一起，並且反對我們的，都應當以無情的手段對付他，這是國民革命中惟一的原則。」因此，中共在該〈宣言〉中特別強調其在當前革命階段的「主要職任」是「建立工農小資產階級的民權獨裁制」。[53]

中共「五大」選出二十九位中央委員，十一位候補中央委員。在隨後舉行的中央委員會議上，選出陳獨秀、蔡和森、周恩來、李立三、李維漢、瞿秋白、譚平山、張國燾、蘇兆徵等九人爲中央政治局委員，陳獨秀、李維漢、張國燾等三人爲政治局常委，陳獨秀爲總書記，周恩來爲祕書長（周未到任前，由蔡和森代理祕書長的職務）。

---

[52] 中國社會科學院現代史研究室編著，《中國共產黨歷次代表大會》（北京：中共中央黨校出版社，1982年），頁105。

[53] 〈中國共產黨第五次大會宣言〉（1927年5月），《中共黨史教學參考資料》，第一冊（北京：人民出版社，1980年），頁80-81。

六、武漢分共

㈠湘、鄂、贛三省的反共風潮

　　就在中共召開「五大」前後，南方各省的工農運動在共黨的煽動下，正如火如荼地展開。由於共黨「過火」的工農運動，在城市方面，促使商店倒閉，工廠關門，經濟危機日益加深；在農村中，則造成一片混亂騷動，軍人家屬亦受侵害，於是兩湖的反共運動便接踵而來。首先發難的是夏斗寅和許克祥。夏為獨立第十四師師長，駐守於鄂西宜昌，於 5 月 18 日率軍東下抵紙坊，向武漢進攻。武漢因而謠言紛起，內部混亂，大有不可終日之勢。後經葉挺的第二十四師及獨立第一師予以擊退，武漢局勢始暫時復趨安定。在夏斗寅進攻武漢後不久，駐守長沙的第三十五軍第三十三團團長許克祥，聯合附近駐軍於 5 月 21 日發動「馬日事變」（按：二十一日為「馬日」，又稱「長沙事件」），封閉省總工會和省農民協會，收繳工人糾察隊和農民自衛軍的武裝，在許克祥的打擊下，共黨人員紛紛逃散，共黨的工農運動從此一蹶不振。

　　繼兩湖反共事件之後，江西的第三軍軍長朱培德（兼江西省政府主席），亦於 5 月 29 日遣送共黨人員出境，先後將其第三軍政治工作人員及江西重要共黨分子遣送離贛。至此，湘、鄂、贛三省瀰漫反共運動，武漢政權處於動搖崩潰中。

　　當湘、鄂、贛積極展開反共運動之際，共產國際代表和中共中央的反應卻舉棋不定，不知所措，而且各有主張，互不相讓，終於走向領導的破產。如軍事方面，有兩種不同的主張：一是主張北伐和東征，企圖打破武漢的孤立，力謀政治軍事局勢的擴張；一是主張南下，企圖在兩湖和兩廣發展農民革命，以鞏固其政權的社會基礎，並對東南採取包圍的形勢。鮑羅廷與「左派」主張前者，羅易則主張後者。關於農民運動方面，他們也有兩種不同的主張：一是為保持國共合作，要糾正農民運動的「過火」；一是主張農民的武裝革命。鮑羅廷主張前者，羅易主張後者。[54]

---

[54] 蔣中正，《蘇俄在中國》，六版（臺北：黎明文化事業股份有限公司，1989 年），頁 40-41。

㈡ 共產國際對中共的指示

在這一時期，即 1927 年 5 月 18 日至 5 月 30 日，共產國際在莫斯科召開「第八次執行委員會全體會議」，史達林於 5 月 24 日在全會的第十次會議上發表〈中國革命和共產國際的任務〉演說。史達林在這次會議上擊敗了托洛茨基（Leon Trotsky, 1879-1940）和季諾維也夫（Grigory Y. Zinoviev, 1883-1936），贏得了共產國際第八次執委全會的支持，最後全會根據史達林的演說，又通過了一個〈中國問題決議案〉（〈共產國際第八次執行委員會關於中國問題決議案〉）。[55] 共產國際的這個〈決議〉遲至 6 月 11 日才發表，但在此之前，共產國際根據該〈決議案〉的要旨先向中共發出訓令，亦即蔡和森在〈機會主義史〉中所說的「恰好國際來了一個電報」。[56]

這個電報於 6 月 1 日到達武漢，其內容有以下五點：㈠ 土地革命應從下級沒收土地，不用「國民政府」下令沒收；㈡ 以黨部的力量制止農民「過火」的行動；㈢ 清除現在不可靠的將領，武裝兩萬共產黨員，從兩湖挑選五萬工農分子，組織新軍隊；㈣ 在國民黨中央委員中，以新的工農分子代替舊分子；㈤ 以知名的國民黨員組織革命法庭，審判反動軍官。[57]

㈢ 武漢政府決定分共

共產國際的這個電報到達武漢後，鮑羅廷主張不要告知汪精衛，但羅易仍於 6 月 5 日以電報示汪，並告訴汪：「鮑羅廷不贊同把此電報給您看的，但是我認為你應當知道這個電報的內容，並且我也相信你一定會贊成的。」[58] 以汪精衛為首的武漢「左派」，至此始憬然警悟莫斯科利用國民

---

[55] 王健民，《中國共產黨史》，第一編（臺北：漢京文化事業有限公司，1988 年），頁 344-354。

[56] 蔡和森，〈機會主義史〉，《共匪禍國史料彙編》，第一冊，再版（臺北：中華民國開國文獻編纂委員會編印，1976 年），頁 580。

[57] 蔣中正，《蘇俄在中國》，六版（臺北：黎明文化事業股份有限公司，1989 年），頁 41；另見陳獨秀，〈告全黨同志書〉（1929 年 12 月 10 日印發）。

[58] 桂崇基著，沈世平譯，《中國國民黨與中國共產黨》（臺北：國防部總政治作戰部，1974 年），頁 48。

革命，來達到其赤化中國的目的之圖謀和野心，乃決定分共，而與中共決裂。[59]

　　就在武漢分共如箭在弦上之際，原與「馬日事變」有關之第三十五軍軍長何鍵於 6 月 29 日發表〈反共宣言〉，指責共黨「變相充作國民黨，混入軍隊中，冀圖將來之大暴動，此而不去，禍將不堪」，主張武漢中央要「明令與共產黨分離」，號召武漢軍民要「共起急圖」反共之策，擁護中國國民黨，擁護國民政府，實現三民主義，完成國民革命。[60] 翌（30）日，中共中央在武漢召開擴大會議，通過〈國共兩黨關係決議案〉，共十一條，對武漢「左派」做最大讓步，承認武漢「左派」「當然處於國民革命的領導地位」，工農團體均應受武漢「左派」的「領導與監督」，工農武裝均應服從武漢政權的「管理與訓練」，企圖藉此「退步」政策緩和軍隊的反共情緒，維持國、共兩黨的合作。[61]

　　7 月 3 日，鮑羅廷與陳獨秀在中共中央政治局會議中提議，在兩湖地區完全停止工農運動，將共產黨員派到各沿海重要口岸活動，以引發帝國主義的直接干涉。鮑、陳認為，惟有如此，才能促使共黨與「左派」間聯合戰線的重建。但是，羅易反對這個意見，他認為此舉將完全喪失共產國際所指示的原則。羅易與鮑羅廷的歧見終至發展為公開的破裂，會後羅易整裝返俄。

　　正當鮑羅廷與中共領導人們急於尋找出路時，共產國際來了一道緊急訓令，嚴斥中共犯了機會主義的錯誤，訓令鮑羅廷即行返俄，中共中央實行改組，並立即發表示威性的宣言退出武漢政府，但不退出中國國民黨，要「密切的與國民黨的下層群眾聯合，由下層群眾提出堅決的反抗國民黨中央的決議案」。[62] 接到國際訓令後，中共中央即於 7 月 13 日發表

---

[59] 蔣中正，《蘇俄在中國》，六版（臺北：黎明文化事業股份有限公司，1989 年），頁 41。

[60] 〈何鍵對官兵發表反共宣言〉，全文請參見王健民，《中國共產黨史》，第一編（臺北：漢京文化事業有限公司，1988 年），頁 457-459。

[61] 〈國共兩黨關係決議案〉的主要內容，請參見〈中共「八七」會議告全黨黨員書〉，《中共黨史教學參考資料》，第一冊（北京：人民出版社，1980 年），頁 104-105。

[62] 華崗，〈一九二五──二七年大革命的中國共產黨〉，《共匪禍國史料彙編》，第一冊，再版（臺北：中華民國開國文獻編纂委員會編印，1976 年），頁 426。

〈對時局宣言〉，痛詆武漢政權，申明「決定撤回參加國民政府的共產黨員」，但「共產黨員決無理由可以退出國民黨，或者甚至拋棄與國民黨合作的政策」。[63]

　　儘管中共採取「退步」政策，企圖使其黨員繼續留在武漢的中國國民黨內，但南京方面爲貫徹執行清黨的政策，於中共中央發表〈對時局宣言〉的同日，即 7 月 13 日，由蔣中正指派代表王正廷赴洛陽會晤馮玉祥，託其促使武漢方面與南京採取一致行動。馮隨即電促武漢務必實行下列各事：

1. 限鮑羅廷於電到 5 日內，離武漢回國，逾限不走，將其扣留。
2. 立即宣佈清黨反共。
3. 驅逐各處之共產分子。
4. 封閉共黨操縱下之群眾團體。
5. 拘捕陳獨秀及其他共黨要犯。
6. 送鄧演達出洋，解除其一切職務。[64]

　　馮玉祥的電報，對武漢方面而言，簡直是一份哀的美敦書，倘不遵辦，即有大軍壓境之勢。7 月 15 日，汪精衛在武漢中央常務委員會擴大會議上，首次提出「和平分共」的政策。8 月 1 日，共黨發動南昌暴動，作爲對汪精衛「和平分共」的答覆，令汪感到既愧又憤。2 日，汪令張發奎部隊追擊叛軍，並令唐生智、朱培德調兵包圍叛軍。5 日，九江警備司令金漢鼎奉命清除九江縣市共產黨徒，擒獲共黨首要多人。湘、鄂駐軍及民眾亦紛紛自動捕殺共黨分子。從此，武漢的「和平分共」一變而成「嚴厲驅共」。

　　8 月 6 日，汪精衛發表〈錯誤與糾正〉一文，向社會公開認錯。他說：「我們爲什麼一直等到共產黨員快要消滅國民革命，我們纔不容他，這真是我們極大的錯誤。」承認了錯誤之後，他說：「我們惟一的糾正錯誤之

---

[63] 〈中國共產黨中央委員會對時局宣言〉（1927 年 7 月 13 日），《國聞週報》，第四卷第二十九期（1927 年 7 月 31 日）；王健民，《中國共產黨史》，第一編（臺北：漢京文化事業有限公司，1988 年），頁 463-468。

[64] 桂崇基著，沈世平譯，《中國國民黨與中國共產黨》（臺北：國防部總政治作戰部，1974 年），頁 49。

方法，是先補過，後引咎。」[65] 汪所謂的「先補過」，是指立即把共黨從中國國民黨及國民政府中清除出去，然後在愧赧心理下，與南京方面接觸，會商寧、漢合作辦法。9 月 16 日，由寧、漢、滬三方面推選的委員共三十二人，在南京組成「中國國民黨中央特別委員會」。20 日，由中央特別委員會推選之國民政府及軍事委員會委員，同時在南京舉行就職典禮，結束了寧漢分裂的局面，國民政府復歸統一。

---

[65] 汪精衛，〈錯誤與糾正〉（1927 年 8 月 6 日），《國聞週報》，第四卷第三十二期（1927 年 8 月 21 日）。

第四章
盲動主義路線與武裝暴動

　　武漢分共後，中共中央召開了兩次重要的會議：一個是 1927 年 8 月的「中共中央緊急會議」（即著名的「八七會議」）；另一個是同年 11 月的「中共中央臨時政治局擴大會議」（「十一月擴大會議」）。在這兩次會議所決定的武裝暴動總策略下，中共在湘、鄂、贛、粵等省區發動了一連串的武裝暴動。本章旨在敘述 1927 年 8 月以後，中共的盲動主義與武裝暴動，其中包括「八七會議」與「十一月擴大會議」，一連串的武裝暴動——南昌暴動、兩湖秋收暴動、海陸豐暴動與廣州暴動，以及立三路線的形成、發展與結束等。

第一節　「八七會議」與「十一月擴大會議」

一、「八七會議」

　　早在武漢分共之前，當共產國際訓令中共要立即發佈示威式的宣言「退出武漢政府，但不退出中國國民黨」的同時，陳獨秀便因受共產國際斥責犯了「機會主義」的錯誤，而離開了中共中央之領導崗位。中共中央隨即進行改組，由周恩來、李立三、李維漢、張太雷、張國燾等五人組成臨時中央政治局常務委員會，主持中共中央工作。[1] 至 1927 年 7 月中旬武漢開始分共後，共產國際新代表羅明納茲（Beso Lominadze, 1897-1935）（如圖 4-1）和紐曼（Heinz Neumann, 1902-1937）（如圖 4-2）於 7

---

[1]　在共產國際的訓令下，鮑羅廷於 1927 年 7 月 12 日改組中共中央，這是陳獨秀自中共建黨以來，首次被排除在最高決策圈外。同時，鮑建議陳與譚平山去莫斯科與共產國際討論中國問題。讓陳獨秀去莫斯科，並另組臨時中央委員會，這實際上是免掉了陳獨秀的總書記職務；至於陳獨秀正式離開中共中央的領導地位，則是在「八七會議」之後。請參見陳利明，《陳獨秀傳》（北京：團結出版社，2013 年），頁 233；唐寶林，《中國托派史》（臺北：東大圖書股份有限公司，1992 年），頁 49。

月 23 日抵達漢口，傳達
共產國際的新指示，批
判中共中央的右傾「機
會主義」，並決定召開
中共中央緊急會議，重
新改組中共中央。[2] 為了
便於改組中共中央，共
產國際新代表羅明納茲
於 7 月下旬把中共臨時
中央政治局常委中的張

圖 4-1　羅明納茲

圖 4-2　紐曼

國燾、周恩來、李立三等三人派往南昌，名為
策劃「八一」南昌暴動，實乃調走舊人，以便改
組。

　　就在南昌暴動後的第七天，即 8 月 7 日，
在羅明納茲的指導下，中共中央於漢口召開緊
急會議，此即中共黨史上著名的反陳獨秀機會
主義的「八七會議」。這項會議原擬在 7 月 28
日舉行，後因形勢緊急，當日未能集會，乃延
至 8 月 7 日召開。會議由李維漢、瞿秋白（如圖
4-3）主持，[3] 會址在漢口市前俄租借三教街四一

圖 4-3　瞿秋白

號（現鄱陽街一三九號）。因出席的中央委員不及半數，所以既不是中央
全會，也不是中央政治局會議，故稱為「中央緊急會議」。

　　參加本次會議的正式代表共有二十一人，計有中央委員李維漢、瞿
秋白、張太雷、鄧中夏、任弼時、蘇兆徵、顧順章、羅亦農、陳喬年、蔡

---

[2]　郭成棠，《陳獨秀與中國共產主義運動》（臺北：聯經出版事業股份有限公司，1992
　　年），頁 282。

[3]　關於「八七會議」的主持人，至今中共黨史學界並沒有統一的認識，共有三種說法：
　　㈠認為李維漢是會議主持人；㈡認為瞿秋白是會議主持人；㈢認為瞿秋白和李維漢共
　　同主持了這次會議。請參閱方曉主編，《中共黨史辨疑錄》（太原：山西教育出版社，
　　1991 年），頁 262-263。

和森等十人；候補中央委員李震瀛、陸沉、毛澤東等三人；中央監察委員楊匏安、王荷波二人；共青團代表李子芬、楊善南、陸定一等三人；湖南代表彭公達；湖北代表鄭超麟；軍委代表王一飛。（陳獨秀當時雖仍在武漢，但沒有受邀出席。）中央祕書鄧小平列席，共產國際代表羅明納茲和另外兩個蘇俄顧問也列席了會議。由於形勢急迫、緊張，會議只開了一天。

　　會議的議程有三：1. 共產國際代表羅明納茲作關於黨的過去錯誤及新的路線的報告；2. 瞿秋白代表政治局常委作黨的新任務的報告，討論和通過各項決議案；3. 選舉臨時中央政治局。毛澤東、鄧中夏、蔡和森、羅亦農、任弼時等人在會議中作了發言，他們著重批判以陳獨秀為首的中共中央領導機關的機會主義和投降主義；指責以陳獨秀為首的中共中央領導是「革命的作客者」，不是「革命的主人」，放棄了革命的領導權。他們對陳獨秀的「封建家長式的領導作風」和共產國際前代表鮑羅廷、羅易的錯誤領導，也進行了嚴厲的批判。[4]

　　會議討論和通過了〈中國共產黨中央執行委員會告全黨黨員書〉、〈最近農民鬥爭的議決案〉、〈最近職工運動議決案〉、〈黨的組織問題議決案〉，並追認批准了 1927 年 7 月〈共產黨中央執行委員會致中國國民黨革命同志書〉，及會後作的〈中國共產黨的政治任務與策略的議決案〉等文件。[5] 會議選出的臨時中央政治局，有正式委員九人：蘇兆徵、向忠發、瞿秋白、羅亦農、顧順章、王荷波、李維漢、彭湃、任弼時（按得票多寡排序）；候補委員七人：鄧中夏、周恩來、毛澤東、彭公達、張

---

[4] 陳淑珍，〈八七會議〉，《中共黨史主要事件簡介（1919-1949）》（成都：四川人民出版社，1982 年），頁 152-153。

[5] 中共「八七會議」的各項議決案，除〈告全黨黨員書〉載於《中國問題指南》第二冊（延安：新華書局，1937 年）外，其餘如〈最近農民鬥爭的議決案〉、〈最近職工運動議決案〉、〈黨的組織問題議決案〉、〈中國共產黨的政治任務與策略的議決案〉等，均載於《中央通信》（如圖 4-4），第二期（1927 年 8 月 23 日）。另，關於〈中國共產黨的政治任務與策略的議決案〉，有學者指出並非通過於「八七會議」，而是議決通過於稍後在 8 月 21 日召開的政治局常務委員會中。請參見方曉主編，《中共黨史辨疑錄》（太原：山西教育出版社，1991 年），頁 266-268。

圖 4-4 《中央通信》原件：中共早期內部祕密刊物，因時代久遠，時下有些學者誤植為《中央通訊》

太雷、張國燾、李立三。

8月9日，臨時中央政治局隨即召開第一次會議。會議在瞿秋白主持下，選出瞿秋白、李維漢、蘇兆徵等三人為政治局常委，並以瞿秋白取代陳獨秀擔任中共中央總書記。[6] 從此，中共的創始人陳獨秀被趕下台，完全離開了中共中央的領導機構。臨時中央政治局會議還決定了如下的分工：瞿秋白兼管農委、宣傳部並兼任黨報總編輯；李維漢兼管組織部和祕書廳；蘇兆徵兼管工委；另由周恩來負責軍事部；楊之華負責婦女部；顧順章負責交通局；鄭超麟負責出版局。會議還決定成立中共中央北方局和南方局，北方局由王荷波任書記，南方局由張國燾任書記。9月以後，中共中央從武漢遷往上海，因乃另成立中共中央長江局，由羅亦農任書記。[7]

中共「八七會議」的歷史意義，依中共中央黨校編著的中共黨史教

---

[6] 瞿秋白在「八七會議」之後擔任中共總書記，此為黨史學界流行的說法。但亦有學者認為瞿秋白雖為中共實際的負責人，但從未使用過總書記的頭銜。請參見方曉主編，《中共黨史辨疑錄》（太原：山西教育出版社，1991年），頁 264-265。

[7] 中共中央黨校黨史教研室編著，《中國共產黨史稿》，第二分冊（北京：人民出版社，1983年），頁 14-15；陳至立主編，《中國共產黨建設史》（上海：上海人民出版社，1991年），頁 145。

材之說法，除「堅決地糾正了陳獨秀的投降主義錯誤，撤換了陳獨秀的領導」之外，就是確定了中共「在新時期的總方針」，即「土地革命」和「武裝暴動」。[8] 關於後者，會議決定：「共產黨現時最主要的任務是有系統的、有計畫的、盡可能的在廣大區域中準備農民的總暴動。」會議要求中共黨、團機關「應當在極短期間調最積極的、堅強的、革命性穩定的、有鬥爭經驗的同志，盡量分配到各主要的省份做農民暴動的組織者。」[9] 會議還號召工人階級「應時刻準備能領導並參加武裝暴動」，「以鄉村農民之勝利爲依據，推翻反革命政權。」[10] 會議更具體決定在湘、鄂、粵、贛四省所謂「革命基礎比較好的地方」發動農民秋收暴動，指出「現在中國革命的根本內容是土地革命」。[11] 至於進行土地革命的方法爲何呢？會議提出的基本政策是：以貧農爲主力，建立鄉村政權；沒收土豪劣紳與一切「反革命分子」的財產，沒收大、中地主的土地及一切公地，分配給無地和小地的農民；對小地主實行減租及保護自耕農等。[12]

在「八七會議」的各項決議中，尚有兩個要點值得重視：一是會議決定，中共「必須要創造新的革命軍隊」，亦即「工農革命軍」。會議指出，「革命的經驗已經證明雇傭軍隊決不是革命的靠得住的工具」。因此，必需建立一支新的革命軍隊，軍隊中「要有極廣泛的政治工作及黨代表制度，強固的本黨兵士支部，要有靠得住的忠實於革命的軍官。」[13]

8　中共中央黨校黨史教研室編著，《中國共產黨史稿》，第二分冊（北京：人民出版社，1983 年），頁 15。

9　〈最近農民鬥爭的議決案〉，《中央通信》，第二期，1927 年 8 月 23 日。可參見王健民，《中國共產黨史》，第一編（臺北：漢京文化事業有限公司，1988 年），頁 526-528。

10　〈最近職工運動議決案〉，《中央通信》，第二期，1927 年 8 月 23 日。

11　〈中國共產黨中央執行委員會告全黨黨員書〉。請參見王健民，《中國共產黨史》，第一編（臺北：漢京文化事業有限公司，1988 年），頁 504-523。

12　〈最近農民鬥爭的議決案〉，《中央通信》，第二期，1927 年 8 月 23 日。可參見王健民，《中國共產黨史》，第一編（臺北：漢京文化事業有限公司，1988 年），頁 526-528。

13　〈中國共產黨的政治任務與策略的議決案〉，《中央通信》，第二期，1927 年 8 月 23 日。可參見王健民，《中國共產黨史》，第一編（臺北：漢京文化事業有限公司，1988 年），頁 524-525。

二是會議決定加強共產黨的組織工作，尤其是祕密工作，以適應新時期革命鬥爭的需要。會議指出，「現時主要之組織問題上的任務，就是造成堅固的、能奮鬥的祕密機關，自上而下，一切黨部都應如此」，要嚴格黨的紀律，「黨部機關之一切決議及決定、調遣等等」，一切黨員，不論其地位如何，都「應當絕對的服從」。會議還決定「建立全國的祕密交通機關」、「出版祕密的黨的機關報」。[14]

二、「十一月擴大會議」

　　「八七會議」時，中共原決定「現時不提出組織蘇維埃的口號」，「只限於宣傳蘇維埃的意義」。[15] 一個月後，中共的政策有了明顯的改變。9 月 19 日，中共中央政治局會議決定修改「八七會議」的原決議，提出「現在的任務不僅宣傳蘇維埃的思想，並且在革命鬥爭新的高潮中應成立蘇維埃」的新政策。[16] 10 月下旬，中共中央總書記瞿秋白在剛創刊的中共中央機關報《佈爾塞維克》第一期和第二期上，發表政策性的文章指出：「中國革命的新道路，便是……建立工、農、貧民、兵士代表會議的政府——蘇維埃的政府。」[17] 又說：「農民的暴動，現在和原始的暴動是不同了，他在工人階級的率領之下，有明確的革命綱領。……暴動的農民，現在已經開始組織自己的政權，從農民協會的鬥爭中，產生出農民蘇維埃政權來。」[18]

　　「八七會議」所發動的暴動，至 9 月中旬，兩湖秋收暴動已告夭折。9 月底，南昌暴動亦告失敗。以瞿秋白爲首的中共中央於失望之餘，乃於

---

[14] 〈黨的組織問題議決案〉，《中央通信》，第二期，1927 年 8 月 23 日。

[15] 〈中國共產黨的政治任務與策略的議決案〉，《中央通信》，第二期，1927 年 8 月 23 日。可參見王健民，《中國共產黨史》，第一編（臺北：漢京文化事業有限公司，1988 年），頁 524-525。

[16] 〈關於「左派國民黨」及蘇維埃口號問題決議案〉（中共中央政治局 9 月 19 日會議通過），《中央通信》，第六期，1927 年 9 月 30 日。

[17] 秋白（即瞿秋白），〈國民黨死滅後中國革命的新道路〉，《佈爾塞維克》，第一期（1927 年 10 月 24 日），頁 29。

[18] 秋白（即瞿秋白），〈軍閥混戰的中國與工人階級〉，《佈爾塞維克》，第二期（1927 年 10 月 31 日），頁 41-42。

11月9、10兩日在上海召開「中共中央臨時政治局擴大會議」（「十一月擴大會議」）。會議在瞿秋白主持下，根據共產國際關於中國革命的一些基本觀點和共產國際執委駐中國代表羅明納茲的意見，通過〈中國現狀與黨的任務決議案〉、〈最近組織問題的重要任務決議案〉、〈政治紀律決議案〉、〈職工運動決議案〉、〈中國共產黨土地問題黨綱草案〉、〈關於土地問題黨綱草案的決議〉及〈關於召集第六次全黨代表大會之決議〉等重要決議案。

綜觀擴大會議的各項決議，其要旨有三：一是論證中國革命的性質為「無間斷的革命」；二是決定武裝暴動的總策略；三是提出蘇維埃革命的政策。茲分析於次：

首先，關於中國革命的性質。擴大會議認為：「現時全中國的狀況是直接革命的形勢」，這個「直接革命的形勢之時期，並非幾個星期或幾個月的事，而是好幾年的事」。因此，「中國革命帶著長期的性質，但是是無間斷的性質」，亦即馬克思所說的「無間斷的革命」。會議接著從以下兩點論證中國革命是「無間斷的革命」：㈠「在革命性質上，因為中國資產階級沒有能力實行推翻封建軍閥的民權革命，所以中國革命進展的過程中，決不能有民權革命自告一段落的局勢（所謂二次革命的理論），這一革命必然是急轉直下，從解決民權革命的責任進於社會主義的革命」；㈡「在革命速度上，中國革命的進展雖然受著歷次的挫折，但是他始終繼續不斷的發展，因為治者階級之間自身的衝突矛盾非常劇烈，他們的統治不能穩定，民眾革命鬥爭，尤其是農民暴動自發地到處爆發，而有匯合起來成為工農民眾的暴動，推翻軍閥、豪紳、資產階級統治之趨勢，這種繼續不斷的革命爆發，顯然證明中國革命之無間斷性」。

其次，關於武裝暴動的總策略。擴大會議指出：現時形勢之中，中國共產黨的總策略是：㈠「努力使群眾自發的革命鬥爭，得有最高限度的組織的性質」；㈡「努力使互相隔離、零星散亂的農民暴動，形成盡可能的大範圍內的農民總暴動」；㈢「努力保證工人階級的爆發與農民暴動，互相贊助，互相聯絡。」擴大會議決定，現時形勢之中，共產黨的任務是「努力鼓動各地城鄉革命的高潮，創造總暴動的局面」。為了達成這樣的任務，擴大會議指出：共產黨「不但要努力去組織農民自發的暴動，而且

要去領導貧苦農民，領導起潛伏待發的暴動，發動游擊鬥爭」；「應當發動工人的階級鬥爭，領導他們到武裝暴動，領導他們匯合而成總暴動。」

最後，關於蘇維埃革命的政策。擴大會議認為：在現時革命階段之中，共產黨的主要口號是「蘇維埃」。會議強調：「無產階級領導之下的工農民權獨裁制性質的政權，只能在蘇維埃制度的形式裡建立起來」；「一切政權歸工、農、兵士、貧民代表會議，是武裝暴動的總口號。」會議更進一步指出：「各地農民暴動的發動，應當以當地農民的祕密團體（農民協會等）所推出的革命委員會來指導（城市暴動便是工會等推舉的革命委員會）」；「應當盡量發動群眾，引進更多更廣大的群眾參加」，實行「游擊式的戰鬥——解除敵人的武裝，組織工農革命軍」；「這種暴動，在一定範圍的區域內得勝，而有固守的規劃之可能，便應當建立蘇維埃」；「如果已能佔據城市一縣或數縣，以至於一省，工農暴動已經聯合起來而獲得勝利，那便有建立蘇維埃之必要。」[19]

論者謂：此次「中共中央臨時政治局擴大會議」，雖然是在湘、鄂、粵、贛四省暴動失敗之後舉行，可是擴大會議仍認為中國革命為無間斷革命，認為現時全中國的狀況是直接革命的形勢，因而決定中共的總路線依然是武裝暴動政策。一個月後的廣州暴動，便是在這一決策之下發動的。[20] 但廣州暴動僅持續三日，即告慘敗。無怪乎事後被斥為「盲動主義」——它成為瞿秋白自「八七會議」後，領導中共進行武裝暴動的標誌。

第二節　一連串的武裝暴動

在「八七會議」和「十一月擴大會議」所決定的武裝暴動總策略下，從 1927 年 8 月到 12 月，中共在湘、鄂、粵、贛四省發動了一連串的武裝暴動，其中以南昌暴動、兩湖秋收暴動、海陸豐暴動及廣州暴動等最為重要。茲將這些暴動的經過敘述於次：

---

[19] 〈中國現狀與黨的任務決議案〉，《中央通信》，第十三期，1927 年 11 月 30 日。
[20] 郭華倫，《中共史論》，第一冊，四版（臺北：國立政治大學國際關係研究中心，1982年），頁 296。

一、南昌暴動

　　武漢政權 7 月 15 日的分共，最初是採取和平的方法，即武漢中國國民黨中央在分共會議中曾議決：「保護共產黨員個人身體自由」。[21] 因而分共之後，共黨首要分子及其幹部得以從容轉入為其所掌握的部隊之中，一面求得安全掩護，一面積極策動暴動。

　　武漢分共後，寧、漢仍處於對立狀態，武漢方面仍高唱「東征」，將兵力紛向長江下游移動，第二方面軍張發奎之第四軍、十一軍、二十軍即移駐九江、南昌一線。張發奎並收容共黨分子惲代英為其總指揮部之總參議，高語罕為祕書長。十一軍二十四師師長葉挺為共黨分子，二十軍軍長賀龍為共黨同路人，而朱德教導團（屬朱培德部）之一部亦駐南昌（朱德兼任南昌省會公安局局長）。是時，共黨所掌握的兵力計有葉挺部五個團、賀龍部六個團、朱德兩個連，共約一萬六千人。共黨乃以此兵力為基礎，並裹脅十一軍第十師蔡廷鍇部五千人（蔡部後來行軍至江西進賢始脫離葉、賀軍），於 8 月 1 日在南昌舉行暴動，收繳三、六、九軍駐南昌的部隊四個團，還劫奪了銀行現金九十七萬四千餘元，鈔票八十餘萬元。[22]

　　中共於 8 月 1 日發動的南昌暴動，其最早的決定，產生於 7 月 21 日的九江會議，與會者有李立三、鄧中夏、惲代英、譚平山、聶榮臻、葉挺等人。會後，李立三、鄧中夏即赴廬山和瞿秋白商議，瞿除了表示完全贊成外，並寫信給中共臨時中央政治局常委會報告此事。不久，瞿秋白前往漢口，又將南昌暴動的計畫向中共中央做了報告，提請中共中央決定。7 月 25 日，李立三、鄧中夏、惲代英、譚平山等人再次在九江開會，決定葉、賀軍於 28 日前集中南昌，28 日晚開始暴動。會議還討論了暴動後的各項政治措施，決定繼續打著中國國民黨左派的旗幟，組織「中國國民黨革命委員會」，做為最高領導機構，並以中國國民黨中央委員名義聯名發表宣言。會後，他們急電中共中央，請求批准此一計畫，同時派鄧中夏前往漢口向中共中央詳細匯報。中共中央贊同九江會議提出的暴動計畫，決定成立領導暴動的「前敵委員會」，由周恩來擔任書記，李立三、惲代

---

[21] 〈1927 年 7 月 15 日武漢國民黨中央常務委員會第二十次擴大會議速記錄〉。
[22] 陳其瑗，〈關於中央銀行江西分行被劫經過報告〉（1927 年 8 月 30 日）。

英、彭湃為委員。[23]

　　7月26日，周恩來在陳賡陪同下離開漢口，經九江赴南昌。同日，葉挺、賀龍率部到達南昌。27日，周恩來等人抵達南昌，即日成立「前敵委員會」，並召開擴大會議，決定將原定的暴動推遲至30日晚。會後，周恩來等人將暴動計畫告訴賀龍，徵求他對暴動的意見。賀龍表示贊同，並服從中共中央的決定和指揮。（按：賀龍當時還不是共產黨員，沒有參加「前敵委員會」，他是後來南下抵達瑞金時，才由譚平山、周逸群介紹加入共產黨。）28日，中共在江西大旅社成立南昌暴動總指揮部，由賀龍任總指揮，葉挺任前敵總指揮，劉伯承任參謀長。

　　就在準備暴動的緊急關頭，張國燾從九江趕到南昌。原來，當中共中央批准南昌暴動建議的同時，將暴動的決定報告了共產國際。共產國際復電指示：「如有成功把握，可舉行起義，否則不可動，而把在軍隊中的同志退出，派到各地農民中去。」[24] 中共中央接到共產國際的指示後，便派張國燾前往南昌，傳達國際指示。張於7月29日先連發兩封密電給南昌的「前敵委員會」，告以：「暴動宜慎重，無論如何候我到再決定。」[25] 30日晨，張到達南昌，他在當日召開的「前委」緊急會議上傳達共產國際的指示說：「如有成功把握，可舉行暴動，否則不可動。」並指出：「根據目前形勢，應極力拉攏張發奎，暴動要得到張發奎的同意，否則不可動。」但周恩來、李立三、惲代英、彭湃等人都反對張國燾的意見，他們表示：暴動不能推遲，更不能停止。他們主張：對於暴動，共產黨應站在獨立領導的地位，絕不可依賴張發奎。[26]

---

[23] 王凌雲，〈南昌起義〉，《中共黨史主要事件簡介（1919-1949）》（成都：四川人民出版社，1982年），頁146-147。

[24] 王凌雲，〈南昌起義〉，《中共黨史主要事件簡介（1919-1949）》（成都：四川人民出版社，1982年），頁148。

[25] 中共中央黨校黨史教研室編著，《中國共產黨史稿》，第二分冊（北京：人民出版社，1983年），頁9。

[26] 中共中央黨校黨史教研室編著，《中國共產黨史稿》，第二分冊（北京：人民出版社，1983年），頁9-10。另請參見中國革命博物館、黨史陳列研究部彙編，《中共黨史主要事件簡介（1919-1949）》（成都：四川人民出版社，1982年），頁148。

　　原定 30 日晚舉行暴動的計畫，因張國燾的干擾而被迫推遲。31 日，「前委」繼續開會，張國燾又以親自修改暴動後的宣言為由，拖延暴動時間，但遭周恩來等人的反對。會議最後決定，於 8 月 1 日凌晨四時舉行暴動。會後，暴動總指揮部下達了以賀龍名義發佈的暴動命令，不料暴動被第二十軍的一位副營長洩露給朱培德的部下。賀龍得知此一消息後，立即報告「前委會」，「前委會」乃決定將暴動時間提前兩個小時。

　　7 月 31 日晚，南昌全城宣佈戒嚴。8 月 1 日凌晨兩點，在周恩來、賀龍、葉挺、朱德、劉伯承等人的直接指揮和率領下，爆發了中共黨史上首次的武裝暴動，後來中共就以「八一」為其「建軍節」。

　　暴動發生後，戰鬥最激烈的地方為鼓樓、天主教堂附近和貢院。至天亮時，戰鬥大致結束，暴動軍佔據了南昌城。8 月 1 日上午，中共在南昌召開所謂「中國國民黨中央委員、各省區、特別市和海外各黨部代表聯席會議」，參加會議的代表有三十四人，主要是中共分子，還有少數親共的中國國民黨左派分子。會議以惲代英為黨團書記，從中操縱。會議除了聽取葉挺關於暴動經過的報告，通過〈中央委員宣言〉外，還決定建立所謂「中國國民黨中央革命委員會」。[27]

　　8 月 2 日，在周恩來主持下，暴動部隊進行了整編。根據原先的決定，仍沿用國民革命軍第二方面軍的名義，由賀龍任總指揮，葉挺任前敵總指揮，劉伯承任參謀長，下轄三個軍：第二十軍軍長賀龍兼，黨代表廖乾五；第十一軍軍長葉挺兼，黨代表聶榮臻；第九軍副軍長朱德。此外，還有若干警衛部隊。以上兵力共有十六個團，計約三萬餘人。[28]

　　此時，中共對南京與武漢政府同表反對，但漢、寧踞南昌之上、下游，且九江尚在武漢政府之手，南昌三面受敵，勢難久踞，暴動軍參謀團乃開會決定進犯廣東，建立根據地，再向全國發展。但行軍路線卻發生爭執：一派主張由樟樹鎮、吉安、贛州，轉韶關，沿粵漢路取廣州；另一派

27　王健民，《中國共產黨史》，第一編（臺北：漢京文化事業有限公司，1988 年），頁537。

28　中國革命博物館黨史陳列研究部彙編，《中共黨史主要事件簡介（1919-1949）》（成都：四川人民出版社，1982 年），頁 150。

則主張由臨川、瑞金，經尋鄔直取東江（惠州），彼等以為此線既可避免國軍截擊，又可與東江農運有基礎之農民暴動會合。後者贊成者眾，尤其俄國顧問紀功亦主張後者，行軍路線遂決。[29]

8月3日至6日，暴動軍先後撤離南昌，取道臨川、宜黃、廣昌南下。在南下途中，因溽暑行軍，又遭強大國軍圍剿，暴動軍主力在潮州、汕頭一帶被擊潰。10月3日，暴動軍逃到普寧縣，暴動軍的領導幹部於該縣流沙村召開緊急會議，決定去路。會議根據張太雷傳達的「八七會議」精神和中共中央指示，決定：「軍隊要向海陸豐轉移，如退海陸豐難以保存實力，也可分散到農民中間去，幫助農民鬥爭。」同時決定：「革命委員會去掉國民黨頭銜，其成員分散到各地活動。」[30]後來，暴動軍領導幹部大部分經香港轉往上海，與中共中央取得聯繫。葉挺留在廣東，參加和領導12月的廣州暴動。殘軍的一部分逃到海陸豐地區，與當地的農民暴動武裝相結合，在東江地區繼續進行武裝暴動。

至於暴動軍中留守三河壩的第九軍和第十一軍二十五師，在被國軍切斷與主力部隊的聯繫後，於10月3日遭到國軍猛烈攻擊，激戰兩晝夜，終因傷亡過重，突圍潰退福建。朱德、陳毅等人率領殘部沿福建、江西、廣東邊界西竄。至1928年1月，從粵北進入湘南，發動湘南年關暴動。4月，該支殘軍與湘南農民武裝逃抵井岡山，同毛澤東領導的秋收暴動部隊匯合，改編為工農革命軍第四軍，以後發展成為中共「紅軍」的一支主力。至此，南昌暴動乃以失敗結束。

二、兩湖秋收暴動

兩湖秋收暴動是「八七會議」後，中共中央在武漢直接策劃和指導的行動。但在中共盲動主義政策下所發動的四大暴動——南昌暴動、兩湖秋收暴動、海陸豐暴動和廣州暴動中，它卻是最為洩氣的一次暴動。

依據中共「八七會議」通過的〈最近農民鬥爭的議決案〉之決定：

---

[29] 王健民，《中國共產黨史》，第一編（臺北：漢京文化事業有限公司，1988年），頁539。

[30] 中國革命博物館黨史陳列研究部彙編，《中共黨史主要事件簡介（1919-1949）》（成都：四川人民出版社，1982年），頁150-151。

「共產黨現時最主要的任務」，是「利用今年秋收時期農村中階級鬥爭劇烈的關鍵」，「有系統的、有計畫的盡可能的在廣大區域中準備農民的總暴動」。[31] 爲執行此一決定，中共中央於會後草擬兩湖暴動計畫，並通過〈兩湖暴動計畫決議案〉十六條，嚴令兩湖的暴動必須於 9 月 10 日開始。指示暴動要以農民爲主力，以軍隊與土匪爲副力；提出「打倒武漢政府」、「打倒叛國叛黨的汪精衛」、「打倒殘殺兩湖人民的新軍閥唐生智」、「殺盡土豪、劣紳、反革命的地主及一切反動派」、「抗租」、「抗稅」和「沒收地主的土地」等口號。決議中最爲重要的是關於暴動的組織及暴動前、暴動中、暴動後的一些具體規定：

關於暴動的組織，決議規定：兩湖的暴動應以「中國革命委員會」湖南分會和湖北分會的名義爲號召。在「中國革命委員會」湖南分會、湖北分會之下，軍事方面，鄉村用「農民革命軍」、城市用「工人革命軍」名義，簡稱「農軍」、「工軍」，合稱「工農革命軍」。某農民暴動區域軍事的指導，用某區農民革命軍總司令名義。工農的數量在暴動成功之後，須無限制的擴充成爲正式的革命軍隊，同時仍保存地方軍隊性質的「工軍」與「農軍」，執行各境當地警衛。在暴動尚未發動之前，應將「工人糾察隊」改稱「工人革命軍」，「農民自衛軍」改稱「農民革命軍」。

關於暴動的進行，決議中分別針對暴動前、暴動中及暴動後，作如下的具體規定：

1. 各區的暴動在未發動之前，於離城較遠的鄉村應即殺戮土豪、劣紳、反動的大地主，以提高農民革命的熱情。舉行各區農民群眾大會，多作群眾的政治宣傳，其方式如發傳單、演講、壁報、告示等。而在暴動方開始之際，首先即須徵集所有的力量，攻打某區的中心城市，屠殺政府的官吏，宣佈「革命委員會」政權，然後才能發展普遍的暴動。
2. 暴動方開始即須掘斷鐵路，破壞水陸交通，佔領、破壞郵政機關，割斷所有的電線，造成敵人的極端恐慌的狀態，然後才便於暴動的發

---

[31] 〈最近農民鬥爭的議決案〉，《中央通信》，第二期，1927 年 8 月 23 日。可參見王健民，《中國共產黨史》，第一編（臺北：漢京文化事業有限公司，1988 年），頁 526-528。

展。但因交通機關的破壞，同時影響於工農革命軍自己的聯絡，各暴動區域應當想出特別傳遞消息的方法，切不可因此而延遲等待某區的暴動。即令暴動發生後各方關係斷絕，亦應按照預定的未成功與已成功的地點猛烈進攻，絕不可猶豫。

3. 暴動勝利的地方，應無情的鎮壓、肅清反革命。對於買辦及反動的資本家，如果他們經濟怠工或封閉工廠，則工會應當佔領工廠，以之交給革命政權管理。至於反革命的豪紳則應堅決的沒收其財產，但必須注意應用正式革命政權機關實行這種沒收。[32]

　　兩湖秋收暴動之範圍，依中共《中央通信》有關文件顯示，中共初期之計畫，在湖北者，包括鄂北暴動、武漢工人暴動、鄂南（與湘境毗連地區）暴動及京漢鐵路南段工人暴動；在湖南者，包括湘中長沙及平、瀏一帶之暴動、湘北（毗鄰鄂南之地區）暴動及湘南（以衡陽爲中心）暴動等。[33]但從 1927 年 8 月底到 10 月間，持續一個多月的兩湖秋收暴動，其規模與範圍十分有限，與其原定計畫相差甚遠。

　　湖北方面，鄂南通城縣農民於 8 月底開始暴動，不久發展到通山、崇陽兩縣又匯合臨縣蒲圻、咸寧農民，於 9 月 9 日襲擊從武昌到長沙的火車，還進攻咸寧縣城。鄂西的公安、石首、松滋、沙市等縣農民也於 9 月 20 日暴動，一度佔據了公安縣城。

　　湖南方面，中共中央於「八七會議」後派毛澤東回湘策動。8 月 18 日，中共湖南省委在長沙開會，討論制定秋收暴動的計畫，毛澤東以中共中央特派員身份出席會議。該次會議作了以下五點決定：㈠湖南省黨部完全脫離中國國民黨；㈡組織工農革命武裝部隊；㈢沒收大、中、小地主之財產；㈣在湖南建立共產黨勢力，脫離中國國民黨關係；㈤組織蘇維埃。會後，湖南省委於 8 月 20 日將這五點決定報告中共中央。23 日，中共中央指示湖南省委：「湖南暴動應與鄂南聯繫」；暴動時應使用「革

---

32 〈兩湖暴動計畫決議案〉，《中央通信》，第四期，1927 年 9 月 12 日。可參見王健民，《中國共產黨史》，第一編（臺北：漢京文化事業有限公司，1988 年），頁 553-555。
33 王健民，《中國共產黨史》，第一編（臺北：漢京文化事業有限公司，1988 年），頁 552。

命委員會湖南分會」名義。以為此時「可以拋去國民黨的旗幟，實現蘇維埃的政權，這是不對的……國際的電令也是如此。」[34]

　　湖南省委接到中共中央指示後，關於暴動的區域問題經多次討論，終於在 8 月 30 日的「省常委」會議上決定：發動以長沙為中心，包括湘潭、寧鄉、醴陵、瀏陽、平江、安源、岳州等地的暴動。[35] 關於暴動的領導機關則確定為兩個：一個是由各軍事負責人組成的「前敵委員會」，毛澤東任書記；另一個是由暴動地區各地方黨委負責人組成的「行動委員會」，易禮容任書記。[36]

　　暴動的主力包括原武漢政府警衛團（團長是共產黨員盧德銘），平江、瀏陽農軍和安源的工人武裝，共約五千人左右。其中的警衛團及平、瀏農軍係於 1927 年 7 月底到 8 月初分別接受中共中央指示，開赴南昌參加暴動部隊，途中得悉南昌暴動部隊已經南下，於是改變計畫，先後進駐江西的修水和銅鼓待命。警衛團在進駐修水途中，團長盧德銘回武漢向中共中央報告工作，部隊由第一營營長余灑度指揮。

　　8 月下旬，警衛團及平、瀏農軍等單位的負責人，在修水的山口鎮召開會議，決定把這幾支武裝力量合組為一個師，由余灑度任師長，余賣民任副師長。以警衛團為第一團，團長鍾文璋；瀏陽農軍為第三團，團長蘇先駿；平江農軍分別補進這兩個團。至秋收暴動時，就以這個師為基礎，編為「工農革命軍第一軍第一師」，一、三團編制未變，另將安源工人武裝編為第二團，團長王新亞。此外，余灑度在暴動前還收編了夏斗寅殘部約一個團的兵力，團長邱國軒，暴動時編為第四團。盧德銘自武漢返回後，任暴動軍總指揮。

　　暴動軍以奪取長沙為目標，行動計畫是：第一團由修水出發攻平江，再向長沙發展；第二團自安源進攻萍鄉、醴陵，與醴陵、株州的農民暴動相結合，對長沙取包圍態勢；第三團自銅鼓出發，向瀏陽進攻，發動瀏陽

[34] 王健民，《中國共產黨史》，第一編（臺北：漢京文化事業有限公司，1988 年），頁 555-556。

[35] 彭公達，〈關於湖南秋收暴動經過的報告〉（1927 年 10 月 8 日）。

[36] 中國革命博物館黨史陳列研究部彙編，《中共黨史主要事件簡介（1919-1949）》（成都：四川人民出版社，1982 年），頁 158-159。

農民暴動。各路得手後，以長沙工農暴動為內應，相機攻打長沙。[37]

9月9日，暴動軍開始破壞粵漢鐵路和株（州）萍鐵路的交通運輸。同日，暴動軍第一團從修水出發，取道長壽街向平江進發。10日，越過平、修邊界，曾佔據平江縣龍門廠。後經距長壽街約十五華里（七點五公里）的金坪附近時，遭到反正的第四團邱國軒部突襲，傷亡慘重，團長鍾文璋失蹤，殘部往瀏陽方向潰退。

暴動軍第二團於9月10日從安源出發，兩次進攻萍鄉不下，乃棄而西進直取老關。12日，攻佔醴陵，後在國軍優勢兵力圍攻下，退出醴陵，祕密開往瀏陽。15日，結合瀏陽農民武裝暴動，佔據全城。16日，遭國軍優勢兵力的圍攻，受重創而潰散。

暴動軍第三團於9月11日從銅鼓出發，向通往瀏陽的要道白沙鎮進攻。當暴動軍抵達白沙鎮時，曾與國軍遭遇，發生激戰。12日，暴動軍進攻瀏陽的東門市。14日上午，與國軍鏖戰六小時後，沿馬鞍山腳下往上坪方向潰退。

當暴動軍於9月中旬進行暴動的同時，湘東各縣亦發生一些零星的工農暴動，如長沙郊外的農民暴動、株州的武裝暴動、平江的農民暴動等。但在暴動軍三團主力遭到挫敗後，湘東各地的工農暴動也先後被平定。

據毛澤東親自告訴美國記者史諾（Edgar Snow, 1905-1972）稱：暴動前，當他正在組織軍隊，奔走於安源礦工和農民自衛軍之間時，曾被民團捕獲，後在被押送民團總部途中，俟機脫逃，始免於一死。[38]暴動失敗後，毛澤東於9月14日，在上坪召集三個團負責人開緊急會議，決定改變攻打長沙的計畫，並立即通知各路暴動軍會集瀏陽文家市。19日，毛澤東在文家市召集「前敵委員會」開會，討論暴動軍的去向。會議否決了余洒度「取瀏陽，直攻長沙」的主張，接受毛澤東的意見，決定向羅霄山脈中段的井岡山進軍，建立農村革命根據地。[39]

---

[37] 中國革命博物館黨史陳列研究部彙編，《中共黨史主要事件簡介（1919-1949）》（成都：四川人民出版社，1982年），頁160。

[38] Edgar Snow著，一橋編輯室譯，《西行漫記：紅星照耀中國》（*Red Star over China*）（臺北：一橋出版社，2002年），頁166-167

[39] 余洒度，〈警衛團及平、瀏自衛軍合併原委參加此次兩湖戰役報告略書〉（1927年10

　　9 月 20 日，暴動軍一千五百多人撤離文家市南下，22 日在蘆溪鎮又遭國軍伏擊，傷亡嚴重，剩下不到一千人，總指揮盧德銘斃命。29 日，暴動軍逃至江西省永新縣的三灣村，進行所謂「三灣改編」，將一個師縮編為一個團，改稱「工農革命軍第一軍第一師第一團」。10 月 3 日，改編後的暴動軍抵達寧岡縣的古城，毛澤東在此召開前委擴大會議，亦即著名的「古城會議」。會議除了總結秋收暴動的經驗教訓外，著重討論在井岡山建立革命根據地的問題。其後，暴動軍沿著羅霄山脈南下，10 月 7 日，一部抵達茅坪，建立留守處。10 月 27 日，暴動軍主力抵達井岡山的中心茨坪，開始建立中共的第一個農村革命根據地（如圖 4-5）。

圖 4-5　井岡山革命根據地：現為中國大陸旅遊勝地，此為其中一景

三、海陸豐暴動

　　早在 1927 年 4 月，李濟琛於廣東實行清黨後，廣東東江的海陸豐等地就有中共策動的零星農民暴動，他們使用中國國民黨左派旗幟，稱「工農救黨軍」，口號為「擁護武漢國民政府」。至南昌暴動及「八七會議」

月 19 日）；胡華主編，《中國革命史講義》，上冊（北京：中國人民大學出版社，1980 年），頁 262。

後，中共廣東省委於 9 月間遵照中共中央指示，在廣東海陸豐發動農民暴動，號稱「工農革命軍」（又稱「農民自衛軍」），策應南昌暴動後竄抵韓江上游的葉（挺）、賀（龍）部隊。9 月 17 日，暴動武裝攻入海豐縣城，成立縣革命政府，宣佈沒收土地歸農民所有。該革命政府僅維持八天，9 月 25 日即撤出。

葉、賀部隊在東江戰敗，10 月 18 日退出汕頭，殘部一股竄抵陸豐，在海豐、陸豐、紫金、惠來諸縣及東江、韓江之間的中峒，與暴動農民武裝會合，由中共東江特委對之進行改編。是時，海陸豐農民運動領導人彭湃，於參加南昌暴動後，隨南竄部隊回到海豐，任中共東江特委書記，在中峒繼續領導暴動。

10 月 25 日，暴動軍紅二師第五團和海陸豐工農革命軍第一、第四兩中隊，進駐距海豐城六十華里（三十公里）的黃羌墟。30 日，東江特委軍事委員會下令進攻海陸豐各市鎮。11 月 1 日，暴動軍攻進海豐城，成立「海豐縣臨時革命政府」，執行沒收土地政策，焚燒地契，成立「革命法庭」，屠殺所謂「地主豪紳」和「反革命份子」。並頒佈七條禁令（農民稱之為「七殺令」），其內容如下：

1. 凡地主有向農民取租者槍決！
2. 有勾結地主私還租穀者槍決！
3. 凡私藏土地契約者，應繳交本政府，否則槍決！
4. 取消一切債務，如有債主向工農討債者槍決！
5. 為地主作工役，向工農勒債者槍決！
6. 窩藏地主土地契約者槍決！
7. 如已向農民勒取租穀，應一律即刻繳出，否則槍決！[40]

「七殺令」株連範圍甚廣，僅海豐一縣，據當時中共統計資料顯示，所謂「地主豪紳」被殺者共計一千八百二十二人；海、陸豐兩縣最終被殺

---

[40] 海陸豐暴動的詳情，請參閱：鍾貽謀編著，《海陸豐農民運動》（廣州：廣東人民出版社，1957 年）。另見：郭華倫，《中共史論》，第一冊，四版（臺北：國立政治大學國際關係研究中心，1982 年），頁 290。

者多達二萬餘人。[41]

11月18日至21日，中共東江特委在海豐城內「紅宮」（原為孔廟）召開「海豐全縣工農兵代表大會」，出席農民代表一百九十一人，工人代表九十人，兵士代表三十人。會場中央掛著馬克思、列寧的巨像，還懸掛著「無產階級勝利」的紅旗。會議討論通過了〈沒收土地〉、〈殺盡反動派〉、〈改善工人生活〉、〈改良士兵生活〉、〈取消苛捐雜稅〉、〈婦女問題〉等提案，並選舉蘇維埃政府職員。

11月21日，取消原有的「海豐縣臨時革命政府」，正式成立「海豐縣蘇維埃政府」，這是國、共分裂後，中共拋棄中國國民黨旗幟，首次建立的蘇維埃政權，也是中國的第一個蘇維埃政權。

海豐縣宣佈成立蘇維埃政府時，曾以「海豐全縣工農兵代表大會」之名義，發出「開幕通電」與〈宣言〉。通電對象為「第三國際、中國共產黨中央執行委員會、中華革命委員會暨全國各革命團體」，自稱此一行動「是中國前古所未有，即在世界上除蘇俄以外亦是第一次」。〈宣言〉提出的口號有：「大殺土豪劣紳！」「打倒地主！」「解除反動武裝！」「實行土地革命！」「擴大工農革命！」「蘇維埃政權萬歲！」等。[42]

「海豐縣蘇維埃政府」成立後，除了實施土地革命，屠殺地主，焚燒田契租簿，剷平田塍，重新分配土地外，還有以下一些新措施：「各市鎮都改變了名，海豐城有了馬克思路、列寧路、盧森堡路、季卜克內西路，孔廟改名為『紅宮』。一切封建法統權勢、秩序，以至封建思想，一總遭受摧毀。赤衛隊協同少先隊總動員把各寺廟的偶像摧毀得一乾二淨。」[43]

這個摧毀一切的蘇維埃政權，自1927年11月21日正式成立後，存在了三個月又九天，至1928年2月29日始被國軍擊破，結束其瘋狂與殘酷的殺戮。

---

[41] 郭華倫，《中共史論》，第一冊，四版（臺北：國立政治大學國際關係研究中心，1982年），頁290。

[42] 國立政治大學國際關係研究中心編著，《國共關係簡史》（臺北：國立政治大學國際關係研究中心，1983年），頁84。

[43] 詳見：鐘貽謀編著，《海陸豐農民運動》（廣州：廣東人民出版社，1957年）。

四、廣州暴動

廣州暴動是中共盲動主義政策下，所發動的一連串武裝暴動中最短命，也是最殘酷的一次暴動。它發生於 1927 年 12 月 11 日，結束於 12 月 13 日，為時僅三天，即告慘敗。據統計，三天內有一萬五千人以上被殺，廣州市內滿街屍骸，慘不忍睹。

廣州暴動是中共「八七會議」及「十一月擴大會議」所決定的武裝暴動總方針指導下的直接產物。暴動前廣州的形勢如下：葉、賀部於南昌暴動後南竄入粵，第二方面軍張發奎所剩部隊亦於 9 月間由江西開抵廣州。11 月 17 日，張發奎、黃琪翔以「護黨運動」為名舉行政變，推翻李濟琛、黃紹竑的統治，掌握了廣州政權，因而在廣東西江發生了粵、桂戰爭。12 月初，陳濟棠部由潮、汕趨惠州，陳銘樞部自閩入粵向東江發展，張發奎、黃琪翔部不得不分兵迎戰，廣州乃更形紊亂與空虛，造成了共黨暴動的客觀有利形勢。

就在張發奎、黃琪翔以「護黨運動」為名發動廣州政變的當天，中共中央即指示中共廣東省委要利用內戰時機，發動和擴大武裝暴動，建立蘇維埃政權。共產國際代表紐曼也趕到廣州，指導中共進行暴動。

粵、桂戰起，廣州市內駐軍日減，局勢混亂，中共廣東省委書記張太雷於 11 月 26 日主持省委常委會議，決定在廣州發動武裝暴動。會後隨即成立暴動總指揮部──「行動委員會」，由張太雷任總指揮，葉挺為暴動軍總司令，葉劍英為副總指揮，聶榮臻為省委軍委書記，周文雍為廣州工人赤衛隊總指揮。

暴動總指揮部成立後，中共廣東省委和廣州市委負責人張太雷、楊殷、聶榮臻、鄧發、陳郁、周文雍等，立即積極進行暴動的各項準備工作。葉挺也由香港趕回廣州，參加暴動的準備和領導工作。

按中共的原訂計畫，廣州暴動時間為 12 月 13 日，但自 12 月 9 日起，中共的暴動計畫已經暴露，汪精衛於是日即從上海致電張發奎，命其立即解除第四軍教導團武裝，禁止工人赤衛隊活動，搜查蘇俄領事館，捕殺共產黨員等。面對這一危急情況，暴動總指揮部乃決定把暴動日期提前。

暴動主力為第四軍教導團，加上警衛團、工人赤衛隊及農民武裝暴

動，共計約四千二百人，擁有步槍一千六百五十支，手槍三十支。原來預期能獲得海、陸豐及東江農民暴動力量的響應和支持，但並未實現。

12月11日凌晨二時許，張太雷、葉挺等人到教導團駐地——四標營，參加暴動誓師大會，進行動員，宣佈作戰部署和各營、連的戰鬥任務及各級領導幹部名單。會後逮捕、殺害十五名反共軍官，豎起鐮刀斧頭的紅旗，會同工人赤衛隊，攻擊各個指定目標。四時，廣州城內槍聲大作，戰鬥慘烈，暴動軍先後攻佔了公安局、各區警察署和保安隊、粵漢鐵路黃沙車站、郵政局、無線電局、電話局、中央銀行，以及中國國民黨的黨政機關。

11日上午八時，「廣州工農兵蘇維埃政府」宣告成立。蘇維埃政府和暴動總指揮部設在廣州公安局內。張太雷隨即在此主持蘇維埃政府第一次會議，宣佈蘇維埃政府的成員名單，由蘇兆徵擔任蘇維埃政府主席（未到任前由張太雷代理），葉挺為工農紅軍總司令。[44]

廣州暴動後，暴動軍並未能攻下工事堅固的第四軍軍部和二十四師師部，也始終無法肅清長堤的武裝警察保安隊。所以從11日下午四時起，雙方處於對峙狀態。12日，張發奎部包圍廣州。暴動軍總指揮、蘇維埃政府代主席張太雷於12日下午前往大北門指揮戰鬥，途經大北直街時被擊斃。13日凌晨五時，第四軍新編第二師薛岳部自觀音山向南進攻。八時，李福林部第五軍自省河南面渡河夾擊，其在省河之軍艦，亦以猛烈砲火向市內集射。自午後一時開始，進攻各部隊奮勇分途截擊，並有反共的機器工會工人亦參加奮戰，與暴動軍短兵相接，巷戰至烈。至午後四時，暴動軍死傷慘重，彈盡援絕，被迫撤離。為時三天的廣州暴動，至此完全敉平。

廣州暴動雖然僅維持三天，卻給廣州市民帶來空前浩劫。共黨於暴動開始後，即厲行燒殺政策，中央銀行首成焦土，被焚民房一千五百十三家，損失達一千萬元，呈報被搶者一千五百三十萬二千五百件，死亡者多

---

44 中國革命博物館黨史陳列研究部彙編，《中共黨史主要事件簡介（1919-1949）》（成都：四川人民出版社，1982年），頁166-167。

達一萬五千人以上。[45] 據當時的報載：暴動時的廣州，只能以「劫、焚、殺、亂」四個字來形容。共黨屠城劫掠，毫無紀律，大廈高樓，盡數遭劫，被難良民無數，實與紅巾之亂無異。[46]

在暴動中，共黨方面的傷亡也相當大。據統計，包括中共黨員、士兵及工人赤衛隊員等共有五千七百多人被擊斃。[47] 蘇俄駐廣州領事館人員因掩護並直接參與暴動，12 月 13 日有多人被捕，其中包括副領事哈西斯（A. I. Hassis）在內的五個人被槍決。12 月 14 日，國民政府宣佈與蘇俄絕交，通知蘇俄限期關閉其在中國境內所有領事館和貿易機構，並撤回人員。蘇俄政府則以從未承認南京國民政府為理由，拒絕國民政府的絕交照會。但其後，蘇俄駐廣州、上海、武漢等地之領事與貿易人員陸續撤走。[48]

廣州暴動結束後，撤離廣州的暴動部隊，大部分逃到花縣，編成紅四師，在徐向前等人領導下竄抵海陸豐，參加當地的暴動；另一部分退到廣西左、右江地區打游擊，後來參加鄧小平、張雲逸領導的左、右江暴動；還有一部分退到粵北，突破國軍的封鎖，在韶關附近找到南昌暴動後南下的部隊，參加當地的工農武裝暴動。[49]

除上述的南昌暴動、兩湖秋收暴動、海陸豐暴動及廣州暴動外，從1927 年秋到 1928 年夏，中共在各地還發動了以下一些暴動：

1. 1927 年 10 月：馮白駒領導的海南島暴動；楊靖宇領導的河南確山暴動；謝子長領導的陝西清澗暴動。

2. 1927 年 11 月：吳光浩、曹學楷、潘忠汝領導的湖北黃麻暴動。

3. 1928 年 1 月：方志敏領導的弋橫（江西省弋陽和橫峰兩縣）暴動；朱

---

[45] 請參閱《時事新報》（上海），1927 年 12 月 19 日。

[46] 請參閱《時事新報》（上海），1927 年 12 月 20 日。

[47] 中國革命博物館黨史陳列研究部彙編，《中共黨史主要事件簡介（1919-1949）》（成都：四川人民出版社，1982 年），頁 169。

[48] 國立政治大學國際關係研究中心編著，《國共關係簡史》（臺北：國立政治大學國際關係研究中心，1983 年），頁 89。

[49] 中國革命博物館黨史陳列研究部彙編，《中共黨史主要事件簡介（1919-1949）》（成都：四川人民出版社，1982 年），頁 168-169。

德、陳毅領導的湘南暴動；賀龍、周逸群領導的湘鄂邊暴動。

4. 1928 年 3 月：鄧子恢、張鼎丞領導的閩西暴動。

5. 1928 年 4 月：劉志丹、謝子長領導的渭華（以渭南、華縣為中心的陝西東部地區）暴動。

6. 1928 年 7 月：彭德懷、滕代遠、黃公略領導的平江暴動。

　　但以上這些暴動的規模均不足觀，分別迅被敉平，並未造成重大的影響。

第三節　立三路線的形成、發展與結束

一、共產國際對瞿秋白的指責：左傾盲動主義

　　廣州暴動失敗後，以瞿秋白為首的中共中央，於 1928 年 1 月 3 日召開臨時政治局會議，通過〈廣州暴動之意義與教訓〉決議案。中共中央在這個決議案中，對廣州暴動的失敗雖作了詳細的檢討，但顯未記取失敗的教訓，仍認為「中國的總形勢，仍舊是直接革命的形勢」，仍舊要不斷地暴動。〈決議〉決定：「我黨各地黨部應當以廣州暴動為模範」，「實際舉行農民暴動的時候，應當依廣州暴動的經驗」，「一切農民暴動都要在蘇維埃的口號和旗幟之下進行。」[50] 這些暴動的政策，警醒了史達林和佈哈林（Nikolai Ivanovich Bukharin, 1888-1938），他們於 1928 年 2 月 25 日，向「共產國際執委第九次會議」提出並獲通過的〈關於中國問題的議決案〉，指責共產國際代表羅明納茲和中共中央領導人瞿秋白，對中國革命性質和革命形勢的估計是錯誤的，指責他們在城市和鄉村中「玩弄暴動」，是「左傾盲動主義」，是「消滅革命的『正確方法』」。[51] 會後，共產國際立即電召瞿秋白赴俄。

　　1928 年 4 月 30 日，中共中央發出〈中央通告〉（第四十四號），表

---

[50] 〈廣州暴動之意義與教訓〉，《共匪禍國史料彙編》，第一冊，再版（臺北：中華民國開國文獻編纂委員會編印，1976 年），頁 555-559。

[51] 〈共產國際關於中國問題的議決案〉（1928 年 2 月 25 日），中共中央編，《中國問題指南》，第一冊（延安：新華書局，1937 年），頁 47-54。

示接受「共產國際執委第九次會議」〈關於中國問題的議決案〉，承認中共黨內存在著「玩弄暴動」的「盲動主義」錯誤，指出「爭取群眾，建立城鄉群眾組織，鞏固並健全共產黨組織」是當時最重要的工作，也是準備「工農總暴動」的必須條件。[52] 從此，瞿秋白的盲動主義基本上結束了。但是稍後，中共又走向另一條盲動主義的路線——立三路線。

二、中共「六全大會」

　　立三路線的形成，根源於中共「六全大會」。中共「六全大會」是在瞿秋白左傾盲動主義路線基本結束之後，於 1928 年 6 月 18 日至 7 月 11 日在蘇俄首都莫斯科召開的。出席大會的代表係於 1928 年 4 月陸續動身祕密前往莫斯科。到會的正式代表八十四人，候補代表三十四人，代表當時中共全體黨員四萬多人。

圖 4-6　李立三：自命為「中國的列寧」

　　在 6 月 18 日的開幕式上，先由瞿秋白代表中共第五屆中央委員會致開幕詞，接著有共產國際代表、聯共中央代表、少共國際代表、中國少共中央代表及中華全國總工會代表等致祝詞。從 6 月 19 日起，「六大」開始正式議程，先後有共產國際代表佈哈林的〈中國革命與中共任務〉報告，瞿秋白的政治報告〈中國革命與共產黨〉，周恩來的組織問題和軍事問題報告，劉伯承的軍事問題補充報告，李立三（如圖 4-6）的農民土地問題報告，以及向忠發（如圖 4-7）的職工運動問題報告等。大會討論和通過了十六個決議案，其主要者有：〈政治決議案〉、〈蘇維埃政權組織問題決議案〉、〈土地問題

圖 4-7　向忠發：中共建政前惟一工人出生的總書記

---

[52] 中共中央黨校黨史教研室編著，《中國共產黨史稿》，第二分冊（北京：人民出版社，1983 年），頁 33。

決議案〉、〈農民問題決議案〉、〈職工運動決議案〉、〈組織決議案提綱〉、〈宣傳工作決議案〉、〈軍事工作決議案（草案）〉、〈共青團工作決議案〉、〈婦女運動決議案〉及〈關於民族問題的決議〉等。大會還修改了中國共產黨的章程，選舉了中共新的中央委員會。

　　綜觀中共「六大」通過的決議案，以〈政治決議案〉最為重要，其要旨在批判陳獨秀的右傾機會主義和瞿秋白的左傾盲動主義，指責右傾機會主義的要害是放棄革命的領導權，指責左傾盲動主義的錯誤是玩弄暴動，從事軍事冒險。〈決議〉在分析中國革命形勢之後指出，當前中國的革命形勢是處於兩個革命高潮之間，亦即「第一個革命浪潮已經因為歷次失敗而過去了，而新的浪潮還沒有到來。」處在這樣的革命形勢之下，〈決議〉指出：共產黨的總任務，不是進攻，不是組織暴動，而是爭取群眾，團結、積聚革命力量，準備武裝暴動。〈決議〉強調：從全國範圍的意義上講，武裝暴動暫時只是「宣傳的口號」，不是「直接行動的口號」。[53]

　　為了及時傳達「六大」決議的精神，指導中共全黨工作，大會通過了對國內工作指示的電稿。這份電稿的內容雖然簡短，但卻十分重要，它包含了「六大」各項決議案的要旨。電稿首先指出：「現在第一個革命高潮以屢次失敗而完結，而新的高潮沒有來。黨的總路線是爭取群眾、統一群眾、團結群眾於黨的主要口號之下，加緊日常工作，尤其是城市產業工人的工作。」電稿接著強調：「黨與群眾脫離是主要危險」，「全國範圍的暴動只是宣傳口號」，要「堅決地反對盲動主義」。電稿最後指示中共全體黨員幹部，必須「擴大蘇維埃的根據地及加緊組織紅軍」，「實行土地革命，力爭工農民主獨裁制的蘇維埃政權」，並「堅決地改造黨」。[54]

　　中共「六大」選出的中央委員會，有中央委員二十三人，候補中央委員十三人。「六屆一中全會」選出的中央政治局，由蘇兆徵、項英、周恩來、向忠發、瞿秋白、蔡和森、張國燾等七人任政治局委員，關向應、

---

[53] 中共「六大」通過的〈政治決議案〉，詳見：《中共黨史教學參考資料》，第一冊（北京：人民出版社，1980 年），頁 155-162。

[54] 中國社會科學院現代史研究室編著，《中國共產黨歷次代表大會》（北京：中共中央黨校出版社，1982 年），頁 129-130。

李立三、羅登賢、彭湃、楊殷、盧福坦、徐錫根七人任政治局候補委員。由於當時過分強調工人成分，工人出生的向忠發被選爲中共中央總書記，但他實際上沒有發揮總書記的作用，中共中央權力落在軍事部長周恩來和宣傳部長李立三兩人之手。尤其是李立三，爲人狂妄，自命「中國的列寧」，以宣傳部長之職操縱中共中央，專斷一切，形成後來所謂的「立三路線」。

三、立三路線的形成

　　「六大」閉幕後，中共新的中央回到上海，其第一步的工作，便是整頓因一連串暴動失敗而造成的殘破不堪之共黨組織。1928 年 10 月 17 日，中共中央發出有關整頓組織的第六十九號《中央通告》，指出中共「現時的前途應當是重新創造無產階級的基礎」。[55] 同年 11 月 11 日，中共中央又發出〈告全體同志書〉，指示其全體黨員要「強固黨的無產階級的基礎」，要「到產業工人中去建立強固的工廠支部，增加黨的工人的成份，集中注意於全國產業區域的黨的組織的健全」，「完成黨的佈爾塞維克化」。[56]

　　中共中央於整理組織告一段落後，於 1929 年 6 月下旬在上海召開「六屆二中全會」。會議通過了政治、組織、宣傳、職工等問題決議案，和中共中央政治局的工作報告。會議決定今後仍應堅持執行「六大」制定的「爭取群眾以準備武裝暴動的總路線」。「六屆二中全會」在〈政治決議案〉中特別強調：在當前的政治形勢下，中共的策略路線是「要利用一切的可能來爭取公開的活動，同時要加強黨的祕密工作，使公開工作與祕密工作親密的聯繫起來」。〈決議〉指出：「只有利用一切機會公開的做宣傳鼓動的工作，公開的組織群眾，公開的號召群眾的鬥爭，才能影響廣大群眾，發動廣大群眾」；同時要「特別注意加強黨的祕密的工作──支部與黨團的工作，才能更加鞏固黨的領導的力量。」[57]

---

[55]〈關於黨的組織，創造無產階級的黨和其主要路線〉，中共《中央通告》，第六十九號（1928 年 10 月 17 日）油印原件。

[56] 中共中央〈告全體同志書〉（1928 年 11 月 11 日）油印原件。

[57] 中共「六屆二中全會」〈政治決議案〉（1929 年 6 月），《中共黨史教學參考資料》，

　　中共「六屆二中全會」後，國民政府於 1929 年 7 月收回中東鐵路管理權，蘇俄爲此於 8 月間對我東北邊境發動軍事侵襲，中、蘇兩國乃處於交戰狀態，是謂「中東路事件」。此一事件發生後，中共竟站在蘇俄一方，發動反戰示威，誣稱是「帝國主義、國民黨進攻蘇聯」，提出要「武裝保衛蘇聯」。[58] 中共此舉，不僅引起國人的斥責，也遭到其黨內包括陳獨秀、彭述之等人的反對，甚至因而造成了分裂。1929 年 11 月 15 日，中共中央政治局還爲此通過一項決議，開除陳獨秀的黨籍，並批准江蘇省委開除彭述之、汪澤楷、馬玉夫、蔡振德等四人黨籍的決議。從此，中共的創始人及五度連任中共中央總書記的陳獨秀，便成爲中共的「叛徒」，被趕出由他所創造的黨。

　　1930 年 5 月，中原大戰爆發（即閻錫山、馮玉祥等通電反叛，國民政府下令討伐），雙方參戰部隊近百萬，作戰時間長達半年。中共中央利用這一有利時機，於 6 月 11 日通過了〈新的革命高潮與一省或幾省的首先勝利〉的決議，這一個中共黨史上著名的〈目前政治任務的決議〉，便是立三路線的代表「傑作」。

　　該〈決議〉認爲：從目前中國的政治經濟狀況來看，革命的客觀條件已經成熟，新的革命高潮已經逼近。因此，〈決議〉指出：「在全國革命高潮之下，革命可以在一省或幾省重要省區首先勝利（在目前的形勢看來，以武漢爲中心的附近省區，客觀條件更加成熟），在新的革命高潮日益接近的形勢之下，準備一省或幾省首先勝利，建立全國革命政權，成爲黨目前戰略的總方針。」該〈決議〉更提出以城市暴動爲主的具體策略：「爭取一省與幾省首先勝利，無產階級的偉大鬥爭，是決定勝負的力量，沒有工人階級的罷工高潮，沒有中心城市的武裝暴動，決不能有一省與幾省的勝利。不特別注意城市工作，想『以鄉村包圍城市』，『單憑紅軍

第一冊（北京：人民出版社，1980 年），頁 241、252。

58 請參見〈目前政治形勢中的兩大任務：擁護蘇聯與反對軍閥戰爭〉，中共《中央通告》，第四十九號（1929 年 9 月 18 日）；〈廣暴紀念之反軍閥戰爭運動週〉，《中央通告》，第五十一號（1929 年 10 月 12 日）。按：這兩份《中央通告》的編號（四十九號、五十一號），爲 1928 年之後中共中央新編的通告號數；後文《中央通告》之編號均如此。

來奪取城市」，是一種極端錯誤的觀念。」所以必須「組織政治罷工，擴大到總同盟罷工，加緊工人武裝的組織與訓練，以樹立武裝暴動的中心力量，是準備一省與幾省首先勝利的主要策略。」[59]

一個多月以後，即 1930 年 7 月 21 日，中共中央發出第八十四號《通告》，認為：「一切事變的發展，都在證實或已經證實 6 月 11 日政治局通過的政治決議對於政治局勢估量的正確。」重申：「在這一個形勢底下，黨的任務應積極準備武裝暴動，組織總同盟罷工。」為充分實現 6 月 11 日政治決議所決定的策略路線，《通告》指示中共黨員應加緊以下的工作佈置：「各省須成立行動委員會」，「擴大黨的政治宣傳煽動工作」，「組織總同盟政治罷工」，「建立赤色工會組織」，「擴大建立工人糾察隊組織」，「建立赤色先鋒隊」，「實施黨員軍事化」，「猛烈的擴大紅軍與建立工農革命軍事委員會」，「組織地方暴動」，「加緊士兵運動與組織反軍閥戰爭的兵士暴動」，「建立雇農工會與貧農委員會的組織」，「組織貧民鬧米荒的騷動」，以及「擴大黨的階級基礎」等。[60]

論者咸以 6 月 11 日的政治任務決議和 7 月 21 日的《中央通告》是立三路線的代表文獻，但吾人若深究其來源，可以發現這兩份文獻，乃是前此共產國際於 1929 年 10 月 26 日對中共中央的指示，和 1930 年 2 月 26 日中共《中央通告》第七十號的進一步發展。因為在共產國際的指示中，早已認為中國革命的新浪潮已經發動，「現在已經可以並且應當準備群眾去實行革命，推翻地主資產階級聯盟的政權，而建立蘇維埃形式的工農獨裁，積極的開展著並且日益擴大著階級鬥爭的革命方式。」[61] 這一積極進攻的指示，助長了中共的盲動冒險主義，因此在中共中央的第七十號《通告》中也明白指出：「目前全國危機是在日益深入，而革命新浪潮是在日益開展」，「目前革命形勢的發展，很明顯的可以看出一省或幾省首

---

[59] 〈新的革命高潮與一省或幾省的首先勝利〉（1930 年 6 月 11 日中共中央政治局會議通過之〈目前政治任務的決議〉），全文請參閱王健民，《中國共產黨史》，第二編（臺北：漢京文化事業有限公司，1988 年），頁 42-51。

[60] 中共《中央通告》，第八十四號（1930 年 7 月 21 日）油印原件。

[61] 〈共產國際執委致中共中央委員會的信〉（1929 年 10 月 26 日國際政治祕書處通告），中共中央編，《中國問題指南》，第一冊（延安：新華書局，1937 年），頁 95-97。

先勝利的前途，特別是武漢及其鄰近的省區，表現著更多的可能」。處在這樣的革命形勢下，《通告》提出了「集中力量積極進攻」的中心策略，指示中共黨員要「組織工人政治罷工，組織地方暴動，組織兵變，擴大紅軍」。關於擴大紅軍的問題，《通告》特別強調要「向著交通要道中心城市發展，以摧毀敵人的要害」。[62]

由此可知，立三路線的形成早在 1929 年底中共中央接到共產國際指示，並於 1930 年初發出第七十號《中央通告》時即已開始，至 1930 年夏才發展到高峰，其代表「傑作」，就是 6 月 11 日的〈決議〉和 7 月 21 日的《通告》。

四、立三路線的發展與失敗

正當立三路線發展過程中，共產國際於 1930 年 7 月 23 日又通過一個〈中國問題決議案〉，這一〈決議案〉的精神基本上與立三路線不謀而合。〈決議〉指出：「中國革命運動的新的高漲，已經成為無可爭辯的事實」，「最近事變發展的趨向，即使革命形勢不能夠包括全中國的地域，至少也要包括幾個主要的省份」。因此，〈決議〉指示中共「必須集中注意去組織並且鞏固紅軍，以便在將來依照軍事政治的環境，而能夠佔領一個或者幾個工業的行政的中心城市」。[63] 共產國際的這一指示，對於立三路線的發展起了極大的鼓勵作用。

自 6 月 11 日的政治任務決議、7 月 21 日的《中央通告》及 7 月 23 日的國際指示相繼通過下達後，中共中央在李立三、周恩來等人的領導下便全面動員起來，以積極行動來實施立三路線，其主要的情況如下：

(一) 組織「總行動委員會」（「總行委」）

取消青年團和工會，將其與黨，三者合而為一，組成「總行動委員會」。「總行委」是個什麼機構呢？瞿秋白於 1930 年 11 月 22 日，在中

---

[62] 〈關於目前政治形勢與黨的中心策略〉，中共《中央通告》，第七十號（1930 年 2 月 26 日）。

[63] 〈中國問題決議案〉（共產國際執委政治祕書處 1930 年 7 月 23 日通過），中共中央編，《中國問題指南》，第一冊（延安：新華書局，1937 年），頁 107-110。

共中央政治局擴大會議中發言指出：「在八一會議時成立了總行委工作的決定，八三會議[64]更指出總行委是為總同盟罷工的指揮機關，指揮全國暴動最高指揮部。」總行委設主席團三人，即向忠發、李立三及袁炳輝，下設各部：組織部長周恩來、宣傳部長李立三、青年部長袁炳輝、工人運動部長徐錫根、農民部長陳鐵盧。[65]接著，各省也成立「省行動委員會」，指揮各地暴動。

㈡ 號召總同盟政治罷工

從 1930 年 4、5 月起，中共就分別在上海、天津、武漢、唐山等大城市和礦場，連續多次號召鼓動工人舉行總同盟政治罷工，但因當時這些地方的赤色工會組織力量薄弱，如上海僅有二千一百個會員、天津五百人、武漢二百人、唐山八百四十人，而且又缺少準備，倉促發動，乃成了一種「強迫罷工」，並主觀地將這些罷工改變為暴力的政治示威，結果先後都失敗了，使中共的工人黨員和幹部遭受很大的犧牲。以上海為例，中共在上海的組織，立三路線開始時有區委八個，在立三路線進行期間，先後被破壞了七個，中共黨員數量由三千降到七百。因此，當時上海的赤色工人流行著這樣的怨聲：「黨領導我們到黃浦江去！」（意指投江而死。）

㈢ 佈置全國總暴動

從 1930 年 6 月到 8 月，中共在武漢、南京、北京、天津、瀋陽、哈爾濱、大連、廣州等大城市及全國其他地方，包括四川、陝西、山西、河南等地，組織並發動無數次的武裝暴動。中共企圖進行的這些暴動，其結果，不是因為共黨組織被破獲而無法發動，便是發動以後慘遭政府打擊而失敗。

㈣ 發動兵暴

在佈置全國總暴動的決策之下，中共中央同時企圖在各處發動兵暴，但迄無結果，甚至因而引起內部的爭議與損失。據周恩來於 1930 年 11 月

[64] 所謂八一會議和八三會議係指 8 月 1 日和 8 月 3 日的中共中央政治局會議。
[65] 王健民，《中國共產黨史》，第二編（臺北：漢京文化事業有限公司，1988 年），頁 53-54。

22 日，在中共中央政治局擴大會議上的發言指出：「一開始解釋上就有缺點，以後就把兵暴做成中心，實際上就不談兵變。如湖北，伯承（按：劉伯承）去後與劍爭（按：似爲葉劍英或李劍如），劍還說只有兵暴沒有兵變，中央如此說的，可見中毒之深。」至於南京、鎭江方面，周恩來指出：「當時兵變是可以的，但兵暴是不可能的。」可是在南京，爲了實行沒有條件的兵暴，中共的「（江蘇）省行委」竟然槍斃中共自己的「同志」三十人。

　　這一內幕是共產國際東方部的苦秋莫夫（Kuchimov），於共產國際執委主席團討論立三路線問題時予以揭露的。他說：「南京被捕好些同志，三十個同志。這三十個同志剛剛交到了一個部隊——那裡官長和兵士亦是我們的黨員，所以這部隊完全在我們手裡。於是南京市委和官僚主義的江蘇省行委代表之間便發生爭論，市委以爲有完全可能救這些同志，只要把這軍隊開出城，變成一部紅軍——這種情形到處都有的。然而省行委反對，省行委的主張是要槍斃國民政府交來的那些同志，爲的是完成全國暴動的計畫，因爲如果這部隊開出南京，就不能執行暴動計畫了。於是這些同志就由我們自己槍斃！事後，那一部隊仍舊被政府繳了械。」[66]

㈤ 進攻長沙

　　中共中央爲執行「爭取一省或數省首先勝利」的方針，乃指示在湘、贛兩省「紅軍」，改變游擊戰術，分別集中力量進攻長沙和南昌，以配合武漢的暴動，準備在武漢會師。1930 年 7 月 5 日，彭德懷的三軍團一度攻陷岳陽，旋移師南下，於 7 月 27 日佔領長沙，至 8 月 5 日敗退，東走瀏陽、平江。此時，朱德、毛澤東的一軍團亦向南昌進發，但是當朱、毛部於佔領樟樹後，渡江而西，進佔萬載、宜春等縣時，聞彭德懷部退至平江，即與之取得聯絡，準備第二次進攻長沙。朱、毛部與彭德懷部後於瀏陽會師，合併爲「紅一方面軍」，由朱德任總司令，毛澤東任總政治委員兼前敵委員會書記。9 月 3 日，開始攻城，但被國軍擊敗，退走贛西；10月 4 日進佔吉安，但旋又敗退。

---

[66] 〈共產國際執委主席團關於立三路線的討論苦秋莫夫（Kuchimov）發言〉，《佈爾塞維克》，四卷三期（1931 年 5 月 10 日），頁 17。

㈥ 消滅富農

　　李立三原來主張在農村中要聯合富農，後因受陳獨秀、彭述之和共產國際的批評，乃取消聯合富農的政策，但又急轉直下，轉爲從肉體上來消滅富農。在共產國際執委主席團會議中，東方部的薩活洛夫（Safarov）說：「看！中央給長江局的信──『鄂東北的情形非常嚴重，肉體消滅的辦法……』。秋白同志在三中全會（按：指 1930 年 9 月中共六屆三中全會）上說的：南通用屠殺的辦法，不但對富農，而且對富裕的中農，甚至小農。」共產國際東方部的報告也指出：「立三沒有瞭解土地革命的貧農、中農的性質，貧農團的問題沒有提及，現在就過早的禁止土地買賣，現在就實行有些地方的消滅富農，企圖建立有計畫的經濟、集體農場和蘇維埃國立農場，使中農離開革命。」其結果當然要遭到挫敗。[67]

　　這些就是立三路線的具體實施及其失敗的結果；而立三路線的失敗和破產，便決定了李立三被清算的命運！

五、立三路線的清算

　　除了前述的立三路線，李立三的野心還不僅如此。從共產國際東方部和瞿秋白的報告來看，立三路線還準備由中國擴展到韓國、日本、外蒙、蘇俄，乃至全世界的無產階級革命。[68] 由此亦可知當時自命爲「中國的列寧」的李立三，是如何的狂妄了！

　　李立三固然狂妄，但是立三路線的形成，還是根據共產國際的指示發展而來的。共產國際的兩次指示（1929 年 10 月和 1930 年 7 月），對於中國時局的估計，對於中共任務的規定等，大都含糊不清，而又模稜兩可，可以作多種多樣的解釋。既可從進攻的觀點去了解，又可以從穩健的立場去分析。共產國際這兩次指示的妙用似乎在於：如果立三路線有其成果，僥倖獲得了重大勝利，那便要歸功於國際指示的正確，「國際路線」

---

[67] 以上一至六段，請參閱郭華倫，《中共史論》，第二冊，四版（臺北：國立政治大學國際關係研究中心，1982 年），頁 90-94。

[68] 〈國際東方部的報告〉，《佈爾塞維克》，四卷三期（1931 年 5 月 10 日），頁 67；〈中共中央政治局擴大會議紀錄：瞿秋白報告〉（1930 年 11 月 22 日）。

的勝利；反之，如果受了挫折，遭到失敗，那就要把李立三作為代罪羔羊，而加以清算鬥爭了。

就在立三路線的敗象逐漸顯明時，共產國際即針對中共中央 6 月 11 日的〈決議〉加以檢討和批評，除電令嚴斥外，並派瞿秋白返國召開中共「六屆三中全會」，糾正立三路線的錯誤及傳達新的國際路線。「三中全會」之後，李立三被共產國際召去莫斯科接受清算和批判，並坦承錯誤，接受處分。從此，李立三便留在莫斯科「糾正他自己的錯誤」，直到 1943 年共產國際解散後，才於 1945 年隨著蘇俄紅軍進軍東北，才返回中國，結束他在莫斯科長達十五年的「糾正期」。

六、中共「六屆三中全會」

㈠對立三路線採「調和主義」

1930 年 9 月 24 日至 28 日，中共中央在瞿秋白領導下在上海召開「六屆三中全會」。會議接受共產國際執委會政治祕書處在 1930 年 7 月通過的〈中國問題決議案〉，通過〈政治狀況和黨的總任務議決案〉、〈組織問題議決案〉、〈職工運動議決案〉及〈對於中央政治局報告的決議〉等。當政治議決案討論通過時，瞿秋白作了一個〈三中全會政治討論的結論〉。會後，中共中央更於 10 月 12 日，發出由瞿秋白起草的《中央通告》第九十一號，總結三中全會的精神。

由於 1930 年 7 月共產國際〈中國問題決議案〉的基本精神與立三路線相符，因而「三中全會」也就無法糾正立三路線的錯誤，而成了對立三路線的「調和主義」了。例如，在「三中全會」最重要的政治議決案中，引證了共產國際的決議：中國「革命的爆發，一天天的接近」；「最近期間，革命形勢即使不能包括到整個中國，至少也要包括到幾個主要省份的地域」；以及「中國革命運動的新的高潮已成為無可爭辯的事實」等作為依據。並指出：三中全會「承認中央政治局的路線是正確的，是和共產國際的路線是一致的。根據於中國一般的革命運動的新的高漲情形，黨的路線的確應當是：發動群眾鬥爭，集中革命力量，組織革命戰爭，積極準備

武裝暴動，去爲全國蘇維埃政權而鬥爭。」[69]該議決案還根據共產國際的決議，提出目前中國共產黨的主要任務：「依照軍事政治的環境，進而佔領一個或者幾個工業政治中心──這種形勢，目前是湘、鄂、贛區域最爲成熟」，「城市工人運動的中心問題，就是在準備總同盟罷工的方針之下，去加緊組織政治罷工。因此，必須努力加強對於日常部分的經濟政治戰鬥的領導，擴大罷工運動，直到各業同盟罷工，並且發動群眾的更廣大的政治鬥爭」，「這樣去真正切實的準備政治總同盟罷工，以至於武裝暴動」。[70]

(二) 撤換李立三宣傳部長之職務

　　中共「六屆三中全會」除了通過以上一些「調和主義」的重要決議外，還補選了中央委員七人，候補中央委員八人；並改選中央政治局，由向忠發、瞿秋白、周恩來、項英、張國燾、關向應、李立三等七人任政治局委員，由羅登賢、顧順章、盧福坦、徐錫根、溫裕成、毛澤東、李維漢等七人任政治局候補委員。李立三的中共中央宣傳部長之職務被撤換，改由瞿秋白接任。

(三) 共產國際對「三中全會」之申斥與中共中央的反應

　　「三中全會」後一個多月，即 1930 年 11 月 16 日，中共中央收到 1930 年 10 月〈共產國際執行委員會給中國共產黨中央委員會的信〉。共產國際在這封信裡嚴斥立三路線的錯誤，指責立三路線是「反國際的政治路線」，是「非佈爾塞維克的」，「非列寧主義的」，這條路線實施的結果是「引導到消極」，「引導到失敗」，「引導到極危險的冒險」。因此，共產國際指示中共中央對於立三路線要「給以堅決的抵抗」，要「堅決的爲著國際執委的路線而進行佈爾塞維克的鬥爭」。[71]

---

[69]〈中共三中全會關於政治狀況和黨的總任務議決案〉，《中共黨史教學參考資料》，第一冊（北京：人民出版社，1980 年），頁 297。

[70]〈中共三中全會關於政治狀況和黨的總任務議決案〉，《中共黨史教學參考資料》，第一冊（北京：人民出版社，1980 年），頁 300-302。

[71]〈共產國際執行委員會給中國共產黨中央委員會的信〉（1930 年 11 月 16 日收到），中共中央編，《中國問題指南》，第一冊（延安：新華書局，1937 年），頁 123-137。

　　中共中央在收到這封信之後六天，即 11 月 22 日，召開中共中央政治局擴大會議，討論共產國際的來信。瞿秋白在會議報告中檢查了立三路線的錯誤，並承認三中全會「有調和態度的餘毒」。[72] 根據這次會議的決定，中共中央擬就了〈中國共產黨中央委員會告同志書——為反對和肅清立三同志路線的問題〉，並於 25 日寫成〈政治局關於最近國際來信的決議〉（即〈十一月的補充決議〉）。

　　〈告同志書〉和〈十一月的補充決議〉雖然揭發了立三路線的錯誤，並決議「完全同意國際執委的這一封信」，但對「三中全會」的決議卻給予肯定的估計，認為「三中全會一般的已經接受了國際路線」，[73] 這與共產國際的看法是相左的。因此，到了 12 月上旬，在共產國際的反對下，中共中央再度擬就〈政治局十二月九日的決議〉，承認「三中全會」的「調和主義」立場是錯誤的，「三中全會」的路線是不正確的。〈決議〉認為，「必須通過新的政治議決案，以糾正三中全會的嚴重錯誤，而徹底明確的完全遵照國際路線來規定黨的任務和策略。」[74]

　　1930 年 12 月 23 日，瞿秋白領導下的中共中央政治局，發出題為「為堅決執行國際路線反對立三路線與調和主義號召全黨」的〈中央緊急通告〉，亦即著名的《中央通告》第九十六號。中共中央在此一通告中，不僅否定「三中全會」，也否定了 11 月和 12 月的兩次補充決議，認為「只有採取非常緊急的辦法，在適合祕密條件下，產生新的政治決議來代替三中全會的一切決議」，強調「黨內應實行改造」，指出「改造各級指導機關是緊急的處置」，「必須引進積極反立三路線、反調和主義的幹部，尤其是工人幹部到指導機關」。[75] 這個緊急通告至少起了兩個重要作用：一為召開擴大的「四中全會」打下了根基；二為陳紹禹（王明）（如圖 4-8）、秦邦憲（博古）、張聞天（洛甫）等國際派掌握中共黨權鋪平了道路。

---

72 〈中共中央政治局擴大會議紀錄〉（1930 年 11 月 22 日）原件。
73 〈中共中央政治局關於最近國際來信的決議〉（1930 年 11 月 25 日）原件。
74 〈中共中央政治局十二月九日的決議〉（1930 年 12 月 9 日）原件。
75 中共〈中央緊急通告〉（即《中央通告》第九十六號，1930 年 12 月 23 日）原件。

七、中共「六屆四中全會」

　　1931 年 1 月 7 日，中共中央根據共產國際的指示，在共產國際新代表米夫（Pavel Mif, 1901-1938）（如圖 4-9）的指導下，於上海召開擴大的「六屆四中全會」，到會的中央委員二十二人，非中央委員十五人。「四中全會」通過的〈決議案〉接受了陳紹禹（王明）在其所著〈兩條路線的鬥爭〉一文中的主要觀點，[76] 嚴斥瞿秋白及「三中全會」的錯誤，指責「三中全會的調和主義的立場，造成純粹只是字面上承認共產國際的可能，以及對於共產國際代表的不尊重——這裡最主要的責任都應該是秋白同志負的」。該〈決議案〉還指出：為執行共產國際的指示和黨的任務，「須取消三中全會所補選的贊助立三同志的中央委員，引進反立三主義的鬥爭之中擁護國際路線的同志到中央委員會裡來，並且重新審定政治局的成份，以保障黨的正確領導。」[77]

圖 4-8　陳紹禹（王明）

圖 4-9　米夫

　　「四中全會」的重要任務之一是改選中共中央領導機構，改選的結果，取消了李立三、瞿秋白、李維漢等人的中央委員或中央政治局委員資格，補選了陳紹禹（王明）、張聞天（洛甫）、沈澤民、秦邦憲（博古）等人為中央委員或中央政治局委員。改選後的中共中央政治局，正式委員九人：向忠發、周恩來、項英、張國燾、徐錫根、盧福坦、任弼時、陳郁、陳紹禹；候補委員七人：關向應、羅登賢、毛澤東、溫裕成、顧順

---

[76]〈兩條路線的鬥爭〉，全文約三萬餘字，後收錄於氏著，《為中共更加佈爾塞維克化而鬥爭》，1940 年解放社出版。可參閱王健民，《中國共產黨史》，第二編（臺北：漢京文化事業有限公司，1988 年），頁 92-94。

[77]〈中共四中全會決議案〉，《中共黨史教學參考資料》，第一冊（北京：人民出版社，1980 年），頁 317-319。

章、劉少奇、王克全。中央政治局常委：向忠發、周恩來、張國燾（會後自俄歸國，四月初去「鄂豫皖蘇區」）、陳紹禹（二月後補入）。

八、國際派掌權與中共分裂

「四中全會」後，中共中央總書記雖仍由向忠發擔任，但實權掌握在國際派手中。國際派的主要人物陳紹禹（王明）以中央政治局委員、政治局常委身分，兼任江蘇省委書記；張聞天（洛甫）任農民部長，兼中央黨報編輯委員會主任；沈澤民（按：沈雁冰（茅盾）之弟）任宣傳部長；秦邦憲（博古）任少共中央書記。1931 年 6 月，向忠發被國民政府逮捕處決，中共中央改組，陳紹禹繼任中共中央總書記，張聞天改任組織部長，王稼祥任中央黨報編輯委員會主任，孟慶樹（陳紹禹妻）任婦女部長。

1931 年 9 月，陳紹禹赴俄出任中共駐共產國際代表團團長，中共中央總書記一職由秦邦憲接任，中央政治局常委五人中有三人屬於國際派的所謂「二十八個佈爾塞維克」，即秦邦憲、張聞天、王雲程，[78] 其中秦邦憲為中共中央總書記，張聞天為宣傳部長。另有組織部長李竹聲，婦女部長杜作祥亦屬「二十八個佈爾塞維克」。

就在「四中全會」後，國際派掌握中共中央實際權力之際，中共內部曾發生重大分裂，反國際派的何孟雄、羅章龍等人，於 1931 年 1 月 17 日另組第二江蘇省委，1 月 31 日另組「中央非常委員會」。反對派的領導人何孟雄於 1 月 18 日在上海公共租界被捕，2 月 7 日槍決於淞滬警備司令部龍華看守所。羅章龍於何孟雄被捕後繼之而起，為反對派領導人，後於 1 月 27 日被中共中央開除黨籍。從 1931 年 1 月開始，到同年的 3、4 月間，在國際派的說服、分化、爭取與黨紀處分、無情鬥爭並用之下，以羅章龍為首的反對派終告瓦解。

此後，國際派雖穩固地掌握了中共中央，但因各地「蘇區」的發展，中共的重心逐漸移向「蘇區」，擁兵踞地的「蘇區」已有尾大不掉的趨勢。加以共產國際對中共中央的津貼相對減少，中共的各項經費一部分須仰賴「蘇區」的供給，使得國際派掌握下的中共中央之權威大不如前。

---

[78] 另兩人為趙容（即：康生）、廖成雲（即：陳雲）。

第五章

蘇維埃政權的建立及其各項政策

　　早在 1922 年 7 月，中共「二大」宣言中即曾提出組織蘇維埃的問題，但迄至 1927 年南京清黨與武漢分共之後，中共才開始進行其蘇維埃運動。從 1927 年底至 1930 年春，中共先後在大陸各地建立了若干「蘇區」，其中以「江西蘇區」（後改為「中央蘇區」）及「湘鄂贛」、「閩浙贛」、「鄂豫皖」、「川陝」、「湘鄂西」、「左右江」、「陝甘」、「瓊崖」等「蘇區」較為重要。1931 年 11 月，中共在瑞金（如圖 5-1）召開「一蘇大會」，正式宣告成立「中華蘇維埃共和國臨時中央政府」（如圖 5-2、5-3）。本章旨在敘述蘇維埃政權的建立及其各項政策，其中包括蘇維埃運動與各地「蘇區」的建立、蘇維埃政權的建立經過、蘇維埃的根本法與各項政策，以及這段期間中共的重要黨務活動與黨內鬥爭等。

圖 5-1　瑞金：「中華蘇維埃共和國」的首都，曾更名為瑞京

圖 5-2　「中華蘇維埃共和國」的國旗：　　圖 5-3　「中華蘇維埃共和國」的軍旗
　　　　紅底上的圖案即為其國徽

第一節　蘇維埃運動與各地「蘇區」的建立

一、中共的蘇維埃運動

　　蘇維埃（Soviet）是會議、代表會議或工農兵代表會議之意，它是直接從俄文音譯而來的。早在 1905 年革命時，俄共便曾在彼得堡和莫斯科組織過蘇維埃，作為推翻沙皇的政權組織，結果失敗了。至 1917 年 2 月到 10 月，俄共再度建立蘇維埃，在「全部政權歸蘇維埃」的口號下，俄共完成了「十月革命」。

　　中共建黨初期，在 1922 年 7 月發表的「二大」宣言中，也提出過組織蘇維埃的問題，當時的說法是：「工人們時常要記得他們是一個獨立的階級，訓練自己的組織和戰鬥力，預備與貧農聯合組織蘇維埃，達到完全解放的目的。」[1] 後因中共早期聯合戰線（即聯俄容共）的形成與建立，尤以 1923 年 1 月的「孫、越宣言」公開指出「共產組織，甚至蘇維埃制度，事實上均不能引用於中國」（請參閱第三章第二節），致使中共於 1922 年 7 月「二大」宣言發表後，至 1927 年 4 月南京清黨、7 月武漢分共，結束了中共早期聯合戰線之前，未曾再提組織蘇維埃的問題。

　　當南京清黨後，關於中國革命應否立即組織蘇維埃的問題，史達林與

---

[1] 〈中國共產黨第二次全國代表大會宣言〉（1922 年 7 月），《中共黨史教學參考資料》，第一冊（北京：人民出版社，1980 年），頁 16。

托洛斯基在聯共（佈）中央全會（1927年4月13至16日）及共產國際執委第八次全會（1927年5月18至30日）上曾發生尖銳的爭辯與鬥爭。托洛斯基主張中共要立即脫離中國國民黨，成立「工農兵代表蘇維埃」。史達林反對托氏的意見，主張中共要繼續與武漢左派合作，不能退出中國共產黨。至武漢分共後，史達林才於1927年7月28日在〈時事問題簡評〉中指出：「現在，相反地，成立蘇維埃的口號可以成為真正革命的口號，如果在最近時期將有一個新的和強大的革命高漲的話。」[2]同年9月27日，史達林在共產國際的一次會議上論及中國革命問題時又說：「如果中國革命新的高漲成為事實，那麼，誰來領導這個運動呢？當然是蘇維埃」，可是「誰來領導蘇維埃呢？當然是共產黨人」，但是「共產黨人不會再參加國民黨了，即使革命的國民黨再次出現於舞台。」[3]

就在共產國際和俄共內部關於在中國建立蘇維埃問題的爭論結束之際，中共中央政治局接受國際指示，於1927年9月19日開會通過〈關於「左派國民黨」及蘇維埃口號問題決議案〉，決定中共「現在的任務不僅宣傳蘇維埃的思想，並且在革命鬥爭新的高潮中應建立蘇維埃。」[4]10月下旬，中共中央總書記瞿秋白在剛創刊的中共中央機關報《佈爾塞維克》第一期上更為文指出：「中國革命的新道路」，是「建立工、農、貧民、兵士代表會議的政府——蘇維埃的政府」。[5]

一個月後，即1927年11月21日，中共在海豐縣建立第一個蘇維埃政府。同年12月11日，中共又在廣州建立第二個蘇維埃政府。此後，中共展開了長達十年的蘇維埃運動，直到抗日戰爭爆發後，中共於1937年

---

[2] 史達林，〈時事問題簡評〉，《史達林全集》，第九卷（北京：人民出版社，1954年），頁322。

[3] 史達林，〈俄國反對派的政治面貌〉（1927年9月27日在共產國際執行委員會主席團和共產國際監察委員會聯席會議上的演說節錄），《史達林全集》，第十卷（北京：人民出版社，1954年），頁135。

[4] 〈關於「左派國民黨」及蘇維埃口號問題決議案〉（中共中央政治局9月19日會議通過），《中央通信》，第六期，1927年9月30日。

[5] 秋白（即瞿秋白），〈國民黨死滅後中國革命的新道路〉，《佈爾塞維克》，第一期，1927年10月24日，頁29。

9月22日發表〈共赴國難宣言〉，才公開宣佈「取消現在的蘇維埃政府，實行民主政治，以期全國政權之統一。」[6]

在中共進行蘇維埃運動的初期，其依據的基本文件，是1928年6月18日至7月11日中共在莫斯科召開的「六大」所通過之〈蘇維埃政權組織問題決議案〉。該〈決議案〉首先指出：中共應「利用蘇聯蘇維埃建設的經驗，普遍此經驗於黨員及廣大群眾中去，俾預先準備幹部人才，以敏捷的建設政權機關」。又說：「黨應在預定的各武裝起義區域中，預先普遍地明瞭地傳播蘇維埃的理論，宣傳蘇維埃政權之一切具體形式與具體工作，準備民眾在該區域起來時，有迅速建設蘇維埃的可能。」[7]

何謂蘇維埃？該〈決議案〉有如下明確的解釋：「蘇維埃的正式名稱應當是工、農、兵代表會議（蘇維埃）政府。」[8]〈決議案〉接著引述列寧對蘇維埃所下的定義說：「蘇維埃乃新的國家機關」，「它是先鋒隊，是被壓迫的工農階級中最覺悟、最努力、最先進這個部分底組織形式，這個先鋒隊可以經由這個機關來教育、訓練並領導這些被壓迫階級的全體廣大群眾」，「這個機關由民意所選出，因民意而撤換」，「它兼有議會主義及直接民主二者之長；人民選舉代表同時有立法及行政之權」。[9]此亦即所謂「議行合一」的體制。

依1927年9月19日中共中央政治局會議之決議，中共原擬在中心城市如廣州、長沙等地建立蘇維埃。[10]但因各地暴動失敗，殘餘的暴動軍在平地無法立足，乃相率逃竄山區，形成山區蘇維埃的割據。而中共之所以能在山區建立根據地，是利用中國地理條件的特性。因為中國大陸中、南

[6] 中共〈共赴國難宣言〉，《共匪禍國史料彙編》，第三冊，再版（臺北：中華民國開國文獻編纂委員會，1976年），頁25。
[7] 〈蘇維埃政權組織問題決議案〉（1928年7月9日中共「六大」通過），《中共黨史教學參考資料》，第一冊（北京：人民出版社，1980年），頁173。
[8] 〈蘇維埃政權組織問題決議案〉（1928年7月9日中共「六大」通過），《中共黨史教學參考資料》，第一冊（北京：人民出版社，1980年），頁173。
[9] 〈蘇維埃政權組織問題決議案〉（1928年7月9日中共「六大」通過），《中共黨史教學參考資料》，第一冊（北京：人民出版社，1980年），頁182。
[10] 〈關於「左派國民黨」及蘇維埃口號問題決議案〉（中共中央政治局9月19日會議通過），《中央通信》，第六期，1927年9月30日。

各省高山綿延，省與省或幾省交界處，往往是大山爲界，長達數百里，這些山區地形利於土匪活動，通常就是土匪流寇的巢穴；而且這些山區或邊區，人口稀少，人民貧困，易被煽動或裹脅參加打家劫舍行動。加以政府在這些地區的統治力量非常薄弱，一般地區都被土匪、土霸的惡勢力所代替，成爲三不管的化外特區。又因省與省之間，行政區域有別，對邊區事件之處理，往往步調不一、行動分歧，地方土匪、土霸乃得利用矛盾，長期存在，割據邊區。中共在暴動失敗之際，便利用上述區域之特性，依靠其殘餘的暴動武裝力量佔領山頭，割據邊區，建立「根據地」。

二、各地「蘇區」的建立

當時中共所佔據的第一座大山，是毛澤東於兩湖秋收暴動失敗後，率殘部竄踞的井岡山。毛澤東之所以選擇井岡山作爲革命根據地，有以下幾點主要原因：㈠ 井岡山位於羅霄山脈的中段，而羅霄山脈南接廣東，北衛湖北，東西分界江西、湖南，一切革命的舉動都足以影響湘、鄂、贛三省的工農群眾；㈡ 井岡山上有村落，出產稻米和各種雜糧，四周連接著物產較爲豐富的地區，便於紅軍籌款、籌糧；㈢ 井岡山位於江西的遂川、寧岡、永新、蓮花和湖南的茶陵、酃縣等縣之間，以寧岡爲中心，周圍五百里，縱橫八十里，峭壁聳立，森林蔽天，只有五條坎坷崎嶇小道通向山裡，形勢險要，居高臨下，易守難攻，是很好的軍事後方根據地，有利於紅軍的軍事割據。[11]

毛澤東係於 1927 年 10 月率兩湖秋收暴動失敗後的殘部上井岡山，與井岡山上的土匪王佐、袁文才合流。次（1928）年 4 月，朱德率南昌暴動失敗後的殘部逃往井岡山，與毛澤東部會師，合編爲「中國工農革命軍第四軍」（按：同年 6 月改稱「中國工農紅軍第四軍」），由朱德任軍長，毛澤東任黨代表，陳毅任政治部主任，兵力約三千多人。5 月，朱、毛在寧岡茅坪成立「湘贛邊界工農兵政府」。12 月，彭德懷率湘東平江暴動失敗後的殘部八百多人（號稱「紅五軍」），竄抵井岡山，與「紅四軍」

---

[11] 胡華主編，《中國革命史講義》，上冊（北京：中國人民大學出版社，1980 年），頁 263。

會合。1929 年 1 月，朱、毛等因無法抵抗國軍的進剿，率「紅四軍」主力逃離井岡山，竄往贛南、閩西一帶，後以瑞金為中心，建立所謂「中央革命根據地」，亦即所謂「中央蘇區」。至於留守井岡山的彭德懷部「紅五軍」，在國軍全力進剿下，被迫兩度放棄井岡山，最後於 1929 年 8 月竄往湘、鄂、贛邊一帶。

　　遵照共產國際的指示及中共中央有關的決議，自 1927 年底至 1930 年春，中共在江西、湖北、湖南、福建、廣東、廣西、河南、安徽、浙江、四川及江蘇等省的三百多縣區全力發展「工農紅軍」，並在這些地區建立了若干「蘇區」（或稱「革命根據地」），其中以朱、毛所建立的「中央蘇區」，以及湘鄂贛、閩浙贛、鄂豫皖、川陝、湘鄂西、左右江、陝甘、瓊崖等「蘇區」較為重要。茲概述如下：

㈠「中央蘇區」

　　「中央蘇區」在 1931 年以前是由贛南、閩西兩個「蘇區」組成，以瑞金為中心，全區共二十一個縣，人口約二百五十萬人。1929 年初，朱德、毛澤東率「紅四軍」主力離開井岡山，進入贛南、閩西一帶，發動群眾，建立和發展地方武裝，進行土地革命，逐步開闢贛南、閩西「蘇區」。1930 年 3 月，中共分別在龍岩及富田召開閩西及贛西南的第一屆工農兵代表大會，成立閩西蘇維埃政府及贛西南蘇維埃政府，並將閩西的工農武裝編為「紅十二軍」，贛西南的地方武裝編為「紅三軍」。

　　1930 年 6 月，中共以「紅四軍」為基礎，與閩西的「紅十二軍」和贛西南的「紅三軍」合編為「中國工農紅軍第一軍團」。8 月，「紅一軍團」又與彭德懷、滕代遠的「紅三軍團」合編為「紅一方面軍」，總司令朱德、總前委書記兼總政委毛澤東。1931 年 1 月，中共「蘇區中央局」成立，周恩來任書記（同年 12 月周到任前，項英、毛澤東先後任代理書記）。

　　1931 年秋，在國軍的圍剿下，贛南、閩西兩「蘇區」聯成了一片。同年 11 月，中共在瑞金召開「中華工農兵蘇維埃第一次全國代表大會」，宣佈成立「中華蘇維埃共和國臨時中央政府」，毛澤東任主席，項英、張國燾任副主席。同時，成立「中央革命軍事委員會」，朱德任主席，王稼

祥、彭德懷任副主席，葉劍英、劉伯承先後任參謀長。1933 年 1 月，中共臨時中央由上海遷往瑞金。1934 年 10 月，「中央蘇區」在國軍全力圍剿下崩潰，「紅一方面軍」殘部逃離「中央蘇區」，走上兩萬五千里的長途流竄。

(二)「湘鄂贛蘇區」

　　「湘鄂贛蘇區」位於「中央蘇區」的西北部，它是在 1928 年夏彭德懷所領導的平江叛變的基礎上，逐步發展起來的。彭德懷原為湖南何鍵部獨立第五師第一團團長，1928 年初加入共產黨，同年 6 月與中共湘東特委書記滕代遠取得聯繫，7 月在平江發動叛變，成立「紅五軍」，彭任軍長，滕任黨代表。7 月 25 日，在平江月池塘召開群眾大會，建立「平江縣工農兵蘇維埃政府」。

　　平江叛變後，中共在湖南的瀏陽、岳陽、醴陵；湖北的通城、通山、崇陽；江西的修水、銅鼓、萬載等地相繼發動農民暴動，建立工農武裝和革命政權。1928 年 9 月，中共中央指示「紅五軍」設法打通湘東和贛南的聯繫，以造成整個羅霄山脈的割據局面。彭德懷、滕代遠乃於 9 月中旬率部經湖北通城轉戰江西白沙嶺一帶。10 月，在台庄召開平江、瀏陽、修水、銅鼓、萬載五個縣委和「紅五軍」軍委聯席會議，組成中共湘鄂贛邊界特委會，滕代遠任書記，彭德懷等任委員。11 月，彭、滕率「紅五軍」主力南下，12 月抵井岡山，與朱、毛的「紅四軍」會合。

　　1929 年 8 月，「紅五軍」撤離井岡山，竄回湘、鄂、贛邊界一帶，在平江黃金洞、桐木橋地區，與黃公略的湘鄂贛邊支隊會師合編，仍稱「紅五軍」，軍長彭德懷，黃公略升任副軍長。1930 年 6 月，「紅五軍」擴編為「紅三軍團」。同年 8 月，「紅三軍團」與「紅一軍團」合編為「紅一方面軍」。

　　1930 年到 1931 年間，在中共湘鄂贛特委領導下，各級蘇維埃政府普遍建立起來。1931 年 7 月，中共在瀏陽東門市召開湘鄂贛根據地第一次代表大會，成立湘鄂贛省委。9 月，在平江長壽街召開湘鄂贛根據地工農兵代表大會，正式成立湘鄂贛省蘇維埃政府，下轄湖南之平江、瀏陽、岳陽、湘陰；湖北之大治、陽新、通城、通山；江西之萬載、修水、銅鼓、

萍鄉等十餘縣。至 1934 年 10 月「中央蘇區」崩潰後，此一地區的武力竄往貴州東北，與賀龍之「紅三軍」會合，再竄至西康甘孜地區合編爲「紅二方面軍」，由賀龍任總指揮，在川、康邊境流竄。1936 年 10 月竄抵甘肅會寧，與「紅一方面軍」會合。

(三)「閩浙贛蘇區」

　　「閩浙贛蘇區」位於「中央蘇區」的東北部，由贛東北和閩北兩「蘇區」組成。它是在中共領導的弋陽、橫峰暴動基礎上逐步發展起來的，包括福建崇安、浙江開化、安徽婺源（今屬江西）及江西弋陽、橫峰等二十餘縣。

　　1927 年 11 月 25 日，方志敏在弋陽九區窖頭村主持召開了弋陽、橫峰、貴溪、鉛山、上饒等五縣共產黨員聯席會議，決定發動農民，以「農民革命團」的組織形式，舉行舊曆年關暴動，並成立暴動指揮部，由方志敏任總指揮。1928 年 1 月 2 日，「農民革命團」首先揭開弋、橫暴動的序幕。接著，暴動指揮部通知各地立即舉行暴動，數日內暴動區域擴大到縱橫百餘里。在弋、橫「農民革命團」的支援下，德興縣各地農民也舉行了暴動。

　　1928 年 6 月 25 日，方志敏在弋陽、橫峰交界的方勝峰主持召開了弋、橫兩縣幹部會議，決定在贛東北進行武裝暴動，建立根據地。會後，暴動軍佔據弋陽城；9 月，又攻佔橫峰城。1929 年初，貴溪、餘江、萬年、上饒、鉛山等地相繼發生武裝暴動。12 月，中共舉行了弋陽、橫峰、上饒、萬年、德興、貴溪、玉山、餘江等八縣工農兵代表大會，成立了信江特區蘇維埃政府，方志敏任主席。1930 年 2 月，方志敏擔任中共贛東北軍委主席；7 月，將贛東北的暴動武裝改編爲「紅十軍」，周建屏任軍長，胡庭銓代政委，後由邵式平任政委兼前委書記。

　　「紅十軍」成立後，本擬攻打九江，後在都昌、湖口、鄱陽、彭澤一帶打游擊，從而擴大了贛東北「蘇區」。同年 7 月，中共中央決定建立中共閩北特委，黃道任書記，劃歸贛東北特委領導。並命閩北紅軍獨立團開往贛東北集中，後發展爲閩北紅軍獨立師，以黃立貴爲師長。從此，成立於 1928 年底的閩北「蘇區」，成爲贛東北「蘇區」的一部分。

　　1930 年 11 月，中共將贛東北特委擴大爲贛東北省委，以唐在剛爲省委書記，方志敏爲省蘇維埃政府主席，邵式平爲軍委主席。1932 年 11 月，「中央蘇區」的紅軍進入贛東北後，連續攻佔金溪、資溪縣城，將贛東北「蘇區」擴大到閩、浙、贛三省。12 月，中共將贛東北省委改爲閩浙贛省委。1934 年 11 月下旬，方志敏率新編的「紅十軍團」（由「紅十軍」與「紅七軍團」合編而成），北犯浙皖邊和皖南，受國軍圍殲慘敗。1935 年 1 月，方志敏率殘部回竄閩、浙、贛，途中又遭國軍伏擊，大部就殲，方志敏亦被俘處死。

㈣「鄂豫皖蘇區」

　　「鄂豫皖蘇區」位於湖北、河南、安徽三省交界的大別山區。1927 年 11 月，中共在湖北省的黃安、麻城兩縣發動農民暴動，攻佔黃安縣城，成立黃安農民政府，建立工農革命軍鄂東軍。同年底，竄至木蘭山區活動，改稱工農革命軍第七軍。翌年 7 月，改編爲工農紅軍第十一軍三十一師，吳光浩任軍長兼師長，戴克敏任黨代表，開闢了以柴山堡爲中心的鄂豫邊區革命根據地。1929 年 5 月，中共在河南省商城縣發動農民及士兵的暴動，組成工農紅軍第十一軍三十二師，周維炯任師長，徐其虛任黨代表，開闢了豫東南革命根據地。11 月，中共又在安徽的六安、霍山地區發動農民暴動，組成工農紅軍第十一軍三十三師，徐百川任師長，姜鏡堂任政治委員，開闢了皖西革命根據地。

　　1930 年 2 月，中共將豫東南、鄂豫邊及皖西三塊根據地聯成一片。3 月，三區紅軍合編爲「紅一軍」，許繼愼任軍長。4 月，成立中共鄂豫皖邊區特委，郭述申任書記。6 月，在光山王家灣召開鄂豫皖邊界第一次工農代表大會，成立鄂豫皖蘇維埃政府，甘元景任主席。「鄂豫皖蘇區」乃正式形成。

　　1931 年 1 月中共「六屆四中全會」之後，中共中央先後派張國燾、沈澤民、陳昌浩等到「鄂豫皖蘇區」。5 月，成立中共「鄂豫皖蘇區中央分局」，張國燾任書記兼革命軍事委員會主席。11 月，將該區紅軍擴編爲「紅四方面軍」，徐向前任總指揮，陳昌浩任政治委員。該區最盛時，紅軍發展到四萬五千多人，面積達四萬平方公里，共有二十六個縣，人口

三百五十多萬人。

1932 年 10 月，在國軍圍剿下，張國燾、徐向前等被迫率「紅四方面軍」主力越過平漢路，西竄陝南，再轉川北，開闢了另一個「蘇區」──「川陝蘇區」。

㈤「川陝蘇區」

1929 年 4 月，中共在四川萬源、宣漢兩縣邊界發動農民和鐵礦壩工人暴動，成立紅軍川東游擊軍第一路軍。1932 年底，中共又在升鐘寺、保城寺地區發動農民暴動，組織紅色游擊隊。張國燾、徐向前率「紅四方面軍」入川後，結合當地武裝力量，先後佔據了通江、南江、巴中三縣，成立了「西北革命委員會」。12 月 29 日，又在通江成立「川陝臨時革命委員會」，鄺繼勳任主席。1933 年 2 月上旬，召開中共川陝省第一次代表大會，成立中共川陝省委員會，袁克服任書記；2 月中旬，召開川陝省第一次工農兵代表大會，成立「川陝省蘇維埃政府」，熊國炳任主席，轄五縣一市，人口約一百多萬人。

1933 年 6 月底，「紅四方面軍」在木門召開軍事會議，決定將四個師擴編為四個軍，徐向前任總指揮，陳昌浩任政治委員；並決定成立「西北革命軍事委員會」，張國燾任主席，陳昌浩、徐向前任副主席，曾中生任參謀長。至 1933 年底，「紅四方面軍」擴編為五個軍，約八萬餘人。「蘇區」面積擴大為四萬二千餘平方公里，轄二十多個縣市，人口有四百八十餘萬人。

1934 年 10 月，中共中央及「紅一方面軍」退出「中央蘇區」後，張國燾認為「川陝蘇區」無力抵抗國軍的圍剿，「與其被趕走，不如主動撤走」，乃決定放棄「川陝蘇區」，命所部渡江南竄。

㈥「湘鄂西蘇區」

「湘鄂西蘇區」由洪湖、湘鄂邊、襄（陽）棗（陽）宜（城）、鄂西北、巴（東）興（山）歸（秭歸）等「蘇區」組成，位於湘、鄂兩省之西部。

1928 年初，周逸羣、賀龍等人奉中共中央之命前往湘鄂西發動群眾，發展暴動割據局面。3 月上旬，周、賀等人抵達賀的家鄉──湘西北桑植洪家關，發動群眾暴動，攻佔桑植縣城，建立湘鄂邊的第一個革命政

權。稍後，遭國軍猛攻，周、賀部潰敗。周逃往石首，領導洪湖區的武裝暴動；賀收集失散部隊，在桑植、鶴峰等縣打游擊。

1928年7月，中共在湘西組織「前敵委員會」，賀龍任書記，並將該區武裝改編為「紅四軍」，賀龍任軍長。同年冬，湘西前委更名為湘鄂西前委，負責領導湘鄂邊地方黨的工作，賀龍仍為書記。1929年元月初，「紅四軍」攻佔鶴峰縣城，建立縣蘇維埃政府。同年5月，又攻佔桑植縣城，建立縣蘇維埃政權，初步形成了「湘鄂邊蘇區」。

1928年5月，周逸羣由湘西逃到鄂西的石首，在洪湖區發動武裝暴動。至1929年2月，在監利、華容、石首、江陵、沔陽各地開闢了幾塊根據地，建立了兩支較大的游擊隊：一支是以洪湖為根據地的監沔游擊隊；另一支是以白露湖為根據地的江右游擊隊。7月，兩支游擊隊合編為鄂西游擊總隊。10至11月，游擊總隊先後攻佔了江陵、華容、石首等縣，分別建立縣蘇維埃政府，形成了以洪湖為中心的根據地。12月下旬，鄂西游擊總隊改編為「鄂西獨立第一師」，1930年2月又改編為「紅六軍」，鄺繼勛任軍長，周逸羣兼政委。4月，召開鄂西第一次蘇維埃代表大會，組成鄂西聯縣政府，建立了「鄂西蘇區」。

在洪湖根據地形成的過程中，中共另於1928年6月至1929年冬，在巴東的后坪等地和秭歸、興山邊界地區，相繼建立黨的支部和巴興歸縣委。1929年冬，縣委召開擴大會議，決定在巴興歸地區展開游擊戰爭，建立蘇維埃政權，開闢巴興歸根據地。與此同時，中共還於棗陽、襄陽及宜城邊界農村發動武裝暴動，建立襄東、棗陽、宜東等縣蘇維埃政府，創建襄棗宜根據地。

1930年夏，賀龍率「紅四軍」東下洪湖地區。7月，「紅四軍」與「紅六軍」在湖北公安會師，組成「紅二軍團」，賀龍任總指揮，周逸羣任政委。9月，「紅二軍團」攻佔監利後，召開湘鄂西蘇維埃第二次代表大會，建立湘鄂西聯縣政府，周逸羣任主席。9至10月間，「紅二軍團」渡江南下，配合一、三軍團攻打長沙，受創慘重，後縮編為「紅三軍」，流竄於鄂西北各地。1931年4至7月間，相繼攻佔荊門、當陽、遠安，創建以房縣為中心的鄂西北根據地。

(七)「左右江蘇區」

「左右江蘇區」位於廣西西部左江、右江以及紅水河流域部分地區。1929 年 12 月 11 日，中共在廣西百色發動暴動，宣告成立「紅七軍」及右江蘇維埃政府。「紅七軍」軍長張雲逸，政委鄧小平，蘇維埃政府主席雷經天。1930 年 2 月，中共又在左江地區發動兵士暴動，成立「紅八軍」和左江革命委員會。「紅八軍」軍長俞作豫，政委由鄧小平兼任，革委會主席王逸，李明瑞任紅七、八軍總指揮。

1930 年秋，「紅八軍」主力敗亡，殘部竄到右江編入「紅七軍」，左江根據地因而喪失。與此同時，中共中央命「紅七軍」離開右江根據地，去攻打柳州、桂林等大城市，到廣東建立小北江根據地，以配合執行中共中央「爭取一省或數省首先勝利」的政策。11 月 7 日，「紅七軍」在河池召開第一次黨代表大會，決定執行中共中央命令。11 月 11 日，「紅七軍」主力從河池出發，途中遭受重創，放棄攻打中心城市，向江西「中央蘇區」流竄。該部於 1931 年 2 月抵達永新，7 月抵達興國，與「紅一方面軍」會合，後編入「紅一方面軍紅三軍團」。

(八)「陝甘蘇區」

「陝甘蘇區」位於陝西北部及陝西、甘肅兩省邊界地區。它是在中共發動的清澗、渭華等武裝暴動之後，逐步建立起來的。

1927 年 10 月，中共發動清澗暴動，一度曾攻下延川、延長、宜川等地，成立西北工農革命軍游擊支隊，唐澍任總指揮，謝子長任副總指揮。1928 年 5 月，中共又發動渭華暴動，成立西北工農革命軍，劉志丹任軍委主席，唐澍任前敵總指揮。這兩次暴動均維持不久，即告失敗。

1931 年秋，中共領導的晉西游擊隊竄至陝甘邊，與當地的南梁游擊隊會合。1932 年 2 月，這兩支游擊隊合編為工農紅軍陝甘游擊隊。同年底，又改編為「紅二十六軍」。後在焦家坪發動暴動，建立以照金為中心，包括薛家寨、香山等村的革命根據地。1933 年秋，中共又在神府地區成立陝北紅軍游擊第三支隊，並於次年建立蘇維埃政權，開闢了另一革命根據地。

從 1933 年至 1934 年春，中共在陝北地區成立的游擊隊發展為五個

支隊,並都有各自的游擊區和小塊根據地。1934 年 4 月,中共決定將這些小塊根據地聯成一片。7 月,成立陝北游擊隊總指揮部,謝子長任總指揮,郭洪濤任政委。同年秋,陝北游擊隊改編爲「紅二十七軍」。11 月,成立陝甘邊蘇維埃政府,習仲勳任主席。1935 年 1 月,成立陝北省蘇維埃政府,馬明方任主席。

1935 年 2 月,中共陝北特委和陝甘邊特委在赤源召開聯席會議,決定成立中共西北工作委員會,惠子俊任書記,統一領導兩個特委的工作;並決定成立以謝子長、劉志丹爲首的西北革命軍事委員會,統一指揮兩個地區的紅軍。9 月,「紅二十五軍」由「鄂豫皖蘇區」竄抵陝北,在延川與「紅二十六軍」、「紅二十七軍」會合,改編爲「紅十五軍團」,徐海東任軍團長,劉志丹任副軍團長,程子華任政委。此時,「陝甘蘇區」擴大爲二十餘縣,人口九十多萬人。10 月,中共中央和毛澤東率領的中央紅軍,經長途流竄後抵達陝北保安,與「紅十五軍團」會合,結束了所謂的「二萬五千里長征」。

㈨「瓊崖蘇區」

1927 年 10 月,中共海南島瓊崖特委爲響應中共中央關於暴動的號召,發動瓊崖暴動,結果遭到嚴重挫敗,瓊崖特委書記楊善集因而斃命。11 月,由徐成章領導的暴動軍攻佔陵水縣城,成立蘇維埃政府。1928 年 2 月,中共將暴動軍改編爲工農紅軍,成立瓊崖紅軍司令部,馮平任總司令。7 月,召開全瓊第一次蘇維埃代表大會,建立瓊崖蘇維埃政府,王文明任主席。同年秋,撤銷紅軍司令部,成立瓊崖工農紅軍獨立師,梁秉樞任師長,黃學增任政委。

從 1928 年秋冬到 1929 年夏,中共瓊崖特委機關迭次被破獲,特委書記黃學增被捕處死,瓊崖蘇區亦大部喪失,紅軍損失達百分之九十以上。至 1929 年秋,中共將紅軍縮編爲獨立團。1930 年 4 月,中共瓊崖特委在母瑞山召開第四次代表大會,決定展開「紅五月運動」,實行土地革命,建立蘇維埃政權。在「紅五月運動」期間,中共不僅恢復了失去的瓊山、文昌、安定、澄邁、瓊東、樂會、萬寧和陵水等八縣「蘇區」,而且還開闢了臨高、儋縣、崖縣、昌感等新的「蘇區」,「蘇區」人口達一百

萬人。到 1930 年 8 月，又將瓊崖工農獨立團擴編爲獨立師，後又改編爲「工農紅軍第二獨立師」，梁秉樞任師長。

從 1932 年 7 月開始，國軍部隊對「瓊崖蘇區」展開圍剿，經十個多月的激戰與清剿，終將「蘇區」摧毀，中共瓊崖特委馮白駒僅以身免，最後只剩二十幾人突圍，逃回瓊山老區繼續打游擊。[12]

第二節　蘇維埃政權的建立經過

在中共進行蘇維埃運動期間，曾先後召開過三次重要的全國性蘇維埃大會，及一次準備委員全體會議。這四次會議，代表了中共建立全國性蘇維埃政權的四個階段，即倡議、籌備、成立及改組。

一、倡議：「蘇維埃區域代表會議」

「蘇維埃區域代表會議」簡稱「區蘇會議」，於 1930 年 5 月在上海郊外召開，其時正值李立三當權，將發動其「爭取一省或幾省的首先勝利」之盲動冒險路線之際。在中共黨史上，李立三是繼瞿秋白之後又一「左傾盲動」的領導者，而立三路線之形成，則是根源於中共的「六全大會」。在中共進行蘇維埃運動的初期，其依據的基本文件即是 1928 年 6 月 18 日至 7 月 11 日，中共在莫斯科召開的「六全大會」所通過的〈蘇維埃政權組織問題決議案〉。[13]「區蘇會議」之召開，有其主客觀的因素：在國內客觀情勢（即外部因素）方面，正當閻錫山、馮玉祥等地方實力派積極異動，面臨中原大戰前夕，國軍勢難兼顧共軍之活動。在主觀情勢（即內部因素）方面，中共在各地所開闢的「蘇區」，所建立的蘇維埃政

---

[12] 以上各「蘇區」的建立經過，主要參考中國革命博物館、黨史陳列研究部彙編，《中共黨史主要事件簡介（1919-1949）》（成都：四川人民出版社，1982 年），頁 192-252；另參考鄭德榮、朱陽主編，《中國共產黨歷史講義》（延邊：吉林人民出版社，1981 年），頁 148-152。

[13] 中共六全大會〈蘇維埃政權的組織問題決議案〉（1928 年 7 月 9 日），全文可參閱王健民，《中國共產黨史》，第二編（臺北：漢京文化事業有限公司，1988 年），頁 166-179。

府，其基礎已漸形穩定，因此，中共中央決定召開此一「區蘇會議」，俾使各地蘇維埃政府間取得聯繫，並倡議建立全國性的蘇維埃政府。

會議經熱烈討論，通過了各種決議及蘇維埃區域的暫行法令，確定了為建立全國蘇維埃政權的任務及戰略。在「區蘇會議」通過之各項決議中，以所謂〈十大政綱〉及〈大會宣言〉最為重要。在中共黨史上有過三個〈十大政綱〉，「區蘇會議」通過的被稱為第二個〈十大政綱〉，[14]其要點有：實行工農武裝，實行農、工、兵士、貧民代表會議管理政權；沒收地主階級的土地，實現土地國有；實行協作農場，提倡農業生產；聯合蘇俄與世界無產階級，援助一切被壓迫民族的革命運動；等等。[15]在〈大會宣言〉中，中共揭示要與全世界的無產階級及被壓迫民族勞苦群眾攜手創造「蘇維埃的中國」，創造「蘇維埃的世界」。[16]

二、籌備：「中央準備委員會全體會議」

本會議原定於 1930 年 8 月 20 日舉行，後因各地、各單位代表無法如期抵達，乃延至 9 月 12 日舉行。出席人數亦僅為原定名額四十五人的三分之二，約三十人而已，大都是由各重要城市及各「蘇區」選出的代表。「全體會議」通過的決議案，較為重要者有〈中國蘇維埃第一次全國代表大會選舉條例〉、〈第一次全蘇大會議事日程〉、〈立法大綱草案〉（包括〈中華蘇維埃共和國國家根本法大綱草案〉、〈勞動保護法〉及〈土地暫行法〉）、〈各級準備委員會組織大綱〉等。這些決議案已為「一蘇大會」做了安排，包括代表之產生、議程之進行與主要議案內容等。

依「全體會議」於會後公佈的〈佈告〉指出，這一時期中共黨的任務及工作目標為：㈠將已成立的蘇維埃區域聯合起來，集中指揮機關；㈡加強非「蘇區」的鬥爭，積極準備武裝暴動，並支援各「蘇區」鬥爭；㈢

---

[14] 第一個〈十大政綱〉，是 1928 年 7 月，中共「六大」通過的〈政治決議案〉中所提出的；第三個是 1931 年 11 月，中共「一蘇大會」所通過的。

[15] 第二個〈十大政綱〉，全文可參閱王健民，《中國共產黨史》，第二編（臺北：漢京文化事業有限公司，1988 年），頁 320-321。

[16] 〈全國蘇維埃區域代表大會宣言〉，全文可參閱王健民，《中國共產黨史》，第二編（臺北：漢京文化事業有限公司，1988 年），頁 277-280。

成立臨時「中央政府」，以統一各「蘇區」的政權和法令，使現有的武力集中指揮，進而發動全國更大鬥爭。[17]「全體會議」原計畫在上海展開工作，但因活動困難，後乃決定將中央準備委員會遷往「中央蘇區」（江西瑞金），以便公開擴大進行召開「一蘇大會」的準備工作。

三、建立：「中華工農兵蘇維埃第一次全國代表大會」

中共「中華工農兵蘇維埃第一次全國代表大會」簡稱「一蘇大會」，1931 年 11 月 7 日（即俄國「十月革命」紀念日），距「九一八事變」後不滿二個月，正當日本軍閥積極侵略中國東北並醞釀成立「滿州國」傀儡政權之際，召開於江西瑞金的葉坪，正式宣佈成立「中華蘇維埃共和國臨時中央政府」。

11 月 20 日，「一蘇大會」閉幕，宣佈「中華蘇維埃共和國」定都瑞金，並將瑞金改稱瑞京。27 日，中央執行委員會召開第一次會議，選舉毛澤東為中央執行委員會主席，項英、張國燾為副主席。在中央執行委員會之下設立人民委員會，為「中華蘇維埃共和國」之中央行政機關。人民委員會下設各種人民委員，分司各部門行政事務。又選毛澤東為人民委員會主席。

「一蘇大會」的重要性，除了正式宣告「中華蘇維埃共和國臨時中央政府」成立外，還決定了該政權的〈十大政綱〉（按：俗稱第三個〈十大政綱〉），作為其施政準則。〈十大政綱〉的要點可歸納如下：取消過去中國政府與各帝國主義國家所訂定之一切條約和所借外債；沒收帝國主義的資本在中國開設的一切企業和銀行；在全中國建立工農兵蘇維埃的工農民主專政的政權；中國各民族在自願結合的基礎上，建立完全平等的蘇維埃聯邦共和國；無代價的沒收一切大私有地主的土地與財產；建立工農自己的武裝——工農紅軍；聯合全世界的無產階級和弱小民族的被壓迫群眾；無產階級的祖國蘇維埃聯邦共和國是中國革命的最好聯盟者，應當與它建立密切聯合；等等。[18]

---

[17]〈中國工農兵會議第一次全國代表大會中央準備委員會全體會議佈告〉，油印原件。

[18] 第三個〈十大政綱〉，全文可參閱王健民，《中國共產黨史》，第二編（臺北：漢京文

四、改組：「中華工農兵蘇維埃第二次全國代表大會」

　　中共「中華工農兵蘇維埃第二次全國代表大會」簡稱「二蘇大會」，原訂於1933年12月召開，後因受國軍第五次圍剿的影響，而延至1934年1月22日下午二點於瑞金開幕，並於2月1日上午閉幕。此次大會的重要意義在於總結「一蘇大會」後兩年來的蘇維埃工作經驗，並改組蘇維埃政權的中央執行委員會及人民委員會的組織。可以一提的是，在本次改組中，毛澤東雖然仍爲中央執行委員會主席，但人民委員會主席一職則爲張聞天（洛甫）所取代。而在此之前的中共「六屆五中全會」[19]，決定設立中央書記處（又稱中央政治局常委會），毛澤東也被排除於中央書記處之外，這是中共自1930年12月的「富田事件」之後，以迄1933年2月展開的「反羅明路線」鬥爭和同（1933）年6月開始的「查田運動」等，中共內部爲爭奪軍權、黨權和政權進行「反毛鬥爭」的結果。[20]這些鬥爭不但讓「毛澤東派」在「二蘇大會」後完全失勢，鬥爭的矛頭最後更指向毛澤東本人，毛被處以「留黨查看」，離開瑞金，避往雩都（今于都），直至1935年1月的「遵義會議」後才漸漸開始翻身。顯然，這是毛澤東在中國共產黨內最感失意的時候。

　　「二蘇大會」除通過修正的〈憲法大綱〉和〈紅軍建設〉、〈經濟建設〉、〈蘇維埃建設〉等重要問題的決議案外，還通過「國徽」、「國旗」、「軍旗」之規定，並發佈〈大會宣言〉。〈大會宣言〉宣稱：「蘇維埃政權以革命的手段，把地主階級的土地給農民，把八小時工作與工人監督生產給工人。」指出：「蘇維埃的道路是中國民族與社會的解放的惟一的道路。」強調要擴大工農紅軍，創造一百萬鐵的紅軍，發展廣泛的游擊戰爭，並健全赤少隊和地方武裝，爲保衛、發展和鞏固「蘇區」而鬥爭。[21]但八個月後，「蘇區」即崩潰，中共中央與蘇維埃政府隨紅軍逃離

化事業有限公司，1988年），頁321-322。

[19] 中共「六屆五中全會」於1934年1月15日至18日在瑞金召開。

[20] 郭華倫，《中共史論》，第二冊，第四版（臺北：國立政治大學國際關係研究中心，1982年），頁433-435。

[21] 〈第二次全國蘇維埃代表大會宣言〉（1934年2月1日），全文可參閱王健民，《中國

「蘇區」，走上兩萬五千里的長途流竄。至 1937 年 7 月抗日戰爭爆發後，中共於是年 9 月 22 日發表〈共赴國難宣言〉，正式宣告取消蘇維埃政權，結束長達十年的蘇維埃運動。

第三節　蘇維埃的根本法與各項政策

　　蘇維埃時期的基本政策，除了所謂三個〈十大政綱〉外，以一個〈根本法大綱〉、兩個〈憲法大綱〉為最重要。第一個〈十大政綱〉係於 1928 年 7 月中共「六大」所通過，其要點有：沒收帝國主義資本的企業和銀行；推翻軍閥國民黨政府；建立工農兵代表會議；沒收一切地主階級的土地，耕地歸農；聯合世界無產階級和蘇俄；等等。[22] 第二個〈十大政綱〉係於 1930 年 5 月「區蘇會議」所通過；第三個〈十大政綱〉係於 1931 年 11 月「一蘇大會」所通過；這兩個〈十大政綱〉之要旨已如前述。

　　一個〈根本法大綱〉係 1930 年 9 月「中央準備委員會全體會議」所通過；兩個〈憲法大綱〉係 1931 年 11 月「一蘇大會」，和 1934 年 1 月「二蘇大會」所通過。兩個〈憲法大綱〉係以「根本法大綱」所提出的七原則為依據，而「二蘇大會」的〈憲法大綱〉則以「一蘇大會」的〈憲法大綱〉為依據，僅作少部分的修改而已。茲將一個〈根本法大綱〉和兩個〈憲法大綱〉的主要內容分述於次，藉以窺見中共在蘇維埃時期的基本政策。

一、〈根本法大綱〉的七原則

　　1930 年 9 月，中共「中央準備委員會全體會議」通過的〈根本法大綱〉，其全稱為〈中華蘇維埃共和國國家根本法（憲法）大綱草案〉，全文共九條，提出如下七原則：

1.「實現代表廣大民眾真正的民權」。
2.「實現真正的勞動民眾自己的政權，使政治的權力握在最大多數工農群

共產黨史》，第二編（臺北：漢京文化事業有限公司，1988 年），頁 315-317。

22 第一個〈十大政綱〉，全文可參閱王健民，《中國共產黨史》，第二編（臺北：漢京文化事業有限公司，1988 年），頁 320。

眾自己的手裡。」

3.「實行婦女解放」，「保障青年的一切權力和教育」，「積極的引進青
　年參加政治文化生活，創造社會發展的新力量」。

4.「徹底的承認並且實行民族的自決」，各弱小民族「可以完全自由決
　定，加入或脫離中國蘇維埃聯邦」。

5.「爭取並且確立中國經濟上政治上真正的解放」，同時與「無產階級獨
　裁的國家——蘇聯，結成鞏固的聯盟」。

6.「實行工農民權的革命獨裁，在將來的社會主義階段，更進於無產階級
　的獨裁」。

7.「保護工人和農民主要群眾利益」，「有系統的進攻資本主義的剝削關
　係」，「努力進到社會主義發展的道路」。[23]

二、〈憲法大綱〉的內容大要

(一)「一蘇大會」通過的〈憲法大綱〉

　　1931 年 11 月「一蘇大會」通過的〈中華蘇維埃共和國憲法大綱〉，
是依據上述〈根本法大綱〉所揭示的七原則而擬定的，全文共十七條。其
內容大要為：

1.指出該「憲法」的任務，在於「保證蘇維埃區域工農民主專政的政權
　和達到它在全中國的勝利」。指出這個專政的目的，是在「消滅一切封
　建殘餘，趕走帝國主義列強在華的勢力，統一中國，有系統的限制資
　本主義的發展，進行國家的經濟建設，提高無產階級的團結力與覺悟
　程度，團結廣大的貧農群眾在它的周圍，以轉變到無產階級的專政」。

2.指出中國蘇維埃政權所建設的是「工人和農民的民主專政的國家」。
　所謂「民主專政」是指在蘇維埃政權下，「所有工人、農民、紅軍士兵
　及一切勞苦民眾都有權選派代表掌握政權的管理」，至於「軍閥官僚、
　地主、豪紳、資本家、富農、僧侶及一切剝削人的人和反革命分子是
　沒有選派代表參加政權和政治上自由的權力的」。

---

[23]〈中華蘇維埃共和國國家根本法（憲法）大綱草案〉，蘇維埃全國大會中央準備委員會
　　編印，《中國蘇維埃》，第一集（1930 年 11 月 7 日），頁 10-12。

3. 規定中華蘇維埃共和國之最高政權機關爲全國工農兵會議（蘇維埃）的大會，在大會閉會的期間，全國蘇維埃臨時中央執行委員會爲最高政權機關，中央執行委員會下組織人民委員會處理日常政務，發佈一切法令和決議案。

4. 規定凡蘇維埃公民在十六歲以上皆享有蘇維埃選舉權和被選舉權，直接選派代表參加各級工農兵會議（蘇維埃）的大會，討論和決定一切國家的、地方的政治事務。爲著只有無產階級才能領導廣大的農民與勞苦群眾走向社會主義，中國蘇維埃政權在選舉時給予無產階級以特別的權利，增多無產階級代表的比例名額。

5. 規定中國蘇維埃政權的九項目的：

    (1)徹底的改善工人階級的生活狀況。

    (2)消滅封建制度，徹底的改善農民生活。

    (3)保障工農利益，限制資本主義的發展，使勞苦群眾脫離資本主義的剝削，走向社會主義制度。

    (4)徹底的將中國從帝國主義榨壓之下解放出來。

    (5)極力發展和保障工農革命在全中國的勝利。

    (6)保證工農勞苦民眾有言論出版集會結社的自由。

    (7)保證徹底的實行婦女解放。

    (8)保證工農勞苦民眾有受教育的權利。

    (9)保證工農勞苦民眾有真正的信教自由，一切蘇維埃公民有反宗教的宣傳之自由。

6. 宣稱中國蘇維埃政權承認中國境內各少數民族的民族自決權，一直承認到各弱小民族有同中國脫離，自己成立獨立的國家的權利。蒙古、回、藏、苗、黎、高麗人等，凡是居住在中國地域內，他們有完全自決權：加入或脫離中國蘇維埃聯邦，或建立自己的自治區域。

7. 宣稱中國蘇維埃政權是與世界無產階級和被壓迫民族站在一條革命戰線上，無產階級專政的國家——蘇俄，是它的鞏固的聯盟。[24]

---

[24] 〈中華蘇維埃共和國憲法大綱〉（1931年11月「一蘇大會」通過），油印原件，青潭薈廬藏。

㈡「二蘇大會」通過的〈憲法大綱〉

　　1934年1月「二蘇大會」通過的〈憲法大綱〉，依項英在「二蘇大會」上所作的憲法報告指出，係以「一蘇大會」通過的〈憲法大綱〉爲基礎，兩者在原則上沒有什麼不同。[25] 蓋「一蘇大會」與「二蘇大會」所通過的這兩次〈憲法大綱〉，其間雖相隔兩年，「蘇區」情況亦略有變遷，但中共的蘇維埃運動之基本方針路線並無改變，因此其內容大同小異，其形式亦無殊。

圖 5-4　《赤匪反動文件彙編》：1935 年出版的密級刊物，未註明出版地點與出版者，為研究早期中共黨史的珍貴一手資料，國家圖書館典藏

　　「二蘇大會」通過的〈憲法大綱〉，同樣有十七條，其中除第一、六兩條之內容與「一蘇大會」的〈憲法大綱〉略有不同外，餘均屬文字方面

25 項英，〈憲法報告〉，《赤匪反動文件彙編》（如圖 5-4），第三冊，頁 672；曹伯一，《江西蘇維埃之建立及其崩潰（一九三一──一九三四）》（臺北：國立政治大學東亞研究所，1969 年），頁 69。

的修改而已。

　　就第一條而言，「二蘇大會」的〈憲法大綱〉在「一蘇大會」的〈憲法大綱〉原條文「團結廣大的貧農群眾在它的周圍」之後，加上「同中農鞏固的聯合」一句話。就第六條而言，「二蘇大會」的〈憲法大綱〉將「一蘇大會」的〈憲法大綱〉原條文「主張沒收一切地主階級的土地，分配給貧農、中農」，修改爲「主張沒收一切地主階級的土地，分配給雇農、貧農、中農」。[26] 由這兩條的修改，顯示「二蘇大會」時中共的土地鬥爭策略，除原有的團結貧農外，再加上聯合中農，並兼顧及雇農。這是中共從二年來蘇維埃運動的實際經驗中所作出的修正。

三、「蘇區」的各項政策

　　根據上述〈根本法大綱〉七原則及〈憲法大綱〉十七條的要旨，中共在「蘇區」所實施的各項政策，可謂內容浩繁，不一而足。茲分述其要點於次：

㈠ 土地政策

　　蘇維埃時期中共土地政策的演變，可以從各個階段所擬定的〈土地法〉內容看出其大致的趨向。

　　1928 年 12 月，中共在井岡山所制定的〈土地法〉，是中共歷史上第一個〈土地法〉，它是中共在井岡山地區經過一整年土地鬥爭的經驗總結。井岡山〈土地法〉全文共九條，其要點有：

1. 沒收一切土地，歸蘇維埃政府所有。
2. 土地分配原則，以按口分配爲主，勞動力標準爲輔。
3. 一切土地經分配後，禁止買賣。
4. 土地之使用，以農民個別耕種爲主，共同耕種和由蘇維埃政府組織模範農場耕種爲輔。
5. 分配土地的單位，以鄉爲主，以幾鄉或區爲輔。

---

[26] 〈中華蘇維埃共和國憲法大綱〉（1934 年 1 月「二蘇大會」通過），《赤匪反動文件彙編》，第三冊，頁 673-678。

6. 軍人和行政人員均得分配土地，由蘇維埃政府雇人代替耕種。[27]

　　據中共事後之檢討，井岡山〈土地法〉在原則上犯有若干錯誤：㈠沒收一切土地，而不是只沒收地主土地和公共土地；㈡土地所有權屬蘇維埃政府，而不是屬於農民，農民只有使用權；㈢禁止土地買賣。由於這些錯誤，不僅使中共失去了在農村發動階級鬥爭的依據，在實際鬥爭中必然會發生侵犯中農的現象，失掉中農的支持，而且也難以動員農民為保障其「鬥爭利益」而效力。[28]

　　井岡山〈土地法〉公佈後四個月，中共於 1929 年 4 月在興國縣又公佈了一個新的〈土地法〉，其內容與井岡山〈土地法〉比較有一點重要的變更，即把「沒收一切土地」改為「沒收一切公共土地及地主階級的土地」，但沒收後的土地仍歸「工農兵代表會議政府」所有，而且禁止土地買賣。[29]

　　到了 1930 年，中共「革命軍事委員會」和在上海召開的「區蘇會議」，又分別公佈和通過兩個〈土地法〉，前者簡稱〈軍委土地法〉，全文共四章三十一條，該法明示「保護貧農、連絡中農、打擊富農」的原則，規定「抽多補少、抽肥補瘦」的分田辦法，以及「分等徵稅」的具體措施。該法尚有兩個特點：一是沒有明文禁止土地買賣典押；二是明文規定「豪紳地主及反動派的家屬，經蘇維埃審查准其在鄉居住，又無他種方法維持生活的，得酌量分與土地。」[30]

　　後者，即「區蘇會議」通過的〈土地法〉，全文共十六條，其與前此諸〈土地法〉相較，有如下四點顯著不同：一是明文規定禁止一切土地的買賣、租佃、典押；二是規定大規模的農場不得零碎分割，要組織「集體農場生產合作社」，並實行「集體生產」；三是緩和對富農的打擊政策，

---

[27] 井岡山〈土地法〉（1928 年 12 月），吳萍生編，《土地改革法學習資料》（上海：文化出版社，1950 年），頁 1-3。

[28] 吳萍生編，《土地改革法學習資料》（上海：文化出版社，1950 年），頁 3；何幹之主編，《中國現代革命史》（香港：三聯書店，1958 年），頁 143。

[29] 興國縣〈土地法〉（1929 年 4 月），吳萍生編，《土地改革法學習資料》（上海：文化出版社，1950 年），頁 3-4。

[30] 中共「革命軍事委員會」〈土地法〉，《赤匪反動文件彙編》，第三冊，頁 912-918。

規定富農佔有的土地，除自己使用外，而出租一部分給他人耕種者，出租部分的土地一律沒收；四是規定雇農不必分取土地，如決議分與土地時，必須讓他們集合起來，組織集體農場。[31]

　　至1931年11月，中共在江西瑞金召開「一蘇大會」，宣佈成立「中華蘇維埃共和國」。這次大會通過的〈中華蘇維埃共和國土地法〉是中共以「中華蘇維埃共和國」名義正式公佈的第一個〈土地法〉，全文共十四條，內容較爲完備，適用的區域與期間較前此的〈土地法〉爲廣、爲長。其要點如下：

1. 在「地主不分地、富農分壞地」的原則下，規定「被沒收的舊土地所有者，不得有任何分配土地的權限」，「富農在被沒收土地後，可以分得較壞的『勞動份地』，不過有一個條件，就是他必須用自己的勞動，去耕種這些土地」。

2. 擴大分地的對象，規定「雇農、苦力、勞動農民，均不分男女，同樣有分配土地的權限」，「鄉村失業的獨立勞動者，在農民群眾贊成之下，可以同樣分得土地」。

3. 反對按照生產工具分配被沒收的土地，規定「按照每家有勞動力者之多寡，同時按人口之多寡，即混合爲原則，進行分配」。

4. 開放土地的出租與買賣，明文規定「現在仍不禁止土地的出租與土地的買賣」，但「嚴禁富農投機與地主買回原有土地」。[32]

　　綜觀上述中共土地政策的演變，其主要著眼點在於一方面掌握貧農、雇農，一方面減低中農、富農中間階級的抗力，期以依靠貧、雇農，聯合中農，限制富農，消滅地主的鬥爭策略，達到其革命的目的。

(二) 勞動政策

　　早在1928年7月，中共「六大」通過的〈政治決議案〉中所提出的第一個〈十大政綱〉，即有「實行八小時工作制，增加工資、失業救濟

---

[31] 「區蘇會議」〈土地法〉，《赤匪反動文件彙編》，第三冊，頁918-921。

[32] 〈中華蘇維埃共和國土地法〉（1931年11月），《赤匪反動文件彙編》，第三冊，頁922-927。

和社會保險」一條，[33] 此乃中共蘇維埃運動時期最早的、最基本的勞動政策。至 1930 年 5 月，中共在上海召開「區蘇會議」通過的〈勞動保護法〉，則爲中共蘇維埃運動時期所公佈的第一個勞動法規，全文共八章四十二條。其主要內容如下：

1. 關於工作時間方面，具體規定：「實行八小時工作制」，「未成年工人工作時間不得超過六小時」，「地下工作及特殊勞苦工作，應減少工作時間」，「縮短夜間工作時間，最多不得超過四小時」，「禁止一切額外工作」。

2. 關於工資方面，具體規定：「一般工資不得少於當地蘇維埃政府機關所規定的最低工資」，「工資發給期應規定爲每星期一次，至多不能逾兩星期」，「工資付給一律現金，或與現金同值之適用紙幣，禁止任何方式的積欠與剋扣工資」，「禁止雇主罰金」。

3. 關於女工及未成年工人方面，具體規定：「未滿十六歲的男女工人絕對禁止雇用」，「勞苦笨重及有礙衛生的工作，禁止婦女及二十歲以下的未成年人操作」，「婦女及未成年工人禁止做夜工及額外工作」，「女工在產前產後各六星期內，在月經五天內，完全停止勞動，工資照給」，「雇主應爲女工設置托兒所，女工應給哺乳時間，每次至少半小時，每次相距時間不得少於三小時，此停工時間，工資照給」，「廢除學徒制度」。

4. 關於工會方面，具體規定：「工會爲代表工人利益機關，有代表工人與雇主訂結團體契約之權」，「工會應計畫改善工人經濟生活及教育文化輔助事業，並贊助蘇維埃經濟的發展」，「工會應選派勞動監察員隨時監督勞動保護事宜」，「工會發現不利於工人勞動契約時，得隨時提出要求解除之」。

5. 關於勞動保護方面，具體規定：「雇主應在工廠內設置最完備的衛生、清潔、防險等設備，盡力保持工人健康，預防不幸事件發生」，「工人或工人家屬發生疾病傷害等事，應由工廠給費調治」，「因工作

---

33 第一個〈十大政綱〉，全文可參閱王健民，《中國共產黨史》，第二編（臺北：漢京文化事業有限公司，1988 年），頁 320。

致死傷或殘廢之工人，應給以恤金」，「雇主宣告歇業，應先期（至少一個月以前）通知工人，要發給工人最低限度二個月的退職金」，「工人因故請假離開工作，至少准於兩個月內保持其工作地位」，「工人如被徵爲蘇維埃政府服務時，工廠應付給以一個月工資的津貼金」，「工會會員因辦理工會事務不能工作時，應照常發給工資」。[34]

「區蘇會議」通過的此一〈勞動保護法〉雖僅爲草案性質，尚須經「一蘇大會」批准才能發生效力，但觀其內容既具體又詳細，由此可知中共蘇維埃運動初期的勞動政策之一斑。至1931年11月中共召開「一蘇大會」，並未按〈勞動保護法〉之原案予以批准生效，而是在〈勞動保護法〉的基礎上，適應「蘇區」的現實狀況，重訂更爲詳盡的〈勞動法〉，由原來的八章四十二條，擴大爲十二章七十五條。其與〈勞動保護法〉不同之規定，主要有以下幾項：

1. 關於工作時間方面，更具體的規定：「十六歲至十八歲的青工，每日工作時間，不得超過六點鐘。十四歲至十六歲的童工，每日工作時間，不得超過四點鐘。」「所有工人在危害身體建康之工業部門中工作，每日工作時間，須減至六點鐘以下。」「所有在夜間做工之工人，每日工作時間較通常工作時間少一點鐘。」

2. 關於工資方面，增加規定：「所有勞動檢查機關和工會所特許的額外工作，工人須得雙薪。」「由勞動檢查機關的許可，工人在休息日或紀念日做工作，應發雙薪。」並將工資的發給改爲「所有工資，須用現金支付（不得用貨品），經常每週或半月支付一次（不得遲過半月，並禁止任何方式積欠），且直接交給工人之手。」

3. 關於女工及青工、童工方面，將原有的規定改爲「十四歲以下的男女，嚴格禁止雇用；十四歲至十六歲的童工，經過勞動檢查機關許可後才能雇用。」「十八歲以下的男女工及懷孕和哺小孩的女工，嚴格禁止做夜工。」並將產假的規定改爲「所有用體力的勞動女工，產前產後休息八星期，工資照發。使用腦力的機關女職員，產前產後的休息六

---

[34] 〈勞動保護法〉，蘇維埃全國大會中央準備委員會編印，《中國蘇維埃》，第一集（1930年11月7日），頁12-14。

星期，工資照發。如小產（墮胎），休息兩星期，工資照發。」此外，
還增加一條規定：「生產前五個月內及生產後九個月內，不許開除女
工。」

4. 關於職工會方面，為增強其功能，增列一條規定：「雇主開除工人，
須得職工會的同意。職工會的工廠委員會、店舖委員會代表工人加入
評判委員會，以解決勞資間的一切糾紛。」為充裕其經費，並規定「由
雇主出工資總數以外的百分之二的數目，作為工會的辦公費，又百分
之一作為工人的文化費。」

5. 關於勞動保護方面，增加如下幾項具體規定：「工人職員被徵到紅軍
中去服軍務，因此而失去他的工作，在這種情形中，須預先發給他三
個月的平均工資。」「工人和職員若自願的解除勞動合同，雇主須發
給他半個月的中等工資，作為卸工津貼費。若雇主開除工人和職員，
雇主須發給他三個月的中等工資，作為卸工津貼費。」「工人和職員
若暫時喪失勞動能力，雇主須保留他原有的工作地位和原有的中等工
資。」[35]

　　1931 年 11 月「一蘇大會」通過的這個〈勞動法〉，是「中華蘇維埃
共和國」成立後的第一個〈勞動法〉。該法公佈後，經一年多的實施經
驗，中共發覺「有些地方不合於現在蘇區的實際環境，對於雇用輔助勞
動力的中農、貧農與手工業者，沒有變通辦法的規定，在執行上發生困
難。而且有許多實際事項沒有規定進去，而這些實際事項又迫切需要規
定。」[36] 乃於 1933 年 4 月間組織「勞動法起草委員會」，重新起草勞動
法。同年 10 月，新的〈勞動法〉公佈實施，這是「中華蘇維埃共和國」
的第二個〈勞動法〉，全文共十五章一二一條。其與第一個〈勞動法〉相
較，主要不同處為：

1. 關於雇用輔助勞動力問題，有如下的彈性規定：「對於雇用輔助勞動

---

[35] 〈中華蘇維埃共和國勞動法〉（1931 年 11 月「一蘇大會」通過），《赤匪反動文件彙
編》，第五冊，頁 1342-1356。

[36] 〈中華蘇維埃共和國中央執行委員會關於重新頒勞動法的決議〉（1933 年 10 月 13 日），
《赤匪反動文件彙編》，第五冊，頁 1364-1366。

力的中農、貧農、小船主、小手工業者及手工業的生產合作社，得到
工人與職工會的同意，得免除受本法某些條文的拘束，另由中央執行
委員會製訂（按：原文如此）特別的法令頒佈施行之。」

2. 關於工資付給方面，增加如下更具彈性的規定：「凡係長期工作，應
分期付給工資，但至多每半個月應支付一次。臨時或不滿兩星期以上
的工作，應於工作完畢時付給工資。」「如係按月、按季、按年計算工
資者，在得到被雇人與職工會的同意時，不受本條的限制。」

3. 取消原有對學徒制的禁止，增列專章規定：「學徒學習的限期，最長
不得超過三年。」「學徒在學習技藝三個月以後，須得相當工資。」
「學徒每天至少須有一小時以上專門學習技藝的時間。」

4. 關於勞動保護方面，重新規定：因合法的原因而解除勞動合同者，
「須給被雇人二星期工資的退工津貼。」「凡工人及職員，因被征到紅
軍中服軍役及被派到蘇維埃職工會及其他社會團體服務，因而取消他
的工作地位時，須預先發給他一個月工資的津貼。」[37]

　　從上述〈勞動保護法〉，及 1931 年和 1933 年的兩個〈勞動法〉之
內容，可以窺見中共蘇維埃運動時期勞動政策之大要。惟是時中共所盤據
之「蘇區」，皆為窮鄉僻壤，勞動工人極為有限，因此其勞動政策殊少實
際意義。但若從全國範圍觀察，尤其從中共自稱的「無產階級政黨」、
「無產階級先鋒隊」的性質視之，則其勞動政策仍有相當程度的政治宣傳
意義。

㈢財政政策

　　中共在各地所建立的「蘇區」之財政，在 1931 年 11 月「蘇維埃中
央政府」成立之前，僅在中共黨中央原則指導下，各自為政。至「中央政
府」成立以後，始漸釐定財政法規，將「中央蘇區」之財政納入系統，而
其他各地「蘇區」之財政則根據法規，作彈性之處理。

　　「蘇維埃中央政府」成立後，為建立其財務行政上的體系，先後頒佈
統一財政、統一稅收及統一會計制度等幾道重要命令。其中統一財政的命

---

[37] 〈中華蘇維埃共和國勞動法〉（1933 年 10 月 15 日公佈），《赤匪反動文件彙編》，第
五冊，頁 1366-1395。

令，係於 1931 年 12 月 29 日頒佈的，其主要內容為：各級財政機關，「應由上而下的去指揮和監督各級下級機關的財政」；「各該下級財政機關自接到該上級財政機關之命令和辦法後，應迅速的執行。同時各該下級財政機關，一方面應經常的檢閱自己所執行的工作程度如何，另一方面應由下而上的按月向上級作報告，尤其是有些關於財政上的新財源，更應隨時報告於上級財政機關，以便增加其新收入。」[38]

「蘇維埃中央政府」在頒佈統一財政之命令時，附發一份〈暫行財政條例〉，共十四條。其主要規定為：「為實行財政統一，一切國家稅收，概由國家財政機關（中央及各省縣區財政部，及城市財政科）按照臨時中央政府所頒佈的稅則徵收，地方政府不得自行規定稅則或徵收。但每年或每季開始徵收稅款，必須接到中央財政部關於收稅的時間與手續等的規定的通令，才能徵收。中央財政部得指定銀行，代理稅收。」[39]

其次是〈統一稅收的命令〉，它是「蘇維埃中央財政部」於 1932 年 8 月 16 日頒佈的。該〈命令〉首先指出：「稅收為國家財政主要收入，自應由國家統一徵收。以前各級政府對於各種稅收都係各自徵收，歸入各級會計，做為一種日常收入，從未另外報解中央。如此，一方面使國家無從知道各地稅收確數，另一方面對於各級帳目之檢查，也發生許多困難。」因此，「中央財政部」在該〈命令〉中決定從該年 8 月份起，「凡土地稅、商業稅、山林稅以及店租、房租、礦產資金等各項租稅收入，各級財政部都應另立帳簿，如公債款一樣，分別收入，按月報解上級，彙送中央或中央所指定之用途，並須按月將收入情形詳細報告，以便審查。各級財政部對於上述各項稅款，以後不得私自動用，並不得將所收款項列入日常收入，以混亂會計系統。其上半年及七月份所收稅款，則須分別統計，填寫表格報告來本部，以便審查。」[40]

再次是有關〈統一會計制度的命令〉，它是「中央財政部」於 1932 年 12 月 16 日頒佈的。該〈命令〉首先指出蘇維埃政府的會計工作存在的

---

[38] 〈統一財政的命令〉，《赤匪反動文件彙編》，第四冊，頁 1089-1092。
[39] 〈中華蘇維埃共和國暫行財政條例〉，《赤匪反動文件彙編》，第四冊，頁 1092-1095。
[40] 〈統一稅收的命令〉，《赤匪反動文件彙編》，第四冊，頁 1095-1096。

缺點甚多，主要有如下五點：一是收錢機關、管錢機關、用錢機關混在一起，沒有分開；二是各項收入與經費沒有分開，上月收支與下月收支沒有分開，甚至連私人移借也混在一起；三是各項會計科目沒有一定名稱，同一科目所包含的範圍也各處不同；四是簿記單據沒有一定格式，甚至沒有記帳，沒有單據；五是財政交代無一定手續，交卸者無清單、無報告，接管者也不去根究點查。

　　爲解決上述的缺點，「中央財政部」在其頒佈的〈統一會計制度的命令〉中作出以下幾點具體規定：㈠ 要把收錢的、管錢的、領錢的、支配的四個機關分開，不再混在一起；㈡ 要把各級收入及開支，都分別劃分，各成系統；㈢ 要確定會計科目，把各項收入及開支節目規定一定名稱與一定範圍；㈣ 要規定預決算規則，實行預決算制度；㈤ 要統一簿記單據，確定記帳方法；㈥ 要規定交代章程，以防止交卸接管中間的舞弊與損失。

　　爲貫徹執行上述幾點具體規定，統一會計制度，「中央財政部」乃制頒〈暫行國庫條例〉、〈會計規則〉、〈交代規則〉、〈會計科目表〉，並規定各種簿記單據等格式，令發各級機關遵照，自 1934 年 1 月 1 日起按新規定實行。在〈暫行國庫條例〉中規定：「國庫是掌管國家一切款項之收入、保管與支出事宜」；「國庫統由財政人民委員部國庫管理局管理之，其金庫則委託國家銀行代理之，總金庫設於總行，分金庫設於分行，支金庫設於支行，其未設分支行之省、縣，則由總庫指定專人組織國庫分支庫，附設於省、縣財政部之內，但不受省、縣財政之支配」。在〈會計規則〉中規定：「政府會計年度，以每年七月一日開始，至次年六月三十日終止」；「國家以租稅及其他一切收入爲歲入，一切經費支出爲歲出，歲入歲出均由會計處編入總預算與總結算」。在〈交代規則〉中規定：「凡前後任交代時，要請該上級財政機關或該級之行政負責人派員監視盤點。」[41]

㈣ 經濟政策

　　依 1931 年 11 月「一蘇大會」通過的〈中華蘇維埃共和國憲法大綱〉

---

[41] 以上關於統一會計制度的各項規定，詳見《赤匪反動文件彙編》，第四冊，頁 1096-1118。

之規定，蘇維埃政權在經濟方面的基本任務，是「有系統的限制資本主義的發展」。[42] 爲達成此項基本任務，「一蘇大會」另制頒一份詳細的〈中華蘇維埃共和國經濟政策〉文件。其主要內容包括以下四個方面：

1. 關於工業方面，規定：將操在帝國主義手中的一切經濟命脈，如租借、海關、銀行、鐵路、航業、礦山、工廠等，實行國有。但仍允許外國某些企業重新另訂租借條約，繼續生產，惟必須遵守蘇維埃一切法令，實行八小時工作制及其他各種條例。如這些企業主違反這些條件，實行怠工、關閉企業或干涉蘇維埃政府，擁護「反革命」，則必須立即沒收作爲國有。

2. 關於商業方面，規定：不應干涉經常的商品市場關係，但必須嚴禁商人投機以抬高價格。如遇商人怠工或經濟封鎖，危及基本群眾主要生活商品的供給，或因紅軍需要，蘇維埃政府應規定必須物品最高限度之價格。不實行「對外貿易壟斷」，但蘇維埃政府應監督這些貿易，以保障蘇維埃區域必需商品的供給。銀幣輸出，必需該地蘇維埃允許。蘇維埃政府必須極力幫助消費合作社的組織和發展，蘇維埃對於合作社應給以財政的幫助與稅的豁免。蘇維埃政府必須提倡公共倉庫，積蓄糧食，以便實行廉價供給與接濟。

3. 關於財政與稅則方面，規定：消滅一切舊有的捐稅制度，另定統一的累進稅則。豁免紅軍、工人、鄉村與城市貧苦群眾家庭的納稅。取消過去一切口頭的、書面的奴役及高利貸的契約，取消農民與城市貧民對高利貸的各種債務，嚴禁預征或債的奴役。發行蘇維埃貨幣，並兌換舊的貨幣。開辦工農銀行，對各農民家庭工業者、合作社、小商人，實行借貸，以發展其經濟。工農銀行有發行貨幣、兌換貨幣及代徵稅收之職權。

4. 關於市政方面，規定：蘇維埃應實行相當的調劑，以減輕城市貧民房租。沒收地主、豪紳、軍閥、官僚、政客的房屋和財產。這些房屋應交給工人、苦力、學徒住；財產由城市貧民分配，或由蘇維埃用作公共

---

[42] 〈中華蘇維埃共和國憲法大綱〉（1931 年 11 月「一蘇大會」通過）第一條，油印原件。

事業。城市蘇維埃應採取一切辦法，改良貧苦人們的居住條件。[43]

　　在上述中共的經濟政策中，特別值得重視的是關於「合作社」的政策。中共認為，普遍創設合作社組織是發展蘇維埃經濟的一個主要方式，是限制資本主義發展，造成將來轉變到社會主義的前提和優勢的一種重要辦法。為建立和發展合作社組織，中共於蘇維埃運動期間先後頒佈了〈合作社暫行組織條例〉、〈湘贛省蘇維埃執行委員會對於合作社的工作指示〉、〈糧食合作社簡章〉、〈閩浙贛省貯糧合作社章程〉等法規和指示。其中以〈合作社暫行組織條例〉最為重要，它的主要內容有：

1. 根據蘇維埃的經濟政策正式宣佈，合作社組織為發展蘇維埃經濟的一個主要方式，是抵制資本家的剝削和怠工，保障工農勞動群眾利益的有力武器。蘇維埃政府並在各方面，如免稅、運輸、經濟、房屋等幫助合作社之發展。

2. 合作社係由工農勞動群眾集資所組織的，富農、資本家及剝削者均無權組織和參加；其種類只限於消費合作社、生產合作社和信用合作社三種，以分別抵制投機商人之操縱、資本家之怠工以及私人的高利剝削。

3. 消費、生產、信用合作社之社員，不僅兼股東，並且是該社的直接消費者、生產者、借貸者；不合此原則者，不得稱為合作社。每個社員入股之數目，不能超過十股，每股金額不能超過五元以上，以防止少數人之操縱。

4. 凡工農勞動群眾所組織之合作社，須先將章程、股本、社員人數、經營項目向當地蘇維埃政府報告，經審查登記後，領取合作社證書才能開始營業。蘇維埃政府對於各種合作社，認為有違反此種條例行為時，有隨時核察和制止之權。[44]

---

[43] 〈中華蘇維埃共和國經濟政策〉（1931 年 11 月「一蘇大會」通過），《赤匪反動文件彙編》，第四冊，頁 1037-1040。

[44] 〈合作社暫行組織條例〉，《赤匪反動文件彙編》，第四冊，頁 1055-1056。

第四節　重要的黨務活動與黨內鬥爭

從 1930 年到 1934 年間，中共的黨務活動最為重要者，有：1931 年 1 月中共「中央蘇區中央局」的成立；1931 年 11 月中共「中央蘇區中央局」第一次黨代表大會的召開；1933 年 1 月中共「臨時中央」由上海遷到「中央蘇區」；以及 1934 年 1 月中共「六屆五中全會」的召開。至於這段期間，中共黨內發生的重大鬥爭，則為 1930 年 12 月的「富田事變」與 1933 年 2 月的「反羅明路線」。

一、重要的黨務活動

㈠「蘇區中央局」的成立

「蘇區中央局」的成立，決定於 1930 年 9 月召開的中共「六屆三中全會」，依「六屆三中全會」通過的〈組織問題決議案〉之規定：「擴大的三中全會完全同意中央政治局立即在蘇維埃區域建立中央局的辦法，以統一各蘇區之黨的領導。」[45] 但遲至次（1931）年 1 月 15 日，即中共「六屆四中全會」召開後的一個星期，「蘇區中央局」才在瑞金正式成立。依「蘇區中央局」成立後發出的第一號〈通告〉指出：「中央為加強黨對蘇區的領導和工作的指導起見，在中央之下設立全國蘇維埃區黨的中央局，管理全國蘇維埃區域內各級黨部，指導全國蘇維埃區域內黨的工作。……將來蘇維埃區擴大的區域，仍歸蘇區中央局管理，現在決定周恩來、項英、毛澤東、朱德、任弼時、余飛、曾山及湘贛邊特（區）一人，CY 中央一人組織之，現已正式成立，開始工作。以後全國各蘇區及紅軍中黨部（總前委取消）應直接受蘇區中央局領導。」[46]

「蘇區中央局」第一號〈通告〉中所稱之湘贛邊特（區）一人，係王首道；CY（即少共）中央一人，係顧作霖。「蘇區中央局」成立初期，其委員即〈通告〉中所列出的九人，後來成為該局委員的還有王稼祥、林

---

[45] 中共「六屆三中全會」，〈組織問題決議案〉（1930 年 9 月），中共中央印發原件。

[46] 〈中共中央蘇區中央局通告第一號—蘇維埃區域中央局的成立及其任務〉（1931 年 1 月 15 日），全文請參見司馬璐，《中共黨史暨文獻選粹》，第十部（香港：自聯出版社，1981 年），頁 72-75。

彪、彭德懷、周以栗、陳毅及鄧發等人。擔任該局書記的先後有項英、毛澤東及周恩來。擔任副書記兼組織部長者為任弼時，宣傳部長顧作霖，婦女部長李堅貞，政治保衛處長王稼祥。是時，「蘇區中央局」之實權掌握在書記項英及宣傳部長顧作霖手中。

　　「蘇區中央局」成立後，中共立即宣佈取消紅軍中的「總前委」，另成立「中央革命軍事委員會」，主席先後由項英、毛澤東、朱德擔任，副主席先後由朱德、毛澤東、項英、彭德懷、王稼祥擔任。紅軍總司令由朱德擔任，總政治部主任先後為毛澤東、周以栗（代理）、王稼祥。

　　1931 年 9 月 1 日，「蘇區中央局」發表〈中央對蘇區指示信〉。信中指責「中央蘇區」所犯的最嚴重錯誤是「缺乏明確的階級路線與充分的群眾工作」。為糾正這些嚴重錯誤，「中央局」在該信中指示「中央蘇區」要「最大範圍的發動群眾，鞏固並擴大紅軍，支持長期的艱苦的階級戰爭，以衝破敵人的圍剿，並擴大蘇區和建立鞏固的根據地。在這個根據地上建立蘇維埃臨時中央政府，最大限度的實施蘇維埃政綱。」[47] 二個月後，中共果於「中央蘇區」的瑞金建立「中華蘇維埃共和國臨時中央政府」。

㈡「蘇區中央局」第一次黨代表大會

　　「蘇區中央局」成立後十個月，即 1931 年 11 月 5 日，才在瑞金召開第一次黨代表大會，會中通過的〈政治決議案〉，是這個時期中共中央對各地「蘇區」進行政策領導的重要文件。

　　該〈政治決議案〉首先表示「完全同意」9 月 1 日的〈中央對蘇區指示信〉，「一致認為這指示信所給與中央蘇區的批評，與其所指出的任務是完全正確的。」〈決議案〉除了同意〈指示信〉指出的「中央蘇區」所犯錯誤——「缺乏明確的階級路線和充分的群眾工作」外，還特別自責過去所作的工作，在以下幾個問題上所犯的嚴重錯誤：

1. 在蘇維埃根據地問題上，階級群眾沒有充分的發動起來，群眾的組織力量更是脆弱，一切任務的執行只有從上而下的命令，而沒有從下而

---

[47] 〈中央對蘇區指示信〉（1931 年 9 月 1 日），請參閱王健民，《中國共產黨史》，第二編（臺北：漢京文化事業有限公司，1988 年），頁 507-515。

上的群眾發動與批評。

2. 在紅軍問題上，模糊了階級路線，沒有完全脫離游擊主義的傳統，而且軍事訓練與政治教育都不充分，軍閥傾向的殘餘仍舊存在。

3. 在土地問題上，仍舊有向地主豪紳及富農讓步的「右傾機會主義」錯誤，而且還有反對中農、破壞與中農聯盟的「左傾」錯誤。

4. 在蘇維埃政權問題上，階級統治的作用薄弱，政綱沒有完全實行，而且政權機關忙於「辦差」（找伕子）、「招待過路人」、「打路條」等非政權工作，更嚴重的是一貫的命令群眾，使得政權的威信很低。

5. 在工會運動與反帝運動問題上，已建立的工會不是階級工會，工人反對雇主的階級鬥爭沒有發展，工會領導的鬥爭是獨立勞動者對農民的鬥爭，破壞了與農民的聯合，反帝運動被忽視，反帝宣傳進行得非常少。

6. 在黨與青年團問題上，黨的無產階級基礎非常薄弱，黨的工人和雇農黨員極少，黨內存在著一種否認理論、否認政治的狹義的經驗論的落後思想，黨對青年團的組織與工作犯了「取消主義」的錯誤。

7. 在肅清一切「反動派別」的鬥爭上，反 AB 團[48]的思想鬥爭與群眾中的教育工作非常缺乏，把反 AB 團的鬥爭簡單化，把 AB 團擴大化，形成了非常有害的「肅反中心論」，認為一切工作只有從「肅反」做起。結果，群眾沒有發動，黨、團、政權及一切群眾團體不能改造，不能建立。

　　為了糾正以上七點錯誤，發展蘇維埃運動，該〈決議案〉指示各「蘇區」要「最大限度的努力去執行國際路線和中央指示的全部」。其中的要點有六：1. 發動群眾，發展階級鬥爭，建立鞏固的根據地；2. 脫離游擊主義和小團體主義的傳統，建立組織嚴密、政治堅定的鐵的紅軍；3. 建立健全的地方蘇維埃政府——鄉蘇維埃和城市蘇維埃，進行改造蘇維埃的

---

[48] 所謂「AB 團」，原指 1927 年 1 月中國國民黨人在江西南昌所組織的反共團體，其主要成員有程天放、段錫朋、巫啟聖、洪軌等人，A 代表省級組織，B 代表縣級組織，該團體僅存在三個月即告解體。至於中共於 1930 年底所稱之「AB 團」，係指「反佈爾什維克」之意，AB 乃 Anti-Bolshevik 的簡寫。是時之「AB 團」與 1927 年初的「AB 團」無關。請參見下文，「富田事變」乙段。

運動，使蘇維埃政權變成真正的工農群眾政權；4. 堅決實行土地革命中的階級路線，發動並組織廣大雇農、貧農、中農群眾為土地而鬥爭；5. 利用一切加緊反帝的宣傳與鼓動，成立「蘇區」的反帝大同盟組織，並堅決反對忽視工會與工人鬥爭的「右傾機會主義」，建立真正的階級工會，開展職工運動；6. 堅決反對「肅反中心論」，肅反工作要集中到政治保衛局的系統。[49]

(三) 中共臨時中央由上海遷往「中央蘇區」

　　中共臨時中央由上海遷往「中央蘇區」的瑞金，係從 1932 年 10 月開始。第一批抵瑞金的為楊尚昆等人；同年年底，張聞天（洛甫）、秦邦憲（博古）等人才陸續分批進入「蘇區」；至 1933 年 1 月，中共臨時中央乃正式在瑞金執行領導工作。

　　中共臨時中央由上海遷往瑞金，乃因中共在「六屆四中全會」（1931 年 1 月）之後，其中央機關迭遭破壞，中央政治局委員及常委多人被捕，有的被處死（包括總書記向忠發），有的反正投降國民政府；1931 年 6 月之後，代理總書記陳紹禹（王明）又趁組織「中共駐共產國際代表團」的機會，前往莫斯科擔任該團負責人（10 月抵達）；周恩來也按中共中央的原定計畫前往「中央蘇區」，擔任「蘇區中央局」書記（12 月抵達）。基於上述現實，中共中央不但形同瓦解，且難以在上海立足，故不得不在共產國際和陳紹禹（王明）的指定之下，由秦邦憲（博古）、張聞天（洛甫）、盧福坦、李竹聲、康生、陳雲等六人另組臨時中央，秦邦憲（博古）為代理總書記，並陸續遷往有紅軍保護的「中央蘇區」發號司令。[50]

　　至中共臨時中央遷入「蘇區」後，其中央機關負責人作了一些調整，中央政治局常委改為秦邦憲（博古）、張聞天（洛甫）、周恩來、項英、陳雲等五人，秦邦憲（博古）繼續擔任代理總書記。1933 年下半年，原

[49] 〈政治決議案〉（1931 年 11 月「蘇區中央局」第一次黨代表大會通過），《中共黨史參考資料》，第三冊（北京：人民出版社，1981 年），頁 92-100。
[50] 楊鳳城主編，《中國共產黨歷史》（北京：中國人民大學出版社，2010 年），頁 83；方曉主編，《中共黨史辨疑錄》（太原：山西教育出版社，1991 年），頁 378-380。

任中央書記處書記兼中央組織部部長的任弼時調任「湘贛蘇區」省委書記，中央組織部長一職由李維漢（羅邁）接任；原任中央宣傳部部長的楊尚昆亦於同一時期調任「第一方面軍」政治部主任，遺缺改由潘漢年接替。[51]

　　中共臨時中央遷入「中央蘇區」後，歸併了「蘇區中央局」的組織機構和領導工作，但在名義上仍予保留。1934 年 1 月中共「六屆五中全會」之前，有關「蘇區」工作問題，仍以「蘇區中央局」名義發出指示和決議；「中央局」黨報《實話》與《黨的建設》也合併爲一種，改名《鬥爭》，仍以「蘇區中央局」機關報名義出版。

㈣ 中共「六屆五中全會」

　　中共臨時中央遷入「中央蘇區」滿一年後，於 1934 年 1 月 15 日至 18 日在瑞金召開了「六屆五中全會」。據中共中央政治局於會後發出的〈通知〉指出：到會的除中央委員及候補委員外，並有各省委的代表參加。「五中全會」討論了以下三個問題：㈠ 目前的形勢與黨的任務（博古報告）；㈡ 國民黨區域中的工人經濟鬥爭與工會工作（陳雲報告）；㈢ 中國蘇維埃運動與他的任務（洛甫報告）。全會補選了中央委員及候補委員，改選了政治局並選舉了黨務委員會。全會決議均一致通過。[52]

　　「五中全會」通過的決議包括題爲〈目前的形勢與黨的任務決議〉的政治決議案，以及〈五中全會關於白色區域中經濟鬥爭與工會工作的決議〉和〈五中全會給二次全蘇大會黨團的指令〉。其中以政治決議案最爲重要，它具體的指出中共在「蘇區」及中國國民黨統治區內「當前戰鬥的緊急任務」如下：

1. 在「蘇區」內的緊急任務爲：「動員一切力量、一切資源，發揚黨和群眾的積極性到最高限度來擴大和鞏固紅軍，將一切其他的任務圍繞在這個任務的周圍」；「加緊與改善蘇維埃工作，使蘇維埃政權更加

---

[51] 郭華倫，《中共史論》，第二冊，四版（臺北：國立政治大學國際關係研究中心，1982年），頁 376-377。

[52] 〈中國共產黨中央政治局通知〉（1934 年 2 月 10 日），《鬥爭》，第四十七期（1934年 2 月 16 日）。

強與密切自己與千百萬勞苦群眾的聯繫，吸收他們最積極的分子參加管理國家行政與各方面的活動」；「正確的實行蘇維埃的土地的經濟的政策，是國內戰爭與經濟封鎖之中加強蘇維埃權力與影響之重要的方法與步驟」；「努力地擴大、加強、健全一切蘇區內的黨的、工人的、青年的、婦女的以及一切群眾的組織」。

2. 在中國國民黨統治區域中的緊急任務為：「用最大的力量去準備、組織領導工人階級的罷工鬥爭」；「發展農民群眾一切反對捐稅、反對高利貸、反對地租的鬥爭，發展分糧搶米、奪取土地的鬥爭，提高這些鬥爭到革命的游擊戰爭與土地革命」；「利用各種各色的名義去發展反帝、反日的群眾組織」，「為創造反帝的下層統一戰線而鬥爭」；「加強在蒙古人、回族、苗族、傜族之間的工作」，「領導少數民族的民族解放與自立（包括分立權）而鬥爭」。[53]

「五中全會」補選的中央委員有朱德（遞補）、康生、方志敏、顧作霖、王稼祥、何克全等人。補選了候補中央委員彭德懷、楊尚昆、李維漢、劉伯承、陳昌浩、黃蘇、李富春、孔原等人。改選了中央政治局，正式委員十一人：秦邦憲（博古）、張聞天（洛甫）、周恩來、項英、任弼時、陳雲、毛澤東、顧作霖、張國燾、陳紹禹（王明）、康生（後二人在蘇俄）。候補委員五人：朱德、劉少奇、關向應、鄧發、何克全。選舉成立了中央黨務委員會。補選了中央審查委員董必武、中央審計委員林伯渠（林祖涵），並設立了中央白區工作部等。是時中共中央各領導人的主要分工如下：

中央總書記　秦邦憲[54]

---

[53] 〈中共五中全會政治決議案〉（1934年1月18日通過），《中共黨史教學參考資料》，第一冊（北京：人民出版社，1980年），頁 583-588。

[54] 一說為代理總書記。請參見王健民，《中國共產黨史》，第二編（臺北：漢京文化事業有限公司，1988年），頁 520。王健民教授在該頁稱：五中全會改選後名單，在中共文件中未見，波多野《中國共產黨史》四卷二六〇至二六一頁稱：「書記局書記九人：陳紹禹、秦邦憲……而以秦邦憲代理總書記。」代理云者，當係以陳紹禹為總書記，而紹禹赴俄為中共駐國際代表團主席，勢難兼顧，不得不由邦憲代理。且事實上邦憲早於

中央書記處（由中央政治局常務委員會改稱）書記

　　　　　　　　　秦邦憲　張聞天　周恩來　項英　陳雲

中央組織局主任　李維漢

中央宣傳部長　張聞天

中央白區工作部長　陳雲

中央婦女部長　李堅貞

中央黨務委員會書記　李維漢

中央審查委員會書記　董必武

中央黨報委員會主任　張聞天

中央局祕書長　鄧穎超

中央黨校校長　張聞天（後李維漢）

少共（團）中央局書記　何克全

中華全國總工會委員長　劉少奇

中共駐共產國際代表團團長　陳紹禹[55]

二、重大的黨內鬥爭

㈠「富田事變」

　　發生於 1930 年 12 月的「富田事變」，是蘇維埃運動期間中共黨內最殘酷的鬥爭事件。

　　富田位於江西的興國、寧都、吉安交界處，在東固附近，是江西蘇維埃早期根據地之一。依鄭學稼著《中共富田事變真相》一書之分析，發生「富田事變」之原因有三：一是爭奪軍權，即毛澤東與朱德、彭德懷為爭奪軍事領導權而鬥爭，及至成立由贛西南各獨立團合併的「紅六軍」（後改稱「紅三軍」），又發生毛與各獨立團創建者李文林、段良弼等人的鬥爭；二是爭奪黨權和政權，即因毛澤東是江西紅軍內黨最高機構——總前

民國二十年九月成為中共首領。

[55] 王健英，〈抗日戰爭以前中國共產黨領導機構的變化概況〉，《近代史研究》，1983 年第一期（北京，1983 年 1 月），頁 139-140。

委的書記，卻常直接干涉贛西南的黨權和政權，而與李文林、段良弼等人所領導的總行委和江西省「蘇區」發生嚴重的對立；三是對土地革命政策的歧見，即毛澤東與贛省行委和省蘇維埃間關於土地革命政策，尤其是對富農問題的歧見。[56]

依中共「中央蘇區中央局」於「富田事變」發生後的次月，即1931年1月16日發出的〈第二號通告——對富田事變的決議〉之記述，「富田事變」之經過大要爲：

富田事變的導火線是由第一方面軍大批破獲 AB 團，發現江西省行委之中段良弼、李伯芳及二十軍政治部主任謝漢昌等均係 AB 團要犯。總前委爲打擊反革命的陰謀，鞏固黨與革命的發展，協同省蘇維埃將段等捕獲，二十軍劉敵即率兵一營於東固叛變，將二十軍劉軍長及前委派去之李韶九同志捉起，開兵到富田包圍省蘇維埃，釋放已被拘獲段等要犯，省蘇主席曾山同志倉卒脫險。段等隨即假省行委、省蘇名義通告各方黨部及蘇維埃機關，實行對紅軍封鎖，並到處派遣專人濫造謠言，甚至說毛澤東同志勾引白軍反水，鼓動群眾，企圖使紅軍脫離群眾，使革命鬥爭歸於失敗。尤其以各式的無恥方法，捏造假信，企圖挑撥朱、毛、彭、黃惡感來分裂革命勢力。[57]

〈決議〉中所稱的「朱、毛、彭、黃」係指朱德、毛澤東、彭德懷和黃公略。〈決議〉中之所以提到「朱、毛、彭、黃」四人，係因「富田事變」發生後，中共黨員幹部中流傳者「打倒毛澤東」、「擁護朱、彭、黃」之口號。此種口號傳開後，朱、彭、黃三人不得不於是年12月17日發表〈爲富田事變宣言〉，12月18日發表〈給曾炳春等一封公開信〉，以表清白，並爲毛澤東辯護。朱、彭、黃在〈宣言〉和〈公開信〉中指責

---

[56] 鄭學稼，《中共富田事變真相》（臺北：國際共黨問題研究社，1976年），自序，頁 1-2。

[57] 〈對富田事變的決議〉（〈中共中央蘇區中央局通告第二號〉），全文請參見司馬璐編著，《中共黨史暨文獻選粹》，第十部（香港：自聯出版社，1981年），頁 76-80。

AB 團是「反革命」，是「陰謀反叛」，阿諛毛澤東的主張是「佈爾什維克正確路線」，是「最實際的佈爾什維克策略」。[58]

中共在「富田事變」中亂捉、亂供、亂殺，一味相信口供，苦打成招，偏重「肉刑」，消滅肉體，據估計，被殺者約一萬三千人。[59]中共「中央蘇區中央局」於「富田事變」後對該事變進行檢討時曾指出：反AB 團的鬥爭方法，「不僅是簡單化而且是惡化了，如專憑口供大捕嫌疑犯，尤其是亂捕工農分子，乃至苦打成招，以殺人為兒戲，最嚴重的是黨內因此發生恐慌，同志間互相猜疑不安，甚至影響到指導機關」。[60]

㈡「反羅明路線」

中共於 1933 年 2 月展開的「反羅明路線」鬥爭之主角羅明，係廣東大埔人，時任中共福建省委代理書記。在國軍對「蘇區」進行第四次圍剿前夕，羅明及其所屬新泉縣委書記楊文仲等人認為，中共在閩西上杭、永定等邊緣地區之條件比較困難，其政策應不同於中共中央地區，因而主張於必要時拋棄此一根據地，二、四軍團回師湘西與鄂豫皖區。羅明等人的主張與當時中共中央所決定的所謂「佈爾塞維克進攻路線」相違，而被指為「張皇失措，退卻逃跑的右傾機會主義」，遭到了批判和鬥爭。

1933 年 2 月 8 日，中共中央以「蘇區中央局」名義首先發出〈關於在粉碎敵人四次圍剿的決戰前面黨的緊急任務〉指示，作出了「反逃跑路線」的原則性決定。中共中央明確指出：「必須開展反對在敵人大舉進攻前，表示張皇失措，退卻逃跑的右傾機會主義的鬥爭，並且使這一鬥爭深入到群眾中去，對於佈爾塞維克的進攻路線的任何動搖與純粹的防禦路線，應該受到最嚴厲的打擊……。」[61]2 月 15 日，中共中央又通過〈中央

[58] 鄭學稼，《中共富田事變真相》（臺北：國際共黨問題研究社，1976 年），附錄一，〈富田事變的文件〉，頁 97-103。

[59] 司馬璐編著，《中共黨史暨文獻選粹》，第十部（香港：自聯出版社，1981 年），頁 55。

[60] 〈關於蘇區肅反工作決議案〉（1932 年 1 月 7 日「中央蘇區中央局」通過），全文請參見郭華倫，《中共史論》，第二冊，四版（臺北：國立政治大學國際關係研究中心，1982 年），頁 284-288。

[61] 轉引自郭華倫，《中共史論》，第二冊，四版（臺北：國立政治大學國際關係研究中

局關於閩粵贛省委的決定〉，指責以羅明爲首的機會主義路線「對於目前革命形勢的估計是悲觀失望的，對於敵人的大舉進攻表示了張皇失措，認爲在杭、永、岩蘇區內群眾的革命鬥爭已經低落，……主張黨應該拋棄這一蘇區根據地，向著後方逃跑退卻。」中共中央在該〈決定〉中，對於如何進行「反羅明路線」作出了以下七點決定：

1. 在黨內立即展開反對以羅明爲代表的機會主義路線的鬥爭，指出這一路線的露骨的表現，就是以新泉縣委書記楊文仲爲代表的取消主義。
2. 省委對於這一路線的腐朽的自由主義的態度，必須受到最嚴厲的打擊。指出這種自由主義的態度與鬥爭的不堅定，實際是對於「羅明路線」的妥協與投降。
3. 立即召集省的臨時代表會議，盡量吸收中心支部的工人、雇農參加，成立新的省委。
4. 在臨時代表會議召集之前，決定以陳壽昌、劉曉、鍾友勳等爲臨時常委，處理一切工作。
5. 派中央局人員出席這一會議做報告，並領導這一會議的順利進行。
6. 立即撤銷羅明省委代理書記及省委駐杭、永、岩全權代表工作。
7. 公佈這一決定，並在黨的各種會議上解釋這一決定。[62]

在上述的〈決定〉通過後第二天，即 2 月 16 日，中共中央總書記秦邦憲（博古）在中共「工農紅軍學校」第四期畢業生的黨團員大會上作政治報告時，即以「反羅明路線」爲題材，指責羅明、楊文仲等人的政綱是一個「機會主義、取消主義的退卻路線的政綱」，是反對共產國際與中共中央「進攻路線」的政綱。18 日，張聞天（洛甫）也爲文痛斥羅明的機會主義路線是「悲觀失望、退卻逃跑的、情緒的具體表現」，他（羅明）不僅「忘記了黨的任務」，「忘記了黨」，也「忘記了階級」。[63]

此後，中共即全面展開「反羅明路線」的鬥爭，鬥爭的時間持續頗

心，1982 年），頁 378-380。

[62] 〈中央局關於閩粵贛省委的決定〉（1933 年 2 月 15 日通過），全文請參見王健民，《中國共產黨史》，第二編（臺北：漢京文化事業有限公司，1988 年），頁 542-543。

[63] 秦邦憲的報告題爲〈擁護黨的佈爾塞維克的進攻路線〉；張聞天的文章題爲〈什麼是羅明同志的機會主義路線〉；均載於《鬥爭》第三期（1933 年 2 月 22 日）。

久，從 1933 年初開始，歷第四次圍剿，至第五次圍剿；鬥爭的範圍也由閩西蔓延到贛南和其他「蘇區」與紅軍。是時，在國軍的圍剿下，中共的黨政機關，乃至地方武裝，大都感到「悲觀失望」、「張皇失措」，普遍存有「退卻逃跑」的心理，違背了中共中央的「進攻路線」，而被視為「羅明路線」，遭到「無情鬥爭」。

例如在江西，展開了反對以中共江西省委書記鄧小平為首的鄧、毛、古、謝的江西「羅明路線」（按：指鄧小平、毛澤東、古柏、謝維峻四人，均在中共江西省委、省蘇維埃或省軍區工作）。在「湘鄂贛蘇區」，展開了反對中央局巡視員陳佑生及「紅十六軍」軍長孔荷寵的「羅明路線」。此外，還開展反對譚震林（福建軍區司令員）、蕭勁光（「第七軍團」政治委員）等軍中「羅明路線」的鬥爭。這些鬥爭的矛頭最後指向毛澤東，毛被處以「留黨察看」，離開瑞金，避往雩都（今于都）。

經過這次猛烈鬥爭之後，毛澤東已感勢單力孤，不得不在國際派的鬥爭火力下屈服，一面遵循國際派意旨，下鄉搞「查田運動」，洗刷官僚主義罪名，一面在「二蘇大會」報告中曲意逢迎國際派，以圖討好。可是國際派對毛澤東的打擊，並非到此為止，而是窮追猛打，「二蘇大會」的選舉，讓毛澤東派完全失勢。所以，在「中央蘇區」時期，毛澤東可謂是滿懷積怨；到了陝北，毛除了在其所著〈中國革命戰爭的戰略問題〉（1936年 12 月）一文中盡情洩憤外，另在毛主導的中共中央所通過的〈關於若干歷史問題的決議〉（1945 年 4 月）中，對於「反羅明路線」和黨內鬥爭也給予嚴厲的斥責。[64]

---

[64] 郭華倫，《中共史論》，第二冊，四版（臺北：國立政治大學國際關係研究中心，1982年），頁 397、439。

第六章
國軍五次圍剿與中共所謂的「長征」

從 1930 年 12 月起，國軍對中共所建立的「蘇區」先後進行了五次圍剿，前四次圍剿均因主、客觀形勢的限制而功敗垂成。至 1933 年 10 月所展開的第五次圍剿，經長達一年的激戰，終於在 1934 年 10 月擊潰共軍的反抗力量，迫使中共放棄其盤踞多年的「蘇區」，走上漫長的所謂「兩萬五千里長征」之途。

第一節　第一至四次圍剿（1930～1933年）

一、第一次圍剿（1930年12月19日～1931年1月3日）

㈠ 戰前態勢

1930 年 7 月，共軍在「立三路線」的指導下，先後竄陷長沙、吉安、湖口、進迫南昌、九江，企圖囊括湘贛，出擾長江，進窺武漢，冀期促成全國總暴動，以擴大其蘇維埃政權。嗣以共軍主力彭德懷所部竄擾岳陽時，被國軍擊潰，其奪取武漢計畫失敗，所謂「立三路線」立即遭到嚴厲批評，毛澤東遂乘機提出回竄江西計畫。於是共軍主力相率竄據贛南，其餘賀龍、鄺繼勛、方志敏、孔荷寵等股共軍，則分據鄂、贛、閩、皖等邊區，積極流竄滋蔓，以軍事力量開拓其政治組織，以政治組織鞏固並增強其軍事力量。各股共軍相互呼應，擴大其盤踞區域，牽制國軍之行動，以掩護贛南共軍主力之發展。此時，各地共軍實力雖號稱二十一個軍，但其人數共計不過十二萬人，槍枝半數，而其赤衛隊、游擊隊、少年先鋒隊等各種組織，並無作戰力量，僅從事赤化工作，加緊訓練，控制民眾，封鎖消息，破壞道路，捕殺政府人員，以輔助其軍事行動，阻撓國軍之進剿。

同（1930）年 10 月，政府鑒於赤焰日張，乃斟酌各地情況，劃分區域，委派專人，責令進剿，期將各地共軍一舉廓清。旋因共軍主力朱德、

彭德懷等部，相繼竄據贛南，國民政府乃決定先集中兵力，將其圍殲。遂令第十八師張輝瓚部、第五十師譚道源部，歸第九路軍總指揮魯滌平指揮，負責圍剿該股共軍；並調第六路軍朱紹良部及第十九路軍蔣光鼐部入贛協剿。同時在南昌設立陸海空軍總司令行營，以魯滌平兼任行營主任，統一指揮贛省軍事。至 12 月上旬，蔣中正總司令親臨南昌，召集高級將領會議，決定圍剿方略，並呈請中央授權行營，在剿共作戰地區，凡有關黨政之推行，均由行營負責監督，以收協同合作之效。[1]

　　第一次圍剿前，國軍所訂的圍剿方針是：「以主力由永豐、樂安方面進剿，並各以一部由廣昌、石城及興國方面協剿，將匪軍包圍於寧都以北及東韶、東固間地區而殲滅之。」[2] 面對國軍積極進剿之部署，中共中央於 1930 年冬指示所屬要「為蘇維埃政權而鬥爭」，並稱此乃「目前工作中第一等最重要任務」。為達成此項任務，必須「在黨的工作上更積極動員廣大的群眾」，來反抗國軍的進攻。[3] 根據中共中央的指示，共軍所擬定的作戰指導是：藉複雜地形、嚴密組織與既設工事，在寧都以北及東韶、東固間地區，從事防禦；乘國軍進剿行動分離之際，集中全力，伺機各個擊破，以逃脫國軍之圍剿，保有贛南之根據地。[4]

㈡ 圍剿概況

　　第一次圍剿之實際戰鬥甚短，始於 1930 年 12 月 19 日，終於 1931 年 1 月 3 日，其間發生了東固、龍岡、東韶等三次主要戰役。

1. 東固戰役

　　1930 年 12 月 16 日，第九路軍之第五十師以一旅的兵力推進至增田、牛田之線；第十八師推進至古縣、冠山、白水之線；新編第五師推進至陂頭；沿途零散共軍均被肅清。該路軍進展甚速，19 日拂曉，新編第五師進抵九寸嶺、木虎山一帶。該地在東固西北約十五公里，有共軍約兩千餘

---

[1] 國防部史政局，《剿匪戰史》，第一冊（臺北：中華大典編印會，1967 年），頁 93-94。

[2] 國防部史政局，《剿匪戰史》，第一冊（臺北：中華大典編印會，1967 年），頁 101。

[3] 《中共中央第二百號通知——為反對進攻紅軍通知》（1930 年 12 月 16 日）。

[4] 國防部史政局，《剿匪戰史》，第一冊（臺北：中華大典編印會，1967 年），頁 101。

人據山憑險頑抗。該師當即以一營兵力攀越山嶺，迂迴攻擊共軍右側，共軍不支撤守東固山，仍憑藉既設工事，頑強抵抗。東固山在東固西方約十公里，為東固屏障。新編第五師之攻擊遭共軍堅強抵抗，該師遂以一個團迂迴東固山共軍陣地之右側背，予以猛烈襲擊。共軍猝不及防，激戰數小時後向東潰退，逃竄龍岡。19日十二時，新編第五師佔領東固，並繼續搜剿東固附近共軍散兵。同（19）日，第十八師亦推進至東固以北之大風坑、上下坊等地，擊潰共軍後，於20日與新編第五師會師東固。[5]

2. 龍岡戰役

1930年12月29日六時，第十八師以第五十四旅留駐東固，擔任後方警戒。該師師長張輝瓚率第五十二、五十三兩旅及直屬部隊，由東固向東邊的龍岡出發。29日十八時，該師進佔龍岡、表湖附近地區。30日五時，該師繼續東進，在表湖以東山地與共軍展開戰鬥，初獲小勝，士氣大振。詎知共軍逐漸增加，其第五軍彭德懷部、第八軍李傑部及第十二軍羅炳輝部，分由龍岡之東、北、西山地三面襲擊國軍第十八師，使張輝瓚所部陷於重圍。張師長蒿目時艱，以情勢危急，乃急電留駐東固之旅及友軍增援，但已來不及。

雙方激戰至午後十四時，第十八師被共軍截為兩部，第五十二、五十三兩旅乃分別調整部署，固守待援，共軍雖數度猛攻，均被擊退。迄十六時，天氣突變，風雨驟至，展望困難，共軍藉著暴雨，反覆猛撲，至十八時，師部陣地終被共軍突破，張輝瓚師長親率直屬部隊血戰突圍，終因敵眾我寡，彈盡援絕，被執遇害，壯烈成仁；兩旅陣地亦先後失陷，第五十三旅副旅長洪漢傑、同旅第一〇五團團長朱先志陣亡；師部代理參謀長周緯黃、第五十三旅旅長王捷俊、第五十二旅一〇三團團長李月峰等人被俘，後均遭殺害。

第十八師五十四旅於當（30）日二十三時抵達南龍，及聞知師長被俘、兩個旅覆沒的消息後，即連夜撤回東固。第二十八師（即原新編第五師）雖已佔領了約溪，但在知道第十八師被共軍擊滅的消息後，也向西回

5　東固光復後，蔣中正總司令以新編第五師戰績卓著，特獎賞銀洋一萬元，並將該師番號改為第二十八師，以資鼓勵。

撤東固，龍岡戰役於是終止。

3. 東韶戰役

共軍佔據龍岡後，於 1931 年 1 月 1 日，星夜兼程向東韶方面轉移，密匿於山中及其要隘附近，伺機襲擊國軍。國軍第五十師譚道源部聞龍岡敗訊，由源頭北轍，經東韶向洛口前進。1 月 2 日晚，該師主力甫抵東韶，其後衛即遭共軍襲擊。3 日晨，該師由東韶向洛口前進時，共軍第三軍黃公略部由東韶以南麻田附近，向北進攻東韶；第四軍林彪部、第五軍彭德懷部、第八軍李傑部等三個軍則由東韶西南方的盧木峰一帶分兩路直逼東韶，企圖將國軍第五十師包圍殲滅。第五十師乃就地佔領陣地，與共軍展開激戰，傷亡頗大。幸國軍第二十四師許克祥部及時救援，譚道源師乃能脫離戰場，主力向南豐突圍，一部轉往洛口，東韶戰役於是終止。[6]

(三) 戰後檢討

第一次圍剿時，國軍與共軍動員兵力總額約略相等，國軍有五個師，共約四萬四千多人；共軍有六個軍，共約四萬二千多人。[7]但因共軍盤踞贛南地區，蔓延滋長，已達年餘，憑藉「蘇區」組織，從事作戰準備，靈活運用正規戰與游擊戰，行動機敏，分合自如，且熟習複雜地形，得內線作戰之利，故能徹底集中優勢兵力，打擊國軍之一部，以達其突破圍剿之目的。而負責進剿之國軍，當時則誤於純軍事之進剿，忽略面式之組織，以傳統正規戰術對付共軍游擊戰術，且受地形限制，山地崎嶇，展開困難，致孤軍深入，為敵所乘，而遭受挫敗。[8]

毛澤東於 1936 年 12 月撰〈中國革命戰爭的戰略問題〉一文時，對此次圍剿有如下的評論：張輝瓚、譚道源兩師是圍剿的主力軍，張師主力在龍岡，譚師主力在源頭。這兩師各約一萬四千人，而張師又分置兩處，共軍一次打一個師是絕對優勢。因此，共軍在龍岡集中最大兵力，實行「中

---

6 以上關於東固、龍岡及東韶戰役之經過，參考國防部史政局，《剿匪戰史》，第一冊
   （臺北：中華大典編印會，1967 年），頁 103-109。

7 是時，國軍一般編制每師約一萬至一萬五千人（實際缺額一至三成）；而共軍編制，每
   軍平均約為七千人。

8 國防部史政局，《剿匪戰史》，第一冊（臺北：中華大典編印會，1967 年），頁 113。

間突破」，將國軍的陣線打開一缺口後，國軍之東西諸縱隊便被分離爲遠距之兩群。[9] 此即共軍能夠突破國軍圍剿的主要原因。

此外，中共在其黨史教材中對於此次圍剿也有如下的檢討：當時，共軍集中於江西寧都縣，採取「撒開兩手，誘敵深入」的方針，將國軍主力誘入有利於紅軍，不利於國軍的龍岡地區，再由「中間突破」，打開缺口，將國軍的東、西縱隊分爲兩群，再聚而殲之，因而取得這次反圍剿的勝利。[10]

從這次圍剿行動中，國軍所獲的主要經驗乃是：今後的剿共戰爭應講求機動、協同、安全等原則，方能靈活運用，收奇襲之效。同時，在時間、空間上必須密切協調，在行動步驟上必須力求整齊一致，俾能發揮統合戰力，達成剿共任務。

二、第二次圍剿（1931年4月1日～5月31日）

(一) 戰前態勢

1931 年 1 月，共軍自龍岡、黃陂附近地區襲擊國軍第十八師張輝瓚、第五十師譚道源等部後，積極擴編共軍，充實戰力。並乘國軍後調整補之際，竄陷廣昌、石城、瑞金諸縣。復以第十二軍羅炳輝部竄擾閩西寧化。第二軍團賀龍部盤踞洪湖一帶，並向湘西竄擾。第四軍團徐向前部以大別山爲根據地，分別向皖西、鄂東、豫南竄犯。是時，共軍乘國家內憂外患，中央政府無暇兼顧之際，積極擴大武裝叛亂，妄圖實現其「爭取一省或幾省首先勝利」[11] 之目標。

當偵知國軍準備進行第二次圍剿時，中共內部頓起恐慌，意見分歧，有人主張棄贛入川、黔，以保全實力；有人主張化整爲零，分頭逃竄，

9　毛澤東，〈中國革命戰爭的戰略問題〉，《毛澤東選集》，第一卷，第二版（北京：人民出版社，1991 年），頁 217-218。

10　鄭德榮、朱陽主編，《中國共產黨歷史講義》（延邊：吉林人民出版社，1981 年），頁 166-167。

11　這是中共「立三路線」發展到最高峰時提出的口號，見 1930 年 6 月 11 日中共中央政治局會議通過的〈目前政治任務的決議〉。

以圖苟延。最後採取毛澤東所提的意見，「由西向東掃蕩，求得各個擊破」。[12] 從此，中共乃積極籌糧，構築工事，加強訓練，並嚴厲控制民眾，企圖重施第一次圍剿之故技，憑其嚴密的「蘇區」組織及有利地形，各個擊破國軍。同時令贛西、贛東及湘、鄂、皖、豫各省共軍，竭力竄擾，互相呼應，以分散國軍兵力，牽制國軍行動，藉以增大其倖勝之機會。

國民政府鑒於第一次圍剿時，因張、譚兩師失利，以致共軍勢力日張，較前更形猖獗，除近調第五十二師韓德勤部赴贛增援於清江、峽江方面防止共軍北竄外，並特派軍政部長何應欽代行總司令職權，赴贛督剿。1931 年 2 月初，何應欽抵南昌，即重組總司令南昌行營，奉兼行營主任，以賀國光、王綸為正副參謀長，積極策劃，部署第二次圍剿事宜。

3 月 7 日，共軍總司令部召開緊急會議，決定反圍剿行動要項，並作如下的戰略部署：1. 將共軍主力北移廣昌、東固、寧都之間；2. 派部分共軍預先藏匿於重要交通沿線及山區，不斷向集中之國軍竄擾；3. 併用分散、化裝等手段，向南豐、宜黃、樂安、永豐、吉水、吉安、泰和、萬安等地滲透；4. 驅使東陂、招攜、藤田、古縣、水南、富田等地民眾，利用梭鏢、土槍編成團隊；5. 命贛東共軍竄踞貴溪、弋陽、橫峯一帶；贛北共軍竄踞萬載、銅鼓、修水一帶；贛西共軍竄踞永新、安福附近地區；為其主力軍呼應，以牽制國軍之圍剿。

國軍方面，在 3 月下旬亦完成集結，態勢為：1. 第五路軍王金鈺部向永豐、吉安、吉水、泰和等地集中；2. 第六路軍朱紹良部，一部分向八都、康都、瑤湖集中，一部分由建寧向安遠集中，另一部分向南豐、撫川、黎川集中；3. 第十九路軍蔣光鼐部，一部分守贛縣，一部分向興國附近地區集中；4. 第二十六路軍，一部分集中於宜黃、樂安，一部分控制於樟樹、宜黃間地區；5. 贛西北的第九路軍魯滌平部，部署於武寧、修水、上高及萬載間地區。

南昌行營所訂的圍剿方針是：以殲滅贛南共軍為目的，以主力分別由

---

[12] 司馬璐編著，《中共黨史暨文獻選粹》，第十部（香港：自聯出版社，1981 年），頁92。

東、北、西三方面進剿，一部由南面協剿，並依穩紮穩打、步步爲營之原則，將共軍嚴密封鎖，逐漸緊縮包圍圈，斷絕共軍物資來源，最後一舉而殲滅之。至於共軍的反圍剿策略則爲：利用贛南有利地形，組織民眾，堅壁清野，誘國軍深入後，集中主力乘機襲擊，以各個擊破之手段，打破國軍之圍剿，鞏固其贛南根據地。[13]

(二) 圍剿概況

　　第二次圍剿的時間，自 1931 年 4 月 1 日開始，至 5 月 31 日結束，爲期兩個月。接戰地區包括永豐、南豐以南，興國、石城以北的地區，而以東固、黃陂、廣昌、建寧爲主要作戰地帶。雙方作戰兵力，國軍約十一萬三千人，共軍約六萬六千人。[14] 先後經過東固、東韶、廣昌等三次主要戰役。

1. 東固戰役

　　3 月 27 日，南昌行營下令總攻，限各路軍於 4 月 1 日向共區攻擊前進。4 月 1 日，各路軍遵令出發，節節進剿。7 日，第五路軍各部分別攻佔了富田、丁江，8 日攻佔嚴坊。4 月下旬，第五路軍二十八師公秉藩部，先將盤踞在北坑、大坑、木虎山之共軍驅逐，以備奪取九寸嶺各要點，作進攻東固之準備。5 月 3 日，第十九路軍協同第二十八師會剿紫陽峯西南之樓梯嶺及大湖一帶共軍，將共軍分別擊潰。16 日，第二十八師開始向東固攻擊前進。第十九路軍之一部奉命北進，策應第二十八師之作戰。迨第二十八師進至東固西端時，突遭大部共軍襲擊，陷入孤立，無力固守待援，終被優勢共軍擊破。

　　當第二十八師遭共軍主力圍攻之際，第十九路軍已進至城岡墟，因未能與第二十八師取得聯絡，狀況及敵情不明，迨 17 日繼續由城岡墟向北搜索前進時，始獲悉第二十八師已遭共軍擊破，以應援不及，兼以攜帶之糧秣行將告盡，乃向興國方向轉進。另同屬第五路軍的第四十三師郭華宗

---

[13] 國防部史政局，《剿匪戰史》，第一冊（臺北：中華大典編印會，1967 年），頁 117-125。

[14] 第二次圍剿時，國軍動員參戰之兵力有十一個師又一旅，每師人數約一萬人。共軍參戰兵力則有十一個軍，每軍人數約六千人。

部在攻佔潭頭後，並沒有進一步向東固攻擊前進，及得知第二十八師被擊破的消息後，即向北撤退。然共軍主力在擊破公秉藩部後立即轉兵源頭，猝然將郭華宗師圍困，郭師因預為架設的橋樑遭到赤民破壞，只能背水而戰，復因敵眾我寡，旋亦被優勢共軍擊破。時已攻抵沙溪的第五路軍第五十四師郝夢齡部，原擬策應第四十三師作戰，及發現共軍自龍岡向沙溪進攻，而又與第二十八師無法取得聯絡，因狀況不明，恐陷入包圍，乃逕向籐田方向北撤。

2. 東韶戰役

4月1日，國軍第二十六路軍孫連仲部的第二十五、二十七兩師，分別自宜黃、樂安向南推進，攻佔昭攜、湛元，克復青裡、善和以及東韶、洛口等要地。至5月18日，當這兩個師準備會攻小佈（略位於洛口、龍岡中間）共軍基地之際，適第五路軍東固戰役失利。共軍集中力量攻擊沙溪之時，第二十六路軍忽奉行營電令西進馳援。於是第二十七師高樹勛部，轉向沙溪前進。該師之一部行抵中村（略位於小佈與沙溪中間）西端時，突遭萬餘共軍之猛襲，受創極重。該師主力於通過中村西端隘路後，從容部署應戰。惟此際第五路軍已被共軍各個擊破，沙溪友軍已向籐田轉進。共軍主力乃星夜東進參加中村方面之作戰，第二十七師雖於中村西端先敵展開有利態勢，但共軍愈集愈眾，環繞猛攻，該師乃於5月20日奮力突圍，經石馬向招攜撤退。而當第二十七師被共軍圍攻之際，第二十五師正集結於南團附近，準備西進，但旋遭共軍攻擊，因之無法策應中村方面作戰。迨第二十七師突圍北撤後，第二十五師始由南團向東陂方面轉進。

3. 廣昌戰役

4月1日，國軍第六路軍朱紹良部之右路第五師胡祖玉部由三溪分向白舍、洽村前進，擊潰沿途共軍後，於6日及7日攻佔白舍、洽村。中路第八師毛炳文部於7日進至于善，10日攻佔廣昌，共軍分向白水、頭陂逃竄。26日，第五師向頭陂攻擊，第八師向白水攻擊。此時，左路第五十六師劉和鼎部由建寧向寧化、石城前進，預期入贛協剿。迨5月中旬，因第五路軍在東固戰役失利，第六路軍為恐該部位置太過突出，乃

於 20 日決以第五師退守廣昌，第二十四師撤守南豐，第八師之一部向東韶警戒，主力撤回南豐以南。5 月 26 日，小股共軍分由洛口及小村方面向廣昌進犯。27 日拂曉，共軍主力約二萬餘，分路向廣昌攻擊，戰況激烈。第八師及第五師浴血奮戰，犧牲極大，卒將共軍擊退，但第五師師長胡祖玉也身中兩彈殉國。29 日，共軍主力轉向東進，向固守於建寧之第五十六師劉和鼎部進犯。30 日，該師受重創後，突圍撤回延平（治所在今福建省南平市延平區）整頓，於是建寧、泰寧相繼失守。[15]

　　5 月底，南昌行營以第五路軍各師先後遭共軍擊破，第二十六及第六路軍亦均失利，為防共軍乘機進竄，乃令各部隊繼續後撤，恢復圍剿前之態勢，第二次圍剿至此即告終止。

(三) 戰後檢討

　　第二次圍剿過程，顯然與第一次圍剿是雷同的。戰鬥初期，共軍竭力避免與優勢國軍作戰，藉民眾組織對國軍進行遲滯、擾亂與襲擊，然後選擇有利時機，集零為整，以全軍戰力猛襲一點，求取戰果。[16] 因此，檢討共軍在第二次圍剿時之所以能打破國軍的主因乃是：共軍憑藉其軍區制度及嚴密的組織，強力動員民眾，充任外圍，以掩蔽其主力部隊之行動；並充分利用叢山峻嶺之特殊地形，及時發揮祕密、機動、集中之能力，對國軍形成局部之絕對優勢；更於國軍未合圍前迅速擊破國軍之右翼，使國軍之中央及左翼部隊喪失主動攻擊之優勢，而達到各個擊破之目的。[17]

　　中共在其黨史教材中，關於此次圍剿與反圍剿有如下的檢討：1931年 4 月，國軍採取「步步為營，穩紮穩打」的戰法，分兵四路，向紅軍根據地發動第二次圍剿。紅軍根據雙方力量對比情況，採用了「集中兵力，先打弱敵」，並在運動中「各個殲滅敵人」的作戰方針，由東固、富田向

---

[15] 關於東固、東韶、廣昌戰役之經過，詳見國防部史政局，《剿匪戰史》，第一冊（臺北：中華大典編印會，1967 年），頁 127-137。

[16] 曹伯一，《江西蘇維埃之建立及其崩潰（一九三一──一九三四）》（臺北：國立政治大學東亞研究所，1969 年），頁 252。

[17] 國防部史政局，《剿匪戰史》，第一冊（臺北：中華大典編印會，1967 年），頁 141。

東轉戰，直逼建寧，因而突破了國軍的圍剿。[18]

國軍從此次圍剿中所獲取的最主要經驗乃是：作戰部隊之糧彈儲存及運補，係剿共戰爭的最困難問題。因共軍盤踞山區，而山路崎嶇，駝運不易，作戰部隊須分兵護送，自將削弱戰力，而所徵用民伕中又不免滲有共黨分子，隨時有變起肘腋之可能。於是當留守富田之糧彈被搶掠後，戰鬥形勢大致已經明朗，第二十八師實際上已不易繼續前進。此一經驗，乃為日後剿共戰爭時所經常遭遇者。

三、第三次圍剿（1931年7月1日～9月20日）

㈠ 戰前態勢

1931年6月，國軍第二次圍剿失利後，贛省共軍之竄擾益烈。是時，中共「革命軍事委員會」主席一職已由項英改任，毛澤東遂乘國軍轉進整補之間隙，利用國軍圍剿失利所遺械彈，積極擴充戰力，並北犯廣昌，東陷建寧及黎川等地，以圖擴展竄擾區域，掠奪糧食資財，鞏固共軍根據地之安全。

國軍自1931年夏發動第二次圍剿，因贛南共區遼闊，山地險阻，交通梗塞，當時參與圍剿部隊雖有二十餘師，但一則受地形影響，二則重要城鎮須分兵扼守，以致兵力分散，行動遲緩；而各部又因彼此分離，通信失靈，聯絡困難，遂形成各自為戰，遭共軍各個擊破。蔣中正總司令有鑒於此，深慮贛省共患一再蔓延，日久更難肅清，終將危及國本，乃於6月21日親蒞南昌，主持策劃剿共事宜；並嚴令第六、第二十六路軍固守防地，阻擊共軍竄擾，恢復南豐、南城交通，準備再次圍剿。同時增調部隊，調整戰鬥序列，將原有各路軍一部改編為軍團。6月25日，特派軍政部長何應欽為剿共前敵總指揮兼左翼集團軍總司令，以陳銘樞為右翼集團軍總司令，蔣光鼐為第一軍團總指揮，孫連仲為第二軍團總指揮，朱紹良為第三軍團總指揮，蔣鼎文為第四軍團總指揮，衛立煌為預備軍總指揮（兼）；並以趙觀濤、陳誠、上官雲相為第一、第二、第三路進擊軍總指

18 鄭德榮、朱陽主編，《中國共產黨歷史講義》（延邊：吉林人民出版社，1981年），頁167。

揮，積極部署圍剿事宜。[19]

　　是時國軍各部之部署如下：

1. 右翼集團軍（總司令陳銘樞）方面：
   (1)第一軍團蔣光鼐部（蔡廷鍇暫代），分佈於興國一帶地區。
   (2)第二軍團孫連仲部，分佈於樂安一帶。
   (3)第三路進擊軍上官雲相部，分佈於永豐一帶。
2. 左翼集團軍（總司令何應欽兼）方面：
   (1)第三軍團朱紹良部，佔領南城、南豐。
   (2)第四軍團蔣鼎文部，集結於臨川附近地區。
   (3)第一路進擊軍趙觀濤部、第二路進擊軍陳誠部，分別集結於臨川、南城一帶地區。
3. 吉泰萬贛守備軍（第二十八師公秉藩、第七十七師羅霖、第十二師第三十四旅馬崑）守備吉安、吉水、泰和、萬安、贛縣一帶。
4. 預備軍方面，以第十師衛立煌、攻城旅李延年二部，集結於東陂以北地區、宜黃以南地區待命，候令參加作戰。
5. 空軍（指揮官毛邦初）下轄第一、第三、第四、第五、第七隊，密切支援地面作戰。[20]

　　共軍方面，自 1931 年 6 月 1 日陷建寧、6 日陷黎川以來，亟圖擴大竄擾區域，掠奪資財，進窺撫河流域之產米區南豐、南城、撫川等要地。因即將其第一軍團朱德部及「軍委會」直屬軍團毛澤東部各軍，向康都、傅坊一帶地區集中；第三軍團彭德懷部及第一軍團的第三軍黃公略部，向新豐、洽村一帶集中。並聯絡贛東方面的共軍方志敏、邵式平等部，合流竄擾閩、浙、贛邊區，以為策應。

　　第三次圍剿，國軍所擬定的作戰方針，是以主力分由南豐及永豐方面

---

[19] 國防部史政局，《剿匪戰史》，第一冊（臺北：中華大典編印會，1967 年），頁 145；王逸之，《五次圍剿》（臺北：知兵堂出版事業股份有限公司，2013 年），頁 48-49。第一軍團總指蔣光鼐當時在上海養病，由該軍團第六十師師長蔡廷鍇暫代。

[20] 國防部史政局，《剿匪戰史》，第一冊（臺北：中華大典編印會，1967 年），頁 147-148；王逸之，《五次圍剿》（臺北：知兵堂出版事業股份有限公司，2013 年），頁 48-49。

進攻，以一部守備吉、泰、萬、贛等地，先期擊破共軍主力，爾後逐次清剿零散共軍，廓清贛南共軍。此外，這次圍剿還改變了過去兩次的進剿戰略，局部採用了「利用民團游擊」及「黨、政、軍、民合作」。共軍所採取的反圍剿策略，則是如其中央發佈之〈給紅軍黨部及各級地方黨部的訓令〉（1931年6月）一般，採取「誘敵深入」、「避實擊虛」、「各個擊破」、「擾敵後方」等戰術，利用天然之地形條件，以逸代勞，創造優勢，將入侵國軍孤立，包圍殲滅；並以擴大和運用「農民赤衛隊」、「少年先鋒隊」等地方組織，加緊進行鄰近「蘇區」的群眾工作和兵士工作，來打破國軍的圍剿計畫。[21]

㈡ 圍剿概況

第三次圍剿的戰鬥，開始於1931年7月1日，至9月20日結束，歷時將近三個月。接戰地區包括永豐、黎川以南，瑞金、贛縣以北地區。而以南城、寧都間，蓮塘、黃陂間，及興國附近為主要作戰地區。

1. 南城、寧都間戰役

1931年7月1日，國軍左翼集團軍之第一、第二路進擊軍及第十師各部，開始向南城以北附近地區攻擊前進；第三軍團各部仍於原陣地與敵相持，掩護各軍前進。2日，第一、第二兩路進擊軍繼續向南豐、黎川之線推進。5日夜克復黎川後，第二路進擊軍繼續向南豐東南之大洋源前進，第一路進擊軍則向樟村、康都推進。13日，共軍被迫放棄廣昌後，國軍繼續向南推進。19日，第一路進擊軍攻佔石城縣屬固村；第二路進擊軍亦於是日由廣昌向頭陂攻擊前進，並隨即佔領寧都，共軍被迫向會昌、長汀方面竄遁。第三軍團依託汝水固守南城、南豐，掩護第一、第二路進擊軍克復黎川後，即於7月上旬，分向新豐、東陂攻擊前進，20日逾廣昌渡過汝水上游至文會，與第二路進擊軍取得聯絡。25日，第二路進擊軍在青田及賴村擊潰共軍。26日，第一路進擊軍也在安福以西石人嶺擊潰共軍。殘共即分向古龍岡及黃陂倉惶潰退。

---

[21] 〈中央給紅軍黨部及各級地方黨部的訓令——目前政治形勢與黨的緊急任務〉，中共中央政治局，1931年6月通過。

2. 蓮塘、黃陂間戰役

　　共軍主力西移，圍攻贛江之吉水、泰和，右翼集團軍各部則先敵展開於興國、富田、蓮塘一帶。8月上旬，共軍約五萬餘眾，猛撲第三路進擊軍上官雲相部。8月8日，第五十四師郝夢齡部在蓮塘喘息甫定，突遭共軍主力猛烈環攻，損失頗重。10日，共軍主力移攻正在黃陂地區清剿的第八師毛炳文部，迨第八師受重創後，共軍乃竄擾於黃陂、小佈一帶。9月1日，第一路進擊軍第六師趙觀濤部及預備第十師衛立煌部，分別由廣昌、頭陂向黃陂、小佈攻擊，擊潰共軍主力，共軍乃星夜潰竄黃陂以西上淮、下淮附近山區。3日，第二路進擊軍及第一軍團，分別推進至君埠及君埠以南之南坑、北坑一帶，迫使潛伏上、下淮之共軍移伏南龍、蓮塘等處。此時，第一軍團的第五十二師韓德勤部已佔領南龍、崇賢附近，乃向共軍展開清剿，擊潰沿途頑抗共軍，迫使共軍向興國以西竄匿。

3. 興國附近戰役

　　當國軍正在君埠、南坑、黃陂、興國等地節節進剿，包圍圈已漸次縮小，準備對共軍主力予以最後一擊之際，汪精衛與李宗仁突於廣州召開所謂「非常會議」，藉口「約法之爭」，發表通電背叛政府；而粵軍也於此時進擾湘、贛邊區，企圖北犯。國軍處此前後受敵之勢，不得不改變原來的圍剿計畫，一面移師贛、粵邊區阻止叛軍擴張，一面繼續圍堵贛省境內共軍流竄。9月7日，共軍偵知粵變緊急，國軍將轉進贛州及富田，遂迅以第一軍團朱德部、第三軍團彭德懷部及「軍委會」直屬軍團毛澤東部等共約六萬餘眾，襲擊興國西北方國軍高興墟陣地，國軍第一軍團蔣光鼐部（蔡廷鍇暫代）與敵激戰兩晝夜，終將共軍擊破，殘餘共軍向興國以南逃竄。

　　9月15日，第五十二師韓德勤部於經過崇賢圩甫抵方石嶺時，突遭潛伏該地的共軍截擊，激戰甚烈，雙方傷亡極重。此時「九一八事變」爆發，中央政府積極調兵北上，圖禦外侮，而共軍反利用此國難危急時機加緊竄犯，擴大其叛亂行動。20日，共軍主力向長逕口以北老營盤間之第四軍團第九師蔣鼎文部猛犯，同時另以共軍一部向高興墟之第八師毛炳文

部急犯，後經國軍奮戰，共軍傷亡甚多，乃分別退竄東固附近。[22]

(三) 戰後檢討

　　就國、共雙方在此次圍剿與反圍剿戰爭中所動員的兵力而言，國軍有十一個師又一個旅，約十三萬人；共軍有七個軍又一個師，約五萬三千人。[23]綜合國軍與共軍之兵力比較，純軍事方面，國軍為共軍之兩倍以上，而就全般戰力與態勢而言，國軍更佔有絕對之優勢。國軍以優勢的兵力於此次圍剿時雖未將共軍主力殲滅，但已將興國、廣昌、黎川等「蘇區」核心地帶攻佔，使共軍只能竄擾於山谷之間，包圍圈既漸縮小，國軍部隊且深入「蘇區」，追逐不捨，共軍終將難免陷於被殲滅之命運。無奈政局陡變，「廣東事件」發生後，國軍移師贛、粵邊境，致影響了對「蘇區」共軍的進剿。繼之又發生「九一八事變」，日軍侵襲東北，國軍奉令北調佈防，第三次圍剿乃不得不暫時停止。當然，國軍在此次圍剿的過程中，也有某些戰略及戰術上的缺失，如：情報不靈，地形不熟；未能充分協同與相互救援；行動遲緩，保密不週；以及民政組織不健全，軍民分治少協調等。[24]

　　關於此次圍剿，中共於日後也有如下的檢討：國軍的進剿戰略是「長驅直入」，企圖壓迫紅軍於贛江而消滅之。紅軍苦戰後，沒有休整和補充，又從建寧繞道返回興國集中。紅軍採取了「避敵主力，打其虛弱」的方針。紅軍利用「蘇區」的有利條件，疲困國軍。8月初，紅軍從興國通過了國軍主力的空隙地帶，轉到蓮塘，第一仗打上官雲相部，第二仗打郝夢齡師，第三仗打毛炳文師。那時所有向西、向南的國軍主力都轉旗向東，對紅軍採取大包圍形勢，紅軍又越過了國軍的空隙地帶，到興國境內集結休息，而國軍早已飢疲沮喪，無能為力，只有退卻了。[25]中共的此一

---

[22] 國防部史政局，《剿匪戰史》，第一冊（臺北：中華大典編印會，1967年），頁153-161。

[23] 第三次圍剿時，國軍編制每師約有一萬多人，每旅約三至五千人；共軍每軍約七千人，每師約三千人。

[24] 國防部史政局，《剿匪戰史》，第一冊（臺北：中華大典編印會，1967年），頁166-167。

[25] 何幹之，《中國現代革命史》（香港：三聯書店，1958年），頁149-150；另請參閱毛

檢討，前段尚能符合事實，但後段則與事實有違，第三次圍剿的結束，實因國內外局勢的轉變，國軍奉令調防所致。

　　此次圍剿，國軍所獲的主要經驗是：協同一致乃致勝之要件，互相救援爲團結之表現，此後的剿共作戰應深切瞭解各部協同一致及相互救援的重要性。其次，由於「蘇區」地形特殊，戰地行軍要適切運用偵察、搜索、連絡、警戒、觀測、掩護等陣中六項要務，方能立於不敗之地。同時還要積極組織戰爭面、組織戰場、組織戰力，主動運用剿共主力於適切的時間與空間，始能一舉擊破共軍主力，完成剿共任務。此亦即蔣中正總司令於日後，在戰爭原則中所提示的「組織」與「主動」兩項重要原則。而這兩項原則，主要就是從此次圍剿的經驗中歸納出來的。

四、第四次圍剿（1933年1月1日～4月29日）

㈠戰前態勢

　　1931年秋的第三次圍剿，因日軍發動「九一八事變」侵略東北，國軍進剿「蘇區」之部隊奉令抽調北上，終乃功虧一簣。此後，共軍即乘機肆擾，其第三軍團彭德懷部曾一度進陷吉安，截斷贛江交通。迨1932年「一二八」淞滬抗日之戰相繼發生，政府先後抽掉贛省進剿軍四個師，前赴蘇、浙、皖沿江一帶佈防，贛省共軍遂更積極的向鄱陽、樂平、萬年、上饒及弋陽等地竄犯。政府處此內憂外患交相煎逼之下，毅然決定「安內攘外」大計，一面抽調兵力抵抗日軍；一面加強對贛省共軍之進剿，特任朱紹良爲駐贛綏靖主任，負責剿共事宜。

　　1932年2月初，共軍舉全力進攻贛南戰略要地贛州，企圖打通湘、贛兩省，策應鄂、豫、皖紅四方面軍與紅二方面軍進窺武漢，而贛東北邵式平及贛西北孔荷寵等各股共軍亦乘機擾亂地方。國軍因受滬戰牽制，雖分區進剿，使赤焰稍戢，但因贛省「蘇區」遼闊，國軍進剿兵力不足，此剿彼竄，終未收殲共之效。至5月5日，中日雙方經國際聯盟從中斡旋，簽訂「淞滬停戰協定」，政府北方軍事壓力減弱，爲貫徹攘外必先安內之

　　澤東，〈中國革命戰爭的戰略問題〉（1936年12月），《毛澤東選集》，第一卷，第二版（北京：人民出版社，1991年），頁170-244。

國策，遂重新開始籌劃對共軍的第四次圍剿戰略，設立贛粵閩湘邊區剿共總司令部，特任軍政部長何應欽為剿共總司令，廣州綏靖主任陳濟棠為副總司令，從事積極之剿辦。[26]

　　自 1932 年 5 月上旬贛粵閩湘邊區剿共總司令部部署清剿以來，由於共軍先後於湘贛、贛粵各邊境及閩北、閩西等處，四出流竄，國軍為捕捉共軍，逐步推進，兵力部署曾作多次變更。至 12 月下旬，國軍之進剿部署如下：

1. **中路軍總指揮陳誠，下轄三個縱隊**
   ⑴第一縱隊羅卓英部，主力集中於宜黃地區，向黃陂、廣昌等地攻擊前進。
   ⑵第二縱隊吳奇偉部，主力集中於臨川以南龍骨渡地區，向楓山舖、琅琚、黃獅渡之線推進。
   ⑶第三縱隊趙觀濤部，主力集中於金谿、滸灣附近，向洪門、哨石進剿。
   ⑷預備隊由第一縱隊第四十三師（師長劉紹先）擔任，集中於宜黃、樂安地區，與第一縱隊切取連絡。

2. **左路軍總指揮蔡廷鍇**
   ⑴第五十六師、暫編第四旅、第七十八師、第六十一師之主力向光澤一帶攻擊並佔領之。
   ⑵新編第二師主力清剿永安、清流間之共軍。
   ⑶第六十師、第七十八師、第四十九師主力向白沙、溪口、梅村、古田、洋蛟、坎市一帶搜索。

3. **右路軍總指揮余漢謀**
   ⑴第一、二、三、四、四十四師及獨立第二旅向南康、尋鄔、信豐、安遠、上猶一帶清剿，並適時向北推進。

---

[26] 國防部史政局，《剿匪戰史》，第二冊（臺北：中華大典編印會，1967 年），頁 169-170；另請參閱郭華倫，《中共史論》，第二冊，第四版（臺北：國立政治大學國際關係研究中心，1982 年），頁 331。

(2)獨立第三師負責維護贛江兩岸交通之安全。

4. 總司令部直屬部隊，共五個師二個獨立旅及二個航空隊
　　(1)第二十四師等部，任南城、南豐間之清剿。
　　(2)第二十八師等部，清剿吉安、吉水、萬安、遂川、安福、峽江、新
　　　淦間零散之共軍，並維護贛江兩岸之交通安全。
　　(3)第二十三師（師長李雲杰）為總預備隊，位於南城西北之籐橋附近。
　　(4)航空第三隊張有谷，以南昌為基地，密切支援進剿軍作戰。[27]
　　　另一方面，中共中央則於 1932 年 6 月 18 日發出反四次圍剿〈告民眾
書〉，並於 6 月 21 日通過反四次圍剿的〈任務決議〉；22 日，中共中央
宣傳部根據此〈任務決議〉，又發出反四次圍剿的〈紅軍報告大綱〉。[28]
中共在〈任務決議〉中指出，為粉碎第四次圍剿，爭取在一省與數省的首
先勝利，在「蘇區」與「非蘇區」的黨必須執行以下的戰鬥任務：
1.「必須立即動員廣大的群眾」，號召他們「加入紅軍、赤衛隊、運輸
　隊、交通隊、擔架隊等，參加大規模的革命戰爭」。
2.「必須向敵人採取積極進攻的策略，消滅敵人在一方面的主力，以根本
　擊破敵人的圍剿計畫」。
3.「各蘇區的紅軍必須更有計畫的互相呼應，互相配合，堅決執行中央最
　近軍事計畫，以造成佔領南昌與包圍武漢的形勢」。
4.「儘量擴大與鞏固紅軍，有計畫的進行蘇區周圍的游擊戰爭，以保護蘇
　區根據地，擾亂敵人後方」。[29]
　　　當中共中央的決議到達「江西蘇區」後，中共「蘇區中央局」為執行
這些決議，於討論反四次圍剿所應採取的戰略時，曾掀起一場爭論。這場

---

[27] 國防部史政局，《剿匪戰史》，第二冊（臺北：中華大典編印會，1967 年），頁 180-
182；王逸之，《五次圍剿》（臺北：知兵堂出版事業股份有限公司，2013 年），頁 72-
74。

[28] 中共中央通過及發出的三個重要文件分別為：1.〈為反對帝國主義國民黨的四次圍剿告
民眾書〉（1932 年 6 月 18 日）；2.〈中共中央關於帝國主義國民黨四次圍剿與我們的
任務的決議〉（1932 年 6 月 21 日）；3.〈反對帝國主義國民黨第四次圍剿紅軍報告大
綱〉（1932 年 6 月 22 日）。

[29]〈中共中央關於帝國主義國民黨四次圍剿與我們的任務的決議〉（1932 年 6 月 21 日）。

爭論以毛澤東、周恩來爲主角，毛澤東主張待國軍進入「蘇區」，用堅壁清野的方法，封鎖消息，隱匿糧食，擇國軍之弱點迎擊；周恩來則主張不待國軍部署完成，在「蘇區」以外即予各個擊破，以應付圍剿。雙方意見分歧，爭執甚烈。最後經共產國際代表團裁決，支持周恩來的意見，於是加緊控制民眾，訓練共軍，準備選擇有利地形，誘國軍進入，施行突擊式之各個擊破。同時並令贛東北之方志敏、邵式平，及贛西北之孔荷寵等股共軍加緊蠢動，相互配合行動，企圖分散國軍兵力，牽制國軍行動，藉以增加贛南方面共軍倖勝之機會。當時共軍主力的部署如下：

1. 第一軍團林彪部主力，盤踞黎川至建寧沿線。
2. 第三軍團彭德懷部與第五軍團董振堂部主力，盤踞黎川、熊村、橫村、康都一帶。
3. 第七軍團羅炳輝部，盤踞光澤、資溪一帶。
4. 朱德、毛澤東直轄之警衛師，盤踞於瑞金、石城一帶。
5. 江西軍區陳毅部，盤踞鉛山西南、廣昌甘竹、三溪、古縣、藤田、水南及天河一帶。[30]

(二) 圍剿概況

　　贛粵閩湘邊區剿共總司令部於 1932 年 12 月 30 日下達第四次圍剿命令，戰鬥行動開始於次（1933）年 1 月 1 日，至同年 4 月 29 日結束，歷時四個月。此期間，蔣中正曾於 1933 年 1 月 29 日抵達南昌，並於 2 月間重開行營，自兼剿共總司令，躬親主持進剿，指導一切。儘管這時已有消息稱，日本必欲佔領熱河，然蔣似已下定「攘外必先安內，抗日必先清匪」之決心，「先鞏固革命基礎，整頓革命陣容，再與倭決戰，以雪此奇辱。」[31] 行營針對過去圍剿之經驗，策定第四次圍剿方略如下：以黨政軍密切配合，齊頭並進；對尚未被中共蹂躪之區域，積極宣揚三民主義，澄清吏治；築公路，建碉堡，設保甲，編民團；對於被中共裹脅之民眾及投誠之中共分子，一概從寬准予自新；切實改革軍隊政訓工作。同時還要研

---

[30] 國防部史政局，《剿匪戰史》，第二冊（臺北：中華大典編印會，1967 年），頁 173-175。

[31] 蔣中正檔案，《困勉記》，卷二十四，1933 年 2 月 12 日。臺北，國史館藏。

定剿共戰法，先將各地零星共軍逐步肅清；並於進剿前由贛、粵、閩三省駐軍派兵扼守各要隘，實行封鎖，逐步推進，逐次縮小包圍圈，圍攻贛省共軍老巢；凡肅清一地，即按既定之黨政規劃，切實執行，以期將赤禍徹底撲滅。[32]

　　然而，就在圍剿尚未有重大進展之際，卻傳來熱河省主席湯玉麟棄守承德的消息。熱河失守，舉國譁然，蔣中正不得不於 3 月 5 日由南昌飛往漢口，連夜轉車北上保定，7 日與何應欽、張學良等共商時局。[33] 3、4 月間，華北國軍在長城各隘口與日軍苦戰；國內輿論也在中共大力煽動下，要求國民政府停止內戰、一致抗日。在此狀況下，蔣中正雖於 4 月 5 日，趁長城抗日暫告一段落時重返南昌，繼續組織剿共戰事，然日軍又對長城各口發動更猛烈的攻勢，古北口、喜峰口、界嶺口、冷口相繼失守。國軍兩面受敵，內外交煎，贛南剿共實已難以為繼，進剿軍於 4 月 29 日攻下金谿後，第四次圍剿乃暫告結束。[34]

　　第四次圍剿期間，主要戰役有七：

1.黃獅渡、滸灣之役

　　當第四次圍剿初期，共軍主力集中於黎川、南城一帶，企圖進犯臨川。國軍中路軍第二縱隊吳奇偉部奉命進剿。1933 年 1 月 2 日，共軍第一軍團林彪部、第五軍團董振堂部及第七軍團羅炳輝部主力，乘黑夜風雨大作之際，祕密移向南城以北之黃獅渡，攻擊國軍第五師之第十三旅，激戰至 5 日拂曉，該地陷落。5 日傍晚，共軍再陷金谿縣城後，以主力三萬餘繼續西犯臨川，並於 9 日攻佔滸灣，進逼臨川，經中路軍總指揮陳誠急調第一縱隊第十一師蕭乾部支援，共軍乃於 9 日夜間退向金谿、黎川。

---

[32] 國防部史政局，《剿匪戰史》，第二冊（臺北：中華大典編印會，1967 年），頁 182。

[33] 因華北戰事吃緊，何應欽已奉命先於 1933 年 3 月 3 日坐鎮北平，督同張學良，穩定華北局勢。請參見何應欽將軍九五紀事長編編輯委員會編，《何應欽將軍九五紀事長編》，上冊（臺北：黎明文化事業股份有限公司，1984 年），頁 283。

[34] 張玉法，《中華民國史稿》，修訂版（臺北：聯經出版事業公司，2001 年），238-239、259-260；楊奎松，《國民黨的聯共與反共》（北京：社會科學文獻出版社，2008 年），頁 292-295。

2. 南豐之役

共軍主力自 1 月上旬在臨川、南城附近遭受國軍痛擊，南竄黎川一帶後，經月餘之整補，至 2 月上旬，又以第一、第三、第五軍團主力及獨立第四師，共約四萬餘眾，圍攻贛南重要據點南豐縣城。2 月 13 日，陳誠總指揮以南豐地當要衝，不可輕易棄守，除即令中路軍各縱隊速向贛南挺進，解救南豐之圍外，並令南城第二十四師許克祥部迅速馳援南豐。14 日，共軍分向磨刀渡、石溝圩竄退。後在國軍的追擊下，共軍主力再度退向東陂、黃陂一帶。

3. 蛟湖、霍源之役

南豐之役，共軍敗退後，乃於 2 月中旬將主力藏匿於樂安以東山地，伺機截擊來援南豐之國軍。中路軍第一縱隊指揮官羅卓英奉命由樂安進擊圍攻南豐之共軍主力，乃命所屬第五十二師李明部由樂安經蛟湖向黃陂集中，第五十九師陳時驥部經霍源向河口集中。嗣該兩師為共軍假情報所欺，於 2 月 27 日進入樂安以東山區之蛟湖、霍源一帶，分別中伏，與共軍主力第一、三、五、七軍團激戰兩日，兩師官兵傷亡過半，第五十二師師長李明於受重傷後以手槍自戕，壯烈成仁，第五十九師師長陳時驥被俘。幸第十一師蕭乾部及時由宜黃來援，始得免於全軍覆滅的厄運。

4. 東陂、霹靂山之役

自蛟湖、霍源之役後，共軍主力仍滯留於東陂以西之太平圩、固岡、招攜一帶，一面整補，一面伺機再襲國軍。國軍以第一縱隊為主力，加上第三縱隊的第五、第九師，進剿招攜、太平圩之共軍。第十一師蕭乾部受命為先頭部隊，於 3 月 20 日午後經東陂攻佔草台岡，入夜後因山路崎嶇，乃露營於霹靂山一帶。然國軍之企圖及行軍路線事先已為共軍所偵知，共軍乃在該山區集中主力圍攻第十一師，並切斷其與第九師李延年部、第五十九師溫旅（該師在霍源被擊潰後收攏殘部縮編成一旅）之聯絡，經激戰至 21 日二十時許，第十一師受創甚巨，師長蕭乾負傷，餘部轉進至黃陂附近集結整理。

此役共軍傷亡亦重，彭德懷也負了傷，當時甚至傳出彭已陣亡的消息，可知這確實是一次決戰。更值一提的是，此役共軍集中全力，以三倍

以上的兵力圍攻第十一師，企圖將第十一師全部消滅。此乃第十一師爲第十八軍之主力，而第十八軍又是「中央軍」的主力，「只要擊破十八軍，即可造成奪取江西一省或數省之首先勝利。」第十八軍原轄第十一、十四、四十三、五十二、五十九等五個師，陳誠以第十一、五十二、五十九等三師先後失利，向蔣中正委員長自請處分，結果被記大過乙次，降級任用；羅卓英也被革職留任，戴罪立功。[35]

5. 樂安之役

東陂、霹靂山之役後，共軍主力仍盤據於太平圩、固岡一帶，企圖連繫流竄贛江兩岸地區的陳毅部，襲佔樂安，以便使贛江東、西兩岸共軍合流，擴大其竄擾之地區。3 月 25 日，陳毅部約萬餘人，向守備樂安之國軍第四十三師第一二七加強旅（旅長孔令恂）猛攻，共軍第一、三、五軍團主力也先後抵達樂安城郊圍攻。樂安守軍奮戰六晝夜，至 30 日，第二縱隊吳奇偉部來援，共軍不支，於午後十五時，向崇仁及太平圩、固岡一帶山地潰退。

6. 新淦、永豐之役

樂安之役後，共軍主力仍盤據於宜黃、樂安、崇仁三縣中間地帶，企圖配合贛省東北方之方志敏、邵式平部分向新淦、永豐各地進攻，以期截斷贛江交通，並威脅臨川。4 月 3 日，共軍以第二十二軍羅炳輝部向新淦進攻，以第三、第五軍團向永豐進攻，而贛東北之方、邵兩部共軍也同時進攻金谿，遙爲策應。由於新淦、金谿守軍兵力不足，猝不及防，因而相繼失守，至於永豐守軍則奮戰固守。4 月 12 日，國軍獨立支隊司令周渾元率第五師及獨立第三十六旅向新淦推進，次日十六時克復新淦。新淦克復後，圍攻永豐之共軍即失去憑藉，嗣經守軍第二十七師之一部奮戰擊退，永豐之圍遂解。

7. 金谿之役

4 月中旬，國軍克復新淦，並解永豐之圍後，共軍主力竄集宜黃、崇

---

[35] 國史館，《陳誠先生回憶錄：國共戰爭》（臺北：國史館，2005 年），頁 38-40。

仁以南山林地帶。4 月 28 日，國軍獨立支隊在周渾元率領下（包括第五師、第五十九師之一旅及第五十三師山砲一營）由臨川出發，向金谿進剿，29 日晨四時開始攻擊金谿縣城，激戰至八時許，共軍不支潰退，竄擾南城及南豐一帶，金谿乃告克復。[36]

第四次圍剿，除上述以中路軍為主力的七次進剿戰役外，尚有左、右路軍的堵剿。右路軍方面，自 1933 年元月初，因贛南糧荒嚴重，各部隊未能按照預定計畫向興國、雩都（于都）、會昌之線推進，與中路軍協力向贛南「蘇區」圍剿。余漢謀總指揮即以主力在贛縣、上猶、安遠、尋鄔及定南地區清剿散共，俟將散共肅清後，再相機向北推進，並以一部協力吉安、吉水及湘東國軍，圍剿贛、湘、鄂邊境共軍。惟此時贛西地區之共軍四處流竄，尤以蕭克、李天柱等部，為策應贛南方面朱、毛主力之蠢動，肆擾尤烈。國軍為撲滅赤禍，先後調集部隊分向贛西共巢之路口、贛江西岸地區、湘贛邊境，及大庾嶺以北地區進行圍剿及堵剿。

左路軍方面，自 1933 年元月下旬共軍主力進攻臨川、南城失利後，向黎川方面潰竄。2 月初，共軍一部由黎川竄至水口，另一部由建寧竄至泰寧以北之金坑，且有繼續進犯光澤之企圖。2 月 4 日，蔣中正電令左路軍第五十六師劉和鼎師長固守邵武、將樂，非至萬不得已時，不可放棄光澤。2 月 10 日，左路軍總指揮蔡廷鍇由福州到達漳平，視察防務，並策劃進剿方略。3 月上旬，左路軍各部先後向盤據清流、大田一帶之共軍進攻；而黎川一帶之共軍亦進攻光澤。[37]

第四次圍剿於 4 月 29 日結束，當日，軍事委員會委員長蔣中正鑒於國軍自實施第四次圍剿以來，時已四月，不但共軍主力未被殲滅，反而此剿彼竄，國軍迭受重創，為期迅速殲滅共軍，乃親下手令劉峙督辦及陳誠總指揮，轉令各部隊遵照：要「運用智慧」、「振作士氣」、「沉機應

---

36 以上七次戰役之經過，詳見國防部史政局，《剿匪戰史》，第二冊（臺北：中華大典編印會，1967 年），頁 183-219。

37 關於左、右路軍之堵剿經過，詳見國防部史政局，《剿匪戰史》，第二冊（臺北：中華大典編印會，1967 年），頁 219-236。

變」、「戒愼恐懼」，以「期其有成」。[38] 劉、陳二人接奉手令後，即轉令各部隊切實遵照，並積極策劃第五次圍剿事宜，以期早殲共軍，消弭赤禍。

(三) 戰後檢討

第四次圍剿時，實際參加戰鬥的兵力：國軍方面有三個軍，十七個師，二個旅，總兵力有十五萬三千五百人，武器裝備與編制相符。共軍方面有十七個軍，三十個師，八個團，總兵力爲六萬四千八百人，武器約爲人數的二分之一強，且彈藥缺乏。[39] 但進剿時，國軍兵力分散，共軍地形熟悉，行動敏捷，常能集中一點發揮威力，形成局部優勢，因此雙方互有勝負。

關於第四次圍剿，中共在其日後出版的史籍中有如下的評述：第四次圍剿時，國軍採取「分進合擊」的作戰方針，由北向南，齊頭並進，直奔金谿。紅軍採取「大兵團伏擊圍殲戰」的作戰方針。滸灣（金谿西）一仗，擊潰國軍一個師。國軍重新部署，分三路向南豐、廣昌前進，主力在東路，西路兩個師暴露於紅軍面前。因此，紅軍轉移陣地隱蔽結集，先打西路國軍於宜黃南部黃陂，擊敗國軍兩個師。國軍大舉增援，紅軍又在宜黃南東陂、草台岡附近的霹靂山、雷公嵊地區，展開了圍殲戰，再度擊敗國軍一個師。至此，第四次圍剿乃告結束。[40]

中共的檢討雖有某些誇張，但其津津樂道之「大兵團伏擊圍殲戰」，即以局部優勢之兵力，伏擊虛弱敵軍，並圍殲之，也確有其長處。從此次圍剿過程中，國軍所獲得的最主要經驗教訓是：此後的剿共行動，應盡量發揮自己的優點，改進自己的缺點，克制敵人的長處，打擊敵人的短處，始能徹底殲滅共軍，達成剿共任務。

---

[38] 蔣委員長中正之手令全文，請參見國防部史政局，《剿匪戰史》，第二冊（臺北：中華大典編印會，1967 年），頁 219。

[39] 第四次圍剿時，國軍之編制，每師人數約七千至一萬人，旅平均人數三千人。共軍每師平均人數二千人，每團六百人。

[40] 何幹之，《中國現代革命史》（香港：三聯書店，1958 年），頁 165-166；另請參閱毛澤東，〈中國革命戰爭的戰略問題〉（1936 年 12 月），《毛澤東選集》，第一卷，第二版（北京：人民出版社，1991 年），頁 170-244。

第二節　第五次圍剿（1933年10月～1934年10月）

　　1933 年 5 月中旬，即國軍第四次圍剿結束後，共軍主力集結於宜黃、崇仁、樂安間及其以南地區，裹脅壯丁，積極擴充，調整編制，準備擴大肆擾。國民政府本「攘外必先安內」之國策，於 5 月 21 日成立軍事委員會委員長南昌行營，授權蔣中正委員長全權處理贛、粵、閩、湘、鄂五省軍政，指揮剿共事宜。6 月初，蔣委員長親臨南昌行營，根據過去剿共經驗，針對贛省敵情，積極策定第五次圍剿方略，並令控制崇仁、樂安之中路軍主力，及贛粵邊境之右路軍，與贛閩邊境之左路軍，嚴密堵剿，防止「蘇區」蔓延擴大，以利全盤部署之整備。

　　中共乘國軍調整部署，準備尚未完成之際，曾謀採取攻勢，先後傾其全力，向宜黃、臨川竄擾，經國軍各部隊堵剿後，赤焰稍戢。7 月初，共軍乘閩西空虛，向閩邊進犯，復被國軍擊退。8 月間，共軍主力又直撲臨川（撫州），而有滸灣之役。9 月下旬，國軍北路軍準備完成，攻克黎川，共軍乃回竄贛南。此時，贛東北之方志敏及贛西之孔荷寵等部共軍，肆擾益烈。10 月中旬，國軍部署完成，乃逐步向「蘇區」心臟地帶挺進，展開了第五次圍剿。[41]

一、戰前準備

㈠ 共軍方面

　　1933 年夏，國軍第五次圍剿尚在動員階段，中共即積極著手反圍剿的全面準備工作。7 月 24 日，中共中央通過〈關於帝國主義國民黨五次圍剿與中共黨的任務的決議〉，此一〈決議〉乃中共反五次圍剿決策的基本文件。在該〈決議〉中，中共中央要求其「蘇區」的黨組織，「立即動員群眾，保衛與擴大蘇區」，「號召全蘇區的群眾熱烈參加保衛蘇維埃戰爭」，同時還特別要求其各級黨組織要用最大的努力，要以突擊的精神，

---

[41] 國防部史政局，《剿匪戰史》，第二冊（臺北：中華大典編印會，1967 年），頁 251；曹伯一，《江西蘇維埃之建立及其崩潰（一九三一—一九三四）》（臺北：國立政治大學東亞研究所，1969 年），頁 507。

「猛烈擴大紅軍」，創立新的軍團、新的師。[42]

　　8月初，中共偵知國軍的第五次圍剿方略後，惶恐萬狀，急電蘇俄軍事委員會參謀部請示戰略方針，旋接蘇俄覆電指示：「以碉堡對付碉堡政策，以廣泛游擊阻撓建設公路，並充實兵額，籌足給養，準備長期鬥爭。」[43] 8月下旬，蘇俄派遣李德（Otto Braun, 1900-1974）（如圖 6-1），經福建省順昌縣之洋口鎮混入「蘇區」，除遵照蘇俄最高戰略指示，策畫部署外，並適應當時戰略情勢需要，著手改編共軍，取消軍的編制，以師為固定建制單位。師採三三制，師屬三團，團屬三營，每營三連；並設立軍區，以統轄地方部隊。

圖 6-1　李德：後來被中共認定要為反五次圍剿失敗負設計策畫不周之責

　　中共在蘇俄的戰略指示及國際代表、軍事顧問李德的指導下，策定其反五次圍剿的戰略與戰術。中共所策定的戰略是：以內線作戰之形式，集中兵力，衝破圍剿，同時以多數之游擊隊，採取行動飄忽之方式，深入內地，赤化農村，掠取物資；疲勞國軍兵力，斷絕國軍交通；擾亂國軍耳目，使國軍前方各部隊孤立無援；終至全部剿共軍退守各中心城市，以實現其所謂「革命在江西首先勝利」的目標。

　　在這樣的戰略指導下，中共採取的戰術是：以迅速、祕密、堅決為要訣，極力採用攻其所必救之方法，誘國軍於運動中施行不意之襲擊，以獲致勝利；而對正面強大之縱深配備，則以輕快之一部用鑽隙、迂迴、包圍等戰法，突破國軍之封鎖線。此外，為對抗國軍的碉堡攻勢，遵照蘇俄之指示，中共採取如下的反碉堡政策：在陣地要點、要線及支撐點上加強構工，以備國軍藉碉堡羣之掩護，接近其工事支撐點時，行「短距離之突

---

[42] 〈關於帝國主義國民黨五次圍剿與我們黨的任務的決議〉，中共中央 1933 年 7 月 24 日通過。

[43] 國防部史政局，《剿匪戰史》，第二冊（臺北：中華大典編印會，1967 年），頁 253。

擊」，[44] 以補運動戰之不足。李德及中共的軍事首腦均認爲「支撐點」及「短距離之突擊」，是對抗國軍碉堡戰術之最有效手段。[45]

　　根據以上的戰略與戰術，在 1933 年 10 月國軍開始發動第五次圍剿初期，共軍的部署如下：

1. 第一、五兩軍團各一部徘徊於南豐西北山地。
2. 第三、七兩軍團各一部盤據於黎川東北之銅埠、光澤、邵武附近地區。
3. 上述各軍團主力，則集中於廣昌、石城、寧都一帶。
4. 中共中央軍委會直轄的部隊，分佈於瑞金、會昌、雩都及興國各地區。
5. 江西軍區陳毅部，流竄於永豐以南、興國以北及贛江兩岸地區。
6. 湘鄂贛軍區孔荷寵部，困處於修水、平江之贛湘邊境地區。
7. 湘贛軍區蔡會文部，在永新、蓮花、寧岡地區游擊。
8. 福建軍區羅炳輝部，盤據於建寧、寧化、長汀，及閩贛邊境一帶。
9. 浙贛閩軍區唐在剛部，流竄於贛東北之興德、橫峯、樂平及萬年中間地帶。[46]

(二) 國軍方面

　　蔣中正委員長鑒於第五次圍剿關係著國家民族之存亡，特於 1933 年 10 月上旬在南昌召集剿共會議，訂定第五次圍剿方略爲「三分軍事、七分政治」，使政治與軍事相輔而行。戰鬥體制方面，實施黨、政、軍一元化，建立保安制度、保甲制度，並組織與運用民眾自衛武力及別動隊。作戰方面，採取「戰略攻勢、戰術守勢」，「劃區清剿、分進合擊」的新方略。同時採行碉堡政策，即一面禁運物資，封鎖「蘇區」經濟，建築碉

44　此處所謂「短距離之突擊」，即李德及中共所稱之「短促突擊」。李德曾爲文稱短促突擊是紅軍對抗國軍「堡壘主義」的新戰術。

45　例如李德（筆名華夫）在 1934 年 4 月間，曾撰〈革命戰爭的迫切問題〉及〈論紅軍在堡壘主義下的戰術〉等文，林彪於同年 6 月亦撰有〈論短促突擊〉一文，對於「短促突擊」的戰術均有詳細的論述。

46　國防部史政局，《剿匪戰史》，第二冊（臺北：中華大典編印會，1967 年），頁 253-256；三軍大學戰史研究所國民革命戰史編述發展組，王多年總編著，《國民革命戰史》，第四部，反共戡亂，上篇，剿匪，第四卷（臺北：黎明文化事業股份有限公司，1982 年），頁 2、147。

堡，截斷「蘇區」交通；一面開拓公路，步步爲營，節節進剿。[47] 國軍的此一圍剿方略，迫使長於游擊戰、運動戰的紅軍束手無策，紅軍已往使用的「誘敵深入」、「擊破一方」、「先發制人」及「圍點打援」等戰略戰術再也無法實施了，這樣就造成了「蘇區」紅軍的絕大困難。

　　蔣中正爲統一剿共軍事行動，調整剿共部隊序列，將贛、粵、湘、鄂各省部隊，區分爲西、南、北三路軍，以何鍵爲西路軍總司令，陳濟棠爲南路軍總司令，顧祝同爲北路軍總司令。福建方面，責成第十九路軍蔡廷鍇部負責。西、南路軍及第十九路軍均爲防堵性質，北路軍才是剿共主力。

1. 北路軍，轄第一、二、三路軍及浙贛閩邊區警備區，其第一路軍主力守備於宜黃、棠蔭、樂安、永豐一帶；第二路軍控制於金谿、籐橋、崇仁一帶；第三路軍主力集結於南城、新豐街、硝石、黎川等地區。
2. 西路軍，轄第一、二、三縱隊，分佈於湘、贛、鄂邊境，堵剿共軍。
3. 南路軍，轄第一、二、三軍，扼守贛南，負責堵剿共軍南竄，並相機向北推進，協力北路軍作戰。
4. 第十九路軍，轄六個師及一個旅，負責防止共軍東竄。
5. 空軍十一個隊，飛機共一百零五架（含南路軍廣東空軍五十四架）。[48]

二、圍剿經過

　　1933 年 10 月中旬，蔣中正委員長以第五次圍剿準備工作逐步完成，特基於「戰略攻勢、戰術守勢」及「步步爲營、穩紮穩打」之原則，於 10 月 17 日，在南昌行營發佈〈戰守第二一三號訓令〉，指示各部隊圍剿期間行動綱要如次：

---

[47] 蔣中正，《蘇俄在中國》，六版（臺北：黎明文化事業股份有限公司，1989 年），頁 51；國防部史政局，《剿匪戰史》，第二冊（臺北：中華大典編印會，1967 年），頁 257-258。

[48] 國防部史政局，《剿匪戰史》，第二冊（臺北：中華大典編印會，1967 年），頁 262-264；三軍大學戰史研究所國民革命戰史編述發展組，王多年總編著，《國民革命戰史》，第四部，反共戡亂，上篇，剿匪，第四卷（臺北：黎明文化事業股份有限公司，1982 年），頁 2、145。

　　凡我進剿部隊，剿匪要領，不必先找匪之主力，應以佔領必爭之要地爲目的。我軍只要先有目的地，向之前進，第一步求能佔領目的地，使匪不得不來爭爲最大任務。由我集中之基地至目的地之間，應劃分數段，並應指定其縱橫距離，各個目的地，將其前後左右之地形（橫方向尤爲重要），由各主管官明示參謀處，使其將各段陣地，預先研究清楚，準備與之隨地決戰。對我軍前進道路之兩側，橫的方面三、四十里以內，均須預先選定據點，構築碉堡，掩護我軍前進安全。此橫的三、四十里以外之地區，應由各橫據點部隊，盡量向外游擊與搜索，勿使匪有側擊之機可乘。如此則橫的各目的地之據點，能穩固鎮守，使我主力能如期佔領最後目的地爲惟一主旨。匪縱狡詐，亦無不滅矣。再者匪區縱橫不過五百里，如我軍每日能進展二里，則不到一年，可以完全佔領匪區。故今日剿匪，不在時間之緩急，應不必憂匪之難覓。而在我將士忍性堅心，以完成此革命最後之任務。如能效愚公移山之法，只要自強不息，則天下事無不成功之理也。

　　南昌行營除將〈戰守第二一三號訓令〉通飭各剿共部隊遵照外，並策頒〈圍剿計畫〉。北路軍總司令顧祝同根據行營頒下的〈圍剿計畫〉，下達〈作戰指導〉，第五次圍剿的戰鬥隨即展開。[49]

　　第五次圍剿開始於 1933 年 10 月，一個月後，即同年 11 月發生閩變，國軍不得不分兵討閩。1934 年 1 月，中共在瑞金舉行「中華工農兵蘇維埃第二次全國代表大會」。1 月底，閩變弭平，國軍再度集中兵力繼續進行圍剿，中共第二次「全蘇大會」且因此倉促閉幕。此後，剿共戰爭進入新的階段，戰況乃日益激烈。茲以閩變爲界，將第五次圍剿分爲前、後兩期，分述如後。

(一)前期的主要戰役

　　國軍第五次圍剿的前期作戰目標，在斷絕共軍之贛南與贛東北間、贛

---

[49] 有關〈第二一三號訓令〉、〈南昌行營的圍剿計畫〉，及北路軍的〈作戰指導〉，請參見國防部史政局，《剿匪戰史》，第二冊（臺北：中華大典編印會，1967 年），頁 265-275。

省與閩省間之連絡，並捕捉共軍主力決戰。這個時期的主要戰役為：

1. 資溪橋之役

1933 年 10 月 18 日，國軍第三路軍第七縱隊薛岳部向資溪橋推進。22 日，共軍以第三、五軍團各一部，乘國軍工事尚未構妥之前，向資溪橋猛攻，嗣後第一及第七軍團亦投入戰鬥，激戰至 24 日晚，國軍已將工事構築完成，共軍始知難而退，乘黑夜北竄山區。這是第五次圍剿正式開始後的第一次重要戰役，在此役中已發揮出國軍碉堡工事之效果。

2. 黎川、南豐、硝石之役

1933 年 10 月下旬起至 11 月上旬止，國軍先後修築完成南豐、南城、硝石間的碉堡線。國軍第三路軍陳誠部主力隨即逐步推進，當時共軍第一軍團林彪部盤據黎川之鐘賢一帶。經第三路軍主力第五、七、八各縱隊之壓迫，自 11 月 14 日至 12 月 2 日，第九十六師蕭致平部進佔黎川以西之鐘賢，至是硝石、黎川、南豐地區共軍始全部肅清，碉堡線亦積極修築中，不但將江西「蘇區」與福建西北「蘇區」切斷，且將包圍圈逐漸縮小。

3. 滸灣之役

滸灣扼臨川東方門戶，當國軍北路軍顧祝同部正以全力修築黎川附近碉堡，部隊逐次南進之際，共軍第三及第七軍團突於 11 月 11 日以優勢兵力，進擊滸灣守軍，幸經國軍空軍全力支援，並得第四師邢震南部馳援，激戰兩日，終於在吳家崗地區擊潰來犯共軍。

當共軍第三、七兩軍團北襲滸灣之際，其位於盱江西岸，宜黃以南黨口附近之第一軍團主力及第五軍團之一部，為策應滸灣方面的戰鬥，於 11 月 14 日突穿國軍第九十七師守備之見賢橋封鎖線，向北進攻。後經第三路軍第五、第七兩縱隊迎擊，將該股共軍擊潰。第七縱隊所屬第三師李玉堂部，於 18 日攻佔雲蓋山，立即開始構工。

4. 南豐、宜黃之役

國軍佔領南豐、宜黃間的雲蓋山之後，即全力指向廣昌。但該地區均屬崎嶇山地，部隊運動困難，馬腦山及大雄關雄峙兩側，成天然袋形陣地，易守難攻。經第三路軍縝密計畫，以第七縱隊薛岳部為主力，於 11

月19日拂曉開始攻擊，經激戰終日，至20日晨，先後佔領神崗、大雄關及黨口。是役，共軍第一、二、十四各師均受重創，退往盱江兩岸山林地帶潛伏。至此，廣昌已經在望了。

　　陳誠總指揮為鞏固收復地區及後方之安全，於11月21日令第七縱隊於神崗至黨口一帶；第八縱隊於八都圩至黎川間；第五縱隊於南豐至黨口間，趕築碉堡封鎖線。又令第八十五師構築金谿至黃獅渡間碉堡線。各線相互銜接，限11月底全部完成，由守備隊指揮官毛炳文派隊接替守備。

　　同時，蔣中正委員長認為11月14日，共軍能突穿見賢橋封鎖線北進，是因封鎖線不夠嚴密，火力不能遏阻共軍突進。特以手令指示各部改進碉堡封鎖線，應採取歐戰（第一次世界大戰）末期戰鬥群配置，增加碉堡個數，形成面式地帶。以火網控制全地帶及交通，守軍以彈性戰鬥要領，決戰於地帶之外。共軍如潛入地帶之內，則以火網予敵極大之損害。封鎖碉堡群之間隔，不得超過二里以上。每個碉堡群容兵一排，以三個班碉群連鎖之，每步團為九十班，可任四十里之防線，以節省兵力。

　　當北路軍正遵照上令加強各碉堡封鎖線之際，西路軍已將湘、鄂邊境之孔荷寵等部共軍擊潰，正向贛省靖安以西、宜豐以北一帶山地進剿。南路軍正向贛縣、信豐、安遠一帶進剿。就在此時，發生了閩變。

㈡討伐閩變的主要戰役

　　1933年11月20日，陳銘樞、蔡廷鍇、李濟琛與陳友仁等，利用第十九路軍之勢力反叛中央，在福建省福州市召開所謂「人民代表大會」，建立「中華共和國人民政府」，第十九路軍改稱「人民革命軍」，宣稱北上抗日，實則圖謀推翻國民政府，是謂「閩變」。閩變的發生，與瑞金的中共有某種程度的聯繫。[50] 此一突發事件影響了國軍的剿共行動，國軍隨即抽調北路軍十一個師的兵力，編成「入閩軍」，歸第二路軍蔣鼎文指揮入閩討伐，至1934年1月始將閩變敉平。

---

[50] 閩變前夕，福州與瑞金雙方曾簽署「初步協定」十一條（閩方代表徐名鴻，共方代表潘漢年），事變發生後，雙方還不斷有信使往返。請參見《紅色中華》，第一四九期（1934年2月14日）；龔楚，《我與紅軍》（香港：南風出版社，1954年），頁397。

閩變發生後，蔣中正委員長審度各方情勢，深慮閩亂如曠日持久，不僅共軍將乘機坐大，且有被日本操縱利用之虞。因乃決定乘十九路軍主力未集中前，迅速擊破其閩北部隊，進而南、北夾擊，一鼓予以蕩平。12月初，南昌行營策定討伐閩變作戰計畫。12月下旬，國軍各部隊分別向建甌、屏南、順昌、南平及熊村等指定地區推進。12月25日，蔣中正飛臨浦城親自指揮作戰。

1. 南平（延平）之役

1934年1月5日，第九縱隊劉和鼎以所指揮的四個師，對據守南平之叛軍兩個團完成戰術包圍。同日九時，開始對叛軍陣地施以砲兵轟擊，再以飛機轟炸。雙方激戰至十六時許，國軍攻克九峯山及玉屏山陣地，逆軍逐漸不支，見破城在即，乃向劉指揮官請降。6日晨，逆軍指揮官司徒非，率部繳械投降。

2. 水口之役

國軍第二縱隊在李延年指揮下，於1月7日十一時開始向水口進攻，由於國軍空軍不斷轟炸及逆軍鬥志消沉，戰至十三時許，逆軍不支，全部潰散，水口遂為國軍克復。

3. 古田之役

元月5日至6日間，國軍第八十七、八十八師在王敬久指揮官率領下，先後將古田城郊逆軍外圍部隊全數驅逐，逆軍退守城內。迄至8日，南平、水口相繼克復，古田孤立，國軍於完成合圍之勢後，決定於12日開始攻城。古田叛軍指揮官趙一肩，鑒於閩北重要據點相繼棄守，古田已形成孤立，且無援軍，知難倖免，乃於12日率部繳械投降。國軍於13日晨收復古田。

古田收復後，閩北各要點之戰鬥乃告一段落。叛逆蔡廷鍇率眾由洪山橋、峽兜兩處南渡閩江，向閩南逃竄。國軍為迅速撲滅逆軍，分四個縱隊，以莆田、仙遊、安溪、同安、龍溪（漳州）為目標，追擊前進，節節勝利。元月21日深夜，潰竄晉江（泉州）的逆軍乞降，蔡廷鍇隻身飛往龍溪，閩變至此大致敉平。2月23日，國軍續克復龍溪，蔡廷鍇僅以身

免，離龍岩他去。其殘部二千餘人，由粵省調往汕頭改編，討逆軍事至此結束。

㈢ 後期的主要戰役

1934 年 1 月下旬，閩變平定後，國軍得再以全力繼續向贛南「蘇區」進剿。這個時期的主要戰役有廣昌會戰和驛前之役。

1. 廣昌會戰

自 1934 年 1 月下旬，國軍以全力向贛南發動進剿之後，連戰皆捷，共軍的「短促突擊」與「運動防禦」之戰術並未能阻止國軍的推進。至 4 月上旬，國軍的東路軍蔣鼎文部已迫近建寧，而北路軍顧祝同部也攻抵龍岡和廣昌外圍，積極準備進攻瑞金的門戶廣昌。此時，中共乃調集紅軍主力，組織廣昌大會戰，準備一舉而突破國軍圍剿。4 月 9 日，國軍以北路軍的第三路軍陳誠部為主力，開始向廣昌攻擊，時適逢連日大雨，山洪暴發，但國軍士氣旺盛，逐步推進，隨即修築公路及碉堡。共軍集中第一、三、五、九軍團主力，據守堡壘抵抗，經二十天的反覆衝殺，至 28 日晨，國軍終於排除抵抗，攻克廣昌，殘餘共軍分向頭陂、白水等處潰竄。

此役，共軍主力麕集廣昌一帶，積極加強廣昌外圍碉堡及野戰工事，自稱為「最堅強的要塞地帶」，因廣昌一旦為國軍攻陷，則「蘇區」腹地難保，勢必拚死堅守。國軍第三路軍與共軍血戰 20 日夜，戰況慘烈，陣亡官兵六百餘人，負傷一千八百餘人；共軍則死傷四千餘人。為國軍第五次圍剿中，最激烈之戰鬥。

2. 驛前之役

國軍於 4 月 28 日攻克廣昌後，繼續推進。5 月 1 日，攻克龍岡。5 月 16 日，攻克建寧。沙縣、永安、連城亦先後被國軍所攻克，完成合圍態勢，並向石城推進。在石城之驛前一帶山地，共軍築有大小堡壘，星羅棋佈，且塹壕綿延，陣地構築，相當堅固。共軍第三軍團指揮官彭德懷在廣昌失守後，曾對營長以上幹部說：「驛前是石城、寧都之主要門戶，即基本蘇區之重要地區，斷不容輕易放棄。但又為白軍必爭之地，故非誓死保衛不可，即使只剩一兵一卒，也要作殊死戰鬥。」

　　國軍偵知上述情形，一面儘速築碉南進，一面電請增援山砲。行營乃由南京調來山砲部隊，空軍亦進駐廣昌機場，以猛烈火力掩護步兵攻擊，終於 8 月 31 日十二時許，由第六十七師傅仲芳部確實佔領驛前，殘餘共軍向南敗逃。驛前之役共軍傷亡二千餘人，國軍傷亡四百餘人。

　　驛前之役後，國軍繼續以石城爲攻擊目標，經苦戰多日，終於 10 月 6 日攻克石城。10 日，克復古龍岡；11 日，再克興國；26 日，克復寧都。11 月 1 日，克復長汀；10 日，收復瑞金。殘餘共軍則早於 10 月初，即開始突圍西竄，走上漫長的所謂兩萬五千里「長征」（流竄）之路。[51]

三、戰後檢討

㈠ 中共方面

　　第五次圍剿時，中共在戰略方針上，遵奉蘇俄之指示：「以碉堡對付碉堡，以廣泛游擊阻擾建設公路，並充實兵源，籌足給養，準備長期戰爭。」其立案主旨，在於確保贛南「蘇區」，實施持久消耗戰略。而贛南一隅之地，經中共七年壓榨，人力、物力已瀕枯竭，以守勢作戰執行持久消耗戰略，殊不適當。尤以雙方之兵力、火力懸殊，以碉堡對付碉堡自屬不利。[52] 至於廣泛游擊在贛東北、贛西北及湘贛邊區，均已發生牽制作用。惟抽調方志敏部之第十一軍麕集贛南，減少贛東、北戰略要地之游擊兵力，乃方、邵兩股共軍迅速潰滅之根源，違反所謂廣泛游擊之本旨。[53] 此即共軍在第五次圍剿中失利的主要原因。

---

[51] 關於第五次圍剿的主要戰役，包括討伐閩變的經過，詳見：國防部史政局，《剿匪戰史》，第二冊（臺北：中華大典編印會，1967 年），頁 275-330；《剿匪戰史》，第三冊，頁 331-436；三軍大學戰史研究所國民革命戰史編述發展組，王多年總編著，《國民革命戰史》，第四部，反共戡亂，上篇，剿匪，第四卷（臺北：黎明文化事業股份有限公司，1982 年），頁 2-144。另請參閱贛粵閩鄂湘北路剿匪第三路軍總指揮部參謀處編印，《五次圍剿戰史》，全二冊（1968 年 5 月重印本）；薛岳，《剿匪紀實—贛南圍剿》（臺北：文星書店，1962 年）。

[52] 第五次圍剿時，實際參加戰鬥的兵力，共軍約十萬人，國軍約四十萬人，國軍的兵力為共軍之四倍，而且國軍的武器較優，並配有空軍。

[53] 國防部史政局，《剿匪戰史》，第三冊（臺北：中華大典編印會，1967 年），頁 441。

　　據毛澤東的檢討，共軍在第五次圍剿時之所以遭到失敗，乃是因爲「輾轉尋戰於敵之主力和堡壘之間，完全陷入被動地位」，所以「經第五次反圍剿戰爭一年之久，絕無自主活躍之概，最後不得不退出江西根據地。」[54] 此外，中共中央於 1945 年 4 月在〈關於若干歷史問題的決議〉中，對於第五次圍剿時共軍的挫敗也有如下的檢討：在第五次反圍剿作戰中，共軍始則實行進攻中的冒險主義；繼則實行防禦中的保守主義，主張分兵防禦，「短促突擊」，同國軍「拚消耗」；最後，在不得不退出江西根據地時，又變爲實行真正的逃跑主義。[55]

㈡國軍方面

　　共軍的失敗，除犯了上述戰略及戰術的錯誤外，當然，最主要的原因還是國軍第五次圍剿的新方略所發揮的效果。檢討國軍第五次圍剿獲得全面勝利的主要原因有以下幾點：1. 確立總體戰體制，採用「三分軍事，七分政治，黨、政、軍、經通力合作」之最高圍剿決策，擊潰共軍總體戰之方略；2. 策定「戰略攻勢，戰術守勢」之戰略指導，奠定勝利之先聲；3. 策定「步步爲營、穩紮穩打」之戰術思想，擊敗共軍「輕率急進」之戰法；4. 全面築碉、修路，厲行經濟封鎖，迫使共軍陷於絕境，不得不他竄；5. 嚴密地方組織，編組保甲，訓練壯丁，肅清殘敵，又舉辦農村救濟及合作事業，恢復農村，使中共之宣傳及滲透失效。[56]

　　在第五次圍剿的經驗中，吾人認爲最寶貴的乃是蔣中正委員長在廬山軍官訓練團的訓示中，經常引用的清朝名將曾國藩的名言：「用兵不如用民」。第五次圍剿時，國軍的一切作爲都圍繞著「用兵不如用民」這一原則，無論政治、經濟、心理及軍事的種種措施，皆著眼於群眾之爭取與民力之發揮。當時所謂「碉成民安，路成民歸，校成民化，政成民樂」，就

---

[54] 毛澤東，〈中國革命戰爭的戰略問題〉（1936 年 12 月），《毛澤東選集》，第一卷，第二版（北京：人民出版社，1991 年），頁 220。

[55] 〈關於若干歷史問題的決議〉（1945 年 4 月 20 日），《毛澤東選集》，第三卷，第二版（北京：人民出版社，1991 年），頁 984。

[56] 國防部史政局，《剿匪戰史》，第三冊（臺北：中華大典編印會，1967 年），頁 443-446。

是要使人民解除心理威脅，培養其向心力，使其安居樂業，知所抉擇，從而在根本上摒棄共黨。共黨每喻民爲「水」，自喻爲「魚」，而第五次圍剿的戰略就是將「水」汲乾，將「魚」涸死，[57] 終於擊敗了共黨。

第三節　中共所謂的兩萬五千里「長征」

　　1934 年 5 月間，中共於廣昌會戰失敗後，即作突圍流竄的準備。7 月間，共軍先遣隊之東進與紅六軍團的西竄，一方面在分散國軍兵力，配合驛前作戰，一方面在開闢道路，便利突圍流竄。在「蘇區」內部則進行緊急擴大紅軍和糧食突擊，充實共軍實力和糧秣裝備，兵工廠和被服廠也日夜趕造彈藥和軍服。9 月間，復以參戰爲名，動員民伕五千人，以爲搬遷運輸輜重之用。10 月初，共軍換發軍服和裝備，準備行動。至此，共黨和共軍之撤離「蘇區」已成定局。

一、突圍準備

　　是時，共黨和共軍突圍流竄的一切準備工作，都在祕密狀態下進行。關於共軍突圍後，「蘇區」後方之領導配備，爲適應分散游擊、獨立作戰原則，中共中央曾作如下部署：
1. 以項英爲中共中央、蘇維埃政府中央、中央軍委之全權代表（按：項英時任中共中央政治局常委、中華蘇維埃政府副主席，並爲前任中共中央軍委主席），留守「蘇區」，指揮黨政軍之一切事宜，其任務爲牽制國軍之追擊，以利主力紅軍突圍，並領導與堅持游擊戰爭，以保存地方武力和幹部。
2. 設立「蘇區中央分局」，以項英爲分局書記，賀昌、阮嘯仙、陳毅、曾山爲分局委員，領導「蘇區」共黨的組織與工作。
3. 成立「中央蘇區軍區」，指揮各軍區之軍事行動與游擊戰爭，以陳毅

---

[57] 曾經參加第五次圍剿的胡璉將軍，於 1967 年 11 月，在中國國民黨第九屆五中全會上報告時曾做此語。轉引自曹伯一，《江西蘇維埃之建立及其崩潰（一九三一——一九三四）》（臺北：國立政治大學東亞研究所，1969 年），頁 590、669。

為司令員（按：陳毅原為江西軍區司令員），項英兼任政治委員，賀昌任政治部主任，並以紅二十四師為拱衛「中央蘇區」的主力部隊。

4. 為適應主力紅軍突圍後之變化，重新調配鄰近軍區之人事：江西軍區司令員李賜凡、政治委員曾山（兼江西省委書記）；贛南軍區司令員蔡會文、政治委員阮嘯仙（兼粵贛邊省委書記）。

5. 所有留守「中央蘇區」之幹部，及派往各「蘇區」或返回白區工作的幹部，其工作與行動由項英負責處理（按：其中包括高級幹部瞿秋白、陳譚秋、何叔衡、梁柏台、鄧子恢、張續之、張鼎丞、譚震林等。）[58]

在突圍前共黨為適應行軍和作戰的需要，把所有機關組織與人員均作軍事編組，成為一個戰鬥體，其最高領導機關為中共中央及中共中央軍委，但其公開系統則為蘇維埃政府中央革命軍事委員會（中革軍委），當時之編組與人員配備如次：

中革軍委（公開的最高指揮機構）

　　主　席　朱　德

　　副主席　周恩來　王稼祥（帶傷隨軍行動）

　　總司令　朱　德

　　總參謀長　劉伯承

　　總政治部主任　李富春代理（主任王稼祥負傷）

中央縱隊（由中央各機關人員組成）

　　司令員　周恩來（兼）

　　政治委員　李維漢

　　參謀長　張雲逸

　　保衛局長　鄧　發

第一軍團

　　軍團長　林　彪

　　政治委員　聶榮臻

---

58 郭華倫，《中共史論》，第三冊，第四版（臺北：國立政治大學國際關係研究中心，1982 年），頁 1-3。

　　參謀長　左　權
　　政治部主任　羅榮桓
第三軍團
　　軍團長　彭德懷
　　政治委員　楊尚昆
　　參謀長　鄧　萍（鄧於遵義被擊斃後由葉劍英接任）
　　政治部主任　袁國平（遵義會議後由劉少奇接任）
第五軍團
　　軍團長　董振堂
　　政治委員　蔡樹藩
　　參謀長　陳伯鈞
　　政治部主任　李卓然
第八軍團
　　軍團長　周　昆
　　政治委員　何克全（八軍團併編後，調總政治部接潘漢年任宣傳
　　　　　　　部長）
　　參謀長　鍾偉劍
　　政治部主任　劉少奇（八軍團併編後，調任三軍團政治部主任）
第九軍團
　　軍團長　羅炳輝
　　政治委員　何長工
　　參謀長　張宗遜
　　政治部主任　王首道[59]

　　當時中共中央負責人秦邦憲（博古）、張聞天（洛甫）、陳雲等，
蘇維埃中央政府人員毛澤東、林伯渠（林祖涵）、徐特立等，少先總隊部
王盛榮，以及中央黨校校長董必武等人，均納入中央縱隊，隨軍行動。後

---

[59] 郭華倫，《中共史論》，第三冊，第四版（臺北：國立政治大學國際關係研究中心，
1982年），頁4-7。

勤單位和輜重如兵工廠（僅搬運修械部門）、印刷廠、造幣廠、大型電台等連同後勤工作人員約二千餘人亦編入中央縱隊行動，另有五千民伕負責此類輜重之運輸工作。中共中央各單位與地方各部門工作人員約有七千餘人，分別編入部隊與中央縱隊，從事軍中政治工作、地方工作或隨中央縱隊行動。總計共軍戰鬥部隊總兵力約七萬多人，工作人員九千餘人，民伕、馬伕五千餘人，全部人員共約八萬五千人，號稱十萬人。

二、向西突圍

　　當第五次圍剿的國軍於 1934 年 10 月 6 日攻克石城，11 日佔領興國後，共軍乃祕密以紅二十四師及江西、福建之獨立團和地方部隊分別接替石城、興國及寧化以南的防線，把紅軍主力第一、三、五、八、九軍團集結長汀、瑞金、雩都一線，準備突圍。

　　10 月 14 至 18 日，共軍主力和中央縱隊（包括中革軍委）全部祕密南移，向防衛薄弱之粵軍（即第五次圍剿的南路軍）封鎖線猛撲，先以第一軍團佯攻信豐之北的王母渡，吸引南路軍北調，然後於 10 月 21 日，由第三軍團攻佔信豐之南的古陂，突破粵軍封鎖線，渡過信江，經南康、大庾間之新城、池江、青龍等處渡過章水，向湘南前進。

　　共軍行動迅速，11 月 3 日，攻佔集龍墟、熱水墟，突破汝城（湘南）、仁化（粵北）間的封鎖線，佔領城口（仁化之北），直驅粵漢鐵路。12 日，越過粵漢鐵路，經臨武向藍山突進。21 日，經天堂墟進迫寧遠。23 日，陷道縣，渡過瀟水，向湘江疾進。

　　11 月 25 日，共軍經永安關進入廣西之文市。26 日，共軍以一部在咸水與大石背附近與國軍第六十二師、第十六師及第十五軍激戰，掩護其主力及中央機關在湘江重要的渡口界首架設浮橋搶渡湘江。由於攜行的裝備過於笨重，歷時五日（11 月 27 日至 12 月 1 日），除第五軍團第三十四師、第三軍團第十八團被阻在東岸而全部損失外，共軍主力及中央縱隊始全部渡過湘江。此次湘江戰役，為中共「長征」途中所經歷最慘烈的一次戰役，整個中共中央和共軍損失過半，不僅所運資材大部丟棄，而且過江

後只剩下三萬多人。[60]

　　共軍渡過湘江後，進入廣西邊境苗民居住之山區，越過老山界（即越城嶺）向西北前進，有入湘西與賀龍部會合之勢。12 月 10 日，共軍前鋒攻佔湘西之通道縣，旋又折返貴州，於 14 日佔領黎平，18 日渡清水江，21 日佔劍河，22 日入台江，25 日陷鎮遠，29 日入施秉、黃平，並分佔餘慶、甕安、猴場，進抵烏江。

　　1935 年 1 月 3 日，共軍於餘慶等縣之新渡、江界河、孫家渡、梁家渡老渡口、岩門老渡口、迴龍司各處搶渡烏江。1 月 7 日攻佔遵義，接著又陷湄潭、綏陽、鳳岡，10 日佔領桐梓。共軍於佔領黔北之遵義、桐梓後，暫時結束其近三個月連續行軍的逃竄，開始休息和整補。

　　共軍突圍西竄途中，大多以其主力第一、三軍團作前鋒，五軍團為後衛，第八、九軍團作側翼掩護，龐大的中央縱隊，則在全軍護衛下行進。由於共黨採取搬家式的逃竄，五千民伕運送著笨重的機器、廠盤等輜重，行動遲緩，給國軍以堵擊、截擊、追擊的良好機會。

　　據當時參加共軍西竄的陳然先生（即郭潛、郭華倫，時任第三軍團中央地方工作團主任）之回憶：從 1934 年 10 月中旬至 1935 年元月上旬，由贛南至黔北，共黨和共軍之所謂「長征」，實際上是三個月的連續行軍，無異是狼奔豕突的逃竄，因而在不分晝夜的行軍途中，部隊的掉隊、逃亡、傷病人員急遽增加，沿途作戰受傷人員，除幹部外，均棄置於老百姓家中，遂造成驚人的減員現象。且因長期日夜行軍，飢寒交迫，疲憊不堪，不少士兵以手榴彈或步槍自殺，部隊士氣普遍消沉。共軍在西竄途中損失過半，沿途把許多笨重的修械廠、印刷廠、造幣廠等機器，以及各種輜重丟光了，連與共產國際聯絡的大型電台也毀棄了，從此足足有一年的時間與共產國際失掉了聯絡。當共軍竄抵黎平時，全部人員由八萬五千人銳減至三萬五千人，戰鬥部隊僅存三萬人。部隊疲憊不堪，戰力空前削弱，如果不是碰上腐敗的貴州地方部隊，連共軍的生存也成了問題。[61]

---

[60] 胡繩主編，《中國共產黨的七十年》（北京：中共黨史出版社，1991 年），頁 145；楊奎松，《國民黨的聯共與反共》（北京：社會科學文獻出版社，2008 年），頁 306。

[61] 郭華倫，《中共史論》，第三冊，第四版（臺北：國立政治大學國際關係研究中心，

　　共軍抵達黎平後，中共中央政治局於 12 月 18 日召開了一次臨時會議，研討當前的戰略方針，最後接受毛澤東的主張，決定向防禦力量薄弱的貴州挺進。[62] 會中，有的主張沿第六軍團舊路，入黔東轉湘西與紅二方面軍會合；有的主張北上渡長江與紅四方面軍會合；更有主張入雲南建立根據地的。最後，還是決定到敵人力量最薄弱的黔北休息整補，到時如情況許可，即在黔北建立新根據地。否則，亦可東入湘西與紅二方面軍會合，或北渡金沙江與紅四方面軍會合，再不然亦可西進雲南活動。在這一決策下，共軍乃渡過烏江，進佔黔北，取得了暫時的喘息和整補。[63]

三、遵義會議

　　共軍於 1935 年 1 月 7 日佔領遵義後，中共中央隨即於 1 月 15 日至 17 日，在遵義舊城召開為期三天的政治局擴大會議，史稱「遵義會議」（如圖 6-2）。會議由秦邦憲（博古）主持，主題為「討論當前形勢與紅軍今後行動方向」。會議在秦邦憲的正式報告和周恩來的補充報告後，引起了激烈的爭論。幾經周折，終於通過由張聞天（洛甫）起草的〈中央關於反對敵人五次圍剿的總結的決議〉，其副標題為〈檢討博古、周恩來、李德同志軍事路線的錯誤〉，指明中共在反五次圍剿中所犯的軍事錯誤，應由博古、周恩來、李德三人負責，其中博古為總書記，對軍事錯誤負領導責任；李德為軍事顧問，對軍事錯誤負設計策畫之責；周恩來為實際軍事指導者，對軍事錯誤負主要責任。會議（及會議過後，陸續）改組了中共中央和中央軍委，並對若干問題做出決定：

1. 解除秦邦憲的中共中央總書記職務，改由張聞天繼任；成立中央書記

1982 年），頁 11-13。對於黔軍戰力低落以及黔省地形如何適宜共黨發展的狀況，學者王健民有一段生動之描述，請見氏著，《中國共產黨史》，第二編（臺北：漢京文化事業有限公司，1988 年），頁 641。

[62] 楊鳳城主編，《中國共產黨歷史》（北京：中國人民大學出版社，2010 年），頁 90；胡繩主編，《中國共產黨的七十年》（北京：中共黨史出版社，1991 年），頁 146；陳至立主編，《中國共產黨建設史》（上海：上海人民出版社，1991 年），頁 262。

[63] 此為陳然（即郭潛、郭華倫）先生的親身經歷。轉引自郭華倫，《中共史論》，第三冊，第四版（台北：國立政治大學國際關係研究中心，1982 年），頁 13。

圖 6-2　遵義會議舊址：位於遵義市紅花崗區老城子尹路 80 號，1961 年被中共列為第一批全國重點文物保護單位

處，以張聞天、毛澤東、周恩來、王稼祥、秦邦憲五人為書記。

2. 設置前敵司令部，以朱德為司令員，毛澤東為政治委員；成立由周恩來、毛澤東、王稼祥三人組成的新軍事指揮小組（三人團），以周恩來為「黨內委託的對於指揮軍事上下最後決心的負責者」，毛澤東為「周恩來軍事指揮上的幫助者」。

3. 解除李德的軍事顧問職務。

4. 補選毛澤東為政治局委員

5. 調秦邦憲為紅軍總政治部主任，李維漢為總政治部組織部長，何克全（凱豐）為總政治部宣傳部長。

6. 派潘漢年赴白區，以香港、上海為中心，聯絡與整頓白區黨的組織和工作。

7. 派陳雲赴俄，向共產國際報告，並請求批准此次會議的決議及中共中央的人事改組。

8. 準備向北發展，相機在川南北渡長江，與紅四方面軍會合，電知張國燾及紅四方面軍配合行動。

9. 立即就地擴大紅軍，整編隊伍，撤銷師級單位，精簡機構，下放幹

　　部，加強團級指揮能力，充實連隊戰鬥力。

㈩傳達會議決議，進行政治動員，提高士氣，肅清悲觀情緒。[64]

四、竄擾於川滇黔康之間

㈠入川南旋即兵敗折回黔北

　　按照遵義會議的決策，共軍於 1935 年 1 月中、下旬開始向西北移動，打算入川南，在瀘州、宜賓一線渡過金沙江，與川北之紅四方面軍配合行動。1 月 19 日，共軍主力離開遵義，分三路向西北方向的土城、赤水進發。不料，從 26 日開始與川軍遭遇，接連打到 28 日，共軍不僅未能突破川軍的防線，而且損失慘重，傷亡達一千五百人。[65] 土城戰役的失利，使共軍不得不放棄由瀘州渡長江北上的計畫，改由元厚直接渡過赤水，進入川南。但入川之後，攻敘永不克，至 2 月 6 日才得以佔領珙縣。此時追剿的川軍已經趕到，北上宜賓的通路又被封死，共軍被迫又折向滇東北的札西（即威信）地區，以擺脫川軍的追堵。共軍雖然南下，目標卻仍舊是北上，再加上川軍和滇軍這時已從南北兩個方向逼進，考慮到只有黔軍戰力最弱，共軍遂延著川黔邊區，再渡赤水河竄回黔北，於 2 月 26 日再陷桐梓，28 日再佔遵義，決定在黔北重建根據地，不再流竄。[66]

㈡由黔北、黔南再至雲南

　　惟延至 3 月 15 日，中共又向仁懷、茅台方面西進。至 3 月 28 日再回

---

[64] 胡繩主編，《中國共產黨的七十年》（北京：中共黨史出版社，1991 年），頁 146-147；司馬璐，《中共黨史暨文獻選粹》，第十二部（香港：自聯出版社，1985 年），頁 84；倪毓英，〈遵義會議〉，《中共黨史主要事件簡介（1919-1949）》（成都：四川人民出版社，1982 年），頁 277-278；楊鳳城主編，《中國共產黨歷史》（北京：中國人民大學出版社，2010 年），頁 91；陳至立主編，《中國共產黨建設史》（上海：上海人民出版社，1991 年），頁 264-265；方曉主編，《中共黨史辨疑錄》（太原：山西教育出版社，1991 年），頁 464-466。

[65] 楊奎松，《國民黨的聯共與反共》（北京：社會科學文獻出版社，2008 年），頁 308。

[66] 楊奎松，《國民黨的聯共與反共》（北京：社會科學文獻出版社，2008 年），頁 308-309；郭華倫，《中共史論》，第三冊，第四版（臺北：國立政治大學國際關係研究中心，1982 年），頁 21。

師鴨溪、沙土，偷渡烏江。29 日進抵息烽附近，旋東向毛栗舖、馬場，
再折返南竄。4 月 9 日於貴陽、龍里間穿越公路。10 日陷廣順，旋佔紫
雲。16 日渡過北盤江陷貞豐。19 日佔興仁。23 日，中共主力經龍洞西渡
黃泥河進入雲南，其第九軍團由落腳科向滇東宣威方面急進。同日，共
軍主力前衛約三千人進至羊場，與由宣威南下之滇軍獨立第二團遭遇。時
追剿軍第二縱隊第三十六軍尾隨共軍追擊，到達羊場附近，其前衛發現共
軍正與滇軍獨立團激戰，立即展開夾擊，共軍不支由羊場西端向白水方向
遁去。據共俘供稱：在羊場與獨立第二團激戰之共軍為第三軍團之一部，
掩護其主力向白水方面突進。25 日，共軍第九軍團進至豬場，蔣中正委
員長以宣威城空虛，電令薛岳總指揮轉令第三十六軍即由羊場取捷徑馳赴
宣威堵剿，限 26 日到達。薛總指揮即令第三縱隊由黃泥河向西追擊，第
三十六軍俟第三縱隊到達羊場時，於 25 日兼程向宣威急進。[67]

　　此時，共軍主力已竄入滇境，只留置少股兵力在貴州四出游擊。國
軍駐黔綏靖主任公署（薛岳兼）命留置黔省之第九十九師主力、第五十九
師、第九十三師與第四縱隊主力，分途肅清貴州境內之殘餘共軍。

(三) 逃竄滇北

　　共軍進入滇境後即向西急竄，其主力第一、三、五、八等軍團於 4 月
26 日佔領白水鎮；第九軍團進至馬脖子附近。27 日拂曉，第三軍團以一
部在白水任後衛，主力向霑益突進；第一、五、八軍團則向曲靖突進；並
分向霑益、曲靖兩城圍攻。面對共軍的攻勢，霑益縣長張偉光、曲靖縣長
羅佩榮率領地方團隊憑城牆固守。共軍屢攻不下，遂繞道向西突進。另
一方面，位置較北的第九軍團在此時攻陷宣威，當晚向南進攻板橋。29
日，由霑益西進之共軍第三軍團向尋甸突進；由曲靖西進之共軍第一、五
等軍團向馬龍突進；據共俘供稱：自入滇之後，因兵士逃亡頗多，第一、
三兩軍團各縮編為四個團，第五、九兩軍團各縮為兩個團。第八軍團於 4

---

[67] 三軍大學戰史研究所國民革命戰史編述發展組，王多年總編著，《國民革命戰史》，
第四部，反共戡亂，上篇，剿匪，第五卷（臺北：黎明文化事業股份有限公司，1982
年），頁 27-31。

月29日編併，其番號撤銷。[68]同（29）日，第九軍團佔領會澤，5月3日到達白龍潭，旋經白龍潭轉向巧家以南，在巧家附近渡河，於5月5日渡過金沙江。

　　共軍第三軍團於29日攻陷尋甸後，經過馬街，在小倉附近西渡普渡河，於5月2日到達金沙江邊。第一、五軍團連陷馬龍、嵩明，經富民、祿勸、武定、元謀，於5月4日到達金沙江邊。另一路之共軍幹部團則早於5月1日渡過金沙江，扼守渡口，掩護全軍渡江。從5月2日起，共軍第一、三、五軍團及軍委縱隊遂於絞車渡，經九天九夜渡過金沙江，進入西康省境。[69]

㈣ 進入康川邊區

　　共軍渡過金沙江後，隨即佔領通安，圍攻會理，休整五天後復北進，經德昌、禮州、瀘沽，分佔冕寧、越巂（今越西縣），旋經彝族地區，於5月25日抵大渡河邊之安順場。5月底，共軍在安順場強渡大渡河，並強佔瀘定橋天險。6月，共軍經天全、蘆山、寶興，進入四川西北地區，16日抵懋功，與從川陝根據地竄此之紅四方面軍會合。17日出發至八角，23日進至撫邊，24日到兩河口，26日到黃草坪，27日經夢筆山到理番境內卓克基，29日向毛兒蓋進發，經過梭磨、馬塘，到康廟寺，又經蘆花，由蒼德越打鼓嶺至打鼓。7月7日由打鼓出發，經托羅崗、大杵林、黑馬寺，10日到毛兒蓋。自7月10日起至該月底，共軍在毛兒蓋休息。8月1日至23日，共軍行動於毛兒蓋和波羅子之間，作入陝、甘之準備。

㈤ 兩河口會議

　　當中共的中央紅軍即紅一方面軍，與紅四方面軍在懋功會師後，中共中央政治局於6月26日在兩河口召開會議，討論兩個方面軍會師後的行動方向問題。一方面軍的毛澤東主張向北進軍，與陝北的劉志丹部會合，

---

[68] 三軍大學戰史研究所國民革命戰史編述發展組，王多年總編著，《國民革命戰史》，第四部，反共戡亂，上篇，剿匪，第五卷（臺北：黎明文化事業股份有限公司，1982年），頁33。

[69] 郭華倫，《中共史論》，第三冊，第四版（臺北：國立政治大學國際關係研究中心，1982年），頁54。

以便伺機背靠外蒙，積極發展；四方面軍的張國燾則主張南下，在川、康邊建立根據地，背靠西康，相機圖取成都平原。協調結果，決定各部隊休息整頓一時期，在此期間，以建立川、陝、甘邊區根據地為目標，留一方面軍之五軍團，四方面軍之第九軍分駐懋功、撫順一縣，掩護創建根據地，主力部隊逐漸北移，向陝、甘發展。[70]

㈥ 毛兒蓋會議（沙窩會議）

兩河口會議後，共軍主力逐漸向北移動。8 月 4 日至 6 日，中共中央又在毛兒蓋以南四十里的沙窩召開政治局會議，仍以共軍行動方針為討論主題。毛澤東仍力主向北發展，先與劉志丹部會合，圖取內蒙，打通國際路線，爭取蘇俄援助。張國燾則持相反意見，主張沿大金川南下，進取天全、蘆山、雅安等地，相機爭取成都平原。張的意見未被採納，會議決定越過草地，北上向陝、甘進軍，張勉強服從決定，揮軍北上。[71]

㈦ 巴西會議與俄界會議：毛澤東與張國燾的分裂

毛兒蓋會議後，紅一、四方面軍混合編隊，分兩路北上：

1. 右路軍：以紅一方面軍的第一、三軍團和紅四方面軍的第四、三十、三十三軍組成，由前敵總指揮徐向前、總指揮部政委陳昌浩、總指揮部參謀長葉劍英率領，毛澤東、周恩來、張聞天、博古等中共中央人員隨右路軍行動，向巴西地區進發。

2. 左路軍：以紅四方面軍的第九、三十一軍和紅一方面軍的第五、九軍團組成，由紅軍總司令朱德、紅軍總政委張國燾、紅軍總參謀長劉伯承率領，由卓克基向阿壩地區行進。

8 月底，右、左路軍穿過草地，先後抵達巴西和阿壩。此時，毛、張爭論再起，張向中共中央重提南下的建議，毛反對，力主繼續北上。9 月 2 日至 9 日，以毛為首的中共中央在巴西連續召開幾次會議，經討論後仍

---

[70] 郭華倫，《中共史論》，第三冊，第四版（臺北：國立政治大學國際關係研究中心，1982 年），頁 58。

[71] 郭華倫，《中共史論》，第三冊，第四版（臺北：國立政治大學國際關係研究中心，1982 年），頁 61-62；陳至立主編，《中國共產黨建設史》（上海：上海人民出版社，1991 年），頁 271。

堅持北上，要求張國燾迅速率部北上與中央會合。9 日的緊急會議並決定，黨中央率直屬縱隊先行北上。10 日凌晨，毛澤東即率紅一方面軍的第一、三軍團和軍委縱隊之一部約六千餘人，脫離右路軍單獨北上，於 9 月中旬到達甘肅俄界（今高吉），並在這裡召開中央政治局擴大會議，作出了〈關於張國燾同志的錯誤的決定〉。俄界會議後，第一、三軍團和軍委縱隊改編爲「中國工農紅軍陝甘游擊支隊」，由彭德懷任司令員，毛澤東爲政委，繼續北上。[72]

　　另一方面，張國燾於 9 月中旬，率紅四方面軍的五個軍和紅一方面軍的第五、九兩個軍團南下（此兩個軍團僅殘存三千餘人），總兵力共有六萬餘人。從此，中共紅一、四兩個方面軍遂公開分裂，張國燾在紅四方面軍一片「打倒毛澤東」、「打倒逃跑主義中央」的群情激憤下，於 10 月 5 日在卓木碉（今四川馬爾康縣足木腳）另組中央，自任中共中央總書記，因而出現了兩個中共中央的對抗局面。[73]

五、「長征」的結束

　　紅一方面軍北上後，於 10 月 19 日抵達陝北保安縣的吳起鎮，與紅十五軍團會合。紅四方面軍南下後，在川西遭到國軍的重挫，於次（1936）年 3 月退到西康的甘孜一帶。同年 6 月，賀龍的紅二方面軍竄至甘孜與紅四方面軍會合。就在這個時候，張浩（林育英）以中共駐共產國際代表身份調解中共南、北兩個中央的糾紛。張浩提議改組北方中央爲西北局，南方中央爲西南局，這兩個局暫時由張浩聯繫，等待共產國際指示。張國燾接受張浩的提議，將南方的中央改組爲西南局，自兼西南局書記。7 月，張國燾率所部北上，8 月抵甘南，10 月抵甘肅會寧，與紅一方面軍會合。至此，中共三大紅軍主力，即紅一、二、四方面軍經兩年的長

---

[72] 楊鳳城主編，《中國共產黨歷史》（北京：中國人民大學出版社，2010 年），頁 92-93；陳至立主編，《中國共產黨建設史》（上海：上海人民出版社，1991 年），頁 270-271。

[73] 郭華倫，《中共史論》，第三冊，第四版（臺北：國立政治大學國際關係研究中心，1982 年），頁 64。

途流竄乃正式會師，結束了中共所謂的兩萬五千里「長征」。[74]

　　紅二、四方面軍與紅一方面軍會合後，張國燾得知北方的中央並未遵守張浩的調解意見，未改組為西北局，仍以中共中央名義行使職權，乃憤而於10月下旬將紅四方面軍的主力兩萬餘人組成西路軍，由甘肅渡黃河，向青海西進，後在古浪、張掖、高台等地遭到國軍的圍剿與追擊，傷亡慘重，殘部僅千餘人於1937年1月逃入祁連山，繼續西竄新疆，至抗日戰爭爆發後始陸續返回延安。

　　中共經兩萬五千里的逃竄，其結果如何呢？據中共日後公佈的資料稱：「長征前紅軍三十萬，到陝北剩下二萬五千人」；「中央蘇區八萬，到陝北只剩下八千人。」[75]若無西安事變及抗日戰爭爆發，在國軍的持續追剿下，竄抵陝甘的共軍處境將極為艱險，可能在當地被全部殲滅，也有可能部分殘部繼續北竄或西逃，而逐漸潰敗。

---

[74] 據中共公佈的史料，紅一方面軍從1934年10月至1935年10月，途經十一個省，行程二萬五千里；紅二方面軍從1935年11月至1936年10月，途經八個省，行程萬餘里；紅四方面軍由1935年3月至1936年10月，行程八千餘里。請參見中國革命博物館、黨史陳列研究部彙編，《中共黨史主要事件簡介（1919-1949）》（成都：四川人民出版社，1982年），頁270。

[75] 中共中央文件中發（1972）十二號——《中共中央通知》（1972年3月17日）。

第七章
抗日民族統一戰線的形成

　　中共於兩萬五千里「長征」期間及竄抵陝北初期，為挽救其即將敗亡的命運，乃根據共產國際第七次世界大會關於建立「反帝人民戰線」之決議，利用「團結禦侮」、「一致抗日」的口號宣傳，籌組所謂「抗日民族統一戰線」。本章旨在論述中共抗日民族統一戰線的形成，茲分為共產國際的決議與「八一宣言」、中共中央的祕密指示與重要決議、抗日民族統一戰線的建立等三節敘述之。

第一節　共產國際的決議與〈八一宣言〉

　　共產國際第七次世界大會於 1935 年 7 月 25 日至 8 月 20 日在莫斯科舉行，出席大會的代表有五百一十三人，代表六十五個黨。大會的議程有如下七項：㈠ 共產國際執委會工作報告，報告人皮克（Wilhelm Pieck, 1876-1960，曾任德意志民主共和國的第一任總統）；㈡ 法西斯主義底進攻和共產國際為造成工人階級反對法西斯主義的統一而鬥爭底任務，報告人季米特洛夫（G. M. Dimitrov, 1882-1949）；㈢ 帝國主義者準備新的世界大戰與共產國際底任務，報告人愛爾科里（P. Togliatti, 1893-1964，即義大利共黨陶格里亞蒂）；㈣ 蘇聯社會主義的勝利及其全世界的歷史意義，報告人曼努易斯基（D. Manuilsky, 1883-1959）；㈤ 恩格斯為革命馬克思主義而鬥爭，報告人曼努易斯基；㈥ 國際監察委員會工作報告，報告人安加列蒂司（Angaretis）；㈦ 選舉共產國際指導機構。[1] 上列七個議程中，皮克、季米特洛夫、愛爾科里、曼努易斯基等四人所作的四大報告（即上列一到四項），經大會討論後，均作出決議。

　　在共產國際「七大」各項報告與決議中，對中共日後發展產生直接而重大影響的是關於建立所謂「反法西斯主義的人民戰線」或「反帝人民戰

---

[1] 鄭學稼，《第三國際史》，下冊（臺北：臺灣商務印書館，1977 年），頁 1402-1403。

線」，而這即是中共抗日民族統一戰線形成的國際背景及政策依據。

一、共產國際關於「反帝人民戰線」的決議

　　共產國際「七大」根據愛爾科里的報告，於 1935 年 8 月 20 日通過〈帝國主義者準備新的世界大戰與共產國際底任務〉的決議。該〈決議〉對國際形勢的分析有如下幾個要點：「帝國主義者準備重新瓜分世界底戰爭」，「日本帝國主義在遠東所進行的戰爭，這已經是重新瓜分世界的開始」，「德國法西斯是挑撥戰爭的禍首」，「意大利帝國主義實行直接去佔領阿比西尼亞，這樣就在帝國主義列強間造成新的更加緊張的關係」。因此，蘇俄對德、日、意帝國主義的包圍與威脅之感受，日益加重，為謀求迅速解決的途徑，乃提出共產主義的主要任務為：

1. 「為擁護和平和保護蘇聯而鬥爭」——「現在，在德國法西斯和日本軍閥實行軍事挑撥，以及資本主義各國好戰政黨加緊軍備的時候，在反革命的反蘇聯戰爭有直接爆發危機的時機，各國共產黨的中心口號應當是：為和平而鬥爭。」

2. 「建立人民統一戰線，以擁護和平和反對挑戰者」——「為和平的鬥爭，在各國共產黨面前開闢最大限度的可能，去建立極廣泛的統一戰線。應當吸收一切願意維持和平的人來參加這個統一戰線。在每個不同的時候，集中力量去反對當時的挑戰的禍首（在現在的時候，就是反對法西斯的德國以及與牠勾結的波蘭和日本），是各國共產黨最重要的策略任務。」

　　在這個〈決議〉中，共產國際還具體指示中共：「應當竭力擴大民族解放鬥爭的戰線，接受凡是決意抵抗日本及其他帝國主義侵略行動的民族勢力，來參加民族解放鬥爭。」[2]

　　大會的另一項重要〈決議〉，是同（8）月 20 日根據季米特洛夫的報告所通過的〈法西斯主義底進攻和共產國際為造成工人階級反對法西斯

---

[2] 〈帝國主義者準備新的世界大戰與共產國際底任務〉（共產國際第七次全世界代表大會根據愛爾科里同志報告的決議，1935 年 8 月 20 日通過），《共產國際第七次世界大會底決議案》（延安：解放社，1938 年），頁 61-78。

主義的統一而鬥爭底任務〉決議。共產國際在這個〈決議〉中指出,「在目前歷史上,實現工人階級的鬥爭統一戰線,乃是國際工人運動底主要的、最近的任務。」為了完成這種任務,共產國際指示各國共產黨:「應該顧到已經改變的環境,用新的方式來應用統一戰線的策略,在工廠的、地方的、省區的、全國的,設法與各派勞動群眾組織,訂立共同行動的協定。」在執行統一戰線策略的時候,共產國際作出八點指示,要各國共產黨遵行:

1. 「保護工人階級經濟上和政治上的直接利益,為保護工人階級而反對法西斯主義,這應當是一切資本主義國家裡工人統一戰線底出發點並應當是這種統一戰線底主要內容。」

2. 「共產黨員一分鐘也不應放棄用共產主義精神來教育群眾、組織群眾和動員群眾的獨立工作。」

3. 「實現無產階級統一戰線,應有各種不同的形式,要看工人組織底狀況和性質如何來決定,要看具體環境如何來決定。」

4. 「共產黨員必須向勞動者解釋,在政權還握在資產階級手中的時候,實現社會主義是不可能的。」

5. 「共產黨員應當在群眾面前,揭穿社會民主黨右派領袖用來反對統一戰線的招搖撞騙的理由底用意,應當加緊反對社會民主黨裡的反動派別。」

6. 「應當利用選舉運動來繼續發展和鞏固無產階級底鬥爭統一戰線,在選舉中,共產黨員應當獨立活動,在群眾面前解釋共產黨底綱領。」

7. 「共產黨員應當努力把勞動農民、城市小資產階級,以及被壓迫民族的勞動群眾底鬥爭,在無產階級的領導下匯合起來,應當擁護這些勞動群眾底一切適合於無產階級基本利益的特殊要求,以便在無產階級統一戰線基礎上建立廣大的反法西斯主義的人民戰線。」

8. 「如果在群眾運動達到這樣高漲的程度,有可能而且為著無產階級利益必須建立這樣一個無產階級統一戰線或反法西斯的人民戰線底政府,這個政府還不是無產階級專政底政府,但是牠實行堅決辦法來反對法西斯主義和反動勢力。那末,共產黨就應當力求建立這樣的政府。」

　　除了上述八點一般性的指示外,共產國際在這個〈決議〉中,還針對

殖民地和半殖民地國家裡的「反帝人民戰線」作特別的指示。〈決議〉明確指出：「在殖民地和半殖民地國家裡，共產黨員底最重要的任務，在於建立反帝人民戰線。」如何建立「反帝人民戰線」呢？〈決議〉有如下三點指示：

1. 「必須吸收極廣大的群眾參加民族解放運動，反對日益厲害的帝國主義的剝削，反對殘酷壓迫，為驅逐帝國主義者，為爭取國家的獨立而鬥爭。」
2. 「必須積極參加民族改良派所領導的群眾反帝運動。」
3. 「必須努力在具體的反帝綱領上去與民族革命的組織和民族改良的組織實行共同的發動。」

　　共產國際把中國看作是半殖民地國家，對於中共的任務，除上述三點外，另有個別的重要指示：

　　在中國必須把擴大蘇維埃運動與鞏固紅軍的戰鬥力，與在全中國展開人民反帝運動連結起來。這個運動應當在下列的口號之下進行：武裝人民進行民族革命鬥爭，反對帝國主義強盜，首先反對日本帝國主義及其走狗，蘇維埃應當成為全中國人民底解放鬥爭的團結的中心。[3]

　　共產國際「七大」所選出的領導成員，在四十七名執行委員中，有中共的王明（陳紹禹）、毛澤東、張國燾、周恩來四人；三十三名候補執委中，有中共的博古（秦邦憲）、康生二人；二十名監察委員中，有中共的周和生一人；主席團委員十九人中，有王明一人；主席團候補委員十二人中，有康生一人；書記處書記七人（總書記為季米特洛夫），候補書記三人，王明一人被選為候補書記。[4]

---

3 〈法西斯主義底進攻和共產國際為造成工人階級反對法西斯主義的統一而鬥爭底任務〉（共產國際第七次全世界代表大會根據季米特洛夫同志報告的決議，1935 年 8 月 20 日通過），《共產國際第七次世界大會底決議案》（延安：解放社，1938 年），頁 21-58。

4 郭華倫，《中共史論》，第三冊，第四版（臺北：國立政治大學國際關係研究中心，

二、王明的〈論反帝統一戰線問題〉

共產國際第七次世界大會在莫斯科舉行期間，曾任中共中央總書記的王明（陳紹禹），一面是中共駐共產國際首席代表，與康生等人代表中共出席共產國際「七大」（按：代表中共出席共產國際「七大」的正式代表是王明與康生，列席的有張浩、陳雲與吳玉章）；一面又是共產國際執委、主席團委員及書記處候補書記，主管殖民地、半殖民地國家之共黨工作。因而他在「七大」會議中，代表殖民地、半殖民地的共黨和中共，作了〈論反帝統一戰線問題〉的長篇報告。這一報告是中共〈八一宣言〉的藍本及抗日民族統一戰線的指針，同時又是各殖民地、半殖民地共黨反帝統一戰線的總方針。

王明（陳紹禹）在這篇報告中，除論述「帝國主義的加緊進攻與殖民地革命力量的日益增長」，「建立、擴大和鞏固反帝統一戰線是殖民地和半殖民地國家中共產黨員的最重要任務」，「殖民地和半殖民地國家內的法西斯主義問題」，「殖民地革命在革命與戰爭新週期中的意義和作用」外，並對中國、巴西、古巴、墨西哥、阿根廷、印度、阿拉伯等各國共產黨的反帝統一戰線策略有所論列和指示，其中談到中共的「反日民族統一戰線」問題時，他強調說：

抗日救國早已成為我國每個國民、每個同胞的神聖天職。在民族危機日甚一日的條件之下，除了我們的偉大民族全體動員去進行堅決的、無情的、反對日本帝國主義的英勇鬥爭而外，別無其他的救國方法；同時在共產黨方面，除了反對日本帝國主義的民族統一戰線這個策略而外，沒有其他的任何辦法能動員全體中國人民去與日本帝國主義做神聖的民族革命鬥爭。

關於今後中共的策略路線，王明（陳紹禹）明確地表示：

1982 年），頁 68；鄭學稼，《第三國際史》，下冊（臺北：臺灣商務印書館，1977年），頁 1450-1452。

　　據我個人的意見，同時也是中國共產黨中央全體的意見，我們現在實行抗日救國政策的具體步驟應當是：中國共產黨和中國蘇維埃政府共同向全國人民，向一切政黨、派別、軍隊、群眾團體以及一切政治家和名流們，提議與我們一起組織全中國統一的國防政府和全中國統一的抗日聯軍。

　　如何組織全中國統一的所謂「國防政府」和「抗日聯軍」呢？王明（陳紹禹）在報告中說，他可以代表中國共產黨中央和中華蘇維埃共和國中央執行委員會，在全中國的民眾面前，在全世界的輿論面前，正式宣稱：

1.「中國共產黨中央和中國蘇維埃政府願意做成立這種國防政府的發起人，中共中央和蘇維埃政府願意根據抗日救國的共同綱領，來與中國各黨派、各團體、各地方軍政機關、各名流、各政治家，進行談判共同成立國防政府的問題，不管中國共產黨及蘇維埃政府與其他黨派、團體和個人之間，在過去和現在，在對內問題上有任何分歧，在今天大家都應當一致對外。」

2.「中國紅軍決計首先加入這種抗日聯軍，以便與一切軍隊手攜手地在前線上爲抗日救國而戰。只要任何部隊停止進攻紅軍，只要任何部隊真正進行反對日本帝國主義及其走狗的武裝鬥爭，不管過去和現在他們與紅軍之間在對內問題上有任何不同的意見，不管這些軍隊是否與紅軍進行過戰爭行動，紅軍不僅立刻對之停止敵對行爲，而且立刻與他們聯絡一起去實行抗日救國。」

　　王明（陳紹禹）在報告中特別強調，國防政府的基本任務在於「抗日救國」，爲達成這個任務，他提出了國防政府的十大政綱：

1.「抗日救國，收復失地。」
2.「救災治水，安定民生。」
3.「沒收日本在華一切財產，充作對日戰費。」
4.「沒收漢奸賣國賊財產、糧食、土地，交給貧苦同胞和抗日戰士享用。」
5.「廢除苛捐雜稅，整理財政、金融、發展工農商業。」
6.「加薪加餉，改良工農軍學各界生活。」
7.「實行民主自由，釋放一切政治犯。」

8.「實行免費教育，安置失業青年。」

9.「實行中國境內各民族一律平等政策，保護僑胞在國內外生命、財產、居住和營業的自由。」

10.「聯合一切反對日本帝國主義的民眾（日本國內勞苦民眾、高麗、臺灣等民族）作友軍，聯合一切同情中國民族解放運動的民族和國家作同盟，與一切對反日戰爭守善意中立的民族和國家建立友誼關係。」[5]

三、王明在莫斯科發表〈八一宣言〉

當共產國際第七次世界大會開會期間，出席這次會議的中共代表王明（陳紹禹），根據共產國際「七大」關於「反帝人民戰線」的決定，於1935年8月1日，以「中國蘇維埃中央政府」和「中國共產黨中央委員會」名義，在莫斯科發表〈為抗日救國告全國同胞書〉，此即中共黨史上著名的〈八一宣言〉。

綜觀〈八一宣言〉的內容，雖和過去一樣，猛烈攻訐中國國民黨和國民政府及其負責人，但已不再提出推翻國民政府的口號，而代之以組織全中國統一的「國防政府」與「抗日聯軍」為號召。

〈八一宣言〉對當時國內的形勢有如下的分析：自1931年「九一八」事變以來，「由東三省而熱河，由熱河而長城要塞，由長城而『灤東非戰區』，由非戰區而實際佔領河北、察、綏和北方各省，不到四年，差不多半壁江山，已經被日寇佔領和侵襲了。田中奏摺所預定的完全滅亡我國的毒計，正著著實行，長此下去，眼看長江和珠江流域及其他各地，均將逐漸被日寇所吞蝕。我五千年古國將完全變成被征服地，四萬萬同胞將都變成亡國奴。」

根據以上的分析，〈宣言〉接著指出：「近年來，我國家我民族已處在千鈞一髮的生死關頭。抗日則生，不抗日則死，抗日救國，已成為每個同胞的神聖天職。」

〈宣言〉以「抗日救國」作為政治號召，以挽救尚在逃竄中的中共於危亡。因此，〈宣言〉特提出如下的呼籲：「無論各黨派間在過去和現在

---

[5] 以上詳見：王明（陳紹禹），《論反帝統一戰線問題》（中國出版社，1938年2月）。

有任何政見和利害的不同，無論各界同胞有任何意見上或利益上的差異，無論各軍隊間過去和現在有任何敵對行動，大家都應當有『兄弟鬩於牆外禦其侮』的真誠覺悟，首先大家都應當停止內戰，以便集中一切國力（人力、物力、財力、武力等）去為抗日救國的神聖事業而奮鬥。」

〈宣言〉接著鄭重宣示中共的新政策：「只要國民黨軍隊停止進攻蘇區行動，只要任何部隊實行對日抗戰，不管過去和現在他們與紅軍之間有任何舊仇宿怨，不管他們與紅軍之間在對內問題上有任何分歧，紅軍不僅立刻對之停止敵對行為，而且願意與之親密攜手共同救國。」

〈宣言〉接著提出中共的具體主張，即：「組織全中國統一的國防政府」、「組織全中國統一的抗日聯軍」。如何組織呢？〈宣言〉表示：

蘇維埃政府和共產黨願意作成立這種國防政府的發起人，蘇維埃政府和共產黨願意立刻與中國一切願意參加抗日救國事業的各黨派、各團體、各名流學者、政治家，以及一切地方軍政機關，進行談判共同成立國防政府問題。談判結果所成立的國防政府，應該作為救亡圖存的臨時領導機關，這種國防政府應當設法召集真正代表全體同胞的代表機關，以便更具體地討論關於抗日救國的各種問題。蘇維埃政府和共產黨絕對盡力贊助這一全民代表機關的召集，並絕對執行這一機關的決議。

至於「抗日聯軍」，〈宣言〉指出：

應由一切願意抗日的部隊合組而成，在國防政府領導之下，組成統一的抗日聯軍總司令部。這種總司令部或由各軍抗日長官及士兵選出代表組成，或由其他形式組成，也由各方代表及全體人民公意而定。紅軍絕對首先加入聯軍，以盡抗日救國的天職。

〈宣言〉依據王明（陳紹禹）在〈論反帝統一戰線問題〉報告中所提出的國防政府十大政綱，強調國防政府的主要責任在於「抗日救國」，其

行政方針即爲上述國防政府的十大政綱。[6]

　　〈八一宣言〉的發表，標示中共新政策的開始，亦即中共策略路線的大轉變。這個大轉變，乃係王明（陳紹禹）在莫斯科遵照共產國際的決策而發佈的，並非中共中央自己的決定，因爲當時的中共中央正逃竄到毛兒蓋，與莫斯科交通斷絕，電訊不通，尚不知有此一〈宣言〉的發表，仍以1934年1月「六屆五中全會」決議和1935年1月遵義會議決議，作爲其遵循的政治總路線。而且自1935年6月兩河口會議之後，紅一、四兩個方面軍間，毛澤東與張國燾間，正爲北上或南下問題爭執不下，終於走上分裂，形成兩個中央的局面。所以，就當時的實況而言，〈八一宣言〉不過是王明（陳紹禹）等人從莫斯科發出的政治號召而已。

　　不過，〈八一宣言〉雖係王明（陳紹禹）等人在莫斯科發出的政治號召，但以當時中共與共產國際的關係，共產國際對中共具有無上權威，而王明（陳紹禹）曾任中共中央總書記，是中共「國際派」的領袖，時任中共駐共產國際首席代表，對中共仍具有相當的影響力。因此，當列席共產國際「七大」的張浩（林毓英）於1935年12月，奉派返抵陝北傳達共產國際「七大」決議和中共新政策後，中共即沿著〈八一宣言〉的政治路線，逐步建立其「抗日民族統一戰線」，走出敗亡的邊緣，爭取喘息時間，再圖謀壯大自己。

第二節　中央的祕密指示與重要決議

　　中共在逃竄途中大型通訊設施丟棄殆盡，以致與共產國際間聯絡中斷了一年有餘。共產國際和中共駐共產國際首席代表王明（陳紹禹），鑒於與中共中央關係之隔絕，爲恢復聯繫並傳達共產國際「七大」決議與中共新政策，乃派列席共產國際「七大」的張浩（林毓英）返回中國。張浩（林毓英）於1935年12月間化妝返抵陝北，中共中央隨即於12月17日在

---

[6]　〈爲抗日救國告全國同胞書〉（〈八一宣言〉）（1935年8月1日），《中共黨史教學參考資料》，第二冊（北京：人民出版社，1980年），頁28-33。或請參閱王健民，《中國共產黨史》，第三編（臺北：漢京文化事業有限公司，1988年），頁42-45。

陝北的瓦窰堡召開政治局擴大會議，根據共產國際的決議和王明（陳紹禹）的意見，於 25 日通過〈關於目前政治形勢與黨的任務決議〉，這是中共中央為建立「抗日民族統一戰線」所通過的第一個正式的〈決議〉。不過，據中共黨史文獻顯示，在這之前，中共中央早於 1935 年 10 月已有〈為目前反日討蔣的祕密指示信〉發給各級組織與幹部，而毛澤東與朱德兩人，也於 1935 年 11 月 28 日，以「中華蘇維埃共和國中央政府主席」和「中國工農紅軍革命軍事委員會主席」名義，聯名發表〈抗日救國宣言〉，這是瓦窰堡會議（如圖 7-1）前，中共中央關於建立統一戰線的重要文件。

圖 7-1　瓦窰堡會議舊址

一、中共中央的〈祕密指示信〉與〈抗日救國宣言〉

中共中央在 1935 年 10 月發出的〈爲目前反日討蔣的祕密指示信〉中，首先對當時國內的形勢作如是的分析：

日本帝國主義自佔領東三省以來，轟炸上海吳淞，滅亡熱河，宰割察綏一大部分，又名存實亡的吞併了華北五省。現正在「中日合作」、「經濟提攜」、「開發西北」、「東亞和平」等口號之下，以實現田中奏摺之計畫──即滅亡中國之計畫。因此全中國人放在面前惟一救國自救的出路，只有抗日。抗日則生，不抗日則死；抗日則做人，不抗日則做亡國奴。

根據這種分析，中共中央決定，現階段中共「總的策略方針是進行廣泛的統一戰線」。爲了建立並實現這個統一戰線，中共中央在〈祕密指示信〉中詳列了統一戰線的條件、形式、組織與領導，茲將其要點摘錄於次：

1. 統一戰線的條件：「統一戰線能否勝利的實現，其統一戰線的條件是有決定意義的，所以現在提出統一戰線時，要有愼重的考慮，要注意到各地具體的情形，要了解到該群眾鬥爭的程度的經驗，而配合黨的統一原則，靈活的與群眾日常生活的迫切要求聯繫起來，提出具體的爲群眾所擁護的聯合要求；不能牽強不變的將黨所有的主張、決議、鬥爭綱領都機械的搬運出來，嚇跑了群眾，自己解除了武裝。」

2. 統一戰線的形式：「統一戰線的形式有三：一、上層統一；二、下層統一；三、上下層統一併同。在中國目前環境之下，此三種統一形式均可用，而依各地具體情形運用。……在上層統一基礎上來開闢與擴展其下層的聯合工作；又在下層統一基礎上，以加強和鞏固上層的統一。」

3. 統一戰線的組織原則：「佈爾塞維克黨對於一切組織工作，是看重其內容，形式是次要的。但至於形式有礙於內容、限制內容和殘害內容發展時，是要堅決的拒絕採用……。因此，統一戰線的組織原則是首先要能夠利用一切公開的可能，能夠博得廣大群眾的愛戴，用什麼形

式都可以的。」

4. 統一戰線的領導方法：要正確運用統一戰線的領導方法，「首先要了解什麼是黨的領導權的問題」，「黨的領導權是黨的主張、策略和決議在廣大群眾中得到了信仰、擁護與執行」，至於「黨對群眾的組織——統一戰線的組織中的領導權」，包括以下七點：

(1)「要採用群眾的工作路線，給群眾高度的民主權，大膽的吸收各種黨派有群眾的領袖、領導到機關中來，盡量幫助和發展他們反日反蔣活動的天才和能力。」

(2)「善於根據各地不同的情形，提出各地不同的鬥爭任務和綱領與工作任務，要在全體群眾大會中討論和通過。」

(3)「把總的抗日討蔣的綱領與各地各階級群眾的生活聯繫起來。要靈活的利用小的事變（如日本對華的新政策、日驅華僑回國、新生事件等）來啟發群眾鬥爭的情緒和勇氣。」

(4)「要盡量保存和鞏固各群眾的力量，切勿做不成熟的鬥爭，勿亂費自己的精力；領導鬥爭，要善於估計鬥爭的前途，是否可能勝利；倘勝利的可能很少，必須加緊準備工作，暫時停止，免做無意義的犧牲；在鬥爭失敗時，要善於組織退卻，從事整理陣容，以免受到敵人大的打擊。」

(5)「把公開工作與祕密工作密切的聯繫起來，一方面要利用各種公開活動的可能，另方面要嚴密黨的組織，提高黨員獨立工作的能力，以避免敵人追究與破獲。」

(6)「經黨根據各種事實在群眾面前解釋，指出黨對於反日反蔣主張及策略的正確，及其實際工作中的成績，把同組織內各黨派錯誤的見解作友誼的批評，指出這些錯誤前途的危險性以教育群眾。」

(7)「要大膽的培養與提拔大批群眾的積極分子，在工作中經常親近他們，幫助他們，教育他們，使他們造成良好的幹部。」[7]

綜觀中共中央這份〈祕密指示信〉的要旨在於：運用一切方法，聯合

---

[7] 〈中央為目前反日討蔣的祕密指示信〉（1935年10月），《中共中央抗日民族統一戰線文件選編》，中篇（北京：檔案出版社，1985年），頁19-28。

一切力量，建立「廣泛的統一戰線」；統一戰線的形式要依各地具體情形運用，有上層統一戰線、下層統一戰線，及上下層併用的統一戰線。中共中央特別強調：在統一戰線中，共產黨要居於領導地位，起領導作用；要把公開工作與祕密工作密切的聯繫起來；要配合黨的統一原則，靈活地與群眾日常生活的迫切要求聯繫起來；不能牽強不變地將黨所有的主張、決議與鬥爭綱領都機械地搬運出來，而嚇跑了群眾。中共中央這些「祕密指示」的核心，乃在以「打倒日本帝國主義」、「爭取中國的獨立解放」為政治號召，聯合一切可以聯合的力量，以達到其推翻國民政府，奪取中國政權，「把中國蘇維埃擴展到全國去」的目的。[8]

　　當中共中央發出上述〈祕密指示信〉後一個月，即 1935 年 11 月 28日，毛澤東與朱德分別以「中華蘇維埃共和國中央政府主席」和「中國工農紅軍革命軍事委員會主席」名義，聯名發表〈抗日救國宣言〉，公開宣稱：「繼東北四省之後，現在又是華北半個中國的淪亡。日本帝國主義強盜們是要把全中國人民變為亡國奴，把整個中國變為殖民地。……在亡國滅種的前面，中國人民決不能束手待斃。」因此，〈宣言〉呼籲：「現在形勢更加緊迫了，現在正是要求我們全國人民有力出力，有錢出錢，有槍出槍，有知識出知識，大家團結，大家奮鬥，以誓死的決心以對付中國人民公敵的時候。」

　　〈宣言〉接著接受數月前王明（陳紹禹）在莫斯科發表的〈八一宣言〉的主張，以「中華蘇維埃共和國中央政府」和「中國工農紅軍革命軍事委員會」的名義，向全國人民提議組織「抗日聯軍」與「國防政府」，並提出與〈八一宣言〉中的十點行政方針大同小異的「十大綱領」如下：

1.「沒收日本帝國主義的一切財產做抗日經費。」
2.「沒收一切賣國賊及漢奸的財產，救濟災民及難民。」
3.「救災治水，安定民生。」
4.「廢除一切苛捐雜稅，發展工商業。」
5.「發薪、發餉、改良工人、士兵，及教職員的生活。」

8　〈中央為目前反日討蔣的祕密指示信〉（1935 年 10 月），《中共中央抗日民族統一戰線文件選編》，中篇（北京：檔案出版社，1985 年），頁 22-23。

6.「發展教育，救濟失業的學生。」

7.「實現民主權利，釋放所有的政治犯。」

8.「發展生產技術，救濟失業的知識分子。」

9.「聯合朝鮮、臺灣、日本國內的工農及一切反日本力量，結成鞏固的聯盟。」

10.「對中國的抗日民族運動，表示同情、贊助或守善意中立的民族或國家，建立親密友誼的關係。」[9]

　　從朱、毛兩人聯名發表的〈抗日救國宣言〉之內容來看，在 1935 年 11 月 28 日之前，中共中央已接獲或得悉王明（陳紹禹）在莫斯科發表的〈八一宣言〉之文件或內容大要。中共中央究於何時經由何途徑而獲悉〈八一宣言〉？一個可能是：1935 年 10 月 1 日，〈八一宣言〉的中文譯文，首先登載在由列席共產國際「七大」的吳玉章在巴黎創辦的中文報紙《救國時報》上；該報於登載〈八一宣言〉中譯文後，即將〈宣言〉郵寄給國內各階層人士，許多人接獲後又大量翻印，廣為散發。[10]中共中央可能是經由巴黎《救國時報》郵寄、翻印、散發之途徑而接獲〈八一宣言〉。

二、瓦窯堡會議的〈決議〉

　　1935 年 12 月 17 日，中共中央在陝北瓦窯堡召開政治局擴大會。參加這次會議的人員除中共中央政治局委員、候補委員和其他有關人員外，還有甫從莫斯科返抵陝北的張浩（林毓英）。這次會議的主要任務是：根據張浩（林毓英）傳達的共產國際「七大」決議，〈八一宣言〉及中共新政策，討論有關「抗日民族統一戰線」、組織「抗日聯軍」和「國防政府」等問題，通過〈關於目前政治形勢與黨的任務決議〉，確定中共「抗日民族統一戰線」的政治路線。

---

[9] 〈中華蘇維埃共和國中央政府、中國工農紅軍革命軍事委員會抗日救國宣言〉（1935 年 11 月 28 日），《中共中央抗日民族統一戰線文件選編》，中篇（北京：檔案出版社，1985 年），頁 33-35。

[10] 司馬璐編著，《中共黨史暨文獻選粹》，第十二部（香港：自聯出版社，1985 年），頁 296；胡華主編，《中國革命史講義》，上冊（北京：中國人民大學出版社，1980 年），頁 397。

瓦窯堡會議的〈決議〉，是中共中央為建立「抗日民族統一戰線」而通過的第一個正式的決議。〈決議〉首先對「目前形勢的特點」做了如下的分析：

目前政治形勢已經起了一個基本上的變化，在中國革命史上劃分了一個新時期，這表現在日本帝國主義變中國為殖民地，中國革命準備進入全國性的大革命，在世界是革命與戰爭的前夜。……日本帝國主義併吞東北四省之後，現在又併吞了整個華北，而且正在準備併吞全中國，把全中國從各帝國主義的半殖民地變為日本的殖民地，這是目前時局的基本特點。

〈決議〉的重點在決定「黨的策略路線」。〈決議〉指出：

目前的形勢告訴我們，日本帝國主義吞併中國的行動，震動了全中國與全世界。中國政治生活中的各階級、階層、政黨，以及武裝勢力，重新改變了與正在改變著它們之間的相互關係。民族革命戰線與民族反革命戰線是在重新改組中。因此，黨的策略路線，是在發動、團結與組織全中國全民族一切革命力量去反對當前主要的敵人。

〈決議〉接著解釋中共黨的這個策略路線：

我們的任務，是在不但要團結一切可能的、反日的基本力量，而且要團結一切可能的反日同盟者，是在使全國人民有力出力、有錢出錢、有槍出槍、有知識出知識，不使一個愛國的中國人不參加到反日的戰線上去。

並且特別強調：

這就是黨的最廣泛的民族統一戰線策略的總路線。

在這個統一戰線中，〈決議〉強調共產黨應以自己的「言論與行動」去取得領導權。〈決議〉指出：

反日戰爭中的廣大民眾，應該滿足他們基本利益的要求（農民的土地要求，工人、士兵、貧民、知識分子等改良生活待遇的要求），只有滿足了他們的要求，才能動員更廣大的群眾走進反日的陣地上去，才能使反日運動得到持久性，才能使運動走到徹底的勝利，也只有如此，才能取得黨在反日戰爭中的領導權。

〈決議〉接受〈八一宣言〉的主張，認為在目前形勢下，組織「國防政府」與「抗日聯軍」，不但是可以的，而且是必要的。〈決議〉解釋說：

由於不同意蘇維埃制度與土地革命而同意於反日反賣國賊的分子的存在，由於中國政治經濟不平衡而產生的地方割據狀態，由於中國蘇維埃政權現在還只在中國一部分領土上勝利，此外還由於漢奸賣國賊等民族反革命為日本帝國主義幫兇的嚴重性，國防政府與抗日聯軍的組織，不但是可以的，而且是必要的。

〈決議〉認為「國防政府」與「抗日聯軍」，不僅是可以的、必要的，它還是「反日反賣國賊的民族統一戰線之最廣泛的與最高的形式」。〈決議〉接著提出與王明（陳紹禹）〈八一宣言〉大同小異，與毛澤東、朱德〈抗日救國宣言〉幾乎完全相同（僅幾個個別用字有所不同）的十大政綱（又稱行動綱領）：
1.「沒收日本帝國主義在華的一切財產做抗日經費。」
2.「沒收一切賣國賊及漢奸的土地財產分給工農及災民難民。」
3.「救災治水，安定民生。」
4.「廢除一切苛捐雜稅，發展工商業。」
5.「加薪加餉、改良工人、士兵及教職員的生活。」
6.「發展教育，救濟失業的學生。」
7.「實現民主權利，釋放一切政治犯。」

8.「發展生產技術，救濟失業的知識分子。」

9.「聯合朝鮮、臺灣、日本國內的工農，及一切反日力量，結成鞏固的聯盟。」

10.「對中國的民族運動表示同情贊助或守善意中立的民族或國家，建立親密的友誼關係。」[11]

中共中央政治局瓦窯堡會議決定中共「抗日民族統一戰線」的策略路線後，毛澤東於同月 27 日也在瓦窯堡的中共黨的「活動分子會議」上，作了〈論反對日本帝國主義的策略〉的報告；[12] 中共中央宣傳部則於次（1936）年 2 月 3 日，發出〈關於目前形勢與黨的策略路線的問答〉，作爲中共各級黨部討論中共黨的新策略路線的參考材料。中共中央宣傳部的這篇〈問答〉全文很長，分爲「民族革命新的高潮劃分了中國革命的新時期」、「目前黨的策略路線」、「抗日救國政府和抗日聯軍」、「蘇維埃紅軍和民族革命統一戰線」、「共產黨與民族革命統一戰線」等五節，共有五十個問答。從這五十個問答的內容來看，吾人當不難發現中共新的策略路線的真正企圖與目的。茲摘錄其中五個問答，以見一斑：

問：抗日救國政府與蘇維埃政府有不同意（見）時，紅軍聽誰（的）命令？

答：如果有不同意（見）時，紅軍要聽蘇維埃政府的命令。因爲不同意（見），它發生將是抗日救國政府的某些分子動搖或是妥協，正需要與它堅決鬥爭。因此紅軍應該站在自己的蘇維埃政權方面。

＊　　　＊　　　＊

問：抗日紅軍出發抗日，是否也到處組織蘇維埃？

---

[11] 〈中央關於目前政治形勢與黨的任務決議〉（1935 年 12 月 25 日中央政治局瓦窯堡會議通過），《中共黨史教學參考資料》，第二冊（北京：人民出版社，1980 年），頁 46-64。

[12] 全文可參閱《毛澤東選集》，第一卷，第二版（北京：人民出版社，1991 年），頁 142-169。

答：抗日紅軍是黨領導下的軍隊，當然要堅決執行黨的主張，一面依照黨的主張出發抗日，同時又執行黨的主張——建立蘇維埃。

＊　　　＊　　　＊

問：在新蘇區，抗日救國政府和蘇維埃是否同時存在？

答：這是不可能的，在新蘇區只有蘇維埃政府，而沒有抗日政府，兩個政權同時存在是不可能的。在某種情形下，在某一個區域，原來就有抗日救國政府存在，紅軍到達該地後，依照階級鬥爭的轉變，或者也有兩個政權出現的可能，但這僅是一個過渡的時期，是不能繼續的，誰勝誰負要依照鬥爭來解決。

＊　　　＊　　　＊

問：抗日救國政府和蘇維埃政府那個能夠得到最後的勝利？

答：這首先要認識抗日救國政府是某一時期的過渡政權的性質。在過渡時期中有這種可能：如果我們的力量強大，那麼，可以將抗日救國政府逐漸轉變為蘇維埃政府；如果我們的力量比較小，蘇維埃政府將融化於抗日救國政府之內，那時或者用暴力去解決誰勝誰負的問題，或者採取別的辦法，那要看當時的整個形勢與統一戰線的裂痕來決定。不果我們須認識最後的勝利還是屬諸（於）蘇維埃的。

＊　　　＊　　　＊

問：黨與蘇維埃在目前要進行那些緊急的工作？

答：目前黨與蘇維埃，為了很快的同日本作戰，為了爭取無產階級在民族革命統一戰線中的領導權，必須更加努力去擴大抗日紅軍，擴大抗日的蘇維埃區域，成為抗日根據地的蘇維埃人民共和國的領土。[13]

---

[13]〈中央宣傳部關於目前形勢與黨的策略路線的問答——供各級黨部討論時的參考材料〉（1936年2月3日），《中共中央抗日民族統一戰線文件選編》，中編（北京：檔案出版社，1985年），頁86-103。

中共中央宣傳部在這篇〈問答〉中，將「國防政府」改稱為「抗日救國政府」。〈問答〉強調：當「抗日救國政府」與「蘇維埃政府」有不同意見時，中共的「紅軍」要聽「蘇維埃政府」的命令；「紅軍」是共產黨領導下的軍隊，要堅決執行共產黨的主張——利用抗日，建立蘇維埃；在「紅軍」建立的新「蘇區」裡，只有「蘇維埃政府」，而沒有「抗日救國政府」等等。凡此，皆可顯示中共的「抗日民族統一戰線」之政治企圖，是先以「抗日救國政府」取代國民政府，再逐漸轉變「抗日救國政府」為「蘇維埃政府」，以達成其全面奪取中國政權的最終目的。

三、從所謂「抗日反蔣」到「逼蔣抗日」的策略轉變

從 1935 年「八一宣言」的發表，到 1936 年 2 月中共中央宣傳部發出〈關於目前形勢與黨的策略路線的問答〉，中共在其有關建立統一戰線的公開宣言、祕密指示及重要決議中，均以「反日」、「反蔣」、「反國民黨」為宣傳口號。至 1936 年夏，中共為加速促成「抗日民族統一戰線」，挽救其逃竄敗亡之命運，乃放棄「反蔣」、「反國民黨」的口號，呼籲「停止內戰，一致抗日」。代表中共此一策略之重要文件，為 1936 年 8 月 25 日，中共中央自陝北保安發出的〈中國共產黨致中國國民黨書〉。

㈠〈中國共產黨致中國國民黨書〉

中共在該〈書〉中首先強調「現在是亡國滅種的緊要關頭了」；為了「救亡圖存」，中共不得不向中國國民黨大聲疾呼：「立即停止內戰，組織全國的抗日統一戰線，發動神聖的民族自衛戰爭，抵抗日本帝國的進攻，保衛及恢復中國的領土主權，拯救全國人民於水深火熱之中。」

該〈書〉一改過去的「反蔣」口吻，稱呼國民政府軍事委員會委員長蔣中正為「蔣委員長」，並對蔣委員長的重要講話表示「歡迎」。該〈書〉說：

蔣委員長的報告，曾經對貴黨五全大會的政策做了新的解釋說：「中央對於外交所抱的最低限度，就是保持領土主權的完整，任何國家要來侵害我們的領土主權，我們絕不能容忍，我們絕對不訂立任何

侵害我們領土主權的協定，並絕對不容忍任何侵害領土主權的事實，再明白些說，假如有人強迫我們簽訂承認僞國等損害領土主權的時候，就是我們不能容忍的時候，就是我們最後犧牲的時候。」蔣委員長的這種解釋是非常需要的，因爲中國人民始終不了解如何方可稱爲「和平的絕望時期」與「犧牲的最後關頭」的最低限度。……我們承認蔣委員長的這種解釋，較之過去是有了若干進步，我們誠懇的歡迎這種進步。

該〈書〉還引述中國國民黨五屆二中全會宣言中的一段話，承認中國國民黨的禦侮救亡政策及軍政軍令之統一，是「絕對必要的」。該〈書〉說：

貴黨二中全會宣言中曾鄭重申說：「禦侮之先決條件，乃在集中一切救國力量於中央指導之下，齊一其步調，鞏固其陣線，故禦侮救亡需求統一與紀律，實爲不可動搖的鐵則，而軍政軍令之統一，尤爲近代國家之最低限度。」我們完全承認爲了發動全國人民的最大抵抗力量，爲了取得抗戰的徹底勝利，集中與統一全國的救國力量，是絕對必要的。

中共於改變其對蔣委員長及中國國民黨之態度後，在該〈書〉中表示：中國共產黨願意同中國國民黨「結成一個堅固的革命的統一戰線，如像一九二五年至二七年第一次中國大革命時兩黨結成反對民族壓迫與封建壓迫的偉大的統一戰線一樣，因爲這是今日救亡圖存的惟一正確的道路。」中共強調：「只有國共重新合作，以及同全國各黨各派各界的總合作，才能真正的救亡圖存。」中共在該〈書〉的最後，露骨道出其渴望建立「抗日民族統一戰線」之急迫，願意與中國國民黨的全權代表一道，開始具體實際的談判，「以期迅速訂立抗日救國的具體協定。」[14]

---

[14] 〈中國共產黨致中國國民黨書〉（1936年8月25日），《中共中央抗日民族統一戰線文件選編》，中編（北京：檔案出版社，1985年），頁235-245。

㈡中共〈中央關於逼蔣抗日問題的指示〉

當中共中央發出〈中國共產黨致中國國民黨書〉一週後，中共中央書記處即於9月1日向中共各級黨部發出〈中央關於逼蔣抗日問題的指示〉，詳釋中共為何放棄「反蔣」的口號，為何改變對國民黨的態度。該〈指示〉首先指出：「目前中國人民的主要敵人，是日本帝國主義，所以把日本帝國主義與蔣介石同等看待是錯誤的，『抗日反蔣』的口號，也是不適當的。」

中共放棄「抗日反蔣」的口號後，代之以什麼口號呢？該〈指示〉說：「在日本帝國主義繼續進攻，全國民族革命運動繼續發展的條件下，國民黨中央軍全部或其大部有參加抗日的可能。我們的總方針應是逼蔣抗日。」該〈指示〉以所謂「逼蔣抗日」的新口號、新方針，向中共各級黨部、各級幹部解釋中共要向中國國民黨「提議與要求建立抗日的統一戰線，訂立抗日的協定」。又說：「我們正在通知他們，共產黨中央立刻準備派代表出去，或接受國民黨和蔣介石的代表到蘇區來，以便進行談判。」

此處所謂的「提議與要求」及「正在通知」者，係指稍前已發之〈中國共產黨致中國國民黨書〉，及同（9月1日）的〈周恩來致陳果夫、陳立夫信〉，和稍後的〈周恩來致蔣介石信〉（9月22日）等。前者內容已如上述，後兩者之內容，下節再述。

中共中央書記處在這份〈指示〉中，除了解釋中共政策從「抗日反蔣」轉變到「逼蔣抗日」的形勢背景與因應作為外，還作如下三點重要的政策指示，要中共各級黨部遵照執行：

1. 「我們目前的中心口號，依然是『停止內戰，一致抗日』……。中國共產黨並宣佈他贊助建立全中國統一的民主共和國，贊助召集由普選權選出的全國的國會，擁護全中國統一的國防政府與抗日聯軍。」
2. 「在逼蔣抗日的方針下，並不放棄同各派反蔣軍閥進行抗日的聯合。我們愈能組織南京以外各派軍閥走向抗日，我們愈能實現這一方針。」
3. 「在全國人民面前，我們應表現出我們是『停止內戰，一致抗日』的堅決主張者，是全國各黨、各派（蔣介石國民黨也在內）抗日統一戰線的

組織者與領導者。這種態度最能爭取廣大抗日人民的同情與擁護，在國民黨區域中也便利於我們的活動。」[15]

從中共中央書記處的這幾點指示來看，當時中共中央的策略是：以「停止內戰，一致抗日」的口號，來爭取廣大人民對中共的「同情」與「擁護」，並擴大其在國民政府統治區域內「便利活動」的空間；而在「抗日民族統一戰線」的形成過程及建立之後，中共要充當它的「組織者」與「領導者」。惟有如此，中共才能利用這個「抗日民族統一戰線」，達成其最後全面奪取中國政權之目的。

㈢ 中共〈中央關於抗日救亡運動的新形勢與民主共和國的決議〉

在上述中共中央書記處的〈指示〉中，有一個主張是〈八一宣言〉中所沒有的，那就是建立所謂「民主共和國」。此時中共之所以提出建立「民主共和國」之主張，係因中共自 1935 年 8 月在〈八一宣言〉中提議組織「國防政府」與「抗日聯軍」後，雖經一年的宣傳，但迄未能獲得朝野的贊同與支持；而中國國民黨為集中全國力量，準備全面抗戰，已於 1936 年 7 月在「五屆二中全會」上決議設立「國防會議」，並積極籌備召開國民大會，也令中共不得不於原有的「國防政府」與「抗日聯軍」之口號外，再加上「民主共和國」之口號，以加強宣傳效果。

關於「民主共和國」的新口號，中共中央書記處在 9 月 1 日的〈關於逼蔣抗日問題的指示〉中並未詳釋其背景、意義與作用。兩週後，中共中央政治局特為此通過〈中央關於抗日救亡運動的新形勢與民主共和國的決議〉。這個〈決議〉指出，中共「中央認為在目前形勢之下，有提出建立民主共和國口號的必要。」此乃「因為這是團結一切抗日力量來保障中國領土完整和預防中國人民遭受亡國滅種的慘禍的最好方法，而且這也是從廣大人民的民主要求產生出來的最適當的統一戰線的口號。」又說：「民主共和國不但能夠使全中國最廣大的人民群眾參加到政治生活來，提高他們的覺悟程度與組織力量，而且也給中國無產階級及其首領共產黨為著將來的社會主義的勝利而鬥爭以自由活動的舞臺。」

---

[15]〈中央關於逼蔣抗日問題的指示〉（1936 年 9 月 1 日），《中共黨史教學參考資料》，第二冊（北京：人民出版社，1980 年），頁 75-76。

　　由此可知，中共之所以提議建立「民主共和國」，是為了提供共產黨「為著將來的社會主義的勝利而鬥爭以自由活動的舞臺」。如何實現「民主共和國」的提議，進而鬥爭獲得「社會主義的勝利」？中共中央在這個〈決議〉中明白指出：

　　繼續開展全中國人民的抗日救亡運動，擴大各黨各派各界各軍的抗日民族統一戰線，加強中國共產黨在民族統一戰線中的政治領導作用，極大的鞏固蘇維埃與紅軍，……推動國民黨南京政府走向抗日，才能給民主共和國的實現準備前提。

　　在「民主共和國」建立之後，共產黨要如何做呢？〈決議〉指出：

　　即在民主共和國建立之後，共產黨也絕不放棄對於蘇區人民與原有武裝力量的絕對的領導。相反的，黨在堅決領導全中國人民群眾的抗日鬥爭與日常經濟政治鬥爭中，要堅持著擴大與鞏固自己的政治與軍事的力量，保障抗日戰爭與民主共和國之徹底的勝利，爭取社會主義前途的實現。

　　〈決議〉又說：「擴大與鞏固共產黨，保障共產黨政治上、組織上的完全獨立性和內部的團結一致性」，是使「抗日民族統一戰線」與「民主共和國」得到徹底的勝利——進而爭取「社會主義」的最後勝利——的「最基本條件」。[16]

　　由此充分顯示：中共的「抗日民族統一戰線」及「民主共和國」之提議，純係利用抗日救亡的形勢，為保存、擴大與鞏固共產黨的政治與軍事力量，俾於抗日戰爭結束後，奪取中國政權，達成社會主義的勝利，而採取的階段性策略。

---

[16]〈中央關於抗日救亡運動的新形勢與民主共和國的決議〉（1936 年 9 月 17 日），《中共黨史教學參考資料》，第二冊（北京：人民出版社，1980 年），頁 77-82。

第三節　抗日民族統一戰線的建立

自 1935 年 8 月王明（陳紹禹）在莫斯科發表〈八一宣言〉後，中共中央為宣傳並促進「抗日民族統一戰線」的建立，除對中共各級黨部發出若干祕密指示（如 1935 年 10 月的〈為目前反日討蔣的祕密指示信〉）、對全國各界發出宣言（如 1935 年 11 月 28 日的〈中華蘇維埃共和國中央政府、中國工農紅軍革命軍事委員會抗日救國宣言〉）、黨內會議通過重要決議（如 1935 年 12 月 25 日中央政治局瓦窰堡會議通過的〈關於目前政治形勢與黨的任務決議〉）、致書中國國民黨及其領導人（如 1936 年 8 月 25 日的〈中國共產黨致中國國民黨書〉、9 月 1 日的〈周恩來致陳果夫、陳立夫信〉、9 月 22 日的〈周恩來致蔣介石信〉）等，還試圖派人與國民黨接觸談判，希望儘速達成其建立「抗日民族統一戰線」之目的，以挽救其即將覆亡之命運。

一、國共間的南京談判與上海談判

㈠南京談判

幾與毛澤東、朱德兩人聯名發表〈中華蘇維埃共和國中央政府、中國工農紅軍革命軍事委員會抗日救國宣言〉之同時，國、共兩黨間開始在南京有較低層人員的接觸。據當年直接參與其事的中共黨員呂振羽（1900-1980，原名柳崗，湖南武岡人，中共馬克思主義歷史學家。當時任北平中國大學教授，及中共北平市委領導下的「自由職業者大同盟」書記）之記述：「南京談判，是在 1935 年 11 月至 1936 年 8 月期間舉行的。」其由來及經過，呂振羽有如下的記述：

> 1935 年冬，我收到一封南京來信。寫信人諶小岑，也是湖南人，曾在主辦「豐臺旬刊」時經翦伯贊介紹而同我相識的。寫信時，他在國民黨政府鐵道部任勞工科長。來信的大意是：東鄰侵凌，龔、姜兩府宜聯姻禦侮，兄如願作伐，請即命駕南來，云云。

呂振羽在上文中所稱「龔姜兩府」的「龔」是稱「共產黨」；「姜」

是指「蔣」，即指國民黨、國民政府。所謂「聯姻禦侮」，是指結成統一戰線，共同抗日。呂振羽接著說：

當時，我任北平中國大學教授，中共北平市委領導下的自由職業者大同盟書記，市委由周小舟同志經常同我聯繫。我把諶的來信交給周，請示市委如何處置。周小舟同志說：「市委討論後再答覆你。」數日後，周小舟同志通知我，大意是：市委要你辭去教職，立即去南京，探明此事係何人發動和主持。

1935 年 11 月底，呂振羽抵達南京，諶小岑對呂振羽說：「此事係南京方面掌握工礦企業的宋子文主持，由鐵道部常務次長曾養甫出面。」

呂振羽在南京把他所了解的情況報告中共北平市委周小舟。當時中共北平市委歸中共中央北方局領導，而北方局已與逃竄中的中共中央失去聯絡多時，在處理這一問題上，北方局是根據共產國際「七大」有關〈反帝人民戰線〉決議和〈八一宣言〉的精神與原則，來佈置有關工作。呂振羽接著說：

周小舟同志得到我關於上述情況的書面報告後，於 1936 年 1 月第一次到南京。……他向我傳達黨的指示：一、組織國防政府和抗日聯軍；二、停止內戰，一致抗日，停止進攻蘇區，承認蘇區的合法地位等。

1936 年 6、7 月間，周小舟與曾養甫在鐵道部二樓曾的辦公室，舉行正式的談判，呂振羽和諶小岑也參加。呂振羽說：「以後，諶小岑面交我一份密電碼，並說：『南京談判至此終止』，自後由武漢電臺和延安電臺直接聯繫。」[17]

---

17 呂振羽，〈南京談判始末〉，司馬璐編著，《中共黨史暨文獻選粹》，第十二部（香港：自聯出版社，1985 年），頁 318-321。

(二)上海—南京談判

南京談判結束後，國、共雙方在上海又進行較高層次的談判。參與這次談判的主角有中共要人周恩來及潘漢年，中國國民黨要人陳立夫及張沖，而促成這次談判的關鍵人物是中共的周恩來。周恩來先於1936年9月1日致書陳果夫、陳立夫，稱：

> 黃君（按：黃華表）從金陵來，知養甫先生所策劃者（按：即南京談判），正爲賢者所主持，呼高應遠，想見京中今日之空氣，已非昔比。敝黨數年呼籲，得兩先生爲之振導，使兩黨重趨合作，國難轉機，實在此一舉。……兩先生居貴黨中樞，與蔣先生又親切無間，尚望更進一言，立停軍事行動，實行聯俄聯共，一致抗日，則民族壁壘一新，日寇雖狡，漢奸雖毒，終必爲統一戰線所擊破。

信中又說：「敝方爲貫徹此主張，早已準備隨時與貴方負責代表作具體談判」，「如果夫先生公冗不克分身，務望立夫先生，不辭勞瘁，以便雙方迅作負責之商談」。[18]

9月22日，周恩來再致函中國國民黨領導人蔣中正，稱：

> 先生須知，共產黨今日所求者，惟在停止內戰、建立抗日統一戰線與真正發動抗日戰爭。內戰果能停止，抗戰果能實行，抗日自由果能實現，則蘇維埃與紅軍誓將實踐其自己宣言，統一於全國抗日政府指揮之下，爲驅逐日寇而奮鬥到底。……天下淘淘爲先生一人，先生如決心變更自己政策，則蘇維埃與紅軍準備隨時派遣負責代表與先生協定抗日大計。[19]

---

[18] 〈周恩來致陳果夫、陳立夫信〉（1936年9月1日），《中共中央抗日民族統一戰線文件選編》，中編（北京：檔案出版社，1985年），頁253-254。

[19] 〈周恩來致蔣介石信〉（1936年9月22日），《中共中央抗日民族統一戰線文件選編》，中編（北京：檔案出版社，1985年），頁272-274。

　　10月9日，中國國民黨中央委員會兼中央組織部副部長張沖與中共代表，先就「接洽程序」達成如下的協議：

1. 派潘漢年代表接洽停戰，並決定停戰後正式會面地點與時間。
2. 正式派周恩來南下與中央負責人見面，成立協定。
3. 雙方派人執行編軍及各問題。

　　甲　　部

1. 停止逮捕共黨（違反刑法、治安法者，不在此限。）
2. 分批釋放在獄共黨（分批祕密釋放亦可）。
3.）　給紅軍防地給養及補充。
4. 紅軍改編後得派代表數人參加國民政府軍委會、國防會議，及總司令部。
5. 抗日或對外戰爭中，願擔任一固定防線。

　　乙　　部

1. 中國共產黨自動取消蘇維埃政府，得參加國民代表大會選舉。
2. 自動取消紅軍名義及番號，按照國軍統一編制，服從統一命令（但希望保存其實力，不可藉縮編為摧毀）。[20]

　　國、共雙方代表上海談判的經過情形，據參與談判的陳立夫回憶：「民國二十五年秋，諶（按：諶小岑）、黃（按：黃華表）等得周恩來致先兄與余一函要求停剿，願意共同抗日」；「該函經呈閱後，奉命繼續聯繫，由余等出名口頭答覆，允予轉呈，惟不必立即告以蔣公已允予考慮。此一線索，始終聯繫未斷，以待時機之來臨。」對周恩來之函的處理，有了原則性的指示之後，陳立夫說：

　　我們首先決定把周恩來請到上海，惟中共派員與余談判，必須有第三國際代表參加，這是潘漢年。他們倆人必須先得到余之安全保障，始肯來上海。我方則由張沖任聯絡員。那時候的情形，我們好像

---

[20] 〈政府代表張沖與中共代表接洽程序〉（1936年10月9日），《中華民國重要史料初編》，第五編，第一冊（臺北：中國國民黨中央委員會黨史委員會，1985年），頁63-64。

是接受中共投降，他們只要我方肯停止剿共，提其他條件，他們都可接受。

陳立夫接著說：

日寇一旦侵華，就是給他們以復活的機會，條件可以隨時食言，到了那時候我們自己抗戰不暇，他們不打日軍，我們自難對他們為有效的約束及處分。我們知道他們怎樣想法，他們亦知道我們怎樣做法，但是為對外必須表示全國一致抗日起見，我們要求他們在戰爭爆發以後，即需發表共赴國難宣言，包括下列四點原則：一、為徹底實現三民主義而奮鬥；二、取消一切反政府之暴動政策及赤化運動，停止以暴力沒收地主土地的政策；三、取消紅軍，改編為國民革命軍，受軍事委員會的統轄，擔任抗日戰爭之任務；四、取消蘇維埃組織，改為行政區，以期全國政權之統一。

國、共雙方代表在上海的談判有了初步結果之後，再轉往南京，繼續談判。陳立夫說：

後來周、潘二人由我們招待至南京居住，由余直接和他們談判，使彼等更為放心。經多次磋商，宣言及條件的文字都已大體談妥，周恩來乃欲回延安覆命，余乃令張沖陪其去西安，順便往見張學良，由周口中說出，我們雙方對共同抗日，大致已有協議，以免張再唱抗日高調，以保實力。潘則留京續洽，不料事隔數日，西安事變忽起，當時張沖與周恩來都在西安，外人罕知其原因何在也。其共赴國難宣言，於七七事變後，於同年九月二十二日公佈。[21]

---

[21] 陳立夫，〈參加抗戰準備工作之回憶〉，《中華民國重要史料初編》，第五編，第一冊（臺北：中國國民黨中央委員會黨史委員會，1985 年），頁 53-58。

㈢ 蔣中正對上海—南京談判的記述

　　1936 年秋後國、共間的上海談判與南京談判之情形，中國國民黨領導人蔣中正日後在《蘇俄在中國》一書中也有如下的記述：周恩來於 1936 年 9 月 1 日致函陳果夫及陳立夫，「申明中共要求停戰抗日的立場」。後由周恩來代表中共，潘漢年代表共產國際，到上海與張沖會商。「當時我得到這個報告，對於潘漢年代表共產國際一節甚為懷疑。但據立夫考驗後，知道潘持有他與共產國際通電的密碼，及其來往電報無誤。我認為此事真偽虛實，對本案不甚重要，故亦未再追問。潘漢年乃即到南京與陳立夫談判。政府對中共所提的條件為下列四點：一、遵奉三民主義；二、服從蔣委員長指揮；三、取消『紅軍』，改編為國軍；四、取消蘇維埃，改為地方政府。經過了長時間的談判，最後他們終於接受這四項原則。一切條件大抵都達到協議，只待我回京作最後之核示。」[22]

㈣ 國民政府願意和處境艱難的中共談判之原因

　　至於當時的國民政府又為何會願意和剛剛竄底陝北，處境艱難的中共進行談判呢？根據學者關中的研究，原因大致有三：㈠ 因為日本侵華日亟，不安內無以攘外；㈡ 是希望爭取蘇俄的支持，不僅是聯蘇抗日，也希望減少蘇俄對中共的支持；㈢ 希望以政治方法來解決中共問題。[23]

　　誠如蔣中正在《蘇俄在中國》一書所言：「中日戰爭既已無法避免，國民政府乃一面著手對蘇交涉，一面亦著手中共問題的解決。我對於中共問題所持的方針，是中共武裝必先解除，而後對他的黨的問題纔可作為政治問題，以政治方法來解決。民國二十三年底，五次圍剿初告成功，中央即指派陳立夫擔當這一政治任務。」[24]

---

[22] 蔣中正，《蘇俄在中國》，第六版（臺北：黎明文化事業股份有限公司，1989 年），頁 58-59。

[23] 關中，《中國命運關鍵十年：美國與國共談判真相（1937-1947）》（臺北：天下遠見出版股份有限公司，2010 年），頁 85。

[24] 蔣中正，《蘇俄在中國》，第六版（臺北：黎明文化事業股份有限公司，1989 年），頁 58。

二、「西安事變」與中共

　　就在國民政府軍事委員會委員長蔣中正尚未回京，對國共間從上海到南京的談判結果作「最後之核示」前，爆發了震驚中外的「西安事變」（「雙十二事變」）。張學良、楊虎城於劫持蔣中正委員長後，隨即對外發表〈通電〉，提出八項主張：㈠ 改組南京政府，容納各黨各派共同負責救國；㈡ 停止一切內戰；㈢ 立即釋放上海被捕之愛國領袖；㈣ 釋放全國一切政治犯；㈤ 開放民眾愛國運動；㈥ 保障人民集會結社一切之政治自由；㈦ 切實遵守總理遺囑；㈧ 立即召開救國會議。[25]

　　蔣中正指出：張、楊通電所提的八項主張，顯然就是當時中共及其同路人的政治口號，「其實質的意義就是要求國民政府停止剿共軍事，放任共黨及其外衛團體的活動，採取聯俄容共政策，召開所謂黨派會議，改組國民政府為聯合政府」。[26]

　　誠然，「西安事變」的主動者為張學良與楊虎城，其於事前並未與共產黨有任何商量，且共產黨在事前亦毫無所悉。但張、楊之反抗中央與發動事變，則係受當時中共統戰之影響，殆為不容置疑之事實。茲據有關史料，將事變前中共與張、楊之聯繫，事變期間中共之反應與主張，以及事變結束後中共之政策等分述於後。

㈠「西安事變」前中共與張學良、楊虎城之聯繫

1.中共與張學良及東北軍的接觸

　　早在 1935 年 11 月間，甫抵陝北的中共紅軍領導人毛澤東、周恩來、彭德懷等，就曾多次寫信給東北軍、西北軍的高級將領，藉「顧全民族大義」之名，鼓動他們停止剿共，共同抗日。1936 年 1 月 25 日，紅軍領導人毛澤東、周恩來、彭德懷、林彪、葉劍英、楊尚昆、聶榮臻、劉志丹、高崗等二十人聯名發出〈紅軍為願意同東北軍聯合抗日致東北軍全體將士

---

[25] 〈張學良、楊虎城雙十二通電〉（1936 年 12 月 12 日），《中華民國重要史料初編》，第五編，第一冊（臺北：中國國民黨中央委員會黨史委員會，1985 年），頁 153-154。

[26] 蔣中正，《蘇俄在中國》，第六版（臺北：黎明文化事業股份有限公司，1989 年），頁 63。

書〉，表示：

　　中國蘇維埃政府與工農紅軍是願意與任何抗日的武裝隊伍聯合起來，組織國防政府與抗日聯軍，去同日本帝國主義直接作戰的。我們願意首先同東北軍來共同實現這一主張，爲全中國人民抗日的先鋒。……關於組織國防政府與抗日聯軍的具體辦法，請互派代表共同協商。一切願意抗日的個人或代表，都是蘇維埃紅軍的朋友，我們都歡迎他們到蘇區來，並願竭誠招待。[27]

　　1936 年 4 月起，負責在陝北剿共的東北軍已與中共紅軍停止敵對。4 月 6 日，毛澤東與彭德懷聯名致電東北軍將領張學良和王以哲，電文中指出：「敝方代表周恩來偕李克農於八日赴膚施（按：即延安，當時還在張學良的東北軍控制之下），與張先生會商救國大計，定七日由瓦窰堡啓程，八日下午六時前到達膚施城東二十里之川口，以待張先生派人至川口引導入城；關於入城以後之安全，請張先生妥爲佈置。」[28] 4 月 9 日，中共代表周恩來、李克農與張學良在膚施（即延安）城內一個天主教堂內舉行祕密談判。據中共黨史教材指出：在這次密談中，「周恩來等向張學良闡述了我黨抗日民族統一戰線的政策，給張以極其深刻的印象」；「雙方還就互不侵犯、互相幫助、互守原防、互派代表及紅軍幫助東北軍進行抗日教育等問題，取得了一致的意見」。[29]
　　另據張學良本人的記述，此次密談，雙方討論了十個具體條件：
　⑴共產武裝部隊接受點編集訓，準備抗日。
　⑵擔保不欺騙、不繳械。
　⑶江西、海南、大別山等地共黨武裝同樣接受點編。

---

[27] 〈紅軍為願意同東北軍聯合抗日致東北軍全體將士書〉（1936 年 1 月 25 日），《中共中央抗日民族統一戰線文件選編》，中編（北京：檔案出版社，1985 年），頁 76-80。

[28] 〈毛澤東、彭德懷致王以哲、張學良電〉（1936 年 4 月 6 日），《中共中央抗日民族統一戰線文件選編》，中編（北京：檔案出版社，1985 年），頁 121。

[29] 社魏華，〈西安事變〉，《中共黨史主要事件簡介（1919-1949）》（成都：四川人民出版社，1982 年），頁 290。

⑷取消紅軍名稱，同國軍待遇一樣。

⑸共產黨不能在軍中再事工作。

⑹共產黨停止一切鬥爭。

⑺赦放共產黨人，除反對政府、攻擊領袖外，准自由活動。

⑻准其非軍人黨員居住陝北。

⑼待抗日勝利後，共產武裝一如國軍，復員遣散。

⑽抗日勝利後，准共產黨爲一合法政黨，一如英美各民主國然。[30]

又據時任大公報記者范長江之記述：在「雙十二事變」之前，葉劍英曾應張學良之邀，祕密前往西安，在張學良公館附近，與張學良研究東北軍之改造問題，影響張學良很深。[31]關於此點，中共黨史教材也記載：在周恩來與張學良密談後，「黨還派葉劍英作爲紅軍代表常駐西安，協助張、楊改造部隊，準備抗日。」[32]

6月20日，中共中央在瓦窯堡決定頒發〈關於東北軍工作的指導原則〉，強調：「爭取東北軍走上抗日是我們的基本方針。」爲了爭取東北軍走上抗日，該〈指導原則〉提出中共在東北軍中的兩項工作目標：

⑴「不是瓦解東北軍，分裂東北軍，而是給東北軍以徹底的抗日的綱領，使東北軍在這一綱領的周圍團結起來，成爲堅強的抗日的武裝力量。」

⑵「也不是把東北軍變爲紅軍，來擁護共產黨的基本綱領，而是要使東北軍變爲紅軍的友軍，把共產黨所提出的關於抗日救國的綱領變爲他們自己的綱領。」

該〈指導原則〉還指示中共各級組織：「在每一個可能的條件之下，我們應該派出最好的同志，到東北軍內部去進行工作，並在裡面發展黨的組織。爲了將來開展的形勢，我們現在即應該培養與訓練一批專門到東北

[30] 張學良，〈西安事變懺悔錄〉，司馬璐編，《中共黨史暨文獻選粹》，第十二部（香港：自聯出版社，1985年），頁329-330。

[31] 范長江，〈陝北之行〉，轉引自郭華倫，《中共史論》，第三冊，第四版（臺北：國立政治大學國際關係研究中心，1982年），頁169。

[32] 鄭德榮、朱陽主編，《中國共產黨歷史講義》（延邊：吉林人民出版社，1981年），頁218。

軍中去的幹部。」[33]

　　同（1936）年 10 月 5 日，毛澤東、周恩來又致書張學良稱：「先生是西北各軍的領袖，且是內戰與抗戰歧途中的重要責任者，如能顧及中國民族歷史關頭的出路，即祈當機立斷，立即停止西北各軍向紅軍的進攻，並祈將敝方意見轉達蔣介石先生速即決策，互派正式代表談判停戰抗日的具體條件。」毛、周在該〈信〉中所指「敝方意見」，主要為：「為了迅速執行停止內戰一致抗日主張，只要國民黨軍隊不攔阻紅軍的抗日去路與侵犯紅軍的抗日後方，我們首先實行停止向國民黨軍隊的攻擊，以此作為我們停戰抗日的堅決表示。」[34]

2. 中共與楊虎城及西北軍的聯繫

　　在「西安事變」前，中共與楊虎城間的聯繫，據中共史料稱：「我黨對以楊虎城為首的西北軍也進行了大量的團結工作，並得到了楊虎城和西北軍廣大官兵的積極響應。」[35] 如 1935 年 12 月，毛澤東派汪鋒為代表，「持著分別給楊虎城、杜斌丞、鄧寶珊三人的親筆信到西安」。[36] 其後，在楊虎城左右，共產黨人雲集，著名的有王炳南（時任楊虎城部參議）、南漢辰（擔任楊虎城任陝西省政府主席時的祕書長）、申伯純（時任西北軍第十七路軍政治處長）等。

　　經由上述對東北軍及西北軍之聯繫之後，中共史料稱：「這樣，我黨提出的抗日民族統一戰線政策，便在西北地區首先得到實現，形成了紅軍、東北軍、西北軍三位一體的聯合抗日的大好局面。」[37]

---

[33] 〈中央關於東北軍工作的指導原則〉（1936 年 6 月 20 日於瓦窯堡），《中共中央抗日民族統一戰線文件選編》，中編（北京：檔案出版社，1985 年），頁 171-181。

[34] 〈毛澤東、周恩來致張學良信〉（1936 年 10 月 5 日），《中共中央抗日民族統一戰線文件選編》，中編（北京：檔案出版社，1985 年），頁 283。

[35] 社魏華，〈西安事變〉，《中共黨史主要事件簡介（1919-1949）》（成都：四川人民出版社，1982 年），頁 290。

[36] 羅瑞卿、呂正操、王炳南，〈西安事變與周恩來同志〉，司馬璐編，《中共黨史暨文獻選粹》，第十二部（香港：自聯出版社，1985 年），頁 328。

[37] 社魏華，〈西安事變〉，《中共黨史主要事件簡介（1919-1949）》（成都：四川人民出版社，1982 年），頁 290。

㈡ 中共對「西安事變」的反應與主張

　　「西安事變」的主動者為張學良、楊虎城，事前並未與中共有任何商量，即中共在事前是毫無所悉的。事變發生後，設於陝北保安的中共中央雖有所悉，但尚未能完全確認最後的結果，故一直到這一天（12月12日）晚上九點，中共中央仍舊在問張學良：「是否已將蔣介石扣留？」換句話說，因張學良兵變扣蔣，整個西安城裡的軍民已經像炸開了鍋似的喧騰了一個白天之後，中共中央似乎還未能搞清楚，是不是真的發生了「張學良扣蔣這回事」？

　　由於中共中央和張學良方面約定的聯絡方式：中共中央守聽西安電台的時間一天僅有三次，西安方面守聽的時間主要又只在凌晨五點與晚上九點，所以，直到當晚九點，中共中央才有機會再次與張學良通報，提出他們的疑問。

　　不過，根據大陸學者楊奎松的研究，「中共中央當天白天並非不了解在西安已經發生什麼。問題僅僅在於這一切太讓人吃驚了，因此正在保安的毛澤東等中共領導人竟很長時間難以相信，事情真的會如此順利。他們一邊迅速就此做出反應，一邊卻不能不再三想辦法核實這一消息的準確性。」[38]

　　當晚和張學良聯絡過後，設於保安的中共中央始確認了這項消息；張學良同時特別詢問中共中央，為何葉劍英還沒有到西安，並同意周恩來盡快到西安來協商後續處理事宜。[39] 據此，中共中央於當晚二十四時正式通知共產國際執委會書記處，告以「張學良確已將蔣介石扣留在西安」，並請求共產國際及蘇俄在世界輿論等方面給予積極的援助。[40]

　　與此同時，中共中央亦進一步向「北方局」通報了此一情況，並緊急

---

38 楊奎松，《西安事變新探：張學良與中共關係之研究》（臺北：東大圖書股份有限公司，1995年），頁296-297。

39 楊奎松，《西安事變新探：張學良與中共關係之研究》（臺北：東大圖書股份有限公司，1995年），頁297-298。

40 莫斯科俄羅斯當代歷史文獻保管與研究中心檔案，全宗號495，目錄號74，卷宗號280。轉引自楊奎松，《西安事變新探：張學良與中共關係之研究》（臺北：東大圖書股份有限公司，1995年），頁298。

提出更具體的工作方針（即〈關於西安事變後我們的任務的指示〉），內容有如下七要點：

1.「擁護張、楊等之革命行動。」
2.「號召人民起來，要求張、楊、南京，及各實力派，立即召集抗日救亡代表大會，在西安開會討論抗日救亡大計。」
3.「號召人民及全國軍隊，積極注意日本與漢奸之行動。」
4.「推動南京及各地政權中之抗日派，響應西安起義，並嚴重對付親日派。」
5.「穩定 CC 派、黃埔派，推動歐美派、元老派及各實力派，積極站在抗日救亡方面。」
6.「號召人民及救亡領袖，要求南京明令罷免蔣介石，並交人民審判。」
7.「推動宋子文、孫科、孔祥熙、蔡元培、李石曾等，爭取英、美、法三國諒解與贊助。」[41]

　　次（13）日上午，中共中央在保安的領導人召開政政局擴大會議，第一次正式討論對於此一事變的估計與對策。會議肯定了抗日的積極意義，支持張、楊的行動；並在堅持爭取南京及各派贊助事變的前提下，確定了「要求罷免蔣介石，交人民公審」的方針。中午十二點，中共中央軍委主席團正式向紅軍發出關於西安事變情況的通告。同時，中共中央機關報《紅色中華》，也開始大力宣傳「將蔣介石交付人民審判」的主張。[42]

　　下午四時，中共中央在紅軍大學附近小溪旁的草坪上，召開了三百餘人的軍民幹部大會，毛澤東代表中共中央在會議上作了有關「西安事變」。報告時，毛澤東得意忘形的近乎瘋狂，他的講話類似狂呼與叫罵，他除說明事變的經過外，並誣指蔣中正向日寇屈辱投降，專事剿共為「西安事變」爆發的基因，強調「西安事變」是中共抗日統戰策略成功的重

---

[41] 〈中央書記處致胡服電——關於西安事變後我們的任務的指示〉（1936年12月12日），《中共中央抗日民族統一戰線文件選編》，中編（北京：檔案出版社，1985年），頁315-316。

[42] 楊鳳城主編，《中國共產黨歷史》（北京：中國人民大學出版社，2010年），頁107；楊奎松，《西安事變新探：張學良與中共關係之研究》（臺北：東大圖書股份有限公司，1995年），頁301。

大表現；同時著重指出：蔣委員長自從 1927 年「四一二事變」（即指清黨）以來，所欠共產黨人的血債如山，現在是清償血債的時候了。他接著大聲疾呼：必須把蔣介石解至保安交全國人民公審，給予應得的制裁，以償還十年的血債。此外，他還惕勵到會人員說：「西安事變」後，南京國民黨政府一定不會罷休，必將調兵遣將進攻東北軍和十七路軍（即楊虎城部）。因此，中共在軍事上必須即刻動員，開赴西安，準備與友軍並肩作戰，粉碎國民黨軍隊的進攻。毛澤東報告時，中共幹部不斷歡呼叫喊，似乎公審大會就要舉行，十年的深仇大恨就要得到報復了。這就是中共中央和毛澤東內心，對「西安事變」最直白的反應了。[43]

可是，再次日，即 12 月 14 日深夜，來自莫斯科的共產國際電令到了。電文中批評中共對「西安事變」所持的報復主義與內戰方針的錯誤，指斥這一方針正符合日本軍閥和中國親日派的願望，對中共和蘇俄都是不利的，且違背了共產國際反法西斯統一戰線與中共抗日民族統一戰線的政策。電文指出：中國需要抗日聯合戰線，需要蔣介石的領導；西安事變的動機是可疑的，它破壞了中國抗日聯合戰線，可能屬於親日派所為。因此，電文指示中共中央要爭取和平解決「西安事變」，促張學良、楊虎城釋放蔣中正。[44]

蘇共對「西安事變」的看法，可從 12 月 14 日《消息報》的評論中得知。該評論指出：「張學良向南京政府提出要求，包括對日宣戰及聯共。此類要求，僅屬發動之煙幕，實際上為中國人民陣線之打擊，及中國對外抵禦之破壞。自蔣氏執政以來，中國已逐漸集中力量，顯足表示其領導國防之準備與自力更生。……張學良雖然高舉抗日的旗幟，其行動卻顯然只於日本帝國主義有利。只要南京政府推行其抵抗日本侵略的政策，抗日的

---

[43] 陳然先生所提供的資料，轉引自郭華倫，《中共史論》，第三冊，第四版（臺北：國立政治大學國際關係研究中心，1982 年），頁 169-170。當時陳然先生在紅軍大學任教，對於「西安事變」在保安之反應及毛澤東之演講等，係陳然先生親身經歷之報導。

[44] 陳然先生轉據當時任中共中央祕書長涂振農所談而提供之資料，轉引自郭華倫，《中共史論》，第三冊，第四版（臺北：國立政治大學國際關係研究中心，1982 年），頁 170。另請參見司馬璐，《中共黨史暨文獻選粹》，第十二部（香港：自聯出版社，1985 年），頁 332。

統一人民陣線不應反對南京，而應和南京合作。」[45]

　　由此可知，共產國際給中共的電令與蘇共在《消息報》上的評論，兩者對「西安事變」的看法和所持的立場是一致的。當共產國際電令傳達保安時，中共中央各負責人對共產國際的指示有兩派不同意見：一派以張聞天（洛甫）、秦邦憲（博古）為首的國際派，力主完全接受國際的指示，即刻改變方針，發表和平通電，派出和談代表；二為以毛澤東為首的實力派，他們認為南京政府在軍事上已積極部署，準備進攻張、楊，和平解決恐不可能，必須採取兩套辦法，一面執行國際指示，一面在軍事上積極行動支援張、楊。因此，除原定派赴西安之代表團以國際指示為依據，執行和平解決西安事變之方針外，並在軍事上把紅軍主力即刻開赴三原、咸陽、西安一線，配合張、楊部隊向潼關進發，另派紅十五軍團經咸陽東出商縣，作側翼防禦。[46]

　　「西安事變」發生後的一週內，中共的諸多反應中，最值得注意的，便是中共中央電令其各地方黨部以各種辦法（包括使用「東北軍」代表、「救國會」代表等名義）徵詢各地方實力派，特別是山西、山東、四川、兩廣各實力派對「西安事變」的態度，及對如何處置蔣中正的意見，以作為中共中央決策的參考。[47]

　　中共中央於接到共產國際電令後，即委派周恩來、秦邦憲（博古）、葉劍英等組成中共代表團，前往西安參加談判。周恩來等人於 12 月 14 日從保安出發，16 日抵達西安。周等人抵達西安後，先後與張學良、楊虎城會晤，並對東北軍、西北軍的高級將領進行說服工作，同時依靠中共在西安的地下黨組織，作了大量的群眾工作、宣傳工作和「民主人士」的工作。[48]

---

[45] 轉引自司馬璐，《中共黨史暨文獻選粹》，第十二部（香港：自聯出版社，1985 年），頁 335。

[46] 郭華倫，《中共史論》，第三冊，第四版（臺北：國立政治大學國際關係研究中心，1982 年），頁 170-171。

[47] 郭華倫，《中共史論》，第三冊，第四版（臺北：國立政治大學國際關係研究中心，1982 年），頁 171。

[48] 鄭德榮、朱陽主編，《中國共產黨歷史講義》（延邊：吉林人民出版社，1981 年），頁 220。

12 月 21 日，中共中央致電周恩來，指示中共對「西安事變」的策略是：「扶助左派，爭取中派，打倒右派，變內戰為抗戰。」該電所提談判條件，主要為「南京政府實施初步改組」、「停止討伐，承認西安之抗日軍」、「停止剿共政策，並與紅軍聯合抗日」等。至於對蔣中正之處置辦法，該電指示周恩來：「對閻錫山遷蔣至山西辦法應表示可以考慮。」[49]

12 月 23 日，周恩來以中共全權代表身份，在西安談判會上提出中共和平解決「西安事變」的六項主張：

1. 停戰，撤兵至潼關外。
2. 改組南京政府，排除親日派，加入抗日分子。
3. 釋放政治犯，保障民主權利。
4. 停止剿共，聯合抗日，共產黨公開活動（紅軍保存獨立組織領導，在召開民主國會前，蘇區仍舊，名稱可冠抗日或救國）。
5. 召開各黨、各派、各界、各軍救國會議。
6. 與同情抗日國家合作。[50]

據中共史料稱，張學良、楊虎城對周恩來所提六項主張表示同意。經兩天的談判，至 12 月 24 日，達成了停止內戰，聯合紅軍抗戰，承認共產黨的合法地位，改組國民政府，及釋放政治犯等項協議。[51]

當周恩來等人代表中共前往西安參加談判期間，中共中央於 12 月 18 日、19 日在陝北保安召開政治局擴大會議，討論西安事變發生後的國內外政治形勢及「西安事變」善後解決方案。

會議第一天，即 12 月 18 日，中共中央致電南京中國國民黨中央執行委員會稱：「貴黨果欲援救蔣氏」，「非武力所能解決，武力的討伐，適足以杜塞雙方和解的餘地」。[52] 次（19）日，會議討論通過〈中共中央關

[49]〈中央關於西安事變問題致周恩來電〉（1936 年 12 月 21 日），《中共中央抗日民族統一戰線文件選編》，中編（北京：檔案出版社，1985 年），頁 337-338。

[50]〈關於西安事變的三個電報：一、與宋子文談判情況〉（1936 年 12 月 23 日），《周恩來選集》，上卷（北京：人民出版社，1984 年），頁 70-71。

[51] 社魏華，〈西安事變〉，《中共黨史主要事件簡介（1919-1949）》（成都：四川人民出版社，1982 年），頁 295。

[52]〈中央關於西安事變致國民黨中央電〉（1936 年 12 月 18 日），《中共中央抗日民族統一戰線文件選編》，中編（北京：檔案出版社，1985 年），頁 321-322。

於西安事變及我們任務的指示〉。中共在該〈指示〉中認爲「西安事變」
的發展不外兩個前途：

　　其一，或者由於這一發動，使內戰爆發，使南京中派（民族改良
派）一部或大部主觀上與客觀上走向親日，削弱全國抗日力量，推遲
全國抗戰的發動，以致造成日寇侵略的順利條件。
　　其二，或者由於這一發動，結束了「剿共」的內戰，使停止內
戰、一致抗日反而得到早日的實現，使全國的抗日救亡的統一戰線反
而更迅速的實際建立起來。

　　爲了促使第二個前途的實現，中共中央在該〈指示〉中決定採取四項
「基本方針」：
1. 堅持停止一切內戰、一致抗日的組織者與領導者的立場，反對新的內
　 戰，主張南京與西安間在團結抗日的基礎上，和平解決。
2. 用一切方法聯合南京左派，爭取中派，反對親日派，以達到推動南京
　 走向進一步抗日的立場。
3. 同情西安的發動，給張、楊以積極的、實際的援助（軍事上的與政治
　 上的），使之徹底實現西安發動的抗日主張。
4. 切實準備「討伐軍」進攻時的防禦戰，給「討伐軍」以嚴重的打擊，
　 促其反省，促成全國性抗日統一戰線的建立與全國性抗日戰爭的發
　 動。[53]
　　同（12月19）日，中共以「中華蘇維埃中央政府」與「中國共產黨
中央委員會」之名義，發表〈對西安事變通電〉，強調「以目前大勢，非
抗日無以圖存，非團結無以救國，堅持內戰，無非自速其亡」。因此，提
出四項建議如下：
1. 雙方軍隊暫以潼關爲界，南京軍隊勿向潼關進攻，西安抗日軍亦暫止
　 陝甘境內，聽候和平會議解決。

---

[53] 〈中央關於西安事變及我們任務的指示〉（1936年12月19日），《中共黨史教學參考
　　資料》，第二冊（北京：人民出版社，1980年），頁83-85。

2. 由南京立即召集和平會議，除南京、西安各派代表外，並通知全國各黨、各派、各界、各軍選派代表參加。本黨、本政府亦準備派代表參加。

3. 在和平會議前，由各黨、各派、各界、各軍先提抗日救亡草案，並討論蔣介石先生處置問題，但基本綱領，應是團結全國，反對一切內戰，一致抗日。

4. 會議地址暫定在南京。[54]

㈢「西安事變」結束後中共的政策

　　1936 年 12 月 25 日，張學良決定親自護送蔣中正離開西安，當天下午先飛抵洛陽，次（26）日再飛返南京。蔣中正之飛離西安，及張學良隨行護送，完全出乎周恩來及中共代表團之預料。中共中央接受共產國際的電令，雖主張和平解決「西安事變」，但對蔣中正之處置問題，主張召集各黨、各派、各界、各軍之代表開會討論，並表示可以考慮閻錫山所提「遷蔣至山西」的辦法。當時在西安的周恩來及中共代表們，對於蔣中正突然飛離西安，事先並未知曉。

　　「西安事變」結束後，中共中央於 12 月 27 日向中共各級黨部及有關幹部發出〈關於蔣介石釋放後的指示〉，強調蔣被釋放返回南京，「是全國結束內戰、一致抗日之新階段的開始」。[55] 周恩來、秦邦憲（博古）等人則繼續留在西安，處理善後問題，並執行中共中央交付的新任務。1937 年 1 月 5 日，中共中央就中共在西安的工作方針問題給周、秦兩人發出〈指示〉。中共中央在這個〈指示〉中指出：「我們在西安的工作方針，應堅持抗日救國的立場，盡量吸收各黨、各派、各界的積極分子參加工作，充分利用舊形式，實現新內容」，並要「善於利用當權者的每一允諾，以開展工作」。[56]

---

[54] 〈中華蘇維埃中央政府及中共中央對西安事變通電〉（1936 年 12 月 19 日），《中共中央抗日民族統一戰線文件選編》，中編（北京：檔案出版社，1985 年），頁 328-329。

[55] 全文請參閱〈中央關於蔣介石釋放後的指示〉（1936 年 12 月 27 日），《中共中央抗日民族統一戰線文件選編》，中編（北京：檔案出版社，1985 年），頁 341-342。

[56] 全文請參閱〈中央關於我黨在西安的工作方針問題給周恩來、博古的指示〉（1937 年 1

綜觀中共中央在「西安事變」後發出的這兩份〈指示〉的內容，可見中共在事變後將改變其原有的若干政策與作法，其中最值得重視的有：㈠鞏固中共紅軍與東北軍、西北軍的團結；發展與組織西北民眾，聯合西北少數民族，把陝、甘兩省首先變成中共的「根據地」；㈡為適應全國抗日民族統一戰線建立後的新環境，共產黨應在政治上與組織上作必要的改變。

改變之道則為：㈠共產黨的一切組織要十分祕密，有名的共產黨員要多在幕後主持實際工作，少爭名義；㈡宣傳文件不宜完全抄共產黨的語調，要多站在「國民黨左派」立場說話；㈢共產黨員要以群眾團體或各種合法機關名義，公開活動。

換言之，即要共產黨員盡量隱藏組織與身分，利用合法的名義，公開活動，以達成其促成抗日民族統一戰線早日建立，進而取得統一戰線領導權的目的。

三、抗日民族統一戰線的建立：中共輸誠與收編共軍

「西安事變」結束後，張學良的東北軍自延安撤出，中共中央各一級機關遂於 1937 年 1 月由保安遷入延安。從此，延安便成為中共中央指揮的基地。

中共中央遷入延安後，即積極作向國民政府輸誠之準備，其主要者有：準備撤消蘇維埃中央政府，另組特區政府，而在過渡期間，僅保存蘇維埃中央政府名義，在延安改設蘇維埃中央政府西北辦事處，並以秦邦憲（博古）為辦事處主任，處理撤消蘇維埃中央政府的善後問題及籌建陝甘寧邊區政府。至於中共中央內部分工，除總書記張聞天（洛甫）、軍委主席毛澤東、白區工作委員會書記周恩來、婦女部長蔡暢未變動外，新更動的重要人事為：組織部長秦邦憲（原任部長羅邁調任中央黨校校長）、宣傳部長何凱豐（原代理部長吳亮平仍留宣傳部工作）、職工運動委員會書

月 5 日），《中共中央抗日民族統一戰線文件選編》，中編（北京：檔案出版社，1985年），頁 360。

記張浩（原任書記劉少奇前已調任北方局書記）。[57]

(一) 中共輸誠的四項保證及其黨內解釋

　　1937 年 2 月 15 日至 22 日，中國國民黨在南京召開「五屆三中全會」。中共中央為表示願與中國國民黨「團結禦侮」之誠意，特於「三中全會」召開前的 2 月 10 日，致電國民黨「三中全會」，向中國國民黨「三中全會」提出四項保證：

1. 在全國範圍內停止推翻國民政府之武裝暴動方針。
2. 工農政府改名為中華民國特區政府，紅軍改名為國民革命軍，直接受南京中央政府與軍事委員會之指導。
3. 在特區政府區域內，實施普選的徹底民主制度。
4. 停止沒收地主土地之政策，堅決執行抗日民族統一戰線之共同綱領。[58]

　　中國國民黨「三中全會」於 2 月 21 日，針對中共中央 2 月 10 日的來電，通過〈根絕赤禍案〉，對中共之輸誠問題，提出四項「最低限度之辦法」：

1. 一國之軍隊，必須統一編制，統一號令，方能收指臂之效，斷無一國家可許主義絕不相容之軍隊，同時併存者，故須徹底取消其所謂「紅軍」，以及其他假借名目之武力。
2. 政權統一，為國家統一之必要條件，世界任何國家，斷不許一國之內，有兩種政權之存在者，故須徹底取消所謂「蘇維埃政府」，及其他一切破壞統一之組織。
3. 赤化宣傳，與以救國救民為職志之三民主義絕對不能相容，即吾國人民生命與社會生活亦極端相背，故須根本停止其赤化宣傳。
4. 階級鬥爭，以一階級之利益為本位，其方法將整個社會分成種種對立之階級，而使之相殺相雛，故必出於奪取民眾與武裝暴動之手段，而

---

[57] 郭華倫，《中共史論》，第三冊，第四版（臺北：國立政治大學國際關係研究中心，1982 年），頁 171-172。

[58] 〈中共中央給中國國民黨三中全會電〉（1937 年 2 月 10 日），《中共黨史教學參考資料》，第二冊（北京：人民出版社，1980 年），頁 86。

社會因以不寧，民居爲之蕩析，故須根本停止其階級鬥爭。[59]

自中共中央 2 月 10 日致中國國民黨「五屆三中全會」電，提出輸誠的四項保證公佈後，引起中共內部及中共控制下的邊區議論紛紛，其軍心、民心開始動搖與迷惘，認爲取消蘇維埃、紅軍和土地革命，無異是向國民黨投降，十年鬥爭白費了，「烈士」的血也白流了，蘇維埃運動是錯誤了，共產黨已經喪失了原則性和獨立性等等。有些偏激分子甚至主張，與其向國民黨投降，還不如拉部隊再打游擊去。[60] 這種議論與動搖，給共產黨以嚴重威脅，爲此，中共中央乃在其黨內外進行廣泛的解釋與說服工作。

爲了進行此項解釋與說服工作，中共中央乃於 3 月 15 日印發〈關於西安事變和平解決之意義及中央致國民黨三中全會電宣傳解釋大綱〉。此一〈大綱〉雖能產生若干程度的宣傳與解釋效果，但中共黨內仍有許多不滿情緒，認爲是向國民黨投降。爲此，中共中央乃於 4 月 15 日發出〈告全黨同志書〉，強調「本黨給國民黨三中全會的四項保證，決不能解釋爲所謂『共產黨的投降』。這些保證，在某種意義上說來是一種讓步，但這種讓步是必要的與許可的。」中共中央在這份〈告全黨同志書〉中，還要求中共全體黨員幹部要迅速的、徹底的轉變過去鬥爭方式與工作方法，學習與創造新的鬥爭方式與工作方式，以適合於當前的新環境。至於今後轉變、學習和創造的方向，中共中央指示說：

過去的武裝鬥爭的方式，兩個政權尖銳對立的方式，現在必須轉變到和平民主的鬥爭方式。從武器的批評轉變到批評的武器，從革命戰爭轉到民主的與合法的運動，從同國民黨政府對立轉到同他們合作。……我們還要使自下而上的工作方式，同自上而下的工作方式，

[59] 〈根絕赤禍案〉（1937 年 2 月 21 日中國國民黨「五屆三中全會」通過），《中華民國重要史料初編》，第五編，第一冊（臺北：中國國民黨中央委員會黨史委員會，1985 年），頁 251-253。
[60] 郭華倫，《中共史論》，第三冊，第四版（臺北：國立政治大學國際關係研究中心，1982 年），頁 183-184。

適當配合起來，使公開的工作與祕密的工作求得辯證的一致。我們還要懂得如何在舊形式中灌輸新內容，舊軀殼中注入新生命。……這種新的鬥爭方式與工作方式的研究、學習與創造，今天成為展開黨的全部工作的重要關鍵。[61]

　　由此可知，中共根本沒有誠意實行其向中國國民黨「五屆三中全會」提出的輸誠四項保證。中共所謂的輸誠，其政治目的，是藉抗日之名，來達成其保存黨的力量，開展黨的工作，進而擴大黨的政治影響與組織力量，奪取民族革命運動的領導權。

㈡ 國、共間關於中共輸誠問題的商談

　　「西安事變」結束後，因共軍表示願意接受國民政府收編，國軍乃停止對共軍的進剿工作。為辦理有關收編共軍事宜，中央特責成西安行營主任顧祝同與刻在西安的中共代表周恩來進行商談。

1. 西安談判

　　1937 年 2 月 8 日，蔣中正委員長致電顧祝同，指示顧在與周商談時，「我方最要注意之一點，不在形式之統一，而在精神實質之統一。」「一國之中，絕不能有性質與精神不同之軍隊。」要中共「共同實行三民主義，不作赤化宣傳工作」，「若在此點同意，則其他當易商量。」[62]

　　2 月 9 日至 12 日，顧祝同與周恩來在西安進行談判，周恩來所提具體意見包括：

⑴共產黨承認國民黨在全國的領導地位；

⑵蘇維埃制度取消，「蘇區」改為中華民國特區政府。

⑶紅軍改編為國民革命軍。

⑷共黨得派代表參加國民會議。

[61] 〈中央委員會告全黨同志書〉（1937 年 4 月 15 日），《中共黨史教學參考資料》，第二冊（北京：人民出版社，1980 年），頁 87-95。

[62] 〈蔣委員長致顧祝同主任指示改編共軍方針電〉（1937 年 2 月 8 日），《中華民國重要史料初編》，第五編，第一冊（臺北：中國國民黨中央委員會黨史委員會，1985 年），頁 262。

⑸共軍得派代表參加國防機關。

⑹希望「三中全會」對於和平統一、團結禦侮及容許民主自由、改善人民生活，能有進一步的主張和表示。[63]

2月16日，蔣中正致電顧祝同，就共軍改編等軍事問題給予指示：「中央准編其四團制師之兩師。照中央編制，八團兵力已在一萬五千人以上之數，不能再多，即可以此為標準，與之磋商。其餘人數，惟由中央為之設法編併與安置，但其各師之參謀長與師內各級之副職，自副師長及至副排長人員，皆應由中央派充也。此僅對軍事而言，至其他關於政治者，待軍事辦法商妥後，再由恩來來京另議可也。」[64]

2月下旬至3月上旬，顧祝同與周恩來繼續商談，周提議將共軍改編為三個國防師，共六旅十二團，及其他直屬之工兵炮兵通信輜重騎兵等部隊，在三個國防師之上，設總指揮部，領導人員不變，「蘇區」改為行政區，行政人員經民選推薦，由中央任命等；國民政府則要求變更紅軍領導人員，控制「蘇區」政府等。由於雙方歧見頗大，終未達成協議，周恩來乃於3月16日返回延安，談判暫告一個段落。[65]

2.杭州談判

1937年3月19日，周恩來復攜帶中共中央已經擬好的與國民黨談判的條件回到西安，條件中包括中共承認革命的三民主義及國民黨在中國的領導地位；取消暴動政策及沒收地主土地政策，停止赤化運動；取消蘇維埃政府及其制度，現有紅軍駐在地區改為陝甘寧邊區；紅軍改編為國民革命軍，服從中央及蔣委員長之統一指揮，紅軍改編後的總人數不少於四萬

---

[63] 〈西安行營主任顧祝同呈蔣委員長報告與周恩來談話情形電〉（1937年2月13日），《中華民國重要史料初編》，第五編，第一冊（臺北：中國國民黨中央委員會黨史委員會，1985年），頁262-263。

[64] 〈蔣委員長致顧祝同主任補充指示改編共軍方針電〉（1937年2月16日），《中華民國重要史料初編》，第五編，第一冊（臺北：中國國民黨中央委員會黨史委員會，1985年），頁264。

[65] 張玉法，《中華民國史稿》，修訂版（臺北：聯經出版事業公司，2001年），頁310；楊奎松，《國民黨的聯共與反共》（北京：社會科學文獻出版社，2008年），頁355-363。

三千人等十項。但要求國民黨須作到停止剿共、釋放政治犯、修改國民大
會組織法及選舉法、修改國防會議條例使共產黨亦能參加、實行準備抗戰
及改善人民生活的具體方案等五項保證。[66]

　　蔣中正於 3 月 26 日在杭州西湖召見周恩來，周恩來將中共所提上述
十五項意見彙整報告，並口頭提出六點具體要求：

　　(1)「蘇區」改成邊區（十八縣），陝甘寧邊區須成為整個行政區，不
　　　　能分割。

　　(2)紅軍改編三個師後，人數請容許在四萬人以上。

　　(3)三個師以上必須設指揮總部。

　　(4)副佐人員不能派遣，中央軍政人員只任聯絡。

　　(5)紅軍學校必須辦完本期。

　　(6)增加紅軍防地。

　　至於蔣中正接見周恩來時的談話大意則有五項要點：

　　(1)期勉中共要有民族意識和革命精神。

　　(2)過去合作的失敗，兩黨都應檢討，堅守新的政策。

　　(3)人家都說共產黨說話不算話，希望這次的改變，能說話算話。

　　(4)希望國、共兩黨能商量出永久合作的辦法。

　　(5)關於具體問題，是小節，容易解決。[67]

　　會談結束後，周恩來途經上海、西安，於 4 月初返抵延安。

3. 盧山談判

　　周恩來回到延安後，隨即向中共中央匯報了杭州談判的結果。4 月 9
日，周直接致電蔣中正：「歸膚施（按：即延安）後述及先生合作誠意，
均極興奮，現黨中正開會計議綱領及如何與先生永久合作問題。」電文中

---

[66] 中共〈中央關於與國民黨談判條件問題給周恩來的指示〉（1937 年 3 月 16 日），《中
　　共中央抗日民族統一戰線文件選編》，中編（北京：檔案出版社，1985 年），頁 429-
　　431。

[67] 中共〈中央關於與蔣介石談判經過和我黨對各方面策略方針向共產國際的報告〉（1937
　　年 4 月 5 日），《中共中央抗日民族統一戰線文件選編》，中編（北京：檔案出版社，
　　1985 年），頁 447-453。

並向蔣中正表達會畢即可南下謁見之意。[68] 而根據蔣中正在杭州會談時的建議，中共中央開始草擬〈禦侮救亡復興中國的民族統一綱領〉、〈民族統一聯盟組織規約〉，並討論修改國民大會組織法與選舉法。但是，中共中央這些積極的響應，卻因緊接著傳來的渡過黃河之紅四方面軍（西路軍）全軍覆沒的消息而備受打擊。咸認國民政府「入于和平之後，對河西紅軍竟取此殘酷無情態度，殊失中央風度。」[69]

　　中共中央鑒於西路軍的失敗已成定局，且此時中共艱難的處境亦尚未完全解除，與國民政府的談判不能因此停頓，故周恩來隨後還是受命，攜帶已經擬就的〈禦侮救亡復興中國的民族統一綱領草案〉再赴西安，於 4月 28 日與顧祝同、張沖再度會談，並就共軍改編經費及多衣問題商議處理方式。[70]

　　5 月 27 日，周恩來飛抵上海，經南京，於 6 月 4 日轉抵盧山牯嶺。6 月 8 日至 15 日間，周恩來與蔣中正、宋子文、張沖等人多次會談，周恩來提出中共中央〈禦侮救亡復興中國的民族統一綱領草案〉和〈民族統一聯盟組織規約〉等文件，雙方並就兩黨合作組織「國民革命同盟會」的組成進行商討。後因共軍編制與邊區政府等問題不能同意，「尤其是指揮與人事問題，與蔣爭論很久，不能解決，經宋子文、宋美齡、張沖往返磋商，仍不能解決，蔣仍堅主設政訓處指揮」，周恩來只得返回延安討論，[71] 此次談判仍未獲得結果。

㈢ 抗戰爆發與收編共軍

　　1937 年 7 月 7 日，根據中共中央的決定，秦邦憲（博古）、林伯渠

---

[68] 轉引自楊奎松，《國民黨的聯共與反共》（北京：社會科學文獻出版社，2008 年），頁 366。

[69] 〈顧祝同致蔣委員長電〉（1937 年 4 月 18 日），國史館藏，《蔣中正檔案》，特交二六〇二八八三三號。

[70] 關中，《中國命運關鍵十年：美國與國共談判真相（1937-1947）》（臺北：天下遠見出版股份有限公司，2010 年），頁 97-98。

[71] 〈中共中央關於與蔣介石第二次談判情況向共產國際的報告〉（1937 年 6 月 17 日），《中共中央抗日民族統一戰線文件選編》，中編（北京：檔案出版社，1985 年），頁 514-516。

（林祖涵）與周恩來一道應蔣中正之邀，經西安飛至上海，準備轉往廬山，參加與蔣下一階段的談判，不料當日晚即爆發了「盧溝橋事變」。「盧溝橋事變」發生後，國民政府的首要工作便從剿共轉向了抗日，這個轉變，使得原本對中共不利的談判地位產生了可以操作的槓桿。

1.盧山第二次談判

「盧溝橋事變」發生的次日，即 7 月 8 日，中共中央發出〈為日軍進攻盧溝橋通電〉，呼籲國共密切合作，一致抗日。[72] 同（8）日，毛澤東、朱德、周恩來、彭德懷、賀龍、林彪、劉伯承、徐向前、葉劍英等共軍將領聯名致電盧山蔣中正委員長，表示：「紅軍將士咸願在委員長領導之下，為國家效命，與敵周旋，以達保地衛國之目的。」[73]

9 日，共軍將領彭德懷、賀龍、劉伯承、林彪、徐向前、葉劍英、蕭克、左權、徐海東等又聯名率所謂「人民抗日紅軍」全體指揮員、戰鬥員致電蔣委員長，表明：「我全體紅軍，願即改名為國民革命軍，並請授命為抗日前鋒，與日寇決一死戰！」[74]

7 月中旬，周恩來、秦邦憲（博古）、林伯渠（林祖涵）抵達盧山。15 日，將中共中央草擬之〈中國共產黨為公佈國共合作宣言〉遞交中國國民黨，並希望由國民黨的通訊社予以發表。中共中央在該〈宣言〉中表示，「現在為求得與國民黨的精誠團結，鞏固全國的和平統一，實行抗日的民族革命戰爭」，僅向全國提出如下四項保證：

(1)孫中山先生的三民主義為中國今日之必需，本黨願為其徹底的實現而奮鬥。

---

[72] 〈中共中央為日軍進攻盧溝橋通電〉（1937 年 7 月 8 日），《中共中央抗日民族統一戰線文件選編》，下編（北京：檔案出版社，1986 年），頁 1-2。

[73] 〈紅軍將領為日寇進攻華北上蔣委員長電〉（1937 年 7 月 8 日），《中華民國重要史料初編》，第五編，第一冊（臺北：中國國民黨中央委員會黨史委員會，1985 年），頁 269。

[74] 〈人民抗日紅軍要求改編為國民革命軍並請授命為抗日前驅通電〉（1937 年 7 月 9 日），《中共中央文件選集》，第十一冊（北京：中共中央黨校出版社，1991 年），頁 280-281。

⑵取消一切推翻國民黨政權的暴動政策，及赤化運動，停止以暴力沒收地主土地的政策。

⑶取消現在的蘇維埃政府，實行民權政治，以期全國政權之統一。

⑷取消紅軍名義及番號，改編為國民革命軍，受國民政府軍事委員會之統轄，並待命出動，擔任抗日前線之職責。[75]

　　17日，周恩來、秦邦憲（博古）、林伯渠（林祖涵）在盧山晉見蔣中正，並與國民黨代表邵力子、張沖等人展開會談，表達希望國共兩黨共同發表此一〈宣言〉，為國共兩黨合作的政治基礎，以利團結抗日；並就「蘇區」改制與共軍改編等問題繼續協商。蔣中正以為，該〈宣言〉內容並不完備，尚須核酌，發表亦非其時，予以暫時擱置。[76]且雙方在共軍改編後的指揮問題仍未獲得解決，談判依然陷於僵局。[77]

　　當時，由蔣中正與汪精衛聯名邀請的「盧山談話會」正在舉行，7月17日，蔣中正在會中發表了著名的〈對盧溝橋事件之嚴正表示〉，宣示了中國抗戰的「最後關頭」，以及中國的領土主權及行政完整不容再受打擊的決心。[78]此篇談話實際上就是政府的抗戰動員令，受到了包括共產黨領袖毛澤東在內的全國同胞一致的歡迎和擁護。[79]

---

[75] 〈中國共產黨為公佈國共合作宣言〉（1937年7月15日），《中共黨史參考資料》，第四冊（北京：人民出版社，1980年），頁3-5。

[76] 李雲漢，《中國國民黨史述》，第三篇，「訓政建設與安內攘外」（臺北：中國國民黨黨史委員會，1994年），頁388。

[77] 中共中央文獻研究室編，《周恩來年譜（1898-1949）》（北京：中央文獻出版社，1989年），頁371-373。

[78] 蔣中正，〈對盧溝橋事件之嚴正表示〉，《盧山談話會紀錄原稿》（1937年7月），中國國民黨中央黨史會藏。

[79] 毛澤東在〈反對日本進攻的方針、辦法和前途〉（1937年7月23日）一文中表示：「這個談話，確定了準備抗戰的方針，為國民黨多年以來在對外問題上的第一次正確的宣言，因此，受到了我們和全國同胞的歡迎。」請參閱《毛澤東選集》，第二卷，第二版（北京：人民出版社，1991年），頁344。

2. 南京談判

蔣中正於 7 月 20 日返回南京，與中共間的協商亦改於南京進行。8
月 9 日，周恩來、朱德、葉劍英等中共代表抵達南京，與蔣中正、何應
欽、張沖、邵力子、康澤等進行了多日的會談。談判期間，中共中央先後
於 8 月 14 日、18 日發出兩份談判的〈指示〉，強調目前最重要的問題，
是使共黨與紅軍取得合法地位，並提出發表宣言、發表邊區組織、發表指
揮部、紅軍擔任戰略的游擊支隊、執行獨立自主的游擊戰爭等十項條件，
與國民政府進行談判。[80]

鑒於淞滬會戰已經爆發，抗戰形勢嚴峻，蔣中正對中共的種種要求，
「此時惟有順受之」，[81] 以期能夠集中力量全力對抗日本侵略，遂先行同
意共軍改編的要求，8 月 22 日，由國民政府軍事委員會發佈命令如下：
任命朱德為國民革命軍第八路軍總指揮，彭德懷為副總指揮；共轄三個
師，其兵額是二萬人。軍事委員會並指定第八路軍列入第二戰區戰鬥序
列，歸閻錫山指揮，開赴晉北作戰。至於陝甘寧邊區政府，則由林伯渠
（林祖涵）與張國燾分任正副主席。[82]

3. 共軍改編

朱德與彭德懷於 8 月 25 日發出通電宣佈就職，並宣稱共軍已改編完
成，表示願竭至誠擁護蔣委員長，效命疆場。[83] 同（25）日，中共中央革
命軍事委員會主席毛澤東、副主席朱德、周恩來，也聯名發佈〈關於紅

[80] 〈關於修改「國共合作宣言」的內容問題給朱德、周恩來、葉劍英的指示〉（1937 年 8
月 14 日），〈關於同國民黨談判的十項條件給朱德、周恩來、葉劍英的指示〉（1937
年 8 月 18 日），請分別參閱中共中央黨史資料徵集委員會編，《第二次國共合作的形
成》（北京：中共黨史資料出版社，1989 年），頁 243-244、248-249。
[81] 《困勉記》，1937 年 8 月 27 日，國史館藏，蔣中正檔案。
[82] 蔣中正，《蘇俄在中國》，第六版（臺北：黎明文化事業股份有限公司，1989 年），
頁 66-67。
[83] 〈第八路軍總指揮、副總指揮就職通電〉（1937 年 8 月 25 日），《第二次國共合作的
形成》（北京：中共黨史資料出版社，1989 年），頁 254；秦孝儀主編，《中華民國
重要史料初編》，第五編，第一冊（臺北：中國國民黨中央委員會黨史委員會，1985
年），頁 302-303。

軍改編爲國民革命軍第八路軍的命令〉：「依據與國民黨及南京政府談判結果，宣佈紅軍改名爲國民革命軍第八路軍」。但〈命令〉中同時強調：「改編爲國民革命軍後，必須加強黨的領導，堅決執行黨中央與軍委會的命令，保證紅軍在改編後成爲共產黨的黨軍，爲黨的路線及政策而鬥爭」。[84] 由此可知，中共紅軍改編爲國民革命軍，乃換湯不換藥之舉，表面雖改爲「國軍」，實際上則仍在執行共黨的命令。

除了收編陝北的共軍之外，國民政府又於同（1937）年 10 月 12 日，將散處江南各地的共軍加以收編，成立「國民革命軍陸軍新編第四軍」（即「新四軍」），以葉挺、項英爲正副軍長，共轄四個支隊，其兵額是一萬餘人，列入第三戰區戰鬥序列，歸顧祝同指揮。[85]

㈣洛川會議（如圖 7-2）的爭論與決議

圖 7-2　洛川會議舊址

---

[84] 〈關於紅軍改編為國民革命軍第八路軍的命令〉（1937 年 8 月 25 日），《中共黨史參考資料》，第四冊（北京：人民出版社，1980 年），頁 10-11。

[85] 蔣中正，《蘇俄在中國》，第六版（臺北：黎明文化事業股份有限公司，1989 年），頁 67。

國民政府軍事委員會於 1937 年 8 月 22 日發佈收編共軍之命令，同日，中共中央為因應抗戰爆發及共軍改編為國民革命軍後之新形勢，乃於延安附近的洛川馮家村召開政治局擴大會議。會議從 22 日開到 25 日，參加會議的除中共中央政治局委員外，還有中共紅軍的主要領導幹部，共二十多人。會議由張聞天（洛甫）主持，主要議程是毛澤東代表中央政治局作關於軍事問題、同國民黨的關係問題和中共在抗戰時期的基本任務問題的報告。會議著重討論毛澤東的報告，並出現相當尖銳的爭論。

1. 爭論的第一個重點：共軍的結構問題

洛川會議爭論的第一個重點，是關於共軍改為八路軍後，應否按照國軍的編制和制度加以改編的問題。以周恩來、朱德為代表的一方，認為既然中共曾經同意軍令、政令之統一，且主動提出把共軍改編為國軍，接受國府軍事委員會之薪餉補給，就應在共同抗日的前提下，照國軍的編制和制度加以改編，並應有限度的接受軍委會派遣的參謀人員。

以毛澤東、任弼時為首的另一方，則主張除把共軍更名為八路軍，並依照規定暫編為三師外，其餘軍中的一切組織仍維持紅軍原有的制度，並應嚴拒國府軍事委員會派遣任何人前來，以保障共黨對八路軍之絕對領導。爭論的結果，毛澤東等人讓步，而以張聞天（洛甫）的調和意見為結論，即形式上照國軍制度加以改編，取消紅軍原有的政治委員制度，改為政訓處或政訓室（按：不久又恢復為政治委員），但須加強軍中黨委的職權和領導；關於國府軍事委員會派遣參謀人員至部隊一節，應予拒絕，但歡迎其派遣參謀常駐延安，以資聯絡。

2. 爭論的第二個重點：共軍的軍事戰略問題

關於八路軍入晉後之作戰方針，以朱德為首的的軍人，大都主張在國府軍事委員會之統一戰略意圖下，與國軍併肩對日作戰，以擴大八路軍的影響。但毛澤東提醒與會人員注意，入晉作戰的共軍不足兩萬人，數量上與國軍不成比例，不管你如何英勇作戰，都不能起決定作用。因此，今後的第一要義，就是以全力壯大自己；至於作戰地區和範圍，不必受戰區之限制，而應分散鑽隙轉向敵後，在敵後發展武力和建立根據地；另在戰術方面，無論如何不能打陣地戰，不能和日軍拚消耗，而應在敵側尤其在敵

後進行游擊戰，以獨立自主的山地游擊戰為作戰方針。（周恩來、朱德、彭德懷等則認為，應該進行運動游擊戰。）

幾經討論，還是以張聞天（洛甫）的調和意見為結論，即進入山西之初，應按照軍事委員會的命令和戰區之戰略意圖統一行動，並在作戰初期爭取若干表現，以擴大宣傳和影響；但當日軍進一步深入，戰局逆轉與混亂時期，八路軍即應單獨行動，以山西為基地，分散向河北、山東、河南、熱河、綏遠、察哈爾各地區發展，並以獨立自主的游擊戰，在敵後爭取民眾、擴大武力、建立根據地。

3.最激烈的爭論：關於當前抗戰形勢的估計與黨的任務的決定

在這一問題上，毛澤東與張國燾有不同的看法和辯論。毛澤東認為當前國民黨發動的抗戰，是單純政府與軍隊的片面抗戰，其前途將走向失敗；在抗戰過程中，國民黨內部將分化和分裂，親日派與右翼集團勢必投降日本，而抗日派與左翼集團則將與中共親密合作堅持抗戰，這樣就將使抗日民族統一戰線重新組合，形成以中共為領導的新陣容；在這一新形勢下，抗戰前途，日寇固然失敗，國民黨也同樣失敗，勝利的只能是中國人民和中國共產黨。因此，毛澤東強調：在今天，不能對國民黨再有任何牽就和讓步，必須在統一戰線中採取獨立自主的政策，採取積極爭取領導權的方針。

張國燾則認為：抗戰係國民黨所發動與領導的，目前固然可以說是片面抗戰，但全國民眾必將奮起抗戰，使片面抗戰轉變而為全面抗戰，不宜以目前狀況論斷其前途為失敗，國民黨固然有分化，但無損其中間力量，且由於抗戰，國民黨威望在增高，為適應抗戰情勢，其政策亦將有所改變，尤其對抗戰領導權的掌握，當不會有絲毫放鬆；在此一情勢下，亦即在抗戰開始的今天，如果共產黨在統一戰線中即強調獨立自主政策，即與國民黨爭奪領導權，勢將引導統一戰線走向破裂，而陷共黨於孤立，結果有利的是日寇而不是國共雙方。因此，張國燾強調：當前問題的中心，是在國共雙方均有利的條件下，鞏固和發展統一戰線，直到擊敗日寇，否則大敵當前，自亂步驟，是不智的。

與會人員，有的支持毛澤東的觀點，有的同意張國燾的看法，形成不

斷辯論的局面，最後因相持不下而暫時休會。在休會期間，幾經折衝，寫成雙方均能接受的〈決定〉，再提會議討論，始予通過。[86]

洛川會議通過的〈決定〉，題為〈關於目前形勢與黨的任務的決定〉，僅有簡短的八條，約一千字。該〈決定〉批評國民黨「還不願意發動全國人民參加抗戰」，「不去徹底改革政治機構，使政府成為全民族的國防政府」，因此「今天的抗戰，中間包含著極大的危險性」，「存在著嚴重失敗的可能」。如何才能轉敗為勝呢？該〈決定〉有如下的指示：

> 共產黨員及其所領導的民眾和武裝力量，應該最積極的站在鬥爭的最前線，應該使自己成為全國抗戰的核心，應該用極大力量發展抗日的群眾運動。不放鬆一刻功夫一個機會去宣傳群眾，組織群眾，只要真能組織千百萬群眾進入抗日民族統一戰線，抗日戰爭的勝利是無疑的。[87]

洛川會議除通過上述的〈決定〉外，還追認並在形式上通過中共中央宣傳部於 8 月 15 日發出的〈抗日救國十大綱領〉，及中共中央組織部在 8 月 12 日祕密印發的〈關於抗戰中地方工作的原則指示〉。

所謂〈抗日救國十大綱領〉，係毛澤東起草，原題為〈為動員一切力量爭取抗戰勝利而鬥爭〉，副題為〈目前形勢與任務的宣傳鼓動題綱〉，其中所列的「十大綱領」為：

(1)打倒日本帝國主義。

(2)全國軍事的總動員。

(3)全國人民的總動員。

(4)改革政治機構。

(5)抗日的外交政策。

---

[86] 郭華倫，《中共史論》，第三冊，第四版（臺北：國立政治大學國際關係研究中心，1982 年），頁 230-232。

[87] 〈中央關於目前形勢與黨的任務的決定〉（1937 年 8 月 25 日洛川會議通過），全文收錄於郭華倫，《中共史論》，第三冊，第四版（臺北：國立政治大學國際關係研究中心，1982 年），頁 243-244。

⑹戰時的財政經濟政策。

⑺改良人民生活。

⑻抗日的教育政策。

⑼肅清漢奸、賣國賊、親日派鞏固後方。

⑽抗日的民族團結。[88]

〈關於抗戰中地方工作的原則指示〉，共十五條，其中重要者有：

⑴「利用一切舊政權的武裝組織形式，如民團、保安隊、壯丁隊、義勇軍等，實行組織群眾，武裝群眾，並取得其中的指揮地位，並用一切其他合法的可能，達到這一目的」。

⑵「共產黨員應該以抗日積極分子的面目參加到政府與軍隊中去，並取得其中的領導位置」。

⑶「同各黨各派的政治鬥爭是任何時候不能放棄的」，「用一切方法爭取黨的公開與半公開，但同時應該鞏固與擴大黨的祕密組織」。

⑷「黨的工作與組織應適合於戰時形勢，加強地方黨獨立工作的能力」。

⑸「紅軍在抗戰中應利用現在公開的與合法的地位進行多方面的活動」。[89]

洛川會議對於中共中央組織與人事也作了若干調整：

⑴以毛澤東、朱德、周恩來、彭德懷、任弼時、葉劍英、張浩、賀龍、劉伯承、徐向前、林彪等十一人組成中共中央軍委。

⑵以毛澤東為中共中央軍委書記（實際稱主席），周恩來、朱德為副書記（實際稱副主席），毛澤東正式成為黨對軍隊的最高領導。

⑶以李富春接替秦邦憲（博古）為中共中央組織部長。

⑷以楊尚昆接替劉少奇出任中共北方局書記。[90]

[88] 〈中國共產黨抗日救國十大綱領〉（1937 年 8 月 15 日），《中華民國重要史料初編》，第五編，第一冊（臺北：中國國民黨中央委員會黨史委員會，1985 年），頁 288-291。

[89] 〈關於抗戰中地方工作的原則指示〉（1937 年 8 月 12 日），中共中央組織部祕密印發的油印原件。

[90] 王振合，〈洛川會議〉，《中共黨史主要事件簡介（1919-1949）》（成都：四川人民出版社，1982 年），頁 336-337；郭華倫，《中共史論》，第三冊，第四版（臺北：國立政治大學國際關係研究中心，1982 年），頁 234。

㈤ 抗日民族統一戰線正式宣告成立

1. 南京第二次談判

洛川會議結束後，周恩來於 8 月 29 日前往西安，準備和秦邦憲（博古）、彭德懷前往南京繼續和國民政府談判。但是在毛澤東的要求下，周恩來和彭德懷轉赴山西，與閻錫山協商八路軍入晉後的活動地區、作戰原則、指揮關係與補充計畫等事宜。周恩來於是在 9 月 3 日進入山西，直到 11 月 25 日才返回延安，12 月 9 日至 14 日，參加中共中央政治局會議（即「十二月會議」）。12 月 18 日，周恩來與陳紹禹（王明）、秦邦憲（博古）、鄧穎超等前往武漢，繼續進行與國民政府的談判工作。[91]

因為周恩來、彭德懷轉往山西工作，在南京進行的第二次談判，則由秦邦憲（博古）與葉劍英代表中共出席。南京第二次談判的重點仍在於〈中國共產黨為公佈國共合作宣言〉（即後來的〈共赴國難宣言〉）的內容修改及發表問題。9 月中旬，康澤與秦邦憲（博古）代表國共雙方，對〈宣言〉內容的修改進行磋商，在互稱作出讓步的情形下，終於達成協議。9 月 21 日，秦邦憲（博古）、葉劍英與蔣中正、康澤、張沖等會談，蔣委員長同意發表宣言。[92]

2. 〈共赴國難宣言〉的發表

1937 年 9 月 22 日，中國國民黨決定由中央通訊社，正式對外發表中共於 7 月 15 日遞交的〈中國共產黨為公佈國共合作宣言〉，並將宣言名稱改為〈共赴國難宣言〉。9 月 22 日發表的〈共赴國難宣言〉與 7 月 15 日遞交的原〈宣言〉，內容大致相同，惟文字有小的變動。〈共赴國難宣言〉中的主旨，即中共向國民政府及全國同胞所提出之四項保證，其內容為：

---

[91] 中共中央文獻研究室編，《周恩來年譜（1898-1949）》（北京：中央文獻出版社，1989 年），頁 379-380、392-394。

[92] 關中，《中國命運關鍵十年：美國與國共談判真相（1937-1947）》（臺北：天下遠見出版股份有限公司，2010 年），頁 106。

⑴孫中山先生的革命的三民主義為中國今日之必需，本黨願為其徹底的實現而奮鬥。

⑵與現在中國佔領導地位的國民黨推誠相與，共同為對外抗戰、對內民主與民生幸福而努力，取消一切推翻國民黨政權的暴動政策及赤化運動，停止以暴力沒收地主土地的政策。

⑶取消現在的蘇維埃政府，實行民主政治，以期全國政權之統一。

⑷取消紅軍名義及番號，改編為國民革命軍，受中央軍事委員會之統轄，並待命出動，擔任抗戰前線之職責。[93]

次（23）日，蔣委員長為中共〈共赴國難宣言〉之發表，特發表談話，他說：

此次中國共產黨發表之宣言，即為民族意識勝過一切之例證。宣言中所舉諸項，如放棄暴動政策與赤化運動，取消蘇區與紅軍，皆為集中力量救亡禦侮之必要條件，且均與本黨三中全會之宣言及決議案相合，而其宣稱願為實現三民主義而奮鬥，更足證明中國今日只能有一個努力之方向。

中國共產黨人既捐棄成見，確認國家獨立與民族利益之重要，吾人惟望其真誠一致，實踐其宣言所舉之諸點，更望其在禦侮救亡統一指揮之下，人人貢獻能力於國家，與全國同胞一致奮鬥，以完成國民革命之使命。[94]

中共中央於〈共赴國難宣言〉及蔣中正談話發表後，也發表談話指出：「關於國共兩黨聯合救國偉大事業，已在九月二十二日經過中央通訊

---

[93] 中共〈共赴國難宣言〉（1937 年 9 月 22 日發表），《中華民國重要史料初編》，第五編，第一冊（臺北：中國國民黨中央委員會黨史委員會，1985 年），頁 285-287。

[94] 蔣中正，《蘇俄在中國》，第六版（臺北：黎明文化事業股份有限公司，1989 年），頁 65-66。

社所發表的中國共產黨宣言及九月二十三日該社繼續發表的蔣介石的談話，建立起必要的基礎了。」又說：「共產黨的宣言及蔣氏的談話，宣佈了中國抗日民族統一戰線的成功」；「中華民族之復興，日本帝國主義之打倒，將於今後的兩黨團結與全國團結得到其基礎」。[95]

　　至此，中共所謂的抗日民族統一戰線，亦即國民政府及中國國民黨所說的中共輸誠、共赴國難，乃正式宣告成立。而抗日民族統一戰線成立後，中共是否誠心執行其〈共赴國難宣言〉中的四項保證呢？將在以下章節中分別論述之。

---

[95]〈中國共產黨為公佈國共合作宣言之談話〉，《中華民國重要史料初編》，第五編，第一冊（臺北：中國國民黨中央委員會黨史委員會，1985年），頁287-288。

第八章
「邊區政府」的建立及其各項政策

　　中共在其所謂的抗日民族統一戰線成立之後，雖然遵照他們四項保證的內容，取消了「蘇維埃政府」，但卻又於抗戰期間相繼建立了若干的「邊區政府」。「邊區政府」與「蘇維埃政府」名稱雖有不同，但性質卻是一樣的，都是破壞國家統一的割據型式。本章旨在論述中共「邊區政府」的建立及其各項政策，茲分爲「陝甘寧邊區」的建立、其他「邊區」和「根據地」的建立、「邊區」施政綱領及其各項政策等三節敘述之。

第一節　「陝甘寧邊區」的建立

　　不論是 1927 年中國國民黨清黨後，中共在大陸各地所建立的「蘇區」，抑或 1937 年抗日戰爭爆發後，中共在大陸各地所建立的「邊區」，本質上都是破壞國家統一的割據形式。中共於 1937 年 9 月建立的「陝甘寧邊區」，係由「陝甘蘇區」演變及擴張而來的，因此，在敘述「陝甘寧邊區」的建立之前，應先談「陝甘蘇區」的形成。

一、從「陝甘蘇區」到「陝甘寧邊區」

㈠「陝甘蘇區」的創建

　　「陝甘蘇區」位於陝西省北部及陝西、甘肅兩省邊界地區，它是在中共發動的清澗、渭華等武裝暴動之後，逐步建立起來的。

　　依中共中央西北局書記高崗於 1942 年 11 月在「陝甘寧邊區」黨高幹會上所作〈邊區黨的歷史問題檢討〉的報告指出：「陝西自 1922 年及二十三年起，即已開始共產主義運動。」他說：「當時由旅京旅滬陝西學生中最早的共產黨員和少共（SY）團員，把共產主義思想散佈於陝西青年學生及文化界，先後在渭華交界之赤水職業學校、華縣咸林中學、三原渭北中學、西安一中及二中、綏德四師、榆林六中等校建立了黨和團的支

部。」此時，陝西共黨知名的「政治活動家」有西安的魏野疇和陝北的李子洲等人。

高崗接著指出：1926 年秋，馮玉祥入陝後，共黨積極的參加了馮玉祥國民軍的政治工作，「選派了若干幹部、黨員到國民軍中去擔負政治工作，劉伯承、鄧小平、李林、劉志丹等同志，都是當時參加國民軍政治工作者」。共黨的組織於此時「有大的發展，並在領導上也統一起來了」。1927 年春，開了全省黨代表大會，「統一了陝北與關中黨的組織及領導」；「出版了黨報《西北人民》，黨員數量由數百人發展到數千人」。[1]

1927 年「八七會議」後，中共陝西省委根據中共中央的指示，決定積極發動武裝暴動。10 月中旬，陝西共黨先發動清澗暴動，一度攻下延川、延長、宜川等地，成立「西北工農革命軍游擊支隊」，唐澍任總指揮，謝子長任副總指揮，閻揆要任參謀長。1928 年 5 月，又發動渭（南）、華（縣）暴動，成立「西北工農革命軍」，劉志丹任軍委主席，唐澍任前敵總指揮，王泰吉任參謀長，吳浩然任軍黨委書記。這兩次暴動都維持不久，即告失敗。

1931 年秋，共黨領導的晉西游擊隊竄至陝甘邊，與當地的南梁游擊隊會合。次（1932）年 2 月，這支游擊隊擴編爲「中國工農紅軍陝甘游擊隊」。同年底，改編爲「中國工農紅軍第二十六軍」。接著，在焦家坪襲擊當地民團，並擊敗照金、栒邑民團，建立了以照金爲中心，包括薛家寨、香山等村的「革命根據地」。

1933 年秋，共黨又在神府地區成立了「陝北紅軍游擊隊第三支隊」，並於 1934 年建立蘇維埃政權，開闢了另一個「革命根據地」。

1933 年至 1934 年春，中共在陝北地區成立的游擊隊已經發展爲五個支隊，並都有其各自的游擊區和小塊根據地。1934 年 4 月上旬，中共陝北特委在佳縣神堂溝召開黨團擴大會議，決定普遍組織革命武裝，廣泛展開游擊戰爭，使各個游擊區發展爲聯成一片的根據地。7 月 8 日，成立「中國工農紅軍陝北游擊隊總指揮部」，謝子長任總指揮，郭洪濤任政

---

[1] 高崗，〈邊區黨的歷史問題檢討〉（中共中央西北局，1943 年印）。

委，賀晉年任參謀長。同（1934）年秋，陝北游擊隊改編爲「紅二十七軍」。11月，成立「陝甘邊蘇維埃政府」，習仲勛任主席。1935年1月，成立「陝北省蘇維埃政府」，馬明方任主席。

　　1935年2月上旬，中共陝北特委和陝甘邊特委在赤源縣周家嶮召開聯席會議，決定成立中共西北工作委員會，惠子俊任書記，統一領導兩個特委的工作，並決定成立以謝子長、劉志單爲首的西北革命軍事委員會，統一指揮兩個地區的武裝力量。這時，中共在陝北、陝甘和神府根據地已有主力紅軍三千人，游擊隊三千餘人。

　　同（1935）年9月，中共紅二十五軍由鄂豫皖地區竄抵陝北，在延川縣永坪鎮與紅二十六軍、紅二十七軍會合，組成「紅十五軍團」，徐海東任軍團長，劉志單任副軍團長兼參謀長，程子華任政委。軍團下轄七十五、七十八和八十一師，分別由原紅二十五、二十六、二十七軍編成。會師後，中共在陝甘邊所建立的根據地擴大到二十餘縣，人口九十多萬，主力紅軍和游擊隊共約七千多人。[2]

(二) 中共中央竄抵陝北

　　1935年10月，中共中央和由毛澤東等率領的中央紅軍，經「兩萬五千里」長途流竄後抵達陝北保安，與紅十五軍團會合。1936年12月，張國燾的紅四方面軍、賀龍的紅二方面軍，也竄抵陝北。至此，侷促陝北的紅軍，共約二萬二千餘人。

　　由於共軍兵力薄弱，1935年以瓦窯堡爲中心竄擾邊遠荒區。1936年2月，一度進擾晉西，5月鎩羽而歸。6月，瓦窯堡爲國軍攻克，乃西逃保安喘息。10月，配合紅二、紅四方面軍北上，西竄寧夏受挫，遂又折返保安，準備分散游擊。當時若非「西安事變」的爆發，影響國軍之進剿，則共軍之覆滅，已指日可待。

　　在國軍連續進剿與共軍不斷流竄情勢下，中共的「陝甘邊蘇區」，實際上就是共軍流竄與游擊的區域，這種區域是流動的、不固定的，有時範圍稍大，有時則縮小爲若干山區。如保安時期的「陝北蘇區」，僅殘存保

---

[2]　祖桂珍等，〈陝甘革命根據地〉《中共黨史主要事件簡介（1919-1949）》（成都：四川人民出版社，1982年），頁241-245。

安、安塞之一部及神木、府谷東南之一部。直到「西安事變」後，共軍始乘機向外擴張，1937 年 1 月且進駐延安，並將國民政府所派各縣縣長予以驅逐。

㈢ 抗戰輸誠，改「蘇區」爲「邊區」

　　至抗戰爆發，中共僞裝輸誠時，國民政府暫時指定膚施、保安、安塞、延長、延川、甘泉等六縣爲八路軍駐防區，並指定定邊、靖遠、甘泉、鄜縣、栒邑、鹽池、葭縣、清澗、安定等九縣爲募補區，合計十五縣。[3] 但中共並不以此爲滿足，乃一再擴張至甘、寧邊區。如 1938 年擴張爲十八縣，1940 年擴張爲二十三縣，1941 年又擴張爲二十六縣（包含陝北十九縣、甘肅六縣、寧夏一縣）。中共文獻還指出：「邊區轄地，是由內戰時蘇維埃區演化而來。邊區各縣，有的沒有全縣都建立過蘇維埃，有的雖建立過蘇維埃，卻沒有鞏固，時進時退。」[4]

　　其實邊區各縣，大部分都沒有建立過「蘇維埃政府」，僅僅是當時共軍的流竄區域，亦即中共所謂「時進時退」的游擊地區。但有一點是可以肯定的，即中共所稱「邊區」係由「蘇維埃區演化而來」，同時又是非法擴張而來。至於其演變過程，則大致如下：

1. 1936 年 8 月 25 日，正當中共侷促保安時期，發出了〈中國共產黨致中國國民黨書〉，書中鄭重聲明：「我們宣佈：在全國統一的民主共和國建立之時，蘇區即可成爲民主共和國的一個組成部份，蘇區代表參加國會，並在蘇區實行民主制度。」此爲「蘇區」演變的開始。

2. 1936 年 9 月 17 日，中共中央政治局在〈關於抗日救亡運動的新形勢與民主共和國的決議〉中寫道：「中國共產黨宣佈積極贊助民主共和國運動，並且宣佈民主共和國在全中國建立，依據普選權的國會實行召集之時，蘇維埃區域即將成爲它的一個組成部份，蘇區人民將選派代表參加國會，並將在蘇區內完成同樣的民主制度。」此乃中共取消「蘇維埃」的先聲，亦爲「蘇區」演變的又一步。

---

[3] 《中華民國重要史料初編》，第五編，第二冊（臺北：中國國民黨中央委員會黨史委員會，1985 年），頁 55。

[4] 〈陝甘寧邊區政府工作報告（1939-1941）〉（延安：邊區政府祕書處，1941 年 7 月）。

3. 1937 年 2 月 17 日，中共中央在〈給中國國民黨三中全會電〉中宣佈：「蘇維埃政府改名爲中華民國特區政府」，「在特區政府區域內，實施普選的徹底民主制度。」此乃中共取消「蘇維埃」的保證，亦爲「蘇區」演變的結果。

4. 1937 年 9 月 22 日，中共中央發表〈共赴國難宣言〉，鄭重宣告：「取消現在的蘇維埃政府，實行民權政治，以期全國政權之統一。」從此所謂「蘇維埃」和「蘇區」便成爲歷史名詞了。[5]

圖 8-1　「陝甘寧邊區政府」主席林伯渠（林祖涵）

事實上，在中共中央發表〈共赴國難宣言〉之前，即 1937 年 9 月 6 日，中共即正式宣佈成立「陝甘寧邊區政府」。

二、「邊區參議會」與「邊區政府」

「陝甘寧邊區政府」於 1937 年 9 月 6 日成立，經國民政府認可的負責人爲主席林伯渠（林祖涵）（如圖 8-1），副主席張國燾（如圖 8-2）。當時，林伯渠忙於統戰工作，長駐西安，兼任八路軍駐陝辦事處主任，因而由張國燾代理主席，實際負責「邊區」工作。

1937 年秋冬，「邊區」曾舉行所謂民主選舉，選出「邊區議員」，成立「邊區議會」，當時被選爲議員的中共知名幹部有：延安市的李富春，淳耀縣的習仲勛，曲子縣的劉伯承、林伯渠，延川縣的羅瑞卿，定邊縣的高崗、周揚，新寧縣的毛澤東，固林縣的蕭勁光，靖邊縣的賀龍，安塞縣的林彪等。

1938 年 3 月，中國國民黨在武昌召開臨時

圖 8-2　「陝甘寧邊區政府」副主席張國燾

5　郭華倫，《中共史論》，第三冊，第四版（臺北：國立政治大學國際關係研究中心，1982 年），頁 434-435。

全國代表大會，決議通過〈抗戰建國綱領〉，決定在中央成立國民參政會，各省市則成立參議會。中共控制下的「陝甘寧邊區」，爲佯示與各省市一致，乃改「邊區議會」爲「邊區參議會」，由原有之議員中複選一百八十五人爲「邊區參議員」。此外，尚有所謂「勤勞國事及在社會、經濟、文化有名望者」，約佔十分之一的名額，由「邊區政府」聘請爲參議員。

　　「邊區」第一屆參議會於 1939 年 1 月 17 日在延安正式開幕，出席參議員共一百四十六人。會議除了選出李富春、林伯渠、高崗等二十五人爲主席團外，還選出蔣中正、林森、衛立煌、閻錫山、李宗仁、白崇禧、孫科、于右任、馮玉祥等二十一位國民政府要人爲名譽主席，組成所謂的「名譽主席團」。會議提前選舉高崗爲「邊區參議會」議長，張邦英爲副議長。並組織大會祕書處，以曹力如爲大會祕書長（按：曹時任「邊區政府」祕書長）。「邊區政府」主席林伯渠在會中做了「邊區政府」工作報告；中共中央負責人毛澤東、陳紹禹（王明）、張聞天（洛甫）、康生、陳雲、王稼祥等均曾蒞會演講。會議通過「邊區政府」及所屬各廳、院、局工作報告，並通過衛生保健等十二件提案，及〈陝甘寧邊區抗戰時期施政綱領〉一件，及〈邊區選舉條例〉、〈邊區各級參議會組織條例〉、〈邊區政府組織條例〉、〈邊區高等法院組織條例〉、〈邊區土地條例〉等五種法規，會議於 2 月 4 日晚間閉幕。[6]

　　林伯渠在這次會議中所做「邊區政府」工作報告，詳細透露了「邊區」發展的幾項事實：

1. 「邊區」人口將近有二百萬人。
2. 「邊區」識字者平均只佔人口百分之一，亦即文盲佔百分之九十九。
3. 「邊區」自衛軍有二十二萬四千三百二十五人，少年先鋒隊有二萬八千零八十七人。
4. 兩年來，「邊區」動員了自衛軍、少先隊八千餘人加入抗戰部隊。
5. 「邊區」有七百個以上的鋤奸委員會，幾達九千個鋤奸小組，十萬多鋤奸組員。

---

[6] 〈陝甘寧邊區政府工作報告（1939-1941）〉（延安：邊區政府祕書處，1941 年 7 月）。

6.「邊區」可耕面積，共有四千萬畝，但已耕面積僅有九百萬畝，尚有廣大地面可供開發。[7]

上述鋤奸委員會和鋤奸小組係中共「邊區」政權系統的特務機關，以十萬多的特務人員監控不足一百九十萬的民眾，在這種特務網與肅反恐怖威脅之下，如謂「邊區」民眾尚有民主權利，尚有自由選舉參議員，那是無法理解的。所以「邊區」第二屆參議會副議長謝覺哉指出：「第一屆邊區各級參議會，雖然是普選，但非黨員和富有階級當選的很少，少得幾乎看不見。都是黨員，都是執行黨的決定，沒有異議，更說不上爭議，因此大家覺得議會可有可無。兩年來邊區各級參議會的不能按期開會及改選，這也是原因之一。……第一屆參議會聘了十位非黨的地方紳士，我們把他當傀儡，他們也自認為傀儡，沒有什麼實際意義。」[8] 從謝覺哉所說的這些話來看，就可知「邊區」的所謂民主是怎麼一回事了。

「邊區」第一屆參議會除提前選舉高崗、張邦英分任正、副議長外，並選舉常駐參議員九人：高崗、張邦英、毛齊華、崔田夫、陳伯達、周長安、路子良、王觀瀾、高述先。此外，這次會議還選舉了「邊區政府」的重要負責人如下：

主　席	林伯渠					
副主席	高自立					
委　員	曹力如	周　揚	劉景範	王世泰	雷經天	馬錫五
	喬鍾靈	李子厚	周　興	閻紅彥	霍維德	王兆相
	賀晉年					
祕書長	曹力如					

另依「邊區」第一屆參議會通過的〈邊區政府組織條例〉第二條之規定：邊區政府設祕書處、民政廳、財政廳、教育廳、建設廳、保安司令

---

[7] 〈陝甘寧邊區政府工作報告（1939-1941）〉（延安：邊區政府祕書處，1941年7月）。

[8] 謝覺哉，〈邊區政權工作經驗的點滴〉。轉引自郭華倫，《中共史論》，第三冊，第四版（台北：國立政治大學國際關係研究中心，1982年），頁445。

部、保安處、審計處；邊區政府於必要時得增設專管機關。[9]

此外，中共「陝甘寧邊區政府」之行政系統爲：邊區政府——分區專員公署——縣（市）政府——區公署——鄉（市）政府——村政府。其中的分區專員公署與區公署非政權主體，而係代表控制、督導與協調作用之機關。分區專員公署爲「邊區政府」的代表機關，依「邊區政府」的命令與指示，領導、督察所轄各縣（市）政務及「邊區政府」駐在分區的附屬機關。至於區公署則承縣政府之命令，計畫、督導所轄各鄉（市）之工作。

「邊區」第一屆參議會除改組「邊區政府」外，也改選了各分區專員公署負責人。當時，「邊區政府」轄有陝北、關中、三邊、慶環、隴東等五個分區專員公署；神府、延安、安寨、保安、延川、延長、甘泉、安定、固臨、鄜縣等十個直屬縣；和延安、延長二個直屬市。[10]

至 1941 年 11 月，中共又在延安召開「陝甘寧邊區」第二屆參議會。會議於 11 月 6 日開幕，21 日閉幕，共開會十六天。這次會議的主要議程爲三年來「邊區政府」工作報告，以及通過〈陝甘寧邊區施政綱領〉、〈一九四二年度邊區政府預算和關口稅收原則決議〉、〈保障人權財權條例〉、〈土地租佃條例〉、〈債務條例〉、〈婚姻條例〉、〈各級參議會選舉條例〉、〈統一動員條例〉等重要法令。此外，會議還通過各種提案三百八十餘件。會議最後選出正、副議長，議長由高崗連任，副議長則爲謝覺哉；並選出常駐委員九人（其中共產黨員有三人）及「邊區政府」委員十八人（其中共產黨員有六人）。[11]

毛澤東在這次會議的開幕致詞中說：「中國社會是一個兩頭小中間大的社會，無產階級和大地主大資產階級都是佔少數，最廣大的人民是中間階級，任何政黨的政策如果不顧到中間階級的利益，如果中間階級不得其

---

[9] 〈陝甘寧邊區政府組織條例〉，《抗日根據地政策條例彙集：陝甘寧之部》，上冊（新華書店，1942 年 7 月），頁 36-37。

[10] 請參見：郭華倫，《中共史論》，第三冊，第四版（臺北：國立政治大學國際關係研究中心，1982 年），頁 447-451；王健民，《中國共產黨史》，第三編（臺北：漢京文化事業有限公司，1988 年），頁 231-233。

[11] 〈陝甘寧邊區第二屆參議會的經驗教訓〉，中共中央發給各地黨部全字第二十六—二十七號密電（1942 年 1 月 8 日）。

所，要想把國事弄好，是不可能的。」因此，毛澤東指出：共產黨提出的
「三三制政策」，是為著「團結一切抗日人民，顧及一切階級而特別是顧
及中間階級的。」毛澤東接著強調說：「我們這個同黨外人士實行民主合
作的三三制原則是固定不移的，是永遠不變的，現在應在參議會中好好實
行起來。」[12]

　　所謂「三三制政策」，早於1940年3月6日，毛澤東在其為中共中
央所寫的指示〈抗日根據地的政權問題〉中就曾這樣指出：「根據抗日民
族統一戰線政權的原則，在人員分配上，應規定為共產黨員佔三分之一，
非黨的左派進步份子佔三分之一，不左不右的中間派佔三分之一。」[13] 另
依此次會議通過的〈陝甘寧邊區施政綱領〉第五條之規定：「本黨願與各
黨各派及一切群眾團體進行選舉聯盟，並在候選名單中確定共產黨員只佔
三分之一，以便各黨各派及無黨無派人士均能參加邊區民意機關之活動與
邊區行政之管理。」[14]

　　當時中共中央強調，「三三制」就是「邊區」第二屆參議會的工作方
向。[15] 因此，在這次會議期間，「邊區」中共人員曾使用一切辦法去打破
黨外人士的疑懼，勉強吸收若干黨外人士參加「邊區參議會」和「邊區政
府」。結果「邊區參議會」常駐委員九人中有三人是共產黨員，「邊區政
府」委員十八人中有六人是共產黨員，共產黨員均各佔三分之一。然則，
這只是形式上的符合「三三制」，實際上「三三制」不過是中共在「邊區」
標榜民主的幌子，黨外人士不過是被利用的工具而已。

　　關於「三三制」的實質，可從毛澤東的指示及中共中央的檢討窺見其
一斑。毛澤東在上述〈抗日根據地的政權問題〉一文中即強調：實行「三三

---

[12]〈陝甘寧邊區第二屆參議會的經驗教訓〉，中共中央發給各地黨部全字第二十六—
　　二十七號密電（1942年1月8日）。

[13] 毛澤東，〈抗日根據地的政權問題〉（1940年3月6日），《毛澤東選集》，第二卷，
　　第二版（北京：人民出版社，1991年），頁742。

[14]〈陝甘寧邊區施政綱領〉，《中共黨史教學參考資料》，第三冊（北京：人民出版社，
　　1980年），頁1-2。

[15]〈陝甘寧邊區第二屆參議會的經驗教訓〉，中共中央發給各地黨部全字第二十六—
　　二十七號密電（1942年1月8日）。

制」時，「必須保證共產黨員在政權中佔領導地位」，「必須使三分之一的共產黨員具有優越的條件。」[16] 在具有優越條件的共產黨員領導下，甚或在中共武力及特務脅迫下，非共人士除服從聽命外，別無他途。何況非共人士中的所謂「左派進步份子」，實為共黨的同路人，惟共黨之命是從。因此，「中間派」成為少數，在多數決的原則下，這些「中間派」是無能為力的，只有充當共黨運用的工具。

　　「邊區」第二屆參議會閉幕後一個多月，即 1942 年 1 月，中共中央在檢討「邊區」對「三三制」之實行時指出：「極大多數黨員幹部，在思想及工作習慣上仍保持過去黨政不分、把持包辦的精神，把這次參議會隨隨便便的看如過去一切黨所包辦的政府或民眾團體會議一樣，亦即把參議會看成和黨內會議一樣。」又說：「極多數黨員均未與黨外人士實行民主合作」，「處處使非黨員人士感到如上課時在聽訓。」[17] 在為數三分之一的中共黨員幹部「把持包辦」的情形下，另三分之二的非共人士在「邊區」政權中只有「聽訓」的份，起不了積極的作用，這就是「三三制」假民主的本質。

　　「邊區」第二屆參議會閉幕後，「邊區政府」委員及重要廳處負責人做了大幅度的調整，主席仍由林伯渠（林祖涵）續任，副主席則改由李鼎銘出任。

三、「邊區」的擴張事件

　　中共盤據的「陝甘寧邊區」，其範圍由最早的三、四縣，逐步擴張到二、三十縣。其擴張手法，大體是以武力進駐各縣，製造事件，收繳保安隊槍枝，驅逐國民政府與中國國民黨之黨政人員，然後派出中共之黨政人員接管縣政，於是該縣或該區便併入「邊區政府」的管轄範圍。

　　由於「邊區政府」利用抗戰時機，積極向外擴張，蠶食鄰縣，遂與「邊區」周邊國民政府正式派任的地方政權發生許多糾紛，其中以栒邑、

---

[16] 毛澤東，〈抗日根據地的政權問題〉（1940 年 3 月 6 日），《毛澤東選集》，第二卷，第二版（北京：人民出版社，1991 年），頁 742。

[17] 〈陝甘寧邊區第二屆參議會的經驗教訓〉，中共中央發給各地黨部全字第二十六─二十七號密電（1942 年 1 月 8 日）。

鄜縣、綏德、隴東等事件較爲重大。

㈠ 栒邑事件

栒邑縣駐有十八集團軍（由八路軍改編成立，一般軍民仍慣稱其爲八路軍或土八路）獨立第一營，該營於 1939 年 5 月 23 日函知縣政府略稱：有十八集團軍第一一五師留守處採買陳應通，於栒邑縣甘峪村被人槍殺，要求縣府調查處理。同日，乘縣城東南廟會，八路軍派員登臺演講稱：「最近栒邑縣城內，發現多數托匪漢奸，對八路軍肆意攻擊；另發現暗殺團二百餘人，意圖殺盡八路軍，我們一定要打倒這些漢奸」云云。旋即在張洪鎮一帶逮捕王某等四人，指爲土匪，其中三人解往延安後槍決。又在縣城內逮捕杜某一人，指爲托匪漢奸，六月間被埋於看花宮。

5 月 25 日，八路軍再派代表持函至縣政府，指明陳應通係被縣保安隊分隊長郭景汾派兵所刺殺，隨即派兵進攻縣城，駐守北、東、南各城門樓之八路軍獨立營，亦協同攻擊縣府，縣府人員及保安團隊乃退守碉堡待援，八路軍遂乘機攻入縣府及其他黨政機關，大肆掠劫。延至 31 日，國軍援兵馳救，八路軍始退離縣城。

㈡ 鄜縣事件

鄜縣原駐有八路軍特務團，分踞城廂及附近據點。1939 年 8 月，該縣之永平、榆林橋兩區聯保主任爲共軍逐走，共軍並藉口「民眾要求」，侵佔該兩區爲「邊區」疆界。1940 年 1 月 29 日，共軍又藉口共黨區委劉忠被打傷，向大義、阜財、加興各區進攻，拘捕保安分隊長王子玉及保安隊長韓振江，入晚並包圍縣政府，擄走縣長蔣隆斑，保安團隊全被繳械，縣府公私財務亦被搶劫一空，鄜縣遂落入共軍之手。被擄之蔣縣長，經洛川專署派員多方交涉，延至 4 月底，始於繳納「罰款」七千元後獲釋。

㈢ 綏德事件

1939 年 11 月，中共由河西調 120 師王震部四個團回駐綏德，旋以「破壞統一戰線」、「製造摩擦」爲藉口，要求天水行營及陝西省政府將綏德專員兼保安司令何紹南撤職查辦，並提請行政院委派王震接任綏德專員乙職。二區專員何紹南因共黨之攻擊辭去專員職務，省府乃決定以包介山接替。當何紹南於 1940 年 2 月 21 日返回綏德，辦理交接時，共黨即發動武

裝遊行示威，聲言「捉拿犯官何紹南」。專署方面隨即戒備，雙方乃進入備戰狀態。與此同時，「邊區政府主席」林伯渠（林祖涵）、十八集團軍後方留守處主任蕭勁光，又電天水行營及陝西省政府，反對包介山接任二區專員，堅決要求以王震充任。

2月26日，共軍即捕去綏德義合鎮聯保主任武啟友及保長馬德麟等人，並槍殺保安第七團團部副官劉成祥；27日，又將吳堡宋家川、綏德義合鎮、安定棗林坪三處保安隊包圍繳械。29日，專員包介山率保安第三、第十兩中隊撤離綏德，沿途遭王震部六次襲擊，保安隊被擊潰；前任專員何紹南亦率隊撤離，同遭截擊，3月1日始退至榆林鎮川堡。綏德遂被共軍佔領，劃入其「邊區」範圍，並自行委任王震為該區專員，李鶴年為該縣縣長。

(四) 隴東事件

八路軍駐隴東的部隊，為一二九師三八五旅王維舟部，及歸該旅指揮之警備第七團袁淵部。該部於分駐慶陽、鎮原、寧縣、合水各地後，即不時襲擊各縣保安隊，進而擴張地盤。其中，駐寧縣警七團羅營於1939年12月10日，藉口該縣直溝村抓煙民案，向保安隊開槍，並圍攻縣政府，雙方激戰至16日，羅營始不支退去。

另駐合水、華池之警七團汪營，於同（12）月2日干涉區署傳戒煙民，綁架區長、校長及區署人員，並繳去保安隊槍二十枝；11日晚，又對縣政府及保安隊包圍開槍射擊，保安隊傷亡二十四人，縣政府、縣黨部，及第一區有關幹部十八人受重傷，縣署被攻佔後，搶掠一空，並於15日予以焚燬；17日，又將縣長等十餘人綁架至慶陽，囚禁於田家城三八五旅旅部。從此，合水縣全境被共軍侵佔，納入其「邊區政府」範圍。

還有，共軍三八五旅七七〇團王營，亦於當（12）月13日包圍並攻擊鎮原縣政府及保安隊，雙方激戰，相持至16日，王營始退去。駐慶陽共軍三八五旅，於12月15日派部隊將縣府（時設慶陽西峯鎮）駐慶陽辦事處主任捕去，20日又將辦事處副主任、書記及區署職員、官兵等十一人綁去，並將辦事處與區署洗劫一空。

㈤ 其他事件

除了上述發生在 1939 年至 1940 年初的擴張事件外，共軍又於 1940年 2、3 月間，分別攻佔吳堡、安定、清澗及延川等地，其概略情形如下：

1. 2 月 27 日，共軍將吳堡宋家川保安隊繳械後，即將吳堡縣黨政人員全部逐出，佔領吳堡，並劃入「邊區」範圍。

2. 2 月 28 日，共軍向安定進擊，該縣保安隊奮起抵抗，終以眾寡懸殊，忍痛退出；惟縣屬老君洞地方民眾及哥老會，以平日憤恨共黨壓迫，自動集合武裝二千餘人，抗擊共軍，激戰兩晝夜，亦以彈盡援絕，退出縣境，安定縣遂為共黨所佔。

3. 2 月 28 日夜，共軍以哨兵被擊傷為藉口，圍攻清澗縣政府，擄去縣長李鵬飛，繳去長短槍二百二十枝；保安第七團第八中隊奉命自清澗返回綏德，途中亦遭襲擊，損失慘重。

4. 3 月 5 日，共軍圍攻延川縣政府，保安隊兩班被繳械，縣長被扣，縣政府財物印信也被搶掠一空。[18]

第二節　其他「邊區」和「根據地」的建立

抗戰期間，中共所建立的「邊區」除上述的「陝甘寧邊區」以外，在華北尚有「晉察冀邊區」、「晉冀魯豫邊區」、「晉綏邊區」及「山東區」；在華中有「鄂豫皖邊區」、「湘鄂贛邊區」、「蘇北區」、「蘇中區」、「蘇南區」、「淮北區」、「淮南區」、「皖中區」及「浙東區」；在華南有「東江區」及「瓊崖區」。中共所建的這些「邊區」（或稱「敵後抗日（民主）根據地」），有的又分為若干小區，期間演變頗多。大體上說，中共「邊區」的範圍變動（國軍在敵後所建立的抗日根據地亦同），與正面戰場日軍所持之戰略態度息息相關。[19]

---

18 郭華倫，《中共史論》，第三冊，第四版（臺北：國立政治大學國際關係研究中心，1982 年），頁 454-457；王健民，《中國共產黨史》，第三編（臺北：漢京文化事業有限公司，1988 年），頁 219-222。

19 張玉法，《中華民國史稿》，第二版（臺北：聯經出版事業公司，2001 年），頁 420-421、427。

　　1937 至 1940 年間，日軍採速戰速決方式，較重視正面戰場，未重視佔領區的鞏固，國、共軍較易發展敵後根據地。1941 年 12 月太平洋戰爭爆發後，正面戰場陷於膠著，汪偽政權也已建立，爲鞏固佔領區，乃對國、共兩黨的敵後游擊勢力大肆掃蕩。對華北、華南地區的掃蕩，1941 至 1942 年共一百七十四次，1943 年則達一百三十一次，在這種情形下，國軍的敵後根據地幾已無法維持，中共的敵後「根據地」亦大爲縮小。[20] 據資料顯示，在日軍凌厲的攻勢下，中共「晉察冀」和「晉綏」兩「邊區」縮小三分之一，「晉冀魯豫邊區」縮小了二分之一，整個中共「邊區」人口亦從一億人減少到五千萬。「邊區」的經濟無法維持大規模正規軍的存在，正規軍除了進行生產以外，也不得不縮減兵力。單單 1941 年，中共正規軍便減少了將近十萬人。[21]

　　到 1944 年以後，由於日軍敗相已露，正面戰場國軍已經開始反攻，日本對佔領區的控制力亦弱，但由於敵後的國軍主力早已撤退或投偽，中共乃得以在敵後迅速擴張。到了抗戰勝利前夕，正如毛澤東所謂，中共已經發展成擁有「一萬萬人民、一百萬軍隊、二百多萬民兵」[22] 的龐大組織了。而且這些力量都處於更靠近中國中心地帶的地區，當對日抗戰勝利以始料未及的速度來臨時，中共就有比國民政府更好的地理條件，去接管日軍的佔領區了。

一、華北地區「邊區」概述

　　抗戰爆發後，由於八路軍在華北各地的發展，乃有若干中共「根據地」之建立。1941 至 1942 年，中共華北「根據地」遭到日軍掃蕩，瓦解近半。至 1942 年冬天以後重新整頓，劃分爲四個「邊區」，並建立「邊區政府」。這四個「邊區」分別是「晉察冀邊區」、「晉冀魯豫邊區」、「晉綏邊區」和「山東區」。茲將渠等發展狀況簡述如下：

---

[20] 張玉法，《中華民國史稿》，第二版（臺北：聯經出版事業公司，2001 年），頁 421。

[21] 陳永發，《中國共產革命七十年》（上），第二版（臺北：聯經出版事業公司，2001 年），頁 344。

[22] 毛澤東，〈抗日戰爭勝利後的時局和我們的方針〉（1945 年 8 月 13 日），《毛澤東選集》，第四卷，第二版（北京：人民出版社，1991 年），頁 1130。

㈠「晉察冀邊區」

這是中共在敵後所建立之第一個「根據地」，爲中共在河東活動之基礎，甚爲重要。它包括山西、河北、察哈爾、熱河、遼寧五省之各一部，在行政上劃分有「北嶽」、「冀中」、「冀熱遼」三區，地處同蒲路以東，正太、德石路以北，張家口、多倫、寧城、錦州以南，渤海以西，面積八十萬平方里（華里），人口二千五百萬，縣治一百零八個。[23]

1937 年「七七事變」後，八路軍由陝西進入山西，10 月下旬，一一五師副師長聶榮臻率部進入晉東北五台山地區（「北嶽區」），著手開闢「晉察冀」抗日根據地，11 月 7 日，正式成立「晉察冀軍區」。1938 年 1 月 15 日，成立「晉察冀邊區」臨時行政委員會，中心在河北阜平。其後又開闢「平西」、「冀東」根據地。1938 年春夏之交，成立「冀中軍區」。1940 年底，聯合「平西」、「冀東」向北平發展，建立「冀熱察區」。1944 年 5 月，「晉察冀軍區」正式組建四個二級軍區，即「冀中」、「冀熱遼」、「冀晉」、「冀察」等四區。[24]

㈡「晉冀魯豫邊區」

「晉冀魯豫邊區」包括「晉冀豫」、「冀魯豫」、「河南」三區。八路軍 129 師劉伯承部以晉、冀間的太行山爲依託，與太原以南，「晉中」地區的「太岳山區」連成一片。最初成立「太岳軍區」（「晉冀豫軍區」，包括涉縣、黎城、沁陽等縣），其後東進越過平漢路，進入冀魯豫平原，又建立「冀魯豫軍區」（包括太行山地及范縣、觀城、濮陽等縣）。「晉冀魯豫邊區」的範圍，西起同蒲路、汾河，東至渤海，南靠黃河，北沿正太路、德石路，包括晉東南、冀西南、魯西、豫北及江蘇隴海路以北一小

---

23 王健民，《中國共產黨史》第三編（臺北：漢京文化事業有限公司，1988 年），頁 333。按：該書未註明縣治一百零八個中，有多少是由中共控制，待查。抗戰時期中共所建「邊區」雖幅員廣大，然重要交通線、經濟、政治中心、據點等大都由日偽軍所控制，中共則避處偏遠之地區潛伏發展，並非此廣大區域之土地、物產及人口均在中共控制之下，以下所述略同。另據張玉法的說法，該「邊區」人口約三千萬人，請參見氏著，《中華民國史稿》，第二版（臺北：聯經出版事業公司，2001 年），頁 423
24 張玉法，《中華民國史稿》，第二版（臺北：聯經出版事業公司，2001 年），頁 422。

部。

　　該區在 1940 年 7 月以前，實包括「太行」、「太岳」、「冀南」（1937 年 10 月下旬，劉伯承部在娘子關東南七亙村襲擊日軍，1938 年 8 月成立「冀南行政主任公署」於南宮，以楊秀峯、宋任窮分任正副主任）、「冀魯豫」等四區。是年 7 月，成立「晉冀魯豫邊區」行政委員會。[25] 1941 年，未經國民政府同意，復擅自成立「晉冀魯豫邊區政府」，以楊秀峯爲主席，薄一波、戎勝伍爲副主席。全「邊區」面積大約六十點九萬平方里（華里），人口二千五百萬餘人，分屬一百九十八個縣，並據有縣城十四處。正規武力當在五萬以上，民兵四十餘萬，有組織群眾五百餘萬。[26]

(三)「晉綏邊區」

　　1938 年 2 月，八路軍一二〇師賀龍部進入晉西北管涔山地區，佔領五寨、保德等縣，建立「晉西北根據地」。此「根據地」西以黃河與「陝甘寧邊區」爲界，東以同蒲路、平綏路與「晉察冀邊區」毗連，北抵綏遠大青山北麓包頭、百靈廟、武川、陶林一線，南迄汾陽、離石公路兩側。分爲「晉西北」和「大青山」兩區，爲保衛「陝甘寧邊區」的前衛陣地。

　　中共於 1940 年 1 月，成立「晉西北行政主任公署」；1942 年 10 月，成立「晉西北臨時參議會」。此區共有四十六個縣，兩個省會（太原、歸綏）。除縣城六座（河曲、保德、偏關、岢嵐、臨縣、興縣）爲中共所控制外，餘均在日僞軍控制之下。全區面積三十三點一萬平方里（華里），人口約三百二十二萬人。野戰軍人數約二點六萬人，地方自衛武力（民兵、自衛團等）約有五點五萬餘人。[27]

---

[25] 張玉法，《中華民國史稿》，第二版（臺北：聯經出版事業公司，2001 年），頁 423。

[26] 王健民，《中國共產黨史》第三編（臺北：漢京文化事業有限公司，1988 年），頁 340-357。

[27] 張玉法，《中華民國史稿》，第二版（臺北：聯經出版事業公司，2001 年），頁 424；張玉法，《中國現代史》，第九版（臺北：臺灣東華書局股份有限公司，1988 年），頁 622；王健民，《中國共產黨史》第三編（臺北：漢京文化事業有限公司，1988 年），頁 365。

㈣「山東區」

不同於抗戰期間中共「邊區」多發展於省與省交界、數省交界間窮鄉僻壤之三不管地帶,「山東區」是中共惟一以全省規模建立起的「邊區」政權。雖然其活動區域仍以鄉村和偏遠山區為主,但因其組織能力和爭取民眾的技術均優於國軍,因此逐漸佔有優勢。山東省地處渤海、黃海之濱,北連華北、東北,南接蘇北、華中,戰略地位重要;山東省又為中國經濟較發達之地區,人力、物力資源非常豐富。當日軍投降後,中共便以地利之便,優先搶佔山東地盤,造成革命奪權的有利態勢。故「山東區」之建立,對中共爾後贏得政權實具有重要意義。此區包括津浦路以東之山東省大部,河北、江蘇兩省各一部;北迄天津,與其「冀東」、「冀中」兩區相接;南至隴海路,與華中新四軍之「蘇北根據地」連接。全區面積約十二點五萬平方公里,人口約二千四百多萬人。[28]

二、華中地區「根據地」簡介

所謂華中「根據地」,原為由中共江南游擊隊於 1937 年 12 月改編之新編第四軍(簡稱新四軍,約萬餘人,葉挺、項英為正、副軍長)所發展。「新四軍事件」(又稱「皖南事件」)之後,中共即以「中國共產黨中央革命軍事委員會」之名義,非法重建新四軍,以陳毅為代理軍長,張雲逸為副軍長,劉少奇為政委,賴傳珠為參謀長,鄧子恢為政治部主任;擴大為七個師一個獨立旅,共九萬餘人,繼續其擴張「解放區」之活動。其活動範圍隨淪陷區之擴大而蔓延,至 1945 年日本無條件投降前夕,中共已在華中地區建有九塊「根據地」,茲簡介如下:

1. 蘇北區:在江蘇省北部,為新四軍第三師活動地區。該師係由十八集團軍南下縱隊改編,師長黃克誠。
2. 蘇中區:位於江蘇省中部,為新四軍第一師活動區域。該師由撤銷後之新四軍第一、第二支隊改編,師長粟裕。
3. 蘇南區:位於江蘇省南部、安徽省東南部,為新四軍第六師(師長譚

---

[28] 中共山東省委黨史資料徵集研究委員會編,《山東抗日根據地》(北京:中共黨史資料出版社,1989 年),頁 2;安作璋主編,《山東通史現代卷》上 ,頁 271。

震林）活動區域。

4. 淮北（皖北）區：在安徽省東北部、江蘇省西北部，爲新四軍第四師（師長彭雪楓）活動地區。

5. 淮南（皖東）區：在安徽省東部、江蘇省西部，爲新四軍第二師活動地區。該師由撤銷後之新四軍第四、五支隊改編，師長由副軍長張雲逸兼任，羅炳輝爲政委。

6. 皖中區：在安徽省中部，爲新四軍第七師（師長張鼎丞）活動地區。

7. 浙東區：位於浙江省東部，爲新四軍浙東游擊縱隊（司令何克希）活動地區。

8. 鄂豫皖（大別山）區：在湖北省東部、河南省南部、安徽省西部，以鄂東禮山、黃安爲中心，又名「中原區」，爲新四軍第五師（師長李先念）活動地區。

9. 湘鄂贛區：在湘鄂贛邊區（九宮山、幕阜山地區），爲十八集團軍南下支隊（司令王震）活動地區，歸新四軍指揮。[29]

三、華南地區「根據地」簡介

中共在華南地區的「根據地」主要有兩塊，一爲「東江區」，一爲「瓊崖區」，亦簡述如下：

㈠「東江區」

在珠江三角洲，西抵三水、新會，東到惠陽，北至從化。「東江區」有兩個中共所謂之抗日游擊縱隊，一爲東江縱隊，是由起於 1938 年 11 月的兩股游擊武力合組而成：曾生的武力在惠陽，王作堯的武力在東莞。1940 年 11 月合編爲廣東人民游擊隊，1943 年 12 月獲中共中央認可，正式成立「廣東人民抗日游擊隊東江縱隊」，以曾生、王作堯爲正、副司令，林平爲政委。另一爲珠江縱隊，是由廣東人民游擊隊發展而來，其中一部於 1942 年春在中山縣五桂山建立「根據地」，至 1945 年 1 月改爲

[29] 劉秀文，〈華中抗日根據地〉，《中共黨史主要事件簡介（1919-1949）》（成都：四川人民出版社，1982 年），頁 352-357；王健民，《中國共產黨史》第三編（臺北：漢京文化事業有限公司，1988 年），頁 371-376。

珠江縱隊。

㈡「瓊崖區」

在海南島五指山地區，中共黨員馮白駒於 1938 年 2 月，組織廣東瓊崖抗日自衛隊獨立隊。其後逐漸發展勢力，至 1941 年，部隊發展爲數千人，成立瓊崖獨立游擊縱隊。同年，並成立「瓊崖東北區抗日民主政府」。1944 年春，已在海南島東北的瓊山、文昌、定安、樂會、萬寧、瓊東、臨高、澄邁等八個縣中建立了縣、區、鄉的「民主政權」，因之將「瓊崖東北區抗日民主政府」改爲「抗日民主公署」。[30]

以上即爲中共在抗戰期間發展「根據地」之概要。

第三節 「邊區」施政綱領及其各項政策

抗戰期間中共所建立的「邊區」，與過去的「蘇區」，在性質上有其不同之處，如：「邊區政權」在理論上是統一於中央政府之下的地方政權，服從中央政府，而非如蘇維埃政權自成全國性系統，與中央政府對立，以推翻中央政府爲職志；「邊區政權」以中華民國爲國號，奉行正朔（中華民國年號），不另製國旗、國徽、國歌，聲稱服從國家政令與軍令，執行抗戰國策；至於政權組織形式，也大致仿照各級政府組織法。凡此，均可視爲統一的象徵。

然此種統一僅以象徵爲止。事實上，「邊區」與「蘇區」之割據無異，凡與中共實際利害有關者，中共不但不做絲毫讓步，反而得寸進尺，擴張不已，如用人及行政不允許中央過問，私訂單行法，私發鈔票，自行擴軍而不受軍令限制，自行擴展地盤而不遵政府規劃。由此可知，中共假借統一之名而行割據之實，以從事再次叛變之準備。[31] 茲將中共「邊區」

---

[30] 馬增浦，〈華南抗日根據地〉，《中共黨史主要事件簡介（1919-1949）》（成都：四川人民出版社，1982 年），頁 358-363；張玉法，《中華民國史稿》，第二版（臺北：聯經出版事業公司，2001 年），頁 427-428；王健民，《中國共產黨史》第三編（臺北：漢京文化事業有限公司，1988 年），頁 377-382。

[31] 王健民，《中國共產黨史》第三編（臺北：漢京文化事業有限公司，1988 年），頁 224-225。

所制頒的施政綱領及各項重要政策概述於下。

一、「邊區」施政綱領

　　中共所建立的諸「邊區」中，以「陝甘寧邊區」為最重要，它是中共中央的所在地，與前此江西時期的「中央蘇區」略似，儼然為中共「中央邊區」。「陝甘寧邊區」的施政綱領及有關法令規章，較其他「邊區」完備，為其他「邊區」所取法，堪為其他「邊區」的樣品。

　　「陝甘寧邊區」於1939年4月和1941年11月先後發佈〈陝甘寧邊區抗戰時期施政綱領〉與〈陝甘寧邊區施政綱領〉，作為「邊區」施政的準繩。這兩個〈施政綱領〉的要旨如下：

㈠〈陝甘寧邊區抗戰時期施政綱領〉

　　〈陝甘寧邊區抗戰時期施政綱領〉係中共「陝甘寧邊區政府」於1939年4月4日發佈，除前言外，共有二十八條，區分為民族主義（六條條文）、民權主義（十一條條文）、民生主義（十一條條文）三類。

　　在〈綱領〉的前言中，中共自稱「陝甘寧邊區」係在「國民政府和蔣委員長領導下」，「本著三民主義與抗戰建國綱領的原則」，根據「陝甘寧邊區的環境與條件」，特制定此綱領，作為「邊區」一切工作之準繩。

1. 在「民族主義」類中，計有六條，要旨如下：
   (1) 堅持鞏固與擴大抗日民族統一戰線，團結全「邊區」人民與黨派，動員一切人力、物力、財力、智力，為保衛「邊區」，保衛西北，保衛中國，收復一切失地而戰。
   (2) 高度的發揚「邊區」人民的民族自尊心和自信心，反對一切悲觀失望、妥協投降的傾向。
   (3) 施行鋤奸工作，徹底消滅漢奸、敵探、土匪的活動，以鞏固抗日後方。
   (4) 實現蒙、回民族在政治上、經濟上與漢族的平等權利，依據民族平等的原則，聯合蒙、回民族共同抗日。
   (5) 尊重蒙、回民族之信仰、宗教、文化、風俗、習慣，並扶助其文化的發展。

⑹在不損害「邊區」主權的原則下，保護一切同情中國抗戰國家的人
　民、工商業者、教民，在「邊區」生產、經營與文化方面的活動。

2. 在「民權主義」類中，計有十一條，要旨如下：

⑴發揚民主政治，採用直接、普遍、平等、不記名的選舉制，健全民
　主集中制的政治機構。

⑵保障人民言論、出版、集會、結社、信仰、居住、遷徙與通信之自
　由。

⑶發展與健全人民抗日自衛軍、抗日少先隊，加緊其政治、軍事、文
　化上的教育與訓練。

⑷以政治工作與組織力量的配合，實行兵役與參戰的動員。

⑸發揚艱苦作風，厲行廉潔政治，肅清貪污腐化。

⑹實行男女平等，提高婦女在政治上、經濟上、社會上的地位，實行
　自願的婚姻制度，禁止買賣婚姻與童養媳。

⑺建立便利人民的司法制度，保障人民有檢舉與告發任何工作人員的
　罪行之自由。

⑻建立工作檢查制度，發揚自我批評，以增進工作的效能。

⑼實行普及免費的兒童教育。

⑽發展民眾教育，消滅文盲，提高「邊區」成年人民之政治文化水準。

⑾實行幹部教育，培養抗戰人才。

3. 在「民生主義」類中，計有十一條，要旨如下：

⑴確定私人財產所有權，保護「邊區」人民由土地改革所得之利益。

⑵開墾荒地，興修水利，改良耕種，增加農業生產，組織春耕秋收運
　動。

⑶發展手工業及其他可能開辦之工業，獎勵商人投資，提高工業生產。

⑷實行統一累進稅，廢除苛捐雜稅。

⑸保衛商人自由營業，發展「邊區」商業。

⑹厲行有效的開源節流辦法，在各機關、學校、部隊中，提倡生產運
　動與節約運動，以解決戰時財政經濟之困難。

⑺確定八小時工作制度，改善勞動待遇，保護工人利益，同時提高勞

動熱忱，增加生產效能。

(8)優待抗日軍人與工作人員之家屬。

(9)廢止高利借貸，政府舉辦低利借貸，獎勵合作社之發展。

(10)保育兒童，禁止對兒童的虐待。

(11)撫卹老弱孤寡，救濟難民災民，不使流離失所。[32]

綜觀中共「陝甘寧邊區政府」所公佈的此一〈抗戰時期施政綱領〉之內容，其政治宣傳的意味大於實際的施政作為，尤以〈綱領〉前言所言，「在國民政府和蔣委員長領導下」及「本著三民主義與抗戰建國綱領的原則」，乃係抗戰初期中共為利用抗戰的機會以壯大自己，所慣用的政治宣傳口號。至於〈綱領〉全文二十八條，也有很多是中共階段性的彈性策略，與中共本質及其長遠目標相悖，如「確定私人財產所有權」、「保衛商人自由營業」、「保障人民言論、出版、集會、結社、信仰、居住、遷徙與通信之自由」等，並未貫徹實施。

(二)〈陝甘寧邊區施政綱領〉

〈陝甘寧邊區施政綱領〉係中共「陝甘寧邊區中央局」於 1941 年 5 月 1 日提出，經中共中央政治局批准，及「陝甘寧邊區」第二屆參議會通過，公佈實施，全文除前言外，計有二十一條。此次〈施政綱領〉之提出，係於國共間不時發生所謂「摩擦事件」之後，尤以 1941 年 1 月發生的「新四軍事件」（又稱「皖南事件」），對國共關係的惡化，影響最大。因此，中共在此次〈綱領〉前言中，刪除了「在國民政府和蔣委員長領導下」之字眼，也不再提「抗戰建國綱領」，而僅稱「根據孫中山先生的三民主義、總理遺囑及中共中央的抗日民族統一戰線原則」。可見，此時中共的根本政策，尤其是對國民政府的態度，已大為改變。

此次〈綱領〉全文二十一條，依序排列，不另再區分為民族主義、民權主義及民生主義三類，各條內容要旨如下：

1. 團結「邊區」內部各社會階級，各抗日黨派，發揮一切人力、物力、財力、智力，為保衛「邊區」、保衛西北、保衛中國，驅逐日本帝國主

---

[32] 〈陝甘寧邊區抗戰時期施政綱領〉（1939 年 4 月 4 日），全文請參閱王健民，《中國共產黨史》第三編（臺北：漢京文化事業有限公司，1988 年），頁 234-236。

義而戰。

2. 堅持與「邊區」境外友黨、友軍及全體人民的團結，反對投降、分裂、倒退的行為。

3. 提高「邊區」武裝部隊的戰鬥力，改善兵役制度及其他後方勤務的動員制度，增進軍隊與人民的親密團結。同時加強抗日自衛軍、少先隊的組織與訓練，健全其領導系統。

4. 加強優待抗日軍人家屬的工作。

5. 本黨願與各黨各派及一切民眾團體進行選舉聯盟，並在候選名單中確定共產黨員只佔三分之一，以便各黨各派及無黨無派人士均能參加「邊區」民意機關之活動與「邊區」行政之管理。在共產黨員被選為某一行政機關之主管人員時，應保證該機關之職員有三分之二為黨外人士充任。

6. 保證一切抗日人民的人權、政權、財權及言論、出版、集會、結社、信仰、居住、遷徙之自由權。除司法系統及公安機關依法執行其職務外，任何機關、部隊、團體，不得對任何人加以逮捕、審問或處罰，而人民則有用無論何種方式，控告任何公務人員非法行為之權利。

7. 改進司法制度，堅決廢止肉刑，重證據不重口供。對於漢奸分子，除絕對堅決不願改悔者外，不問其過去行為如何，一律施行寬大政策，爭取感化轉變，給以政治上與生活上之出路，不得加以殺害、侮辱、強迫自首或強迫其寫悔過書。對於一切陰謀破壞「邊區」的分子，例如叛徒分子、反共分子等，其處置辦法仿此。

8. 厲行廉潔政治，嚴懲公務人員之貪污行為，禁止任何公務人員假公濟私之行為。

9. 發展農業生產，實行春耕秋收的民眾動員。

10. 在土地已經分配區域，保證一切取得土地的農民之私有土地制。在土地未經分配區域，保證地主的土地所有權及債主的債權，惟須減低佃農租額及債務利息。

11. 發展工業生產與商業流通，獎勵私人企業，保護私有財產，歡迎外地投資，實行自由貿易，反對壟斷統制，同時發展人民的合作事業，扶助手工業的發展。

12. 調節勞資關係，實行十小時工作制。

13. 實行合理的稅收制度，居民中除極貧者應予免稅外，均須按照財產等第或所得多寡，實施程度不同的累進稅制，使大多數人民均能負擔抗日經費。同時健全財政機構，調整金融關係，維護法幣，鞏固邊幣，以利經濟之發展與財政之充裕。

14. 繼續推行消滅文盲政策，推廣新文字教育，允許在學學生以民主自治權利，實施公務人員的兩小時學習制。

15. 推廣衛生行政，增進醫藥設備，實行救濟外來的災民、難民。

16. 依據男女平等原則，提高婦女在社會上的地位，發揮婦女在經濟上的積極性，保護女工、產婦、兒童，堅持自願的一夫一妻婚姻制。

17. 依據民族平等原則，實行蒙、回民族與漢族在政治經濟文化上的平等權利，建立蒙、回民族的自治區，尊重蒙、回民族的宗教信仰與風俗習慣。

18. 歡迎海外華僑來「邊區」求學，參加抗日工作，或興辦實業。

19. 給社會游民分子以耕種土地、取得職業與參加教育的機會，糾正公務人員及各業人民中對游民分子加以歧視的不良習慣。對會門組織實行爭取、團結與教育的政策。

20. 對於在戰鬥中被俘之敵軍及偽軍官兵，不問其情況如何，一律實行寬大政策，其願參加抗戰者，收容並優待之，不願者釋放之，一律不得加以殺害、侮辱、強迫自首或強迫其寫悔過書。其有在釋放之後又連續被俘者，不問被俘之次數多少，一律照此辦理。國內如有對八路軍、新四軍及任何抗日部隊實行攻擊者，其處置辦法仿此。

21. 在尊重中國主權與遵守政府法令的原則下，允許任何外國人到「邊區」遊歷，參加抗日工作，或在「邊區」進行實業、文化與宗教的活動。其有因革命行動被外國政府壓迫而來「邊區」者，不問其是宗主國人民或殖民地人民，「邊區政府」當一律予以懇切的保護。[33]

---

[33] 〈陝甘寧邊區施政綱領〉（1941 年 5 月 1 日中共「陝甘寧邊區中央局」提出，中共中央政治局批准，中共「陝甘寧邊區」第二屆參議會通過），全文請參閱王健民，《中國共產黨史》第三編（臺北：漢京文化事業有限公司，1988 年），頁 236-238。

綜觀此次〈綱領〉之內容，與前此的 1939 年〈綱領〉對照，除上述關於〈綱領〉前言的用字用詞有若干不同外，此次〈綱領〉在政治主張上，有兩個突出點：其一是第五條的「三三制」，即在「邊區」民意機關與行政機關中，共產黨員佔三分之一，非共的各黨各派及無黨無派人士佔三分之二；其二是第十七條關於建立蒙、回民族自治區的規定。這兩個特點都是中共基於當時情勢的需要，所提出的政治與民族的統戰策略。此外，在此次〈綱領〉的第七條，中共將反共份子與叛徒份子、漢奸份子並列，可見其對國民政府之敵意已較前提高甚多，國、共間的關係已甚為惡化。

二、「邊區」各項政策

「邊區施政綱領」是「邊區」一切工作之準繩，中共在其建立的各「邊區」與「根據地」內，究竟採行了哪些政策，因文件及資料甚多，可謂不一而足。惟 1941 年 1 月 15 日中共在《解放》週刊第一二四期上刊載的〈論抗日根據地的各種政策〉，係當時最能完整而簡要的歸納中共「邊區」各項政策之文獻，茲將其主要內容摘要於次：

中共在該文獻中，首先承認，各「邊區」或「根據地」，在各種政策的實行上，存在有「頗大的不平衡性」。接著又指出，在「邊區」或「根據地」的工作上，存在有三個主要缺點：一是「對於堅持抗日根據地的長期性，還估計得不夠充分」；二是「對於各階級關係的調整，還規定得不夠明確」；三是「對於根據地的各種政策，還實行得不夠細密」。

為改正上述的缺點，以鞏固各「邊區」或「根據地」，中共除強調必須改變過去各「邊區」或「根據地」實行各方面政策時一般的粗枝大葉的狀態外，還必須「更加注意」以下三點：一是「應當時時刻刻仔細注意到抗日民族統一戰線的鞏固與發展，確切照顧統一戰線內各階級各階層的利益」；二是「必須更廣大地更深入地推行民主，堅決執行政權組織的三三制」；三是「抗日根據地的一切工作，必須從能夠長期堅持的觀點出發」。

中共在該文獻中，接著從民族主義、民權主義、民生主義三個方面，將「邊區」與「根據地」已經實行或正在實行的具體政策歸納如下：

1. 民族主義方面

(1)鞏固抗日民族統一戰線，對日堅決抗戰到底，反對向日屈膝投降。

(2)在抗日根據地上，對於各種漢奸，分別具體處理。堅決的漢奸，堅決的加以鎮壓。對於脅從分子，則爭取其回頭為祖國工作。

(3)對於少數民族，給以平等的待遇，尊重民族自決的原則，爭取少數民族與漢族鞏固團結共同抗日，反對大漢族主義對於少數民族的歧視與壓迫。

(4)對於日本以外其他國家，親密聯合社會主義的蘇俄，親密聯合各國勞動人民與彼壓迫的民族。

2. 民權主義方面

(1)在「抗日根據地」的政權問題上，實行三三制的政權組織，共產黨員只佔三分之一，其他友黨及無黨的抗日人士佔三分之二。不僅不排斥而且歡迎願意團結抗日的民族資產階級、開明紳士、小資產階級的代表參加。

(2)在「抗日根據地」的人民民主權利問題上，一切不反對抗日的中國人都有同等的人權，以及言論、集會、出版、結社、思想、信仰的自由權，任何不反對抗日的地主資本家，都可以安全地享有自己的財產。

(3)「抗日根據地」上的民主政府，僅僅干涉在「抗日根據地」內真實進行陰謀活動破壞抗戰的分子，其餘則一律不加干涉，並加以切實保護。

3. 民生主義方面

(1)在「抗日根據地」的經濟政策上，積極發展工業農業的生產與商品的流通。歡迎他地的資本家到「抗日根據地」上開辦實業，並切實保護他們的營業。獎勵民營企業，而把地方抗日民主政府所經營的企業，只當作整個生產貿易事業的一部分。以發展生產事業、調劑貨物流通來達到「根據地」各區域經濟上的自給自足。

(2)在「抗日根據地」的財政政策上，按照收入的多少，來規定納稅的多少。除少數最貧困的人民免稅外，其餘的公民，工人、農民、城

市小資產階級、資本家、地主均在內，都須負擔納稅義務，而不將稅款完全放在地主、資本家身上。反對對工農、地主、資本家採取拘押罰款的辦法。

(3)在「抗日根據地」的勞動政策上，爲著發動工人的抗戰積極性，必須實行適當的改良。但增加工資與減少工作時間，均有一定限度，不能過多。在目前爲著增加抗戰生產的需要，在某些生產部門，可以酌量採取十小時工作制。勞資間訂立勞動契約，在訂約後，資本家固須遵行，工人亦應遵守勞動紀律，以便使生產可以正常地進行。

(4)在「抗日根據地」的土地政策上，堅決駁斥「現在華北已實行土地革命」的無稽論調。現在只是主張適當減輕農民負擔，適當減租減息，地租一般地以實行二五減租爲原則，按照具體情況，可以高至倒四六分制、倒三七分制（即農民得六成或七成，地主得四成或三成），而不要超過這一限度。利息一般的減到社會借貸關係所允許的程度，但亦不要超過這一限度，使農民借不到債款。地主及債主享有土地財產的所有權，農民則在減租減息後應繼續交租交息，這是堅持團結抗戰對農民與地主關係所應當進行的調節工作。

(5)在「抗日根據地」的人民文化生活上，歡迎自由主義的文化工作者、新聞記者、教育家、學者、專門家來「抗日根據地」共同進行文化建設與各方面的抗戰建國工作，歡迎一切抗日青年來「抗日根據地」入學。在「抗日根據地」內實行正規的國民教育制度，大大發展各方面的文化事業（學校、出版事業以及其他文化事業）。[34]

上述諸政策中，以所謂「三三制」及土地政策爲最重要。這段期間，中共藉「三三制」以標榜民主，藉土地政策給人誤認中共乃「土地改革者」。凡此，皆中共於抗戰期間，爲鞏固與發展其抗日民族統一戰線之作爲，而與中共信仰之馬列主義及共黨專政本質相抵觸。關於「三三制」的問題在第一節中已有論述，本節不再贅述。關於土地政策，茲再根據中共中央公佈的重要文獻略述於次：

---

[34] 〈論抗日根據地的各種政策〉（1941年1月15日），原載《解放》週刊，第一二四期，引自《中共黨史參考資料》，第四冊（北京：人民出版社，1980年），頁225-229。

　　抗戰期間，中共在各「邊區」或「根據地」實行的土地政策，主要有兩點，即一方面「減租減息」，一方面「交租交息」。據中共中央的檢討，此一政策在許多「根據地」內還沒有普遍的認真的徹底的實行；在有些「根據地」內還只在一部分地方實行了減租減息；而在另一部分地方，或者還只把減租減息當作一種宣傳口號，既未發佈法令，更未動手實行，或者雖已有政府發佈了法令，形式上減了租息，實際上則並未認真去做，發生了明減暗不減的現象。[35]

　　中共中央為糾正上述的一些缺點，特於1942年1月28日，經中央政治局通過〈中共中央關於抗日根據地土地政策的決定〉十二條及三個附件，頒發各「邊區」及「根據地」「認真執行」。該〈決定〉中關於「減租減息」與「交租交息」，有下列三點重要的規定：

1. 「邊區」或「根據地」政府法令應有兩方面的規定，不應畸輕畸重。一方面，要規定地主應該普遍的減租減息，不得抗不執行。另一方面，又要規定農民有交租交息的義務，不得抗不繳納。一方面要規定地主的土地所有權與財產所有權仍屬於地主，地主依法有對自己土地出賣、出典、抵押及作其他處置之權。另一方面，又要規定當地主作這些處置之時，必須顧及農民的生活。一切有關土地及債務的契約的締結，須依雙方自願，契約期滿，任何一方有解約之自由。
2. 既然減租減息與保障農民的人權、政權、地權、財權是土地政策的第一個方面，既然各「根據地」內尚有許多地方並未普遍的認真的徹底的實行減租減息，而其原因，不是地主抗不實行，就是黨與政府的工作人員採取漠不關心與官僚主義的態度。因此，各「根據地」內黨與政府的工作人員，必須對自己工作加以嚴格的檢查，派員下鄉分途巡視各地實行的程度，加以周密的調查研究，全般的總結各地經驗，發揚正確實行的例子，批評官僚主義的例子。發佈口號、發佈法令與實行口號、實行法令之間，是常常存在著很大的距離的，如不嚴懲官僚主義，反對右傾觀點，就無法使口號、法令見之實行。

---

[35] 〈中共中央關於抗日根據地土地政策的決定〉（1942年1月28日中共中央政治局通過），《中共黨史教學參考資料》，第三冊（北京：人民出版社，1980年），頁13。

3. 既然交租交息與保障地主的人權、政權、地權、財權是土地政策的第二個方面，既然各「根據地」內曾經發生過忽視這一方面的左傾錯誤，而其原因，不是農民不了解黨的土地政策，就是黨與政府的工作人員也不了解或不完全了解黨的政策。為著防止今後重複這種錯誤，就必須在黨內、在農民群眾中明確的解釋黨的政策，使他們明白現在黨的抗日民族統一戰線的土地政策，是與內戰時期的土地政策有根本區別的，使他們不限制於眼前的狹隘的利益，而把眼前利益與將來利益聯繫起來，把局部利益與全民族利益聯繫起來。必須勸告農民，在實行減租減息與保障農民的人權、政權、地權、財權之後，同時實行交租交息與保障地主的人權、政權、地權、財權。正如在減租減息與保障農民的人權、政權、地權、財權的問題上，必須勸告地主不應該限制於眼前的狹隘的利益，而要顧及將來與全民族的利益，是一樣的。[36]

　　由於各「根據地」情況不同，甚至在一「根據地」內情況亦有不同者，因此，中共中央強調：「關於解決土地問題的具體辦法，不能統一施行整齊劃一的制度。」中共中央在〈關於抗日根據地土地政策附件〉的前言中指出：「中央在關於土地政策決定內，規定了統一施行的原則，而在本附件內則根據此種原則提出具體辦法，以供各地採用。本附件內所列各項，凡與各地實際情況相合者均應堅決執行之；其有不合情況，而須變通辦理者，各地得加變通，惟須將變通之點報告中央，並取得中央之批准。」[37] 該附件共有三個：其一關於地租及佃權問題；其二關於債務問題，其三關於若干特殊土地的處理問題。茲將其主要內容分述如下：

1. 關於地租及佃權問題
　　⑴一切尚未實行減租的地區，其租額以減低原租額百分之二十五（二五減租）為原則，即照抗戰前租額減低百分之二十五。在游擊

---

[36] 〈中共中央關於抗日根據地土地政策的決定〉（1942 年 1 月 28 日中共中央政治局通過），《中共黨史教學參考資料》，第三冊（北京：人民出版社，1980 年），頁 15-17。

[37] 〈中共中央關於抗日根據地土地政策附件〉，《中共「農民運動」原始文件彙編》，第五輯（臺北：法務部調查局，1981 年），頁 65。

　　區及敵佔點線附近，可比二五減租還少一點，只減二成、一成五或
　　一成，以便相繼發動農民抗日的積極性及團結各階層抗戰為目標。

⑵定租（錢租），因天災人禍，其收成之全部或大部被毀時，得停付
　　或減付地租。

⑶多年欠租應予免交。

⑷在租佃契約上及習慣上有永佃權者應保留之，無永佃權者不應強迫
　　規定，但可獎勵雙方訂立較長期的契約，例如五年以上，俾農民得
　　安心發展產。

⑸出租人於契約期滿招人承租或出典出賣時，原承租人依同等條件有
　　承佃、承買、承典之優先權。

⑹出租人出賣有永佃權或契約期限未滿之地，原承租人有繼續佃耕之
　　權，非原約期滿，新主不得另佃他人。

2. 關於債務問題

⑴減息是對於抗戰前成立的借貸關係，為適應債務人的要求，並為團
　　結債權人一致抗日起見，而實行的一個必要政策。應以一分半為計
　　息標準，如付息超過原本一倍者停利還本，超過原本二倍者本利停
　　付。至於抗戰後的息額，應以當地社會經濟關係，聽任民間自行處
　　理，政府不應規定過低息額，致使借貸停滯，不利民生。

⑵債權人不得因減息而解除借貸契約，債務人亦不得在減息後拒不交
　　息，債權人有依法訴追債務之權。

⑶凡典地尚未轉成買賣關係者，出典人隨時可由原典價依約贖回土
　　地，不得用押地換約的辦法；如已轉成買賣關係者，不得贖回；因
　　紙幣跌價而在贖回典地時所生之爭議，由政府調處之。

3. 關於若干特殊土地的處理問題

⑴凡罪大惡極之漢奸的土地，應予沒收，歸政府管理，租給農民耕
　　種，以示懲罰。

⑵被迫漢奸的土地，不得沒收，以示寬大，爭取其悔過自新。

⑶凡逃亡地主，不論其逃至何處，其土地不得沒收。無人管理者，由
　　政府代管，招人耕種，並保存其應得地租，代交田賦公糧，原主回

家時，將其土地及應得地租一併發還之。

⑷凡沒有稅過契，或沒有納過糧的黑地，不許沒收，而限期責令業主稅契納糧。

⑸族地社地，由本族本社人員組織管理委員會管理之；學地，留作教育經費，由政府或本地人員組織教育基金管理委員會管理之；宗教土地，均不變動。

⑹公荒，由政府分配給抗屬、難民、貧農開墾，並歸其所有，在一定期限內免除或減少其租稅；私荒，不論生荒熟荒，應盡先由業主開墾，如業主無力開墾任其荒蕪時，政府得招人開墾，並在一定期限內免除或減少其租稅，土地所有權仍屬於原主，但開墾者有永佃權。[38]

綜觀中共中央此一〈決定〉十二條及三個〈附件〉之內容，主要為達成其爭取廣大農民群眾支持其抗日民族統一戰線之目的，尤其在其「邊區」與「根據地」上，為改善其經濟困境，不惜在地租、佃權、債務及若干特殊土地的處理上作某些妥協、調和，以調動農民開墾及勞動的積極性。基本上，這是中共的階段性政策，其與中共承襲的意識形態相悖，然因中共的這些措施，竟被某些不明就裡的人士認為中共僅是「土地改革者」，而非「暴力革命者」。

三、種植鴉片的罪行

中共在其控制的各「邊區」與「根據地」所實施的各項政策，最為國人所不能寬恕的就是種植鴉片，毒害人民。按禁絕鴉片為國民政府一貫之政策，抗戰期間，政府在大後方查禁煙毒尤嚴，鴉片之種植與運銷幾已絕跡。惟在日軍佔領地區或汪偽漢奸統治區域，仍有公開種植、經營鴉片者，其毒害我百姓之罪行，殊為可恨。而佔據「邊區」、自立政府的中共，在其佔據區內竟仿效日偽的行徑，公開鼓勵種植與運銷鴉片，置百姓健康於不顧，其為國人嚴厲譴責，乃屬理所當然。

---

[38] 〈中共中央關於抗日根據地土地政策附件〉，《中共「農民運動」原始文件彙編》，第五輯（臺北：法務部調查局，1981年），頁65-67。

　　當時中共之所以在其佔據區內鼓勵種植與經營鴉片之目的，主要在於增加財政收入。而據中共「冀魯豫邊區」淮太西縣於 1945 年 7 月頒佈的〈淮太西縣煙土稅徵收與管理暫行辦法〉第一條，則稱：「為了加強對敵經濟鬥爭，減輕人民負擔，管制煙土出口，爭取必需品的收入。」第二條又謂：在淮太西縣中心集市設立「煙土總行」，「統一管理煙土行之經營與稅收事宜」。該〈辦法〉對煙土之買賣與徵稅，積極予以鼓勵，第二條第四款規定，合法經營之煙土行戶，可取得下列兩項收入：一是「介紹成交，可按買賣各給三分紅利」；二是「可按代收煙土稅總收入百分之十作為酬金」。至於具備哪些條件才能成為「合法經營之煙土行戶」呢？〈辦法〉第二條第一款規定，僅須「按期向煙土總行呈請登記，交納營業稅，領取營業許可證」，即屬合法。

　　中共如何藉此增加財政收入呢？要言之，一為稅收，二為罰金。依〈辦法〉的四條規定：煙土稅按售價百分之十五徵收；如以銀元、黃金購買煙土則按百分之五徵收，但只准在總行或其指定機關換兌。〈辦法〉第五條關於罰則之規定，較為詳細，共四款，內容如下：

1. 煙土行戶買賣煙土後，低報煙土價格因而漏稅者，查獲後，除補稅納款外，處以應繳稅款二倍之罰金。

2. 購買煙土人，於購貨後，實行走私漏稅者，查獲後除補稅外，另處相當於納稅額二倍之罰金。不經買賣關係走私漏稅者，其處罰適用於購貨走私辦法。

3. 通過非法行戶（即未領取營業許可證之行戶）買賣煙土，查獲後，賣主處相當於煙土售價十分之一的罰金；買主除照章納稅外，處相當於煙土購價十分之四的罰金；非法行戶，依據情節輕重，處五千元到兩萬元的罰金。

4. 不經煙土行戶，私人買賣煙土者，查獲後，賣主處相當於煙土售價十分之一的罰金；買主除照章補稅外，處相當於煙土購價十分之五的罰金。[39]

　　在中共的鼓勵下，各「邊區」和「根據地」竟與日偽統治區域無異，

---

[39] 〈淮太西縣煙土稅徵收與管理暫行辦法〉（1945 年 7 月頒佈），中共油印原件。

罌粟遍地，煙行林立，其危害之大，實難以言喻。

關於中共在其控制的「邊區」和「根據地」內種植、經營鴉片的情形，當時的報刊多有揭露，其中以《西安晚報》的報導最為詳實，且有憑有據，至為確鑿。茲將《西安晚報》對此的報導，摘述於下：

1.栽種的區域

中共種煙區域甚廣，以晉北及陝北各縣最為普遍，為掩蔽耳目，所種之地，多在距離交通大道較遠之偏僻處。總計已種之縣份，在晉北方面有河曲、保德、偏關、神池、寧武、五寨、平魯、朔縣、岢嵐等九縣。在陝北方面，已種之地有十八縣，經調查確實者有：

(1)葭縣：中共駐葭決死四縱隊曾派兵至倍子鎮及亞水坑鎮，租民地與人民夥種鴉片。另在木頭峪發現煙苗十餘畝，蜊峪、荷葉圩附近亦有種者。

(2)靖邊：中共在靖邊佔領區內共有煙田三千六百餘畝，派有大批保安隊、警備隊保護播種。中共靖邊縣政府曾派人運送罌粟籽四馱，約二石餘，在楊橋畔、張家畔東五十里一帶播種。

(3)橫山：中共在橫山所屬八岔把、兔灘、楊田、台紅、通界及洞口一帶大種鴉片，並派八路軍某部康團參謀劉某負責指導。

(4)安定：中共安定縣政府曾通令，除靠近國民政府邊界之地區如蜊峪岔區、南溝岔區、李家岔區不許種煙外，其餘各地均須廣為栽種，沈家灣、薛家渠一帶所種尤多，並向民眾徵收羊糞、肥料，一般愚民均栽種。

(5)此外尚有米脂、綏德、吳堡、清澗（營畔村一帶）、保安、安塞、延川、延長、延安、宜川、龍泉（臨鎮川一帶）、鄜縣、宜君（馬欄鎮一帶）、耀縣（柳林一帶）等，均有種煙確報。

2.種籽的來源

中共栽種鴉片所需之種籽，在陝北用者，大部分係由山西購運而來，其餘則在綏德、米脂、葭縣、吳堡等所屬鄉鎮搜集，民間過去私藏者，都被搜取一空。中共在每村指定一人承攬，向當地中共政府負責，供給居民播種，每戶可得種籽二兩，有不夠者，則到其他地區偷購。中共靖邊縣政

府為搜取鴉片種籽，令人民以煙籽一升，抵繳「救國公債米」五升，因此而徵到的煙籽，連同由山西運到的，計約六石餘，均分發人民，廣為栽種。

延安方面，中共更將老弱殘廢之士兵組織種煙工作隊，每隊六十人，將由山西運來的大批煙仔，廣植各地。另據延安中共第十八兵站工作人員稱：該兵站所轄之烏鎮分站，曾派人下鄉收購煙籽，每升一百元，運往延安，分發各地栽種。

3. 抽稅的比率

中共為鼓勵「邊區」人民種煙，曾以「邊區政府」名義下令「邊區」內栽種鴉片，其徵稅法為，在平原地帶，水田煙徵十分之五，旱田煙徵十分之四；山區地帶，水田煙徵十分之八，旱田煙徵十分之七。而在晉西北方面，如河、保、偏一帶，係地戶四成，公家六成，惟種籽及所有人工等，均須由地戶負擔，並有對地戶所得四成煙土，均令其買成銀幣，而公家又以偽農票將銀幣換回。

4. 販運的路線

中共在「邊區」保運商民的鴉片，係由八路軍後方留守處主任蕭勁光主持，每月繳「邊區財政廳包運所」一百二十萬元，每兩煙土收保運費九十元，而財政廳方面，每兩煙土收登記費七十五元、過境稅二十元。其運輸路線有二：一由「邊區」運至宜川韓城；二由「邊區」運至耀縣柳林。

另據有關的報導：中共「邊區政府」曾由延安運送大批煙土，交給鄜縣仕紳發售，已納稅者每兩售八十元，未納稅者每兩售七十元。又，中共由山西磧口、臨縣運至米脂的鴉片甚多，每百兩取運費六百元，均用武裝保運，並於綏德成立「官膏公售所」，以故煙禁大開，每兩貼稅票八元，即可暢行。再者，中共由合水運了大煙一千餘兩到寧縣孟壩鎮後，即在孟壩鎮設立煙膏店，公開出售，每兩定價二百五十元，並藉腳伕運鹽之便，偷運至國民政府控制區域銷售。[40]

對於中共種植與販運鴉片的罪行，國民政府早有所聞。至 1943 年 4

---

[40]〈中共栽種鴉片的真相〉，《西安晚報》，1942 年 7 月 9 日、10 日。

月，國民政府準備派內政部陝豫甘寧綏區煙毒檢查團，赴陝北作實地調查，先由陝西省政府於 4 月 9 日，電知中共十八集團軍後方留守處主任蕭勁光。不料，蕭勁光竟於 4 月 21 日復電拒絕，其電文曰：

> 查邊區煙毒，早經禁絕，去歲曾有一時，由鄰區揹運鴉片過境，邊區政府爲嚴密防堵起見，特於本年 2 月成立禁煙督察處，頒佈辦法，屬行查禁。尊處實無派人前來之必要。近據報鄰近邊區各省罌粟遍地，影響民耕，敬請貴府多派員查禁爲荷！[41]

陝西省政府接電後，隨即電復蕭勁光，詳爲說明政府的政策與立場，該電文稱：

> 查內政部陝豫甘寧綏區煙毒檢查團，並非由本府組織，乃中央派來西北各省普遍檢查，並非專查貴軍駐在地方，仍請尊重中央命令辦理，俟該團第二組人員到達時，飭屬協助保護，以利工作。至來電謂鄰近邊區各省罌粟遍地，影響民耕一節，查本省所屬各縣，禁種早告完成，現值春煙出青時期，又已訂定辦法，通飭各縣普遍勘查。陝北之府谷、神木、耀縣、宜君等縣，本府並已遴派委員前往督導查禁，迄未發現偷種煙苗情事，未審所指係在何地？除先電達內政部陝豫甘寧綏區煙毒檢查團第二組查照外，仍請迅即覆電，以便轉知起程爲荷。[42]

孰料蕭勁光心虛，仍悍然復電拒絕檢查。蕭在電文中稱：

> 查邊區煙毒早經禁絕。去歲曾有由鄰區運煙過境者，邊府爲嚴格

---

[41] 〈十八集團軍後方留守處主任蕭勁光覆陝西省政府電〉，《罌粟遍地的陝北》，中國國民黨中央黨史委員會庫藏油印本。

[42] 〈陝西省政府覆延安十八集團軍後方留守處主任蕭勁光電〉，《罌粟遍地的陝北》，中國國民黨中央黨史委員會庫藏油印本。

取締計，特於本年二月成立禁煙督察處，頒法查禁，嚴予執行。貴團擬派員檢查，勁光當表歡迎。惟邊區境內檢查之責，應由邊區自負。貴團如專派大員，恐係徒勞。抗戰人力，自宜用儉，是否之處，尚祈鑒諒。[43]

　　在中共的堅拒下，內政部的陝豫甘寧綏區煙毒檢查團自然無法前往陝北檢查，不過，由此充分顯示中共實因心虛而拒絕受檢。想中共於抗戰之初，聲言願與國人「共赴國難」，而今竟為一己之私，栽種鴉片，販運鴉片，置國人身體健康於不顧，其危害國人之行為，吾人應予以譴責。

---

[43] 〈蕭勁光致內政部陝豫甘寧綏區煙毒檢查團電〉，《罌粟遍地的陝北》，中國國民黨中央黨史委員會庫藏油印本。

第九章
中共內部鬥爭與毛澤東攘奪權力

　　毛澤東自 1935 年 1 月遵義會議後逐漸奪取中共軍權，嗣經「兩萬五千里」逃竄及八年抗戰，至 1945 年 6 月中共「七大」，奪取中共黨權，成為中共的獨裁者。在毛澤東長達十年的奪權過程中，其主要對手是以紅四方面軍為後盾的張國燾，及以王明（陳紹禹）為首的「國際派」。本章旨在論述這段期間中共的內部鬥爭與毛澤東攘奪權力的過程，茲分為毛澤東與張國燾的鬥爭、毛澤東與國際派的鬥爭，及定於一尊的中共「七大」等三節敘述之。

第一節　毛澤東與張國燾的鬥爭

　　1935 年 1 月，毛澤東在遵義會議後重新進入中共權力核心，並掌有部分兵權，成為紅一方面軍的實際指揮者。按照遵義會議的決策，共軍於 1935 年 1 月中、下旬開始向西北移動，後因在川滇邊境無法北渡，乃被迫竄回黔北。正當紅一方面軍徘徊於黔北之際，留守贛南的共軍已被國軍擊潰，中共「中央蘇區」及其鄰近各「蘇區」因而全面瓦解。甚至連中共前總書記瞿秋白也於 1935 年 2 月 23 日在福建長汀水口被國軍逮捕，6 月 18 日被處死。是時，張國燾領導的紅四方面軍遵照中共中央的指示，由川北向川西轉進，以策應紅一方面軍北上。紅四方面軍於 1935 年 3 月強渡嘉陵江，進入川西，再渡涪江、岷江，至 6 月上旬攻陷懋功，6 月 16 日與北上的紅一方面軍在此會師（如圖 9-1）。

　　當紅一、四兩個方面軍會師時，明顯的暴露兩個部隊截然不同的寫照：紅一方面軍自貴州竄抵懋功時，其兵力大損，由原有的三萬人減至一萬人，除去機關工作人員，戰鬥部隊僅殘存八千人。且由於長途急行軍的結果，部隊疲憊不堪，彈藥亦甚缺乏，每支槍平均僅有子彈十五發，衣服襤褸破爛，有的連草鞋都沒有，形同成群乞丐，許多幹部與士兵，乃相顧取笑，自稱為「叫化軍」。而紅四方面軍由川北到川西，行程較短，沿途

圖 9-1　紅一、四方面軍在懋功會師：懋功縣在 1953 年改為小金縣，圖為當地之會師紀念碑，供遊客觀賞拍照留念

作戰雖有傷亡，但仍保有七萬餘眾，且彈藥充足，裝備齊全，軍容盛過紅一方面軍好幾倍。兩軍會合之初，紅四方面軍熱烈歡迎紅一方面軍，並給予糧秣、裝備及人員之補充。就因這種截然不同的對比，造成了紅四方面軍幹部的高傲自大及對中共中央與紅一方面軍的輕蔑心理。另一方面，中共中央和毛澤東，則以領導者自居，頤指氣使，一意孤行。這兩種不同的矛盾心理，形成了紅一、四方面軍，即毛澤東與張國燾間鬥爭的基礎。[1]

一、兩河口會議的爭論

　　如第六章第二節、「肆」所述，當紅一方面軍與紅四方面軍在懋功會師後，中共中央政治局於 6 月 26 日在懋功北部的兩河口召開為期三天的會議，討論兩個方面軍會師後的行動方向問題。會議期間，因張國燾、陳昌浩提出遵義會議改組中央是否合法，及其決議是否妥適之問題，而引起

---

[1]　郭華倫，《中共史論》，第三冊，第四版（臺北：國立政治大學國際關係研究中心，1982 年），頁 56-57。

了一場爭論。

按陳昌浩爲中共中央委員、紅四方面軍政治委員，原與王明（陳紹禹）、博古（秦邦憲）、張聞天（洛甫）等同爲二十八個佈爾塞維克的國際派，但自從在「鄂豫皖蘇區」追隨張國燾後，已經成爲張的心腹幹部，因而在會議中與張聞天（洛甫）、博古（秦邦憲）等人站在相反的立場展開辦論。同時，張國燾、陳昌浩否定遵義會議改組中央的意見，本可取得博古（秦邦憲）、周恩來的支持，甚至轉而聯合起來，一同反對毛澤東。但因張國燾批評中共中央的政治路線是錯誤的，而陳昌浩更主張重新改組中共中央，並以張國燾爲總書記。這樣就使張聞天（洛甫）、博古（秦邦憲）、周恩來與毛澤東等在爭論中聯合一致，形成紅一方面軍與紅四方面軍雙方高級幹部鮮明對壘的局面。[2]

在兩河口會議中，毛派與張派間的主要分歧有四：

1. 在檢討兩個方面軍會師後的軍事行動方面，毛、張兩派皆主張打通國際路線（實即蘇俄路線），但毛派認爲必須靠近外蒙（毛派並強調這是共產國際的指示），張派則認爲必須通過新疆。

2. 在檢討中共中央過去的錯誤中，毛派認爲中共中央路線的錯誤純屬軍事方面；張派則認爲自「六屆四中全會」以來，中共中央的軍事和政治路線都是錯誤的。在這個問題上，毛派的策略運用，比張派佔上風。毛派在遵義會議中，藉口軍情緊急，首要爲解決軍事問題，故意擱下政治路線的討論。在兩河口會議時，毛派仍堅持這一立場，以換得王明（陳紹禹）派當時對毛派的支持，因爲「六屆四中全會」的政治路線是王明（陳紹禹）派的旗幟。

3. 在檢討遵義會議的決議中，張派認爲遵義會議通過中央政治局改組中共中央是不合法的；毛派認爲遵義會議的決議經向共產國際備案，若獲共產國際批准，就是合法的。

4. 在檢討「蘇區」的政權形式方面，毛派堅持蘇維埃政權形式，因爲這是共產國際指示的；張派則認爲，四川、西康一帶多爲回、藏少數民族

2　郭華倫，《中共史論》，第三冊，第四版（臺北：國立政治大學國際關係研究中心，1982 年），頁 57-58。

聚居地區，蘇維埃政權應改爲聯邦政府。[3]

　　除了上述的爭論外，當時張派還譏諷毛派離開江西「中央蘇區」後，一路折損部隊，把傷患戰士丟了，把槍砲輜重也丟了，但卻用擔架來抬毛澤東等中共中央領導人和他們的老婆，像這樣只愛老婆、不要部隊的人怎能領導我們呢！[4]

　　依張國燾的回憶：在兩河口會議中，毛澤東曾提出向甘北、寧夏北進的軍事計畫。毛說：「共產國際曾來電指示，要我們靠近外蒙古，現在根據我們自身的一切情況，也只有這樣做。」張國燾當即發問：「共產國際何時有這個指示？」張聞天（洛甫）起而答覆：「在我們沒有離開瑞金以前（約十個月前），共產國際在一個指示的電報中，曾說到中國紅軍在不得已時可以靠近外蒙古。中央離開江西蘇區後，即與共產國際失去聯繫，現在無法通電報。」毛澤東接著說：「打開地圖一看，西北只有寧夏是富庶的區域，防守那裡的馬鴻逵部，實力也比較薄弱。莫斯科既有這樣的指示，雖然事隔多時，相信仍會從外蒙古方面來策應我們，那我們也不怕外蒙與寧夏之間那片廣大沙漠的阻隔了。」[5]

　　張國燾反對毛的計畫，繼起發言：當前我們在西北的活動，可能有三個計畫——「一是以現在我們所佔領的地區爲起點，向川北、甘南至漢中一帶發展，以西康爲後方，可以名之爲川甘康計畫；二是移到陝甘北部行動，奪取寧夏爲後方，以外蒙古爲靠背，這就是毛澤東所提出來的北進計畫；三是移到蘭州以西的河西走廊地帶，以新疆爲後方，可以名之爲西進計畫。」張國燾於闡釋這三個計畫的優缺點後，認爲「最好先執行第一個計畫，暫時在川康地區立下腳來，以便有時間整理我們的部隊，訓練對騎兵作戰的戰術。」張國燾接著說：「如果我們經過試驗，能夠實現川康計畫，那又何必北進或西進。如果事實證明我們不能在川康立足，然後再行

3　司馬璐編著，《中共黨史暨文獻選粹》，第十二部（香港：自聯出版社，1985年），頁176-177。

4　司馬璐編著，《中共黨史暨文獻選粹》，第十二部（香港：自聯出版社，1985年），頁177；郭華倫，《中共史論》，第三冊，第四版（臺北：國立政治大學國際關係研究中心，1982年），頁60。

5　張國燾，《我的回憶》，第三冊（香港：明報月刊出版社，1974年），頁1128。

北進或西進仍未遲。即使那時北進路線被敵封鎖，仍可西進，因為西進路線是敵人所不易封鎖的。」[6]

中共史料稱：兩河口會議通過〈關於目前戰略方針的決定〉（或作〈關於一、四方面軍會合後戰略方針的決定〉），「確定了紅一、四方面軍會師後繼續北上的戰略方針，否定了張國燾南下的錯誤主張」；又謂：在兩河口會議中，「經過討論，包括張國燾在內一致同意北上」。[7]該〈決定〉的主要內容概為：

1. 在一、四方面軍會合後，我們的戰略方針是集中主力向北進攻，在運動戰中大量消滅敵人，首先取得甘肅南部，以創造川陝甘蘇區根據地，使中國蘇維埃運動放在更鞏固更廣大基礎上，以爭取中國西北各省以至全中國的勝利。

2. 為了實現這一戰略方針，在戰役上必須首先集中主力消滅與打擊胡宗南軍，奪取松潘與控制松潘以北地區，使主力能夠勝利的向甘南前進。

3. 必須派出一個支隊，向洮河、夏河活動，控制這一地帶，使我們能夠背靠於甘、青、新、寧四省的廣大地區，有利的向東發展。

4. 大小金川流域，在軍事、政治、經濟條件上均不利於廣大紅軍的活動與發展，但必須留下小部分力量發展游擊戰爭，使這一地區變為川陝甘蘇區之一部。

5. 為了實現這一戰略方針，必須堅決反對避免戰爭退卻逃跑，以及保守偷安停止不動的傾向，這些右傾機會主義的動搖，是目前創造新蘇區的鬥爭中的主要危險。[8]

但據張國燾的記述：中共中央在這次的兩河口會議中並未作出正式的決定，在會議的最後一天上午，到了吃午飯的時候，毛澤東以主席的身

---

[6] 張國燾，《我的回憶》，第三冊（香港：明報月刊出版社，1974年），頁1130-1132。

[7] 〈中國共產黨成立六十年大事誌〉，《1981年中國百科年鑑》（北京：中國大百科全書出版社，1981年），頁554；陳至立主編，《中國共產黨建設史》（上海：上海人民出版社，1991年），頁270；楊鳳城主編，《中國共產黨歷史》（北京：中國人民大學出版社，2010年），頁92。

[8] 〈關於目前戰略方針的決定〉，司馬璐編著，《中共黨史暨文獻選粹》，第十二部（香港：自聯出版社，1985年），頁178。

分宣佈：「這個問題關係重大，我們再從長研究吧！」（按：毛澤東所說「這個問題」，係指兩軍會師後「北進」或「西進」之爭的問題。）不料，當天下午，周恩來即交給張國燾一份電稿，其內容是指揮軍隊行進的。張看了這份電稿後，當即對周表示：「上午會議結束時，毛不是說還要從長計議一下嗎？但這個電稿無異是說今天上午的討論已經終結了？」周委婉向張說：「這個稿子已經毛慎重看過，其他政治委員不願在西康地區久留，也都贊成早點這樣辦。至於研究北進或西進，到了毛兒蓋還可以從長討論。」張聽了周的這些話，覺得如果他反對這份電稿，那就必須堅持留在岷江左右兩岸地區，而他當時是不願使自己與中共中央政治局所有的委員對立，因而向周表示：「既然大家都贊成，我自然不能獨持異議。」[9]

二、卓克基會議的裂痕

　　兩河口會議結束後第二天，即 6 月 29 日，中共中央軍委根據兩河口會議決定，擬定〈松潘戰役計畫〉，要求紅軍「以迅速的行動，堅決消滅松潘地區的胡宗南部，並控制松潘以北及東北各道路，以利北上作戰和發展」；並且命令紅一、四方面軍「分組左、中、右三個縱隊和岷江支隊，向北開進」。[10]

　　紅一、四兩個方面軍的聯合行動，到達卓克基時發生了激烈的爭吵。1935 年 7 月 9 日和 18 日，中共中央政治局和中央軍委在卓克基舉行聯席會議。由於卓克基會議是兩河口會議的延續（卓克基位於兩河口西北方約五十餘公里處），中共史料及有關中共黨史的著作，多將卓克基會議與兩河口會議混為一談，而統稱為兩河口會議。又，在兩河口會議前，紅一、四兩個方面軍的領導人曾先在距懋功約三十五公里的撫邊有過初步會談，可稱為兩河口會議的預備會議，因此，也有人把兩河口會議誤稱為撫邊會議。更有人因為撫邊的初步會談、兩河口會議及卓克基會議，均為紅一、四兩方面軍在懋功會師後所舉行的會談，因此將其統稱為懋功會議。

[9]　張國燾，《我的回憶》，第三冊（香港：明報月刊出版社，1974 年），頁 1134-1137。

[10]　司馬璐編著，《中共黨史暨文獻選粹》，第十二部（香港：自聯出版社，1985 年），頁 181-182。

　　按撫邊會談，實為兩個方面軍會師後的「慶祝大會」，也有人說它是中共中央或紅一方面軍對紅四方面軍的「歡迎會」。據張國燾的回憶：

　　　六月的一天下午五時左右，在離撫邊約三里路的地方，毛澤東率領著中共中央政治局委員們和一些高級軍政幹部四五十人，立在路旁迎接我們。我一看見，立即下馬，跑過去，和他們擁抱握手。……毛澤東站到預先佈置好的一張桌子上，向我致歡迎詞，接著我致答詞，向中央致敬，並對一方面軍的艱苦奮鬥，表示深切的慰問。[11]

　　當然，毛澤東與張國燾在撫邊的會面，免不了會對兩軍會師後的行動方向問題初步交換一些意見。而張國燾在撫邊之會所說的「這裡有著廣大的弱小民族（藏回），有著優越的地勢，我們具有創造川、（西）康、新（疆）大局面的更好條件」這句話，竟是後來中共史料上所稱，張國燾在兩河口會議前就已宣佈了他的「右傾逃跑主義綱領」的主要依據。[12]

　　至於兩河口會議後舉行的卓克基會議，毛、張兩派在會議中發生激烈的爭辯，後經朱德從中調解，要求雙方讓步，才取得暫時的妥協。妥協要點如下：

1. 關於兩個方面軍會合後的行動方向，決定各部隊休息整頓一時期。在此期間，以建立川陝甘邊區根據地為目標，留紅一方面軍之五軍團，紅四方面軍之第九軍分駐懋功、撫邊一線，掩護創建根據地，主力部隊逐漸北移，向陝甘邊境發展。同時紅四方面軍補充紅一方面軍彈藥、服裝和糧食，並撥一部份紅四方面軍編入紅一方面軍。

2. 關於中共中央過去的錯誤方面，有關中共黨中央和遵義會議決議所牽連的政治路線問題，暫緩討論，留待以後研究。中共中央維持現狀，等待共產國際指示後再做決定。不過，為適應目前需要，決定恢復工農紅軍總政委制度，並以張國燾為紅軍總政委。

[11] 張國燾，《我的回憶》，第三冊（香港：明報月刊出版社，1974年），頁1121。

[12] 司馬璐編著，《中共黨史暨文獻選粹》，第十二部（香港：自聯出版社，1985年），頁174-175。

3. 關於遵義會議是否合法方面，承認遵義會議選出的中央委員，同時決定增補紅四方面軍的徐向前（按：徐原爲候補中央委員）、王樹聲、傅鍾、周純全、曾傳六、李先念、何畏、李特等八人爲中央委員。

4. 關於「蘇區政權」的形式方面，決定在川康新佔地區或少數民族區域，照「六大」決議，可以先行建立「革命委員會」或「人民政府」，作爲臨時政權機關。[13]

卓克基會議中，毛、張兩派雖獲得了上述幾點暫時的妥協，但會後的發展，不但沒有調和雙方的衝突，反而加深雙方的裂痕，有關情形略爲：

首先，紅一、四兩個方面軍雖「暫時」以建立川陝甘根據地爲目標，但雙方的基本目標仍未改變，紅一方面軍繼續北上，紅四方面軍待機西進。以四方面軍人員和物資補充一方面軍，更使四方面軍的領導幹部不把中共中央和紅一方面軍放在眼裡；而一方面軍則認爲，四方面軍撥給一方面軍的都是戰鬥力最弱的部隊，彼此相互歧視與懷疑的心理，反而更爲增加。

其次，四川、陝西、西康、甘肅一帶邊區，原爲張國燾紅四方面軍的活動區域，地方黨政幹部均由紅四方面軍派員擔任。自紅一方面軍到川西後，反客爲主，到處派出地方幹部，他們以中共中央「創造川陝甘邊區根據地」的指示爲藉口，認爲改組原來的地方機構與統一黨的領導，是黨中央的決定，而當時一般紅一方面軍的幹部又有一種優越感，自認他們代表黨中央。因此，兩個方面軍在爭取地方工作領導方面，多數地區是雙線領導的，兩個方面軍各派各的幹部。紅四方面軍幹部對此多表不滿，認爲一方面軍奪了他們的權，有人甚至指責「一方面軍打仗不行，奪自己人的權卻有一手」，因而增加兩個方面軍間更多的摩擦。

再次，張派初指責遵義會議不合法時，頗令人感到理直氣壯，不僅獲得紅四方面軍普遍支持，而且在中共中央和紅一方面軍中，也有不少人對張派的此一觀點產生共鳴。至卓克基會議中，毛、張兩派取得妥協，中共中央增加了張派四方面軍八個中央委員，張國燾出任紅軍總政委。消息傳

---

[13] 司馬璐編著，《中共黨史暨文獻選粹》，第十二部（香港：自聯出版社，1985 年），頁 184-185。

出後，兩個方面軍都感到譁然。一方面軍的人怒斥：說什麼黨中央和遵義會議不合法，還不是四方面軍武力迫使中央改組，現在的改組，不是更加暴露了張國燾的野心。四方面軍的人則抱怨說：這個黨中央和一方面軍自己太不爭氣，領導人統統應該下臺，這一次小小的改組，太便宜他們了。

　　當時紅四方面軍中，有人堅持張國燾應該出任黨中央總書記，或者出任中央軍委主席，而陳昌浩應該出任總政委。中共中央和紅一方面軍原來同情張派的，則認為毛、張這次妥協，毛派較張派善用權術。張派一向指責遵義會議產生的黨中央不合法，理論上原是站得住的，有人頗指望張派能堅持下去，但結果使他們感到大失所望——毛派給了張派一個總政委、八個中委，雙方獲得妥協，從此張派不好再指責黨中央不合法了，因為張派也一樣落入了這個不合法的圈套。[14]

三、毛兒蓋會議（沙窩會議）的妥協

　　卓克基會議結束後，共軍主力逐漸向北移動。1935 年 7 月 10 日，紅一方面軍抵達毛兒蓋附近。8 月 4 日至 6 日，中共中央政治局在毛兒蓋以南約二十公里的沙窩開會，8 月 20 日移到毛兒蓋繼續開會。在中共黨史上，此次的中共中央政治局會議統稱為毛兒蓋會議。

　　毛兒蓋會議之召開，仍以討論中共軍隊行動方針為主題，緣因一、四方面軍會合後，共軍在川西近兩個月的修整期間，國軍已從南面、東側與北面完成圍剿共軍的部署：北面為國軍主力，佔據松潘，其前鋒伸入包座，攔擊共軍北竄陝甘；東南國軍扼守岷江流域，且已於 7 月底收復北川、汶川、茂縣、理番各縣，逐步向西進迫；南面以川軍為主，亦已於 7 月底收復懋功、撫邊、崇化、綏靖各縣，正向北推進中。共軍在國軍三面進迫下，侷促於荒僻山區和草地邊沿，無法再停留下去。因此，如何打開一條出路，便成為當時共軍急待解決的課題。[15]

　　張國燾在沙窩會議開始時雖曾重提兩河口和卓克基會議尚未解決之

---

[14] 司馬璐編著，《中共黨史暨文獻選粹》，第十二部（香港：自聯出版社，1985 年），頁 185-186。

[15] 郭華倫，《中共史論》，第三冊，第四版（臺北：國立政治大學國際關係研究中心，1982 年），頁 61。

問題，但被張聞天（洛甫）等人所否定，而以當前共軍行動方針為討論專題。在此一問題上，毛澤東仍力主向北發展，張國燾則持相反意見，他認為國軍主力已在川陝甘邊完成部署，如仍越草地北進，必將遭受重大損傷，只有沿大金川南下，突破戰力薄弱之川軍防線，進取天全、盧山、雅安等地，相機爭取成都平原，才是當前正確的戰略方針。張國燾並進一步聲稱，兩軍會合之初，如照彼之意見，乘國軍未入川西，川軍慌亂之際，向南攻擊，則絕非今日侷促荒區之困頓局勢。張國燾的意見，除陳昌浩、徐向前支持外，未為張聞天（洛甫）、毛澤東等採納。會議決定通過松潘草地（如圖9-2），北上向陝甘進軍，在少數服從多數的原則下，張國燾只好勉強服從決定。

圖9-2　松潘草地：數百里不見人煙的大草地，其間佈滿沼澤和泥潭，稍有不慎，即遭滅頂

　　沙窩會議於8月5日通過〈中央關於一、四方面軍會合後的政治形勢與任務的決議〉。〈決議〉指出：一、四方面軍會合後的基本任務是「集中主力向北進攻」，「創造川陝甘蘇區根據地」。針對張國燾的相反意見與紅四方面軍對紅一方面軍的輕視與不滿，〈決議〉指出：必須在部隊中堅決反對「右傾機會主義的動搖」，「這種動搖具體的表現在對於黨中央所決定的戰略方針表現懷疑，不敢大膽的前進，而企圖遠離敵人避免戰鬥，對創造新根據地沒有信心」；「在一、四方面軍會合後，紅軍中個別

的同志，因爲看到中央蘇區的變爲游擊區，看到黨在某些工作中的錯誤與弱點，而認爲是黨中央政治路線的不正確，這種意見是完全錯誤的」。因此，〈決議〉強調：對於個別同志的不瞭解與懷疑，「黨應給以明確的解釋與教育」；同時，必須在紅軍中「更進一步的加強黨的絕對領導，提高黨中央在紅軍中的威信」。[16]

在 8 月 20 日的毛兒蓋會議中，中共中央政治局根據毛澤東的報告，通過了〈關於目前戰略方針之補充決定〉。該〈補充決定〉指出：「在目前將我們的主力西渡黃河，深入青（海）寧（夏）新（疆）是不適當的，是極不利的。」因此，該〈補充決定〉要求紅軍主力要「迅速佔取以岷州爲中心的洮河流域地區」。[17]會後，中共中央軍委擬定了〈夏洮戰役計畫〉。對該〈計畫〉，毛派和張派仍有不同的意見：毛派主張主力應向洮河以東發展，作入陝西、甘肅、寧夏之準備；張派則主張主力應向洮河以西發展，作入青海、西康、新疆的準備。[18]

中共中央爲了避免黨和紅軍的公開分裂，毛兒蓋會議決定，將一、四方面軍混合編隊，成立左路軍和右路軍。左路軍由紅軍總司令部率領，紅軍總司令朱德、總政委張國燾、總參謀長劉伯承在左路軍指揮，由卓克基向阿壩地區前進；右路軍由前敵指揮部統轄，前敵總指揮徐向前、政委陳昌浩、參謀長葉劍英在右路軍指揮，由毛兒蓋向班佑、巴西一帶進發；中共中央機關及張聞天（洛甫）、周恩來、毛澤東、博古（秦邦憲）等領導人隨右路軍行動。[19]

---

[16] 〈中央關於一、四方面軍會合後的政治形勢與任務的決議〉（1935 年 8 月 5 日中共中央政治局通過），《中共黨史教學參考資料》，第二冊（北京：人民出版社，1980 年），頁 34-45。

[17] 〈關於目前戰略方針之補充決定〉（1935 年 8 月 20 日中共中央政治局通過），司馬璐編著，《中共黨史暨文獻選粹》，第十二部（香港：自聯出版社，1985 年），頁 190。

[18] 司馬璐編著，《中共黨史暨文獻選粹》，第十二部（香港：自聯出版社，1985 年），頁 190。

[19] 楊鳳城主編，《中國共產黨歷史》（北京：中國人民大學出版社，2010 年），頁 92-93；陳至立主編，《中國共產黨建設史》（上海：上海人民出版社，1991 年），頁 270-271。

四、巴西會議與俄界會議全面攤牌

　　1935 年 8 月下旬，紅軍右路軍到達巴西、班佑一帶，左路軍到達阿壩。毛派、張派爭論再起。緣因右路軍先頭部隊第三十軍（原屬四方面軍，爲張派主力部隊之一）在巴西附近的包座之戰中，與國軍第四十九師激戰一日兩夜，後雖將四十九師擊潰，但本身也傷亡慘重，幾已潰不成軍。[20] 當時正在指揮左路軍的張國燾聞悉此一拼命的硬仗後，深表不滿，尤痛惜其主力部隊之損失，認爲剛入草地，即遭此重創，如繼續北上，必遭毀滅，乃以中共中央政治局委員兼紅軍總政委的身分建議中共中央及右路軍南下。但毛澤東持不同觀點，他認爲，包座之戰，張派的主力部隊付出了重大代價，打開了國軍防線的主要缺口，而毛派的主力部隊——第一軍團（林彪）和第三軍團（彭德懷），仍然保存完整，繼續北上，對毛派更爲有利。[21]

　　包座之戰後，關於紅軍行動方向問題，毛澤東主張必須北進，張國燾堅持不可北進。毛澤東指責張等陷入了機會主義的錯誤，違反中共中央的指示；張國燾則批評毛等失掉了在中國本地從事革命鬥爭的勇氣，企求在蘇俄邊境寄生。據目擊當時爭論者指出，某日毛澤東與張國燾在靠近白龍江的天山中的小路上激烈爭論，紅軍站在路上等待著解決，毛派、張派都想爭取紅軍支持。毛派斥責：「張國燾、陳昌浩等動搖怕死，反黨反中央，對甘肅的騎兵和國民黨的飛機，怕得要死。」張派反駁說：「毛澤東等是右傾機會主義者，沒有革命的精神，他們不能再代表中國革命了，紅軍同志們，要革命的請跟隨紅四方面軍！」[22]

　　當張國燾與毛澤東爭論著紅軍是否繼續北上之際，張國燾曾於 9 月 9 日致一密電給陳昌浩。密電全文如下：

---

[20] 據紅三十軍軍長程世才在〈包座之戰〉一文中的估計，是役三十軍傷亡在五千人以上。請參見郭華倫，《中共史論》，第三冊，第四版（臺北：國立政治大學國際關係研究中心，1982 年），頁 63。

[21] 司馬璐編著，《中共黨史暨文獻選粹》，第十二部（香港：自聯出版社，1985 年），頁 193。

[22] 大公報（天津），1936 年 2 月 5 日。

　　×日電悉。余經長期考慮，目前北進時機不成熟，在川康邊境建立根據地最爲適宜，俟革命來（高）潮時再向東北方向發展。望勸毛（澤東）、周（恩來）、張（聞天）放棄毛兒蓋方案，同右路軍回頭南下。如他們不聽勸告，應立即監視其行動。若執迷不悟，堅持北進，則以武力解決之。執行情況，望及時電告。[23]

　　不料，這份密電被毛派的葉劍英發現，葉立即轉知毛澤東。毛澤東於得悉張國燾密電全文內容後，即於當（9）日在巴西再度召開緊急會議，[24] 決定迅速脫離險區，率領紅一方面軍的一、三軍團和軍委縱隊一部，先行北上。並致電張國燾，明確表示：「目前方針只有向北是出路」，「北上方針絕對不應改變」。[25]

　　10 日凌晨，毛澤東即率紅一方面軍的第一、三軍團和軍委縱隊之一部約六千餘人，脫離右路軍單獨北上，於 9 月中旬到達甘肅俄界（今高吉），並於 9 月 12 日在這裡召開中央政治局擴大會議（即俄界會議），作出了〈關於張國燾同志的錯誤的決定〉。俄界會議後，第一、三軍團和軍委縱隊改編爲「中國工農紅軍陝甘游擊支隊」，由彭德懷任司令員，毛澤東爲政委，繼續北上。至 10 月 19 日，抵陝北保安吳起鎮。

---

[23] 張國燾致陳昌浩密電全文，請參見《解放軍報》，1979 年 5 月 1 日。不過目前已有學者質疑這封密電的真實性，認為這不過是毛澤東意圖擺脫張國燾控制的一種權謀。請參見楊奎松，《西安事變新探：張學良與中共關係之研究》（台北：東大圖書股份有限公司，1995 年），頁 14、17；高伐林、馮勝平，〈草地密電：責任在張國燾，還是毛澤東葉劍英人格破產〉，《歷史明鏡》，第二期，https://www.youtube.com/watch?v=eSk6TeFYrGg，檢閱日期：2019 年 6 月 2 日。

[24] 巴西中央政治局會議召開的時間是在 9 月 2 日，9 日召開的是緊急會議。因當時事態緊急，中共中央來不及召開政治局會議，只是經過中央幾位領導人緊急磋商後，即決定率領紅一、三軍團和軍委縱隊一部單獨北上，並於 10 日凌晨匆忙啟程，以防不測。關於此一在危急情形下所作的決定，到 9 月 12 日時的俄界中央政治局擴大會議時才獲得追認。另 9 月 9 日的緊急會議，召開地點應在阿西，而非巴西。請參閱方曉主編，《中共黨史辨疑錄》（太原：山西教育出版社，1991 年），頁 498-499。

[25] 陳至立主編，《中國共產黨建設史》（上海：上海人民出版社，1991 年），頁 272。

五、張國燾決心另組中央：張派觀點

　　毛澤東率「陝甘支隊」單獨行動，形成紅一、四兩個方面軍的嚴重分裂。據張國燾的記述：

　　毛澤東等的這次異動使我們為之大譁。我們在刷金寺的有些同志坦率指出：這是毛澤東使出了金蟬脫殼的詭計，他利用四方面軍經過重大犧牲所打開的北進通路，悄悄溜走，再也不管其他大多數同志和軍隊；他使用北上先遣隊的名義，暗中挾帶著中央機關和各要人，要蔣介石誤認中共重心仍在毛兒蓋，進攻的箭頭不會指向他那個支隊。毛之所以這樣做，一是失敗觀念支配了他，二是「寧肯我負人，不肯人負我」的權謀思想在作怪。[26]

　　當時，張派指責毛派 9 月 10 日的「單獨行動」為「逃跑」。張派同時指稱，毛澤東率第一、三軍團「逃跑」時，置右路軍中原屬於四方面軍的第四、第三十軍於危險處境而不顧；亦未通知前敵總指揮部（總指揮徐向前、政委陳昌浩），等於是一種違反軍紀的行為。與此同時，左路軍中原屬於一方面軍的幹部和士兵也有被遺棄、被出賣的感覺，如朱德、劉伯承均認為有不同意見儘可商量協議，悄然北上，置大軍於不顧，實為不當。[27]

　　就在毛派召開俄界會議指責張國燾的錯誤之後三天，張派即於 9 月 15 日和 17 日在卓克基召開高級幹部會議。會議通過〈大舉南進政治保障計畫〉，確定了「大舉向南進攻，消滅川軍殘部，在廣大地區內建立根據地，首先赤化四川」的方針。[28] 當時紅四方面軍有二十五個團和一個騎兵

---

[26] 張國燾，《我的回憶》，第三冊（香港：明報月刊出版社，1974 年），頁 1172。

[27] 司馬璐編著，《中共黨史暨文獻選粹》，第十二部（香港：自聯出版社，1985 年），頁 203；郭華倫，《中共史論》，第三冊，第四版（臺北：國立政治大學國際關係研究中心，1982 年），頁 63。

[28] 司馬璐編著，《中共黨史暨文獻選粹》，第十二部（香港：自聯出版社，1985 年），頁 203。

師，共約十萬人。依張國燾的記述：在卓克基會議中，齊集了各軍政首腦約三千人，大家的心情顯得悲痛而憤慨，到會者一致判定毛等此次分裂活動是「破壞了黨的團結和紅軍一致行動的原則」，其根源是「失敗主義和游擊積習，以致墮落到這樣的程度。」其中最憤慨的言論，直指這是「陰謀詭計、自私的、不名譽的、不道德的、中共紅軍歷史上從來沒有過的可恥行為。」多數則表示：「不願再承認這個失去信用的原有中央。」因此，這次會議還通過了以下兩個重要決議：

一是「不再承認原有中央，另行成立臨時中央。到會者並一致推舉我（即張國燾）為這個臨時中央的書記，俟到了適當時間，再行召集黨的代表大會或代表會議，成立正式中央；電告毛澤東，此後我們雖不再接受原有中央命令，但軍事行動仍互相配合。」

二是「由總司令部根據臨時中央的決定指揮全軍，各軍概依總司令部命令行動，原總政治部副主任李卓然升任總政治部主任，總參謀長劉伯承兼辦紅軍學校，徐向前、陳昌浩率原四方面軍向天全、盧山一帶地區活動，董振堂、羅炳輝率所部鞏固懋功和卓克基一帶後方，期能建立川康新蘇區。」[29]

1935 年 10 月 5 日，張派的中共黨中央、中央政府、中央軍委在卓木碉（今四川馬爾康縣足木腳）正式宣告成立，張國燾任中共中央總書記，開始了兩個中共中央的分裂局面。張派的中央共有十五位中央委員：張國燾、朱德、徐向前、陳昌浩、劉伯承、王樹聲、李先念、李特、何畏、傅鍾、何長工、邵式平、李卓然、周純全、曾傳六。

1935 年 12 月 5 日，張派中央致電毛派中央，令其改組黨、政、軍原有組織，不得再用中央名義，且要將改組後的黨、政、軍組織狀況向張派中央報告。毛派中央接獲張派中央的電報後，自感不悅，乃於 1936 年 1 月 22 日，由毛派中央政治局通過〈關於張國燾同志成立第二「中央」的決定〉，指責張國燾在紅四方面軍中公開成立他自己的「黨中央」，「無異於自絕於黨，自絕於中國革命」；責令張國燾「立即取消他的一切『中

---

[29] 張國燾，《我的回憶》，第三冊（香港：明報月刊出版社，1974 年），頁 1176-1177。

央』，放棄一切反黨的傾向」。[30]

六、張國燾的潰敗

　　1935 年 12 月間，中共駐共產國際代表團成員張浩（林育英，又名林毓英）自莫斯科潛回陝北。當時張浩所負的任務有二：一為傳達共產國際對中共的指示，主要為關於建立抗日民族統一戰線的指示；二為調解毛派與張派兩個中央的糾紛。關於後者，張浩所擬的調解方案是：毛、張兩派的兩個中央同時撤銷，停止行使中央職權；毛派中央改稱「西北局」，張派中央改稱「西南局」，各以地區及所轄部隊為界限，分別行使職權；兩個局暫由張浩負責聯繫，等待共產國際指示。[31]

　　1936 年 1 月 24 日，張浩把上述方案電告張國燾；1 月 27 日，張國燾覆電張浩，表示「原則同意」。[32] 同年 6 月 23 日，賀龍、任弼時領導的紅二方面軍與張國燾的紅四方面軍在四川甘孜會師後，張旋即在甘孜召開中共中央西南局成立會議，傳達和討論共產國際的調解指示，並作出如下的重要決定：接受共產國際的調解指示，即日宣佈撤銷中共中央，改組成立中共中央西南局，領導紅二、四方面軍和西南地區黨的工作。推張國燾為西南局書記，郭潛為西南局祕書長（按：郭潛即陳然，亦即《中共史論》作者郭華倫）。[33]

　　同（1936）年 7 月上旬，紅二、四方面軍由甘孜出發北上。就在紅二、四方面軍北上途中，毛派中央突然宣佈成立「西北局」，並任命張國燾為「西北局書記」、任弼時為「西北局副書記」。10 月 8 日（或說

[30] 〈關於張國燾同志成立第二「中央」的決定〉（1936 年 1 月 22 日），《中共黨史參考資料》，第三冊（北京：人民出版社，1981 年），頁 189。

[31] 司馬璐編著，《中共黨史暨文獻選粹》，第十二部（香港：自聯出版社，1985 年），頁 269；郭華倫，《中共史論》，第三冊，第四版（臺北：國立政治大學國際關係研究中心，1982 年），頁 146-147。

[32] 司馬璐編著，《中共黨史暨文獻選粹》，第十二部（香港：自聯出版社，1985 年），頁 269。

[33] 郭華倫，《中共史論》，第三冊，第四版（臺北：國立政治大學國際關係研究中心，1982 年），頁 147。

9 日），紅四方面軍與陳賡帶領的紅一方面軍先頭部隊在甘肅會寧會師；
23 日，與彭德懷率領的紅一方面軍主力在甘肅靖遠打拉池會師。10 月 22
日，紅二方面軍與紅一方面軍在甘肅靜寧將台堡會師。[34] 紅軍會師以後，
張國燾、陳昌浩、徐向前等知道了毛派中央根本沒有遵行張浩（林育英）
的調解方案，仍以中共中央自居，大為氣憤。張國燾等乃懷疑張浩之調
解，是否真有共產國際之授權；甚至認為張浩所執行的，係毛澤東、張聞
天（洛甫）、陳紹禹（王明）等人，假共產國際之名行欺騙之實的一場
騙局。因此，張國燾於 10 月下旬即電毛澤東、張聞天，決定組織「西路
軍」，由甘肅渡黃河，向青海西進。

　　按張國燾的西進構想，是把他的紅四方面軍主力置於黃河之西，既可
另創新局，又可與共產國際打通聯繫。但由徐向前任總指揮的「西路軍」
於西進途中，遭國軍擊潰，原有二萬二千五百餘人，僅殘存七百餘人，逃
到新疆烏魯木齊，改編為戰車團，由俄共加以裝備和訓練，至抗戰爆發
後，才陸續回到延安。而由張國燾自己率領的部隊，包括賀龍的二千人在
內，共有一萬五千人，一面掩護西路軍渡河，一面向寧夏出擊，於 1936
年 11 月中旬佔領寧夏之同心城。此時，紅一方面軍指揮部也移向同心
城，張國燾與毛澤東乃在此荒城作分裂後的第一次會面。

　　張、毛在同心城會面時，張立即陳述其作戰計畫及西路軍西進時在
古浪激戰的情形，並力主即刻派部隊馳援。張認為，如果及時派部隊渡河
夾擊國軍，必可大獲全勝，並奪取甘肅走廊，作為根據地。但毛澤東不贊
成，毛認為如果派部隊馳援，不僅渡河困難，且「蘇區」內部因而空虛，
必將遭致國軍的進犯，大有失卻立足基地之危險。在辯論中，張提醒毛，
西路軍雖然大部分為四方面軍的精銳，但亦有原一方面軍之五、九軍團，
如果坐視其敗，是黨和紅軍的整個損失。結果，在毛澤東的反對下，西路
軍遂在孤軍作戰中漸為國軍所擊潰。事後，據涂振農（中共中央祕書長，
當時隨毛澤東至同心城與張國燾晤面）說：毛澤東於會晤張國燾後，曾向
涂振農等人大發牢騷。毛說：「張國燾擅作主張，組織什麼西路軍，渡河

---

[34] 楊鳳城主編，《中國共產黨歷史》（北京：中國人民大學出版社，2010 年），頁 94；
方曉主編，《中共黨史辨疑錄》（太原：山西教育出版社，1991 年），頁 518-519。

入甘肅走廊，明明是走的死路，還說什麼打通國際路線，就讓國民黨把它消滅了吧，還有什麼救援不救援！」[35]

然就當時西路軍軍力與在河西戰況而言，如果毛澤東同意派兵馳援，情況將大不相同。據當時指揮國軍進剿西路軍的馬步青表示：「如果說古浪之役是這一整個戰役的轉捩點，那麼張掖、高台之役，無疑是決定性的一戰」，「當時的兵力既然是旗鼓相當，所以在張掖地區形成了拉鋸戰，一直持續了一個多月。雙方的死傷都很慘重，而且都已經瀕臨精疲力竭的地步。很明顯的，既然雙方實力的天秤扯得很平，那麼只要有一面再加添上一點新的重量，自然就會使得整個情勢立即改觀。我就是這樣做的——從青海調了幾個地方團隊投入戰場，於是起了預期的效應，不久就急轉直下的結束了這場戰爭。」[36]

同樣的，如果毛澤東同意張國燾的建議，派出若干援軍，在天秤上「加添上一點新的重量」，那麼，河西走廊的戰局便可能因此而改觀了。毛澤東不肯增兵，且樂於坐觀西路軍失敗，其居心如何，也就不難判斷了。

七、鬥爭張國燾

1936 年 12 月「西安事變」結束後，東北軍自延安撤出，中共中央各一級機關乃於 1937 年 1 月由保安遷入延安。從此，延安便成為中共中央指揮的新基地。中共中央進入延安以後，毛澤東最重要的工作，除了繼續進行與國民政府的和解談判以外，就是積極把黨政軍權力集於一身，以準備對張國燾進行鬥爭。

1937 年 1 月中旬以後，國共可以和解的消息傳到延安，毛澤東、張聞天（洛甫）等認為當時既無國軍進剿的危險，正是整肅內部的好時機，便開始進行對張國燾的攻擊。總括起來，當時毛對張的批評言詞有三個要點：1. 西進軍事計畫根本就是「逃跑主義」，至少是帶有「逃跑主義」

---

[35] 郭華倫，《中共史論》，第三冊，第四版（臺北：國立政治大學國際關係研究中心，1982 年），頁 155。

[36] 馬步青，〈河西走廊殲滅戰〉，《今日大陸》月刊，第一四六期，台北，1961 年 10 月。

色彩；2. 張國燾對四方面軍的領導一無是處，且已完全破產；3. 西路軍的失敗很丟臉，蔣氏將更看不起紅軍，在「西安事變」後將誘發蔣氏的報復和進攻，貽害全黨全軍。[37]

當時同情和支持張國燾的人，主要是紅四方面軍的幹部，他們對批張者的反駁是：1. 西進計畫為莫斯科批准，如何能說是逃跑主義；2. 四方面軍是中共的基幹勁旅，如何能加以毀謗；3. 誘發蔣氏圍剿之說是有意嫁禍於人，轉移目標，將對外轉到對內。甚至有些支持張國燾的人指責毛澤東壟斷中央軍委會的一切，不供給西路軍所渴望的情報，實在應援不力。還有人指責毛澤東陰險，幸災樂禍，對四方面軍毫無手足之情。[38]

延安的反張鬥爭，在毛澤東的策劃下，採由下而上的方式發動起來。抗日軍政大學被選定為鬥爭張國燾的中心，張聞天（洛甫）、凱豐（何克全，時任中共中央宣傳部長）為反張鬥爭的指導者，「抗大」副校長羅瑞卿、政治部主任莫文驊為實際的指揮人，而幕後的主導就是毛澤東。

另在搜集張國燾的罪證方面，毛派原想能找到張「反對抗日民族統一戰線」和「反對西安事變和平解決」的罪證，後來沒有找到，乃改以「分裂中共中央」、「反黨反中央」作為張的「罪狀」，並稱這些「罪狀」是源自張的「土匪主義」和「軍閥主義」——因為「土匪主義」才會猛烈反對中央；因為「軍閥主義」才會企圖篡奪中央。[39]

1937 年 3 月，中共中央政治局在延安召開擴大會議。與會人員包括中共中央政治局委員、中央委員和有關軍政幹部，張國燾亦以中央政治局委員身分出席會議。會議由中共中央總書記張聞天（洛甫）主持，他宣佈會議討論專題是檢討張國燾的錯誤，亦即「長征」期間黨和紅軍分裂的教訓之檢討。顯然這是專門鬥爭張國燾的會議，於是與會人員便紛紛指責張國燾的錯誤，從政治、組織、軍事、蘇維埃問題、肅反政策，以及群眾運動等方面，把張國燾所領導的紅四方面軍與所創造的「鄂豫皖蘇區」、「川陝蘇區」，批評得一無是處，而其重點則集中攻擊張國燾政治上的機

---

[37] 張國燾，《我的回憶》，第三冊（香港：明報月刊出版社，1974 年），頁 1259-1260。

[38] 張國燾，《我的回憶》，第三冊（香港：明報月刊出版社，1974 年），頁 1260。

[39] 張國燾，《我的回憶》，第三冊（香港：明報月刊出版社，1974 年），頁 1262-1265。

會主義路線；組織上分裂黨，自立中央；軍事上分裂紅軍，造成西路軍失敗等錯誤。[40]

對於批評者的批評，張國燾的答辯簡單乾脆。首先，他承認「成立臨時中央的錯誤」，表示「接受那些反中央的合理批評」，並願承擔他所應當負擔的「反中央的全部責任」。接著，他聲明兩點：

1. 中共的蘇維埃政策走到了窮途末路，應當改變政策，而在未改變的時候，黨內發生歧見，不足爲奇，現在怎麼可以毫不顧及中央的基本原因，竟一味用高壓手法。

2. 對我（張國燾）個人所受到的指責，我不願答辯，但紅四方面軍的英勇奮鬥決不可抹殺，而且應當老實承認紅四方面軍是中共屬下一支有教養的、有紀律的工農紅軍勁旅。

當張國燾剛說完還未走下講臺的時候，突有一位毛澤東的井岡山老友周昆站起來喊叫：「這那裡是承認錯誤，拖出去公審吧！」[41]

這次中共中央政治局擴大會議於 1937 年 3 月 31 日，作出〈中共中央政治局關於張國燾錯誤的決定〉計九條，著重指責張國燾路線是「農民的狹隘姓、流氓無產階級的破壞性，及中國封建軍閥的意識形態在無產階級政黨內的反映」，因而犯了「右傾機會主義的退卻路線」、「反黨反中央」、「分裂紅軍」、「成立第二『中央』」，造成中共黨與蘇維埃運動中「空前的罪惡行爲」。[42]

會議只通過這個〈決定〉，並未對張國燾採取進一步的處分。據張國燾說：「這次鬥爭顯得有些虎頭蛇尾，最初是張聞天、凱豐等在那裡叫喊『罪惡』、『制裁』、『抵命』、『公審』等等，實際上他們也準備至少開除我的中央委員」，但最後卻只通過一個〈決定〉就了事，「我的中央委員和政治局委員的職位仍保留如故」。爲何如此呢？張國燾說：

---

[40] 郭華倫，《中共史論》，第三冊，第四版（臺北：國立政治大學國際關係研究中心，1982 年），頁 177。

[41] 本次會議情形，詳見：張國燾，《我的回憶》，第三冊（香港：明報月刊出版社，1974 年），頁 1271-1274。

[42] 〈中共中央政治局關於張國燾錯誤的決定〉（1937 年 3 月 31 日），《中共黨史教學參考資料》，第三冊（北京：人民出版社，1980 年），頁 166-169。

「據可靠消息，此中原委是由於共產國際曾來電反對，理由大致是張國燾以往功績俱在，為中外知名的中共領袖之一，不能採取組織制裁；同時國共和談又遇到暗礁，如果決裂，還是需要張國燾和四方面軍幹部去重赴疆場。」[43]

雖然如此，毛派的批張仍引起了紅四方面軍幹部的激動和反抗。1937 年 4 月初，在「抗大」甚至發生了擁張反毛的暴動事件。緣紅四方面軍幹部被調至「抗大」受訓的共有百餘人，其中四十個團級以上的幹部憤恨毛澤東和中共中央對張國燾的無理鬥爭，遂密謀反抗暴動，另找出路。主要分子有許世友（紅三十一軍軍長）、詹才芳（紅三十一軍政委）、王建安（紅四軍政委）、劉世模（紅四軍副軍長）、洪學智（紅九軍政治部主任）、朱德崇（紅三十三軍參謀長）等。他們都擁有短槍，還有帶槍的勤務兵。他們計畫以此武裝為基礎，先收繳「抗大」衛兵及守城衛隊槍枝後衝出延安，然後與原四方面軍之紅四軍、紅三十一軍聯合行動，以此兩軍武力，另建新根據地。如無法聯絡四軍、三十一軍，則單獨進行游擊戰爭。他們所用的口號是「打倒毛澤東，擁護張主席」（按：張國燾曾任西北聯邦政府主席及西北軍委主席）。後因參與暴動的紅四軍政治部科長李國棟向中共中央告密，當他們準備發起暴動的當天晚上，全體四十餘人均被中共當局逮捕。這場反毛擁張的預謀暴動，終於功敗垂成。[44]

延安的反毛擁張暴動被事前鎮壓下去後，中共中央和毛澤東除安撫四方面軍幹部外，並請朱德等人一再向張國燾進言，勸他以黨的利益和全局為重，要他承認錯誤並發表聲明書，以安定四方面軍幹部的情緒。張國燾被糾纏不過，勉強寫了百餘字空洞的聲明書，刊於中共中央黨內刊物《黨的工作》第三十一期上，作為應付過關。該聲明書，題為〈我的錯誤〉，全文主要內容如下：

---

[43] 張國燾，《我的回憶》，第三冊（香港：明報月刊出版社，1974 年），頁 1275。

[44] 郭華倫，《中共史論》，第三冊，第四版（臺北：國立政治大學國際關係研究中心，1982 年），頁 179-180。

經過中央政治局擴大會議許多同志對於我的錯誤的徹底揭發，使我對自己的錯誤有更深的了解。的確，我的錯誤是整個路線的錯誤，是右傾機會主義的退卻路線和軍閥主義最壞的表現，是反黨反中央的錯誤，這一錯誤路線不僅在各方面表現它的惡果，使中國革命受到損失，而且造成極大罪惡，客觀上幫助了反革命。[45]

這一聲明書在《黨的工作》發表，及經過再三的解釋與宣導之後，暫時平定了四方面軍幹部的激動情緒。[46]

八、張國燾脫離中共

張國燾在遭受上述的批評與鬥爭之後，對政治、對革命，尤其是對中共，有了深刻的認識與體會，他說：

我覺得世界上什麼事總有它黑暗的一面，政治就包含著罪惡，革命也不一定就是聖潔。至於那些為了某種政治需要，不惜拋棄道義的行為，更是可鄙。我當時還沒有決定脫離我自己所造成的圈子，但已經體會到這黑暗面的威脅，使我意識到共產主義運動的基本缺陷實在太大，這極端反動的專制獨裁會毀滅一切理想。[47]

至抗日戰爭爆發後，中共於 1937 年 8 月 22 日至 25 日，在陝北洛川召開中央政治局擴大會議，毛澤東、張聞天（洛甫）等人為製造中共黨內團結的假象，在會議中提出由張國燾擔任「陝甘寧邊區政府」主席的職務，他們認為由張國燾擔任這個職務，「無論對內、對外，都具重要的意義。」後經張國燾提議：「邊區政府」主席仍由林祖涵（林伯渠）擔任，張國燾擔任副主席，在林任八路軍駐西安代表，與西安行營聯絡，解決八

---

[45] 張國燾，〈我的錯誤〉，刊於中共中央黨內刊物《黨的工作》第三十一期，1937 年 4 月 12 日。

[46] 郭華倫，《中共史論》，第三冊，第四版（臺北：國立政治大學國際關係研究中心，1982 年），頁 182。

[47] 張國燾，《我的回憶》，第三冊（香港：明報月刊出版社，1974 年），頁 1275-1276。

路軍補給問題，無法抽身返回延安視事期間，由張國燾暫代主席。

在張國燾負責「邊區政府」期間（1937 年 9 月至 1938 年 4 月），毛澤東、張聞天（洛甫）不僅干擾「邊區政府」內政方面的工作，也同樣扼殺「邊區政府」的對外活動。1937 年 11 月中旬，中共中央書記處召集延安「積極分子」開會，檢討從湖北家鄉潛行到延安的陳昌浩，於指揮西路軍作戰失敗的錯誤。這次鬥爭持續了約一個星期，在張聞天（洛甫）直接領導下，原係要批鬥陳昌浩的，但重點卻逐漸轉到張國燾身上，甚至對張國燾的太太和不滿十二歲的兒子也加以歧視和侮辱。因此，從那時起，張國燾就有計畫的將「邊區政府」主席的職責交給祕書長潘自力代行，12 月後交給新任祕書長伍修權代行，俾為其後來的脫身出走，早作準備。

還有一件事對張國燾的刺激很大。1937 年 11 月 29 日，陳紹禹（王明）、陳雲、康生等人自莫斯科飛返延安，陳紹禹（王明）竟指責張國燾受托派利用，並告訴張國燾，他在經過新疆時，已將與張接近的李特、黃超、俞秀松、周達文、董亦湘等人以托派之罪名處決了。張受此重大刺激後，經過一番考慮，最終決定脫離中共。張國燾回憶說：「我覺得一切都超過了講理的範圍，也無法申訴，而且再也無申訴的必要。在抗日戰爭的緊急關頭，我只有採取合則留，不合則去的打算，跳出這個圈子，也許能做些我想做的事。」[48]

1938 年 4 月 4 日，張國燾以「陝甘寧邊區政府」代主席的身分，由延安到中部縣（即黃陵縣）參加祭黃陵，祭後即由中部縣經西安到武漢，自行脫離中國共產黨。張脫黨後，中共中央隨即於同（4）月 18 日，作出〈關於開除張國燾黨籍的決定〉。

第二節　毛澤東與國際派的鬥爭

在中共黨內，對留俄回國的學生，除「托派」外，一般都稱之為「國際派」。這些留俄學生亦以執行共產國際的指示為標榜，把中共黨內的正確路線稱之為「國際路線」。反之，便成為「左傾」、「右傾」或「調和

---

[48] 張國燾，《我的回憶》，第三冊（香港：明報月刊出版社，1974 年），頁 1301-1337。

主義」路線。尤其在 1930 年反立三路線及 1931 年中共「六屆四中全會」以後的四年中，所謂「國際路線」就成爲中共黨內正確路線的代稱了。

共產國際主席團委員皮克，在 1930 年 12 月討論立三路線錯誤的主席團會議中，即曾明白指出：共產國際陪養這些留俄學生的目的，是要派他們回中國擔任中共領導工作的。[49] 根據此一論點，共產國際派東方部部長米夫到上海，指導中共「六屆四中全會」。此後，以陳紹禹（王明）、秦邦憲（博古）、張聞天（洛甫）等人爲首的留俄學生，便相繼掌握了中共中央的領導權。

毛澤東在黨內一直受到這些留俄學生的輕視、壓抑和打擊。遲至 1935 年 1 月，毛澤東才利用紅軍流竄的失敗，在遵義會議開始翻身，奪取軍事領導權。可是，「國際派」的力量還很深厚，黨權仍在張聞天（洛甫）手中，而且陳紹禹（王明）在莫斯科任共產國際主席團委員，及中共駐共產國際首席代表。因此，毛澤東要繼續攘奪中共黨權，就必須同「國際派」進行殘酷的鬥爭。

一、毛澤東與陳紹禹（王明）的鬥爭

1937 年 11 月 29 日，中共駐共產國際首席代表陳紹禹（王明），偕同陳雲、康生、曾山等人，乘坐蘇俄重型專機經新疆飛返延安，機上還帶來了大型無線電臺和高射炮等防空武器。自 1937 年 1 月中共中央進駐延安後，這是第一次的飛機降落，整個延安爲之震動，陳紹禹隨機返延，更引起中共幹部之重視與關注，其中尤以毛澤東爲甚。

當天晚上，中共中央舉行歡迎會，同爲中共「國際派」重要人物的張聞天（洛甫，時任中共中央總書記），在歡迎會中盛讚陳紹禹在中共「六屆四中全會」前後反立三路線、反羅章龍右派、執行「國際路線」、挽救中共黨的危機之功績，和在共產國際工作期間對中共的支持與幫助，特別是對提高中共的國際地位起了決定性的作用。毛澤東在歡迎會上，也以「喜從天降」和「飲水思源」兩句成語來歡迎和恭維陳紹禹。

---

[49] 共產國際主席團關於立三路線錯誤的討論，載於中共中央機關刊物《佈爾塞維克》，第四卷第三期，1931 年 5 月 10 日。

從張聞天和毛澤東在歡迎晚會中對陳紹禹的讚詞，可以看出當時陳紹禹在中共黨內的重要性，這不僅因為他曾任中共中央總書記，現任中共駐共產國際首席代表和中共中央政治局委員，主要還因他是共產國際執行委員、主席團委員和書記處書記。他這次返延，有如共產國際的「欽差大臣」光臨它的屬國——中國支部，因而連最富英雄主義和帝王思想的毛澤東也不能不暫時低頭奉迎了！[50]

㈠ 陳紹禹傳達共產國際的三項指示

陳紹禹返回延安後，在各個不同場合分別傳達了史達林和共產國際對中共的三項重要指示：

1. 史達林說：毛澤東有許多缺點，如不懂馬列主義，沒有世界眼光，只是以狹隘經驗來解決問題、指導革命等。不過，他已逐漸成為中共和「中國革命」的領袖，由俄國回去的許多幹部要從理論上、思想上和各方面幫助他，並克服他的弱點，使他成為「健全的領袖」。

2. 共產國際認為：張聞天不適於擔任中共中央總書記，在莫斯科中山大學的時候，他曾任黨的支部書記，結果全支部的黨員都是「托派」，雖然沒有事實證明他是「托派」，但就這一點，也很難洗刷他本身的嫌疑。

3. 史達林說：中共鬥爭張國燾過火了，對於一個有功績、有威望、現在還在中央負責的老幹部，採取公開的，全面的「無情鬥爭」是不適宜的。「長征」途中，不單張國燾有錯，其實雙方都犯了錯誤，中共要好好檢討和改正。[51]

據當時擔任中共中央祕書長的涂振農說：陳紹禹的返延及傳達上述三項指示，引起了中共中央內部的若干變化，尤以下列三個變化最為重要：

1. 是對張國燾轉取懷柔政策。張國燾被鬥後，意志消沉，每日到延安城外跑馬消遣，以解除胸中的鬱悶。陳紹禹返延後，要他對「陝甘寧邊

---

[50] 郭華倫，《中共史論》，第三冊，第四版（臺北：國立政治大學國際關係研究中心，1982 年），頁 247-248。

[51] 郭華倫，《中共史論》，第三冊，第四版（臺北：國立政治大學國際關係研究中心，1982 年），頁 248-249。

區政府」的工作多負責任，同時仍保留他中共中央書記處書記的職務，替中共中央多分擔工作。

2. 是造成中共「國際派」內部的分化與矛盾。中共黨內的「國際派」，在莫斯科時期，有所謂「二十八個佈爾塞維克」的稱號；返回中國後，雖仍是一個派系，但已改變爲無形的組織；延安時期，「國際派」的要角，只是每週在張聞天住處不拘形式的交談一次，不露任何痕跡。但自從遵義會議張聞天採取調和態度並乘機接替秦邦憲（博古）爲中共中央總書記後，秦邦憲與張聞天之間已存有芥蒂，「國際派」內部正醞釀著矛盾。此次陳紹禹返延，竟說張聞天有「托派」嫌疑，不適於擔任總書記，更加深了「國際派」內部的矛盾和分化。據涂振農說：陳紹禹傳達這一指示，一方面不滿張聞天受毛澤東利用，搶奪了秦邦憲的總書記；另一方面，最主要的還是陳紹禹自己想藉此取得總書記的職位。殊不知毛澤東卻利用了這一矛盾，一步一步把「國際派」要角各個擊破，最後全部予以打倒。

3. 是毛澤東領袖地位的「欽定」。經過史達林的認可和指示，毛澤東從此便逐漸成爲中共黨的領袖，也正因爲如此，所以毛澤東對史達林是沒齒難忘、畢生感戴。據涂振農說，陳紹禹當時的打算，是把毛澤東捧爲掛名的領袖，而由他自己和「國際派」掌握實權。殊不知毛澤東是一位最具暴君思想的極權主義者，當他利用史達林的指示，造成了自己的領袖地位以後，便逐步把他的政敵、甚至是當年的戰友，都一一加以剷除，而成爲一個絕對的獨裁者。後來，迫得陳紹禹也不能不以治病爲名，逃往莫斯科避難去了。[52]

㈡ 毛澤東與陳紹禹的意見摩擦

抗戰初期，我全國軍民雖英勇作戰，仍難免若干城市的陷落，而中共卻乘機責難政府。例如 1937 年 11 月上旬，山西省會太原及國際商埠上海相繼被日軍佔領，毛澤東遂於 11 月 12 日，在延安共黨活動分子會議上發表〈上海太原失陷以後抗日戰爭的形勢和任務〉，大肆抨擊政府，並提出

---

[52] 郭華倫，《中共史論》，第三冊，第四版（臺北：國立政治大學國際關係研究中心，1982 年），頁 249-250。

他對抗戰及抗日民族統一戰線的看法，也因此而與初返延安的陳紹禹發生意見的摩擦。

毛澤東首先誣指政府的全面抗戰是「不要人民群眾參加的單純政府的片面抗戰」，他說：「這樣的抗戰是『一定要失敗的』。」他還惡意指責「國民黨主張的片面抗戰，雖然也是民族戰爭，雖然也帶著革命性，但其革命性很不完全」，因此，這種片面抗戰是「一定要引導戰爭趨於失敗的，是決然不能保衛祖國的。」

太原、上海失陷後，毛澤東認為：「中國抗日民族革命戰爭現在是處在嚴重的危機中」。因此，他強調要在政治上、組織上「改造國民黨」，以便作為「改造政府」和「改造軍隊」的基礎。同時，他還尖銳地提出在當前的形勢下，「是國民黨吸引共產黨呢，還是共產黨吸引國民黨」的問題。質言之，即「誰領導誰」的問題，亦即在統一戰線中，國、共兩黨爭奪領導權的問題。為此，毛澤東號召在中共黨內「反對階級對階級的投降主義」，即是反對在統一戰線中不積極爭取領導權，而遷就國民黨的「右傾機會主義」或「投降主義」傾向。

為什麼會發生這種傾向？毛澤東認為一方面是國民黨對共產黨幹部所施行的各種引誘；另一方面，是「共產黨內理論水平的不平衡，許多黨員的缺乏北伐戰爭時期兩黨合作的經驗，黨內小資產階級成份的大量存在，一部份黨員對過去艱苦鬥爭的生活不願意繼續的情緒，統一戰線中遷就國民黨的無原則傾向的存在，八路軍中的新軍閥主義傾向的發生，共產黨參加國民黨政權問題的發生，抗日民主根據地中的遷就傾向的發生等等情況」。

為了克服上述的若干傾向，毛澤東強調：「在一切統一戰線工作中必須密切地聯繫到獨立自主的原則」，「一定要實行『統一戰線中的獨立自主』這個原則，一定要克服投降主義或遷就主義」。他解釋說：「我們和國民黨及其他任何派別的統一戰線，是在實行一定綱領這個基礎上面的統一戰線。離開了這個基礎，就沒有任何的統一戰線，這樣的合作就變成無原則的行動，就是投降主義的表現了。」又說：「我們這樣做的目的何在呢？」一方面是在「保持自己已經取得的陣地」；另一方面，是為了「動員千百萬群眾進入抗日民族統一戰線」，以發展這個陣地。他強調，「保

持陣地和發展陣地是不可分離的」。此外，他還認為，要在統一戰線陣營中區分「左」、「中」、「右」三個集團，而共產黨的任務是：擴大和鞏固左翼集團，爭取中間集團的轉變，堅決反對右翼集團。[53]

毛澤東的這些觀點和意見，受到當時以陳紹禹為首的「國際派」的激烈反對，陳紹禹曾先後在中共中央書記處和中央工作會議上，予以正面的批評和駁斥。據時任中共中央祕書長的涂振農透露：當時陳紹禹的論點駁倒了毛澤東在〈上海太原失陷以後抗日戰爭的形勢和任務〉中的二十九條報告提綱，獲得了中共中央書記處和中央各部會負責人的支持。在這種狀況下，毛澤東也不得不放棄自己的意見，轉而支持陳紹禹的論點。[54]

直到 1952 年，即十五年之後，在毛澤東獨裁下的中共於出版《毛澤東選集》時，才把當年曾被打消的毛澤東這篇〈上海太原失陷以後抗日戰爭的形勢和任務〉報告提綱刊載出來，並在註釋中特別加以說明：

這是毛澤東一九三七年十一月在延安中國共產黨的活動分子會議上的報告提綱。從這時起，黨內右傾機會主義分子就反對這個提綱；直到一九三八年九月至十一月召開的中共六屆六中全會才基本上克服了這種右的偏向。[55]

㈢ 毛澤東與陳紹禹的明爭暗鬥

1937 年 12 月 9 日至 14 日，中共中央在延安召開政治局擴大會議。會議的主要議題是討論當前的抗戰形勢和中共黨的任務。陳紹禹在會上作〈如何繼續全國抗戰和爭取抗戰勝利呢？〉的報告時，首先強調他的基本觀點：鞏固和擴大抗日民族統一戰線是決定一切的條件，而鞏固和擴大國

[53] 毛澤東，〈上海太原失陷以後抗日戰爭的形勢和任務〉（1937 年 11 月 12 日），《毛澤東選集》，第二卷，第二版（北京：人民出版社，1991 年），頁 387-396。

[54] 郭華倫，《中共史論》，第三冊，第四版（臺北：國立政治大學國際關係研究中心，1982 年），頁 252-254。

[55] 毛澤東，〈上海太原失陷以後抗日戰爭的形勢和任務〉（1937 年 11 月 12 日），《毛澤東選集》，第二卷，第二版（北京：人民出版社，1991 年），頁 387。

共兩黨合作是鞏固和擴大抗日民族統一戰線的樞紐。接著提出如下三個重要的具體意見：1. 在國民政府基礎上建立真正全中國統一的國防政府；2. 在現有軍隊基礎上建立和擴大全中國統一的國防軍；3. 動員和武裝人民幫助政府和軍隊抗戰。[56]

　　如何鞏固和擴大國共兩黨合作？是陳紹禹這篇報告的核心問題。依陳的意見，為鞏固和擴大國共兩黨合作，必須在中共黨內外「正確說明」國共兩黨合作的原因、意義、內容和前途：

1. 原因：反對共同敵人，爭取民族生存。
2. 意義：國、共為中國兩大政黨，不合作便無以救亡。
3. 內容：
　⑴兩黨的合作。
　⑵建立統一抗日民主的政權。
　⑶建立統一的國防軍隊。
　⑷保證全體人民總動員，爭取抗戰勝利。
4. 前途：勝利共同建立新中國。[57]

　　這次會議以陳紹禹於上月為批判毛澤東的觀點而草擬的〈目前抗戰形勢及任務〉提綱為討論主題，該提綱之重點為如何堅持長期抗戰之任務，其主要內容有三：1. 鞏固和擴大以國共合作為基礎的抗日民族統一戰線；2. 在國民政府基礎上，加強統一的國防政府；3. 在現有國民革命軍基礎上，加強與擴大統一的國防軍。[58]

　　陳紹禹的報告和提綱，得到了與會人員的贊成和通過，會議決定由駐武漢中共代表團（其成員為陳紹禹、周恩來和秦邦憲）向國民黨當局闡明中共對於目前時局與統一戰線的立場，以消除國民黨及各方面對於國共合作的疑懼與誤解；並委託中共中央書記處起草〈中共中央對時局宣言〉。

---

[56] 陳紹禹，〈如何繼續全國抗戰和爭取抗戰勝利呢？〉，《中共黨史教學參考資料》，第二冊（北京：人民出版社，1980年），頁128-131。

[57] 陳紹禹，〈如何繼續全國抗戰和爭取抗戰勝利呢？〉，《中共黨史教學參考資料》，第二冊（北京：人民出版社，1980年），頁128。

[58] 陳紹禹，〈目前抗戰形勢及任務〉，《陳紹禹（王明）抗戰言論集》（漢口：民族解放社，1938年），頁75-76。

會議討論通過〈關於準備召集黨第七次全國代表大會的決議〉，推定毛澤東、陳紹禹、朱德、周恩來、項英、張聞天、張國燾、秦邦憲等二十五人為「七大」準備委員會委員，毛澤東為準備委員會主席，陳紹禹為準備委員會書記；另為便於進行經常工作，決定在準備委員會下設祕書處，由毛澤東、張聞天、趙容（即康生）、廖陳雲（即陳雲）及陳紹禹等五人組織之。[59]

關於中共中央的改組與地方黨組織的建立，也是這次會議的重要議題。會議改選了中共中央書記處，並變更了中共中央各部會的組織和人事。原中共中央書記處書記七人，除王稼祥赴俄治病除名外，餘六人，即毛澤東、朱德、周恩來、張聞天、張國燾、秦邦憲連任，並增補陳紹禹、廖陳雲、趙容三人為書記處書記。

這次會議對中共中央組織的改組中，最重要的一點是陳紹禹傳達共產國際的指示說：「張聞天不適於任中共中央總書記。」因而把總書記制度取消了，改由中央政治局常委直接領導書記處的工作。這一變化與陳紹禹傳達指示的原意和企圖完全相反──共產國際並無取消總書記制度的指示，而只是說張聞天不適任而已，陳紹禹的企圖本是想取張聞天而代之，不料毛澤東卻利用了「國際派」內部這一矛盾，煽動其他政治局委員，索性把總書記制度取消，逐漸形成以毛澤東為首的中共中央。「七大」準備委員會推舉毛澤東為主席，即是這一趨勢的起點；而陳紹禹在「七大」準備委員會雖然排名第二，並出任準備委員會書記，但其欲出任總書記，掌握黨的實權，把毛澤東捧為掛名領袖的企圖，卻逐漸幻滅了。[60]

關於地方黨組織的建立方面，會議的重要決定有三：㈠加強中共中央北方局的領導，北方黨應配合武裝活動放手向各省區發展，以領導群眾游擊戰爭創造新根據地為中心任務；㈡成立中共中央長江局，代表中共中央指揮大後方黨的工作，長江局暫設於漢口；㈢成立中共中央東南分

---

[59] 〈關於準備召集黨第七次全國代表大會的決議〉（1937年12月13日），中共中央油印原件。

[60] 郭華倫，《中共史論》，第三冊，第四版（臺北：國立政治大學國際關係研究中心，1982年），頁257。

局，指揮新四軍及東南各省區黨的組織，東南分局暫設於南昌。這三個地
方黨組織的負責人，北方局書記爲楊尙昆，長江局書記爲陳紹禹，東南分
局書記爲項英。[61]

　　楊尙昆原係「二十八個佈爾塞維克」之一，爲陳紹禹的中堅幹部。而
項英也是陳紹禹的得力支持者，他所掌握的新四軍乃成爲陳紹禹的有力政
治資本。這時的陳紹禹，人在武漢，除親自主持長江局的全盤工作外，還
對北方局及東南分局的工作，進行相當程度的領導與掌握。陳紹禹的「國
際派」在中共中央三個地方局內，勢力雄厚，遠超過毛澤東。不僅如此，
陳紹禹在大後方並著重於展開統戰工作和宣傳工作，他通過漢口的《新華
日報》和各左派書店，盡量發表文章和出版各種多樣的陳紹禹抗戰言論
集，並四出演講，風頭極健，於是陳紹禹在中共黨內外聲望日隆，大有
與毛澤東一爭長短之勢。而毛澤東此時雖已被「欽定」爲中共黨的領袖，
並全力掌握八路軍及北方地方武力，但對陳紹禹聲望日隆之威脅，深感不
安，乃於 1938 年 9 至 11 月間的中共「六屆六中全會」上，挑剔陳紹禹
的「一切經過抗日統一戰線」爲不當，藉以削弱其聲勢，並提高自己的地
位。[62]

㈣ 中共「六屆六中全會」與陳紹禹失勢

　　1937 年 12 月 25 日，中共中央根據當（12）月中旬中央政治局擴大
會議的決定，發表〈對時局宣言〉，宣稱：蔣中正在當月 16 日〈告全國
國民書〉所提出之「貫徹抗戰到底」、「爭取國家民族最後之勝利」之主
旨，與中共目前對時局的基本方針，正相符合，「共產黨不僅誠意在抗戰
階段中與國民黨並肩攜手地共同救國，而且決心在抗戰勝利後與國民黨和
衷共濟地共同建國」。[63]

---

[61] 郭華倫，《中共史論》，第三冊，第四版（臺北：國立政治大學國際關係研究中心，
　　1982 年），頁 256、264-265。

[62] 郭華倫，《中共史論》，第三冊，第四版（臺北：國立政治大學國際關係研究中心，
　　1982 年），頁 267。

[63] 〈中共中央對時局宣言 —— 鞏固國共兩黨精誠團結，貫徹抗戰到底，爭取最後勝利〉
　　（1937 年 12 月 25 日），《中共黨史教學參考資料》，第二冊（北京：人民出版社，
　　1980 年），頁 134-136。

　　兩天後，即 12 月 27 日，陳紹禹在漢口發表〈挽救時局的關鍵〉一文，一方面闡釋中共中央對時局宣言，另方面再度重申他對抗戰及統一戰線的看法。他認為：目前挽救時局的中心關鍵在於「全民族抗日力量的更加團結」，而團結全民族抗日力量的惟一正確方案，便是「鞏固和擴大抗日民族統一戰線」。怎樣才能鞏固和擴大抗日民族統一戰線呢？他強調，首先須更加「鞏固和擴大我國兩大政黨 —— 國民黨、共產黨 —— 的親密合作」。[64]

　　1938 年 3 月初，中共中央政治局再度在延安舉行三天的會議。這次會議的主要議程有二：一為討論目前抗戰形勢與如何繼續抗戰和爭取抗戰勝利；二為討論中共黨的第七次全國代表大會的具體準備工作。從陳紹禹會後所撰〈三月政治局會議的總結〉一篇長文的記述來看，此次會議所決定的政策，與上年 12 月政治局擴大會議的決策，並無根本的區別。此次會議仍舊採納陳紹禹的觀點和意見，承認「國民黨現在在政府和軍隊中均居於領導地位，為我國第一個大政黨」，所以中共「對於我國領導軍民抗戰的第一個大友黨 —— 國民黨，抱著誠摯地友誼，充滿著熱烈的希望」。此次會議不僅繼續強調要「鞏固和擴大國共合作」，甚至還進一步提議「恢復民國十三年至十六年第一次國共合作的方式」，即中共黨員以個人資格參加中國國民黨，同時又保留中共黨籍的方式，但未為國民黨所接受。[65]

　　此次政治局會議，仍以陳紹禹的觀點和意見作為中共中央決策的依據，而會後又由陳紹禹撰寫會議的「總結」，向中共黨員幹部傳達。由此充分顯示：陳紹禹的個人聲望和「國際派」的力量，的確是日益增長。而此一形勢，在毛澤東看來，自然不是滋味。因之，加深了毛澤東對陳紹禹的嫉視和忌妒，強化和堅定了毛澤東大肆整肅「國際派」的決心。

　　1938 年 9 月 29 日至 11 月 6 日，中共中央在延安橋兒溝召開擴大的「六

---

[64] 王明（陳紹禹），〈挽救時局的關鍵〉（1937 年 12 月 27 日），《中共黨史教學參考資料》，第二冊（北京：人民出版社，1980 年），頁 137-145。

[65] 王明（陳紹禹），〈三月政治局會議的總結〉（1938 年 3 月 11 日），全文請參見《中共黨史教學參考資料》，第二冊（北京：人民出版社，1980 年），頁 146-172。

屆六中全會」，到會的中央委員三十八人，另有中共中央各部會及全國各地領導幹部多人列席會議。據稱，這次會議是中共「自一九三四年一月江西根據地五中全會以來相隔了差不多五個年頭的一次中央全會，也是多年來最盛大的一次中央全會」。[66] 據毛澤東說：「本來第七次全國代表大會準備在本年召集的，因為戰爭緊張的原故，不得不把七大推遲到明年，而當前時局向我們提出了許多的問題，必須作明確的解決，以便爭取抗戰的勝利，所以召集了這次擴大的中央全會。」[67]

　　中共「六屆六中全會」的主要任務，是「總結十五個月來抗戰的經驗和確定黨在抗日戰爭時期的基本方針」。會議的主要報告有：

1. 毛澤東代表中央政治局作〈論新階段〉的政治報告：此報告總結了抗戰十五個月的基本經驗，批判了亡國論和速勝論的錯誤，分析了當時抗日戰爭即將過渡到相持階段的新形勢，規定了全國人民在抗日戰爭中的緊急任務，並特別著重的說明了中共在民族戰爭中的地位。

2. 陳紹禹作〈目前抗戰形勢與如何堅持持久戰爭取最後勝利〉的長篇報告：陳紹禹強調，「國共兩黨是中國一切黨派中最大、最有力和擁有最多群眾的政黨」，「只有國共長期合作，才能保證動員一切人力、物力、財力來增加抗戰力量，才能夠度過難關、克服困難，才能夠進行持久戰和爭取抗戰的最後勝利。」陳紹禹又認為，中共當前要以「抗日高於一切，一切服從抗日」、「一切為著抗日民族統一戰線，一切經過抗日民族統一戰線」、「一切服從抗戰利益，一切為著抗戰勝利」的原則，對友黨、友軍採取「言行如一」、「表裡一致」、「互相幫助」、「互相尊重」、「共同工作」、「共同發展」的工作方法和方式。[68]

---

[66] 胡華主編，《中國革命史講義》，下冊（北京：中國人民大學出版社，1980 年），頁 494。

[67] 毛澤東，〈論新階段〉（1938 年 10 月 12 日至 14 日在中共擴大的六中全會的報告），《解放》，第五十七期（延安：1938 年 11 月 25 日）。

[68] 王明（陳紹禹），〈目前抗戰形勢與如何堅持持久戰爭取最後勝利〉（1938 年 10 月 20 日在中共六中全會上的發言提綱），《中共黨史教學參考資料》，第二冊（北京：人民出版社，1980 年），頁 204、211。

3. 毛澤東分別於 11 月 5 日、6 日兩天，作〈統一戰線中的獨立自主問題〉
及〈戰爭和戰略問題〉的結論：毛澤東在 11 月 5 日所作〈統一戰線中
的獨立自主問題〉的結論，其論點與陳紹禹針鋒相對，毛強調「一切
經過統一戰線是不對的」，「我們一定不要破裂統一戰線，但又決不
可自己束縛自己的手腳，因此不應提出『一切經過統一戰線』的口號。
『一切服從統一戰線』，如果解釋爲『一切服從』蔣介石和閻錫山，
那也是錯誤的。我們的方針是統一戰線中的獨立自主，既統一，又獨
立。」[69]

中共「六屆六中全會」根據毛澤東的政治報告和結論，通過題爲〈抗
日民族自衛戰爭與抗日民族統一戰線發展的新階段〉的政治決議案，及
〈關於召集七次全國代表大會的決議〉、〈關於各級黨委暫行組織機構的
決定〉、〈關於各級黨部工作規則與紀律的決定〉等。在政治決議案中寫
道：「關於報告中所提出的對於抗戰基本趨勢的分析，對於目前抗戰形
勢的估計和中華民族當前緊急任務以及其他事項，擴大的六中全會完全同
意。」[70] 可見，在這次會議上，毛澤東確實比陳紹禹佔了上風。

在中共「六屆六中全會」上，毛澤東不僅在政治路線上戰勝了陳紹
禹，也在組織權力上打敗了陳紹禹。這次會議決定撤銷中共中央長江局和
陳紹禹的長江局書記職務，另成立「中原局」和「南方局」，並將原東南
分局併入「南方局」。同（1938）年 11 月，中共中央「中原局」正式成
立，由劉少奇任書記，朱瑞、朱理治、彭雪楓、鄭位三等爲委員。1939
年 1 月，中共中央「南方局」正式成立，由周恩來任書記，秦邦憲、凱豐
（何克全）、葉劍英、吳克堅、鄧穎超、蔣南翔等爲委員。

二、延安整風運動

毛澤東與陳紹禹間的鬥爭，並不因陳紹禹在「六屆六中全會」上的
失利而告終。相反的，當主、客觀形勢對毛澤東更有利時，毛澤東隨即再

---

[69] 毛澤東，〈統一戰線中的獨立自主問題〉（1938 年 11 月 5 日），《毛澤東選集》，第
二卷，第二版（北京：人民出版社，1991 年），頁 537-540。

[70] 〈中共擴大的六中全會政治決議案〉（1938 年 11 月 6 日），《中共黨史教學參考資
料》，第二冊（北京：人民出版社，1980 年），頁 221。

度掀起對「國際派」的鬥爭──延安整風運動，企圖徹底剷除「國際派」在中共黨內的殘存勢力，建立並鞏固毛澤東在中共黨內至高無上的領導地位。

㈠毛澤東發動延安整風的主客觀因素

　　毛澤東於 1942 年 2 月起，在延安發起長達三年的整風運動，有其各種主、客觀因素，概括言之，主要原因有五：

1. 中共原是共產國際的一個支部，一切均應服從國際的指揮和命令。但自共產國際於 1935 年 7 月召開第七次全世界代表大會後，對於世界各國共產黨的控制已開始作有限度的放鬆。例如，這次大會通過的〈關於共產國際執行委員會工作〉的決議指出：「在解決一切問題時，要根據每個國家的具體情形和特點，一般的不要直接干涉各國共產黨內部組織上的事宜。」又說：在幫助各國共產黨時，「不要機械地把一國的經驗搬到別國去」。[71] 共產國際既然已決定不要機械地搬用別國的經驗，要各國共產黨根據本國的具體情形和特點，解決自己所遭遇的一切問題，而共產國際不直接干涉各國共產黨內部組織上的事宜，這正好給毛澤東在中共黨內排除異己、攫奪全力，提供了國際的、理論的背景。

2. 1941 年 6 月 22 日，德軍入侵蘇俄，進展神速，本年底及次（1942）年春，正是蘇俄戰局最危險的時刻。在此一生死存亡的緊急關頭，史達林、蘇共及共產國際顯然沒有餘力過問各國共產黨的內部問題，這就給了毛澤東發動整風、建立他領袖地位及個人崇拜的最好時機。誠如蘇共在 1970 年代對毛澤東的批評所言，「當黨集中全力，組織中國人民抵抗日本侵略者，當世界上第一個社會主義國家和整個世界共產主義運動，全力以赴的同法西斯主義進行鬥爭的時候，毛澤東趁這個機會，實現他的見不得人的陰謀，……展開了所謂整風運動，這個運動的鋒芒，對準了中國共產黨的國際主義的領導」。[72]

---

71 〈關於共產國際執行委員會工作〉（共產國際第七次全世界代表大會根據皮克同志報告決議，1935 年 8 月 1 日通過）。全文收錄於郭華倫，《中共史論》，第三冊，第四版（臺北：國立政治大學國際關係研究中心，1982 年），頁 80-83，附錄一。

72 〈恐怖和屠殺是毛澤東奪權的主要方法〉，莫斯科華語廣播，1970 年 5 月 31 日。

3. 中共爲躲避日軍的掃蕩，從 1941 年下半年起，實行精兵簡政，把機構、部隊儘量裁併，把敵後、戰區幹部大批調返延安受訓。於此期間，中共黨內滋長著無原則糾紛，諸如自由行動、陽奉陰違、自成系統、目無組織、派別活動、個人主義等等嚴重現象。據 1941 年 7 月 1 日，中共中央政治局通過的〈關於增強黨性的決定〉指出，在這段期間，中共黨員幹部的「缺乏黨性的傾向」，具體表現在下列各方面：

⑴在政治上：自由行動、標新立異、獨斷獨行、藉故推託、兩面態度、陽奉陰違、對黨隱瞞。

⑵在組織上：自成系統、自成局面、本位主義、目無組織、打擊別人、抬高自己、互相包庇、祕密勾搭、派別活動。

⑶在思想意識上：一切從個人出發、個人利益高於一切、自高自大、自命不凡、吹牛誇大、風頭主義、個人突出、喜人奉承。

此種現象，不僅在「陝甘寧邊區」很突出，也遍及華北、華中各地，它正威脅著中共的存亡，因而從延安開始的整風運動，同時也是針對此種情況而發動的。

4. 中共自 1928 年 6 至 7 月在莫斯科召開「六大」之後，直到抗戰爆發，已有將近十年沒有召開過全國代表大會了。1937 年 10 月，陳紹禹自蘇俄返回延安。同年 12 月，中共在延安舉行中央政治局擴大會議時，曾討論通過〈關於準備召集黨第七次全國代表大會的決議〉，並推定了「七大」準備委員會委員，認爲在最近時間內必須召開「七大」。1938 年 3 月，中共中央政治局會議再度討論召開「七大」的具體準備工作。同年 9 至 11 月，中共「六屆六中全會」，又通過〈關於召集七次全國代表大會的決議〉，具體規定各地代表的選舉辦法。此後，中共即積極籌開「七大」，各地代表相繼選出，也先後抵達延安。但因毛澤東認爲：若於 1939 年至 1941 年間舉行「七大」，他尚無把握能控制大會的進行，並建立其個人獨裁體制，所以故意拖延會期，遲遲不開，並趁機以「整風」爲名將「七大」代表送往黨校，進行思想清洗，這也是當時毛澤東掀起整風運動的重要原因之一。

5. 以陳紹禹爲首的中共「國際派」，並不是史達林親自培養與提拔的親信幹部，而是經由佈哈林（曾任共產國際主席）的得力幹部米夫（曾任

共產國際東方部部長、莫斯科中山大學校長）一手培植起來的。1929
年佈哈林被指為「向世界資產階級投降」，企圖在蘇俄「恢復資本主義
的右派分子首領」，因而失勢。佈哈林失勢後，米夫仍在共產國際任
職。1935 年 7 月舉行的共產國際「七大」，陳紹禹仍當選為共產國際
執委及主席團委員。但至 1938 年 3 月，佈哈林被槍斃。米夫也於同年
以「右派」罪名遭受整肅。從此，中共內部的「國際派」便失去了國際
的靠山和後臺。1942 年，毛澤東之敢於向「國際派」開刀，此亦為重
要原因之一。而在整風運動持續進行的三年期間，共產國際（未解散
前）[73] 及史達林對於毛澤東的整肅異己、奪取權力，未置一詞，其原因
也在於此。[74]

㈡ 整風前的準備與部署

依中共進行鬥爭的慣例，總先要製造輿論。因此，毛澤東在掀起整風
運動之前，發出了若干文件，並作了一些必要的部署，藉以保證整風運動
的順利開展。

1. 在所發出的文件中，主要有：
   (1)1941 年 3 月的〈「農村調查」序言〉。
   (2)1941 年 5 月的〈改造我們的學習〉。
   (3)1941 年 7 月的〈關於增強黨性的決定〉。
   (4)1941 年 8 月的〈關於調查研究的決定〉。

從毛澤東所發出的文件中，可以看出其整風運動的一般目標和特殊
目標。一般目標是針對所謂「違反黨性傾向」的人；特殊目標則是針對以
陳紹禹為首的「國際派」。〈關於增強黨性的決定〉和〈關於調查研究的
決定〉，是以一般目標為著眼；〈「農村調查」序言〉和〈改造我們的學
習〉，是以特殊目標為著眼。

---

[73] 共產國際於 1943 年 5 月 15 日作出解散的決定，5 月 22 日《真理報》公佈此項決定，6
月 10 日正式宣告解散。

[74] 以上五點主客觀因素，參考：郭華倫，《中共史論》，第四冊，第四版（臺北：國立政
治大學國際關係研究中心，1982 年），頁 369-378。

2.在所作的部署中，主要有：

(1)1941 年 9 月的〈關於高級學習的決定〉。

(2)1941 年 12 月的〈關於延安幹部學校的決定〉，並據以改組中共中央黨校，由毛澤東親兼中央黨校校長。

毛澤東之所以親兼中央黨校校長，不僅因為中央黨校是中共中央最重要的幹部學校，而且當時從各地調返延安的幹部及各地選派前來預備出席「七大」的代表近千人，均集中在中央黨校受訓。所有這些意識形態的準備工作，和組織上的部署工作完成後，毛澤東才於 1942 年 2 月 1 日，在延安的中共中央黨校開學典禮大會上，發表〈整頓學風黨風文風〉的演說，揭開整風的序幕。

㈢ 毛澤東的整風報告與中共中央的〈決定〉和〈指示〉

1942 年 2 月 1 日，毛澤東在中共中央黨校開學典禮上，作〈整頓學風黨風文風〉的長篇報告，正式揭開為期三年的整風運動之序幕。毛澤東在這篇報告中，首先指出：「反對主觀主義以整頓學風，反對宗派主義以整頓黨風，反對黨八股以整頓文風，這就是我們的任務。」

談到主觀主義，毛說：「我們黨內的主觀主義有兩種：一種是教條主義，一種是經驗主義。他們都是只看到片面，沒有看到全面。」這兩種主觀主義，毛認為：「現在我們黨內主要的還是教條主義最為危險。因為教條主義容易裝出馬恩列斯的面孔，嚇唬工農幹部，把土包子俘虜起來，充作自己的傭人，而工農幹部不易識破他們的面孔。也可以嚇唬天真爛漫的青年，把他們充當俘虜。」

談到宗派主義，毛澤東著重指斥其「鬧獨立性」的傾向。他說：「一部分同志，只看見局部利益，不看見全體利益，他們總是不適當地特別強調他們自己所管的局部工作，總希望拿全體利益去服從他們的局部利益。」又說：「鬧這類獨立性的人，常常跟他們的個人第一主義分不開」，「這種人鬧什麼東西呢？鬧名譽、鬧地位、鬧出風頭」，「在他們掌管一部份事業的時候，就要鬧獨立性」，「為了這些，就要拉攏一些人，排擠一些人，在同志中吹吹拍拍，拉拉扯扯」。毛認為：「一切宗派主義思想都是主觀主義的，都與實際革命需要不相符合」。因此，他強

調，「在反對宗派主義時，也要反對主觀主義」。

談到「黨八股」，毛澤東說：「黨八股是藏垢納污的東西，它是主觀主義與宗派主義的一種表現形式，它是害人的，不利於革命的，我們必須肅清它。」[75]

七天後，即 1942 年 2 月 8 日，毛澤東在中共中央宣傳部與中央出版局召集的宣傳工作會議上，就以〈反對黨八股〉為題，再度作長篇的報告。

毛在〈反對黨八股〉的報告中，開宗明義說：「我現在想講的是：主觀主義、宗派主義怎樣拿黨八股做它的宣傳工具或表現形式。我們反對主觀主義、宗派主義，如果不連黨八股也給反掉，那它就還有一個藏身的地方，它還可以躲起來。」毛接著詳細分析黨八股的「八大罪狀」，即：1.「空話連篇，言之無物」；2.「裝腔作勢，藉以嚇人」；3.「無的放矢，不看對象」；4.「語言無味，像個癟三」；5.「甲乙丙丁，開中藥鋪」；6.「不負責任，到處害人」；7.「流毒全黨，妨害革命」；8.「傳播出去，禍國殃民」。毛最後強調：「黨八股這個形式，不但不便於表現革命精神，而且非常容易使革命精神窒息。要使革命精神獲得發展，必須拋棄黨八股，採取生動活潑、新鮮有力的語言文字的形式。」[76]

中共中央宣傳部於毛澤東發表上述兩篇重要的整風報告之後，先於同（1942）年 4 月 3 日，作出〈關於在延安討論中央決定及毛澤東同志整頓三風學習運動的指示〉，繼於 6 月 8 日又發出〈關於在全黨進行整頓三風學習運動的指示〉。從此，整風運動即在延安及各地如火如荼的展開了。

㈣ 延安及「邊區」的整風運動

延安的整風運動，從 1942 年 4 月 20 日開始，據中共《解放日報》1942 年 6 月 5 日透露：「從黨中央和毛澤東同志整頓三風的號召後，全

---

[75] 毛澤東，〈整頓學風黨風文風〉（1942 年 2 月 1 日），《整風文獻》，訂正本（延安：解放社，1943 年），頁 7-26；另請參閱《毛澤東選集》，第三卷，第二版（北京：人民出版社，1991 年），頁 811-828。在《毛澤東選集》第三卷中，題目為〈整頓黨的作風〉。

[76] 毛澤東，〈反對黨八股〉（1942 年 2 月 8 日），《整風文獻》，訂正本（延安：解放社，1943 年），頁 27-44；《毛澤東選集》，第三卷，第二版（北京：人民出版社，1991 年），頁 830-845。

延安在四月二十日開始學習二十二個文件的運動以來，一個月間，已經造成了空前未有的學習熱潮。」延安的學習運動分成中央直屬、中央軍委直屬、中央黨校、中宣部與文委所屬四個學校、「邊區」系統等五個分區進行，總共參加人數約九千餘人，包括中共黨員和非共黨人士。[77]

　　爲了領導和推動延安的整風學習，中共成立了中央及各分區的「學習委員會」。其組織及主要負責人分別爲：

1. 中共中央成立總學習委員會，以毛澤東爲主，康生爲副，領導全延安的學習運動。「中央總學委會」每週或兩週召集一次延安高級幹部的學習會，會中討論學習問題，並通知時事、政治及工作等問題。

2. 中央直屬機關成立一分區學習委員會，由康生、李富春負責；各機關成立學習分會。

3. 軍委直屬系統成立一分區學習委員會，由王稼祥、陳雲負責，下成立幾個中心學習組，例如「參謀部中心學習組」、「政治部中心學習組」、「後勤部中心學習組」、「專家中心學習組」等；各機關、部隊成立學習分會。

4. 「邊區」系統成立分區學習委員會，由任弼時、高崗負責。

5. 延安各機關、學校的高級幹部均成立中心學習組（甲組），自己把文件學好來領導其他幹部學習。另有中級學習組（乙組）與普通學習組（丙組）。其中，甲組人數較少，但是領導的中心；乙組人數最多，都是中級幹部，是學習運動中最應注意的部分，甲組人員應分別參加之；丙組人數不很多，是文化較低的組。[78]

　　毛澤東所發動的整風運動，雖說是中共全黨範圍的運動，但是有組織、有計畫進行的，除延安中央一級機關外，主要的是「陝甘寧邊區」，其他地區大都未能貫徹。究其原因，主要有二：一是 1942 年中共開始整風時，正是日軍對中共「邊區」與「根據地」積極掃蕩的時期，無法進行整風；二是在國民政府區域內，由於中共的反政府活動遭受政府治安機關的反擊，中共各級黨組織屢被破獲，也無法進行整風。不過，在延安的

---

[77]〈延安一個月學習運動的總結〉，《解放日報》，延安，1942 年 6 月 5 日。

[78]〈延安學習組織的概略〉，《解放日報》，延安，1942 年 6 月 12 日。

中共中央黨校，已集中了中共各地的負責幹部和準備出席「七大」的代表一千餘人，如果把延安的整風，當作是中共高階層的全黨整風，也未嘗不可。[79]

　　「陝甘寧邊區」整風運動的情形如何呢？茲綜合有關資料，摘述於次：

1. 1941 年 9 月起，開始調查研究工作。

2. 1942 年 4 月至 10 月，全「邊區」展開整風學習運動。

3. 1942 年 9 月，準備「高幹會」的工作開始，確定其任務為「七整」，即整黨、整政、整軍、整民、整關、整財、整學。[80] 貫徹整風，精兵簡政，組織七個委員會，分別研究，作成方案。

4. 1942 年 10 月至 1943 年 1 月，分四個階段，舉行「高幹會」：

　　⑴第一階段：從 10 月 19 日舉行開幕式起，主要討論整黨、整民問題。

　　⑵第二階段：從 11 月初開始，主要檢討「邊區」黨的歷史問題，著重批評自由主義與向黨鬧獨立性的傾向，並由林祖涵、賀龍報告整政、整軍問題。

　　⑶第三階段：從 11 月 21 日開始，主要檢討「邊區」黨的歷史問題與黨內思想傾向，並由毛澤東作〈論佈爾塞維克化十二條〉的演講，康生作鋤奸問題的報告，彭真作鋤奸經驗的報告，葉劍英作華北鬥爭現況的報告。

　　⑷第四階段：從 12 月 21 日起，主要討論毛澤東的《經濟問題與財政問題》小冊子，並由朱德作財經問題的演講，劉少奇作領導工作問題的演講，任弼時作〈關於幾個問題的意見〉的演講，至 1943 年 1 月 13、14 日，由高崗作「高幹會」的總結報告後，「高幹會」即宣佈閉會。[81]

---

[79] 郭華倫，《中共史論》，第四冊，第四版（臺北：國立政治大學國際關係研究中心，1982 年），頁 395。

[80] 整民，指民眾運動及與人民關係；整關，指黨政軍民間之關係。

[81] 參考：1943 年 6 月中共中央西北局印發之〈關於陝甘寧邊區黨高幹會經過及其經驗的總結〉（黨內文件）；〈中共高幹會議總結報告之要點〉，《共匪禍國史料彙編》，第三冊，再版（臺北：中華民國開國文獻編纂委員會，1976 年），頁 337-346。

　　「邊區」的「高幹會」結束之後，中共中央在發給各地參考的文件中具體指出如下幾個重點：

1. 以朱德之「實事求是」爲「正確路線」；「正確路線」之理論中心人物爲高崗。
2. 以「高崗路線」打擊「王明路線」，並揭開過去肅反運動之內幕。
3. 「高崗路線」之要點：
   (1) 反公式主義、宗派主義、教條主義（即整風之對象）、主觀主義與新派主義（老派係由江西經過「長征」而建立西北區者，多爲軍事幹部；新派即抗戰後由各地集中，多爲知識分子）。
   (2) 以現實的事實爲基礎，使思想切合於實際，而不尚空談，實事求是。
   (3) 提出反省的口號，由此而自我批評，相互批評，根本改變過去之思想方式。[82]

　　中共中央在這個文件中已經指明：所謂整風運動是以執行「王明路線」的「國際派」爲主要打擊對象，即在「邊區」攏絡朱德，並利用高崗等勢力來打擊「王明路線」；而所謂「高崗路線」之要點中又有反「新派主義」者，其目的顯在打擊那些受「王明路線」影響的外來知識分子，這些知識分子在持續三年的整風運動中，因而備受批評、打擊與迫害。

㈤ 文藝整風與審幹反奸

　　抗戰爆發前後，若干青年、知識分子，誤以爲延安是「革命聖地」，而奔赴延安，但當他們在延安住下，親身體會那兒的生活，親眼目睹共黨的作爲之後，便牢騷滿腹地爲文咒罵延安了。

　　首先發難的是女作家丁玲。當延安整風開始時，她於 1942 年 3 月 9 日在延安《解放日報》上發表〈三八節有感〉一文，表露延安「女同志」和女人生活的苦悶、辛酸，和處處受歧視、受污衊。[83] 接著，中共「中央研究院」研究員王實味，也於 3 月中、下旬在延安《解放日報》上發表〈野百合花〉雜文，揭露延安的「骯髒污穢」和「醜惡冷淡」。他表示：年輕

---

82 〈中共高幹會議總結報告之要點〉，《共匪禍國史料彙編》，第三冊，再版（臺北：中華民國國史館文獻編纂委員會，1976 年），頁 339、343。

83 丁玲，〈三八節有感〉，《解放日報》，延安，1942 年 3 月 9 日。

人到延安，為的是追求「美麗和溫暖」，結果卻看到「醜惡和冷淡」，因而「忍不住」要發「牢騷」。[84]

繼王實味之後，延安詩人何其芳，也於 4 月 3 日在延安《解放日報》上發表三首新詩，發洩其厭世憤俗的情緒，他勸延安青年忘記世界是一個地獄，忘記所有的人都是無罪的囚徒，一齊走到野外去痛哭一場。[85] 幾天後，作家蕭軍於 4 月 8 日，也在延安《解放日報》上發表〈論同志之愛與耐〉一文，譏諷中共所謂的「同志愛」越來越稀薄，因而使他感到十分「悲愴」。他如此寫道：「年來和一些革命的同志接觸得更多一些，我卻感到這『同志之愛』的酒，也越來越稀薄了，雖然我明白這原因，但這卻阻止不了我心情上的悲愴。」蕭軍究竟「明白這原因」是什麼呢？他不便明說，僅以一句「同志的子彈打進同志的胸膛！」來暗喻是中共黨內的派系鬥爭與所謂整風運動。[86]

丁玲、王實味、何其芳、蕭軍等人的文章，暴露了延安的黑暗與醜惡，雖獲得廣大讀者的同情與共鳴，但在毛澤東與中共中央看來，顯然是與他們剛剛發動的整風運動作對，因而被判定為「毒草」與「叛逆」，非連根鏟除不可。於是，另一場文藝整風也同時開幕了。

1942 年 5 月 2 日至 23 日，中共中央宣傳部召開延安文藝界座談會，毛澤東在會上發表講話（5 月 2 日發表「引言」部分，23 日發表「結論」部分）。毛澤東在講話中，要求中共的黨員作家和中共的同路人作家，都應「站在無產階級的立場」、「站在黨的立場」、「站在黨性和黨的政策的立場」，為工、農、兵、城市小資產階級勞動群眾和知識分子服務。毛澤東強調：一切文藝都是「屬於一定的階級，屬於一定的政治路線」；一切文藝都是「從屬於政治」、「服從於政治」的。因此，毛澤東說：「無產階級的文學藝術是無產階級整個革命事業的一部分」，「黨的文藝工作，在黨的整個革命工作中的位置，是確定了的，擺好了的，是服從黨

[84] 王實味，〈野百合花〉，《解放日報》，延安，1942 年 3 月 13 日、23 日。

[85] 何其芳的三首新詩：〈什麼東西能夠永存〉、〈我想該說種種純潔的事情〉、〈多少次呵我離開了我日常的生活〉，《解放日報》，延安，1942 年 4 月 3 日。

[86] 蕭軍，〈論同志之愛與耐〉，《解放日報》，延安，1942 年 4 月 8 日。

在一定革命時期內所規定的革命任務的。」毛澤東接著指出：「有許多黨員，在組織上入了黨，思想上並沒有完全入黨，甚至完全沒有入黨。」因此，毛澤東強調：「必須從思想上、組織上認真地整頓一番」，「而要從組織上整頓，首先需要在思想上整頓」，「延安文藝界現在已經展開了思想鬥爭，這是很必要的」。[87]

　　就在毛澤東發表上述講話的期間及其後，中共掀起了如火如荼的文藝整風，一場又一場的鬥爭大會接連舉行，無數個文藝作家遭到批判、整肅和鬥爭。例如，王實味被指為「反黨」、「反革命」的「托派」份子，遭到連續十六天鬥爭大會的清算與鬥爭，至 1947 年 3 月間，共軍撤出延安時，被監禁與折磨了五年之久的他，始被中共槍斃，而解脫其身心之苦。至於丁玲，當時雖幸免於難，但到 1946 年 7 月仍被下放到「晉察冀邊區」去搞土地改革，1957 年 12 月再度遭到批判、整肅，受開除黨籍的嚴厲處分，據說一度被派到北平「人民大會堂」擦地板，以後便沒沒無聞了。又如非中共黨員的作家蕭軍，遭整肅後，被流放到東北的露天煤礦場做長期苦工，直到 1958 年始被折磨而死。[88]

　　1943 年 11 月 7 日，中共中央宣傳部依據毛澤東〈在延安文藝座談會上的講話〉，對中共各級黨部發出〈關於執行黨的文藝政策的決定〉，在這個〈決定〉中特別提出，在其文藝戰線上混有若干「奸細破壞分子，散佈思想毒素，進行反革命破壞活動。」[89] 中共中央之所以如此指示，係因中共的整風運動和文藝整風發展至此，已經轉變為審幹與反奸鬥爭了。

　　據中共中央晉綏分局書記林楓於 1944 年 7 月所作，關於整風審幹的報告指出，從 1943 年 1 月到 1944 年 7 月的一年半中，中共的整風審幹可以分為三個時期：

[87] 毛澤東，〈在延安文藝座談會上的講話〉（1942 年 5 月），《毛澤東選集》，第三卷，第二版（北京：人民出版社，1991 年），頁 847-877。

[88] 請參閱郭華倫，《中共史論》，第四冊，第四版（臺北：國立政治大學國際關係研究中心，1982 年），頁 411；李立明，《中國現代六百作家小傳》（香港：波文書局，1977 年），頁 1-2（丁玲）、39-40（王實味）、554-555（蕭軍）。

[89] 〈中共中央宣傳部關於執行黨的文藝政策的決定〉（1943 年 11 月 7 日），《中共黨史參考資料》，第五冊（北京：人民出版社，1981 年），頁 188-189。

1. 從 1943 年 1 月到 7 月初為第一個時期，主要是「整學風」、「反對主觀主義」，性質是「黨內鬥爭」。

2. 從 1943 年 7 月初到 1944 年 2 月為第二個時期，主要是「反特鬥爭」，從「黨內鬥爭」轉到「黨外鬥爭」。

3. 從 1944 年 2 月到 7 月為第三個時期，這個時期又開始整黨風，成為「黨內黨外兩種鬥爭的匯合」。[90]

　　就在上述第二個時期剛開始時，即 1943 年 8 月 15 日，中共中央發出了〈關於審查幹部的決定〉，該〈決定〉指出：「根據各地材料，各地整風須延長至一九四四年，審查幹部可在整風中參雜著進行。」進行的方式，則在於中共各級黨部「凡發現了特務活動並且有了思想準備與組織準備的地方，就可動手審查他們。先從一部分重要機關開始，取得經驗，並鞏固這些機關，然後逐漸推廣於其他部門及其他地方。」[91]

　　中共在延安和各「邊區」進行的整風、審幹與反奸鬥爭，普遍重複使用「逼供信」的作法，使許多青年和知識分子被冤屈成「反革命分子」而遭迫害與屠殺。中共中央在上述的〈決定〉中也承認：

　　審訊人對特務分子及可疑分子採用肉刑、變相肉刑及其他威逼辦法；然後被審人隨意亂供，誣陷好人；然後審訊人及負責人不加思索地相信這種絕對不可靠的供詞，亂捉亂打亂殺。這是完全主觀主義的方針與方法。……這種錯誤思想的餘毒，在許多幹部中，特別是在保衛工作幹部中，至今還是嚴重地保存著。[92]

　　從中共在延安和各「邊區」進行的整風運動實況來看，大都在整風

---

90 〈林楓同志在分局高幹會關於整風審幹的結論〉（1944 年 7 月），郭華倫，《中共史論》，第四冊，第四版（臺北：國立政治大學國際關係研究中心，1982 年），頁 413-414。

91 〈中共中央關於審查幹部的決定〉（1943 年 8 月 15 日），《中共黨史參考資料》，第五冊（北京：人民出版社，1981 年），頁 151。

92 〈中共中央關於審查幹部的決定〉（1943 年 8 月 15 日），《中共黨史參考資料》，第五冊（北京：人民出版社，1981 年），頁 146-147。

半年之後，便轉爲審幹與反奸鬥爭，接著因「逼供信」的錯誤，乃又進行「甄別」工作，即所謂的「平反」。整個過程，整風僅佔半年時間，審幹、反奸則長達將近三年。可見，整風不過是一種手法，審幹才是目的所在，亦即以將達三年時間的整肅、迫害中共黨內外不滿現實、不接受毛澤東教條、反對毛澤東路線的青年與知識份子，爲建立毛澤東獨裁與個人崇拜而掃除障礙。[93]

㈥ 陳紹禹對整風運動的揭露與譴責

　　毛澤東在延安發動的整風運動，既然是以陳紹禹爲首的留俄返國學生（即所謂「國際派」）爲主要打擊對象，那麼，陳紹禹等人對當時的整風運動自然最爲深刻難忘。在整風運動開始之前，陳紹禹從重慶被調回延安。回到延安的陳紹禹發覺氣氛不對，在整風的高壓下，他一聲不響，噤若寒蟬。據說，有一時期，他還稱病住進醫院，以避風頭。直到中共建立政權後，他才於 1957 年藉治病之名逃往莫斯科，從此一去不回。迨毛澤東發動「文化大革命」，鬥倒劉少奇之後，他才於 1969 年 3 月具名撰文譴責毛澤東，並把當年延安整風的內幕揭露出來。他說：

　　現在全世界的共產黨人和正直的人們，都發出憤怒和正義的呼聲，抗議毛澤東對中共中央副主席和中華人民共和國主席劉少奇同志的這種卑鄙的迫害。這正像毛澤東在 1942 年 2 月開始的所謂整風運動中的做法一樣，當時毛澤東利用被他篡奪的我黨軍權和希特勒進犯蘇聯初期艱難的國際形勢，實行這個名義上叫做是整風運動，也就是所謂的黨風、學風和文風。實際上是「四洗、四反」的運動，也就是反馬列主義、反共產國際、反蘇、反黨。

　　毛澤東爲什麼要搞這個運動呢？在這個運動的準備和實行過程中，毛澤東自己不止一次的說過，他要通過這個運動達到三個目的：1. 用毛澤東主義代替列寧主義；2. 把中國共產黨的歷史寫成毛澤東

93　郭華倫，《中共史論》，第四冊，第四版（臺北：國立政治大學國際關係研究中心，1982 年），頁 415。

一個人的歷史；3. 把毛澤東個人擺在中央和全黨之上。

　　……他責怪全黨不承認毛澤東主義，忠實列寧主義和共產國際，親信聯共與蘇聯。

　　這些都是由於誰的過錯？毛澤東認為這都是那些在蘇聯學習過的，在中國傳播馬列主義，受共產國際、聯共和蘇聯影響的黨的領導人和負責幹部。這些人的主要代表是王明、博古、張聞天、王稼祥、凱豐、楊尚昆、朱瑞。毛澤東採取一切可能的欺騙、造謠、威脅和暴力的方法，強迫大批的黨員和團員承認自己是叛徒，是反革命分子和國民黨、帝國主義和蘇聯的特務。許多不願意承認這些罪狀的人，有的被逮捕、被殺害，有的被逼自殺。這種情況繼續了三年以上的時間。[94]

　　從延安整風的詳情及爾後的發展，可以證明陳紹禹上述的揭露與指控大部分是符合事實的。例如，在整風過程中，毛澤東一再強調馬克思主義中國化，就是否定列寧主義的國際意義；1944 年 5 月至 1945 年 4 月召開的中共「六屆七中全會」（按：會期長達十一個月，甚為罕見），通過〈關於若干歷史問題的決議〉，把中共黨史篡改成毛澤東個人的歷史；接著於 1945 年 4 至 6 月召開的中共「七大」，就毫無顧忌地將「毛澤東思想」載入中共黨章，作為中共黨的指導思想和一切工作的指針，並將中共中央總書記制改為主席制，毛澤東既是中共中央委員會主席，又是中央政治局和書記處主席，以及中央軍委主席，毛澤東已經凌駕全黨之上了！在這種情形下，不要說將其推倒了，即使是想挑戰他的權威亦無可能，毛澤東成了中共真正的獨裁者。

第三節　定於一尊的中共「七大」

　　毛澤東於鬥垮張國燾、陳紹禹等對手之後，中共黨內已無人能威脅或

---

[94] 王明，〈不是文化革命而是反革命的政變〉，第二部份摘要，莫斯科華語廣播（1969年 3 月 31 日）。

動搖毛的領導地位，毛始充滿自信的於 1945 年 4 至 6 月，在延安召開中共黨的「第七次全國代表大會」，經由大會的程序，合法化地奪取中共黨的最高領導權力，建立毛在中共黨內的獨裁地位與至高無上的權威。

一、召開「七大」前的準備工作

㈠〈關於準備召集黨第七次全國代表大會的決議〉

從 1928 年 6 月中共在莫斯科召開黨的「六大」，到 1945 年 4 月在延安召開「七大」，其間經過了十七年的漫長歷程。從 1937 年 12 月中共中央政治局決議籌開「七大」，到 1945 年 4 月正式召開「七大」，其間也有七年多的時間。

早在 1937 年 12 月 9 日至 14 日，中共中央在延安召開政治局擴大會議時，就曾通過〈關於準備召集黨第七次全國代表大會的決議〉。〈決議〉指出：

黨的第七次全國代表大會的中心任務，在於討論和規定如何在鞏固和擴大以國共合作為基礎的抗日民族統一戰線總方針下，組織和保障全中國人民取得對日抗戰的最後勝利；同時黨七次大會應當對於自黨六次大會以來的革命鬥爭經驗作一個基本的總結。[95]

為了有系統地進行一切有關召集「七大」的準備工作，〈決議〉決定成立一個籌備召集「七大」的準備委員會，準備委員會委員共二十五人，由毛澤東擔任準備委員會主席，陳紹禹為準備委員會書記。準備委員會下設祕書處，由毛澤東、張聞天、趙容、廖陳雲、陳紹禹五人組成。[96]

㈡〈三月政治局會議的總結〉

1938 年 3 月初，中共中央政治局再度在延安舉行為期三天的會議。

---

[95] 〈關於準備召集黨第七次全國代表大會的決議〉（1937 年 12 月 13 日），中共中央油印原件。

[96] 〈關於準備召集黨第七次全國代表大會的決議〉（1937 年 12 月 13 日），中共中央油印原件。

此次會議討論了進一步具體準備召開「七大」的工作問題，決定中共中央要立刻進行下列具體的準備工作：

1. 發佈爲召集「七大」事告全黨同志書。
2. 發佈爲召集「七大」告全國同胞書。
3. 給地方黨部怎樣在政治上和組織上進行「七大」準備工作的指示。
4. 成立大會議事日程報告的準備委員會。
5. 責成政治局及中央同志起草大會議程的政治提綱或論文，作爲地方黨和全黨同志討論和研究大會問題的材料，以及一切對「七大」願意發表意見和提出建議的人士們的參考。[97]

㈢ 中共「六屆六中全會」〈關於召集七次全國代表大會的決議〉

1938 年 9 至 11 月，中共中央在延安召開擴大的「六屆六中全會」，會議繼續討論並通過〈關於召集七次全國代表大會的決議〉，其中關於「七大」代表的名額及選舉辦法等有如下的規定：

1. 各地參加大會代表的名額，依各地黨員的數量、質量，和各地在抗日戰爭中作用的重要性分配之。
2. 代表的產生，除了某些因環境關係不能進行民主選舉的地區外，須盡可能作到用民主方法選舉代表。
3. 各地代表由各地省的或區的代表大會選出。
4. 八路軍、新四軍的代表，由師的黨代表大會或支隊黨代表大會選出。
5. 在特殊條件下，不能召集上述代表會議時，由各地中央局或軍隊的政治部按照實際情況酌定辦法。
6. 地方黨部的選舉方法由各地最高黨部決定。[98]

中共「六中全會」後，各地推選出的「七大」代表先後抵達延安。後來，「七大」準備委員會的工作改由中共中央直接進行。1941 年至 1943年，中共中央先後通知華中局書記劉少奇、南方局書記周恩來、北方局書

---

[97] 王明，〈三月政治局會議的總結〉（1938 年 3 月 11 日），《中共黨史教學參考資料》，第二冊（北京：人民出版社，1980 年），頁 171-172。

[98]〈中共擴大的六中全會關於召集七次全國代表大會的決議〉（1938 年 11 月 6 日），《解放》，第五十七期，延安，1938 年 11 月 25 日。

記彭德懷，以及彭真、陳毅、羅瑞卿、蔡樹藩、薄一波、聶榮臻、呂正操、朱瑞等到延安，參加召開「七大」的準備工作。

㈣毛澤東的〈學習和時局〉演講

　　另從 1942 年到 1943 年間，中共中央政治局曾多次進行關於中共黨的歷史的討論；隨後，又在 1943 年到 1944 年間，發動中共全黨高級幹部進行同樣的討論。1944 年 4 月 12 日，毛澤東在延安高級幹部會議上作〈學習和時局〉的演講，代表中共中央政治局對 1942 年到 1944 年間，中央政治局和全黨高級幹部所進行的關於中共黨的歷史問題的討論作了總結。本篇演講後來收錄於《毛澤東選集》第三卷中，並加注釋稱：「這個討論為一九四五年召集的中國共產黨第七次全國代表大會作了重要的準備，使那次大會達到了中國共產黨前所未有的思想上政治上的一致。」[99] 實則，這個討論及毛所作的〈學習和時局〉，是為毛在「七大」中達成其「定於一尊」之目的，作了重要的準備。

㈤「六屆七中全會」與〈關於若干歷史問題的決議〉

　　1944 年 5 月 21 日至 1945 年 4 月 20 日，中共在延安召開長達十一個月的「六屆七中全會」。會議聽取毛澤東關於中共中央工作的報告、周恩來關於國共兩黨談判問題的報告、朱德關於軍事問題的報告，以及由華北、華中、西北等幾個有代表性的地區所作的工作報告。會議討論並決定即將召開的「七大」的主要議程如下：

1. 毛澤東作政治報告。
2. 劉少奇作組織問題和修改黨章的報告。
3. 朱德作軍事報告。
4. 周恩來作統一戰線問題的報告和公開演講。
5. 任弼時作黨的歷史問題的報告。
6. 選舉新的中央委員。

　　這次會議還決定起草〈關於若干歷史問題的決議〉。1945 年 4 月 20 日，即「六屆七中全會」的最後一天，會議通過了〈關於若干歷史問題的

99　請參見《毛澤東選集》，第三卷，第二版（北京：人民出版社，1991 年），頁 938。

決議〉。這個〈決議〉的最後一節說：「全黨已經空前一致地認識了毛澤東同志的路線的正確性，空前自覺地團結在毛澤東的旗幟下了。……在以毛澤東同志爲首的中央的正確領導之下，必將使中國革命達到徹底的勝利。」[100] 顯見此時的毛澤東，已經做好了萬全的準備，有把握讓「七大」完全在他的意志主導下召開。

(六)「七大」預備會議

　　1945 年 4 月 21 日，中共在延安舉行「七大」預備會議。毛澤東在會上作〈「七大」工作方針〉的報告，毛澤東強調「七大」的工作方針是：「團結一致，爭取勝利。」在談到「六屆七中全會」通過的〈關於若干歷史問題的決議〉時，毛澤東說：「根據與會同志的提議，對〈決議〉的某些意見，交大會後新的中央委員會採納修改，〈決議〉不再提交大會討論，使大會開成爲團結的大會，勝利的大會。」[101]

　　「七大」準備會議選出毛澤東、朱德、劉少奇、周恩來、任弼時、林伯渠、彭德懷、康生、陳雲、陳毅、賀龍、徐向前、高崗、張聞天、彭真等十五人組成主席團，任弼時爲大會祕書長，李富春爲副祕書長。決定大會的主要議程爲：

1. 聽取和通過毛澤東〈論聯合政府〉的政治報告、朱德〈論解放區戰場〉的軍事報告、劉少奇〈關於修改黨章的報告〉。
2. 通過新黨章。
3. 選舉第七屆中央委員會。[102]

二、「七大」開幕與各種報告和討論

　　中共「七大」於 1945 年 4 月 23 日至 6 月 11 日，在延安楊家嶺中央

---

[100] 〈關於若干歷史問題的決議〉（1945 年 4 月 20 日），《毛澤東選集》，第三卷，第二版（北京：人民出版社，1991 年），頁 998-999。

[101] 中國社會科學院現代史研究室編著，《中國共產黨歷次代表大會》（北京：中共中央黨校出版社，1982 年），頁 148-149。

[102] 張志強，〈中國共產黨第七次全國代表大會〉，《中共黨史主要事件簡介（1919-1949）》（成都：四川人民出版社，1982 年），頁 401-402。

大禮堂舉行，歷時五十天。大會正式代表五百四十七人，候補代表二百零八人，共七百五十五人，代表中共全體黨員一百二十一萬人。

4月23日，中共「七大」開幕。

首先由大會祕書長任弼時宣佈開會。任弼時於宣佈開會時恭維毛澤東說：「我們黨自成立以來，已有二十四年了」；在這「二十四年奮鬥的進程中，我們的黨產生自己的領袖毛澤東」；「毛澤東的思想已經掌握了中國廣大的人民群眾，成為不可戰勝的力量」；「毛澤東同志不僅成了中國人民的旗幟，而且成了東方各民族爭取解放的旗幟」。[103]

接著，由毛澤東致題為〈兩個中國之命運〉的開幕詞。毛澤東在這個開幕詞中透露，此時中共已有黨員一百二十一萬人，軍隊九十一萬人，民兵二百二十萬人，中共控制的所謂「解放區」有九千五百五十萬人口。毛澤東指出，現階段中共政策的基本點是：「放手發動群眾，壯大人民的力量」，在中共領導下，「打敗侵略者，建設新中國」。[104]

在開幕式大會上，還有朱德、劉少奇、周恩來、林祖涵及日本共產黨岡野俊等人發表演說。彭真在會上則作代表資格審查報告。

4月24日，大會印發毛澤東〈論聯合政府〉的政治報告，毛澤東就這一報告作了一長篇發言。他在發言中，著重說明：㈠ 形勢與路線；㈡ 關於政策方面的幾個問題；㈢ 關於黨的建設的幾個問題。在〈論聯合政府〉中，毛澤東提出中共的一般綱領和具體綱領。毛澤東所說的一般綱領是：「在徹底地打敗日本侵略者之後，建立一個以全國絕對大多數人民為基礎而在工人階級領導之下的統一戰線的民主聯盟的國家制度」，亦即所謂「新民主主義的國家制度」。具體綱領則包括有：「建立民主的聯合政府和聯合統帥部」；「承認一切民主黨派的合法地位」；「鞏固和擴大解放區及其軍隊」；「發展軍事工業」；「實行農村改革」；「扶助民間工業」；「允許各少數民族有民族自治的權利」；「改善中蘇邦交」等。毛

---

[103] 請參閱中國社會科學院現代史研究室編著，《中國共產黨歷次代表大會》（北京：中共中央黨校出版社，1982年），頁151-152；王健民，《中國共產黨史》，第三編（臺北：漢京文化事業有限公司，1988年），頁164-165。

[104] 毛澤東，〈兩個中國之命運〉（1945年4月23日），《毛澤東選集》，第三卷，第二版（北京：人民出版社，1991年），頁1026-1027。

澤東強調說：要做到這些具體綱領，「最重要的是要求立即取消國民黨一黨專政，建立一個包括一切抗日黨派和無黨派的代表人物在內的舉國一致的民主的聯合的臨時的中央政府」。[105]

毛澤東在〈論聯合政府〉這篇報告中還提到，「有些人懷疑共產黨得勢之後，是否會學俄國那樣，來一個無產階級專政和一黨制度」。對於這個疑問，毛澤東當時所作的答覆是：「幾個民主階級聯盟的新民主主義，和無產階級專政的社會主義國家，是有原則上的不同的。毫無疑義，我們這個新民主主義制度是在無產階級的領導之下，在共產黨的領導之下建立起來的，但是中國在整個新民主主義制度期間，不可能、因此就不應該是一個階級專政和一黨獨佔政府機構的制度。」[106] 毛澤東的這段話，正是「此地無銀三百兩」的說法。後來的事實證明，「聯合政府」僅僅是毛澤東運用的階段性策略，當中共奪取政權之後，它果真學蘇聯（俄國）那樣，建立了名為無產階級專政或人民民主專政，實為共產黨一黨專政的制度，甚至其專政的程度比蘇聯（俄國）有過之而無不及。

4 月 25 日，朱德在大會上作〈論解放區戰場〉的軍事報告。

4 月 30 日至 5 月 11 日，大會討論毛澤東的政治報告和軍事報告。

5 月 14 日、15 日，劉少奇在大會上作〈關於修改黨章的報告〉。

在劉少奇的這篇報告中，最突出的地方就是界定和恭維「毛澤東思想」。他說：「毛澤東思想，就是馬克思列寧主義的理論與中國革命的實踐之統一思想，就是中國的共產主義，中國的馬克思主義。」又說：「毛澤東思想——中國共產主義的理論與實踐，不只是在和國內、國外各種敵人進行革命鬥爭中，同時又是在和黨內各種錯誤的機會主義思想——和陳獨秀主義，李立三路線，以及後來的『左傾』路線、投降路線、教條主義、經驗主義等進行原則鬥爭中，生長和發展起來的。它是我們黨的惟一正確的指導思想，惟一正確的總路線。」「毛澤東思想的生長、發展與成

---

[105] 毛澤東，〈論聯合政府〉（1945 年 4 月 24 日），《毛澤東選集》，第三卷，第二版（北京：人民出版社，1991 年），頁 1055-1065。

[106] 毛澤東，〈論聯合政府〉（1945 年 4 月 24 日），《毛澤東選集》，第三卷，第二版（北京：人民出版社，1991 年），頁 1061-1062。

熟，已經有了二十四年的長期歷史，在無數次的千百萬人民的劇烈鬥爭中反復考驗過來了，證明它是客觀的真理，是惟一正確的救中國的理論與政策。」[107] 劉少奇說的這番話是何等的阿諛諂佞，而由此亦可知，毛已在中共黨內奪取最高領導權，並逐步走向個人獨裁與個人崇拜的道路。

5月21日至23日，大會繼續討論毛澤東、朱德及劉少奇的政治、軍事、組織等三大報告。

在大會討論過程中，周恩來、彭德懷、葉劍英、陳毅、張聞天、陳雲、彭真、秦邦憲、聶榮臻、劉伯承、楊尚昆、李志中、陸定一、朱瑞、古大存、李富春、烏蘭夫、劉瀾濤、張鼎丞等，作了發言。在這些發言中，以周恩來、陳雲及秦邦憲三人最具代表性。

周恩來的長篇發言，題為〈論統一戰線〉，報告時間是4月30日。周在這篇發言中，對中共「抗日民族統一戰線」形成和發展的歷史進程，對中共在其所謂「民主革命時期」統一戰線問題的經驗教訓，作了系統的、全面的分析。[108]

陳雲的發言，著重說明：當中共黨的工作重心將由農村轉向城市的時候，要十分注意保存「農村家務」，力戒「揮霍浪費」，而奪取了城市以後，要注意保存機器和工廠，防止破壞，切實恢復和發展工農業生產。[109]

秦邦憲在發言中，對過去所犯的「左」傾錯誤，給中共的革命運動帶來了巨大損失，作了深刻分析和自我批評。[110] 秦的發言，似有代表「國際派」在「七大」中認錯，祈求毛澤東勿對「國際派」趕盡殺絕。

---

[107] 劉少奇，〈關於修改黨章的報告〉（1945年5月14日），《劉少奇問題資料專輯》（臺北：中共研究雜誌社，1970年），頁152。

[108] 周恩來，〈論統一戰線〉（1945年4月30日），《周恩來選集》（北京：人民出版社，1984年），頁190-220。

[109] 中國社會科學院現代史研究室編著，《中國共產黨歷次代表大會》（北京：中共中央黨校出版社，1982年），頁154-155。

[110] 中國革命博物館黨史陳列研究部彙編，《中共黨史主要事件簡介（1919-1949）》（成都：四川人民出版社，1982年），頁403。

三、「七大」的總結報告、決議與選舉

中共「七大」從 4 月 23 日開幕，其間分由毛澤東、朱德及劉少奇作政治、軍事和組織三大報告，至 5 月 23 日討論結束，正好爲期一個月。從 5 月 24 日起，大會議程進入總結報告、決議與選舉的階段。

5 月 24 日，先由毛澤東作關於選舉方針的報告。毛指出：「歷史上的經驗證明：要圖痛快，就不痛快；準備了麻煩，麻煩就少。世界上的事，大體上都是這樣。」毛說：「選舉要盡可能地照顧各個方面，各個部分，各個山頭，但也不可能那樣周到，否則就變成湊數。」毛還強調：「對過去犯過路線錯誤，但已認識了錯誤並決心改正錯誤的人，還是可以選的。」[111]

同（24）日，周恩來對〈選舉條例草案〉作了說明。周說：「爲了充分發揚集中指導下的高度民主，新的中央的選舉分爲預選和正式選舉兩個步驟。即先由各代表團小組提出初步的名單，主席團以此爲基礎提出預選的候選人名單，再交各代表團討論後舉行無記名投票，作爲預選。然後，主席團以預選的結果爲基礎，提出正式的候選人名單交大會作無記名投票選舉。」周強調說：「這種在高度民主基礎上所建立的高度集中，和在高度集中指導下所實行的高度民主，將使黨的團結達到空前的鞏固。」[112]但這樣的選舉辦法，實際運作的結果，只有「高度集中」，而無「高度民主」，在毛澤東控制下的主席團掌握了提名大權，而大會的投票選舉變成徒具形式。

5 月 30 日，朱德在大會上作〈論解放區戰場〉軍事報告的討論總結。其主要內容有：㈠ 毛澤東軍事思想問題；㈡ 百團大戰問題；㈢ 軍事轉變問題；㈣ 敵、僞、友、頑軍隊的工作問題；㈤ 軍隊的幹部關係問題。

同（30）日，劉少奇作組織報告討論的結論。其主要內容有：㈠ 黨的性質問題群；㈡ 群眾路線問題；㈢ 幹部問題；㈣ 國民黨區域黨的工作

---

[111] 中國社會科學院現代史研究室編著，《中國共產黨歷次代表大會》（北京：中共中央黨校出版社，1982 年），頁 155。

[112] 中國社會科學院現代史研究室編著，《中國共產黨歷次代表大會》（北京：中共中央黨校出版社，1982 年），頁 155-156。

問題；㈤ 其他問題。

同（30）日，毛澤東作政治報告討論的結論。其主要內容有：㈠ 黨的路線；㈡ 國際形勢；㈢ 國內形勢；㈣ 若干思想政策問題。關於第四點，毛澤東提到了十二個思想政策問題，即：

1. 領導與預見。
2. 民主集中制。
3. 幹部關係。
4. 整風、審幹、鋤奸。
5. 準備轉變。
6. 抗戰時期的政治路線和軍事路線問題。
7. 能不能領導大資產階級問題。
8. 兩黨談判。
9. 與黨外人士的合作。
10. 黨性與個性。
11. 學習理論問題。
12. 實事求是。[113]

5 月 31 日，大會通過對政治報告的決議案，以及關於軍事問題的決議案。

6 月 9 日，大會選舉新的中央委員會正式委員四十四人。

6 月 10 日，大會接著選舉新的中央委員會候補委員三十三人。

6 月 11 日，大會通過新的〈中國共產黨黨章〉。並舉行閉幕式。

毛澤東在閉幕式上致題為〈愚公移山〉的閉幕詞時指出，中共「七大」開得很好，「七大」做了三件事：第一是「決定了黨的路線」；第二是「通過了新的黨章」；第三是「選舉了黨的領導機關——中央委員會」。毛澤東心滿意足的說：「我們開了一個勝利的大會，一個團結的大會」；「許多同志作了自我批評，從團結的目標出發，經過自我批評，達到了團

結」。[114] 對毛澤東而言，「七大」確實是一個「勝利的大會」，因為他勝利地奪取了中共黨權，掌握了中共全黨；「七大」也確實是一個「團結的大會」，因為出席「七大」的所有代表，無人敢在大會上公開反對他，表現出一幅團結在他領導下的假象。至於「國際派」代表，例如陳紹禹、秦邦憲等人，雖然對毛澤東並非心悅誠服，但迫於形勢，也只能無奈的屈服在毛澤東的淫威之下矣！

四、「七屆一中全會」

　　6 月 19 日，中共召開「七屆一中全會」，選出新的中央領導機構，分別是：

1. 中共中央政治局委員十三人：

　　毛澤東　　朱德　　劉少奇　　周恩來　　任弼時　　陳雲

　　康生　　　高崗　　彭真　　　董必武　　林祖涵　　張聞天

　　彭德懷

2. 中共中央書記處書記五人：

　　毛澤東　　朱德　　劉少奇　　周恩來　　任弼時

3. 中共中央委員會主席　　毛澤東

　　中共中央政治局主席　　毛澤東

　　中共中央書記處主席　　毛澤東

4. 中共中央祕書長　　任弼時

　　中共中央副祕書長　　李富春 [115]

　　中共「七大」召開於毛澤東鬥垮張國燾、打敗陳紹禹等「國際派」之後。從「七大」的開會經過 —— 包括主席團的成員，主要議程的報告、討論、總結與決議內容，以及中央委員會委員、中央政治局委員等之選舉結果來看，毛澤東確已完全攘奪了中共中央的最高權力。更從「七大」凸顯毛澤東思想是中共「惟一正確的指導思想」、「惟一正確的總路線」，凸

---

[114] 毛澤東，〈愚公移山〉（1945 年 6 月 11 日），《毛澤東選集》，第三卷，第二版（北京：人民出版社，1991 年），頁 1101。

[115] 以上名單及排名順序請參見：中國社會科學院現代史研究室編著，《中國共產黨歷次代表大會》（北京：中共中央黨校出版社，1982 年），頁 158-159。

顯毛澤東是中共黨的「組織者」與「領導者」，是中共黨的「偉大領袖」來看，[116] 毛澤東確已建立其個人獨裁、個人崇拜，甚至個人迷信與神化的地位。此後，毛澤東成為中共的獨裁者，大權在握，主宰中共達三十年之久。

---

[116] 劉少奇，〈關於修改黨章的報告〉（1945 年 5 月 14 日），《劉少奇問題資料專輯》（臺北：中共研究雜誌社，1970 年），頁 147、152。

第十章
抗戰時期的國共關係

　　抗戰之初，中共聲稱願與國軍並肩作戰，共同抗日，然卻於抗戰期間伺機擴張地盤，壯大力量，俾於戰後發動內戰，爭奪政權。政府則為抗戰救國，共維軍令政令之統一，對中共一再容忍，先後與中共進行數次商談，希冀中共能瞭解政府的苦心孤詣，以國家民族的利益為重。本章旨在論述這個時期國共關係的演變，茲分為中共的戰時戰略與摩擦事件、關於「邊區」與共軍問題的商談、從西安到重慶的商談，以及赫爾利（Patrick Jay Hurley, 1883-1963）斡旋國共衝突等四節敘述之。

第一節　中共的戰時戰略與摩擦事件

　　1937 年 7 月 7 日，「盧溝橋事變」燃起了中國全面抗戰的怒火。8 日，中共中央發表〈為日軍進攻盧溝橋通電〉，聲言國、共兩黨要「親密合作，抵抗日寇的新進攻」。同日，共軍將領毛澤東、朱德、周恩來、彭德懷等人聯名致電在盧山的蔣委員長，表示：「紅軍將士咸願在委員長領導之下，為國家效命，與敵周旋，以達保地衛國之目的。」9 日，共軍將領彭德懷、賀龍、劉伯承、林彪等又聯名率所謂「人民抗日紅軍」全體指揮員、戰鬥員致電蔣委員長，表明：「我全體紅軍，願即改名為國民革命軍，並請授命為抗日前鋒，與日寇決一死戰！」

　　8 月 22 日，國民政府軍事委員會接受中共之要求，發佈收編輸誠共軍之命令，將中共的主力紅軍改編為國民革命軍第八路軍（後又改編為第十八集團軍），列入第二戰區戰鬥序列。10 月 12 日，再將散處江南各地的共軍收編為國民革命軍陸軍新編第四軍（即「新四軍」），列入第三戰區戰鬥序列。9 月 22 日，國民政府將中共於 7 月 15 日遞交給國民黨的〈中國共產黨為公佈國共合作宣言〉，以〈共赴國難宣言〉為題，公開發表。中共在該宣言中提出了歷史上著名的「四項保證」，而這「四項保證」，

正是國共合作（中共稱國共第二次合作）的基礎。[1]

　　然而，抗戰期間中共是否有遵守它的「四項保證」呢？這可從中共的戰時戰略及其不斷製造的所謂國、共「摩擦事件」中，得到充分的反證。

一、中共的戰時戰略

　　當國民政府軍事委員會宣佈收編共軍後不久，第八路軍總指揮朱德於9月間率領陝北共軍開往晉北作戰時，毛澤東曾對其部隊發表講話，說明中共的戰時戰略。毛澤東說：「中日戰爭為本黨發展之絕好機會，我們的決策是七分發展，二分應付（按：指應付國民政府及國民黨），一分抗日。為使各同志今後工作便利，即使失卻聯絡時，亦能有不變之工作目標從事進行起見，特將此項決策告知各同志。」毛澤東在這個講話中明白指示共軍，此項「七二一」戰略計畫分為以下三個階段實施：

　　第一個階段是與國民黨妥協，以求生存發展。毛澤東說：「在戰爭初起的第一階段中，本黨要先自我犧牲，以獲取輿論界之擁護，凡與國民黨交涉均以吃虧主義為原則」。「我們在方法上是聯絡國民黨中之元老，這些人最愛面子，我們凡遇到這種場合，總應以民族統一戰線口號迎合他們的上層，再謀打擊他們的下層，使之互相嫉視，利用他們上下議論是非的期間，我們的發展工作，才能獲得成熟」。「及至中日戰爭到達相持階段時，日寇力量漸疲，國民黨力量要增強時，那我們應採取第二階段的方式」。

　　第二階段是與國民黨取得力量平衡，而與之相持。毛澤東說：「到達相持階段，大概須二年三年功夫。到此時間，我們各地工作基礎及軍事政治根據地均已選擇建立完全，我們要將黃河以北國民黨的勢力肅清。在這個鬥爭階段上，會予日寇一些便利，因此我們應把握著日寇力量之增長情形而決定鬥爭方式。如日寇勢力特增，到一個相持階段（在華北與國民黨之勢力對比已佔絕對優勢時），我們仍然再來一妥協手段，給國民黨以面子上好看，承認錯誤，接受命令，或採取某種調整辦法，暫時緩衝一

---

[1] 以上有關「盧溝橋事變」後中共向國民政府輸誠之經過，以及中共對國民政府之「四項保證」，請參閱本書第七章、第三節、參、三：「抗戰爆發與收編共軍」。

下。如日寇力量不能增長，則一面交涉，一面硬幹下去，準備走入第三階段。」

第三階段是深入華中各地，建立「華中根據地」，向國民黨反攻。毛澤東說：在這個階段，「本黨勢力要伸入華中各地，建立如華北各地之根據地，分段遮斷中央系軍隊的聯繫，瓦解和離間中央系的部隊，而鞏固中共的基礎，進而喧賓奪主，代替國民黨之領導權」。

毛澤東在這個講話中，對當前第一階段中共的具體策略有如下明確的指示：中共的軍事力量，「決定分二路由晉西北向前發展，一路東出雁門五臺，橫斷平漢線，深入冀東冀中；一路越同蒲線沿太行南端，深入晉南、豫北和冀南、魯西，橫斷津浦線，而入魯北、魯東，截斷中央系軍隊聯繫，建立山地平原根據地，而為第二階段、第三階段到來之準備，以完成優勢的佈置」。

毛澤東在這個講話的最後，特別告誡其黨員幹部及共軍，對這整個戰略計畫要「絕對保守祕密」。他還指示其黨、軍各級幹部「在工作過程中，應抓住中心（利用國民黨之弱點），把握時間，造成每一階段之新形勢，使國民黨捉不住定向，在掌握看準之後，動作尤要緊要快。黨絕不停發展，縱使與各同志聯繫中斷，計畫亦永久不變，希各同志本此目標進行」。[2]

此外，中共中央政治局更於 1937 年 10 月作出〈關於抗戰前途及我黨的路線〉之決議，正式確定其戰略方針為：㈠ 擴大並加強統一戰線，將組織與活動，由祕密變為公開，由局部變為全面，為黨取得合法的平等競爭的地位。㈡ 在中國政治上的決定力是武力。要在抗戰過程中，儘量擴大黨的武裝力量，以為將來爭取政權的基礎。[3]

此即抗戰初期中共所擬定的戰時戰略計畫之要旨。此後八年期間，中共的一切行動，完全在此項戰略計畫指導下進行。中共為執行其「七分發

2 詳見〈第八路軍中共支部書記李法卿揭述中共在抗戰期中整個陰謀〉，《摩擦問題的真相》（江西泰和：尖兵半月刊社，1940 年），頁 1-3；另請參見蔣中正，《蘇俄在中國》，六版（臺北：黎明文化事業股份有限公司，1989 年），頁 69。
3 蔣中正，《蘇俄在中國》，六版（臺北：黎明文化事業股份有限公司，1989 年），頁 69。

展、二分應付、一分抗日」之戰略方針，以壯大自己的力量，擴張自己的勢力，不僅不服從中央的命令，擅自行動，而且還自行擴軍，自立政權，進而襲擊國軍，摧毀地方政府，殘殺國民黨敵後工作人員，不斷製造所謂國、共間的「摩擦事件」。

二、策動山西「新軍」叛變

山西省政府主席閻錫山於 1936 年秋組織「犧牲救國同盟會」，目的是團結各方人士，準備抗日禦侮。不料山西共黨重要分子郭挺一、張文昂、劉岱峯、牛佩琮、宋時昌等，以抗日份子之灰色身分，滲入「犧盟」並予把持，因而該盟之綱領宣言如「擁護與實行抗日民族統一戰線」等，與中共之策略口號如出一轍。抗戰爆發後，「犧盟」提出的「民族革命十大綱領」，亦係中共的「抗日救國十大綱領」改頭換面而來的。事實上，「犧盟」已成為中共的外圍團體。

1937 年 11 月，太原淪陷前後，「犧盟」積極建立武裝組織。至 1938 年 3 月，組成「抗敵決死隊」，共約有十二個團（稱為總隊，分屬四個縱隊指揮）的兵力，並仿照共軍設立政委制度。此外，還成立各縣「人民武裝自衛隊」，每縣有二至三百人不等。在工人方面，則各成立二千人之「工人武裝自衛隊」（按：山西煤炭工人多）。

這些「決死隊」、「自衛隊」的負責人，即隊長或政委，均為中共的策反幹部。因此，「犧盟」的武裝力量幾乎完全掌握在共黨手中，成為中共的「外圍軍」或變相的共軍。「犧盟」除建立武裝外，並積極掌握地方政權，彼等利用其掌握的軍政大權，撤換國民黨籍的各縣縣長，代之以中共幹部。結果，全省一百零五縣縣長中，屬於「犧盟」之中共幹部竟達六十人之多。彼等復利用行政力量成立游擊部隊，每一專區擴充三至五千人，每一縣擴充二至五百人不等，合計不下五、六萬人。

「犧盟」的武裝（決死隊、自衛隊、游擊隊等）自稱為「新軍」，原有閻錫山之晉綏軍則稱之為「舊軍」，彼此劃分壁壘，互相對立。共黨分子極力宣傳「新軍」為政治化、主義化之軍隊，惟有新軍才能抗日，舊軍完全無用，進而號召「必須解除頑固分子（按：指舊派）之武裝，發揚新軍之優長，方能作到無條件之存在」。

1939年3月，閻錫山鑒於事態嚴重，乃於陝西宜川縣境之秋林鎮（第二戰區長官部駐節地）召開「軍政民高級幹部會議」，決定將新軍改爲教導軍，或編入保安隊。教導軍由閻錫山自任總司令，共轄十三旅，計三十九個團。決死一縱隊改編爲獨立第一旅及二一六旅，三縱隊改編爲獨立第三旅及一九七旅，四縱隊改編爲獨立第七旅及二〇三旅，人民武裝自衛隊改編爲二〇九、二一二、二一三、二一五等旅，工人武裝自衛隊及部分游擊隊改編爲二一七旅。

「秋林會議」後不久，閻氏又決定將「犧盟」中共分子操縱下之三、五、六區各縣政權，全部收回，並調整教導軍若干旅之駐地，企圖徹底遏止共黨在「新軍」中之猖獗活動，以及在地方政權中之勢力擴張。閻氏所採取的這些措施對共黨十分不利，「犧盟」共黨分子遂公開發表宣言，以反對「頑固分子」、反對「合法漢奸」等名義，攻擊閻氏將領，並反對集中訓練，「新」、「舊」軍之衝突，因而不斷發生。「犧盟」的縣長並鼓勵「犧盟」群眾舉行反「頑固分子」示威運動，企圖藉群眾的力量來反抗閻氏的決定。其中以獨立第二旅政治部主任韓鈞最爲積極，調動部隊作軍事部署，醞釀叛變，圖謀一舉而佔領六區。

1939年11月28日，韓鈞操縱之原決死第二縱隊自駐地石樓一線開始行動，數次包圍決死第四縱隊之第十總隊（即改編後屬於獨七旅之三十三團，該團團長魯應祿係舊軍軍官，不聽「犧盟」指揮，故先遭攻擊），該總隊幾經突圍，結果一、三兩營官兵衝出，第二營各連全被解決。韓鈞所部又繼續捕殺舊軍軍官及眷屬，殺害各縣國民黨之「同志會」、「突擊團」等人士。

12月7日，韓鈞以「受教學生」名義向閻錫山發出虞電（按：依舊時電報韻目代日法，七之代字爲虞），公然叛變，閻氏即予撤職查辦。旋以叛軍勢力甚爲猖獗，閻氏乃下令第三十三軍之兩旅，十九軍之全部，以及七十七師之兩團，合力進剿。21日，將叛軍盤踞的石樓根據地之康城、石口克復。叛軍六團之眾，在韓鈞率領下，北竄招賢鎮，藉八路軍一一五師林彪部之掩護，與趙承綬部對峙。其另一部共四個團，則由張文昂率領，竄至沁源一帶，與晉東南三區行政專員共黨分子薄一波會合。由是晉東南、晉西北各地之不穩部隊，即相繼響應叛變，而八路軍亦公然與

之勾結聲援，在各地進行騷擾。

晉東南方面：第三區行政專員薄一波（中共幹部）改編決死縱隊叛軍，自稱抗日鐵血軍總司令，以韓鈞為第一軍軍長，牛佩琮為第二軍軍長，薄並自封為「犧盟」總裁，牛蔭冠為副總裁。所有新軍叛變後暴露身分之共黨分子均逃往該區。其所把持之各縣署，均通電脫離山西省政府。自 1940 年 1 月 19 日，薄一波將所屬決死隊及自衛隊等一律改佩八路軍臂章，受中共指揮，集中於屯留、長子間的黑石嶺一帶，以策應八路軍建立「太行山根據地」。

晉西北方面：六區張文昂、韓鈞之決死隊於 1940 年 1 月初，取得八路軍一一五師之掩護與支持，乃夥同北竄。原駐方山一帶之新軍（即決死隊）獨立七旅，由該旅政治主任李果率三四、三五團，於 1 月 13 日響應叛變。原駐靜樂一帶之二○三旅，亦於 1 月 14 日，由該旅政治主任劉璣率領，將旅長劉武銘槍殺，在八路軍三五八旅之支持下譁變。又駐岢嵐之二區專員郭挺一與其所部二一七旅，由該旅政治主任雷任民率領，會同暫一師續範亭部同時叛變。四區專員張儁軒亦率保安團隊投共。

新軍叛變過程中，八路軍四出支援，所到之處，張貼中共山西省委宣言，而薄一波、張文昂、戎伍勝等均列為中共山西省委會委員，足見新軍叛變為中共所策動，殆可斷言。[4] 而中共居然指控閻錫山「背信棄義，發動內戰」，甚至誣之為「中日提攜」，辯稱「決死隊之叛變」係在被迫的情況下，不得不採取的「自衛」行為。[5]

山西新軍叛變後，閻錫山立即發表〈告晉省全體犧盟同志書〉，首先指出：

我犧盟在全國抗戰歷史上，有它光榮偉大的功績，這都是我全體犧盟同志艱苦奮鬥的收穫。不幸隱藏於我犧盟組織內部之別有陰謀的偽裝分子掀起晉西事變，以致一部軍隊被劫持叛變，各地民運工作

4　關於山西新軍叛變資料，請參見中央調查統計局編，《山西新軍叛變之真相》（1940年 5 月油印本）；薈盧典藏，《中共之黨政軍》（油印原件）。

5　〈新軍二縱隊負責人韓鈞與記者談話〉，1944 年 8 月 16 日，新華社延安電。

多陷停頓，各地同志或被叛變分子欺騙宣傳所矇蔽，或為其武力所脅迫，致形成混亂之局，大敵當前，遭此變故，實所痛心！

為了澄清山西新軍叛變之事實，閻錫山接著指出以下三點，他說：

事實如何，不能不為我全體同志道之：

1. 晉西事變爆發之後，我陸續從背叛犧盟分子所發之一切言論文件，得到一個結論，就是他們已經赤裸裸自招了他們的立場，和他們對犧盟的企圖，充分證明了這些別有組織背景的偽裝分子，一向在犧盟內部所進行的各種陰謀活動與政治企圖。我為抗戰排除萬難成立犧盟會，並為適應抗戰緊急需要大量提拔青年幹部，原期對國家民族盡最大力量，不意此等偽裝分子混入內部，只為部分利益，不顧民族利益，際此抗戰進入千鈞一髮的階段，脫離國家民族立場，捏造事實，進行分裂，矇蔽裹脅群眾，背叛犧盟組織，此不惟是我犧盟的叛逆，亦乃國家的罪人，應為全體犧盟同志所徹底認識者。

2. 事變一開始，此少數陰謀分子所捏造之惟一口實，第一是山西已局部投降妥協，第二說我被頑固分子包圍，在事實證明我全體軍民依舊在前方與敵浴血苦鬥，我全二戰區惟知國家民族的整個利益。為民族生存抗戰到底的決心，始終不渝，但對一切危害抗戰製造分裂的陰謀活動，決不予以寬容，陰謀分子之欺騙宣傳，僅可矇蔽群眾於一時，絕不能掩蓋鐵的事實於永久。

3. 事變發生以來，使我多數犧盟同志蒙受其害，或不明真相盲從附逆，或迫不得已，被其裹脅，加之各地情況遽變，一時未復常軌，致徬徨歧路莫知所措者亦屬不少。茲所告者，我犧盟政治立場與路線，始終不變，團結不願做亡國奴的人一致抗敵，是我們的基本精神，今日犧盟的厄運，乃少數分子背叛犧盟所造成，我全體同志應認清是非與利害，勿為無稽謠言所動搖，要百倍的堅定自己的立場，一本以往精神，站

在犧盟的旗幟之下，奮鬥到底！[6]

閻錫山這三點義正詞嚴、情文並茂的文告，不僅道出了山西新軍叛變的實情，揭露了中共的圖謀，也表明了「犧盟」的抗日立場決不動搖，他們仍將繼續爲國家民族的利益而奮戰到底。

三、華北的摩擦事件

共軍改編爲八路軍，成爲國軍的一部，受軍委會指揮，理應服從軍令，遵守紀律。孰料抗戰以來，共軍乘山西戰局逆轉，擅自脫離第二戰區的範圍，向華北各地自由行動，自立政權，自由擴軍，進而襲擊留置敵後之國軍及保安隊，殺害國民政府敵後工作人員，並破壞當地合法行政機關，因而在華北各地相繼發生許多摩擦事件。

據 1941 年 3 月 4 日，軍事委員會對國民參政會二屆一次大會所提軍事報告，中共在華北一帶製造摩擦事件的經過大要如下：

1938 年，十八集團軍（原稱八路軍）已自由開入河北，是年 12 月，集中賀龍、趙成金、呂正操等部，及時進縱隊、青年縱隊，用圍攻襲擊方法，在博野、小店、北邑、冀縣、北馬莊、武靖、安次、贊皇、元氏、趙縣、隆平、武安、上焦寺、鎖金寺等地，次第解決河北抗日民軍張蔭梧部（如圖 10-1）、喬明禮部，及丁樹本、張錫九、尙中業、楊玉崑、趙天清等部，於是中央所編成在河北之抗日民軍，悉被摧殘。

1939 年，十八集團軍徐向前部竄至山東，遂在山東到處圍攻地方團隊，如：長青之第一區保安司令部，壽光之第十四區保安司令部，魚臺、鉅野、萊蕪、蒙陰等縣保安團隊，不是被解

圖 10-1　張蔭梧：在河北抵制共軍擴張，被毛澤東指爲摩擦專家，所部最終被共軍消滅

---

[6] 〈閻錫山將軍告晉省全體犧盟同志書〉，《摩擦問題的真相》（江西泰和：尖兵半月刊社，1940 年），頁 21-22。

決，即遭襲擊。9 月以後，山東保安部隊，被其解決者，計有博興保安第八旅，魯東第九梯隊，招遠保安第二十七旅，邱縣、萊蕪、東平、嶧縣等保安隊，及鄆城區常備隊。此外，各地之民眾自衛組織，被共黨解決者亦不可勝數，山東省政府馴至無法行使職權。

1940 年 1 月，十八集團軍在河北方面，又集中一二九師、一一五師，並分調徐向前、賀龍、呂正操、楊勇、楊秀峯等部，分途向冀中、冀南之國軍猛攻。3 月中旬，冀察戰區總司令鹿鍾麟及朱懷冰、高樹勛等部，均以被攻不已，更不忍同室相殘，乃忍痛退出冀察，高樹勛等向黃河以南魯西轉進，鹿鍾麟、朱懷冰等向晉東南轉進。而十八集團軍仍復節節進逼，雖經統帥部迭電制止，但無效果，而孫良誠、高樹勛兩部又復被其數度圍攻。

1940 年 6、7 月間，河北十八集團軍又移兵黃河南岸，時彭明治、楊勇、楊得志、蕭華、陳再道、趙金城等及一一五師主力，對孫、高兩部攻擊，激戰數旬，孫、高兩部不得已轉進黃河以北。共軍於佔領魯西之後，又逐漸伸張其勢力，以侵擾豫東、皖北，並與擅由江南渡過江北之新四軍一部，互相呼應。至 8 月間，佔領魯西之十八集團軍，又分兵魯南，協同山東縱隊徐向前部，分頭向山東省政府所在地之魯村進攻，省主席沈鴻烈為避免衝突，率部後撤，魯村遂於 8 月 14 日被共軍佔領，但彼仍繼續進逼，經統帥部嚴令退出魯村，迄未遵令。迨日軍向魯村進犯時，彼等竟不戰而退，拱手讓敵，旋日軍離去，彼等又復進佔。[7]

在華北的諸摩擦事件中，以河北的張蔭梧事件最為著名，也最為慘烈。張蔭梧為河北民軍總指揮，所部三師一縱隊，約一萬九千人，頗能殺敵致果。自 1938 年 12 月 15 日起至 1939 年 8 月 29 日止，先後被十八集團軍一二〇師、一二九師所部及其冀中軍區呂正操、冀南軍區宋任窮、青年縱隊周光策等部圍攻襲擊。不僅如此，十八集團軍還與日軍共同夾擊張蔭梧所部，在安國、博野、任縣邢家莊、深縣北馬莊、贊皇長沙村、藁城、寧晉等地，將張部次第解決，逼張蔭梧隻身離冀。1940 年 1 月 1 日，復將張部第七縱隊趙侗部消滅於靈壽，趙亦被殺。1 月 12 日，張部僅存

---

[7] 《中共問題重要文獻》（重慶：大公出版社，1944 年），頁 23-28。

之第二師喬明禮部於迭遭攻擊後，亦在晉縣被
共軍包圍解決。至此，張部已完全被十八集團
軍消滅。[8]

　　除河北張蔭梧外，另一著名人物是山東的
秦啟榮（如圖 10-2）。秦啟榮是軍委會別動隊
第五縱隊司令，在魯南對日游擊。1938 年夏，
中共分子郭洪濤、郭子化亦在魯南作軍事活
動，對秦部妒忌甚深，與秦部一度衝突，被秦
擊退，嗣中共魯省武力即將秦部層層包圍，不
斷攻擊。1939 年 2 月，秦部特務團王營在新泰
被繳械，王尚志部在博山，楊錫九部在臨朐均
被襲擊，損失重大。[9] 吳化文、榮子恒等叛變降
日後，蘇魯戰區總司令部及山東省政府因感於
勢力單薄，乃於 1943 年 7 月，連同國軍主力
五十一軍周毓瑛部退出山東，遷往安徽阜陽。

圖 10-2　秦啟榮：在山東
抵制共軍發展，
也被毛澤東指為
摩擦專家，1943
年 8 月被共軍圍
攻於安邱輝渠
鎮，壯烈成仁

惟兼任建設廳長之秦啟榮司令堅決留下，自請設立「省府辦事處」，堅守
沂蒙山區，與日寇周旋。然中共欲在山東擴張勢力，建軍建黨建政，非剷
除秦啟榮不可，在共軍的數次圍攻下，終於 1943 年 8 月，秦被共軍圍攻
於安邱輝渠鎮，負傷自戕，壯烈成仁。[10]

　　關於華北的摩擦問題，毛澤東曾於 1939 年 9 月 16 日對「中央社、
掃蕩報、新民報」記者的談話中，以其一貫狡辯的口吻，誣指張蔭梧、秦
啟榮是「磨擦專家」。[11] 針對毛澤東所作的誣衊，張蔭梧在當時也寫了一

[8]　中央調查統計局編，《抗戰三年來之中國共產黨》，續集，頁 55-60；另請參閱郭華
　　倫，《中共史論》，第四冊，第四版（臺北：國立政治大學國際關係研究中心，1982
　　年），頁 63-64。

[9]　郭華倫，《中共史論》，第四冊，第四版（臺北：國立政治大學國際關係研究中心，
　　1982 年），頁 64。

[10]　王書川，《落拓江湖：回首天涯路》（臺北：爾雅出版社有限公司，2001 年），頁 55-
　　58。

[11]　毛澤東，〈和中央社、掃蕩報、新民報三記者的談話〉（1939 年 9 月 16 日），《毛澤

篇〈爲河北摩擦真相覆毛澤東〉的長文，以爲駁斥。張在這篇覆文中，以親身經歷的慘痛事實剖析摩擦的起因，記述八路軍消滅河北民軍的經過，最後並舉出十個問題，來反證八路軍才是「摩擦專家」，才是「無法無天」。[12]

四、新四軍事件

當華北共軍正在發展與坐大的同時，大江南北的共軍也逐漸壯大起來。華中共軍係以「新四軍」名義發展坐大的。1937 年 10 月 12 日，國民政府軍事委員會爲應中共之請求，發佈收編江南共黨游擊隊爲「新四軍」之命令時，散處華中、華南的共黨游擊隊實力，殘存三千餘人，經過半年的招募與編組，仍湊不足軍事委員會額定之一萬二千人，全部實力僅有八千餘人。[13]於 1938 年 6 月，始在長江兩岸進行游擊戰爭。

自 1938 年 6 月起，新四軍在中共的統一指揮下，採取「七分壯大，二分妥協，一分抗日」的策略，以及「只准游，不准擊，擴大實力，保存實力」的原則，藉著收繳民間槍枝，併吞地方團隊，收編游雜部隊，以及鼓動叛變等違法亂紀的擴軍手段，迅速地發展與坐大，迄 1938 年底，在短短半年內，新四軍即從一萬人不到，擴大到二萬五千人。自 1939 年至 1940 年的兩年期間，新四軍的發展更爲快速，竟然擴大到十萬人之多。[14]

新四軍的力量逐漸坐大後，中共中央於 1940 年 5 月 4 日發出一封指示信，指示他們要「不受國民黨的限制，超越國民黨所能允許的範圍，不要別人委任，不靠上級發餉，獨立自主地放手地擴大軍隊，堅決地建立根據地，在這種根據地上獨立自主地發動群眾，建立共產黨領導的抗日統一戰線的政權，向一切敵人佔領區域發展。」此外，中共中央還具體地指示他們在江蘇境內，應不顧顧祝同、冷欣、韓德勤等人的批評與限

東選集》，第二卷，第二版（北京：人民出版社，1991 年），頁 590-591。

[12] 張蔭梧，〈爲河北摩擦真相覆毛澤東〉，全文請參閱郭華倫，《中共史論》，第四冊，第四版（臺北：國立政治大學國際關係研究中心，1982 年），頁 70-78。

[13] 鄧子恢，〈新四軍的發展壯大與兩條戰線的鬥爭〉，《星火燎原》，第六卷（北京：人民文學出版社，1962 年），頁 376。

[14] 黃濤，《中國人民解放軍的三十年》（北京：人民出版社，1958 年），頁 21-26。

制，「西起南京，東至海邊，南至杭州，北至徐州，盡可能迅速地並有步驟有計畫地將一切可能控制的區域控制在我們手中」，並且要在1940年一年之內，「在江浙兩省敵後地區擴大抗日武裝至十萬人槍和迅速建立政權」。[15]

在中共中央的這一指示下，1940年7月，新四軍襲擊江蘇省主席所屬陳泰運部於泰興縣。10月，攻擊江蘇獨立第八旅及第三十三師。同月，又攻擊八十九軍於黃橋（屬泰興縣），軍長李守維、旅長翁達、團長秦鵬雲等遇害。[16] 從此，華中的新四軍與華北的八路軍相互配合，採取同一步驟，不去攻打日軍，反而倒轉槍口，向國軍襲擊。

對於新四軍的違法亂紀、稱兵作叛的罪行，國民政府仍本寬大爲懷、團結抗戰的政策，希望能經由談判予以解決，因此指派軍委會參謀總長何應欽、副參謀總長白崇禧，與中共中央代表周恩來、十八集團軍參謀長葉劍英商談處理辦法。綜合商談結果，於1940年7月16日作成〈中央提示案〉，其中關於新四軍的部分有如下的重要規定：

1. 新四軍全部應掃數調赴朱副長官（按：朱德）所負責之區域內（即冀、察兩省及魯北、晉北），並將新四軍加入第十八集團軍戰鬥序列，歸朱副長官指揮。
2. 新四軍須於奉命後一個月內全部開到前條之規定地區內。
3. 新四軍調赴前條規定之地區後，不得在原駐各地設立留守處、辦事處、通訊處及其他一切類似機關。
4. 新四軍調赴前條之規定地區後，不得變更名義，留置部隊或武器彈藥於原地。更不得藉抗日民眾力量爲掩護，祕密武裝在原地活動，以免惹起地方糾紛。
5. 新四軍在前條規定之地區內，非奉軍事委員會命令，不得擅自越出地境線外。又除軍事委員會別有命令規定外，在其他各戰區以及任何地

---

[15] 毛澤東，〈放手發展抗日力量，抵抗反共頑固派的進攻〉（1940年5月4日），《毛澤東選集》，第二卷，第二版（北京：人民出版社，1991年），頁753-754。

[16] 余仲華編，《中共問題提要》（民治出版社，1945年），轉載於《共黨問題研究》，第五卷第十期，臺北，1979年10月15日，頁108。

方，一律不得再有新四軍名義之部隊。[17]

　　當周恩來、葉劍英持〈中央提示案〉返回延安後，中共中央不但不接納，毛澤東且稱之爲「何應欽戰線」。至於新四軍不僅不遵令北移，反而變本加厲，進襲國軍。軍事委員會參謀總長何應欽、副參謀總長白崇禧，乃於 1940 年 10 月 19 日發出「皓電」，正式下達〈中央提示案〉，並勸令黃河以南之新四軍，於 11 月底以前掃數開往黃河以北對敵作戰。中共中央於接獲「皓電」後，遲至 11 月 9 日，始以「佳電」呈復，對〈中央提示案〉所列各節，均藉故拒絕；而新四軍之不法行動仍繼續不已。

　　針對中共的「佳電」，何應欽、白崇禧又於 12 月 8 日發出「齊電」，嚴斥共軍罪行，並再度勸令新四軍北移。另於 12 月 9 日，由蔣中正委員長手令該軍展期北移，其期限延後爲：「凡在長江以南之新四軍，全部限本年 12 月 31 日前開到長江以北地區，明年 1 月 30 日以前開到黃河以北地區作戰。」[18]新四軍奉令後，知事態嚴重，表示遵令北移，但要求延緩，蔣委員長再於 1941 年 1 月 3 日電令該軍北移路線：「在無爲附近地區集結，爾後沿巢縣、定遠、懷遠、渦河以東睢州之線，北渡黃河」，並命沿途國軍妥爲掩護，以免發生意外。[19]

　　新四軍奉命後，即開始移動，但他們並無誠意北移，不僅仍擅自行動，且伺機襲擊國軍。據軍事委員會發言人於 1941 年 1 月 17 日，發表談話說明新四軍叛變之經過時略稱：中央爲調整軍事部署起見，曾於 1940 年 12 月 9 日下令，限新四軍全部於 12 月 31 日以前開到長江以北地區，1941 年 1 月 31 日以前開到黃河以北地區，並指定繁昌、銅陵一帶，爲其北移路線，詎該軍並不遵照命令行動，又復藉端要索，希圖延宕。顧長官祝同爲維持軍令尊嚴，督令該軍，遵由原地北渡，而該軍竟悍然不顧，仍擅自行動，非特不向北渡江，而且由涇縣向太平地區南竄，企圖襲擊國軍

[17] 〈中央提示案〉（1940 年 7 月 16 日），《共匪禍國史料彙編》，第三冊，再版（臺北：國際關係研究中心，1976 年），頁 219-223。

[18] 王健民，《中國共產黨史》，第三編（臺北：漢京文化事業有限公司，1988 年），頁 210。

[19] 王健民，《中國共產黨史》，第三編（臺北：漢京文化事業有限公司，1988 年），頁 211。

上官雲相總司令部。適國軍第四十師由蘇南換
防，調至後方整訓，新四軍早已詳悉其行軍路
線，及知該師於 1941 年 1 月 1 日到達三溪，遂
於 4 日晚，全部潛赴茂林（涇縣南約八十里），
分兵左中右三路，該師倉促被襲，不得不加以
抵抗，藉資自衛。第三戰區顧司令長官祝同爲
整飭紀綱，乃下令制裁新四軍。至 12 日止，新
四軍已被全部解散，該軍軍長葉挺（如圖 10-3）
被捕獲交軍法審訊（按：後被關押五年，至
1946 年 3 月獲釋，4 月因飛機失事身亡），該
軍番號亦被明令撤銷。[20] 此即「新四軍事件」，
又稱爲「皖南事變」。

圖 10-3　新四軍軍長葉挺

　　此次新四軍事件，非出偶然，實係該軍之謀略作爲。據該軍參謀處處
長趙凌波被捕後之供詞稱：新四軍曾於 1940 年 12 月 16 日在涇縣雲嶺該
軍軍部召開高級幹部會議，討論拒絕北調問題，並作出以下幾點決策：

1. 堅決拒絕北調，決定移赴蘇南，先佔據金壇、丹陽、句容、郎溪、溧
　　陽等縣，擴充與加強東南各政治機關，期於短期內掌握京、滬、杭三
　　角地區，建立「根據地」。
2. 先以政工人員、地方幹部及武裝工作隊等陸續開赴蘇南，在金、丹、
　　句、郎、溧五縣間，擴充組織，以待全部到達後，展開攻擊，消滅第
　　二游擊區之頑軍，以便向太湖、浙西擴展。
3. 爲爭取開拔費及彈藥各五十萬計，集中兵力於涇縣、繁昌一帶，以爲
　　聲援。
4. 以日艦封鎖長江爲由，拒絕由皖南渡江，力爭經蘇南渡江，以便順利
　　移赴蘇南。
5. 覓尋機會，進襲頑軍，配合蘇北勝利，造成動亂局勢以改變北調命
　　令。[21]

---

[20]《中央日報》，重慶，1941 年 1 月 18 日。
[21] 中央調查統計局編，《新四軍叛變之前後》（1941 年印），頁 41-42；另請參見《中央

由此可知，新四軍早有抗命叛變之預謀。1941 年元月 27 日，蔣委員長在國府擴大紀念週曾就新四軍違法事件發表講詞。蔣委員長明確的指出：「就我們此次處置新四軍事件來說，無論中外人士，大家都知道，這完全是我們整飭軍紀的問題，性質很明白，問題很單純，事情也很普通。凡違令亂紀的軍人，在所必懲，至於稱兵作叛，襲擊友軍，侵佔防地，妨害抗戰的軍隊，更必然的須解散。這是抗戰治軍的天經地義。」[22]

然而，新四軍雖被明令取消，但其已竄至蘇北之陳毅一股卻安然無恙，於是中共竟以「中共中央革命軍事委員會」之名義，「任命」陳毅為該軍代理軍長，自行恢復新四軍番號，在蘇北、蘇中地區發展，自抗戰後期以來，勢力日形壯大，最終成為抗戰勝利後國軍戡亂之大患。

新四軍事件後，國共間的軍事摩擦事件稍寂一時，但至 1943 年，共軍不法事件又不斷發生。例如：1943 年 3 月，江蘇省主席韓德勤被共軍擄劫，韓部的二個旅亦被共軍擊散，旅長二人陣亡；同年 5 月，太行山共軍與日寇夾擊國軍，第四十軍及新五軍因之潰敗；8 月，山東省魯南辦事處主任秦啟榮被襲擊殉難，等等。[23]

抗戰期間，若干共黨同路人，曾為中共的違法亂紀、襲擊國軍的行動作解釋和辯護。他們說，共軍的自由行動，固然違反軍令，但其勇於深入敵後，未可厚非；至於共黨的敵後政權，雖於法無據，但為「抗日政權」，有利於抗日。此種說法，似是而非，甚且與事實不符。須知，共軍違令進入敵後地區，其最主要目的在建立敵後根據地，建立所謂「邊區政府」，以壯大自己的力量。

由於共軍一心專求自己坐大，因而盡量避免與敵軍正面接觸，以減少損失。共軍不惟盡量避免與敵軍正面作戰，甚且經常伺機圍攻民軍，襲擊國軍，尤其當國軍與敵軍作戰時，還乘人之危，夾擊國軍，委實令人痛心。至於中共建立的所謂「邊區政府」，在敵後地區徵糧徵稅，擅發

日報》，重慶，1941 年 1 月 18 日。

[22] 《中央日報》，重慶，1941 年 1 月 29 日。

[23] 〈軍事委員會向國民參政會之報告〉（1943 年 9 月），請參見王健民，《中國共產黨史》，第三編（臺北：漢京文化事業有限公司，1988 年），頁 192-193、214-215。

鈔票，壓榨人民，甚至還種植鴉片，營運毒品，其爲禍尤烈，令人同聲譴責。

第二節　關於「邊區」與共軍問題的商談

抗戰初期，中共在其「七分發展、二分應付、一分抗日」的戰略指導下，全力擴張自己的勢力，不斷製造國、共間的所謂「摩擦事件」。國民政府爲團結抗日，對中共的違法亂紀行爲，一再忍讓，苦心孤詣謀求和平解決。不料中共卻變本加厲，得寸進尺，一方面繼續非法擴張，一方面又要求國民政府對其非法擴張的行爲，及造成的既成事實予以承認。在此一背景下，而有國、共間關於中共「邊區」與共軍編制問題的商談。

一、周恩來〈意見書〉與蔣委員長「六點指示」

㈠周恩來的〈意見書〉

1939 年 6 月 7 日，中共要人周恩來親函當時擔任軍事委員會政治部部長的陳誠（按：政治部副部長即周恩來），提出關於解決中共「邊區」及河北問題的〈意見書〉，要求政府對中共之「合理與公正建議」予以有利之考慮。周恩來〈意見書〉的內容分爲兩大部分：

1. 第一部分：關於「邊區」問題之解決意見
   ⑴依照原定之十八縣（在陝西者爲膚施、甘泉、鄜縣、延長、延川、安定、靖邊、定邊、保安、安塞、淳化、栒邑等十二縣；在甘肅者爲正寧、寧縣、合水、慶陽、環縣等五縣；在寧夏者爲鹽池一縣）畫爲「陝甘寧邊區」，其編制、組織、系統、施政方針及經費另商訂之。
   ⑵沿黃河之清澗、綏德、米脂、吳堡、葭縣等五縣及神木府谷各一部分，仍劃爲十八集團軍河防部隊之警備區及其補給區，並給以保證。
   ⑶在 1、2 兩項劃定區域外，十八集團軍於陝、甘、寧三省地區不另駐兵，但醫院、兵站及辦事處不在此例。
   ⑷在 1、2 兩項劃定區域內，非因作戰需要，中共不另派兵駐紮。

(5)「邊區」地方行政歸還「邊區政府」主持，前陝、甘兩省派去之縣長及保安隊，應撤回或改組。

(6)河防警備區應單獨劃爲一專員區。

(7)「邊區」周圍無理之檢查與扣留人員車輛等事件，一律停止。

2. 第二部分：關於河北問題之解決原則

(1)原則上容許中共黨員及八路軍有參加河北各級政府之權，河北省政府應改組。

(2)原則上承認十八集團軍爲河北作戰主力，應負冀察戰區指揮作戰之責。

(3)原則上容許冀察戰區黨政委員會分會應有中共負責人及民眾團體代表參加。

(4)原則上承認冀中、冀南兩主任公署之存在。

(5)原則上決定河北省縣及專員區應成立民意機關。

(6)原則上決定河北省應頒佈施政綱領。

(7)十八集團軍應如前議擴大爲三個軍，並成立其他直屬兵種。

(8)爲實現三民主義及抗建綱領，國共兩黨在河北省各派代表組織共同委員會，商決一切。[24]

　　周恩來所謂之「陝甘寧邊區」，即中共盤據之地區。在西安事變前，中共僅流動性的據有四縣；西安事變後，中共逐漸擴大爲十五縣。1938年又擴大爲十八縣，而迄今則要求政府承認二十三縣爲「邊區政府」及十八集團軍之轄區，中央政府不得駐軍。至於所謂解決河北問題之原則，乃是容許中共黨員及共軍參加河北各級政府，並改組河北省政府，以對抗日偽政權。此外，還要求將十八集團軍由三個師擴編爲三個軍（即九個師），擴大三倍之多。事實上，中共早已擁有不止三個軍的人數，現在只是要求中央予以承認，以便照額領取餉械。

　　由於中共所要擴大的「邊區」是侵佔政府轄地而來，所要增加的軍隊則是襲擊國軍及地方抗日武裝而來，中共居然要求政府予以承認，實在不

---

[24] 石叟資料室，《陳誠檔案》；另請參見李天民，《周恩來評傳》（臺北：黎明文化事業公司，1976年），頁150-152。

近情理。但周恩來卻很技巧地提出，在致陳誠函中，周恩來說：電詢延安未得復，乃錄呈個人意見。不過，周恩來強調說：這些意見可作爲雙方討論的合理基礎。由此可知，周恩來之所以這樣做，極有可能正是接受延安的指示，以他個人名義提出這些意見，以便爲日後的談判預留地步，作爲轉圜。

(二) 蔣委員長的「六點指示」

　　是時陳誠並無中央授權，無法討論周恩來所提之意見，乃轉呈上級處理。蔣委員長爲此事，特於 6 月 10 日在官邸召見周恩來與葉劍英。蔣中正對「共黨問題」作了六點指示，規誡共軍應該信守諾言，服從政府命令，執行國家法令，任何人不能居於國家體制之外，造成特殊關係，以謀各地糾紛之解決。[25] 蔣委員長的六點指示，內容如下：

1. 關於共黨問題之癥結，目前不在陝北幾個縣，而在共黨應有根本的進一步之真誠，服從中央命令，執行國家法令，爲全國革命之模範，而不自居於整個國家體制之外，造成特殊關係，爲一般封建者所藉口。

2. 余爲全國革命領袖，完全以理智的及持平的態度處理國事，絕不偏聽任何人，或某一人之報告而有所偏倚。余之權衡一切，完全以國家民族整個利益爲前提，於爲革命計，決不能有所遷就或姑息。

3. 共黨爲求解決問題，輒先造成特殊事實，以強迫的態度對余，余爲革命領袖，一切皆本革命立場，持平處理，自不許有此種態度加諸余也。

4. 欲求目前各地糾紛之適當解決，必須共黨首先真誠恪守中央命令，執行國家法令，使事態平復，如此余決不致有虧待共黨也。

5. 余對事對人，向以仁愛爲本，對共黨亦無不如此。凡余對共黨之指示，乃至責備，皆所以愛護共黨，絕對有利於共黨，所以始終希望共產黨爲革命的模範，而不爲其他封建者所藉口。

6. 吾人今後一切實施與行動，皆應合乎國家之統一與獨立爲惟一原則，如國家不能統一，便決不能謀獨立，故吾人之求統一，實爲整個國家

---

[25] 蔣中正，《蘇俄在中國》，六版（臺北：黎明文化事業股份有限公司，1989 年），頁75；另請參閱《對共匪和談策略的分析》（臺北：世盟中華民國分會，1979 年），頁22。

民族之利益著想，此種利益自亦爲共黨所共有也。[26]

　　蔣委員長的這六點指示，完全爲國家民族的利益著眼，以國家民族的統一與獨立爲惟一的原則，希望共黨能眞誠地服從中央命令，執行國家法令。蔣委員長並未要求中共退出所佔土地及解散所擴充之軍隊，僅強調他是全國革命領袖，無法在法律上承認中共所造成的「特殊事實」，否則將給予其他封建者有所藉口，而紛紛效尤，則中國非但不能抗日，且國將不國。別具居心的中共，對蔣委員長苦口婆心、語重心長的這一席話，非但沒有聽進去，甚至處心積慮地予以汙衊與破壞。

　　蔣委員長召見周、葉之後，隨即命令參謀總長何應欽就細節問題繼續與周、葉研商，商談的主題，不外乎是中共軍隊擴張及由此而引起的國、共間的軍事摩擦，但因中共根本缺乏誠意，所以 1939 年下半年雙方的商談並無具體的結果。[27]

　　1940 年 1 月 4 日，何應欽再度接見十八集團軍參謀長葉劍英，對共軍違令擴充的部隊與非法建立的「軍區」或「軍分區」，提示應予糾正或制止。但葉劍英遵照毛澤東「針鋒相對」的原則，仍要求政府准許十八集團軍的兵額擴充爲三軍九師，而且還進一步要求擴展「陝甘寧邊區」的管轄範圍。所以，商談仍陷於停頓。此後半年，毛澤東即令十八集團軍及新四軍，集中全部精銳，分別在西北、華北、華中、華南等地區全力發展。於是，河北方面的國軍鹿鍾麟部與朱懷冰部，山西方面之國軍趙承綬部與王靖國部，山東方面之國軍孫良誠部與高樹勛部，江蘇方面之國軍韓德勤部，無不遭到共軍明的與暗的襲擊；至於各地的保安部隊及游擊隊，亦無不受到共軍的圍攻或強迫繳械收編。[28]

---

[26] 〈蔣委員長召見周恩來、葉劍英對共黨問題指示要點〉（1939 年 6 月 10 日），國史館，《蔣中正檔案》，檔案號：002-020300-049-040；或請參閱《共匪禍國史料彙編》，第三冊，再版（臺北：國際關係研究中心，1976 年），頁 613-614。

[27] 周恩來於 1939 年 7 月 10 日在延安墜馬傷臂，於 9 月赴莫斯科療傷，10 月在莫斯科列席蘇俄第五次蘇維埃最高會議，1940 年 3 月 25 日返回延安。

[28] 中華民國重要史料初編編輯委員會，秦孝儀主編，《中華民國重要史料初編》，第五編，第四冊（臺北：中國國民黨中央委員會黨史委員會，1985 年），頁 218。

二、周恩來的〈六月提案〉與〈中央提示案〉

㈠ 周恩來的〈六月提案〉

　　1940 年夏，由於共軍與政府軍的衝突日益加劇，中共中央爲防有變，乃命甫由蘇俄返國的周恩來重回重慶恢復與政府之軍事商談。6 月，周恩來提出包括三項九條的〈六月提案〉，其要點如下：

1. 請明令劃定延安、延長、延川、保安、安定、安塞、甘泉、鄜縣、定邊、靖邊、淳化、栒邑、寧縣、正寧、慶陽、合水、環縣、鹽池及河防之綏德、米脂、吳堡、葭縣、清澗共二十三縣，爲「陝甘寧邊區」，組織「邊區政府」，隸屬行政院。
2. 請擴編第十八集團軍爲三軍九師，其所屬游擊部隊按各戰區所屬游擊部隊同等待遇。
3. 請增編新四軍至七個支隊。[29]

㈡ 國民政府的〈第一覆案〉

　　針對周恩來的〈六月提案〉，政府於 7 月 2 日提出〈第一覆案〉，包括四項十八條，其要點爲：

1. 關於「陝甘寧邊區」問題，中央決定：
   ⑴區域爲綏德、米脂、吳堡、葭縣、清澗、延安、延長、延川、保安、安定、安塞、甘泉、鄜縣及定邊、靖邊兩縣之各一部（縣城不在內），以上共十五縣。
   ⑵名稱改爲「陝北行政區」，其行政機關稱爲「陝北行政區公署」；縣以下之行政機構，一律不得變更。
   ⑶「陝北行政區公署」暫隸屬行政院，但歸陝省府指導，並直接管轄該區內所屬各縣。
2. 關於十八集團軍及新四軍作戰地境問題，中央決定：
   第一案：將十八集團軍全部與新四軍全部調赴河北省境內，並將新四軍

---

[29] 〈中國共產黨關於解決兩黨糾紛之六月提案〉（1940 年 6 月），薈廬藏，《團結抗戰！反對內戰！》（新華書店編，出版時地不詳），頁 3-5。

加入冀察戰區之戰鬥序列，掃數調赴該戰區。

第二案：將十八集團軍之大部及新四軍之全部調赴河北省內，其十八集
團軍之一部留置晉北作戰，但所留部隊應編入第二戰區之戰鬥
序列，但山西之政治、黨務、軍事，駐軍不得干涉，絕對服從
第二戰區司令長官之命令。

3.關於十八集團軍及新四軍編制問題，中央決定：

(1)十八集團軍除編為三軍六個師三個補充團外，再加兩個補充團，不
准有支隊（師之編制為整理師兩旅四團制）。

(2)新四軍編為兩個師（師之編制為整理師兩旅四團制）。

(3)所有支隊、縱隊及其他一切游擊隊，一律限期收束，編軍之後不得
再委其他一切名義或自由成立部隊。[30]

(三)國民政府的〈中央提示案〉

　　7月16日，統帥部為消弭因共軍全力發展實力而引起的各地衝突，
參酌周恩來的〈六月提案〉及政府的〈第一覆案〉，作成〈中央提示案〉，
令由何應欽與周恩來、葉劍英繼續商談，獲得彼此同意，交周恩來於7
月24日專送陝北，轉交朱德、彭德懷等遵行，統帥部同時命令各有關部
隊，避免與十八集團軍及新四軍衝突。〈中央提示案〉包括四項十二條，
要點為：

1.關於「陝甘寧邊區」問題，中央最後決定：

(1)區域為陝省之綏德、米脂、吳堡、葭縣、清澗、延安、延長、延
川、保安、安定、安塞、甘泉、鄜縣，及定邊、靖邊兩縣之各一部
（定邊縣城不在內，靖邊縣城在內），甘省之合水、環縣及慶陽之
一部（縣城在內），以上共十八縣。

(2)名稱改為「陝北行政區」，其行政機關稱為「陝北行政區公署」。

(3)「陝北行政區公署」暫隸行政院，但歸陝省府指導。又區內各縣，
由該區公署直接管轄，不再設中間機關。

---

[30]〈中國國民黨第一覆案〉（1940年7月2日），薈廬藏，《團結抗戰！反對內戰！》（新
華書店編，出版時地不詳），頁5-9。

2. 關於十八集團軍及新四軍作戰地境問題，中央最後決定：

　(1)取消冀察戰區，將冀察兩省及魯省黃河以北併入第二戰區，閻錫山仍任戰區司令長官，衛立煌、朱德仍分任副司令長官。

　(2)十八集團軍全部及新四軍全部，應掃數調赴朱副長官所負責之區域內（即冀察兩省及魯北晉北），並將新四軍加入第十八集團軍戰鬥序列，歸朱副長官指揮。

　(3)十八集團軍及新四軍須於奉命後一個月，全部開到前條之規定地區內。

　(4)十八集團軍及新四軍調赴前條規定地區後，不得在原駐各地設立留守處、辦事處、通訊處，及其他一切類似機關。

　(5)十八集團軍及新四軍開赴前條之規定地區後，不得變更名義，留置部隊，或武裝彈藥於原地，更不得藉抗日民眾力量為掩護，祕密武裝，在原地活動，以免惹起地方糾紛。

　(6)十八集團軍及新四軍在前條規定之地區內，非奉軍事委員會命令，不得擅自越出地境線外。又除軍事委員會別有命令規定外，在其他各戰區以及任何地方，一律不得再有十八集團軍及新四軍名義之部隊。

3. 關於十八集團軍及新四軍編制問題，中央最後決定：

　(1)十八集團軍除編為三軍六個師三個補充團外，再加兩個補充團，不准有支隊（師之編制為整理師，兩旅四團制）。

　(2)新四軍編為兩個師（師之編制為整理師，兩旅四團制）。

　(3)十八集團軍及新四軍應遵守下列各條：甲、絕對服從軍令。乙、所有縱隊、支隊及其他一切游擊隊，一律限期收束。編軍之後，不得再委其他一切名義，或自由成立部隊。丙、軍事委員會隨時派員點驗。丁、人事、經理，遵照陸軍法規辦理；經費暫以軍為單位，直接向軍需局請領。戊、對於所屬官兵待遇，須遵照中央規定之餉章，軍事委員會隨時派員點驗。[31]

---

[31] 〈中央提示案〉，中共稱之為「何應欽戰線」，在文獻上又稱〈中國國民黨七月提示

綜觀此一〈中央提示案〉，對中共仍是相當有利的。如：關於中共之擴軍方面，周恩來原先要求擴編十八集團軍爲三軍九師，增編新四軍至七個支隊，而政府同意十八集團軍編爲三軍六師，外加五個補充團，新四軍編爲兩個師，其總編制與周之要求已相差無幾。至於中共軍隊之作戰地境，政府亦同意擴大至河北和察哈爾全境，以及山東和山西之北部。關於「陝甘寧邊區」問題，政府雖將其名稱改爲「陝北行政區」，但同意周恩來原先之要求，將「陝北行政區公署」暫隸行政院，並承認其轄區包括陝省十五縣、甘省三縣，共十八縣，僅較周原先要求之二古三縣少五縣。凡此種種，對當時的中共而言，不能不說是談判桌上的勝利。

當然，在〈中央提示案〉中，政府對中共軍隊之行動與作戰區域也有若干限制，但這對統一軍令及維持政府體制是必須的，而且就當時的情況而言，爲減少共軍與政府軍之摩擦與衝突，採取這些限制措施也是適當的權宜之計。若中共是真心抗日的，那麼中共及共軍實在應該體諒政府的苦心孤詣才是。

三、〈八月覆案〉、周恩來的〈三項提議〉與國府斷然措施

㈠中共中央的〈八月覆案〉與談判的誠意

〈中央提示案〉的作成，是在周恩來參與討論後修改完成的。顯然，當時國、共雙方談判代表認爲此案是可以被中共中央接受的。故爲了落實此一協議，周恩來便於1940年7月27日，將此案攜返延安。孰料中共中央竟不接納此案，毛澤東且稱此一提示案爲「何應欽戰線」。8月，中共擬定〈八月覆案〉，並於9月初提交中國國民黨中央委員張沖轉遞，嗣因正值國、共雙方談判作戰地區問題，故暫行擱置未轉。中共在〈八月覆案〉中，針對四個懸而未解的問題，提出其解決方案：

1.請依「陝甘寧邊區」現在所轄之區域劃爲「陝北行政區」，其區內組

案〉，薔盧藏，《團結抗戰！反對內戰！》（新華書店編，出版時地不詳），頁10-15；另請參見王健民，《中國共產黨史》，第三編（臺北：漢京文化事業有限公司，1988年），頁200-201；關中，《中國命運關鍵十年：美國與國共談判真相（1937-1947）》（臺北：天下遠見出版股份有限公司，2010年），頁131-132。

織，另以命令定之。

2. 請擴編第十八集團軍為三軍九師，其編制照甲種軍及調整師辦理。

3. 請改編新四軍為三個師，其編制亦照甲種軍及調整師辦理。

4. 請改組冀察兩省政府，兩省政府主席由中共方面保薦，省府委員應包括各抗日有關方面人員。[32]

　　由此可知，中共中央根本缺乏談判的誠意，它只想利用談判來達成其擴張實力的目的。因此，它所提出的要求，一次比一次多，胃口一次比一次大。中共的此項圖謀，還可從 9 月份周恩來重返重慶，與政府商談調整作戰區域與游擊部隊問題時所提出的〈三項提議〉得到證明。

(二) 周恩來的〈三項提議〉

　　周恩來的〈三項提議〉是：

1. 擴大第二戰區至山東全省及綏遠一部。

2. 按照十八集團軍、新四軍及各地游擊部隊全數發餉。

3. 各游擊部隊留在各戰區，劃定作戰界線，分頭擊敵。[33]

　　周恩來的這三項建議，不啻是對 7 月 16 日〈中央提示案〉的全盤拒絕。其意義有二：一是藉擴大第二戰區，表明了中共企圖控制華北五省（河北、山西、察哈爾、山東及綏遠）的野心；二是要求政府對所有共軍負責補給（包括六十萬的游擊隊），並允許共軍游擊隊留在「各戰區」作戰，這等於是承認中共可不受限制的進行擴張。當然，周恩來十分明白政府是絕不可能接受他的〈三項提議〉，而其目的，便是間接地拒絕〈中央提示案〉。這就是周恩來的談判技巧：一竹篙撐得遠遠的，把〈中央提示案〉完全推翻了，他的討價也就更高了。[34]

　　更值得注意的是，中共在 1940 年時便拒絕了相當於其自己一年前所

---

32 〈中國共產黨八月覆案〉（1940 年 8 月），薈廬藏，《團結抗戰！反對內戰！》（新華書店編，出版時地不詳），頁 16-17。

33 周恩來，〈關於調整作戰區域及游擊部隊辦法之提議〉（1940 年 9 月），薈廬藏，《團結抗戰！反對內戰！》（新華書店編，出版時地不詳），頁 19。

34 李天民，《周恩來評傳》（臺北：黎明文化事業公司，1976 年），頁 152；關中，〈戰時國共關係〉，（臺北：中華民國建國史討論會論文，1981 年 8 月），頁 5。

提出的要求。從任何角度來看，政府同意給予共軍的補給及裝備，對於當時非常窮困的中共來說，是個不小的財富，而中共居然拒絕了這一個「利益」。能夠使中共放棄此一「利益」的原因，必定是背後有一個更大的「利益」存在。而此一更大的「利益」，便是中共認為當時實行擴張的時機比一年前更好了，由於國軍被日軍緊逼，退向西南，中共認為今後可不受政府拘束，當可為所欲為的從事擴張矣 ── 尤其近來在陝西和江蘇的進展，故一年前所提出的條件，於今當然是無法令中共滿足了。[35]

㈢ 國民政府的斷然措施

　　7 月下旬，〈中央提示案〉交付中共後，共軍不但不遵令北移，反而在各地不斷製造摩擦事件，尤以魯、蘇兩地最為嚴重。10 月 19 日，軍事委員會參謀總長何應欽、副參謀總長白崇禧乃以「皓電」重新佈達〈中央提示案〉，令十八集團軍及新四軍之各部隊，於電到一個月內全部開赴黃河以北對敵作戰。何、白在「皓電」中並覆周恩來於 9 月間所提的〈三項提議〉，表示：其第一及第三項提議「決難照辦」；至於第二項提議，則「應俟開到規定地域後，再行酌辦」。「皓電」並指出：十八集團軍及新四軍在陝、甘、冀、察、晉、綏、魯、蘇、皖等地不斷製造摩擦事件的非法行動之癥結，實犯了以下四點錯誤：一是不守戰區範圍，自由行動；二是不遵編制數量，自由擴充；三是不服從命令，破壞系統；四是不打敵人，專事吞併友軍。[36]

　　中共接奉「皓電」後，遲至 11 月 9 日始以「佳電」呈復，對於〈中央提示案〉之要領，則託詞拒絕，僅同意將江南正規部隊北移，對於允其擴編，則表示慶幸，更以「反共」、「投降」之妄語，重傷中央，極盡其譸張為幻之能事。[37]

---

[35] 關中，《中國命運關鍵十年：美國與國共談判真相（1937-1947）》（臺北：天下遠見出版股份有限公司，2010 年），頁 133。

[36] 〈何應欽、白崇禧皓電〉（1940 年 10 月 19 日），全文請參閱王健民，《中國共產黨史》，第三編（臺北：漢京文化事業有限公司，1988 年），頁 202-203。

[37] 〈朱德、葉挺等佳電〉（1940 年 11 月 9 日），全文請參閱王健民，《中國共產黨史》，第三編（臺北：漢京文化事業有限公司，1988 年），頁 203-205。

　　政府鑒於中共毫無接受〈中央提示案〉之意，而共軍不法行動又繼續不已，乃囑何應欽、白崇禧二人於 12 月 8 日再度發出「齊電」，申斥共軍罪行，厚望其反省。[38]12 月 9 日，蔣中正更親下手令，命十八集團軍及新四軍務必依照寬展期限北移，切毋再誤！手令全文如下：

　　前令第十八集團軍及新四軍各部，展期開到黃河以北作戰。茲再分別地區，寬展期限。凡在長江以南之新四軍，全部限本年十二月三十一日前開到長江以北地區，明年一月三十日以前開到黃河以北地區作戰。現在黃河以南之第十八集團軍所有部隊，限本年十二月三十一日止，開到黃河以北地區。希即遵照參謀總長十月皓電所示之作戰地境內，共同作戰，克盡職守，毋得再誤。此令。[39]

　　新四軍奉令後，知事態嚴重，表示遵令北移，但要求延緩，蔣中正再於 1941 年 1 月 3 日，電令北移路線；又恐該軍遭遇意外，並電令沿途國軍妥爲掩護。蔣中正電令全文如下：

　　限即刻到。涇縣新四軍葉軍長挺。梗有電均悉。╳密。㈠該軍應在無爲附近地區集結，爾後沿巢縣、定遠、懷遠、渦河以東睢州之線，北渡黃河，遵照前令進入指定地區。沿途已令各軍掩護。㈡所請補給，俟到達指定地點，即行核發。除分令顧長官知照外，仰即遵照。中正。江未令一元印。[40]

　　蔣委員長的電令下達後，新四軍不但不遵令北移，且暗藏禍心，於 1 月 4 日晚潛赴茂林（涇縣南約八十里），分兵三路，襲擊國軍，公然叛

---

[38] 〈何應欽、白崇禧齊電〉（1940 年 12 月 8 日），全文請參閱王健民，《中國共產黨史》，第三編（臺北：漢京文化事業有限公司，1988 年），頁 206-210。

[39] 王健民，《中國共產黨史》，第三編（臺北：漢京文化事業有限公司，1988 年），頁 210。

[40] 王健民，《中國共產黨史》，第三編（臺北：漢京文化事業有限公司，1988 年），頁 211。

變，終致遭受政府的嚴厲制裁。（請參閱本章第一節，肆：「新四軍事件」）

四、林彪的「四點意見」與中共態度轉變

㈠ 林彪的「四點意見」

　　「新四軍事件」發生後，中共為保存其軍事實力，減少與避免再度和國軍起正面衝突，乃一再重申對國民政府及蔣委員長之擁護。1941 年 10 月 13 日，毛澤東派林彪以黃埔學生的身份到西安晉見蔣委員長，極力表示中共擁護抗戰建國，及其「精誠合作，永遠團結」的誠意。林彪向蔣陳述了以下四點意見：

1. 毛澤東一再告學生，今後兩黨應「彼此接近，彼此打成一片」，以求現在能「精誠合作」，更求將來「永遠團結」。此種口號已成為中共普遍成熟之思想，見之於中共七七宣言，且已成為政治上全黨一致遵從之行動，誰也不能動搖。
2. 中共雖信奉共產主義，但決不能照馬克思、恩格斯、列寧與史達林之具體辦法，依樣實行。彼等所主張與實行者，決不能依樣行之於中國。
3. 即如孫總理在三民主義中所指示革命救國之方略，與中央對於抗戰建國所決定之方針，凡此規定，中共均無異議。
4. 目前因為彼此作風各異，一時尚難強同。吾人惟依三民主義與抗戰建國綱領努力，期無違國民之公意，而共趨團結抗戰與統一建國之鵠的，此則中共所盼於委座領導之下，奠立穩固基礎以底於最後成功者。[41]

㈡ 中共態度轉趨溫和

　　1942 年 11 月 26 日，中國國民黨「五屆十中全會」特別委員會根據總裁蔣中正的指示，重申黨和政府對中共仍本寬大政策，只要中共不違背法令，不擾亂社會，不組織軍隊、不分裂地方，不妨礙抗戰，不破壞統

---

[41] 蔣中正，《蘇俄在中國》，六版（臺北：黎明文化事業股份有限公司，1989 年），頁 78-79。

一，並能履行 1937 年 9 月 22 日共赴國難之宣言，服從政府命令，忠實實行三民主義，自當與全國軍民一視同仁。惟爲防止下層黨政機關及人民誤解起見，該特別委員會對黨和政府的此一政策特作明白的指示：

　　在我國境之內，無論其爲何人及何種名義，凡有擅自組織軍隊，企圖割據地方，違反國家綱紀，擾亂社會秩序等情事，皆爲國法所不容，政府必予以依法之制裁。務望均能徹底覺悟，服從法令，嚴守紀律，精誠奉行三民主義。果能如此，則不問其過去之思想與行動如何，亦不問其爲團體或個人，政府當一視同仁，不特不予歧視，而且保障其公民應得之權利與自由。[42]

　　中共的反應與態度尤爲溫和與妥協，中共中央發言人於 11 月 30 日在延安《解放日報》上公開頌揚、贊同中國國民黨「十中全會」的政策，承認「在對外對內的最重要政策上，國共兩黨之見地，基本上並無二致」。此外，中共中央還強調中共將繼續「本孫中山先生之三民主義，蔣委員長之抗戰綱領，既國民政府之各種基本法令」，服從蔣委員長的領導，執行 1937 年 9 月 22 日〈共赴國難宣言〉中所提出的四項諾言，協助抗戰，達成長期支持之目的。[43]

(三) 中共態度轉變的原因

　　這個時期中共態度的轉變，除了爲求保存與發展其軍事實力外，與當時國際局勢的演變，特別是蘇俄戰局的惡化，也有密切的關係。1941年 4 月，蘇俄與日本簽訂中立條約；6 月，蘇、德戰爭爆發。1942 年 8月，德軍深入高加索，進逼伏爾加河；9 月，德軍直迫史達林格勒（如圖10-4），由 10 月至 11 月，雙方逐屋巷戰，蘇軍拼死固守，傷亡慘重。就在這年的 10 月，蘇俄駐華大使潘友新（Aleksandr S. Panyushkin, 1905-

---

[42]〈中國國民黨十中全會特種委員會報告〉，《共匪禍國史料彙編》，第三冊，再版（臺北：國際關係研究中心，1976 年），頁 614。

[43]《解放日報》，延安，1942 年 11 月 30 日。轉引自《共匪禍國史料彙編》，第三冊，再版（臺北：國際關係研究中心，1976 年），頁 615-616。

圖 10-4　史達林格勒攻防戰：1942 年 9 月，德、蘇進行二戰中最慘烈的城市攻防戰，直到次年 2 月，蘇軍才獲慘勝。此役也是德、蘇戰爭的轉折點

1974）回蘇述職，12 月返任時攜來史達林信函，其要點有二：

1. 中蘇兩國人民的友誼，在艱苦嘗試過程中，處處表現。將來必能堅而且篤，久而不渝。
2. 在戰爭完全勝利之後，此種友誼，必能奠定兩國人民合作之基礎，樹立全世界永久之和平。[44]

　　由此可知，蘇俄對華政策之轉變，直接影響了中共對國民政府態度的和緩。

㈣ 蘇俄戰局好轉，中共態度再趨強硬

　　但此種情況到了 1942 年底便發生了變化。這年 12 月底，蘇俄軍隊在盟軍援助下，驅逐德軍於史達林格勒之外。1943 年 2 月，蘇軍開始肅清高加索區的德軍。由於蘇俄軍事情況好轉，史達林對華態度漸趨不友善，

---

[44] 蔣中正，《蘇俄在中國》，六版（臺北：黎明文化事業股份有限公司，1989 年），頁 79。

中共對政府的態度亦再次趨向強硬，共軍又開始在各地襲擊國軍，擴展勢力。

例如：在山東方面，第十八集團軍竟對奉命負責防務的于學忠部展開攻擊，幾使人懷疑共軍為日軍之盟友；在江蘇方面，留駐長江北岸的新四軍殘部，復乘江蘇省主席韓德勤部與日軍激戰之際，進襲國軍江北作戰基地漣水，並對中央軍預備隊一一二師發動攻擊。此外，中共又重新藉軍事問題，向政府提出更苛刻的要求。1943 年 3 月 28 日，周恩來偕同林彪會見參謀總長何應欽，提出下列四項新的要求：

1. 黨的問題，在抗戰建國綱領下，取得合法地位，並實行三民主義，中央亦可在「邊區」，辦黨辦報。
2. 軍隊問題，希望編四軍十二師，請按中央軍隊待遇。
3. 「陝北邊區」照原地區改為行政區，其他各地區，另行改組，實行中央法令。
4. 作戰區域，原則上接受中央開往黃河以北之規定，但現在只能作準備佈置，戰事完畢，保證立即實施。如戰時情況可能 —— 如總反攻時 ——亦可商承移動。[45]

此次商談，政府態度十分堅決。參謀總長何應欽當即重申 1940 年 10 月「皓電」指示原則，希望周恩來、林彪勸告朱德、彭德懷等務必遵守 1940 年 7 月的〈中央提示案〉。經過幾度接觸，周恩來雖表示接受何應欽所提「皓電」原則，但對共軍開拔的時間與軍隊的數量等執行細節，則要求以後重新商談。這一次的商談，由於周、林二人既不能完全代表毛澤東，又無解決問題的誠意，因而沒有得到具體結果。

綜觀這段期間國、共關於「邊區」與共軍問題之商談，仍係源於中共利用抗日機會，全力擴張自己的勢力，不斷製造國、共間的所謂「摩擦事件」，國民政府為團結全國力量一致抗日，對中共的違法亂紀行為，一再忍讓，苦心孤詣謀求和平解決，期盼中共能徹底覺悟，以國家民族利益

---

[45] 〈張治中在國民參政會報告商談經過附錄：去春林彪師長所提四條〉，《共匪禍國史料彙編》，第三冊，再版（臺北：國際關係研究中心，1976 年），頁 624；蔣中正，《蘇俄在中國》，六版（臺北：黎明文化事業股份有限公司，1989 年），頁 87-88。

為重，奉行三民主義，服從政府法令，履行其〈共赴國難宣言〉的四項諾言，因而有 1939 年至 1943 間的數次商談。

　　不料，中共卻別具居心，視和談為其鬥爭的另一種方式，它的和談不是為了達到和平的結果，而是為了達到作戰的目的。[46] 中共一面與政府進行商談，一面擅自組織軍隊，割據地方，違反國家紀綱，擾亂社會秩序。就是由於中共不僅根本缺乏和談的誠意，甚至利用商談作為掩蔽其武裝變亂的煙幕，[47] 所以從 1939 年起至 1943 年止這段期間，國、共間關於「邊區」與共軍問題進行的數次商談，均告失敗。

第三節　從西安到重慶的商談

　　自 1943 年 3 月，國民政府軍事委員會參謀總長何應欽拒絕周恩來、林彪所提的四項要求之後，政府與中共之間即陷於冷戰之局面。就在這個時期，國際形勢有了大的轉變。1943 年夏，蘇俄對德軍展開夏季攻勢，恢復了蘇境以內三分之二的失地。德國的最後失敗已見端倪。史達林對戰後世界的全盤計畫，也就從這個時期開始確立。他拒絕參加開羅會議；他於這年 12 月，懷抱著整套陰謀，到德黑蘭與美、英首長舉行會議。在歐洲方面，他擊敗了邱吉爾（Sir Winston Leonard Spencer-Churchill, 1874-1965）所主張的巴爾幹開闢第二戰場的提議，促成了盟國在法國登陸的計畫。這是史達林世界戰略第一回合的勝利，注定了戰後東歐淪亡的命運。

　　1944 年 1 月，蘇軍解了列寧格勒之圍。2 月至 3 月，蘇軍收復了基輔，從德泥卜河向德尼斯特河前進，並擊退了克里米亞的德軍。就在這個時候，中共對國民政府的全面政治鬥爭，乃進一步積極地展開。

　　另就國內形勢而言，在此之前，中國國民黨於 1943 年 9 月召開「五屆十一中全會」，決定在抗日戰爭勝利後實施憲政，並重申以政治方法解

---

[46] 蔣中正，《蘇俄在中國》，六版（臺北：黎明文化事業股份有限公司，1989 年），頁 357。

[47] 蔣中正，《蘇俄在中國》，六版（臺北：黎明文化事業股份有限公司，1989 年），頁 357。

決中共問題的政策。此時，不僅蘇俄對德戰爭已趨好轉，整個國際戰爭的形勢對盟軍有利，而國內抗日戰爭的前途也十分樂觀。這些因素促使中共於 1944 年初，主動要求與政府再度進行商談。

一、西安初步會談與林祖涵的〈十七點提案〉

　　1944 年 1 月 16 日，毛澤東經由軍事委員會派駐延安十八集團軍聯絡參謀郭仲容，表達中共擬於周恩來、林祖涵（林伯渠）及朱德三人中，擇一人或三人同行，赴渝晉謁蔣委員長並向委員長「請示」。2 月 2 日，政府軍令部復電表示歡迎。2 月 18 日，中共決定先派林祖涵為代表赴渝會談。4 月 29 日，林祖涵始離延安，擬先到西安。5 月 1 日，政府派中宣部副部長王世杰與軍政部部長張治中為代表，到西安與林祖涵（按：林當時任「陝甘寧邊區政府」主席）作初步會談。5 月 2 日，王世杰、張治中與林祖涵均先後到達西安。自 5 月 4 日起至 11 日止，雙方在西安舉行了五次會談。會談中對於林祖涵表示的意見做成了一個紀錄，經林祖涵增減修改後並在紀錄上簽字，內容共十七點，內容雖較詳細，但基本上仍與 1943 年 3 月周恩來與林彪所提的四項提議相似，只是增加了「釋放政治犯」與「解除邊區封鎖」等項新要求。林祖涵簽過字的十七點提案內容如下：

㈠關於軍事者
  1. 第十八集團軍暨原屬「新四軍」之部隊，服從軍事委員會之命令。
  2. 前項部隊之編制，最低限度照去年林彪所提出四軍十二師之數。
  3. 前項部隊編足後，仍守原地抗戰，但須受其所在地區司令長官之指揮，一俟抗戰勝利後，應遵照中央命令移動，以守指定集中之防地。
  4. 前項軍隊改編後，其人事准由其長官依照中央人事法規呈報請委。
  5. 前項軍隊改編後，其軍需照中央所屬其他軍隊同樣辦法，同等待遇。

㈡關於「陝甘寧邊區」者
  1. 名稱可改稱為「陝北行政區」
  2. 該行政區直隸行政院，不屬陝西省政府管轄。

3. 區域以原有地區為範圍，並由中央派員會同勘定。

4. 該行政區當實行三民主義，實行抗戰建國綱領，實行中央法令，其因地方特殊情形而需要之法令，可呈報中央核定實行。

5. 該行政區預算，當逐年編呈中央核定。

6. 該行政區及第十八集團軍等部隊，經中央編定發給經費後不得發行鈔票，其已發之鈔票，由財政部妥定辦法處理。

7. 該行政區內，國民黨可以去辦黨、辦報，並在延安設電臺；同時國民黨也承認中共在全國的合法地位，並允許在重慶設電臺，以利兩黨能經常交換意見。

8.「陝甘寧邊區」現行組織，暫不予變更。

㈢關於黨的問題者

依照抗戰建國綱領之規定，予中共以合法地位，停捕人，停扣書報，開放言論，推進民治，立即釋放因新四軍事件而被捕之人員及一切在獄之共產黨員，如廖承志、張文彬等，並通令保護第十八集團軍及新四軍之軍人家屬。

㈣其他

1. 中共表示繼續忠實實行四項諾言，擁護蔣委員長領導抗戰，並領導建國；國民黨表示願由政治途徑公平合理的解決兩黨關係問題。

2. 撤除「陝甘寧邊區」之軍事封鎖，現在對於商業交通，即先予以便利。

3. 敵後游擊隊的軍事、政治、經濟問題，服從國民政府及軍事委員會的領導，一切按有利抗戰的原則去解決。

林祖涵五月十一日 [48]

林祖涵的這〈十七點提案〉，依張治中的報告，其由來是這樣的：

---

[48] 〈張治中關於與中共商談報告〉（1944 年 9 月 15 日於國民參政會議），請參見王健民，《中國共產黨史》，第三編（臺北：漢京文化事業有限公司，1988 年），頁 445-447。

　　自五月四日至十一日，在西安共會談五次，會談中關於林先生表示的意見，都記錄下來，作一個紀錄，送給林先生看過以後，經林先生增減修改，當面交給我們，並簽字於紀錄上面。當時林先生詢問我們可否亦在上面簽字，我們以爲這是林先生所提出或同意我們一部分的意見，自只應由林先生簽字，至於中央的意見，我們當於返渝請示之後，正式提出。[49]

　　但中共代表林祖涵事後另有說詞，他說：「紀錄係綜合雙方意見而成，張（治中）、王（世杰）信裡說只是我個人意見，顯然不是事實。」[50] 然則，此〈十七點提案〉之紀錄，的確只有林祖涵個人之簽名，林氏事後否認此一紀錄係中共之提案，其主要原因爲中共於事後改變了和談態度，不願再以此作爲進一步談判的基礎。由此可見，中共之善變及缺乏和談之誠意。

二、〈中央對中共問題政治解決提示案〉與中共的〈十二點意見〉

　　西安的初步會談，林祖涵既已提出上述十七點具體的意見，雙方遂在 5 月 17 日飛抵重慶，擬作進一步的商談。5 月 20 日，中共中央根據林祖涵打回的電報，草擬了修正後的二十點提案，其主要內容爲：「頭四條講民主，希望政府即刻實行言論、出版、集會、結社及人身自由；第二是承認中共合法存在和釋放政治犯；第三是實行地方自治，後面有些小問題。」[51] 5 月 22 日，林祖涵將修正後的二十點提案送交王世杰、張治中。然因其內容與在西安時所表示的意見出入甚大，王、張二人乃拒絕接受。6 月 5 日，王、張二人約林祖涵晤面，並將〈中央對中共問題政治解決提

---

[49] 〈張治中關於與中共商談報告〉（1944 年 9 月 15 日於國民參政會議），請參見王健民，《中國共產黨史》，第三編（臺北：漢京文化事業有限公司，1988 年），頁 445。

[50] 〈林祖涵報告國共談判經過〉（1944 年 9 月 15 日於國民參政會議），請參見王健民，《中國共產黨史》，第三編（臺北：漢京文化事業有限公司，1988 年），頁 455-456。

[51] 《共匪禍國史料彙編》，第三冊，再版（臺北：國際關係研究中心，1976 年），頁 621。

示案〉[52]面交林祖涵。

(一)〈中央對中共問題政治解決提示案〉

此一〈提示案〉係根據林祖涵在西安初步會談時，所提出的意見爲基礎而擬就，其內容如下：

1.關於軍事問題

(1)第十八集團軍及其在各地之一切部隊，合共編爲四個軍十個師，其番號以命令定之。

(2)該集團軍應服從軍事委員會命令。

(3)該集團軍之員額，按照國軍通行編制（由軍政部頒發），不得在編制外另設縱隊、支隊或其他名目，以前所有者應依照中央核定之限期取消。

(4)該集團軍之人事准予按照人事法規呈保請委。

(5)該集團軍之軍費，由中央按照國軍一般給與規定發給，並須按照經理法規辦理，實行軍需獨立。

(6)該集團軍之教育，應照中央頒行之教育綱領、教育訓令實施，並由中央隨時派員校閱。

(7)該集團軍之各部隊應限期集中使用，其未集中以前，凡其在各戰區內之部隊，應歸其所在地戰區司令長官整訓指揮。

2.關於「陝甘寧邊區」問題

(1)該「邊區」之名稱，定爲「陝北行政區」，其行政機構稱爲「陝北行政公署」。

(2)該行政區域，以其現有地區爲範圍，但須經中央派員會同勘定。

(3)該行政區公署直隸行政院。

(4)該行政區須實行中央法令，其因地方特殊情形而需要之法令，應呈

---

[52] 1940 年 7 月 16 日，政府曾對中共提出〈中央提示案〉，此次〈中央對中共問題政治解決提示案〉為第二次，周恩來因此稱之為〈第二次中央提示案〉。請參見周恩來，〈論統一戰線〉（1945 年 4 月 30 日），《周恩來選集》，上卷（北京：人民出版社，1984年），頁 204。

報中央核定施行。

(5)該行政區之主席，由中央任免，其所轄專員、縣長等，得由該主席
提請中央委派。

(6)該行政區之組織與規程應呈請中央核准。

(7)該行政區預算，逐年編呈中央核定。

(8)該行政區暨十八集團軍所屬部隊駐在地區，概不得發行鈔票，其已
發之鈔票應與財政部妥商辦法處理。

(9)其他各地區，所有中共自行設立之行政機關，應一律由各該省政府
派員接管處理。

3. 關於黨的問題

(1)在抗戰期內依照抗戰建國綱領的規定辦理；在戰爭結束後，依照中
央決議，召開國民大會制定憲法實施憲政，中國共產黨當與其他政
黨，遵守國家法律，享受同等待遇。

(2)中國共產黨應再表示忠實實行其四項諾言。[53]

(二) 中共的〈十二點意見〉

6月5日，當政府代表將〈中央對中共問題政治解決提示案〉面交林
祖涵，並經聲明中共如將以上辦法實行後，則中央對於撤去防護地區之守
備部隊，可以考慮，並可恢復該地區與其鄰地之商業交通，及中共人員違
法被捕者，亦可從寬酌予保釋。林祖涵隨即從其口袋內取出一函，附有中
共中委員會向中國國民黨中央執行委員會提出的〈關於解決目前若干急切
問題的意見〉（1944年6月4日提出），其主要內容有以下十二點：

1. 關於全國政治者

(1)請政府實行民主政治，保證言論、出版、集會、結社及人身之自由。

(2)請政府開放黨禁，承認中共及抗日黨派的合法地位，釋放「愛國」
政治犯。

---

[53] 〈中央對中共問題政治解決提示案〉（1944年6月5日），《共匪禍國史料彙編》，第
三冊，再版（臺北：國際關係研究中心，1976年），頁624-625；王健民，《中國共產
黨史》，第三編（臺北：漢京文化事業有限公司，1988年），頁447-448。

(3)請政府允許實行名副其實的人民地方自治。

2. 關於兩黨懸案者

(1)根據抗日需要，抗戰成績，及現有軍隊實數，應請政府對中共軍隊編十六個軍四十七個師，每師一萬人，爲委曲求全計，目前至少給予五個軍十六個師的番號。

(2)請政府承認「陝甘寧邊區」，及華北「根據地」民選抗日政府爲合法的地方政府，並承認其爲抗戰所需要的各項措施。

(3)中共軍隊防地，抗戰期間維持現狀，抗戰結束後，另行商定。

(4)請政府在物資上，充分接濟十八集團軍及新四軍。

(5)同盟國援助中國之武器、彈藥、藥品，應請政府公平分配於中國各軍，十八集團軍及新四軍，應獲得其應得之一份。

(6)請政府飭令軍政機關，取消對於「陝甘寧邊區」及各「抗日根據地」的軍事封鎖與經濟封鎖。

(7)請政府飭令軍事機關，停止對於華中新四軍及廣東游擊隊的軍事攻擊。

(8)請政府飭令黨政機關，釋放各地被捕人員。

(9)請政府允許中共在全國各地辦黨辦報。[54]

　　由於政府代表所提的〈中央對中共問題政治解決提示案〉，係針對中共在西安所提意見之答覆，而中共新提之〈十二點意見〉與西安會談的精神不符；而且，中共的〈十二點意見〉中並未包括服從中央政府軍政法令。因此，王世杰、張治中告以「不能轉呈」，但在林祖涵之堅持下，王、張二人乃收下中共的意見書，然聲明僅作爲「參考」之用，而非「轉呈」政府。

---

[54] 〈中國共產黨中央委員會向中國國民黨中央執行委員會提出關於解決目前若干急切問題的意見〉，《共匪禍國史料彙編》，第三冊，再版（臺北：國際關係研究中心，1976年），頁626-627；王健民，《中國共產黨史》，第三編（臺北：漢京文化事業有限公司，1988年），頁448-449。

三、雙方的函件往來與繼續折衝

　　6月6日，林祖涵致函政府代表，對於〈中央對中共問題政治解決提示案〉提出兩點聲明：第一，認為〈提示案〉與中共6月4日正式提出的意見，相距甚遠，除〈提示案〉報告中共中央請示外，並請將中共提出的十二條，轉請中央作合理解決；第二，對於〈提示案〉開頭所說的：「以林代表祖涵在西安表示之意見為基礎」一語，認為與經過事實不符，他認為西安的紀錄是「最後共同作成的初步意見」，他同意「約定各自向其中央請示，再作最後決定」。因此，他還是希望中央考慮中共最近提出的意見。

　　政府代表當即於6月8日回函林祖涵，就他所聲明的兩點，提出答覆如下：第一，林先生6月5日交來的函件，因為前後出入太大，曾經聲明未便轉呈，林先生最後說：「就留在你們兩位處參考也好」，所以當時僅允留下，但仍聲明不能轉呈；第二，在西安談話中記錄下來經過林先生增減修改，另自繕清再行簽字的意見，我們回來以後，已經轉呈中央，所以〈中央提示案〉，就以林先生的意見為基礎，並且儘量容納了林先生的意見，希望林先生能夠完全接受。

　　6月11日，林祖涵又致函政府代表，對政府代表6月8日的回函，認為「有兩點甚難理解」：第一，說政府代表已承認他是中共的代表，就不應該不把中共正式提出的意見轉報中央，而只片面要求他個人接受〈中央提示案〉，他個人如何能夠作主？第二，他承認6月5日面交的中共所提的十二條，誠與西安商談的意見，「略有」出入，但〈中央對中共問題政治解決提示案〉和西安商談的意見亦有出入，他以為這種談判過程中的出入，雙方都有，不足為異。他現在已經將〈中央對中共問題政治解決提示案〉電告中共中央，政府代表就不應該拒絕將中共正式提出的意見，轉呈中央。

　　其實林祖涵所說「甚難理解」的兩點，事實是很明顯的，正因為林祖涵是中共的代表，所以他所表示的意見，當然是可以算數的，至於中共隨後所提的十二條，內容與林祖涵的意見大有出入，而且中共對於服從中央軍令、政令的根本觀念並無表示，只是提出片面的要求，所以政府代表當時鄭重聲明不能轉呈，是不難理解的。但政府代表因為希望問題早日得到

解決，尤不願雙方因此發生誤解，所以仍將林祖涵提出的〈關於解決目前若干急切問題的意見〉（即〈十二點意見〉）轉呈中央政府，中央隨即交下一份〈指示〉，略以「中央六月五日已以提示案交林代表轉達中共，凡中共意見，中央政府所能容納者，該提示案已盡量容納，希望中共方面接受」。

6月15日，政府代表將中央的〈指示〉，函達林祖涵，並申述此次商談之基本精神，須本統一國家軍令政令之原則，為改善現狀，增強團結的前提。而中共所提十二條之內容，對於如何實行中央政府的軍令政令，和改善措施、整編部隊各點，均未提及；至於整編部隊的數字，在西安時政府代表提出的數字是三軍八師，現在〈中央對中共問題政治解決提示案〉決定為四軍十師，比政府代表原先所說的數字還增加了兩師，可見中央儘量遷就的意思。

6月15日之後，國、共雙方代表均在等待及催促對方的答覆。政府代表指責中共無故拖延談判，中共代表一方面擱置政府6月5日之〈提示案〉，另方面則催促政府答覆中共的〈十二點意見〉。然至7月3日，中共代表林祖涵突約政府代表會面，口頭提出，對中央的〈提示案〉有兩點商量：第一，關於政治問題，希望中央將「民主」尺度放寬；第二，關於軍隊問題，希望按五軍十六師擴編。此外，林祖涵還說：延安有電報，歡迎兩位政府代表到延安商談。但政府代表認為，除非中共對中央的〈提示案〉有了確實答覆之後，再考慮進一步的商談，和是否去延安的問題。就這樣，雙方的見面與函件往來一直拖到8月5日，而會談毫無進展。[55]

四、針鋒相對的意見與政府代表的兩點辯正

㈠國、共雙方針鋒相對的意見表述

8月10日，政府代表王世杰、張治中根據前意寫成一信，送交中共代表林祖涵。8月30日，林祖涵奉中共中央之命，函覆政府代表8月10

[55] 以上請參見：〈張治中關於與中共商談報告〉（1944年9月15日於國民參政會議），王健民，《中國共產黨史》，第三編（臺北：漢京文化事業有限公司，1988年），頁449-450。

日之信。國、共雙方一來一往的函件均答覆了對方的提案，茲將雙方意見分爲以下四個方面對照之：

1.關於國內政治方面

政府剴切申示兩點：第一，在抗戰期內勵行中共暨一切黨派所已接受之抗戰建國綱領，在抗戰結束後一年以內，實行憲政，予各黨派以同等地位；第二，政府之既定政策，在依抗戰之進展，勝利之接近，與社會之安定，而逐漸擴大人民自由之範圍，促進地方之自治。政府希望中共於接受〈提示案〉後，隨時提出關於勵行抗戰建國綱領之意見，並積極參加參政會及憲政實施協進會之工作。

中共的意見是只有立即實行民主，才能增強團結抗戰的力量；只有循民主的途徑，才能公平合理的解決國共關係，解決國內其他的政治問題。關於全國政治制度問題，中共提出三項要求：第一，實行民主政治與保障人民的言論、出版、集會、結社及人身之自由；第二，承認中共及各「愛國」黨派的合法地位，釋放「愛國」政治犯；第三，實行名副其實的地方自治。

2.關於軍事問題方面

政府分別就軍隊編制、軍隊駐地、軍餉及軍械四者申示如下：

(1)十八集團軍過去核定編制爲四萬五千人，政府〈提示案〉允許編爲四軍十師，確屬從寬核定，何況帶兵官自行擴編軍隊，其事原不足爲訓，且政府正勵行精兵政策，一般軍隊均在裁減單位，於此時期獨允許十八集團軍擴編爲四軍十師，自屬委曲求全之至。

(2)關於軍隊駐地，政府亦正考慮至再，〈提示案〉一面指示集中使用之原則，一面規定在未集中使用前，受所在地戰區司令長官之整訓指揮，原則與事件實情兼顧，倘如中共所提意見，抗戰期內軍隊防地，概爲現狀，中央將何以計畫反攻或指揮作戰。

(3)至於軍餉，〈提示案〉中業已允許十八集團軍享受與一般國軍相同之待遇。

(4)軍械之供給，政府當隨時視反攻之需要與各軍所負之任務公平合理分配。

　　中共則宣稱它所領導的四十七萬七千正規軍已在敵後建立了許多強固的「抗日根據地」，解放了八千八百餘萬人民，並組織了二百二十餘萬民兵，「抗擊了侵華絕大部分的敵軍與偽軍，並成為將來總反攻的先鋒部隊」。因此，中共要求政府應當獎勵他們、裝備他們、增強他們，而且要全部承認他們。中共要求政府將共軍編為十六個軍四十七個師，至少在目前要給予五個軍十六個師的番號。對政府〈提示案〉中有關編餘部隊「限期取消」及已編部隊「限期集中使用」的辦法，中共指為「未能顧到抗戰需要與敵後游擊戰爭的環境」。對政府指責共軍不守軍令的統一，中共辯稱，這是政府忽視了「中國是在抗戰中」的事實。

3.關於「邊區」問題方面

　　關於「陝甘寧邊區政府」，政府願意接受中共建議改為「陝北行政區」，直隸行政院，但其他任何地區之行政機構，應由各該地省政府接管，以免分歧而杜流弊。

　　中共則強調「陝甘寧邊區政府」及華北、華中、華南敵後各「抗日根據地」都是民權主義性質的抗日政權，政府應當承認它們是「合法的地方政府」，並給予地方自治的權力。中共認為政府命令取消各「抗日根據地」的民主政府是「不利於敵後抗戰的需要的」。

4.關於其他問題

　　政府認為中共的若干要求，或則與事實不符（如要求中央停止攻擊中共某某軍隊），或則與事理不合（如對中央在陝北辦報等事設定某某條例），政府代表已做口頭說明，不必再書面答覆。至於中共所提解除「陝甘寧邊區」之「軍事封鎖」與「經濟封鎖」，及釋放若干人犯（政治犯）的要求，政府表示俟此次商談獲有切實結果後，當予考慮。[56]

　　從 8 月 10 日及 30 日國、共雙方來往函件內容的對照，可知雙方歧見仍深，而且雙方之距離似乎愈拉愈遠。

---

[56] 以上請參見：〈國民政府代表王世杰、張治中致中共中央代表林祖涵的信〉（1944 年 8 月 10 日）、〈中共中央代表林祖涵致國民政府代表王世杰、張治中的信〉（1944 年 8 月 30 日），《國共兩黨談判真象》（山東：新華書店，1944 年 10 月），頁 22-27。

(二)政府代表王世杰、張治中的兩點辯正

9月10日，政府代表王世杰、張治中又致函林祖涵，論及這些問題。政府代表在該函中針對林祖涵8月30日函之內容，提出以下兩點重要的「辯正」：

1. 中央政府命弟等（按：即王世杰、張治中，下同）與先生（按：即林祖涵，下同）商談，在求全國之真正統一，換言之，即在求中共切實履行其四項諾言，切實擁護「全國政權統一」，切實服從國民政府軍事委員會之指揮。先生來函（按：即8月30日函）謂「八年來這四項諾言我們早已完全實踐了」，又謂「我們共產黨人始終執行四項諾言」。假使中共在過去曾經切實履行各項諾言，何至中共在各地對國軍有如許侵犯之事實？假使中共現在尚履行各項諾言，中央何至今日尚須命弟等與先生商談服從軍令政令等等問題？

2. 中央命弟等與先生商討統一，原欲為未來之憲政與夫整個三民主義的實施，樹立強固的基礎。關於如何實現民主政治問題以及黨派問題等等，中央提示案中既有剴切條文，弟等八月十日函中復有詳細申說。來示則謂中央對於中共所提此類要求，「一字未提」。弟等真不知先生何故為此不實之言。尤使弟等惶惑者，來示謂「我們在邊區及敵後各抗日根據地徹底實行了三民主義」，並謂在中共的一切的區內，「除漢奸外，一切人民和抗日團體，均享有一切自由和權利」。假使事實如來示所言，弟等惟有感佩，然而許多事實均迫著弟等否認。即如就民主與自由而言，國父遺教顯然欲以五權分立為民主的正軌與人民自由的保障。國民政府不敢自謂對於此點已經完成一切準備，因此亦不敢以業經「徹底實行了三民主義」自居。中共區域內果有司法權獨立、監察權獨立等等事實乎？中共區域內之人民乃至共產黨員果有言論自由、身體自由等等保障乎？如其未然，則為切實實現三民主義計，弟等何能照來示所言，轉請中央政府，將中共的「各項民主設施與民主法令」予以「提倡、推行於全國」？弟等前函曾促請中共諸公，對於民主自由等問題，勿提出毫無邊際之抽象要求，以增加異日之糾紛，而應隨時與中央政府國民參政會以及憲政實施協進會等切切實實商討各項問題的正當解決辦法。接誦來示後，弟等愈覺弟等前函所言，匪惟至

當，且屬必要。[57]

政府代表在提出上述兩點義正詞嚴的「辯正」之後，又詳細檢討雙方距離太遠的原因究竟何在？一言以蔽之日：「只因中共方面之要求與時俱增也」。王、張還反問林：在此種逐漸變化、逐漸擴大要求的情形之下，倘商談未能接近，試問其責任究在何方？政府代表在該函最後還殷切期望中共，能把整個國家民族的利益放在第一，而不把一黨一派的利益放在第一，倘能如此，則國、共間的商談才能獲得進展，一切問題也才能得到合理的解決。[58]

五、林祖涵與張治中的報告

9 月 15 日，國、共雙方代表分別向國民參政會提出各自的報告，詳述從西安到重慶的商談經過，並表明各自的立場。

(一) 中共代表林祖涵的報告

15 日上午，先由中共代表林祖涵作報告。林祖涵在報告中一再強調雙方商談之所以沒有結果的責任不在中共，他還辯稱中共對「四項諾言」已「完全做到了」，而且還始終「信守不渝」。林祖涵如此說：譬如拿第一條「孫中山先生的三民主義為中國今日之必需，本黨願為其徹底實現而奮鬥」來說，中共對民族主義的實行，表現在「努力抗戰，齊心合力打擊日寇」；中共對民權主義的實行，表現在「邊區和敵後各根據地民選政府，保障人民各項自由」；中共對民生主義的實行，表現在「陝甘寧邊區軍隊和機關的生產運動，減輕人民的負擔」。

又如第二條「取消一切推翻國民黨政權的暴動政策及赤化運動，停止以暴力沒收地主土地的政策」，林祖涵辯稱：中共早已實踐了諾言，「從無也從未曾想過要推翻國民黨政權的事情」。又如第三條「取消現在的蘇維埃政府，實行民權政治」，林祖涵辯稱：中共並不曾另立中央政府，他

---

[57] 〈張治中、王世杰之再答覆〉（1944 年 9 月 10 日），《共匪禍國史料彙編》，第三冊，再版（臺北：國際關係研究中心，1976 年），頁 642-643。

[58] 〈張治中、王世杰之再答覆〉（1944 年 9 月 10 日），《共匪禍國史料彙編》，第三冊，再版（臺北：國際關係研究中心，1976 年），頁 643-644。

們只要求政府承認「陝甘寧邊區」與敵後各「抗日民選政府」爲它所管理的地方政府。最後一條「取消紅軍名義及番號，改編爲國民革命軍，受國民政府軍事委員會之統轄，並待命出動，擔任抗日前線之責」，林祖涵辯稱：中共對此「實行已久」，幾年來，共軍是「堅持敵後戰爭，擁護國民政府、蔣委員長」。

林祖涵在報告最後，更煽動性的提出組織「聯合政府」的要求，「希望國民黨立即結束一黨統治的局面，由國民政府召開各黨各派、各抗日部隊、各地方政府、各人民團體的代表，開國事會議，組織各抗日黨派聯合政府，一新天下耳目，振奮全國人心，鼓勵前方士氣，以加強全國團結，集中全國力量，這樣一定能夠準備配合盟軍反攻，將日寇打垮。」[59]

事實證明，林祖涵說的是空話、假話。例如：中共的抗戰時期策略是「七分發展、二分應付、一分抗日」，何有「努力抗戰，齊心合力打擊日寇」？中共割據地區，共產黨專政統治，何有「民選政府」、「保障人民自由」？至於中共的「勞武合一」，係壓榨勞力，怎能「減輕人民負擔」呢？又如整個抗戰時期，中共口說「擁護國民政府」、「服從蔣委員長領導」，實際上卻擅自擴軍，自立政權，製造摩擦事件，準備於戰後遂行其武裝奪取政權的企圖。

又據當時以來賓身分前往旁聽的王健民之回憶，林祖涵以湖南口音所作的報告，雖對談判本身離題甚遠，但極富煽動性，尤其是當他最後提出組織「聯合政府」的要求時，會場爲之騷然。隨後有王雲五、胡霖發言，表示此次談判，應著重於問題之解決，而不應從事宣傳，但不甚爲人注意。[60]從此，「聯合政府」乃成爲中共新的策略性的和談口號，對當時的政壇造成甚大激動。

(二)國民政府代表張治中的報告

15日下午，張治中接著代表政府在國民參政會上報告這一次商談的

---

[59]〈林祖涵報告國共談判經過〉（1944年9月15日於國民參政會議），請參見王健民，《中國共產黨史》，第三編（臺北：漢京文化事業有限公司，1988年），頁454-456。
[60]王健民，《中國共產黨史》，第三編（臺北：漢京文化事業有限公司，1988年），頁457。

詳細經過，張治中在報告中除了駁斥林祖涵的不實言論外，還將雙方來往的有關文件之重要內容予以披露。張治中在該報告中鄭重指出：「今日中共問題，為了國家統一團結及爭取抗戰勝利，建國成功，全國的人民都熱切希望早日得到合理的解決。我們受中央政府之命，負著商談的任務，當然更抱著最大的熱忱和希望。」張治中接著說明政府的立場：「中央政府所求的，只為軍令與政令的統一，必須如此，乃能有確實的團結，乃能以舉國軍民一致的力量，打擊敵寇，更必須如此，乃能有利於抗戰建國。」

在這一個大前提之下，張治中指出政府對中共的態度是「根據事實、委曲求全，儘量容納中共的意見」，而且「決不變更政治解決的方針」。張治中在報告的最後，還代表政府殷切期望中共能「本諸團結抗戰的真義，以事實和行動來踐履諾言，實現國家真正的統一」。[61]

儘管政府苦心孤詣，甚至委曲求全，容納中共的意見，希望能以政治方法來解決國、共間的衝突問題，但因中共自始即無和談誠意，他們把和談當做鬥爭的手段之一，企圖從和談中獲得戰爭所不能得到的效果，所以從 1944 年 5 月開始的西安會談與重慶商談，經過四個多月的折衝，終以失敗而告結束。

第四節　赫爾利斡旋國共衝突

1944 年 5 月至 9 月間，當政府代表王世杰、張治中與中共代表林祖涵在西安及重慶進行商談之際，正值日軍遂行「一號作戰」戰令，對華發動全面攻擊，企圖打通縱貫中國大陸的走廊（平漢及粵漢兩線鐵路），以重啟對南方日軍之路上補給線之時。美國政府鑒於中國戰區軍事之逆轉，乃於 1944 年 8 月 18 日派遣赫爾利（Patrick J. Hurley, 1883-1963）（如圖 10-5）來

圖 10-5　赫爾利

---

[61] 〈張治中關於與中共商談報告〉（1944 年 9 月 15 日於國民參政會議），請參見王健民，《中國共產黨史》，第三編（臺北：漢京文化事業有限公司，1988 年），頁 452。

華，初為羅斯福總統（Franklin D. Roosevelt, 1882-1945）私人代表，旋任美國駐華大使，其使命為：㈠防止國民政府崩潰；㈡支持蔣委員長的軍政地位；㈢調和蔣委員長與駐華美軍司令官之關係；㈣使中國能增強戰時物資之生產，防止經濟崩潰；㈤統一中國一切之軍隊，以爭取抗戰勝利；㈥使中國人民所希求自由、統一與民主國家之願望確能達成。[62]

一、赫爾利的五點「協議基礎」與國民政府的修正草案

赫爾利於 1944 年 9 月 6 日飛抵重慶。就在赫爾利抵華後不久，朱德便以共軍總司令名義函請赫氏給予援助，並邀赫氏到延安訪問。[63] 為了要首先了解中國之複雜情況，赫氏並未立即接受朱德之邀請，但卻逕與中共駐重慶之人員開始聯繫。中共代表林祖涵及董必武在會見赫氏時，表示中共願與國民政府獲致協議。國民政府亦表示希望赫氏能出面斡旋，解決國、共間之僵局。

赫氏一向以排解糾紛為能事，因此對出面斡旋國、共間之衝突，甚感興趣，乃欣然接受。經過多次的接觸與瞭解之後，赫氏於 10 月 28 日提出五點草案，擬作為國、共雙方的「協議基礎」，其內容如下：

1. 中國政府與中國共產黨將共同合作，求得國內軍隊之統一，期能迅速擊敗日本，並解放中國。
2. 中國政府與中國共產黨均承認蔣介石為中華民國的主席及所有中國軍隊的統帥。
3. 中國政府及中國共產黨將擁護孫中山之主義，在中國建立民有、民治、民享之政府，雙方將採取各種政策，以促進及發展民主政治。
4. 中國政府承認中國共產黨，並使之為合法之政黨，所有在國內之各政黨，將予以平等、自由及合法之地位。
5. 中國只有一個中央政府及一個軍隊，中國共產黨之官兵，經中央政府編定後，將依其階級，享受與國軍相同之待遇，其各單位對軍火、軍

---

[62] 桂崇基著、沈世平譯，《中國國民黨與中國共產黨》（臺北：臺灣中華書局，1973年），頁 102。

[63] Don Lohbeck, *Patrick J. Hurley*(Chicago: Henry Regnery Co., 1956), p. 311.

需品之分配，亦將享受相等之待遇。[64]

當赫爾利草擬了上述五點「協議基礎」後，他便準備前往延安與毛澤東商談。不過，赫氏之決定前往延安，並非接受前此朱德之邀請，而係主動前往斡旋國、共關係。臨行前，赫氏在重慶曾分別與國、共雙方代表作初步協商。對赫氏的草案，國民政府並不滿意，因此在 11 月 7 日赫氏啟程赴延安之日，國民政府另提出修正草案如下：

1. 中央政府與中國共產黨將共同合作，求得國內軍隊之統一，期能迅速擊敗日本，並建設中國。

2. 中國共產黨之軍隊，應接受中央政府及其軍事委員會之命令。

3. 中央政府及中國共產黨，將擁護孫中山之主義，在中國建立民有、民治、民享之政府，雙方將採取各種政策，以促進及發展民主政治。

4. 中國僅只有一個中央政府及一個軍隊，中國共產黨軍隊之官兵經中央政府編定後，將依其階級享受與國軍相同之待遇，其各單位對於軍火及軍需品之分配，亦將享受相等之待遇。

5. 中央政府承認中國共產黨，並使之為合法之政黨，所有在國內之各政黨，將予以合法之地位。[65]

政府在這個修正草案中，將赫爾利的草案中所用的「中國政府」改為「中央政府」，「解放中國」改為「建設中國」，「平等、自由及合法之地位」改為「合法之地位」，並明示中共軍隊「應接受中央政府及其軍事委員會之命令」，凡此修正，用意在強調中共的地位不能與政府相等。此外，政府修正草案將赫爾利草案的第四、五兩點次序調換，更有重大的意義，即在強調共軍接受政府改編，係中共取得合法政黨地位之先決條件。

二、赫爾利與毛澤東的延安會談

11 月 7 日，赫爾利偕林祖涵飛抵延安，當日正值蘇俄「十月革命」紀念日，中共以盛大宴會熱烈歡迎赫氏。11 月 8、9 兩日，赫氏與毛澤東

---

[64] "Draft by Major General Patrick J. Hurley," October 28, 1944, FRUS 1944 China, p 659.

[65] 〈美國赫爾利將軍攜呈蔣委員長有關國共協議之基本條件建議〉（1945 年 11 月 7 日），請參見《中華民國重要史料初編》，第五編，第四冊（臺北：中國國民黨中央委員會黨史委員會，1985 年），頁 289。

進行了一場冗長而艱苦的會談。赫、毛會談時，毛先大罵國民黨及國民政府，因而引起赫氏的不悅，轉而談到「團結與民主」的問題，接著才談到正題，討論政府所提的五點修正草案。

赫爾利與毛澤東在延安會談後，產生了一個代表中共意見，經赫、毛共同簽署的所謂〈中國國民政府、中國國民黨與中國共產黨協議〉（簡稱〈五條協定草案〉），其內容有以下五點：

1. 中國政府、中國國民黨，及中國共產黨一致合作，以期統一中國所有軍隊，迅速擊潰日本，並建設中國。

2. 改組現在之國民政府爲聯合國民政府，包括所有抗日黨派代表及無黨派之政治團體代表，立即宣佈一新民主政策，規定軍事、政治、經濟及文化事業之改革，並使其發生實效。軍事委員會應同時改組爲聯合軍事委員會，由所有抗日軍隊之代表組織之。

3. 聯合國民政府擁護孫總理之主義，建立一民治、民有、民享政府，實施各項政策，以資促成進步及民主，樹立正義及信仰自由、出版自由、言論自由、集會結社自由，向政府訴願權、保障身體自由權、居住權，並使無恐懼之自由，不虞匱乏之自由，兩種權利，實行有效。

4. 聯合國民政府及聯合軍事委員會承認所有抗日軍隊，此項軍隊應遵守並執行其命令。

5. 聯合國民政府承認中國國民黨、中國共產黨及一切抗日團體之合法地位。[66]

由赫、毛共同簽署的這個協定，其主要特點爲「聯合政府」之設置，不但要改組國民政府，而且還要改組軍事委員會，藉「聯合軍事委員會」之成立，使中共得以保留其獨立的軍隊。此外，「人權法案」的加入也是它的另一特點，它不但詳列了各種基本自由，甚至還包括了羅斯福總統的兩句名言：無恐懼之自由、不虞匱乏之自由。「聯合政府」的規定，滿足了中共的要求；「人權法案」的列入，取悅了赫爾利。因此，赫、毛雙方對此一協定均感滿意。

---

[66] 蔣中正，《蘇俄在中國》，六版（臺北：黎明文化事業股份有限公司，1989年），頁101。

三、國民政府的〈三點提案〉與周恩來的四點先決條件

㈠國民政府的〈三點提案〉

11月10日，赫爾利攜帶此一協定，偕同周恩來飛回重慶，即日晉見蔣委員長，報告此行經過，並將協定呈閱。蔣委員長對該協定中的「聯合政府」一點，拒絕同意，理由是政府遵從孫中山遺教將還政於民，實行憲政，而不能將政權交之於聯合政府。至於協定中的其他各項，政府同意儘可一一商談。

在赫爾利的斡旋下，國、共雙方代表再度在重慶舉行商談。商談內容係以赫、毛共同簽署的〈五條協定草案〉為基礎。11月15日，政府代表王世杰、張治中提送赫爾利第一次對案。17日，又由行政院代院長宋子文提交赫氏第二次對案。由於赫氏對這兩次對案均不滿意，因此，王世杰與張治中又於21日提出第三次對案，此即嗣後所稱之〈政府三點提案〉，其內容為：

1. 國民政府為達成中國境內軍事力量之集中與統一，以期實現迅速擊潰日本，及戰後建國之目的，允將中國共產黨軍隊加以整編，列為正規國軍，其軍隊餉項、軍械及其他補給，與其他部隊受同等待遇。國民政府並承認中國共產黨為合法政黨。

2. 中國共產黨對於國民政府之抗戰及戰後建國，應盡全力擁護之，並將其一切軍隊移交國民政府軍事委員會統轄。國民政府並指派中共將領以委員資格參加軍事委員會。

3. 國民政府之目標本為中國共產黨所贊同，即為實現孫總理之三民主義，建立民有、民治、民享之國家，並促進民主化政治之進步及其發展之政策。除為有效對日作戰之安全所必需者外，將依照抗戰建國綱領之規定，對於言論自由、出版自由、集會結社自由，及其他人民自由加以保障。[67]

---

[67] 〈中央宣傳部長王世杰奉命提交赫爾利將軍轉交周恩來修正國共協議之條件三項〉（1944年11月21日），《中華民國重要史料初編》，第五編，第四冊（臺北：中國國民黨中央委員會黨史委員會，1985年），頁293-294；王健民，《中國共產黨史》，第三編（臺北：漢京文化事業有限公司，1988年），頁461-462。關於政府第一次與第

　　據王世杰的報告，此一提案第二點中的「以委員資格」五字係應赫氏之請而添入的。[68] 至於此一提案與前此政府之對案或提案的主要不同處，就在這第二點中，即當中共將其軍隊移交政府管轄之後，政府才同意中共以委員資格參加軍事委員會。對政府而言，這已是極大的讓步。但中共認為，這與他們的要求仍然相差很遠，他們不是要求「參與」，而是要求「分享」。這就是當時國、共雙方的主要歧見所在。

　　11 月 22 日，政府代表將〈三點提案〉交給周恩來。周恩來當時表示：彼雖不能放棄「聯合政府」之主張，仍將繼續為之奮鬥，但現時可先接受政府提案的意見，允將政府提案攜回延安請示。此次談判，政府為防止中共之再度推翻，曾由赫爾利作證擔保。但在協議期間，桂林、柳州相繼失陷，日軍直逼貴陽之獨山、都勻，中共期待國民政府即將崩潰，《新華日報》還乘機散播失敗消息，企圖瓦解民心士氣，因此不再有和談的興趣。

㈡ 和談中斷

　　周恩來返回延安後，於 12 月 8 日函告赫爾利，謂政府拒絕中共「最低限度」之〈五條協定草案〉，使他無法返回重慶繼續商談。[69] 此後，赫、周之間曾有幾度函電往來，赫氏再三促請周恩來返回重慶，繼續會談。24 日，赫爾利接到毛澤東之覆電，主張改在延安會談，並建議美駐延安觀察組組長巴瑞特上校（David D. Barrett, 1892-1977）亦參加會談。[70] 赫氏接獲此一電報後，欣喜萬分，立即命令刻在重慶的巴瑞特上校先行趕返延安。[71] 但四天後，即 12 月 28 日，巴瑞特自延安返回重慶，帶來周恩來一信，解釋毛澤東 12 月 24 日之電報係譯文有誤，否認中共邀請在延安會談。此外，周恩來另提出四項新要求，作為繼續會談的先決條件。

　　二次之對案，請參見 FRUS 1944 China, pp. 703-704.

[68] 《中華民國重要史料初編》，第五編，第四冊（臺北：中國國民黨中央委員會黨史委員會，1985 年），頁 294。

[69] "Chou to Hurley", December 8, 1944, FRUS 1944 China, pp. 723-724.

[70] "Mao to Hurley", December 24, 1944, FRUS 1944 China, pp. 745.

[71] Don Lohbeck, Patrick J. Hurley (Chicago: Henry Regnery Co., 1956), pp. 317-318.

㈢ 周恩來提出之四項新要求

周恩來提出的四項新要求爲：

1. 取消「邊區」封鎖。
2. 釋放政治犯。
3. 取消限制人民自由之法令。
4. 取消特務警察。[72]

對於中共所提的這四點先決條件，政府代表王世杰有如下的評論：中共提出這些要求，在表面上似乎頗有理由，但實際上並不合理。關於第一點，所謂「邊區」封鎖究竟是政府壓迫中共，還是中共壓迫政府，外邊人往往不明白，政府用以駐防「邊區政府」附近的軍隊只有六個師，而中共屯集「邊區」之軍隊則有十二萬至十五萬之多，眾寡懸殊之情形如此，受威脅者實爲國軍。關於第二點，中共一再提出這個問題，只是做片面的宣傳，國民政府的公務員及中國國民黨的黨員有許多被中共殺害了，或被捉去而不知去向，但是自從國、共談判開始以後，國民政府及國民黨的報紙就不再對這個問題做宣傳了。至於所謂取消人民自由的限制及取消特務警察云云，政府代表曾向中共代表問過：在中共區域內有國民政府管制下區域內同等的自由嗎？有反對中共「邊區政府」的報紙嗎？反對黨可以存在嗎？有司法獨立嗎？國民政府派在延安的一兩個軍事聯絡人員是否出入都有暗探緊緊追隨呢？[73]

㈣ 赫爾利的迷惑與感嘆

對於中共的善變、蠻橫及一再的討價還價，提高談判條件，讓赫爾利感到非常的迷惑，甚至有被愚弄的感覺。雖然如此，但赫氏並未因中共的刁難而氣餒。1945 年 1 月 7 日，赫氏仍致函毛澤東與周恩來，表示願偕同政府代表赴延安繼續商談，如達成原則性的協議，毛、周可來重慶作進

---

[72] "Chou to Hurley", December 28, 1944, *FRUS 1944 China*, p. 755. 另請參閱王健民，《中國共產黨史》，第三編（臺北：漢京文化事業有限公司，1988 年），頁 462。

[73] 王覺源，〈國共之間〉未刊稿，引自王健民，《中國共產黨史》，第三編（臺北：漢京文化事業有限公司，1988 年），頁 462。

一步的商談，俾謀致雙方滿意之解決方案。[74]

　　赫爾利的此一建議再度遭到毛澤東的斷然拒絕。毛澤東於 1 月 11 日致函赫氏，除拒絕赫氏及政府代表前往延安外，還提出繼續談判的第五項先決條件（補充前述周恩來於 1944 年 12 月 28 日所提的四項先決條件）：「在重慶召開國是會議之預備會議，此種預備會議應有國民黨、共產黨、民主同盟三方代表參加，並保證會議公開舉行，各黨派有平等地位及往返自由。」[75] 此次真令赫氏感到有些氣餒了，1 月 14 日，赫氏向羅斯福報告斡旋國、共衝突的經過時，感嘆地說：「我們已克服了一切困難，但最後中共卻拒絕合作。」[76] 赫爾利的首次斡旋，至此乃以徒勞無功而告結束。

四、雙方繼續折衝與國民政府的新草案

㈠ 赫爾利的第二次調處

　　1945 年 1 月 8 日，赫爾利以美國駐華大使身分呈遞到任國書。此後，赫氏即以美國駐華大使身份，而不是以美國總統私人代表的身份，繼續調停國共的糾紛。1 月 20 日，經赫爾利的催促，並經蔣委員長的同意，毛澤東同意重開和談，並任命周恩來為中共代表，於 1 月 24 日飛抵重慶，恢復會談。周恩來抵達重慶後隨即發表聲明，重申中共「聯合政府」的主張。周恩來特別指出，此次赴重慶是為了提出召開包括各黨各派的會議，而在召開這個這個黨派會議之前，要先召開預備會議，以便正式商討「國是會議」和「聯合政府」的組織及其實現的步驟問題。[77]

　　1 月 26 日，政府代表宋子文、王世杰、張治中，與中共代表周恩來正式恢復會談，赫爾利代表美國，被邀列席。此次會談，雙方歧見仍大，政府雖然讓步，但周恩來仍表示不能接受。周恩來聲稱，此次前來重

---

[74] "Hurley to Mao and Chou", January 7, 1945, *FRUS 1945 China*, pp. 163-164.

[75] 〈毛澤東關於召開國是會議預備會議致赫爾利信〉（1945 年 1 月 11 日），中共中央統戰部、中央檔案館編，《中共中央抗日民族統一戰線文件選編》，下冊（北京：檔案出版社，1986 年），頁 785。

[76] "Hurley to Roosevelt", January 14, 1945, *FRUS 1945 China*, pp. 172-177.

[77] 〈周恩來抵渝後的聲明〉（1945 年 1 月 25 日），中共中央統戰部、中央檔案館編，《中共中央抗日民族統一戰線文件選編》，下冊（北京：檔案出版社，1986 年），頁 788。

慶，不是繼續以前的會談，而是為提議召開「黨派會議」，討論「共同綱領」，同時提出四項辦法：

1. 黨派會議應包括國民黨、共產黨及民主同盟三方代表，會議由國民政府負責召集，代表由各方自己推出。
2. 黨派會議有權討論和決定如何結束黨治，如何改組政府，使之成為民主的聯合政府，並起草共同施政綱領。
3. 黨派會議的決定和施政綱領草案，應通過於將來國民政府召開的國是會議，方能成為國家的法案。
4. 黨派會議應公開進行，並保證各代表有平等地位及往來自由。[78]

　　對於中共的此項建議，政府宣稱在原則上並不反對政府之改組，惟改組之程序須遵照行憲的途徑，即先制定憲法，依據憲法產生新政府，方符合政治民主之常軌。前所提在行政院設決策性之機關，使中共及其他黨派人士參加，此為過渡以適應事實上需要之辦法。蔣委員長在接見赫爾利時也指出：中國各政黨黨員總數尚不及全國人口百分之二，若驟將政權私相授受，交與任何一個政治團體或各政治團體之聯合組織，既不符還政於民之旨，亦違背民主政治之原則。因此，蔣委員長強調說：當今要圖，應速召集制憲會議，為中國人民制定一部民主憲法，此一會議應由全國人民直接選舉代表組織之，而不應僅以代表少數人之現成政黨為限。蔣委員長接著指出：中共在事實上並非一民主政黨，僅為奪取政權而空喊民主、蠱惑民心而已。[79]

㈡國民政府的新草案

　　儘管政府早已洞悉中共之野心與圖謀，但在赫爾利之要求下，政府為委曲求全，乃於2月2日另提出一新的草案，其內容如下：

1. 為增進抗敵力量加強國家統一起見，國民政府擬邀請國民黨、共產黨

[78] 王健民，《中國共產黨史》，第三編（臺北：漢京文化事業有限公司，1988年），頁463。
[79] "Hurley to the Secretary of State", February 18, 1945, *FRUS 1945 China*, pp. 224-225. 另請參閱桂崇基著、沈世平譯，《中國國民黨與中國共產黨》（臺北：臺灣中華書局，1973年），頁105-106。

及其他黨派與無黨無派人士參加「政治諮詢會議」。

2. 政治諮詢會議之任務在於研討：結束訓政與實施憲政之步驟；制定今後施政方針與軍事統一之辦法；國民黨以外黨派參加政府之方式。

3. 政治諮詢會議以一致同意之方式行之，所得結論應提請國民政府核准施行，在會議期間，各方應避免相互攻擊。[80]

　　政府的新草案，事實上等於接受了周恩來原先所提召開「黨派會議」之要求，而只是將名稱略為修改而已。政府之所以提出這個新草案，顯然是在赫爾利的壓力下所作的另一次重大讓步。周恩來對此一草案亦表示滿意，周恩來並且告訴赫爾利說：這是第一次讓他感到有了合作的基礎。[81]

(三) 和談再度中斷

　　會後，周恩來據此「新草案」，去電向延安請示，惟此時正值雅爾達會議召開期間，毛澤東為配合史達林對美、英及其他盟國之勒索，乃於2月11日電令周恩來：盡可能拖延與政府的談判，不許對任何問題作出結論，一切均任其懸而不決。[82]至2月16日，周恩來自重慶飛回延安；19日，赫爾利亦返美述職。至此，在赫爾利斡旋下的國共會談，乃又暫告一段落。

五、「七人代表團」延安之行與赫爾利斡旋之終結

(一)「七人代表團」延安之行

　　1945年3月1日，蔣中正在憲政實施協進會的演講中，重申解決共黨問題必循政治途徑之信念。蔣中正強調召開國民大會，實施憲政，還政於民的決心。3月9日，周恩來分別致函王世杰與在美國的赫爾利，聲明由於蔣委員長決心召開國民大會，國、共雙方的會談已告破裂。[83]3月14

---

[80] *FRUS 1945 China*, pp. 230-231. 另請參見王健民，《中國共產黨史》，第三編（臺北：漢京文化事業有限公司，1988年），頁463-464。

[81] *FRUS 1945 China*, p. 226.

[82]《中華民國重要史料初編》，第五編，第四冊（臺北：中國國民黨中央委員會黨史委員會，1985年），頁299。

[83] 周恩來致赫爾利的信由美國代辦艾哲遜（George Atcheson, 1896-1947）呈國務院轉交赫爾利。*FRUS 1945 China*, pp. 268-269.

日，赫爾利在美國致函周恩來，勸阻中共採取過激行動，俾使其返華後與國、共雙方再行討論。[84] 但當赫爾利於 4 月 22 日返抵中國後，發現雙方關係已極度惡化。同時，由於中共正在召開「七全大會」，而國民黨也正在準備召開「六全大會」，赫氏亦無機會拉攏雙方恢復會談。

5 月 17 日，國民黨「六全大會」通過有關中共問題之決議案，指責中共違反 1937 年〈共赴國難宣言〉之四大保證，一直從事武裝叛亂，鑒於國民大會召開在即（決定在 11 月 12 日召開），深盼中共能體認國家之困難，以求和平解決之實現。[85] 根據「六大」的決議，國民政府任命七位國民參政會參政員褚輔成、黃炎培、冷遹、傅斯年、左舜生、章伯鈞及王雲五，為與中共進行重開談判的代表。政府同時致函中共，希望中共接受七人代表團赴延安重開談判。遲至 6 月 22 日，中共始函復政府，表示歡迎七人代表團赴延安商談。[86]

7 月 1 日，七人代表團（按：王雲五因病未成行，實際上只有六人）由中共駐重慶代表王若飛陪同飛往延安。中共對七人代表團的到來雖表示歡迎，但和談方面卻仍無進展。在延安時，毛澤東告其同鄉左舜生（青年黨籍）說：「蔣先生總以為天無二日，民無二王，我不信邪，偏要出兩個太陽給他看看！」談到美國，毛澤東說：「我這幾條爛槍，既可以同日本人打，也就可以同美國人打，第一步我要把赫爾利趕走再說！」[87] 足見中共根本欠缺和談的誠意。

7 月 5 日，七人代表團返抵重慶，帶回中共的兩項要求：第一，取消訂於 11 月 12 日召開的國民大會；第二，召開黨派會議，由中國國民黨、

---

[84] 赫爾利之信亦由國務院轉交。*FRUS 1945 China*, p. 279.

[85] 〈對中共問題之決議案〉（1945 年 5 月 17 日），中國國民黨中央委員會黨史委員會編，秦孝儀主編，《革命文獻》，第七十六輯：中國國民黨歷次全國代表大會重要決議案彙編，上冊（臺北：中央文物供應社，1978 年），頁 411-413。

[86] 〈毛主席、周恩來歡迎七參政員來延商談國事電〉（1945 年 6 月 18 日），中共中央統戰部、中央檔案館編，《中共中央抗日民族統一戰線文件選編》，下冊（北京：檔案出版社，1986 年），頁 809；《解放日報》，延安，1945 年 6 月 30 日。

[87] 王健民，《中國共產黨史》，第三編（臺北：漢京文化事業有限公司，1988 年），頁 464。

共產黨、民主同盟及獨立政治團體或組織代表各三人組成。[88] 政府認為中共的這兩項要求乃是為了達成控制政府，爭奪政權的企圖，而非有意進行會談，更何況政府實在沒有任何理由取消召開國民大會。因此，國、共會談之門，終因中共之破壞而告關閉。

㈡ 赫爾利斡旋之終結

　　抗戰時期的國共關係，終結於赫爾利的斡旋。自 1944 年 8 月美國總統羅斯福派遣赫爾利來華斡旋國共關係時起，至 1945 年 8 月日本宣佈投降止，在赫爾利的斡旋下，國共間展開了為時一年的會談，而終以失敗收場。在赫氏斡旋期間，國共間的主要爭論乃是「聯合政府」的問題。中共宣稱，組成「聯合政府」係其「最低要求」，除非此一「最低要求」被接受，否則便無法達成任何協議；而政府則認為實施民主憲政的關鍵在於召開國民大會。

　　按中共第一次提出「聯合政府」的名詞，是林祖涵於 1944 年 9 月在國民參政會上所作的報告；同年 11 月，赫爾利首次飛赴延安時，中共在其〈五條協定草案〉中正式提出此一主張。此後中共便一直以「聯合政府」為口號，從事政治上的宣傳。在漫長的談判過程中，國民政府雖曾一再讓步，但始終拒絕任何「聯合政府」的安排。國民政府為對付中共在這方面的宣傳，甚至決定在抗戰結束之前召開國民大會，這是以正面實施憲政，來杜絕中共企圖以黨派瓜分的方式奪取政權，中共對此自然是極力反對與阻撓。因此，1945 年 4 月，毛澤東在中共「七大」上作「論聯合政府」的報告時即明白表示，如無中共參加與同意，任何有關中國的重大問題都不得決定。這就是中共否定召開國民大會的露骨表現。依毛澤東所提成立「聯合政府」的具體步驟有二：第一個步驟是「經過各黨各派和無黨無派代表人物的協議，成立臨時的聯合政府」；第二個步驟是「經過自由的無拘束的選舉，召開國民大會，成立正式的聯合政府」。[89] 換言之，中共否定現有的國民政府有權實施憲政，自然無法為國民政府所接受。

[88] *FRUS 1945 China*, pp. 430-433.

[89] 毛澤東，〈論聯合政府〉（1945 年 4 月 24 日），《毛澤東選集》，第三卷，第二版（北京：人民出版社，1991 年），頁 1068-1069。

其實，「聯合政府」的爭論，只是國共談判時表面上的爭論而已，因爲國民政府很清楚，中共的最終目的並不是以成立「聯合政府」爲滿足，而是要由共產黨奪取政權，實行其所謂的「無產階級」專政。中共所稱的「聯合政府」，乃是「一個政治口號和一種滲透與顚覆的政治戰術」。這種戰術原是從 1917 年列寧在俄國革命時，所採取的「兩重政權」的戰術發展出來的。列寧的這個戰術是利用 1917 年俄國革命時的「工農兵蘇維埃與臨時政府並存的事實」，促使兩者的分裂和鬥爭，而以蘇維埃的群眾暴動來打倒臨時政府，取得政權。中共就是在蘇俄的指使下，把這個戰術應用到中國。關於這一點，當時的蔣委員長已看得十分清楚，因此，政府對中共所提的「聯合政府」之主張，自始至終採取堅定的拒絕態度。[90]

中共運用「聯合政府」的戰術，除了可以嚴重傷害國民政府的威信，困擾國民政府，爲其最後使用武力奪取政權作準備外，當時還有一個對美國統戰的作用。中共認爲堅持此一主張即可得到美國的同情和支持，甚至可以藉此爭取到美援。不僅如此，中共還企圖利用「聯合政府」的口號來離間美國與國民政府的關係，並爲中共自己辯護，把談判失敗的責任完全推諉到國民政府身上。就此一統戰目的而言，「聯合政府」的口號在當時確實是發揮了很大的作用。因爲美國人並不了解中共所謂的「聯合政府」，與一般民主國家在緊急危難時期或對外戰爭時期所組成的「聯合內閣」不同，它只是中共在政治鬥爭中爲奪取政權而使用的一種政治戰術而已！

還有，赫爾利斡旋的失敗，除國、共雙方存在著不能妥協的因素及中共根本缺乏和談的誠意外，赫爾利本人及其他美國駐華官員亦有相當的責任。首先是赫爾利雖有熱忱，但可惜他對中國的情況並不充分瞭解，尤其是對中共的本質更缺乏認識。其次，當時一些美國駐華官員，如著名的「戴謝集團」（Davies-Service Group）之左傾觀念與作法，對赫爾利的斡旋工作也造成了極大的傷害。[91] 赫爾利使華期間，爲了忠實執行美國對

90 蔣中正，《蘇俄在中國》，六版（臺北：黎明文化事業股份有限公司，1989 年），頁364-366。
91 關於「戴謝集團」當時在華之活動及其影響，詳見：美國參議院司法委員會關於太平洋

華政策，斡旋國共衝突，而與部分親共的美國外交人員發生爭執，這不但給予中共可乘之機，有害於當時的斡旋工作。後來赫氏因此而辭職，更引起了美國政治上的風暴，不但導致馬歇爾（George C. Marshall, 1880-1959）之受命繼續調處國共衝突，而且造成了美國民主、共和兩黨就中國問題進行長期論戰，中國問題乃成為當時美國政爭的主要議題。在此一過程中，國民政府受到了極大的創傷，這是赫爾利斡旋失敗所帶來的始料未及的不幸。

學會之調查報告，其中有關中國部分，計約二十五萬字，國內有中文譯本，書名為：《「太平洋學會」調查報告》（臺北：國防部總政治作戰部譯印，1969 年）。

第十一章
從重慶會談到馬歇爾調處

　　抗戰勝利後，國民政府為致力於全民團結、和平建國，謀求以政治方法解決國、共糾紛，乃於 1945 年 8 至 10 月，在重慶舉行國、共會談，雙方於 10 月 10 日簽署〈會談紀要〉十二項；嗣後又於 1946 年 1 月在重慶舉行政治協商會議，達成五項協議。會後因中共根本缺乏誠意，甚且別具居心、另有圖謀，致使〈會談紀要〉與政協會議各項協議無法實現，國、共戰事頻仍，中華大地生靈塗炭。本章首先論述重慶會談與政治協商會議的背景、經過，及其達成的各項協議之內容；其次論述馬歇爾（如圖 11-1）調處國、共紛爭的經過，及最後以失敗告終的結局。

圖 11-1　馬歇爾

第一節　重慶會談（如圖11-2）

圖 11-2　重慶會談：蔣毛歷史合照（前排左起為赫爾利、蔣中正、毛澤東；後排左起為蔣經國、張羣、王世杰）

　　自 1937 年 7 月 7 日抗日戰爭爆發，至 1945 年 8 月 10 日本宣佈投降，其間整整有八年一個月又三天。勝利的到來，全民為之雀躍；但另一悲劇卻接踵而至，那就是中共反政府的圖謀與中國政局的動亂。

一、中共在八年抗戰前後的兩副面孔

　　中共利用八年抗戰時機，發展壯大，已如前述。就在抗戰即將勝利之際，中共便改換抗戰前夕乞求政府收編的卑屈態度，自詡為「中國人民的代表」、「抗戰勝利的中流砥柱」，對國民政府採取敵對態度，相機奪取政權。而如何搶奪抗戰勝利的果實，擴大自己的軍政實力，以便蓄積日後更多奪權的資本，便成為中共在戰後對國民政府鬥爭的第一個目標。

　　1945 年 8 月 10 日，國民政府軍事委員會於獲悉日本決定投降的消息後，立即電令全國各部隊，聽候命令，根據盟邦協議，執行受降之一切決定。軍委會在頒發給第十八集團軍的電令中並詳明指示：

　　　　所有該集團軍所屬部隊，應就原地駐防待命，其在各戰區作戰地境內之部隊，並應接受各該戰區司令長官之管轄。政府對於敵軍之繳械，敵俘之收容，偽軍之處理，及收復地區秩序之恢復，政權之行使等事項，均已統籌決定，分令實施。為維護國家命令之尊嚴，恪守盟邦共同協議之規定，各部隊勿再擅自行動為要。[1]

　　但是中共卻違抗最高統帥部的命令，竟由朱德以「延安總部」的名義，於 8 月 10 日、11 日連續發出七道「命令」，指使各地共軍全面出動，企圖趁機擴佔地盤，收繳敵偽武裝。[2]

[1] 〈蔣委員長致十八集團軍電〉（1945 年 8 月 11 日），國史館藏，《蔣中正檔案》，案號：002-090150-014-118；或請參見王健民，《中國共產黨史》，第三編（臺北：漢京文化事業有限公司，1988 年），頁 468；蔣中正，《蘇俄在中國》，六版（臺北：黎明文化出版社，1989 年），頁 107。

[2] 中共「延安總部」所發七道「命令」，請參見王健民，《中國共產黨史》，第三編（臺北：漢京文化事業有限公司，1988 年），頁 464-466。學者王健民稱：此為共軍於抗戰八年中第一次全線出擊，因日偽已經宣佈投降，故共軍的行為可謂是「打落水狗」。

8 月 13 日，朱德、彭德懷更致電蔣委員長，公開拒絕 8 月 11 日最高統帥部之命令，電文中指出：「我們認為這個命令你是下錯了，並且錯的很厲害，使我們不得不向你表示：堅決地拒絕這個命令。」[3] 同日，毛澤東在新華社發表評論說，「在中國境內，只有解放區抗日軍隊才有接受敵偽軍投降的權利。」[4]

8 月 15 日，在日本正式宣佈「無條件投降」後，朱德又致電日本派遣軍總司令岡村寧次，要求日軍「除被國民黨政府的軍隊所包圍的部份外」，向共軍投降，並煞有其事的指定受降地點和代表，[5] 但為岡村寧次所拒絕。當日夜，朱德復向英、美、蘇三國駐華大使發出說帖，除再度表達有權參加受降和處理日本的和平會議及聯合國會議外，則是極盡「爭抗日之功、諉內戰之過」的能事，並請美國「站在中美兩國人民的共同利益上，立即停止對於中國國民黨政府的租借法案的繼續執行，如果國民黨發動反對中國人民的全國規模的內戰，請勿予國民黨政府以援助。」[6]

8 月 16 日，中共再以朱德名義致電蔣委員長，提出六項要求，其要點為：

1. 接受日偽投降與締結受降協定和條約時，須事先和解放區抗日人民武裝力量商得一致意見。
2. 中國解放區、淪陷區一切抗日人民武裝力量，有權根據波茨坦宣言條款及同盟國規定受降辦法，接受所包圍的日偽軍投降，收繳其武器資

---

3 毛澤東，〈第十八集團軍總司令給蔣介石的兩個電報：一、八月十三日的電報〉（1945年 8 月 13 日），《毛澤東選集》，第四卷，第二版（北京：人民出版社，1991 年），頁 1142。這兩個電報都是毛澤東為朱德寫的。

4 毛澤東，〈蔣介石在挑動內戰〉（1945 年 8 月 13 日），《毛澤東選集》，第四卷，第二版（北京：人民出版社，1991 年），頁 1139。

5 〈朱德致岡村寧次電〉（1945 年 8 月 15 日），請參見王健民，《中國共產黨史》，第三編（臺北：漢京文化事業有限公司，1988 年），頁 468；中共中央文獻編輯委員會編，《毛澤東選集》，第四卷，第二版（北京：人民出版社，1991 年），頁 1146-1147，註釋 6。

6 〈朱德致各盟邦照會〉（1945 年 8 月 15 日），請參見王健民，《中國共產黨史》，第三編（臺北：漢京文化事業有限公司，1988 年），頁 466-467；張玉法，《中國現代史》，九版（臺北：臺灣東華書局股份有限公司，1988 年），頁 686-687。

材。

3. 解放區及淪陷區人民抗日武裝力量，有權派代表，參加接受敵人的投降，及處理敵人投降後的工作。

4. 解放區及一切抗日武裝力量，有權選出代表，參加和平會議及聯合國會議。

5. 請蔣委員長制止內戰，其辦法是解放區軍隊所包圍的敵偽，由解放區軍隊接受投降，國民黨軍隊所包圍的敵偽，由國民黨軍隊接受投降。

6. 立即召開各黨派會議，成立民主的聯合政府，實行一切政治、經濟等民主改革。[7]

　　綜觀朱德的這七道「命令」和六項要求，其企圖極為明顯，就是命令共軍全面出擊，破壞國家統一，破壞軍令系統，採取自由行動，收繳日偽武器，佔據及破壞交通要道，擴大其地盤，特別是依附俄、蒙軍隊，割據東北及熱、察、綏，分裂國家的統一，並繼續以「聯合政府」的口號，向國民政府展開政治鬥爭與顛覆活動。[8]雖然如此，據王世杰稱：抗戰勝利後，國民政府蔣中正主席一心一意求國內之和平統一，當時蔣主席召集中央黨政軍要人講話，謂抗戰八年，民生疾苦，達於極點，實不容再見國內戰亂，對於中共問題，只有循政治商談之方針，求其解決。[9]

二、試探與發起：國共雙方電文的往來

　　國民政府蔣主席為謀求以政治商談的方式解決中共問題，乃分別於1945年8月14日、20日、23日，三次致電毛澤東，邀其前來重慶，共商國是。毛澤東亦分別於8月16日、22日、24日，回電三封，最後同意赴渝商談。此國、共雙方往返的六封電文，乃研究重慶會談的重要文獻，

---

[7]　毛澤東，〈第十八集團軍總司令給蔣介石的兩個電報：二、八月十六日的電報〉（1945年8月16日），《毛澤東選集》，第四卷，第二版（北京：人民出版社，1991年），頁1144-1145；蔣中正，《蘇俄在中國》，六版（臺北：黎明文化出版社，1989年），頁107-108。

[8]　蔣中正，《蘇俄在中國》，六版（臺北：黎明文化出版社，1989年），頁108。

[9]　這段話是王世杰親口告訴王健民的，請參見王健民，《中國共產黨史》，第三編（臺北：漢京文化事業有限公司，1988年），頁475。

茲將其內容轉錄於次：

(一) 蔣中正第一封電文及毛澤東的覆電

8月14日，蔣中正發出第一封電文：「萬急，延安。毛澤東先生勛鑒：倭寇投降，世界永久和平局面，可期實現，舉凡國際國內各種重要問題，亟待解決，特請先生克日惠臨陪都，共同商討，事關國家大計，幸勿吝駕，臨電不勝迫切懸盼之至。蔣中正。八月十四日。」[10]

蔣中正的電報令毛澤東及其同志驚訝萬分。[11] 兩天後，即8月16日，毛澤東回電拒絕了蔣的邀請。毛澤東覆電電文如下：「重慶。蔣委員長勛鑒：未寒電悉。朱德總司令本日午有一電給你，陳述敝方意見，待你表示意見後，我將考慮和你會見的問題。毛澤東未銑。八月十六日。」[12]

從這封電報來判斷，當時毛澤東實無意與國民政府會談，而且不願意去見蔣委員長，因為中共已經提出國民政府所無法接受的「六項要求」。這封電報，被認為是在毛澤東給蔣中正的函電中，最不妥協的一次。但毛澤東隨後表示同意政府派代表至延安，顯示他並未完全拒絕恢復會談的建議。[13]

(二) 蔣中正第二封電文及毛澤東的第二封覆電

8月20日，蔣中正再致毛澤東第二封電文：「延安。毛澤東先生勛鑒：來電誦悉，期待正殷，而行旌遲遲未發，不無歉然。朱總司令電稱一節，似於現在受降程式未盡明瞭。查此次受降辦法，係由盟軍總部所規定，分行各戰區，均予依照辦理，中國戰區亦然，自未便以朱總司令之一

---

[10] 《中央日報》，重慶，1945年8月16日。

[11] 關中，《中國命運關鍵十年：美國與國共談判真相（1937-1947）》（臺北：天下遠見出版股份有限公司，2010年），頁222。

[12] 《大公報》，重慶，1945年8月21日。電文中所稱「朱德總司令本日午有一電給你，陳述敝方意見」，即指上文所述1945年8月16日朱德致電蔣委員長，所提出的六項要求。

[13] 美國駐華大使館二等祕書史帝文斯（Harry E. Stevens）在1945年8月18日，從西安把這個傳聞報告赫爾利。請參見關中，《中國命運關鍵十年：美國與國共談判真相（1937-1947）》（臺北：天下遠見出版股份有限公司，2010年），頁223。

電破壞我對盟軍共同之信守。朱總司令對於執行命令，往往未能貫徹，然事關對內妨礙猶小，今於盟軍所已規定者亦倡異議，則對我國家與軍人之人格將置於何地。朱總司令如為一愛國愛民之將領，只有嚴守紀律，恪遵軍令，完成我抗戰建國之使命。抗戰八年，全國同胞日在水深火熱之中，一旦解放，必須有以安輯之而鼓舞之，未可蹉跎延誤。大戰方告終結，內爭不容再有。深望足下體念國家之艱危，憫懷人民之疾苦，共同戮力，從事建設。如何以建國之功收抗戰之果，甚有賴於先生之惠然一行，共定大計，則受益拜惠，豈僅個人而已哉！特再馳電奉邀，務懇惠諾為感。蔣中正哿。八月二十日。」[14]

在這封電報中，蔣中正除再度邀請毛澤東前來共商建國大計外，並針對朱德在 8 月 16 日電文中提到「要求參與受降」事宜，提出答覆。而在此同時，美國也答覆了朱德對中共接受日本投降的權利要求，並呼籲中共與國民政府合作。蘇俄和英國在此事上皆贊同美國的意見，致使中共喪失其指責國民政府「獨佔」接受日本投降的理論基礎。[15] 此一發展影響了中共的態度，8 月 22 日，毛澤東覆電蔣委員長，為團結計願意派周恩來前往談判。

毛澤東的第二封覆電如下：「重慶。蔣委員長勛鑒：從中央社新聞電中，得讀先生復電，茲為團結大計，特先派周恩來同志前來晉謁，希予接洽，為懇。毛澤東未養。八月二十二日延安。」[16]

與第一通電文相較，毛澤東這次的電文不但溫和，而且帶有謙恭的意味，可見當時毛已經感受到國際的壓力，尤其是美蘇兩強的態度，更讓毛

---

[14] 《中央日報》，重慶，1945 年 8 月 21 日。

[15] 請參見關中，《中國命運關鍵十年：美國與國共談判真相（1937-1947）》（臺北：天下遠見出版股份有限公司，2010 年），頁 223-224。另，蘇俄領袖史達林也曾致電中共中央，要求毛澤東去重慶同蔣談判，「尋求維持國內和平的協議，走和平發展的道路」，否則「中華民族有毀滅的危險」。毛澤東卻說：「我就不信，人民為了翻身搞鬥爭，民族就會滅亡。」不過，毛澤東最後還是去了重慶，與蔣會談。請參見重慶市委黨史工作委員會編，《重慶談判紀實》（重慶市：重慶出版社，1983 年），頁 15-17。

[16] 《大公報》，重慶，1945 年 8 月 25 日。

感覺到「我黨面前困難甚多，不可忽視」。[17] 但毛澤東可能基於自身安全的考量，或是認為斯時並無親自出席的必要，惟有當周恩來在談判中獲得進展後，再由他自己出面，將會更具意義，因此仍拒絕親自前往會談。

(三) 蔣中正第三封電文及毛澤東決定赴渝

8 月 23 日，蔣中正發出第三次電報：「延安。毛澤東先生勛鑒：未養電誦悉，承派周恩來先生來渝洽商，至為欣慰。惟目前各種重要問題，均待與先生面商，時機迫切，仍盼先生能與恩來先生惠然偕臨，則重要問題，方得迅速解決，國家前途實利賴之。茲已準備飛機迎迓，特再馳電速駕！蔣中正梗。八月二十三日。」[18]

電文中除表示歡迎周恩來，但更希望毛澤東能親自前來，以便能夠「迅速解決重要問題」。這次毛澤東因為日前已得赫爾利的安全保證，終於同意前往重慶，與蔣「共商和平建國之大計」。

毛澤東的第三封覆電為：「特急，重慶。蔣介石先生勛鑒：梗電誦悉。甚感盛意。鄙人亟願與先生會見，共商和平建國之大計，俟飛機到，恩來同志立即赴渝進謁，弟亦準備隨即赴渝。晤教有期，特此奉復。毛澤東敬。二十四日。」[19]

此次發電，毛澤東已得到赫爾利將親赴延安護送的保證，安全上的顧慮已大為降低，故電文中不再稱蔣中正為委員長，而以「先生」相稱，在沒有「職務上相互隸屬」的心理認知下，決心前往重慶，和國民政府進行「針鋒相對」[20] 的「和平談判」了。

---

[17] 毛澤東，〈中共中央關於同國民黨進行和平談判的通知〉（1945 年 8 月 26 日），《毛澤東選集》，第四卷，第二版（北京：人民出版社，1991 年），頁 1155。

[18] 《中央日報》，重慶，1945 年 8 月 25 日。

[19] 《大公報》，重慶，1945 年 8 月 26 日。

[20] 毛澤東，〈關於重慶會談〉（1945 年 10 月 17 日），《毛澤東選集》，第四卷，第二版（北京：人民出版社，1991 年），頁 1159。毛澤東在文中提到：「針鋒相對」，要看形勢。有時候不去談，是針鋒相對；有時候去談，也是針鋒相對。從前不去是對的，這次去也是對的，都是針鋒相對。

三、中共對參加會談的解釋及其隱含的真實目的

　　8月25日，即毛澤東覆電蔣委員長的次日，為了解釋其戰略的轉變，毛澤東以中共中央的名義，發表了〈對目前時局的宣言〉，指出：「抗戰勝利了！新的和平建設時期開始了！」中共願意與中國國民黨及其他民主黨派，「努力求得協議，以期各項緊急問題得到迅速的解決，並長期團結一致，徹底實現孫中山先生的三民主義。」中共所謂「緊急問題」，共有六項。如何解決這些問題？中共在該〈宣言〉中，提出如下的主張：

1. 承認中國解放區的民選政府和抗日軍隊，撤退包圍與進攻解放區的軍隊，以便立即實現和平，避免內戰。
2. 劃定八路軍、新四軍及華南抗日縱隊，接受日軍投降的地區，並給予他們以參加處置日本的一切工作的權利，以昭公允。
3. 嚴懲漢奸，解散偽軍。
4. 公平合理的整編軍隊、辦理復員，救濟難胞，減輕賦稅，以蘇民困。
5. 承認各黨派合法地位，取消一切妨礙人民集會、結社、言論、出版自由的法令，取消特務機關，釋放愛國政治犯。
6. 立即召開各黨派和無黨派代表人物的會議，商討抗戰結束後的各項重大問題，制定民主的施政綱領，結束訓政，成立舉國一致的民主的聯合政府，並籌備自由無拘束的普選的國民大會。[21]

　　再次日，即8月26日，毛澤東前往重慶的前兩天，中共中央又發表了一份黨內通知，說明中共中央關於和平談判的方針，在談判中準備作出的某些讓步，以及對談判結果的可能情況的對策，並分別對中共在華北、華東和華中、華南各「解放區」的鬥爭作了原則的指示，要求中共黨員、幹部及共軍絕對不要因為談判而放鬆對國民黨和國民政府的警惕和鬥爭。[22]

---

[21] 〈中共中央對目前時局的宣言〉（1945年8月25日），《重慶談判資料》（成都：四川人民出版社，1980年），頁2-3；另請參閱王健民，《中國共產黨史》，第三編（臺北：漢京文化事業有限公司，1988年），頁483-484。

[22] 毛澤東，〈中共中央關於同國民黨進行和平談判的通知〉（1945年8月26日），《毛澤東選集》，第四卷，第二版（北京：人民出版社，1991年），頁1152-1155。

　　從重慶會談前中共所發出的這兩份重要文件當中，吾人可以發現，中共之所以參加重慶會談，其主要目的是，企圖通過談判取得「政治上的主動地位」，取得「國際輿論和國內中間派的同情」，並取得中共黨的「合法地位」。中共甚至還言明要採取「合法鬥爭的一切方法」，要利用國民黨內部的矛盾，「爭取多數，反對少數，各個擊破」。中共並指示其黨員幹部「絕對不要依靠談判」，而「必須依靠自己手裡的力量」。至於中共在談判前所提出的主張，如「承認中國解放區的民選政府和抗日軍隊」，「承認各黨派合法地位」，「立即召開各黨派和無黨派代表人物的會議」，成立「民主的聯合政府」等，無非是要爭取合法地位，參加聯合政府，以便公然發展組織，壯大力量，創造與國民黨對抗，進而奪取整個政權的有利條件。

四、重慶會談的經過

㈠ 毛澤東抵渝

　　8 月 27 日，美國駐華大使赫爾利偕同國民政府張治中將軍從重慶九龍坡機場飛往延安，俾陪同毛澤東及其隨員來渝，與國民政府蔣主席及國民政府代表進行會談。8 月 28 日上午十一時，赫爾利與張治中陪同毛澤東與中共談判代表周恩來、王若飛等九人從延安起飛，當日下午三點四十五分抵達重慶九龍坡機場，[23] 這是毛澤東生平第一次搭乘飛機。當時到機場歡迎的有蔣中正的代表周至柔、國民參政會祕書長邵力子、副祕書長雷震、民盟主席張瀾，及沈鈞儒、左舜生、章伯鈞、陳銘樞、譚平山、黃炎培、冷御秋、郭沫若等人。[24] 毛澤東下機後，在機場曾向中外記者發表簡短談話如下：

　　本人此次來渝，係應國民政府主席蔣介石先生之邀請，商討團結建國大計。現在抗日戰爭已經勝利結束，中國即將進入和平建設時

---

[23] 余湛邦，《我所親歷的三次國共談判》（北京：中國社會科學出版社，2004 年），頁 2。

[24] 《新華日報》，重慶，1945 年 8 月 29 日。

期，當前時機極爲重要。目前最迫切者，爲保證國內和平，實施民主政治，鞏固國內團結。國內政治上、軍事上所存在的各項迫切問題，應在和平、民主、團結的基礎上加以合理解決，以期實現全國之統一，建設獨立、自由與富強的新中國。希望中國一切抗日政黨及愛國志士團結起來，爲實現上述任務而共同奮鬥。本人對於蔣介石先生之邀請，表示謝意。[25]

毛澤東在機場發表這篇冠冕堂皇的談話之後，即乘車進城，當天及隔天（29 日）住在山洞林園（林森公館），第三日即搬住紅岩村中共的辦事處。由於紅岩地處偏僻，上下山石階太多，路不好走，對來客不方面，於是又由周恩來商借張治中官邸（上清寺桂園中山四路十八號），作爲會客、工作、休息之所。在四十三天的談判中，毛澤東除了頭尾三天（8 月 28 日、29 日及 10 月 10 日）在林園外，其活動以桂園爲中心，晚上回到紅岩村歇息。[26]

另據當時擔任毛澤東警衛的顏太龍回憶：8 月 28 日，毛澤東抵達重慶並住進林森公館之前，周恩來特別交代中共的工作人員仔細檢查屋內各個角落，是否放有炸彈和燃燒品等。工作人員於檢查完畢後向周恩來報告，周還不放心，又親自仔細檢查，除主要地方外，連床上床下及枕頭都看，並在椅子上坐一坐，然後才讓毛澤東進去。[27] 由此可見毛、周在重慶時的多疑與小心之一斑。

8 月 28 日晚間八點三十分，國民政府主席蔣中正在山洞官邸設宴招待毛澤東、周恩來及王若飛，被邀作陪的有赫爾利大使、魏德邁將軍，及張群、王世杰、邵力子、陳誠、張治中、吳國禎、周志柔、蔣經國等人。

25 〈毛澤東到重慶在飛機場的談話〉（1945 年 8 月 28 日），《重慶談判資料》（成都：四川人民出版社，1980 年），頁 9。
26 余湛邦，《我所親歷的三次國共談判》（北京：中國社會科學出版社，2004 年），頁 3-6。
27 顏太龍，〈重慶談判〉，《重慶談判資料》（成都：四川人民出版社，1980 年），頁 129-130。

席間，蔣主席和毛澤東曾相繼致詞。[28] 這是自 1927 年後 18 年來，蔣中正和毛澤東第一次會見，蔣主席特告以此次重慶會談，任何問題皆可坦白提出，盡量發表意見。

㈡ 四個階段的會談

　　重慶會談，自 8 月 29 日正式開始，至 10 月 10 日發表〈會談紀要〉止，其間持續達四十三天。重慶會談期間，除蔣中正與毛澤東有多次直接會談外，國、共雙方還派出代表就各項問題進行一連串的談判。國民政府代表爲王世杰、張羣、張治中、邵力子等四人，中共代表爲周恩來與王若飛二人。

　　據政府代表邵力子於重慶會談後，在政治協商會議上報告國共會談經過時指出，重慶會談的過程約可分爲四個階段：

1. 最初四天的連續談話，是第一階段，當時中共方面有一個意見，即先培養談話的良好情緒，政府方面同意這個意見，因爲過去不幸的事情太多，不先有良好的情緒，就談各種具體問題，解決一定很困難，所以在頭四天中，國共雙方充分交換了意見。

2. 從 9 月 4 日至 21 日共有八次會談，這可說是第二階段，在這階段中談實際問題，有時每天都談，有時隔一兩天談，9 月 10、11、12 這三日就每天都談，本來 21 日可以發表公報，但因對地方政權問題，中共堅持主張，沒有得到協議，結果未能發表公報，當時的情形，幾乎使會談擱淺。

3. 9 月 27 日起又開始商談，到 10 月 5 日止，共有四次會談，這可說是第三階段，在這階段中，雙方又充分交換意見，但還有得不到同意的，而毛澤東因耽擱的日子已相當長久，有即回延安之必要，蔣主席表示毛澤東隨時可以回延安，因照當時的情形，公報幾乎仍舊不能發佈。

4. 在會談紀要公佈的前幾天，即 10 月 6 日至 10 日，可以說是第四階段，雙方繼續就若干難以解決的問題，充分交換意見。[29]

---

28 〈蔣介石歡宴毛澤東同志、國共兩黨領袖晤談〉，《新華日報》，重慶，1945 年 8 月 30 日。

29 邵力子，〈政府與中共代表會談經過〉（1946 年 1 月 12 日在政治協商會議第三次會議

　　國、共雙方在重慶進行會談時，整個過程並沒有公開，只每天發表一個簡單的消息。據邵力子事後表示，這是雙方認爲有些必要，因爲要在會談中培養良好的情緒，避免不必要的刺激。邵力子說：國、共雙方在會談中是無話不說，有時也爭到面紅耳赤，甚至筋脈僨張，但不久仍能恢復到和諧的情形，假若談話情形公開，也許有人會斷章取義，驟加指摘，將影響會談者的心理，在會談時有了拘束，不敢盡量發言。所以，國共雙方約束：「到有結果時候，一定將內容公佈於社會，而在會談中則暫不發表。」[30]

　　關於談判進行中對外保密的問題，中共代表周恩來於談判結束後也曾作如下的說明：重慶會談的過程中，不能把每次商談內容公開，常受各方面詢問，乃至輿論上的責難，我們完全諒解。因爲我們所商談的，關於國家人民的利益，各方應該關心，不知道時應該責難；不過商談的雙方，想把事情辦好，談好才公佈，不能隨時公佈，也是當事雙方的苦心。[31]

　　重慶會談從 8 月 29 日正式開始，國民政府主席蔣中正、國府代表王世杰、張羣、張治中、邵力子，與中共中央主席毛澤東、中共代表周恩來、王若飛在重慶山洞林園進行初步商談。蔣主席爲重慶會談擬定談判三原則：

1. 不得於現在政府法統之外來談改組政府問題；
2. 不得分期或局部解決，必須限時整個解決一切問題；
3. 歸結於政令、軍令之統一，一切問題必須以此爲中心。

　　此後，雙方人員展開四個階段的談判，解決了若干的問題，但也有些歧見難以化解，其中以「解放區」的問題，以及重劃受降區所牽涉的國軍進兵問題，始終無法達成協議。（請參閱附表 11-1：「重慶會談」國共雙方所提方案對照表。中共方案共十一項，爲 9 月 3 日由周恩來、王若飛向政府提出的談判方案；政府對案則是根據蔣主席的指示，以及王世杰、

　　上的報告），《重慶談判紀實》（重慶市：重慶出版社，1983 年），頁 358-359。
[30] 邵力子，〈政府與中共代表會談經過〉（1946 年 1 月 12 日在政治協商會議第三次會議上的報告），《重慶談判紀實》（重慶市：重慶出版社，1983 年），頁 360。
[31] 周恩來，〈國共會談經過〉（1946 年 1 月 12 日在政治協商會議第三次會議上的報告），《重慶談判紀實》（重慶市：重慶出版社，1983 年），頁 354。

表 11-1　「重慶會談」國共雙方所提方案對照表

中共方案	政府對案
一、確定和平建國方針，以和平、民主、團結為統一的基礎，實行三民主義。	和平建國自為共同不易之方針，實行三民主義亦為共同必遵之目的；至民主與統一必須並重，民主固為統一的基礎，統一亦必為民主的基礎。
二、擁護蔣主席之領導地位。	擁護蔣主席之領導地位，承明白表示，甚佩。
三、承認各黨派合法平等地位，並長期合作和平建國。	各黨派在法律之前平等，本為憲政常軌，今可即行承認。曾承說明「平等非均等」與「長期合作和平建國」之旨，甚佩。
四、承認解放區政權和抗日部隊。	「解放區」名詞應成過去，政府至多只能作下列之然諾：收復區原任抗戰行政工作人員，政府可依其工作能力及成績，酌量使其繼續為國家服務，不因黨派關係而有所歧視。
五、嚴懲漢奸，解散偽軍。	此在原則上絕無問題，惟懲治漢奸必依法律行之，解散偽軍亦須用妥慎辦法，以免影響當地安寧。
六、重劃受降地區，中共應參加受降工作。	參加受降工作，在已接受中央命令後，自可考慮。
七、停止一切武裝衝突，令各部隊暫留原地待命。	一切武裝衝突，自須即行停止，惟中央部隊前往各地接收，不能專賴空運，在必要時，中共軍隊不應阻止其通過。
八、結束黨治過程中，迅速採取必要措施，實行政治民主化、軍隊國家化、黨派平等合作。	此條僅舉原則，自無問題。
九、政治民主化之必要辦法： ㈠政治會議即黨派協商會議以各黨派代表及若干無黨派人士組成之，由國民政府召集，討論事項如下： 1. 和平建國大計。 2. 民主實施綱領。	㈠政治會議之組織，或如蔣主席與毛澤東先生所談：現在戰事已完，擬將國防最高委員會改組為政治會議，由各黨各派選任人員參加共同參與政治；或如毛先生與雪艇先生（按：王世杰字雪艇）所談：「由蔣主席約集其他黨派人士及

中共方案	政府對案
3. 各黨派參加政府問題。 4. 重選國民大會。 5. 復員善後問題。	無黨無派者若干人，（名額及人選可由蔣主席酌定）與政府及中共代表開一會議，以極短時間通過政府與中共所商談之結果。此一會議即可名之為政治會議，不必常開會，有必要時始召集」；可再商談決定。至其討論事項，似可不必預為規定。關於國民大會問題，蔣主席曾謂「已選出之代表仍應有效，但其名額可使之合理增加和合法解決」；毛先生曾表示「如政府堅持舊代表必須有效，則中共不能與政府協商，但可不因是而不出席國民大會」；吾人可再繼續商談並據以提出於政治會議。
(二) 確定省縣自治，實行普選，其程式應由下而上。	(二) 在此原則上甚同意，惟希望不以此影響國民大會。
(三) 解放區解決辦法： 1. 陝甘寧邊區（王若飛親筆加）、山西、山東、河北、熱河、察哈爾五省主席及委員由中共推薦。 2. 綏遠、河南、安徽、江蘇、湖北、廣東六省由中共推薦副主席。 3. 北平、天津、青島、上海四直轄市由中共推薦副市長。 4. 參加東北行政組織。	(三) 「解放區」問題，已如第四項所答覆。中共對於其抗戰卓著勤勞且在政治上有能力之同志，可提請政府決定任用；蔣主席與毛先生談「只要中共方面對於軍令政令之統一，能真誠作到，則不僅各縣行政人員，中央經過考核，可以酌予任用，即省行政人員主席，亦必本用人惟才之旨，延引中共人士參加。」其指示極為明白。倘必指定由中共推薦某某省主席及委員，某某省市副主席、副市長，則即非「真誠作到軍令政令統一」，希望以革命者精誠坦白之精神與態度，解決此一問題。
(四) 實施善後緊急救濟。	(四) 此為政令統一後必然應辦之事。
十、軍隊國家化之必要辦法： (一) 公平合理整編全國軍隊，分期實施，中共部隊改編為十六個軍四十八個師。 (二) 重劃軍區，實施征補制度，中共軍隊集	(一) 關於軍隊整編問題，蔣主席已與毛先生面談：「現在抗戰結束，全國軍隊均需縮編，情勢已與去歲國民參政會開會時不同，但於當時所作可將中共軍隊編為

中共方案	政府對案
中淮河流域（蘇北、皖北）及隴海路以北地區（即中共現駐地區）。 ㈢保障整編後各級官佐。 ㈣參加軍事委員會及其所屬各部工作。 ㈤設北平行營及北平政治委員會由中共推薦人員分任。 ㈥安置編餘官佐。 ㈦解放區民兵由地方編作自衛隊。 ㈧實行公平合理之補給制度。 ㈨確定政治教育計劃。	十個至十二個師之諾言仍然有效，必當負責做到。」全國軍隊縮編情形，亦迭經文白、辭修諸先生面告；故十二個師實已為可允許之最高限度，務望鄭重考慮。 ㈡中共軍隊駐地問題，可由中共方面提出方案，討論決定，於依令編組後實施。 ㈢㈣㈥㈧㈨均無問題，其詳細辦法，倘中共有意見，均可提出商談。㈤北平行營主任，不宜規定由中共推薦，北平政治委員會之設置，更不相宜。㈦只能視地方情勢，有必要與可能時，酌量編制，不宜作一般之規定。
十一、黨派平等合作之必要辦法： ㈠釋放政治犯。 ㈡保障各項自由，取消一切不合理的禁令。 ㈢取消特務機關（中統、調統等）。	㈠政府準備自動辦理，中共可將應釋放之人提出名單。 ㈡雪艇先生曾提出文字：「抗戰結束後，關於身體信仰言論出版集會結社等事，當給予人民以一般民主國家人民在平時所享有之自由，現行法令當依此原則分別予以廢止或修正」；已得毛先生贊同。 ㈢此項可贊同周恩來先生之意，只辦情報，嚴禁有逮捕拘禁等行為。

資料來源：張九如，《和談覆轍在中國》（臺北：作者出版，1968年），頁71~73、頁75~77。

毛澤東在9月2日的會談內容為基礎，逐一提出的政府方案。事實上，政府的對案便是對中共草案的答覆。）

　　從10月8日開始，至10月10日為止，會談進入最後一個階段，「雙方繼續就若干難以解決的問題，充分交換意見。」由於政府代表的努力，雙方在最後兩個棘手的問題，終於達成一項折衷方案，將無法解決的「解放區」問題留待會後繼續討論，如仍不能產生結果，則提政治協商會議解

決。國民政府並同意中共建議，將受降地區進兵問題刪掉，不列入〈會談紀要〉，於是才能順利完成〈會談紀要〉的簽署和發佈。

10月10日，為會談的最後一天，下午，王世杰、邵力子、張治中與周恩來、王若飛，在桂園客廳進行簡單的商談後，共同簽署了〈國民政府與中共代表會談紀要〉。晚上，毛澤東、周恩來、王若飛赴山洞林園蔣中正官邸辭行，並就政治會議和國民大會問題與蔣主席商談。毛澤東提出延緩召開政治會議，於明年召開國民大會。蔣主席告以，如政治會議能在今年11月召開，則召開國民大會問題可以考慮。

10月11日早晨，蔣主席與毛澤東作最後一次商談，這也是國、共兩黨領袖在大陸的最後一次面談，直到60年後的「連胡會」（2005年），兩黨領袖才又再度見面。蔣主席表示，關於「解放區」問題，國民政府絕不能再作讓步。毛澤東則告以，他返回延安後，周恩來、王若飛將續留重慶與政府代表進行商談，以使〈會談紀要〉未予解決之問題，能在召開政治會議之前得到解決。

九點三十分，蔣主席再度指派張治中護送毛澤東返回延安，陳誠代表蔣中正到機場送行。登上飛機前，毛澤東在九龍坡機場向中外記者發表簡短談話，表示：中國問題是可以樂觀的；困難是有的，但是可以克服。[32]

至此，國共重慶會談乃告結束。

五、〈會談紀要〉的內容

國共雙方經一連串會談後，於1945年10月10日共同簽署了〈國民政府與中共代表會談紀要〉共十二項，因是日正逢中華民國國慶紀念日，故又稱〈雙十協定〉。此份〈會談紀要〉是中國現代史上重要的文獻，其全文如下：

---

[32] 以上會談經過，詳見重慶市委黨史工作委員會編，《重慶談判紀實》（重慶市：重慶出版社，1983年），頁189-228；或請參見余湛邦，《我所親歷的三次國共談判》（北京：中國社會科學出版社，2004年），頁25-46。

　　中國國民政府蔣主席於抗戰勝利後，邀請中國共產黨中央委員會主席毛澤東先生，商討國家大計。毛先生於八月二十八日應邀來渝，進見蔣主席，曾作多次會談；同時雙方各派出代表，政府方面為王世杰、張羣、張治中、邵力子四先生，中共方面為周恩來、王若飛兩先生，迭在友好和諧的空氣中進行商談，已獲得左列之結果，並仍將在互信互讓之基礎上，繼續商談，求得圓滿之解決。茲特發表會談紀要如下：

1. 關於和平建國的基本方針：一致認為中國抗日戰爭業已勝利結束，和平建國的新階段，即將開始，必須共同努力，以和平、民主、團結、統一為基礎，並在蔣主席領導之下，長期合作，堅決避免內戰，建設獨立、自由和富強的新中國，徹底實行三民主義。雙方又同認蔣主席所倡導之政治民主化、軍隊國家化及黨派平等合法，為達到和平建國必由之途徑。

2. 關於政治民主化問題：一致認為應迅速結束訓政，實施憲政，並應先採必要步驟，由國民政府召開政治協商會議，邀集各黨派代表及社會賢達協商國是，討論和平建國方案及召開國民大會各項問題。現雙方正與各方洽商政治協商會議名額、組織及其職權等項問題，雙方同意一俟洽商完畢，政治協商會議即應迅速召開。

3. 關於國民大會問題：中共方面提出重選國民大會代表，延緩國民大會召開日期及修改國民大會組織法、選舉法和「五五憲法草案」等三項主張；政府方面表示，國民大會已選出之代表，應為有效，其名額可使之合理的增加和合法的解決，五五憲法草案原曾發動各界研討，貢獻修改意見；因此雙方未能成立協議。但中共方面聲明，中共不願見因此項問題之爭論而破裂團結，同時雙方均同意將此問題提交政治協商會議解決。

4. 關於人民自由問題：一致認為政府應保證人民享受一切民主國家人民在平時應享受身體、信仰、言論、出版、集會結社之自由，現行法令，當依此原則，分別予以廢止或修正。

5. 關於黨派合法問題：中共方面提出，政府應承認國民黨、共產黨及一切黨派的平等合法地位；政府方面表示，各黨派在法律之前平等，本為憲政常軌，今可即行承認。

6. 關於特務機關問題：雙方同意政府應嚴禁司法和員警以外機關，有拘捕、審訊和處罰人民之權。

7. 關於釋放政治犯問題：中共方面提出，除漢奸以外之政治犯，政府應一律釋放；政府方面表示，政府準備自動辦理，中共可將應釋放之人提出名單。

8. 關於地方自治問題：雙方同意各地應積極推行地方自治，實行由下而上的普選，惟政府希望不以此影響國民大會之召開。

9. 關於軍隊國家化問題：中共方面提出，政府應公平合理地整編全國軍隊，確定分期實施計劃，並重劃軍區，確定徵補制度，以謀軍令之統一。在此計劃下，中共願將其所領導的抗日軍隊由現有數目縮編至二十四個師至少二十個師的數目，並表示可迅速將其所領導而散佈在廣東、浙江、蘇南、皖南、皖中、湖南、湖北、河南（豫北不在內）八個地區的抗日軍隊著手復員，並從上述地區逐步撤退應整編的部隊至隴海路以北及蘇北、皖北的解放區集中；政府方面表示，全國整編計劃正在進行，此次提出商談之各項問題，果能全盤解決，則中共所領導的抗日軍隊縮編至二十個師的數目，可以考慮。關於駐地問題，可由中共方面提出方案，討論決定。中共方面提出，中共及地方軍事人員應參加軍事委員會及其各部的工作，政府應保障人事制度，任用原部隊人員為整編後的部隊的各級官佐，編餘官佐，應實行分區訓練，設立公平合理的補給制度，並確定政治教育計劃；政府方面表示，所提各項均無問題，亦願商談詳細辦法。中共方面提出，解放區民兵應一律編為地方自衛隊；政府方面表示，只能視地方情勢有必要與可能時，酌量編置。為具體計劃本項所述各問題起見，雙方同意組織三人小組（軍令部、軍政部及第十八集團軍各派一人）進行之。

10. 關於解放區地方政府問題：中共方面提出，政府應承認解放區各級民選政府的合法地位；政府方面表示，解放區名詞在日本無條件投降以後，應成為過去，全國政令必須統一。中共方面開始提出的方案為，依照現有十八個解放區的情形，重劃省區和行政區，並即以原由民選之各級地方政府名單呈請中央加委，以謀政令之統一；政府方面表示，重劃省區

變動太大，必須通盤籌劃，非短時間所能決定。同時政府方面表示，依據蔣主席曾向毛先生表示，在全國軍令政令統一以後，中央可考慮中共所薦之行政人選，收復區內原任抗戰行政工作人員，政府可依其工作能力與成績，酌量使其繼續為地方服務，不因黨派關係而有所差別。於是中共方面提出第二種解決方案，請中央於陝甘寧邊區及熱河、察哈爾、河北、山東、山西五省委任中共推選之人員為省府主席及委員，於綏遠、河南、江蘇、安徽、湖北、廣東六省，委任中共推選之人為省府副主席及委員（因以上十一省或有廣大解放區，或有部分解放區），於北平、天津、青島、上海四特別市，委任中共推選之人為副市長，於東北各省容許中共推選之人參加行政。此事討論多次後，中共方面對上述提議，有所修改，請委任省府主席及委員者，改為陝甘寧邊區及熱、察、冀、魯四省，請委省府副主席及委員者，改為晉、綏兩省，請委副市長者改為平、津、青島三特別市。政府方面對此表示，中共對於其抗戰卓著勤勞，且在政治上具有能力之同志，可提請政府決定任用，倘要由中共推薦某某省主席及委員，某某省副主席等，則即非真誠做到軍令政令之統一。於是中共方面表示，可放棄第二種主張，改提第三種解決方案，由解放區各級民選之政府，重新舉行人民普選，在政治協商會議派員監督之下，歡迎各黨派、各界人士還鄉參加選舉，凡一縣有過半數區鄉已實行民選者，即舉行縣級民選，凡一省或一行政區有過半數縣已實行民選者，即舉行省級或行政區級民選，選出之省區縣級政府，一律呈請中央加委，以謀政令之統一。政府方面表示，此種省區加委方式乃非謀政令之統一，惟縣級民選加委，可以考慮，而省級民選須待憲法頒佈，省的地位確定以後，方可實施，目前只能由中央任命之省政府前往各地接管行政，俾即恢復常態。至此中共方面提出第四種解決方案，各解放區暫維現狀不變，留待憲法規定民選省級政府實施後，再行解決，而目前則規定臨時辦法，以保證和平秩序之恢復。同時中共方面認為可將此項問題，提交政治協商會議解決。政府方面則以政令統一，必須提前實現，此項問題久懸不決，慮為和平建設之障礙，仍亟盼能商得具體解決方案。中共方面表示同意繼續商談。

11. 關於奸偽問題：中共方面提出嚴懲漢奸，解散偽軍；政府方面表示，此在原則上自無問題，惟懲治漢奸要依法律行之，解散偽軍亦須妥慎辦理，以免影響當地安寧。

12. 關於受降問題：中共方面提出，重劃受降地區，參加受降工作；政府方面表示，參加受降工作，在已接受中央命令之後，自可考慮。

中華民國三十四年國慶紀念日於重慶

王世杰　　張　羣[33]　張治中

邵力子　　周恩來　王若飛[34]

六、重慶會談的檢討

　　這份〈會談紀要〉是由邵力子負責起草，經雙方代表充分討論後公佈的。據邵力子在政治協商會議上的報告指出：〈會談紀要〉初稿原有十三項，最後一項的原文是「關於避免衝突問題，中共方面提出，停止一切武裝衝突，各部隊暫留原地待命；政府方面表示：一切武裝衝突自須即行停止，只要中共部隊對中央部隊之行進不加阻止，即無問題。」這因為中共最初要求進兵，中央即明白答復，中央部隊為受降前進，中共不應阻止。最後，紀要稿寫成如上的文字，但到〈會談紀要〉快發表的時候，中共主張刪去這一項，中央也表同意。[35] 這項刪除，使得〈會談紀要〉發表以後，國、共軍事衝突隨之發生，並且日益擴大。十分明顯的，中共是不願受到〈會談紀要〉在這方面的約束，俾能保留其任意調動軍隊的權利。

　　關於此點，周恩來在政治協商會議上的報告也指出：在彼此商談中，還有幾個主要問題，彼此認為不必發表，因其尚未解決，要留待以後商量。例如：關於進兵問題，政府軍隊要求開赴一切敵佔區受降，中共方面

---

[33] 張羣在最後一次會議並未出席，特在文件上留下一個空格，於事後補簽。

[34] 〈國民政府與中共代表會談紀要〉（1945年10月10日），《重慶談判紀實》（重慶市：重慶出版社，1983年），頁250-254。

[35] 邵力子，〈政府與中共代表會談經過〉（1946年1月12日在政治協商會議第三次會議上的報告），《重慶談判紀實》（重慶市：重慶出版社，1983年），頁360。

則要求有些原來由中共領導的武裝在那裡活動已經解放了的敵佔地區，或已由中共領導的武裝包圍的敵佔地區，希望在受降問題解決之前，雙方部隊都暫駐原地不進。因彼此未能同意，所以〈會談紀要〉沒有列入。周恩來認為，〈會談紀要〉公佈後，繼續衝突的擴大，其根源即在於此。[36]

　　重慶會談結束後，毛澤東隨即於 10 月 11 日上午搭機離渝飛返延安。離渝前三天，毛澤東在張治中為他舉辦的「歡送會」上曾發表演說。毛說：「中國今天只有一條路，就是和，和為貴，其他的一切打算都是錯的。」又說：「大家一條心，不作別的打算」；「國共兩黨與各黨各派團結一致，不怕困難，不管困難有多大，在和平民主團結統一的方針下，在蔣主席領導下，在徹底實現三民主義的方針下，一切困難都是可以克服的。」[37]

　　毛澤東於離渝前，口頭上雖說他不作「其他打算」，不作「別的打算」，但當他返回延安後，卻立即轉變態度，立即作「其他打算」，作「別的打算」。他的打算是什麼呢？這可從毛澤東的言論及中共的作為得到答案。就在毛澤東從重慶返回延安後不久，他於 10 月 17 日在延安幹部會上作〈關於重慶談判〉的報告時坦承：「我們的方針也是老早定了的，就是針鋒相對，寸土必爭。」「『針鋒相對』，要看形勢。有時候不去談，是針鋒相對；有時候去談，也是針鋒相對。從前不去是對的，這次去也是對的，都是針鋒相對。」毛澤東更明白指出，中共對〈會談紀要〉的看法是：「解放區的問題沒有解決，軍隊的問題實際上也沒有解決。已經達成的協議，還只是紙上的東西。紙上的東西並不等於現實的東西。」因此，毛澤東指示中共幹部：「人民的武裝，一枝槍、一粒子彈，都要保存，不能交出去。」「我們和全體人民團結起來，共同努力，一定能夠排除萬難，達到勝利的目的。」[38] 毛澤東此處所謂「人民的武裝」，就是指

[36] 周恩來，〈國共會談經過〉（1946 年 1 月 12 日在政治協商會議第三次會議上的報告），《重慶談判紀實》（重慶市：重慶出版社，1983 年），頁 350-351。
[37] 〈毛澤東在張治中舉行的歡送會上發表的演說〉（1945 年 10 月 8 日），《新華日報》，重慶，1945 年 10 月 9 日。
[38] 毛澤東，〈關於重慶會談〉（1945 年 10 月 17 日），《毛澤東選集》，第四卷，第二版（北京：人民出版社，1991 年），頁 1156-1163。

「中共」的武裝；而所謂的「勝利」，自然就是指中共武裝奪權的勝利了。重慶〈會談紀要〉，墨瀋未乾，而毛澤東之言論，即已如此，可見其根本無遵行〈紀要〉之誠意。

再看中共的實際作為。為期四十三天的重慶會談，吸引了全國的視線，也掩蔽了共軍的實際行動。據重慶《新華日報》10 月 17 日的報導，從 9 月 11 日至 10 月 11 日，各地共軍佔據城市二百座：在膠濟、津浦、隴海、平綏、北寧、德石、平漢、道清各路上，都控制若干據點，妨害華北和華中的交通要道；並威脅了山海關到杭州的海岸線，自垣曲到武陟的黃河沿岸，及蘇、皖兩省的長江沿岸和運河線。[39]

另據蔣中正在《蘇俄在中國》一書中指出，是時，中共的主要企圖是妨害國軍到華北受降，特別是阻止國軍到東北接收主權。這個期間，中共還做了以下一些破壞的事情：

1. 破壞交通，尤以北方各鐵路的幹支線，遭受共軍破壞的情形，最為嚴重。
2. 決潰黃汎堤，造成河南省太康一帶數百里的災區。
3. 炸毀及拆毀河北、山西及河南的礦場。
4. 焚燬及搗毀工廠，單是山西一省，大小工廠被其破壞五百餘家。
5. 燒平村鎮，江蘇、山東、河南等省到處都發生這種暴行。
6. 屠殺人民，張家口附近崇禮的屠城，尤為慘酷。
7. 強拉壯丁，凡共軍到過的地方，十五至四十五歲的男子都被迫「參軍」。
8. 擴大地盤，自 9 月至 12 月，中共佔據的所謂「解放區」，已由七十縣擴大為二百餘縣。
9. 濫發「抗幣」和「邊幣」等偽幣，強迫人民使用，破壞國家的幣制。[40]

---

[39] 轉引自蔣中正，《蘇俄在中國》，六版（臺北：黎明文化出版社，1989 年），頁 115。
[40] 蔣中正，《蘇俄在中國》，六版（臺北：黎明文化出版社，1989 年），頁 116-117。

第二節　政治協商會議

一、會議進行概要

　　依重慶會談簽署的〈會談紀要〉第二項之規定：為迅速結束訓政，實施憲政，國民政府應召開「政治協商會議」，邀集各黨派代表及社會賢達協商國是，討論和平建國方案及召開國民大會各項問題（請參閱上節、伍）。國民政府原決定於 1945 年 11 月 12 日召開這項會議，後因國共雙方軍隊的衝突無法停止，致使會議不得不延期召開。至 1946 年初，在馬歇爾的調停下，國、共雙方於 1 月 5 日達成關於停止國內軍事衝突辦法的協議，並於 1 月 10 日發表關於停止衝突、恢復交通的命令與聲明，本會議乃得於 1 月 10 日在重慶宣佈開幕。

　　政治協商會議從 1946 年 1 月 10 日至 31 日持續進行三週之久，前後共舉行十次大會，參加人員包含中國國民黨八人、中國共產黨七人、中國民主同盟九人、中國青年黨五人、無黨無派九人，共計三十八人，另外由國民政府主席蔣中正為會議主席，故全體與會人員為三十九人。[41]

　　政治協商會議的議程如下：

1 月 10 日	揭幕及第一次大會，〈第一次停戰令〉發佈。
	蔣主席致詞，宣佈四項自由。各方面致詞。
1 月 11 日	第二次大會，張群、周恩來報告停止衝突談判經過。
1 月 12 日	第三次大會，邵力子、周恩來報告國共「重慶會談」經過。
1 月 13 日	星期日休會。軍事調處執行部三委員飛抵北平。
1 月 14 日	第四次大會，討論政府改組。中國國民黨代表提出擴大國府組織案，中國青年黨亦有提案，各會員廣泛交換意見。
1 月 15 日	第五次大會，研究施政綱領。
1 月 16 日	第六次大會，討論軍事問題。中國民主同盟代表提〈實現軍隊國家化並大量裁兵案〉；中國青年黨提〈停止衝突軍隊國家化

---

[41] 〈政治協商會議會員名單〉，《政治協商會議文獻》（北平：中外出版社，1946 年 4月），頁 2。

案〉；中共代表團提〈和平建國綱領〉。

1月17日　第七次大會，討論國民大會問題。

1月18日　第八次大會，繼續討論國民大會問題。

1月19日　第九次大會，討論憲法草案。

1月20日至30日　分組委員會開會。

1月31日　第十次大會，通過〈政府改組案〉、〈國民大會案〉、〈和平建國綱領〉、〈軍事問題案〉、〈憲法草案〉等五項議案。閉會，蔣主席、周恩來、張君勱、曾琦、莫德惠演說。[42]

　　1月31日會議結束，在閉幕式中，蔣主席呼籲與會代表本著統一、民主、和平、團結四大原則，共同遵守「政治協商會議」一切決議，為救中國而努力。同時要求與會代表為國家、為人民共同努力，一本在抗戰期間共患難同生死的精神，同心同德，精誠團結，來擔負今後建國的重任，開闢國家民族光明燦爛的前途。[43]

　　中共代表周恩來則在致詞中指出：「政治協商會議今天通過的各項協議，證明了這次會議得到很大的成功。」「由於蔣主席的領導，終於使我們這些具有長期性的、歷史性的許多問題得到了政治的解決。這些問題的解決，是為中國的政治開闢了一條民主建設的康莊大道，而這種解決的方式，也是替民主政治樹立了楷模。」「我們中國共產黨願意擁護這些協議，並保證為這些協議的全部實現，不分地區，不分黨派的努力奮鬥。」「這是中國走上和平團結民主統一的開始，值得我們慶幸」，「中國共產黨願意追隨各黨派和社會賢達之後共同努力，長期合作，為獨立自由民主統一的中國奮鬥到底，三民主義新中國萬歲。」[44]

---

[42] 〈政治協商會議日程〉，《政治協商會議文獻》（北平：中外出版社，1946年4月），頁2-3。

[43] 〈蔣主席閉幕詞〉，張九如，《和談覆轍在中國》（臺北：作者出版，1968年），頁243-248。

[44] 〈中共代表周恩來致詞〉，張九如，《和談覆轍在中國》（臺北：作者出版，1968年），頁249-250。

　　在閉幕會上致詞的尚有民主同盟代表張君勱、青年黨代表曾琦和無黨無派代表莫德惠。莫德惠致詞後，政治協商會議遂宣告圓滿結束。從五方面的致詞內容來看，當時各方面對於政治協商會議的成果都持肯定的態度。假如五大協議能夠順利實施，對於中國的政治發展必定有非常正面的影響。[45] 然則，會後中共的表現，不但未「擁護這些協議」，反而處處破壞這些協議；不但未以政治方式解決問題，反而發動全面軍事衝突，企圖奪取政權。終至使一切的協議，只能成為「紙上的東西」。

二、五項協議的內容及中共的圖謀

(一) 五項協議的內容

　　政治協商會議於 1946 年 1 月 31 日通過了五項協議，包括〈政府改組案〉、〈國民大會案〉、〈和平建國綱領〉、〈軍事問題案〉、〈憲法草案〉。茲將各項協議的內容要點摘錄於次：

1. 政府改組案之要點

(1)國民政府委員名額定為四十人（內有五院院長為當然委員），由國民政府主席就中國國民黨內外人士選任之，其中半數由國民黨人員充任，其餘半數由其他各黨派及社會賢達充任。

(2)國民政府委員會為政府之最高國務機關。國民政府主席對於國民政府委員會之決議，如認為執行有困難時，得提交覆議，覆議時如有五分之三以上委員仍主張維持原案，該案應予執行。

(3)行政院各部會長官均為政務委員，並得設不管部會之政務委員三人至五人。行政院現有部會及擬設之不管部會政務委員總額中，將以七席或八席約請國民黨以外人士充任。

2. 國民大會案之全文

(1)民國三十五年五月五日召開國民大會。

(2)第一屆國民大會之職權為制定憲法。

(3)憲法之通過須經出席代表四分之三之同意為之。

---

[45] 李炳南，《政治協商會議與國共談判》（臺北：永業出版社，1993 年），頁 283。

⑷依選舉法規定之區域及職業代表一千二百名照舊。

⑸臺灣、東北等新增各該區域及其職業代表共一百五十名。

⑹增加黨派及社會賢達代表七百名，其分配另定之。

⑺總計國民大會之代表爲兩千零五十名。

⑻依據憲法規定之行憲機關，於憲法頒佈後六個月內，依憲法之規定選舉召集之。

3. 和平建國綱領之要點

⑴遵奉三民主義爲建國之最高指導原則。

⑵全國力量在蔣主席領導之下，團結一致，建設統一自由民主之新中國。

⑶確認蔣主席所倡導之「政治民主化」、「軍隊國家化」及黨派平等合法，爲達到和平建國必由之途徑。

⑷用政治方法解決政治糾紛，以保持國家之和平發展。

⑸積極進行地方自治，實行由下而上之普選，迅速普遍成立省、縣（市）參議會，並實行縣長民選。

⑹中央與地方之權限，採均權主義，各地得採取因地制宜之措施，但省、縣所頒之法規，不得與中央法令相抵觸。

⑺軍隊屬於國家，軍人職責在於衛國愛民，確保軍隊編制之統一與軍令之統一。

⑻全國軍隊應按照整軍計畫切實縮編。

⑼遵照國父實業計畫，制定經濟建設計畫，歡迎國際資本與技術之合作。

⑽保障學術自由，不以宗教信仰、政治思想干涉學校行政。

⑾迅速恢復收復區之社會秩序。

⑿凡收復區有爭執之地方政府，暫維現狀，俟國民政府改組後，依施政綱領（按：施政綱領即和平建國綱領）之規定解決之。

4. 軍事問題案之要點：

⑴軍隊屬於國家，軍人責任在於衛國愛民。

⑵軍隊教育應依建軍原則辦理，永遠超出黨派系統及個人關係之外。

⑶實行軍、黨分立，任何黨派及個人不得利用軍隊爲政爭之工具。

⑷實行軍、民分治，凡在軍隊中任職之現役軍人，不得兼任行政官吏；嚴禁軍隊干涉政治。

⑸實行以政治軍，在初步整軍計畫完成時，即改組軍事委員會爲國防部，隸屬於行政院；國防部長應不以軍人爲限；全國軍隊應受國防部之統一管轄。

⑹儘速整編中央軍隊及中共軍隊，全國所有軍隊統一整編爲五十師或六十師。

5. 憲法草案之要點

⑴組織「憲草審議委員會」，由政協會議五方面每方面推五人，另外公推會外專家十人組成，根據協商會議擬定之修改原則，並參酌憲政期成會修正案、憲政實施協進會研討結果，及各方面所提出之意見，製成五五憲草修正案，提供國民大會採納（如有必要時得將修正案提出協商會議協商）。

⑵國民大會爲全國選民行使四權（選舉、罷免、創制、複決）之機關。

⑶立法院爲國家最高立法機關，由選民直接選舉之，其職權相當於各民主國家之議會。

⑷監察院爲國家最高監察機關，由各省級議會及各民族自治區議會選舉之。

⑸司法院即爲國家最高法院，由大法官若干人組織之，大法官由總統提名，經監察院同意任命之。

⑹考試院用委員制，其委員由總統提名，經監察院同意任命之。

⑺行政院爲國家最高行政機關，行政院長由總統提名，經立法院同意任命之，行政院對立法院負責。

⑻總統經行政院決議，得依法發佈緊急命令，但須於一個月內報告立法院。

⑼省爲地方自治之最高單位，省長民選，省與中央權限之劃分，依照均權主義規定；省得制定省憲，但不得與國憲抵觸。

⑽憲法修改權屬於立法、監察兩院聯席會議，修改之條文，應交選舉

總統之機關複決之。[46]

㈡ 中共在政協會議中的圖謀

　　以上五項協議，其未決者為中央機關之人事問題：商定國民政府委員
四十人中，半數由國民黨以外人士充任；行政院各部會及不管部會政務委
員總額中，以七至八席由國民黨以外人士充任；國民大會新增各黨派及社
會賢達代表七百名。這些人員及代表如何分配，留待會後繼續磋商。未料
因此而橫生枝節，磋商未成，致使前此之協議亦無法實現。

　　在上述未決的人事問題中，以國民政府委員最受重視，因依政府改組
案第一項第三條之規定：「國民政府委員會為政府之最高國務機關。」可
見，該委員會乃政府由訓政邁向憲政的過渡期間之組織形式，此項協定，
亦即接受前此中共所提「聯合政府」之要求。其名額之分配，依規定，除
半數委員（二十名）由國民黨人員充任外，餘半數委員（二十名）由其他
各黨派及社會賢達充任。至其會議規則，依規定，一般議案以出席委員之
過半數通過之，其性質涉及施政綱領之變更的議案則須有出席委員三分之
二之贊成始得議決。[47]

　　當時國民黨以外有四個方面：一是中共；二是青年黨；三是民主同
盟；四是社會賢達。二十名國府委員，若平均分配，每方面可得五名。是
時，為顧全大局，其他三方面表示願意各讓出一席，使中共獨佔八席，其
他三方面則各佔四席。若此，則中共與民盟合計可佔有十二席。但中共卻
堅持再增二席，即中共與民盟合計要佔有十四席，以保持三分之一以上的
員額，俾得於國府委員會中行使其對涉及施政綱領變更之議案的否決權。
中共此項要求，為其他方面所反對。中共執意如此，中共甚至宣稱，以否
決權之獲得，來交換其軍隊之交出。此一問題久懸未決，遂使國民政府之
改組及「聯合政府」之組成，遭到擱淺。因而地方政府，及共軍整編和駐

---

[46] 政治協商會議通過的五項協議，全文請參見：立華編，《政治協商會議文獻》（北平：
中外出版社，1946 年 4 月），頁 44-100；中共中央黨校黨史教研室選編，《中共黨史
參考資料》，第六冊（北京：人民出版社，1981 年），頁 70-82。

[47] 〈政府改組案〉，《中共黨史參考資料》，第六冊（北京：人民出版社，1981 年），頁
80-81。

地等問題，亦均無法獲得解決。[48]

　　實則，中共並未以爭取國府委員名額，參與「聯合政府」，分享政權，並獲得某種程度的否決權為滿足。中共之所以參加政治協商會議，是其政治鬥爭手段之一，其目的至少有二：

1. 利用會議期間，積蓄力量，壯大力量，進而發動戰爭，奪取政權。例如，中共代表之一的周恩來於事後曾說：當時中共之所以參加政協會議，是為了「拖延時間」，以便「積蓄力量」、「訓練軍隊」、「準備戰爭」；當時毛澤東曾指示參加政治協商會議的中共代表，為了達成上述的目的，中共代表「可以在政協決議上簽字」，在表面上也可以說「這個政協決議不錯」。[49]

2. 利用會議的進行，使中共從會議桌上獲得在戰場上無法獲得的東西。例如，中共可以藉這次的協商，在「政治民主化」及「黨派平等合法」的口號，

　　使中共由非法的武裝叛亂團體變為合法的政黨，並大大提高其政治地位；同時還可以利用協商的機會，高喊「黨政分離」、「軍黨分立」、「結束一黨專政」、「組織聯合政府」等口號，來詆譭政府，打擊政府的威信，以遂其鼓動人民，附從中共，擴大反政府運動，進而發動全面戰爭、奪取政權之圖謀。

　　由此可知，政治協商會議之後，其各項協議之所以無法實現的根本原因，在於中共不僅毫無誠意，甚且別具居心、另有所圖。

第三節　馬歇爾調處

　　抗戰末期，赫爾利斡旋國共衝突的任務失敗後，美國總統杜魯門（Harry S. Truman, 1884-1972）於 1945 年 11 月 27 日接受赫氏的辭呈，

---

[48] 桂崇基著、沈世平譯，《中國國民黨與中國共產黨》（臺北：臺灣中華書局，1973年），頁96-97；王健民，《中國共產黨史》，第三編（臺北：漢京文化事業有限公司，1988年），頁497。

[49] 政大國際關係研究中心編印，《國共關係簡史》（臺北：政大國際關係研究中心，1983年），頁238。

旋於 12 月 15 日任命馬歇爾爲總統特使，來華繼續調處國共間的衝突，稍後並由馬氏保薦司徒雷登（John Leighton Stuart, 1876-1962）爲美國駐華大使，參與此項調處工作。

一、美國對華政策與馬歇爾使華的任務

㈠ 戰後美國的對華政策

　　1945 年 12 月 15 日，美國總統杜魯門發表〈對華政策聲明〉，表示願繼續調停國、共間的糾紛。杜魯門在該〈聲明〉中強調說：「一個強盛、團結和民主的中國對於聯合國組織的成功和世界和平，是極端重要的」；「爲了美國和全體聯合國家最重大的利益，中國人民應不放過以迅速的和平談判的方法解決內部分歧的機會」。杜魯門接著指出：美國與其他聯合國家都承認國民政府是中國的「惟一合法政府」，它也就是達成中國團結統一這個目的的適當機構。爲了解決中國內部的分歧，達成中國的團結統一，美國政府認爲下列措施非常重要：

1. 國民政府軍隊與中國共產黨及其他各種意見不同的武裝力量間，應即設法停止敵對行動。
2. 應召集包括各主要政治力量的代表的全國會議，籌商早日解決目前的內爭的辦法──一種足以達成中國的團結的辦法。

　　杜魯門在〈對華政策聲明〉中還企圖以「美援」誘使國民政府接受美國的建議。杜魯門說：「當中國由上述的途徑走向和平與團結的時候，美國將準備用各種合理的辦法，來協助國民政府復興中國，改進農業和工業經濟，並建立一個力足對維持和平及秩序盡其本國及國際責任之軍事組織。」[50]

㈡ 馬歇爾使華的任務

　　就在杜魯門發表〈對華政策聲明〉的同一天，即 12 月 15 日，馬歇爾接到杜魯門給他的一封信。在這封信中，杜魯門提示馬歇爾以總統特使身

---

[50] 〈美國總統杜魯門對華政策聲明〉（1945 年 12 月 15 日），《新華日報》，1945 年 12 月 17 日。

分使華的任務是：「竭力說服中國政府召開包括各主要政黨代表的國民會議，以實現中國的統一，同時實現停止敵對行動，尤其是在華北停止敵對行動」杜魯門總統還授權馬歇爾得以「極為坦率的態度」同蔣中正及其他中國領袖談話，並表示：「一個不統一的和被內爭所分裂的中國，事實上不能認為是美國貸款、在經濟方面實行技術援助，以及軍事援助的適當地區。」[51]

二、「三人小組」會談與〈第一次停戰令〉

㈠ 馬歇爾抵華

馬歇爾於 1945 年 12 月 15 日自美啟程來華。馬氏抵華後，先在上海稍事停留，即於 12 月 21 日前往南京，與蔣中正見面，並進行了首次的會談。22 日，馬歇爾抵達重慶。在重慶的初期，他「盡力接見一切來訪者」，其中包括國民政府的官員、民主同盟的代表、中國青年黨的代表，以及許多其他組織的代表。此外，他還收到從中國大陸各地寄給他的大量信件，這些信件同那些「川流不息的來訪者」一樣，都希望與他討論中國的局勢，並且對馬氏使華，調處國共間的衝突，表示歡迎。[52]

早在馬歇爾抵華的那天，周恩來就宣稱，中共願謀求立即停戰以結束內戰，並設法談判以建立「聯合政府」。[53] 12 月 23 日，馬歇爾在重慶第一次會見周恩來、葉劍英、董必武等三人。周恩來等除了代表中共對馬氏使華表示歡迎，並對馬氏的調停任務表示重視和讚許外，還重複周恩來上述的提議。據馬歇爾的自述：在這一次的談話中，中共代表強調他們希望停戰，並希望建立一個「聯合政府」，其基本原則應在即將召開的政治協商會議上加以確立。中共代表指出，在這個「聯合政府」領導下，軍政管

---

[51] 〈杜魯門總統致馬歇爾將軍〉（1945 年 12 月 15 日），《馬歇爾使華》（北京：中華書局，1981 年），頁 25。

[52] 馬歇爾（George C. Marshall）著，中國社會科學院近代史研究所翻譯室譯，《馬歇爾使華》（北京：中華書局，1981 年），頁 31。

[53] Anthony Kubek, *How the Far East was Lost*. 引自中譯本，《遠東是怎樣失去的》（臺北：新中國出版社，1970 年），頁 330。

理都會實現統一。

　　由此，馬歇爾初步瞭解了國、共間的基本分歧。馬歇爾在其《出使中國報告書》（按：《馬歇爾使華》即該書之翻譯本）中說：國民黨堅持，「統編共產黨軍隊爲一支國軍應在聯合政府建立之前」；共產黨則堅持，「組成一個他們在其中有真正發言權的聯合政府，這是將他們的軍隊統編爲一支國軍的先決條件」。[54]

㈡「三人小組」會談達成的協議與共同聲明

　　馬歇爾於初步瞭解國、共間的基本分歧之後，經再三的奔走協調，促成了國民政府代表張羣、王世杰、邵力子與中共代表周恩來、董必武、王若飛、葉劍英，先就停止軍事衝突與恢復交通問題，交換意見，於1946年1月5日達成協議，其內容包括以下三點：

1. 停止國內各地一切軍事衝突，並恢復一切交通，關於停止衝突及恢復交通之命令，依第二條之規定商定之。

2. 因國內軍事衝突及交通阻塞等事，與我國對盟邦所負有之受降及遣送敵俘等義務有關，故應由政府與中共各派代表一人，會同馬歇爾將軍從速商定辦法，提請政府實施。

3. 由國民參政會駐會委員會及政治協商會議，各推定國共兩黨當事人以外之公正人士八人，組織軍事考察團，會同國共雙方代表，分赴全國發生衝突區域考察軍事狀況、交通情形，以及其他與國內和平恢復有關事項，隨時將事實真相，提出報告並公佈之。[55]

　　在上述三點協議之基礎上，由政府代表張羣、中共代表周恩來，及馬歇爾特使以調解人資格參加的「三人小組」（馬歇爾任小組主席），自1946年1月7日起，至1月10日止，在重慶馬歇爾宅邸，共舉行了六次會議，達成發佈停戰命令的協議。並於1月10日，即政治協商會議開幕當天，由政府與中共雙方將停戰命令下達於一切部隊，包括正規軍、民

---

[54] 馬歇爾（George C. Marshall）著，中國社會科學院近代史研究所翻譯室譯，《馬歇爾使華》（北京：中華書局，1981年），頁31-32。

[55] 〈國共雙方關於停止國內軍事衝突辦法達成的協議〉（1946年1月5日），《新華日報》，1946年1月11日。

團、民兵、非正規軍及游擊隊等。「三人小組」會議所達成的停戰命令協議的內容如下：

1. 一切戰鬥行動，立即停止。
2. 除另有規定者外，所有中國境內軍事調動一律停止，惟對於復原、換防、給養、行政及地方安全必要之軍事調動，乃屬例外。
3. 破壞與阻礙一切交通線之行動必須停止，所有阻礙該項交通線之障礙物，應即拆除。
4. 為實行停戰協定，應即在北平設一軍事調處執行部，該執行部由委員三人組成之。一人代表中國國民政府，一人代表中國共產黨，一人代表美國。所有必要訓令及命令，應由三委員一致同意，以中華民國國民政府主席名義經軍事調處執行部發佈之。

　　除以上四點協議之外，「三人小組」會議還達成以下四點共同聲明：

1. 上開停止衝突命令第二節，對國民政府在揚子江以南整軍計畫之繼續實施，並不影響。
2. 上開停止衝突命令第二節，對國民政府軍隊為恢復中國主權而開入東北九省，或在東北九省境內調動，並不影響。
3. 上開停止衝突命令第三節內所云之交通線，包括郵政在內。
4. 茲同意國民政府軍隊在上項規定之下調動，應每日通知軍事調處執行部。

　　關於設立軍事調處執行部的問題，政府代表張羣與中共代表周恩來於1946年1月10日，另簽定〈國共雙方關於建立軍事調處執行部的協議〉，以執行停戰與整軍的相關事宜；並確定軍事調處執行部（簡稱「軍調部」）先設於北平。[56] 為了使軍事調處執行部能夠很快的行使職權，因此，「三人小組」又於1月10日簽署了一份致國民政府蔣主席的〈備忘錄〉，其中詳細規定軍事調處執行部及其執行組的組成人員：國民政府及共產黨方面，雙方各不得超過軍官四十人與士兵九十人（至少在開始時），至於美國方面，包括美國軍官二十六人、士兵六十八人，及中國籍的雇員三十

---

[56] 〈國共雙方關於建立軍事調處執行部的協議〉（1946年1月10日），《國共談判文獻資料選輯》（江蘇人民出版社，1980年），頁26-27。

人。這些人員應於 1 月 15 日開始到達北平，至少有半數人員應於 1 月 19 日前到達北平，其餘人員到達北平的日期，至晚不得遲過 1946 年 1 月 26 日。[57] 這份〈備忘錄〉同時遞送中共中央主席毛澤東。

㈢ 中共破壞停戰協議

「三人小組」會議達成停戰協議後，根據該協議之規定，一切戰鬥行動，應立即停止。但由於中國大陸幅員廣闊，停戰命令傳達到各地部隊，難免要費些時日，因此「三人小組」會議同意有一個傳達命令的時間，即從 1 月 10 日至 13 日爲止，自 1 月 14 日零時起，全國各地一律停止戰鬥行動。

又依「三人小組」會議達成的協議，「軍調部」隨即在北平成立，辦公地點在協和醫院，政府方面指派軍令部的鄭介民爲軍調部委員、中共方面指派葉劍英爲軍調部委員，美國方面指派羅伯遜代辦（Walter S. Robertson, 1893-1970）爲軍調部委員，白羅德上校（Henry A. Byroade, 1913-1993）爲軍調部執行組主任。1 月 13 日，軍調部三委員及其他工作人員抵達北平，開始執行軍調部的任務。

馬歇爾的初步調停，似乎是順利地達成了任務，停戰令是發佈了，軍調也成立了，一般人都認爲國共問題可以和平解決了，馬歇爾也認爲他的初步調停是成功的。然而，就在國軍遵令停止戰鬥行動之際，共軍卻陽奉陰違，擅自移動部隊，攫取戰略要地，甚至襲擊國軍，擴佔地盤。例如：在河北省，共軍佔據了玉田和豐潤；在河南省，佔據了孟縣和考城；在山西省，佔據了侯馬、浮山、苛嵐等地；在綏遠省，佔據了集寧；在蘇北，則破壞了隴海路若干段；在山東，則奪取了棲霞等地。因此，1946 年初，中共控制之地區已擴至三百縣，比 1945 年日本投降時他們只佔有八十一縣的情形，擴張了兩倍以上的地區。[58]

此外，在停戰期間，中共於 1 月 14 日晨，攻陷東北重要海港營口，

---

[57]〈三人會議致蔣介石備忘錄〉（1946 年 1 月 10 日），《國共談判文獻資料選輯》（江蘇人民出版社，1980 年），頁 28-29。

[58] 董顯光，《蔣總統傳》，下冊（臺北：中華文化出版事業委員會，1952 年），頁 461。

並在蘇俄紅軍協助下，不斷在東北建立武力，擴充地盤。[59] 例如：1 月間，自山西省有四萬六千名共軍移入東北，以加強林彪之勢力；2 月間，另有四萬名共軍從山東移入，一萬名共軍從河北移入；3 月間，另有八萬名共軍從山東海運，利用蘇俄軍隊佔據之港口進入東北。[60] 馬歇爾調處所達成的第一次停戰協議至此乃被中共破壞無遺，停戰期間竟成為共軍全力擴張的時機。

三、「軍事三人小組」會談與整軍方案

政治協商會議結束之後，依照政協會議中有關軍事問題的協議規定，由政府代表張治中、中共代表周恩來、美國特使馬歇爾組成的「軍事三人小組」，於 1946 年 2 月 14 日至 25 日在重慶連開五次會議，分別就整編國軍及統編中共部隊為國軍之問題進行商談。2 月 25 日，軍事三人小組會議達成協議，簽訂〈關於軍隊整編及統編中共部隊為國軍之基本方案〉，政府代表張治中、中共代表周恩來及美國特使馬歇爾分別在簽字儀式上致詞，一致表示這個〈基本方案〉之簽訂，「意義甚為重大」。

例如，張治中說：「今日此一方案之簽定，可謂結束了十八年之糾紛與對立。吾人今後一定拋棄以武器作為戰爭之工具，而進入新的和平時代，我全國人民所期望的和平、統一、民主、團結之國家，將可實現。」[61] 周恩來也說這一方案的簽定與實施，「將使十八年來武裝紛爭的局面為之改變，將為中國實現和平、民主、團結、統一，將使中國走入近代化、工業化的國家」。[62]

軍事三人小組簽訂的〈關於軍隊整編及統編中共部隊為國軍之基本方案〉，共分八條，茲歸納其大要為以下幾點：

---

[59] 王健民，《中國共產黨史》，第三編（臺北：漢京文化事業有限公司，1988 年），頁 494。

[60] 董顯光，《蔣總統傳》，下冊（臺北：中華文化出版事業委員會，1952 年），頁 462。

[61] 〈政府代表張治中在整軍方案簽字儀式上致詞〉（1946 年 2 月 25 日），《國共談判文獻資料選輯》（江蘇人民出版社，1980 年），頁 119。

[62] 〈周恩來在整軍方案簽字儀式上致詞〉（1946 年 2 月 25 日），《國共談判文獻資料選輯》（江蘇人民出版社，1980 年），頁 122。

1. 國民政府主席爲陸海空軍最高統帥，有任免所屬軍官之權，但在整編軍隊過程中，遇必須撤免中共所領導單位之任何一司令官，或有地位之任一共產黨軍官時，最高統帥應指派政府內資深之共產黨代表所提名之軍官以補其缺。

2. 陸軍包括三個師所組成之各軍，各該軍配置直屬部隊之人數，不得超過其總兵力百分之十五，至十二個月終了，全國陸軍應爲一百零八師，每師人數不得超過一萬四千人，在此數內，由中共部隊編成者計十八個師。

3. 本協定公佈後十二個月內，政府應將九十師以外之各部隊復員，中共應將十八師以外之各部隊復員，復員應立即開始，並大致每月裁撤總復員人數十二分之一。

4. 在上述十二個月之時期完畢後之六個月內，政府軍應更縮編爲五十師，中共軍應更縮編爲十師，合計六十師，編爲二十軍。

5. 在本協定公佈後之十二個月內，應編成四個集團軍，每個集團軍包括政府軍一個軍，中共軍一個軍，每軍三師。各該集團軍編成之次序如下：於第七、第九、第十、第十一個月各編成一個集團軍，各集團軍之參謀人員，政府與中共軍官應約各佔半數。

6. 在十二個月以後之六個月內，上述之四個集團軍，應更改編爲獨立之六個軍，內中四個軍各包括政府軍一個師，中共軍二個師，兩個軍各包括政府軍兩個師，中共軍一個師，以後集團軍即應取消。

7. 各省應有權維持一與人口比例相當之保安部隊，但其數額不得超過一萬五千人；保安部隊之武裝，應以手槍，步槍及自動步槍爲限。

8. 根據民國三十五年一月十日「三人會議」所簽協定而設立之「軍事調處執行部」，應爲本協定之執行機關。

9. 本協定生效後，政府及任何政黨或派系組織，不得保持或以任何方式支持祕密性或獨立性之武力。

10. 僞軍及非正規軍：所有受日本之直接或間接主使而在中國成立之軍隊，以及政府或中共以外之個人或派系所保持之一切軍隊，應儘速解除武

裝，並限期解散之。[63]

當〈關於軍隊整編及統編中共部隊爲國軍之基本方案〉簽訂後，軍事三人小組又隨即商談向軍調部發出的履行本項方案的〈指令〉之細節問題，並於 1946 年 2 月 27 日達成協議。該〈指令〉的要點爲：

1. 軍調部爲執行整編統編方案之機構，並建立一監督小組以籌劃和監督與執行方案有關之事項，監督小組由國民政府、中共和美國人員組成。
2. 軍調部執行小組就地監督國民政府軍隊和中共軍隊復員、配置和統編。
3. 復員要求逐步消除比軍司令部一級爲高的軍事指揮權。
4. 完全遣散僞軍部隊，自開始之日三個月內完成。
5. 爲國民政府和共產黨指定保留的各師制定爲期十二週的基本訓練計畫。
6. 部隊重新配置和統編所需要的調動，由軍調部按照國防部（或軍事委員會）的一般指令下令進行；復員、重新配置和統編工作的後勤需求，協同該部（或軍事委員會）辦理。[64]

經過近兩個月的調處、折衝與會談，取得上述的〈協定〉、〈協議〉與〈方案〉之後，一般人總認爲戰後中國的內戰可以避免，人民從此可得安居樂業的生活，而馬歇爾本人也自覺他的調處有了相當成就，其第一階段的調處任務已告結束。馬歇爾認爲，此時有必要前往中國大陸各地巡視，以了解實際狀況。

1946 年 2 月 28 日，以馬歇爾爲首的「和平觀察團」，政府代表張治中、中共代表周恩來等人也參加，自重慶出發，飛往北平、張家口、集寧、濟南、徐州、新鄉、太原、歸綏等地視察，而於 3 月 4 日轉往延安。馬歇爾等人在延安住了一夜，毛澤東於會見馬歇爾時，一再向馬氏保證中共願意貫徹「政協五項協議」、「停戰協定」與「整軍方案」的有關規定。馬歇爾原想繼續飛往東北視察，後因馬歇爾需返美述職而未成行。[65] 3 月

---

[63] 〈關於軍隊整編及統編中共部隊為國軍之基本方案〉（1946 年 2 月 25 日），《國共談判文獻資料選輯》（江蘇人民出版社，1980 年），頁 112-118。

[64] 馬歇爾（George C. Marshall）著，中國社會科學院近代史研究所翻譯室譯，《馬歇爾使華》（北京：中華書局，1981 年），頁 65-66。

[65] 王思誠，《中共和戰兩手策略：國共和談的歷史經驗》（臺北：天人出版有限公司，1982 年），頁 97；王健民，《中國共產黨史》，第三編（臺北：漢京文化事業有限公

11 日，馬歇爾返美，向杜魯門總統述職。

四、〈第二次停戰令〉的頒佈

　　馬歇爾返美後，中共乃即從事破壞停戰命令，對於恢復交通與軍事整編統編方案等所訂的各條款，一概抹煞，拒不執行。而且共軍大量竄入東北，擴大軍事衝突。竄入東北的共軍，除接受蘇俄的軍事訓練外，並裝備了由日本關東軍繳交的武裝，配合蘇軍的行動，阻礙國軍對東北的接收，奪取東北各重要城市。[66] 周恩來更於 4 月 15 日公開宣稱，東北進入「全面敵對行動」的狀態。[67]

　　當東北及華北戰火蔓延之際，馬歇爾再度來華，繼續他的調處工作。1946 年 4 月 17 日，馬歇爾飛往北平，籌謀解決東北的危局。4 月 18 日，馬歇爾返回重慶，晉見蔣中正。蔣中正鑒於〈第一次停戰令〉發佈以後三個月中，中共對於所有協議與重要條款幾乎破壞殆盡，乃特別對馬歇爾說：「這次美國參加國共和談，調處軍事衝突，務須中美兩國政策互相協調，更要美國政府與中國政府互相了解，免爲共黨離間中傷的奸計所乘才好。」[68] 在馬歇爾調處期間，國民政府始終堅持這個方針，並時加警覺，所以國民政府對於中共反覆無常、荒謬狂妄的要求，總是委曲求全，忍耐到底，無論如何不使中美雙方發生裂痕，使蘇俄及中共的圖謀乘機得逞。

　　在重慶與蔣交換過意見後，馬歇爾繼續往返奔波於重慶、南京與上海之間，分別與國民政府及中共代表接觸，溝通雙方意見，尋求東北問題的解決方案。這時共軍在東北擴大變亂，軍調部派往東北的小組，對於俄軍支持之下的共軍行動，根本無法進行調處。共軍並集中於四平街，企圖阻止國軍從瀋陽北上接收主權，遂引起戰爭。經過激戰，林彪所率共軍三十萬眾被國軍擊潰，殘部分途向中東鐵路、哈爾濱綏芬河一帶逃竄。國軍總

司，1988 年），頁 498。

[66] John Leighton Stuart, "How the Communist Got China," *U.S. News and World Report*, October 1, 1954, pp.41-42. 另請參閱蔣中正，《蘇俄在中國》，六版（臺北：黎明文化出版社，1989 年），頁 133-134。

[67] 董顯光，《蔣總統傳》，下冊（臺北：中華文化出版事業委員會，1952 年），頁 463。

[68] 蔣中正，《蘇俄在中國》，六版（臺北：黎明文化出版社，1989 年），頁 134。

指揮杜聿明率部於 5 月 19 日收復四平街，23 日收復長春，28 日進入永吉，然後兵分二路，進行鉗形追擊：一路由永吉、長春北指哈爾濱，一路由四平街向齊齊哈爾前進。至 6 月 5 日，國軍已迫近哈爾濱。[69]

　　就在東北激戰之際，5 月 21 日，蔣中正親飛瀋陽，視察東北戰局。據蔣在《蘇俄在中國》一書所載：此次四平街剿共戰役，「可說是繼二十三年在贛南五次圍剿以後，又是最大一次決定性的勝利。而其共匪當時潰敗的情況，及其狼狽的程度，實與其在贛南突圍逃竄時的慘狀，只有過之而無不及。」蔣中正綜核前方報告，認為共軍經過此次致命懲創之後，如不受國際特殊的影響，決無再起之可能。蔣中正以為中共經過此次創鉅痛深之餘，苟有一線愛民良知，果能實踐停戰協定等諾言，仍可予其悔禍自新，效忠國家之另一次機會，乃先令前方追擊部隊就地停戰待命。5 月 24 日，蔣中正從瀋陽致函馬歇爾，表示國軍在東北可以接受停戰的決心，只要中共能實踐其停戰協定與恢復交通辦法，以及實行統編方案等條款。[70]

　　5 月 29 日，民盟代表張君勱、黃培炎、沈鈞儒、章伯鈞、梁漱溟等人電請蔣主席早日返京。民盟代表在電文中說：「同人願本我公愛好和平之初衷，從事於消弭戰禍之工作，因於二十八日相偕來京，矢供奔走。深盼鈞座公畢，早日言旋，俾得承奉，至所殷切。」[71]蔣中正自瀋陽返回南京後，除了會見民盟代表商談消弭戰禍之事外，還與馬歇爾討論東北停戰的有關問題。6 月 6 日，蔣中正接受馬歇爾的建議，頒發〈第二次停戰令〉，並將已經越過小松花江停止在雙城附近的追擊部隊，調回陶賴昭與德惠縣一帶，仍取守勢，以待和平解決。蔣中正同時發表〈關於東北暫時停戰的聲明〉，全文如下：

[69] 張玉法，《中國現代史》，九版（臺北：臺灣東華書局股份有限公司，1988 年），頁696。
[70] 蔣中正，《蘇俄在中國》，六版（臺北：黎明文化出版社，1989 年），頁 137-138。
[71] 〈民盟代表請蔣介石早日返京電〉（1946 年 5 月 29 日），《大公報》，1946 年 5 月 30日。

余刻已對我在東北各軍下令，自六月七日正午起，停止追擊、前進及攻擊，其期限爲十五日。此舉在使中共再獲得一機會，使其能確實履行其以前所簽訂之協定。政府採取此一措施，絕不影響其根據中蘇條約有恢復東北主權之權利。

下列各點必須在此十五日內獲得完滿之解決：

1. 完全停止東北衝突之詳細辦法。
2. 完全恢復國內交通之詳細辦法及進度。
3. 獲得一確切之基礎，迅即實施本年二月二十五日有關全國軍隊復員整編統編之協定。[72]

蔣主席發表〈關於東北暫時停戰的聲明〉後，中共鑑於其在東北的劣勢，爲保存共軍實力，使業已潰敗的共軍得以休息整補，乃由中共代表陸定一於 6 月 6 日下午四時舉行記者招待會，發表周恩來關於東北停戰的聲明。周恩來在聲明中希望「使暫時休戰成爲長期休戰，永遠停止進攻」。[73]

自 6 月 7 日開始，中美雙方與中共之間關於東北停戰與整軍問題，以馬歇爾所提「結束東北之戰爭」方案爲底案進行商談，經十五天的反覆磋商，未能得到協議。6 月 21 日，以周恩來爲首的中共代表團根據中共中央的訓令提出以下四個建議：

1. 由三人會議立即宣佈東北長期停戰，並重申全國停戰命令，規定停止一切軍事衝突之具體辦法，命令雙方部隊嚴格遵守。
2. 停戰令下後由三人會議立即協商恢復全國交通之具體辦法，並首先修復重要鐵路。
3. 由三人會議定期商定全國及東北整軍及復員之具體補充辦法，並立即付諸實施。
4. 由政府經協商定期重開政治協商會議，迅速解決改組政府、保障人

[72]〈關於東北暫時停戰的聲明〉（1946 年 6 月 6 日），《中央日報》，1946 年 6 月 7 日。
[73]〈周恩來關於東北停戰的聲明〉（1946 年 6 月 6 日），《新華日報》，1946 年 6 月 8 日。

權、解救民生、完成統一及各項政治問題。[74]

　　為了給予中共更大的機會，對於停止軍事衝突、恢復交通、整編軍隊，及軍隊駐地問題，期得完滿之解決，蔣中正於6月21日，即6月6日發佈的〈第二次停戰令〉期滿之日，再度宣佈將停戰的有效時期延長八天，至6月30日中午止。[75]

　　6月22日起，三人會議又在南京重行召開。24日，三人會議達成協議，通過〈終止東北衝突之訓令〉、〈恢復華北華中交通線指令〉、〈解決執行小組交通小組北平軍調部及長春軍調分部中某些爭執之條款〉，及〈訂正及執行一九四六年二月二十五日整軍方案之初步協議草案〉等。以上四種協議雖經三人會議通過，但後因某些細節問題，如：三人會議的表決方式、中共軍不駐防之地區、地方政府的改選問題及蘇北撤軍問題等，國共雙方又有不同意見，因此，未經簽字而遭擱置。

　　此後，中共代表在三人會議中又一再提出更高的條件，以致商談毫無成就。6月30日，中國國民黨中央宣傳部長彭學沛代表國民政府發表聲明指出：蔣主席於六月二十一日宣佈，將停止前進追擊命令時效，延至六月三十日為止，「在此期間，政府一再忍讓，以期建立和平統一之基礎，乃迄至今日，仍未獲得完滿解決。惟政府對共產黨問題，一本政治解決之方針，始終不渝，尤以我國八年血戰之餘，人民痛苦，火熱水深，不能使之重見戰禍。」因此，彭學沛在聲明中強調：

　　　　今停戰命令雖已期滿，政府對於和平統一之方針決不變更，除非共黨進攻國軍，如最近在山東濰縣大汶口及山西大同附近等地之晝夜猛攻，則國軍不僅為自衛計，且為保衛人民生命財產與維持地方安寧秩序，職責所在，不能不加以抵抗與驅除。此外中央軍隊不對共軍採取軍事行動，以靜候各項未決問題之解決。

---

[74]〈中共代表團致國民黨代表函〉（1946年6月21日），《新華日報》，1946年6月24日。該函係由周恩來、董必武、葉劍英、吳玉章、陸定一、鄧穎超、李維漢等七人署名發出。

[75]《中央日報》，1946年6月22日；蔣中正，《蘇俄在中國》，六版（臺北：黎明文化出版社，1989年），頁138。

　　彭部長在聲明中最後深冀政府此種「相忍爲國,力求政治解決之苦心」,能促使中共「深切反省」,「進而批瀝誠悃,成立協定,斯政府與全國人民之所厚望者矣」。[76]

　　1946年6月6日及21日先後發佈的〈停戰令〉,對國共力量的消長有很大的影響。對國軍而言,蔣中正在《蘇俄在中國》一書中有很深刻的檢討,蔣說:

　　從此東北國軍,士氣就日漸低落,所有軍事行動亦陷於被動地位。可說這第二次停戰令之結果,就是政府在東北最後失敗之惟一關鍵。當時已進至雙城附近之追擊部隊（距離哈爾濱不足一百公里）,若不停止追擊,直佔中東鐵路戰略中心之哈爾濱,則北滿的散匪,自不難次第肅清,而東北全境亦可拱手而定。若此共匪既不能在北滿立足,而其蘇俄亦無法對共匪補充,則東北問題自可根本解決,共匪在東北亦無死灰復燃之可能。故三十七（按:1948）年冬季國軍最後在東北之失敗,其種因全在於這第二次停戰令所招致的後果。[77]

　　對共軍而言,他們利用停戰的空隙時間,使共軍得以休息整補與重新部署,到了7月初,乃對國軍發動全面的攻勢,時稱「七月攻勢」。是時,共軍在華北及華中各地大肆攻擊國軍,旨在策應北滿共軍南下襲擊國軍,全面擴展共軍勢力,藉以提高其於再次停戰和談之談判資本。

　　共軍在華北的攻擊,著重於熱察、山東及晉綏地區,有關情形如下:

　　熱察地區:自1946年1月10日〈停戰令〉頒佈之後,共軍即進入赤峰,而國軍受〈停戰令〉之限制,只得退避;6月6日〈停戰令〉頒佈後,共軍又進入承德;8月20日,軍調部派至張家口的小組,在共軍壓迫下,不得不撤退。

　　山東地區:自6月6日〈停戰令〉頒佈之後,共軍於9日進佔棗莊,

---

[76] 〈中國國民黨中央宣傳部長彭學沛的聲明〉（1946年6月30日）,《中央日報》,1946年7月1日。

[77] 蔣中正,《蘇俄在中國》,六版（臺北:黎明文化出版社,1989年）,頁138-139。

10 日進佔德州與泰安，以及高密、膠縣（今膠州市）、南泉、藍村等城鎮，同時在青島外圍集結部隊五萬人，在濟南外圍集結十餘萬人，向兩市進攻，於是激起青島、濟南兩處的戰爭。

晉綏地區：自 1 月 10 日〈停戰令〉發佈後，共軍攻佔侯馬與集寧；6 月 6 日〈停戰令〉發佈後，復攻佔聞喜、朔縣、新絳、榆次、介休等二十二縣，逐步完成對太原與大同之包圍，於是激成晉南與大同的戰爭。

至於共軍在華中的軍事攻勢，則著重於蘇北及鄂北兩地區，有關情況如下：

蘇北地區：自 6 月 30 日政府發佈政治解決的聲明以後，共軍集結十六個團的兵力圍攻泰興，國軍倉卒應戰，傷亡慘重。共軍於攻陷該城之後，續向泰縣及長江北岸之口岸鎮攻擊，企圖威脅首都南京的安全，國軍被迫抵抗，於是發生蘇北戰爭。

鄂北地區：中共新四軍第五師李先念部，以鄂北大梧山為基地，不斷滋擾、襲擊國軍，後被國軍擊潰，少數殘部竄入陝南商城及山南一帶。[78]

此外，凡共軍活動的地區，無不違反停戰協定，破壞交通運輸。其方法為發動群眾，破壞鐵路與公路。中共破壞鐵路尤為擅長，政府不斷修建，共軍不斷破壞。周恩來且於和談時誇稱其破壞鐵道之次數及里數，以顯耀其鬥爭「勝利」的成績。因此，當時國人常謔稱八路軍為「扒路軍」。[79]

自 1946 年 1 月 10 日及 6 月 6 日兩度〈停戰令〉頒佈後，共軍不但不遵令停止戰鬥，且在各地發動攻擊，破壞交通，公然違背停戰協定。政府因受共軍不斷滋擾與襲擊的重大威脅，為保持平津的安全，要求共軍退出承德；為打通南北交通，要求共軍撤離津浦；為保持首都的安全，要求共軍退出蘇北。[80] 但由於中共之態度蠻橫無已，置之不理，致使政府所持政

---

[78] 王健民，《中國共產黨史》，第三編（臺北：漢京文化事業有限公司，1988 年），頁521-522；蔣中正，《蘇俄在中國》，六版（臺北：黎明文化出版社，1989 年），頁141-142。

[79] 王健民，《中國共產黨史》，第三編（臺北：漢京文化事業有限公司，1988 年），頁522。

[80] 蔣中正，《蘇俄在中國》，六版（臺北：黎明文化出版社，1989 年），頁 142。

治解決與和平統一之方針窒礙難行，而在馬歇爾調處下的國共和談也因而無法繼續進行，原先以為「在望之和平」乃被中共點燃的戰火燒得無影無蹤了。

五、〈第三次停戰令〉的頒佈

依政治協商會議的協議，國民大會原訂 1946 年 5 月 5 日召開，但因中共主張國大開會要在政府改組之後，而對於國民政府委員名額的分配，力爭中共與民主同盟共佔十四名，即超過政府委員四十名的三分之一，而得有重要決議之否決權。此一要求，為其他黨派所反對，因而無法獲得解決，中共乃遲遲不提國大代表的名單。國民政府遂不得不將國民大會的召開日期，延至 11 月 12 日。

當時政府所持的立場是必須先解決軍事問題，再談政治問題。而中共卻藉口蘇北的行政問題，要提出政治協商會議的綜合小組，使軍事問題與政治問題一同解決。此即原訂 5 月 5 日召開的國民大會延期之後，國共雙方爭執的焦點。

1946 年 7 月間，由於戰事急劇發展，局勢轉趨惡化，蔣中正為國焦思，即於 7 月 14 日飛往盧山。此時戰火已經瀰漫長江以北，馬歇爾特使乃偕同新任美國駐華大使司徒雷登，於 7 月 18 日前往盧山，與蔣中正共商調處大計。至 9 月 18 日為止，馬歇爾為中國之和平，往來於南京與盧山之間，凡八次之多，即所謂「八上盧山」。

8 月 10 日，馬歇爾及司徒雷登為軍事調處遭遇困難，特發表聯合聲明，強調以和平方式解決一切政治問題之重要，並呼籲終止戰爭，避免使全中國捲入戰禍。[81] 8 月 14 日，蔣中正為打開國共間的僵局，在盧山發表文告（又稱〈八一四文告〉或〈盧山文告〉），重申政府切望以政治方式解決黨派紛爭之立場，譴責共產黨破壞和平，擴大地盤，推翻成議之罪行。[82]

---

[81] 〈馬歇爾司徒雷登聯合聲明〉（1946 年 8 月 10 日），請參見蔣中正，《蘇俄在中國》，六版（臺北：黎明文化出版社，1989 年），頁 142-143。

[82] 〈八一四文告〉，《中央日報》，1946 年 8 月 14 日；蔣中正，《蘇俄在中國》，六版（臺北：黎明文化出版社，1989 年），頁 143-144。

中共對於〈八一四文告〉的答覆，則是向山西大同發動總攻擊，並於8月17日從延安發出〈第二次總動員令〉，而且對美國政府及馬歇爾特使大肆謾罵。

9月3日，蔣中正接受馬歇爾的建議，於三人會議繼續調處軍事衝突之外，再成立五人小組，商談政府改組及國民大會問題。五人小組的成員，美國方面以司徒雷登大使爲代表，國民政府方面以吳鐵城（中國國民黨祕書長）和張厲生（國民政府內政部長）爲代表，中共方面以周恩來和董必武爲代表。五人小組的主席，由司徒雷登擔任。[83] 五人小組的成立是政府的一大讓步，使軍事問題與政治問題得以平行的商談和解決。

但是，中共卻於9月20日攻佔張家口，作爲政府同意成立五人小組商談政治問題的答覆。共軍此舉不僅破壞停戰協定，而且企圖割裂熱、察領土，並威脅華北平津重鎮。國民政府爲了穩定平津，使其免受威脅，不得不對侵佔張家口及集中於其周圍的共軍作戰。而周恩來竟肆行要挾，於9月30日分別致函蔣中正及馬歇爾作強硬表示：「如果政府不立即停止對張家口及其周圍的一切軍事行動，中共不能不認爲政府業已公然宣告全面破裂，並已最後放棄政治解決的方針；其因此所造成的一切嚴重後果，當然全部責任，均應由政府方面負之。」[84] 並隨即離開南京，前往上海，迴避繼續交涉。

馬歇爾爲圖打開僵局，繼續商談，特請蔣中正再准停戰10日，俾三人小組與五人小組恢復商談。10月5日，蔣中正決定停戰10日，由三人會議商談軍事問題，五人會議商談政治問題。6日，馬歇爾以備忘錄交由司徒雷登轉致周恩來的駐京代表王炳南，傳達政府的立場及張家口停戰的決定。[85]

---

[83] 馬歇爾（George C. Marshall）著，中國社會科學院近代史研究所翻譯室譯，《馬歇爾使華》（北京：中華書局，1981年），頁245。

[84] 〈周恩來致馬歇爾備忘錄〉（1946年9月30日）、〈中共代表團致蔣介石函〉（1946年9月30日），《國共談判文獻資料選輯》（江蘇人民出版社，1980年），頁345-348。

[85] 〈馬歇爾致司徒雷登備忘錄〉（1946年10月6日），《國共談判文獻資料選輯》（江蘇人民出版社，1980年），頁374-375。

　　軍事與政治問題同時商談，原是中共的要求，但在政府接受其要求後，中共又藉張家口問題翻案。至此，政府已宣佈張家口停戰，而中共的條件又復增高。這時，政府提出的條件，仍依政協的協議及整軍方案，為以下兩項：㈠中共應即提國府委員中共方面之名單，及國民大會代表名單；㈡為實施整軍方案，先行迅速規定中共十八個師的駐地，並遵照規定期限，進入駐地。

　　周恩來則以三點軍事和八點政治要求回應政府：

1.關於軍事問題的三條

⑴雙方部隊，在關內者恢復一月十三日之位置；在關外者恢復六月七日之位置。

⑵從現在起至軍隊整編之期間，雙方部隊之位置應予確定。

⑶一月十三日政府軍隊凡曾移動者，應歸還原來位置，俾便利軍隊之縮編。

2.關於政治問題的八條，其重要者

⑴中共及民盟在國民政府委員會內必佔十四席。

⑵國府委員會組成後，應即進行改組行政院。

⑶在中央政府改組完畢後，各黨即依照改組後的政府所同意的國大代表席次，提出名單。

　　10月9日，馬歇爾以移樽就教的態度前往上海會晤周恩來，邀其回京繼續商談。但周恩來堅持下列幾點：其一，政府對張家口必須無限期停止攻擊；其二，中共與民主同盟在國民政府委員會中，保持否決權；其三，國民大會的日期與代表名額，要由政協綜合協商解決。同時，周恩來還對馬歇爾提出責難。周恩來向馬歇爾申述以下兩點：

1.中共對於美國政府適於內戰進行間所給予國民黨政府之支援，不能同意；至於美國駐華軍隊不能如諾撤退，更為反對。

2.我更注意閣下與司徒大使每次發聲明，輒在共黨拒絕政府條件之後，而絕不在政府拒絕共黨條件之時。閣下聲明文內對共黨雖無顯明之譴

責，但其發出之時機，則實引起外界人士產生誤會。[86]

　　周恩來對於政府的過分苛求，目的在故意刁難，使和平永遠無法實現，俾便其以武裝鬥爭擴張勢力，進而奪取政權。換言之，中共此時已根本不再需要馬歇爾的調處了，因爲他們已經贏得了戰略佈局的時間。這從毛澤東於 10 月 1 日對其黨內的指示──〈三個月總結〉一文中，可以看得非常清楚。此時的毛澤東，甚至已經可以毫不避諱地說，關於馬歇爾的調解，只是一個「騙局」！[87] 此時中共的態度，是要美國根本退出中國，否則，在調處中，美國就必須偏袒中共，再對國民政府施加壓力，並由蘇俄參與調處。至於中共運用的工具──民主同盟，也於此時發出由美、蘇共同調處國、共爭端的言論，以爲呼應。

　　馬歇爾的上海之行，不但沒有得到任何結果，反而遭受周恩來的責難。馬歇爾懷著失望的心情返回南京，而停戰 10 日的期限即至，中共仍無恢復商談的表示，國軍乃收復張家口。10 月 16 日，蔣中正再發表〈關於處理目前時局聲明〉，重申和平解決的政策，並主張一切軍事問題，均依照三人會議的成議來解決。至於中共所指的地方行政問題，可由改組後的國民政府委員會來解決。[88]

　　政府雖一再表示和平解決之誠意，但中共仍拒絕蔣中正的建議，並於 17 日也發表一篇〈時局聲明〉作爲回應。中共中央在該〈時局聲明〉中，指責政府與美方「毫無和平民主的意圖」，並指蔣發表的聲明是「故意裝出和平之態」。[89] 從此，以馬歇爾爲中心的三人小組軍事商談，及以司徒雷登爲中心的五人小組政治商談，乃因中共的無理要求及蓄意破壞而告失敗。

　　1946 年 10 月下旬，政府及中共以外的各黨派及無黨派人士，鑒於馬歇爾調處已完全無效，而國民大會即將於 11 月 12 日召開，乃以「第三方面」的地位，出面調停。周恩來雖曾與「第三方面」人士共同抵京，並

---

[86] 蔣中正，《蘇俄在中國》，六版（臺北：黎明文化出版社，1989 年），頁 145-146。

[87] 毛澤東，〈三個月總結〉（1946 年 10 月 1 日），《毛澤東選集》，第四卷，第二版（北京：人民出版社，1991 年），頁 1209。

[88] 〈關於處理目前時局聲明〉（1946 年 10 月 16 日），《中央日報》，1946 年 10 月 17 日。

[89] 〈中共中央發表時局聲明〉（1946 年 10 月 17 日），《新華日報》，1946 年 10 月 19 日。

於 10 月 25 日、29 日及 30 日，連續舉行會談，但對「第三方面」人士，包括莫德惠、梁漱溟、黃炎培、陳啟天、張君勱、余家菊、繆嘉銘、羅隆基、李璜、章伯鈞、左舜生等人所提有關雙方立刻停火、籌劃改組政府及地方政府問題之處理等三點建議，根本不予考慮。[90] 而這時國內輿情，又因 11 月 4 日〈中美商約〉的發表，在中共及民盟的操弄下，興起一股反美、反政府的高潮。

為了使國民大會如期召開，蔣中正特於 11 月 8 日，再度頒佈全國性的〈第三次停戰令〉，限令全國軍隊自 11 月 11 日正午十二時起，停止戰鬥，各守原防，以示政府對中共忍讓之至意，希望中共能懸崖勒馬，參加國大，恢復協商。

11 月 10 日，距國民大會開會只餘兩日，周恩來對馬歇爾提出「或者國大延期，或者單獨進行召開國大，任何政治會議即將無舉行之餘地。」[91] 中共中央發言人廖承志也於同日發表〈聲明〉，拒絕蔣中正在 11 月 8 日發佈的〈停戰令〉，並提出以下兩點無理的要求：

1. 下令停開「一黨包辦」的所謂國大，按照政協決議的內容和程序，在各黨派協商的基礎上，召集「民主的國大」。
2. 將侵入解放區的軍隊撤出去，並停止向解放區調動軍隊，恢復一月間第一次停戰令的位置。[92]

至此，中共的真正企圖已明顯的暴露出來，即阻止國民大會的召開，破壞民主憲政的實施，同時從根本上破壞和談與軍事調處，而揭開其發動戰爭、顛覆政府、奪取政權的圖謀。

11 月 11 日，在國大召開前夕，蔣中正再作最後的呼籲，希望中共參加國大，達成舉國一致實行憲政之目的。此時各黨派國大代表都已報到出席大會，只有中共仍拒絕提出國大代表名單；而民主同盟也撕毀他自己所標榜的獨立的、中立的面目，跟隨中共，拒不出席。國大開會後，立即

---

[90] 「第三方面」人士所提三點建議內容，請參閱〈第三方面人士的建議〉（1946 年 10 月 28 日），《國共談判文獻資料選輯》（江蘇人民出版社，1980 年），頁 410。

[91] 蔣中正，《蘇俄在中國》，六版（臺北：黎明文化出版社，1989 年），頁 147。

[92] 〈中共中央發言人對蔣介石的聲明發表聲明〉（1946 年 11 月 10 日），《新華日報》，1946 年 11 月 11 日。

決定延會三天，等待中共及民盟代表出席。11 月 15 日，國民大會正式開會，中共及民盟代表依然缺席。[93]

11 月 16 日，中共代表團在南京舉行中外記者招待會，周恩來在會中除發表書面聲明外，還答記者問。周恩來一再宣稱：國大一召開，和談之門已被「關閉」，已被「堵塞」。[94] 周恩來於同日拜會馬歇爾，要求乘坐美機飛回延安。周對馬表示耽心國民政府會對延安展開攻擊，並說如果發生此一情況，「那就表示藉談判獲致和平的希望完了」。馬歇爾隨即表示，願意為中共所有人員提供美國陸軍運輸工具，並且稍帶憂慮地說，他還不知道國民政府攻打延安的計畫，他會因這種行動感到遺憾，並且強烈反對這種行動。他還說，如果發生攻擊情事，他會認為他的任務已告結束。[95] 19 日，周恩來乘坐美國所提供的飛機飛返延安，但董必武和錢之光等人仍留在南京及上海的中共代表辦事處。

六、馬歇爾調處的終結

儘管中共採取頑固的態度，馬歇爾仍然繼續為調停國共衝突而努力。12 月 1 日，他懇切勸告蔣中正必須「努力設法把中共納入政府」。[96] 4 日，周恩來自延安致電馬歇爾，聲言「國大之召開，國共兩黨間已無談判的基礎」。周恩來在該電文中提出重開談判的兩個條件：一個是立即解散刻在開會的國大；另一個是恢復 1 月 13 日停戰令時的軍隊原防。周恩來的電文是由留在南京的董必武轉遞馬歇爾，周在該電文中還請求馬歇爾將中共的意見轉致蔣主席。[97]

---

[93] 國民大會宣佈延期三天開會後，中共代表團於 11 月 13 日在《新華日報》上刊登其書面談話，依然拒絕參加，主張要「停開」，而非「延期」。民盟主席張瀾也於 11 月 14 日發表談話，說明民盟對國大的態度是「絕不參加」（見 1946 年 11 月 15 日《新華日報》）。

[94] 周恩來發表的書面聲明及答記者問，均請參見：《新華日報》，1946 年 11 月 17 日。

[95] Anthony Kubek, *How the Far East was Lost*. 引自中譯本，《遠東是怎樣失去的》（臺北：新中國出版社，1970 年），頁 334。

[96] Anthony Kubek, *How the Far East was Lost*. 引自中譯本，《遠東是怎樣失去的》（臺北：新中國出版社，1970 年），頁 335。

[97]《國共談判文獻資料選輯》（江蘇人民出版社，1980 年），頁 442。

　　馬歇爾接到此電後，隨即將電文副本交給俞大維轉致蔣中正。「解散國大，乃絕不可能的事」，政府的此一立場早已宣示，且絕不改變，而中共故意以此要挾政府，益見其絲毫無和談之誠意。馬歇爾也認為周恩來的這份電報是「不現實的」，「因為它提出了顯然不能指望國民政府會接受的條件」。[98] 從此，馬歇爾對國共間重開談判的前景完全失望了。

　　12 月 18 日，美國總統杜魯門在華盛頓發表對華政策聲明，重新肯定和回顧一年來的美國對華政策。杜魯門在該聲明中強調：「本國政府在一年前發表的觀念，迄今仍然有效」。[99] 24 日，北平發生「沈崇案」，中共藉此掀起全國性的反美運動，其目的在於「反對美援」及「驅逐美軍」。28 日，周恩來就時局問題答記者問時，公開指責美國對華援助及美軍駐華係「干涉中國內政」，「參加中國內爭」。[100] 此後，美國政府就陸續撤退其駐北平、天津、青島各地的軍隊，並停止其對中國的軍援。

　　1947 年 1 月 6 日，美國總統杜魯門宣佈馬歇爾業已結束其在華之調處任務，並召馬氏剋日返美。7 日，馬歇爾在離華前，發表一篇冗長聲明，承認其調處失敗。8 日，馬歇爾返美，就任美國國務卿。29 日，美國駐華大使館發表聲明，宣佈美國退出「三人小組」及「軍事調處執行部」。[101] 30 日，「三人小組」及「軍事調處執行部」正式宣告解散。

　　另一方面，1947 年 1 月 1 日，國民政府公佈了《中華民國憲法》，這部憲法是國民大會於 1946 年 12 月 25 日制定完成的，並準備於 1947 年 12 月 25 日實施。政府仍希望以政治談判的方式解決中共問題，曾擬派張治中去延安洽商，但中共表示必須取消國民大會制定的《憲法》，並恢復一年前停戰時的軍事位置，始有商談的餘地。中共的要求，是政府無

---

[98] 馬歇爾（George C. Marshall）著，中國社會科學院近代史研究所翻譯室譯，《馬歇爾使華》（北京：中華書局，1981 年），頁 430。

[99] 馬歇爾（George C. Marshall）著，中國社會科學院近代史研究所翻譯室譯，《馬歇爾使華》（北京：中華書局，1981 年），頁 440；董顯光，《蔣總統傳》，下冊（臺北：中華文化出版事業委員會，1952 年），頁 469。

[100] 〈周恩來就時局問題答記者問〉（1946 年 12 月 28 日），《新華日報》，1946 年 12 月 29 日。

[101] 美國駐華大使館 1947 年 1 月 29 日的聲明，請參見《新華日報》，1947 年 1 月 30 日。

法接受的。這也說明中共的立場是：只要戰爭，不要和平。事實上，陳毅、劉伯承兩股共軍業已在魯南、魯西地區，開始對國軍實行猛烈的攻擊了。[102]（有關共軍發動全面攻勢及國軍進行戡亂部分，請見下章。）

　　3 月 7 日，中共駐京、滬等地人員，在董必武率領下搭機撤回延安。董必武在離京時發表書面談話，宣稱：「必武等今日離此，感慨莫名。十年來從未斷絕之國共聯繫，從此斷矣。」[103] 為時一年有餘的馬歇爾調處，以及在馬歇爾調處下的國共聯繫，至此完全結束了。

---

[102] 李雲漢，《中國近代史》，增訂三版（臺北：三民書局股份有限公司，2014 年），頁 514。

[103] 〈董必武離京時發表書面談話〉（1947 年 3 月 7 日），《大公報》，1947 年 3 月 8 日。

第十二章
中共發動全面軍事攻勢與大陸淪陷

　　抗日戰爭勝利後，正當政府積極致力於和平建國之際，中共利用其於八年抗戰期間擴張的力量，並獲得蘇俄武器、物資及人員的大量援助，發動全面軍事攻勢，以短短四年多的時間，先後奪取東北，席捲華北，進而渡江南犯，佔據整個中國大陸，且於佔據大陸之前還和政府進行了最後一次的和談。本章旨在論述抗戰勝利後，中共發動全面軍事攻勢與大陸淪陷的經過，茲分為蘇俄進軍東北與支援中共軍事行動、中共發動全面軍事攻勢、大陸淪陷前的和談等三節敘述之。

第一節　蘇俄進軍東北與支援中共軍事行動

一、〈雅爾達祕密協定〉與〈中蘇友好同盟條約〉

　　抗戰勝利前夕，各盟邦間之會議頻繁，先後發表宣言，並成立各種協定，其中遺害最深者莫過於〈雅爾達祕密協定〉。1945 年初，美國總統羅斯福鑒於當時美軍若欲進攻日本本土，非犧牲百萬人生命，不能征服日本。切盼蘇俄能提早加入對日作戰，使日本在最緊要關頭，不能抽調在東北之軍隊回國作戰。乃於 1945 年 2 月 4 日至 11 日，與英國首相邱吉爾（Winston L. Spencer-Churchill, 1874-1965）、蘇俄領袖史達林，在黑海之濱的雅爾達舉行祕密會議，簽訂〈雅爾達祕密協定〉（即俗稱之〈雅爾達密約〉），出賣了中國的利益。該〈協定〉之內容如下：

　　美、英、蘇三國領袖，業已議定蘇聯於德國投降，及歐戰結束後之二、三個月內，將協助盟國對日作戰。其條件：
　　1.外蒙古（即所謂「蒙古人民共和國」）之現狀應加以保持。
　　2.蘇聯應恢復以前俄羅斯帝國之權利（此權利因 1904 年受日本之攻擊而破壞：

(1)南庫頁島及其毗連之各島，應歸還蘇聯。

(2)大連商港應闢爲國際港，蘇聯在該港之優越權利應獲保障。旅順仍恢復爲蘇聯所租用之海軍基地。

(3)中東鐵路以及通往大連之南滿鐵路，應由中蘇雙方共組之公司聯合經營。蘇聯之優越權利應獲保障，中國對滿州應保持全部主權。

3.千島群島應割與蘇聯。

惟上述關於外蒙古、旅順、大連以及中東、南滿兩鐵路諸點，必須同時徵得中國蔣主席之同意。羅斯福總統將依據史達林（按：即史達林）元帥之意見，採取措施，以獲得蔣主席之同意。三強領袖業已議定，蘇聯所提要求於日本被擊敗後必予實現，蘇聯則準備與中國國民政府締結中蘇友好條約，俾以其武裝部隊協助中國，解放中國所受日本之束縛。[1]

上項〈協議〉，直至同（1945）年6月15日才正式通知中國政府。此種祕密外交方式，事先不經我國同意，擅將我國各項權利，斷送蘇俄，實爲同盟國家罔顧道義之行爲，在中美、中英外交史上，留下了不可磨滅的汙點；同時更助長了蘇俄侵略的野心，以後東北局勢的惡化，乃至整國中國大陸的淪陷，實種因於此。

雅爾達會議，因無中國代表參加，故其任何決定，對我自無約束力。然我政府面對國際現實環境，爲保持對日作戰期間同盟國間之團結，及遠東地區的和平與安全，亦不願有傷英、美兩國的友誼。遂於是年6月27日，派行政院長兼外交部長宋子文偕同外交部次長胡世澤、駐蘇俄大使傅秉常，及蔣經國、沈鴻烈、卜道明、劉澤榮諸人，赴莫斯科進行交涉，6月30日起與蘇俄領袖史達林，及其外長莫洛托夫（Vyacheslav M. Molotov, 1890-1986）、駐華大使彼得洛夫（Apollon K.Petrov, 1907-1949）等人會談，並談判一項以〈雅爾達密約〉爲依據之〈中華民國蘇維

---

[1]　秦孝儀主編，《中華民國重要史料初編，第三編：戰時外交（二）》（臺北：中國國民黨中央委員會黨史委員會，1981年），頁541。

埃社會主義共和國聯邦友好同盟條約〉（簡稱〈中蘇友好同盟條約〉）。

　　中蘇間的莫斯科談判可分爲前後兩期，前期係於 1945 年 6 月 30 日開始，至 7 月 13 日爲止。此乃因史達林、莫洛托夫須赴柏林出席波茨坦會議，宋院長亦須就若干問題回國請示，會議乃暫告段落。後期係於 8 月 7 日開始，至 14 日簽約爲止，我方代表除了宋子文外，尙有新任外交部長王世杰。[2]

　　當中蘇雙方代表進行談判時，彼此立場不同，各有打算。就中國而言，我對俄外交，積有痛苦經驗。此次被迫談判訂約，事出無奈，權衡利害，自盼犧牲應有代價。最低限度，希望訂約後能發生下列作用：

1. 穩定中蘇關係，以求彼此相安。
2. 斷絕蘇俄對中共的援助。
3. 取得蘇俄尊重中國在東北主權及自東北撤兵的保證。

　　惟就蘇俄而言，亟思藉此等條約，以獲得其對日作戰的報酬，並爲進兵東北取得合法的掩護。處心積慮，志在必得。故在談判過程中，儘量擴大要求，貪得無饜。處此情勢，我自盼美國全力支持，共謀抵制。故對談判進展情形，自始至終，均需隨時諮商美方。但美國政府抱定息事寧人的態度，不願開罪蘇俄，只望其不爲己甚，且不致損害美國利益，即感於願已足。因此之故，在談判重要關頭，不但未能爲我仗義執言，反而迫我讓步，致使我國談判地位及處境更爲困難。[3]

　　據蔣中正在《蘇俄在中國》一書中的記述：1945 年中蘇談判時，我們的方案是沿襲 1924 年〈解決中俄懸案大綱〉和 1937 年〈中蘇互不侵犯條約〉這兩大根據，尋求戰後兩國「和平共存」的途徑。未料，蘇俄卻一筆抹煞這個〈大綱〉和〈條約〉，而堅持完全恢復 1904 年帝俄時期在東方的特殊權益。我爲面對國際現實，在談判過程中，幾經艱苦交涉，最後仍不得不對下列的國家權益作出重大讓步：

2　李雲漢，《中國近代史》，增訂三版（臺北：三民書局股份有限公司，2014 年），頁 462。

3　中華民國史事紀要編輯委員會，《中華民國史事紀要（初稿）：民國三十四年八至九月份》（臺北：國史館，1988 年），頁 258。

1. 承認外蒙的獨立自治。
2. 東北長春鐵路的共同經營。
3. 宣佈大連爲自由港，對於長春鐵路直運蘇俄及由蘇俄直運出口之貨物，免除關稅。
4. 旅順口由兩國共同使用爲海軍根據地。

　　相應中國所作出的重大讓步，蘇俄在談判中也作出如下幾項重大承諾：

1. 蘇俄政府同意予中國以道義上與軍需品及其他物資之援助，此項援助，當完全供給中央政府即國民政府。
2. 蘇俄政府以東三省爲中國之一部分，對中國在東三省之充分主權，重申尊重，並對其領土與行政之完整，重申承認。
3. 關於新疆最近事變，蘇俄政府重申無干涉中國內政之意。
4. 關於蘇俄參加對日本作戰後，其軍隊由中國撤退之問題，史達林聲明，在日本投降以後，蘇俄軍隊當於三星期內開始撤退，最多三個月足爲完全撤退之時期。[4]

　　雙方談判後所簽定之〈中蘇友好同盟條約〉，及有關的〈協定〉、〈換文〉與〈紀錄〉，其主要內容如下：

㈠〈中蘇友好同盟條約〉

1. 締約國擔任在對日本作戰終止以後共同採取其力所能及之一切措施，使日本無再事侵略及破壞和平之可能。
2. 締約國一方如被日本攻擊，不得已而與之發生戰爭時，締約國他方應立即盡其能力給予該作戰之締約國一切軍事及其他之援助與支持。
3. 締約國之一方擔任不締結反對對方之任何同盟，並不參加反對對方之任何集團。
4. 締約國顧及彼此之安全及經濟發展之利益，同意在和平再建以後，依照彼此尊重主權及領土完整與不干涉對方內政之原則下，共同密切友好合作。

4　蔣中正，《蘇俄在中國》，六版（臺北：黎明文化出版社，1989年），頁112。

5. 本條約有效期間爲三十年。

㈡〈關於中國長春鐵路之協定〉

1. 日本軍隊驅出東三省以後，中東鐵路及南滿鐵路由滿州里至綏芬河，及由哈爾濱至大連、旅順之幹線，合併成爲一鐵路，定名爲中國長春鐵路，應歸中、蘇共同所有，並共同經營。

2. 締約國爲共同經營上開鐵路起見，同意組設中、蘇合辦之中國長春鐵路公司，公司設理事會，由理事十人組織之，其中五人由中國政府派任，五人由蘇俄政府派任，理事會設在長春。

3. 爲管理經常事務起見，理事會委派中國長春鐵路局局長一人，由蘇籍人員中遴選；副局長一人，由華籍人員中遴選。

4. 中國政府擔任上開鐵路之保護。

5. 本協定期限爲三十年，期滿之後，中國長春鐵路連同該鐵路之一切財產，均應無償移轉中華民國所有。

㈢〈關於大連之協定〉

1. 宣佈大連爲一自由港，對各國貿易及航運一律開放。

2. 中國政府同意依照另訂之協定，在該自由港指定碼頭及倉庫租與蘇俄。

3. 本協定期限定爲三十年。

㈣〈關於旅順口之協定〉

1. 爲加強中蘇兩國之安全，以防制日本再事侵略起見，中華民國政府同意兩締約國共同使用旅順口爲海軍根據地。

2. 上開海軍根據地之防護，中國政府委託蘇俄政府辦理之。

3. 本協定期限定爲三十年，期滿後，所有蘇俄在該區域內建置之一切設備及公產應無償歸爲中國政府所有。

㈤〈關於中蘇此次共同對日作戰軍隊進入中國東三省後蘇俄軍總司令與中國行政當局關係之協定〉

1. 蘇俄軍隊因軍事行動之結果進入中國東三省後，有關作戰一切事務之最高權力與責任，在作戰地帶於作戰所需之時內，屬於蘇俄軍總司令。

2. 中華民國國民政府派代表一人及助理人員若干人，在業已收復之領

土，設立行政機構並指揮之，樹立中國軍隊與蘇俄軍隊間之合作，保
證中國行政機構與蘇俄軍總司令之積極合作。

3. 兩國軍民遇有爭執之案件，由蘇俄軍總司令與中華民國國民政府代表
協議解決之。

(六)〈關於蘇聯撤兵期限之紀錄〉

1. 史達林統帥聲明，在日本投降以後，蘇俄軍隊當於三星期內開始撤退。

2. 宋子文院長詢及撤退完畢需要若干時間，史達林統帥謂彼意撤軍可於
不超過兩個月之期間內完竣。

3. 宋院長繼詢是否確在三個月以內徹完。史達林統帥謂最多三個月足為
完成撤退之期。

(七)〈關於中蘇關係之換文〉

1. 蘇俄政府同意予中國以道義上與軍需品及其他物資之援助，此項援助
當完全供給中國中央政府即國民政府。

2. 關於大連與旅順口海港及共同經營中國長春鐵路，在會商過程中，蘇
俄政府以東三省為中國之一部分，對中國在東三省之充分主權重申尊
重，並對其領土與行政之完整，重申承認。

3. 關於新疆最近事變，蘇俄政府重申如〈中蘇同盟友好條約〉第五條所
云，無干涉中國內政之意。

(八)〈關於外蒙古之換文〉

1. 中國政府聲明，於日本戰敗後，如外蒙古之公民投票證實其獨立願
望，中國政府當承認外蒙古之獨立，即以現在之邊界為邊界。

2. 蘇俄政府聲明，蘇俄政府將尊重「蒙古人民共和國」（外蒙）之政治
獨立與領土完整。[5]

　　在〈雅爾達祕密協定〉設計下成立的〈中蘇友好同盟條約〉及有關協
定等，無疑的，是在我國廢除不平等條約運動已告成功後，惟一的不平等

---

[5] 〈中蘇友好同盟條約〉及有關〈協定〉、〈換文〉與〈紀錄〉全文，請參見中華民國史
事紀要編輯委員會，《中華民國史事紀要（初稿）：民國三十四年八至九月份》（臺
北：國史館，1988 年），頁 263-275。

條約，而蘇俄於簽訂此約後即行背信，屢次違反，不肯履行。不僅一再阻撓我軍接收東北，劫掠與毀壞我大量工礦設備，並製造種種暴行，且進而以收繳日本關東軍之武器、裝備，給予中共，並訓練共軍，使中共得以東北為基地，擴大軍事衝突，終於導致大陸變色。此不僅改變亞洲均勢，且為世界局勢帶來不安。

　　1949 年 9 月 27 日，我出席聯合國大會代表團首席代表蔣廷黻，將〈控告蘇聯違反中蘇條約與聯合國憲章，威脅中國政治獨立與領土完整及遠東和平案〉（俗稱〈控蘇案〉）向聯大祕書長及大會主席提出，請求列為臨時增列議程。經過三年的奮鬥，本案終於 1952 年 2 月 1 日聯合國大會第六屆常會表決通過。聯合國大會在通過本案的〈決議文〉中，譴責蘇俄「自日本投降以後，對於中國國民政府在東北各省（滿洲）重建中國國家權力之努力，橫加阻撓，並以軍事及經濟上之援助給予中國共產黨以反叛國民政府」；爰判定蘇俄「就其日本投降後對中國之關係而言，實未履行一九四五年八月十四日中國與蘇聯所簽訂之友好同盟條約」。[6]

　　1953 年 2 月，我政府依聯合國之決議及各國公認之國際法原則 —— 締約一方違反條約規定，足以構成他方廢止該約之理由 —— 經行政院會議通過後提出立法院審議，立法院審議通過後，咨請總統公佈廢止〈中蘇友好同盟條約〉及其附件。2 月 25 日，總統明令公佈廢約。另外，我國已先於 1949 年 10 月 3 日，因蘇俄承認剛建政之中華人民共和國，而與蘇俄斷交。

二、蘇俄對日宣戰與侵奪東北

　　第二次世界大戰末期，美國為提早結束戰爭，減少美軍傷亡，決定使用原子彈，以迫使日本投降。1945 年 8 月 6 日，第一顆原子彈投炸日本廣島，8 月 9 日，又在長崎投擲第二顆原子彈，重創了這兩座城市。日本天皇乃召開御前會議，決定接受「波茨坦宣言」，向盟國無條件投降。8

---

[6]　1952 年 2 月 1 日，聯合國大會通過我國〈控蘇案之決議文〉，全文請參見中華民國史事紀要編輯委員會，《中華民國史事紀要（初稿）：民國三十四年八至九月份》（臺北：國史館，1988 年），頁 279。

月 10 日上午，日本外務省將投降照會，以電文拍交其駐瑞士公使加瀨俊一及駐瑞典公使岡本季正，指令送交中、美、英、蘇四國，瑞士所轉者爲中、美兩國，瑞典所轉者爲英、蘇兩國，並請求速覆，以爲依據。8 月 11日，中、美、英、蘇四國表示接受日本投降。8 月 14 日，日本正式宣佈無條件投降，日皇裕仁發表投降詔書。

　　早在美國將第一顆原子彈投炸廣島之前，日本駐蘇俄大使佐藤尚武曾於 1945 年 7 月 30 日將日本要求「維持天皇制度」以外，願接受盟國規定的投降條件的決定，轉達蘇俄外交部副部長羅佐夫斯基。至 8 月 2 日，佐藤復再度要求蘇俄當局速作回應，因爲當時日本的情勢已「極度緊張」。8 月 5 日，當蘇俄外長莫洛托夫甫自波茨坦回到莫斯科時，佐藤又請求接見。但延至 8 月 8 日下午五時始獲准會晤，而此次會晤，莫洛托夫不讓佐藤敘述他的意見，突然告訴他說，從明（9）日零時起，蘇俄與日本立於交戰狀態，而〈日蘇中立條約〉原已宣佈到期不再延長，至此也因宣戰而提前結束。

　　莫洛托夫於通知日本佐藤大使，日蘇立於戰爭狀態後，並於當晚九時招待各國記者，公開宣佈廢除〈日蘇中立條約〉及兩國將於明（9）日開始作戰。出席此項記者招待會之記者們曾向莫洛托夫提出詢問說：「我們今天上午收聽日本電臺廣播中報告，俄軍已向駐在滿洲國日本關東軍展開突然攻擊，日本尚不知其原因何在？」由此一發問，不僅使莫洛托夫難以回答，而事實上說明了蘇俄在 8 月 8 日向日本宣戰之同時，甚至還要更早，其部隊已入侵中國東北的領土。[7]

　　蘇俄於對日宣戰之同時，即由其參謀本部下令中共配合蘇軍「解放東北」，並命韓共及外蒙軍協同作戰。而俄軍在遠東軍總司令馬林諾夫斯基（Rodion Y. Malinovsky, 1898-1967）的率領下，分兵三路侵入我華北與東北：

1. 右翼兵團：由外蒙進向察哈爾南部，沿庫倫、張家口大道，經烏得、德化、張北，指向張家口。

---

[7] 中華民國史事紀要編輯委員會，《中華民國史事紀要（初稿）：民國三十四年八至九月份》（臺北：國史館，1988 年），頁 96。

2. 中央兵團：由外蒙進向熱河南部，一路經圍場取承德，一路經赤峯取平泉。

3. 左翼兵團：一路沿中東鐵路自滿洲里東下，一路沿中東鐵路自綏芬河西上，會師哈爾濱後，南下長春、瀋陽，然後一支入安東，一支取旅順、大連，一支經錦州直抵山海關。

　　8月14日，日本宣佈無條件投降時，俄軍右翼兵團方進至德化以南地區，爲求與中共部隊取得聯繫，不顧盟軍總部停戰的命令，仍繼續前進。在張北與中共部隊會合後，復以騎兵掩護共軍進佔張家口。張家口爲日本控制內蒙的中心，儲備軍用物資甚多，均爲共軍聶榮臻、林彪、賀龍等部所獲。俄軍中央兵團佔領承德後，共軍李運昌部乘隙竄入熱河，林彪部自張北經多倫、赤峯進入東北，太行山區的共軍此時亦分批東下。[8]

　　至於俄軍左翼兵團進入東北後，日軍的抵抗只限於東北的北部，並在一週內即結束。[9]蘇軍進入東北後，即開始大肆收繳日僞的武器裝備和軍用物資，視爲戰利品。不但如此，蘇軍且將日本在東北大量投資的工礦設備以及新式機械，據爲己有，或加以破壞，避免爲我所用。[10]

三、蘇俄延宕撤兵與支援中共軍事行動

㈠ 蘇俄延宕自東北撤兵

　　依照〈中蘇友好同盟條約〉所附關於蘇軍撤出東北的期限之紀錄，蘇軍應於日本投降後三星期內開始撤退，並於三個月內完成撤退。1945年10月1日，蘇俄大使彼得洛夫通知我國，謂蘇俄政府決定於10月上旬開始撤兵，請我國政府派員於10月10日以前到長春與蘇軍總司令馬林諾夫斯基商談接防辦法。我政府即派東北行營主任熊式輝飛往長春，並通知

8　張玉法，《中國現代史》，九版（臺北：臺灣東華書局股份有限公司，1988年），頁678。

9　秦孝儀主編，《中華民國重要史料初編，第七編：戰後中國（一）》（臺北：中國國民黨中央委員會黨史委員會，1981年），頁266。

10　張玉法，《中國現代史》，九版（臺北：臺灣東華書局股份有限公司，1988年），頁679-680。

彼得洛夫，謂我方決定於 10 月 10 日自九龍航運部隊往大連登陸，進入東北接防。10 月 5 日，我駐蘇大使傅秉常電告，蘇俄外交部表示：「大連為運輸商品而非運輸軍隊之港口，蘇俄政府堅決反對任何軍隊在大連登陸。」我軍在大連登陸的計畫因而中止實施。熊式輝到長春後，於 10 月 13 日及 17 日，兩度與馬林諾夫斯基商談，提出我軍在葫蘆島與營口登陸的計畫，馬答以「並無意見」。但至 10 月 27 日，我軍先頭部隊到葫蘆島，竟遭岸上共軍射擊，不能登陸，乃折回青島。政府至此只得指定部隊轉往秦皇島登陸，循北寧路向山海關前進。

11 月 5 日，馬林諾夫斯基通知熊式輝，葫蘆島已被共軍佔據，營口也已有共軍進入，他對我國軍在營口登陸，不能負責。他又說，蘇軍自 10 日起即向北撤退，至撤退之地方情形，蘇方概不負責。他對於我方編組地方團隊，及派聯絡員偕同我政府人員往各省市接收，都拒絕同意。這時，中共由山東海運北上的部隊已進入安東，11 日竟有共軍進入我東北行營所在之長春市，而瀋陽亦有共軍準備作戰。[11]

迫於形勢，政府決定將東北行營及接收人員自長春撤退，遷移至山海關。11 月 15 日，外交部特為此照會蘇俄駐華大使彼得洛夫，請轉電蘇俄政府，並轉達蘇軍總司令馬林諾夫斯基如下三點：

1. 東北行營職員及偕行營赴東北之軍事、行政、外交人員全體四百餘人，遷移至山海關。
2. 遷移時間決定為本月十七日至二十三日，每日將用運輸飛機一架至六架往長春接運。
3. 我政府依照中蘇協定，並派定行營副參謀長董彥平中將為軍事代表，帶同助理人員數名派在馬林諾夫斯基元帥之總司令部所在地，隨同進止，以資聯繫。[12]

當東北行營自長春遷移山海關之日，即 1945 年 11 月 17 日，國民政

---

[11] 蔣中正，《蘇俄在中國》，六版（臺北：黎明文化出版社，1989 年），頁 118。
[12] 〈外交部為遷移東北行營事致蘇聯駐華大使館照會〉（1945 年 11 月 15 日），《中華民國重要史料初編，第七編：戰後中國（一）》（臺北：中國國民黨中央委員會黨史委員會，1981 年），頁 147。

府主席蔣中正特致電美國總統杜魯門。蔣中正在電文中指出：當日軍投降時，東北諸省原無中共軍隊，此一事實即史達林元帥亦曾予以證實。但最近東北諸省境內有大部中共軍隊存在，自係由於蘇軍之支援。至於政府軍隊之登陸，則無處不暗受蘇軍之阻撓，因之中國政府派赴東北人員無法達成接收任務。在此情形下，中國政府乃不得不將其派赴東北接收人員自長春撤退，移至東北邊界上之山海關。中國政府已將此種移轉之決定通知蘇方，並定自今日起撤退。蔣中正在電文中還指出：蘇俄違約背信所造成的東北局勢，不僅危及中國的領土完整與統一，實已構成東亞和平與秩序之重大威脅，惟有中美雙方積極的與協調的動作，才能防止其繼續惡化。[13] 杜魯門接電後表示其必與中國政府密切合作，妥商辦法。

　　我政府關於東北行營撤退長春的決定發表以後，蘇方態度乃臨時轉變，對我方極力表示友好，並聲稱一切工作，皆可依照〈友好同盟條約〉進行，而無不可以協商解決之事。但是我政府仍照既定方針，令行營移駐榆關（山海關），所有調往東北的部隊，決定放棄大連、營口等港登陸計畫，皆由陸上沿錦榆路兩側前進。11 月 26 日，國軍從榆關進駐錦州，佔領葫蘆島後，即停止待命，不再向瀋陽前進。當時政府對於東北，一度抱持不再進行接收工作的態度，一任蘇軍非法佔據，再看蘇俄將來如何解決此一國際和平安全所關的東北問題。

　　是時，蘇俄一再作友好表示，而美國政府也以誠意撥給大量運輸艦隻，協助我國從海路運兵進入東北，期待我早日接收東北主權。12 月 5 日，蘇軍總司令馬林諾夫斯基更派員與我方談判國軍由錦州向瀋陽推進時雙方聯絡問題。1946 年 1 月 26 日，國軍進駐瀋陽。

　　就在 1945 年底，即蘇俄一再對我表示友好之際，史達林忽邀我駐東北特派員蔣經國訪蘇。12 月 25 日，經國先生以蔣中正私人代表身分往訪莫斯科，至 1946 年 1 月 14 日回國。史達林在其與經國先生兩次談話中，表示他對於中、蘇及國共兩黨和平共存的意願，並且表示他贊同中、美、

---

[13] 〈蔣主席致杜魯門總統告蘇聯違反條約東北行營移至山海關已危及中國主權完整電〉（1945 年 11 月 17 日），《中華民國重要史料初編，第七編：戰後中國（一）》（臺北：中國國民黨中央委員會黨史委員會，1981 年），頁 148-149。

蘇三國的合作，但反對中國採取門戶開放政策，尤其反對第三者的勢力進入東北，而力勸中國採取不偏不倚的獨立政策。[14] 蔣經國在其〈訪蘇交涉記〉中，曾記述史達林當時對他說的話：

　　蘇聯願意把本國的生產機器、汽車，以及中國所沒有的東西供給中國；同時，也希望中國能把自己出產的礦物、農產品供給蘇聯。蘇聯又可以幫助中國在東北建立重工業，並發展新疆的經濟；但是，我（按：史達林）再三聲明，也是我最大的一個要求：你們決不能讓美國有一個兵到中國來，只要美國有一個兵到中國來，東北問題就很難解決了。

　　我的經濟顧問最近會到長春去的，我要他和你見面；我並且告訴他：只要國民政府能保證今後美國不在東北得到利益，我們蘇聯一定可以作必要的讓步。[15]

　　史達林的話，初聽起來好像「仁言利溥」；而在本質上則是「作賊的，喊叫捉賊」罷了。蔣經國指出：

　　我看史大林（按：即史達林）講的這一段話，不是別的，正是俄帝征服中國和壟斷整個東亞市場的最重要的輪廓。我的父親更早已經看出，這是史大林的狡獪陰謀；如果我們上了當，就會亡國滅種，中華民族永無翻身的日子。所以，我們對史大林這種中、蘇經濟關係的建議，及其離間中、美關係的陰謀，徹底地予以拒絕了。[16]

　　蘇俄欲破壞中美關係，孤立中國，獨佔東北的陰謀，被我識破，其建議遭我斷然拒絕後，乃於 1946 年 1 月 16 日，在撫順附近製造戕殺我經

[14] 蔣中正，《蘇俄在中國》，六版（臺北：黎明文化出版社，1989 年），頁 120-121。

[15] 蔣經國，〈訪蘇交涉記〉，《中華民國重要史料初編，第七編：戰後中國（一）》（臺北：中國國民黨中央委員會黨史委員會，1981 年），頁 113。

[16] 蔣經國，〈訪蘇交涉記〉，《中華民國重要史料初編，第七編：戰後中國（一）》（臺北：中國國民黨中央委員會黨史委員會，1981 年），頁 113。

濟部東北工礦接收人員張莘夫、徐毓吉、張立德、劉元春、牛俊章、莊公謀、舒世清及程喜田等八人的慘案；並對「溥儀引渡案」，拒絕移交，而將其拘禁於伯力。同年 2 月，蘇俄又向我政府明白表示，在上述經濟合作問題未解決前，暫不撤兵。後經蔣經國特派員據理力爭，全國各界發動維護國權運動，反對東北特殊化，要求蘇軍依約撤離東北，而國際間亦均為我國聲援。蘇俄乃被迫於 2 月 26 日發表撤兵聲明，但遲至 3 月初仍未見蘇軍的撤離行動，我外交部乃於 3 月 6 日照會蘇俄駐華大使彼得洛夫，轉請蘇俄政府「令飭現在仍駐中國東北諸省之蘇軍即行撤退，並將其撤退詳情惠予見復」。[17]

至 3 月 13 日，蘇軍即自瀋陽撤退；14 日，自四平街撤退；4 月 14 日，自長春撤退；25 日，自哈爾濱撤退。至 5 月 3 日，蘇軍全部退入蘇境。惟蘇軍撤退時，並不通知國軍接防，故意予共軍以佔領之便利。譬如蘇軍於撤離四平街時，共軍即對四平街採取包圍態勢；而蘇軍撤離長春之日，共軍即開始大舉進攻長春。故蘇軍雖撤出東北，而中共在東北的勢力卻已形成。

蘇軍自 1945 年 8 月侵入東北後，原定於日本投降後三星期內開始撤兵，三個月內全部撤完。若從 8 月 14 日日本正式宣佈無條件投降之日起算，蘇俄應於 11 月中旬完成撤兵。若從 9 月 2 日日本正式簽署向盟國投降書之日起算，蘇俄應於 12 月初完成撤兵。但迄至 1945 年底，蘇俄依然無撤兵行動。後經我國一再交涉與抗議，遲至 1946 年 5 月初，蘇俄才完成東北的撤兵。蘇俄之所以延宕其在東北的撤兵，究其原因，除為全面接收日軍留下的武器裝備，並有計畫地劫掠與破壞東北工礦設備外，更重要的是為了要支援中共發動全面軍事攻勢，以奪取中國政權。

㈡ 蘇俄如何支援中共？

蘇俄究竟如何支援中共？概約可分為以下三個方面：

---

[17] 〈外交部為東北蘇軍逾期未撤退事致蘇聯駐華大使館照會〉（1946 年 3 月 6 日），《中華民國重要史料初編，第七編：戰後中國（一）》（臺北：中國國民黨中央委員會黨史委員會，1981 年），頁 187。

1. 蘇軍參加中共作戰

蘇軍於撤出東北前，其參加中共作戰之方式可分爲以下三種：

(1) 如中共與傾向中央之地方武裝衝突時，蘇軍即以消滅僞軍及土匪之名義，公然以大部隊參加作戰。

(2) 對政府所組織之地方保安部隊，蘇軍則以不明狀況爲理由，與之戰鬥，或以祕密方式參加中共與之作戰。

(3) 當中共與國軍作戰時，蘇軍則以砲兵援助中共戰鬥，或指派幹部參加共軍，指揮其作戰，甚至以變裝方式加入共軍，打擊國軍，以避免外交上之口實。

自 1945 年 8 月至 1946 年 4 月間，蘇軍協助中共消滅我地方武力之實例，不勝枚舉，如：駐鞍山一帶蘇軍於 1945 年 11 月下旬，對鞍山東方之鄧國慶部二千餘，勸誘參加共軍，鄧不從，蘇軍遂於 11 月 24 日協同共軍攻擊鄧部，參加砲兵甚多；至 11 月 28 日，鄧部又與共軍萬餘於千山（瀋陽南三十公里）附近發生戰鬥，蘇軍曾以砲兵、戰車及飛機參加戰鬥，使鄧部完全瓦解。當國軍於 1946 年 1 月進駐東北後，蘇軍主要以變裝方式參加共軍作戰，如：1946 年 3、4 月間，共軍攻擊四平街、瀋陽、長春、齊齊哈爾時，均有變裝蘇軍支援或參加共軍戰鬥。

蘇軍於 1946 年 5 月撤出東北後，其參加中共作戰方式因不同時期而有變化：

(1) 1946 年底以前，主要以殘留東北之蘇軍變裝參加中共各主要部隊，其行動十分謹慎，以援助補給輸送爲主。

(2) 1947 年 1 至 4 月間，以有組織、有系統之方式，參加中共各訓練機關及主要部隊。

(3) 1947 年 4 月以後，則直接參與中共各高級司令部內指導作戰。蘇軍撤出東北後，蘇軍苦雷斯泰列夫中將還留駐哈爾濱李立三寓中，擔任聯繫與指導工作。

撤出東北的蘇軍參加中共作戰之事實甚多，茲舉數例如下：

(1) 1947 年 2 月下旬，由其塔木（吉林北約六十公里）向九台（長春東北約五十公里）方面推進之共軍內雜有變裝蘇軍約三百名援助作戰。

⑵1947 年 5 月下旬，蘇俄密派軍事指導員三十名由佳木斯至各地共軍佔領區參加工作，其主要任務是監督中共，並指導作戰。

⑶1947 年 6 月 9 日，中共獨立第二師攻擊我雙河鎮（吉林西南五十五公里）駐軍時，有蘇軍三百名參加作戰，他們多操華語，並擔任攝影。

⑷1947 年 6 月 20 日，共軍數萬圍攻四平街時，其各縱隊司令部內有俄人顧問、砲手及汽車司機，亦有蘇軍多數參加。[18]

2. 蘇俄供給中共武器裝備

蘇俄對日宣戰時，駐東北日軍雖僅五十餘萬，但其武器彈藥儲備甚多，以便緊急時編成大批之預備軍。估計其所有武器裝備，足可供應百萬軍隊之用。蘇軍侵入東北後，所繳獲日軍武器裝備，除一部供給中共外，大部隨東北之工礦設備，先後運往俄境。是時，蘇俄供給並武裝中共部隊之事實，如：1945 年 9 月 6 日，中共冀熱遼軍區第十六軍分區司令員曾光林和政委唐凱率部六百人到達瀋陽，得蘇軍協助，一週內即擴編至五萬人，旋以本溪為據點，向遼東、遼南發展，以阻止國軍進入東北。又如：同年 9 月 16 日，中共冀熱遼軍區司令員李運昌率隊八千人到瀋陽，經蘇軍給予裝備後，5 日之間擴編為三萬人，隨即開往熱河佈防。再如，同年 10 月 2 日，林彪所部三師徒手部隊到達瀋陽，接收一個師的裝備後，立即乘火車赴長春，再接收大批裝備，而擴編為四個師，形成所謂「東北民主聯軍」的核心。[19]

自蘇軍撤出東北後，其供給中共武器裝備之方式，係以滿洲里、綏芬河、北朝鮮及旅大等四個地區為據點。根據 1946 年 8 月蘇俄與中共祕密簽訂的物資交換協定，蘇俄對中共進行有計畫的供給，在北朝鮮及旅大兩個據點，由蘇軍和中共緊密聯繫下直接供給；在滿洲里及綏芬河兩個據點，經雙方聯繫後，將各種武器裝備集結於佳木斯、虎林，或哈爾濱後，再分發各地共軍。

---

[18] 參考：〈蘇聯支持中共叛亂之調查報告〉，《中華民國重要史料初編，第七編：戰後中國（一）》（臺北：中國國民黨中央委員會黨史委員會，1981 年），頁 590-596。

[19] 劉珍，《中共史綱》（臺北：自由太平洋文化事業公司，1965 年），頁 124-125。

自 1945 年 8 月蘇軍侵入東北後，至 1946 年 1 月止，約半年時間，
蘇俄先後供給中共的武器裝備，計有：各種步騎槍二萬五千枝、各種手槍
一千四百枝、輕機槍四百七十挺、重機槍八十挺、迫擊砲三十門、擲彈筒
二百三十個、山砲十二門、野砲六門、手榴彈七百發、各種砲彈三千發、
各種槍彈七十餘萬發。自 1946 年 2 月以後，至 1947 年 11 月上旬止，蘇
俄又在東北各地不斷供給中共各式武器裝備，除了基本的步槍之外，還
包括有輕重機槍、各式火砲、戰車、飛機等火力較強大之武器，以及上千
輛的卡車、吉普車和馬匹，以增強共軍的機動力。另據 1960 年代中、蘇
共鬧翻後蘇俄方面發表的資料，當年蘇俄在東北對中共的軍援計有：步槍
七十四萬枝、機槍一萬八千挺、大砲四千門、坦克車八百輛、飛機八百
架、彈藥及軍用物資庫六百座、日本關東軍松花江內河艦隊所屬艦艇全
部。[20]

3.蘇俄協助中共訓練幹部及部隊

1945 年 8 月蘇軍侵入東北後，蘇俄即積極協助中共進入東北。中共
進入東北後，即在哈爾濱、佳木斯、齊齊哈爾、北安、琿春、牡丹江等處
成立軍政大學及各類幹部學校，積極培訓中下級幹部，其教官多由俄人及
日俘擔任。蘇俄並協助中共於牡丹江、東寧及哈爾濱等地成立航空學校，
造就中共空軍幹部，其教官及技術人員多為俄籍，少數為日俘，其飛機除
部分為日軍殘留者外，尚有蘇軍援助者。此外，蘇俄還派遣其軍官駐在中
共各軍、師及團隊，協助部隊訓練，並派蘇軍參加中共部隊充當砲手及機
槍手。同時，蘇俄還接受中共選送幹部前往伯力、赤塔及莫斯科等處各軍
政學校學習，代中共培訓重要幹部。

根據有關史料，中共在其控制區內所設各軍、政學校均有蘇俄人員
及日俘充當教官，擔任教育訓練工作。如：佳木斯、哈爾濱、北安、齊齊
哈爾、洮南、琿春等軍政大學，熱河林西軍政幹部學校、建國學院，海拉

---

20 參考：〈蘇聯支持中共叛亂之調查報告〉，《中華民國重要史料初編，第七編：戰後中
　　國（一）》（臺北：中國國民黨中央委員會黨史委員會，1981 年），頁 599-606。按：
　　1. 文中所列數據僅為數量明確或頗為明確者，至於數量不明確者，未列。2. 蘇俄供給中
　　共武器裝備，大部分是無償供給，小部分係與中共所提供之物資進行交換。

爾之蒙古青年大學，大連之關東學院等，均以蘇俄教官爲主，其中尤以佳木斯軍政大學東北分校及北安軍政大學之蘇俄人員最多。又如：牡丹江砲兵學校、工兵學校、戰車學校，哈爾濱、齊齊哈爾之工兵學校、東安之航空學校、佳木斯軍醫大學及通訊學校等，均有多數蘇俄人員擔任教官及顧問。其中以航空及砲兵學校的蘇俄教官最多。[21]

第二節　中共發動全面軍事攻勢

中共於抗戰期間以「七分發展、二分應付、一分抗日」的戰時戰略擴張自己的勢力，就兵力而言，1937 年 7 月抗戰開始時，中共紅軍總數僅三萬二千餘人，至 1945 年 8 月日本投降時，其兵力即增加到一百二十七萬人。茲根據中共發佈的資料，將抗戰八年期間中共兵力增長的情形列表12-1 於次：

表 12-1　抗戰期間中共兵力增長統計表　　　　　　　　　　單位：人

年份	八路軍	新四軍	華南抗日縱隊	合　計
1937 年	80,000	12,000		92,000
1938 年	156,700	25,000		181,700
1939 年	270,000	50,000		320,000
1940 年	400,000	100,000		500,000
1941 年	305,000	135,000		440,000
1942 年	340,000	110,960		450,960
1943 年	339,000	125,892	4,500	469,392
1944 年	507,620	251,393	20,730	779,743
1945 年	1,028,893	268,581	20,820	1,318,294

附註：1. 資料來源：胡華主編，《中國革命史講義》，下冊（北京：中國人民大學出版社，1980 年），頁 764（附錄部分）。

　　　2. 本表所列數字均以每年年底爲準。

　　　3. 除上述正規軍外，中共控制區內尚有民兵，據統計，其人數：1944 年有一百六十八萬五千三百八十一人 1945 年有二百六十八萬七千六百九十八人。

---

[21] 參考：〈蘇聯支持中共叛亂之調查報告〉，《中華民國重要史料初編，第七編：戰後中國（一）》（臺北：中國國民黨中央委員會黨史委員會，1981 年），頁 611-612。

　　再就中共控制的地區及人口而言，其擴張的情形如下：1937 年中共約控有三萬五千平方哩的土地，一百五十萬人口；1943 年擴張爲十五萬五千平方哩的土地，五千四百萬人口；1945 年再擴張爲二十二萬五千平方哩的土地，六千五百萬人口。[22]

　　戰後中共就是利用這些力量發動全面軍事攻勢，攻城掠地，奪取政權。

一、配合蘇軍進入東北，全面出擊與破壞交通

　　1945 年 8 月 9 日，蘇俄對日宣戰，並指示中共軍隊協同進兵東北後，毛澤東即在延安發表談話，決定對日本「實行廣泛的進攻」，「擴大解放區，縮小淪陷區」，以備建立「民主聯合政府」。[23] 8 月 10 日，即日本透過瑞典及瑞士向盟國轉達其願意接受〈波茨坦宣言〉無條件投降之日，國民政府爲制止內戰危機，乃下令第十八集團軍總指揮朱德，囑該集團軍所屬部隊就原地駐防待命。但朱德爲了乘機擴張勢力，並配合蘇軍的行動，於 8 月 10 日及 11 日，以「延安總部」的名義，對中共所有部隊，發佈七道命令，一方面配合蘇軍進入中國境內作戰，一方面乘機於全國各地擴張勢力。

　　在配合蘇軍進入中國境內作戰方面：派呂正操部由山西、綏遠現地，向察哈爾、熱河進發；派張學詩部由河北、察哈爾現地，向熱河、遼寧進發；派萬毅部由山東、河北現地，向遼寧進發；派李運昌部由河北、熱河現地，向遼寧、吉林進發；派賀龍部由綏遠現地向北行動；派聶榮臻部由察哈爾、熱河現地，向北行動。

　　在全國各地擴張勢力方面：主要是佔據並破壞全國交通要道，通令所有沿北寧路、平綏路、平漢路、同蒲路、滄石路、正太路、白晉路、道清路、津浦路、隴海路、粵漢路、滬寧路、京蕪路、滬杭路、廣九路、潮汕路等鐵路線及其他中共佔領區一切交通要道兩側之共軍，積極發起進

[22] 張玉法，《中國現代史》，九版（臺北：臺灣東華書局股份有限公司，1988 年），頁 682。按：每平方哩等於二千五百八十九平方公里。

[23] 毛澤東，〈對日寇的最後一戰〉（1945 年 8 月 9 日），《毛澤東選集》，第三卷，第二版（北京：人民出版社，1991 年），頁 1119-1120。

攻。[24]

　　當時中共軍隊分佈於全國各地的約有一百二十七萬人，奉到「延安總部」之命令後，即紛紛蠢動，初以在華北及東北地區者最為矚目。如：綏遠的集寧、清水二城由國軍從日軍手中奪回不過 5 日，到 8 月 12 日即為由河北、山西一帶急行軍而來的三萬餘共軍攻陷。9 月 11 日，抗日名將馬佔山的東北挺進軍由綏遠經熱、察返回東北途中，在察哈爾的渡庭堡，遭共軍圍攻，損失三千餘人。10 月 17 日，共軍自豐鎮、涼城、興和三地出動，對綏遠省會歸綏（今內蒙古自治區呼和浩特市）的傅作義部展開包圍。[25]

　　據統計，從日本宣佈投降到 10 月 5 日，共軍共攻佔三百零二縣，主要的地區有江蘇三十一縣、山東八十三縣、山西四十二縣、河南二十五縣、河北八十縣等。[26]另據統計，從 9 月 11 日至 10 月 11 日的一個月內，各地共軍佔據城市二百座；在膠濟、津浦、隴海、平綏、北寧、德石、平漢、道清等各鐵路線上，都控制了若干據點，既妨害華北和華中的交通要道，並威脅山海關到杭州的海岸線、垣曲到武陟的黃河沿岸，及蘇、皖兩省的長江沿岸和運河線。[27]而 9 月 11 日之後的一個月，正是國軍在各地接受日軍投降的時間，也是國、共「重慶會談」召開的期間。

　　中共的主力最初用在內蒙與東北，李運昌、林彪等部於 1945 年 8 月 23 日與蘇軍會師張家口後，即由張家口入熱河，經承德、多倫、赤峯等地進入東北，另有自煙臺由海路進入東北者，總數計約十萬人。彼等在瀋陽、長春兩地由蘇軍手中取得日本關東軍的武器裝備後，攻擊力大增，使國軍接收東北的工作受到嚴重的阻礙。[28]

　　中共既妨害受降，並擅自擴張，國軍即分三路展開肅清行動：一路由

---

[24] 蔣中正，《蘇俄在中國》，六版（臺北：黎明文化出版社，1989 年），頁 107。

[25] 劉珍，《中共史綱》（臺北：自由太平洋文化事業公司，1965 年），頁 105-109。

[26] 張玉法，《中國現代史》，九版（臺北：臺灣東華書局股份有限公司，1988 年），頁 684。

[27] 蔣中正，《蘇俄在中國》，六版（臺北：黎明文化出版社，1989 年），頁 115。

[28] 張玉法，《中國現代史》，九版（臺北：臺灣東華書局股份有限公司，1988 年），頁 684。

華南、華中向北推進；一路在綏遠進行反擊；一路進軍東北。中共為阻止國軍的北上，特於其各部隊中成立所謂「交通控制隊」，在華北、華中一帶大肆破壞鐵路和公路。僅在 1945 年 10 月份內，平漢路被破壞十七次，津浦路被破壞十八次，膠濟路被破壞十次。在 1946 年 1 至 8 月間，津浦、平漢、膠濟、北寧、正太、隴海、同蒲、平綏等路亦遭受共軍嚴重的破壞。[29]

對於公路，中共採「無路不斷主義」，在各公路線上派出連鎖的破壞隊，強迫人民將公路挖斷，將沿路住民移走，房舍燒光，使北上的國軍無處落腳，得不到行軍的方便。

對於江河，中共不僅用它阻斷交通，還把它當作進擊國軍的武器和拖累政府財力的法寶。當國軍前進時，他們則決堤加以阻止；當國軍駐紮時，他們即決堤加以攻擊。於是，國軍要前進，要保境安民，就必須搶修堤壩，救濟災民，財力大量消耗，國庫支出增加，作戰的能力自然削弱。例如：中共於 1945 年 10 月間分別在河南決黃河及漳河，在江蘇、山東決運河，在河北決北運河、永定河、子牙河及大清河，造成數萬人淹死，數百萬人流離失所，及數千萬畝禾苗淹沒。[30]

二、利用蘇俄之援助，發動攻勢，四處攻城掠地

1946 年 3、4 月間，中共利用蘇軍撤出東北之機會，並得蘇俄之援助，發動攻勢，四處攻城掠地，先後於 3 月 20 日攻陷四平街，4 月 18 日攻佔長春，26 日佔據齊齊哈爾和哈爾濱。政府於中共攻陷四平街後，派國軍由瀋陽北上，4 月 5 日展開行動，5 月 3 日收復本溪，20 日克復四平街，23 日攻克長春，28 日進入永吉，然後分兵二路，進行鉗形追擊：一路由永吉、長春北指哈爾濱；一路由四平街向齊齊哈爾前進。5 月 23 日，蔣中正飛臨瀋陽，視察戰局；30 日，飛抵長春巡視。6 月 5 日，國軍進迫哈爾濱。6 日，蔣中正接受美國特使馬歇爾的建議，頒發〈第二次停戰

---

[29] 張玉法，《中國現代史》，九版（臺北：臺灣東華書局股份有限公司，1988 年），頁 684。

[30] 劉珍，《中共史綱》（臺北：自由太平洋文化事業公司，1965 年），頁 110。

令〉：自 6 月 7 日正午起，東北地區停戰 15 日。至 6 月 21 日，即停戰 15 日期滿前，蔣中正又頒令，將停戰時效延長 8 日，至 6 月 30 日中午爲止。[31]

然則 6 月 6 日的〈停戰令〉只生效三個小時，就被共軍破壞了。6 月 7 日下午三點，東北共軍分四路向國軍進攻：一向拉法；二向陶賴昭；三向五棵樹；四向烏拉。而國軍爲遵守〈停戰令〉，不作抵抗，旋退守松花江以西。是時，林彪在齊齊哈爾、佳木斯等地擴軍，並接受二戰期間蘇俄得自美國援助的大量裝備，完成了約四十萬新軍的訓練。中共爲策應其在東北的擴軍與軍事行動，乃命共軍在熱河、察哈爾、河北、山東、山西、江蘇等地區，分別向國軍發動攻擊。例如：共軍於 6 月 9 日進佔山東棗莊，10 日進佔德州與泰安；6 月 30 日，攻陷蘇北的泰興後，續向泰縣及長江北岸之口岸鎮攻擊。與此同時，在熱察方面，共軍還進佔承德，壓迫張家口；在晉綏方面，先後攻佔聞喜、朔縣、新絳、榆次、介休等二十二縣。

政府爲保持北平與天津的安全，要求共軍退出承德；爲打通南北交通，要求共軍撤離津浦；爲保持首都南京的安全，要求共軍退出蘇北。但均不爲中共所接受，因此，自 1946 年 8 月以後，國軍即對各地共軍進行掃蕩。蘇北方面，國軍於 8 月 28 日克睢寧，9 月 17 日克淮陰，10 月 9 日克界首，12 月 16 日克阜寧；山東方面，國軍於 9 月 16 日克濟寧，11 月 1 日登陸煙臺；冀綏熱察方面，國軍於 9 月 8 日克喜峰口，10 月 11 日克張家口，11 月 1 日克德化；東北方面，國軍於 10 月 25 日克安東，10 月 29 日克通化，進抵鴨綠江畔。[32]

1946 年 11 月 15 日，國民大會在南京開幕，中共與民盟代表未與會。此後，中共決定暫時緩和從重慶會談與政協會議，到馬歇爾調處等持續一年多的政治鬥爭，而集中全力於軍事擴張。國軍爲了穩定局勢，亦對共軍

---

[31] 前此的〈第一次停戰令〉係於 1946 年 1 月 10 日發佈，以利政治協商會議之召開。請參閱本書第十一章、第三節、貳：「三人小組」會談與〈第一次停戰令〉。

[32] 張玉法，《中國現代史》，九版（臺北：臺灣東華書局股份有限公司，1988 年），頁 696-697；蔣中正，《蘇俄在中國》，六版（臺北：黎明文化出版社，1989 年），頁 141-142。

進行全面的掃蕩。從 1946 年 12 月到 1947 年 6 月，共軍在山東、山西、河北、熱河、安東及江蘇等省攻佔了不少城市；國軍亦在山東、山西、河北、河南、陝西、新疆與江蘇等省收復不少城市。[33] 此時國軍佔有優勢，尤其是對山東和陝北的「重點進攻」，收復失地甚多，而中共首府陝北延安的攻克，對共軍打擊尤大。至於共軍在東北的攻勢則受挫，進攻長春、瀋陽不僅未得手，而且損失慘重。

此階段，中共爲了挽回頹勢，乃加強其「第二條戰線」的攻勢，透過其「地下黨」的策動，在各地煽動學生，激起所謂「反飢餓、反內戰」風潮，舉行大規模遊行示威，製造學潮，破壞社會秩序，以困擾政府。[34]例如：1947 年 5 月 20 日，煽動京、滬、蘇、杭專科以上十六校學生在南京舉行聯合大遊行，遊行過程與軍警發生衝突，造成流血事件，是爲南京「五二〇事件」（中共方面稱「五二〇血案」）。[35]之後，全中國大陸各地學潮層出不窮，中共「地下黨」居間策應，政府軍警防不勝防，直至 1949 年戰局急轉直下，中共勝利成爲定局，學潮方告緩和。[36]（按：南京「五二〇事件」後三天，即 5 月 23 日，中共中央發出〈關於蔣管區黨的鬥爭方針的指示〉，直接指出發動學潮的最終目的，即在「搞垮蔣介石」。[37]）

在戰況不利的情形下，中共除加強「第二條戰線」的攻勢外，還請求蘇俄給予進一步的援助。中共派林彪、高崗、彭真、謝覺哉、李富春等五

---

[33] 詳見：張玉法，《中國現代史》，九版（臺北：臺灣東華書局股份有限公司，1988 年），頁 701-703。

[34] 中共所謂的「第二條戰線」，即政治戰線，包括和談、統戰、策反、學運、社運等之運用。此階段中共加強運用的是以青年學生爲主的學運、社運，以製造社會動亂、打擊政府威信爲目的，來扭轉其軍事鬥爭的失利。

[35] 1946 年 5 月，以南京中央大學爲中心發起的一連串全國性「反飢餓、反內戰」學潮，通稱爲「五月學潮」，中共稱之爲「五二〇運動」。其中又以南京「五二〇事件」爲整個「五月學潮」的最高潮。

[36] 廖風德，《學潮與戰後中國政治》（臺北：東大圖書股份有限公司，1994 年），頁 343。

[37] 中共〈中央關於蔣管區黨的鬥爭方針的指示〉（1947 年 5 月 23 日），《中共中央青年運動文件選編》（北京：中國青年出版社，1988 年），頁 654。

人為代表，與蘇俄代表米高揚（Anastas Ivanovich Mikoyan, 1895-1978）
等五人會商，雙方於 1947 年 5 月 20 日簽訂〈哈爾濱協定〉，其要點如下：
1. 蘇俄允諾在外交及軍事上全面支持中共。
2. 蘇俄中共全面合作，發展東北經濟。
3. 中共承諾蘇俄對於東北陸路與空中交通享有特殊權利。
4. 蘇俄允諾經常供給中共軍用飛機五十架。
5. 蘇俄允諾將繳收日軍之武器分兩期全部給予中共。
6. 蘇俄允諾將現在東北由蘇俄控制之彈藥及軍用物資全部評價售讓中共
　使用。
7. 中國紅軍在東北局勢緊急時，可取道北韓退入俄境。
8. 國民黨軍隊一旦對東北發動兩棲登陸攻勢時，蘇俄軍隊應祕密協助中
　國紅軍作戰。
9. 蘇俄允許中國紅軍在北韓建立空軍訓練站。
10. 中共應對蘇俄提供有關國民黨及美軍在中國行動之情報。
11. 中共應以東北產物包括棉花、大豆以及其它戰略物質，除去本地所需
　用者外，全部供應蘇俄。
12. 蘇俄協助中共奪取新疆的控制權。
13. 遼寧、安東等省特別規定區域，劃歸北韓軍駐紮，在將來適當時期併
　入朝鮮。[38]

　　這個〈協定〉雖然使東北人民失去大片領土和多達九十萬噸的食糧，
但中共卻從蘇俄那裡獲得了他所迫切需要的足可裝備五十萬部隊的武器和
彈藥，不但滿足了林彪在黑龍江省所訓練四十萬新軍之所需，也使關內的
共軍得到大批武器彈藥的補充。

三、政府宣佈戡亂與共軍席捲江北半壁江山

　　1947 年 6 月 25 日，最高法院檢察署發出通緝毛澤東的訓令，訓令全
國各高等法院首席檢察官，一體通緝毛澤東，令文謂：

---

[38] 劉珍，《中共史綱》（臺北：自由太平洋文化事業公司，1965 年），頁 125-126。

　　查該逆毛澤東，竊據國土，稱兵叛亂，禍國殃民，罪大惡極，自應依法緝辦。除分令外，合行令仰該首席檢察官飭屬一體嚴緝，務獲究辦，以伸法紀。[39]

　　6月30日，孫科於中國國民黨第六屆中央執行委員會常務委員會第七十四次、政治委員會第六次聯席會議上作報告時指出：「抗戰勝利，中共稱兵作亂，政府無法與民更始。中共拒絕和談，關閉以政治方法解決之門。政治方法既不能解決，除加強武力解決外，無他道。」[40]同日，聯席會議通過如下決議：「中國共產黨武裝叛亂，割據地方，破壞統一和平，危害國家民族，政府以政治方式解決之途徑，已因共產黨之迭次峻拒而告絕望，為保衛國家基礎，掃除建國障礙，拯救匪區同胞，亟應明令剿辦，戡平內亂。」[41]7月4日，國民政府第六次國務會議通過〈厲行全國總動員戡平共匪叛亂方案〉，同日，國民政府發佈處字第七二二號〈戡亂訓令〉。從此，國家乃進入動員戡亂階段。

　　政府在〈戡亂訓令〉中指責中共「自去年十月以來，始則拒絕政府頒佈之停戰令，繼則拒絕參加國民大會，又復拒絕政府派員赴延安商洽和平之建議，最近復由其宣傳機關對國民參政會之和平建議斷然予以拒絕。」訓令中接著揭露中共的四項罪行：

1. 政府方力謀整編軍隊，而共黨則脅制民眾，大量擴充其叛國之武力。
2. 政府方力謀復員建設，而共黨則到處阻礙復員之進行，到處破壞我交通與工礦之建設。
3. 政府方勵圖實現民主政治，準備行憲工作，而共黨則一面宣傳民主，

---

[39]〈最高法院檢察署訓令〉（1947年6月25日平字第一九〇六號），《國民政府公報》，第二八六二號，南京，1947年6月27日。

[40]〈孫科委員於討論中國共產黨叛亂問題案前提出對於時局檢討之報告〉（1947年6月30日），《中華民國重要史料初編，第七編：戰後中國（二）》（臺北：中國國民黨中央委員會黨史委員會，1981年），頁907。

[41]〈中國國民黨第六屆中央執行委員會常務委員會第七十四次、政治委員會第六次聯席會議之決議〉（1947年6月30日），《中華民國重要史料初編，第七編：戰後中國（二）》（臺北：中國國民黨中央委員會黨史委員會，1981年），頁906。

一面殘虐人民，無所不用其極。

4. 最近數月，共黨復在華北、東北對我國軍發動大規模之攻勢，妨礙政府對領土主權之完全接收，其必欲以武力顛覆國家，已極彰著，而其煽動各地擾亂社會治安秩序之盜匪暴行，亦日益明顯。

　　因此，政府在〈戡亂訓令〉中指出：中共既公然揭開其全面的武裝叛亂，實已自絕於國人，若非從速戡平其叛亂，則不僅憲政與民主無由實現，即國家之統一與安全，亦已失其保障，「故政府決心戡亂，實出於萬不得已，必須全國軍民集中意志，動員全國力量，一面加緊戡亂，一面積極建設，方能掃除民主憲政之障礙，達成和平建國之目的」。[42]

　　此後國軍即全面對共軍佔領區進行攻擊。8 月 21 日，膠濟鐵路全線打通；23 日，國軍在河南收復汝南、新蔡。9 月下旬，在安徽收復舒城、六安、盧江、桐城和霍山，在山東克復莒縣和龍口。10 月初，又在山東克復煙臺、威海衛。11 月 1 日，在吉林收復永吉；18 日，在湖北收復黃梅。與此同時，共軍亦在各地發動攻勢，如：9 月 2 日陷湖北麻城，10 月 23 日陷安徽武穴等。另一方面，由於俄國不斷對中共進行援助，因此，從 11 月起，美國亦恢復了對國民政府的援助。[43]

　　為了應付 1947 年秋季以後中共發動的全面攻勢，政府先於 1947 年 12 月 2 日特任傅作義為「華北剿匪總司令」，統一指揮晉、冀、察、熱、綏五省戡亂軍事；繼於 1948 年 1 月 17 日設置「東北剿匪總司令部」，特派衛立煌為東北行轅副主任兼「東北剿匪總司令」。同時，命令各省設保安司令部，確保各省治安，免受中共擾亂。

　　對於中共發動的 1947 年秋季攻勢，蘇俄原不贊同，俄共首領史達林曾透過劉少奇要中共採取游擊戰爭，暫置大城於不顧，但周恩來認為發動全面攻勢的時機已經成熟，共軍乃於全國各地對國軍展開攻勢。毛澤東稱此攻勢戰略為「外線作戰」，即把戰場引向國民政府控制的地區，在「外

---

[42] 〈國民政府訓令：厲行全國總動員，以戡平共匪叛亂〉（1947 年 7 月 4 日處字第七二二號），《中華民國重要史料初編，第七編：戰後中國（二）》（臺北：中國國民黨中央委員會黨史委員會，1981 年），頁 909-911。

[43] 張玉法，《中國現代史》，九版（臺北：臺灣東華書局股份有限公司，1988 年），頁 704-705。

線」大量殲滅國軍，以別於之前以防禦「解放區」為主的「內線作戰」（即戰略守勢）。[44] 共軍的戰略反攻，中共史書一般以劉伯承、鄧小平率部挺進大別山為起始點，例如中國大陸的黨史名著《中國共產黨的七十年》就說：

> 1947 年 6 月 30 日夜，劉鄧大軍十二萬人以出乎敵人意料的突然行動，一舉突破黃河天險，揭開戰略進攻的序幕。在魯西南地區，經過二十八天的連續作戰，殲敵五萬六千人，打開了南下的通道。接著，部隊邁開大步，長驅南征，開始了千里躍進的壯舉，從國民黨數十萬軍隊的前堵後追中殺開一條血路；穿越寬達三十多里、遍地積水淤泥的黃泛區，渡過沙河，搶渡汝河和淮河，經過二十餘天的艱苦行軍和激烈戰鬥，在 8 月末進入大別山區。[45]

如同「兩萬五千里長征」一樣，中國大陸黨史學界也為此次行動取了一個史詩般壯麗的名字，叫做「千里躍進大別山」，以為頌揚。

中共在 1947 年秋季以後發動的全面攻勢，使國軍的戡亂行動由優勢轉為劣勢，學者張玉法認為，轉變的原因有以下六點：

1. 中共與蘇俄簽訂「哈爾濱協定」後，蘇俄對它的援助增強，武器裝備源源而來。當時國軍雖有二百萬人以上，而且大都為美式裝備，但中共實力亦不弱，除有正規部隊百萬人外，還有三百萬民兵。[46]

2. 中共控制農村，又在農村實行「平分土地」政策，示好於貧民，因此掌握了廣大的兵源，其「人海戰術」足以補充「火海」的不足。

3. 中共善於破壞交通，此不僅使國軍的重裝備難以運動，而且易使國軍

---

[44] 張玉法，《中華民國史稿》，修訂版（臺北：聯經出版事業公司，2001 年），頁 461。

[45] 胡繩主編，《中國共產黨的七十年》（北京：中共黨史出版社，1991 年），頁 273-274。

[46] 依中共公佈的資料，戰後共軍人數增長情形如下：1946 年 7 月有一百二十萬人，1947 年 6 月有一百九十五萬人，1948 年 6 月有二百八十萬人，1949 年 6 月有四百萬人。請參見胡華主編，《中國革命史講義》，下冊（北京：中國人民大學出版社，1980 年），頁 767。

所據守的城市與城市間失去聯絡，因而陷於孤立。

4. 戰後經濟蕭條，通貨膨脹，社會不安，影響民心士氣甚大。

5. 政府實施訓政以後，政治上有不少失意分子；實施憲政前後，各方人士為了政治理想和權力分配問題又復彼此紛爭，不得志者每每背其道而馳。

6. 抗戰勝利以後，政府實行裁軍，孰裁孰留，以及裁後安頓等問題，引起不滿，負氣而投共者不少。[47]

　　另外，由於國軍防地遼闊，僅能堅守重要據點；同時由於政治之影響，身為執政者的國民政府又不能隨意放棄守地，以致處處設防，處處為共軍所牽制，可用以打擊共軍的力量乃漸趨薄弱；共軍則反之，如毛澤東所言：「存人失地，人地皆存；存地失人，人地皆失」，他們不在乎一城一地之得失，而以殲滅國軍有生力量為主要目標，經常集中優勢兵力，打擊孤立難援之國軍，成建制的消滅國軍部隊。

　　由於以上諸多因素持續存在，且交互影響，終使政府的戡亂戰爭從優勢轉為劣勢，1948 年就是戰局逆轉的關鍵年。從 1 月到 7 月，東北、華北、西北、華中等地都是戰場。主要戰役有：1 月至 3 月的東北之戰，3 月至 5 月的西北之戰及察南、綏東、熱西之戰，4 月至 7 月的膠濟、徐濟線之戰，5 月至 7 月的晉南、晉中之戰及豫西、豫東之戰。在這些戰役中，國軍只在豫東一役獲勝，其他戰役都挫敗。因而造成共軍勢力的不斷擴張，國軍的戰區與戰區之間多被隔斷，同一戰區也被隔成許多不相連貫的孤點，如：東北戰場，在 7 月以前的諸次戰役以後，只剩下長春、瀋陽、錦州、綏中等若干孤立的城市；山西戰場：在 5 月至 7 月兩次戰役以後，也只剩下太原、大同、榆次等幾個孤立的城市；而山東戰場：在 4 月至 7 月兩次戰役以後，也只剩下濟南、青島、煙臺、臨沂等幾個孤立的城市；至於熱察綏晉戰場，在 3 月至 5 月的幾次戰役之後，平綏、平瀋、平漢幾條鐵路為之寸斷，維持通行的只有一條平津鐵路，張家口、歸綏（今呼和浩特）、包頭、承德與北平、天津、保定之間都各不相連，彼此陷於

---

47 張玉法，《中國現代史》，九版（臺北：臺灣東華書局股份有限公司，1988 年），頁707。

孤立。[48]

　　共軍方面，經過 1948 年上半年的攻勢，已掩有東北、山東以及黃河以北大部分的地區。4 月下旬，共軍重佔延安；復於山東方面佔領膠濟路中樞且居山東心臟地帶之昌濰地區，兩個月後又攻陷津浦路重鎮兗州。中共在陝北、山東的攻勢，讓國軍於 1947 年上半年對這兩個地方「重點進攻」的成果化爲烏有，影響國軍士氣甚大。河南情勢亦爲共軍所掌握，共軍於 4 月 5 日陷洛陽，6 月 18 日陷開封，國軍雖又將此兩歷史名城收復，但未能擊潰共軍主力，而黃泛地區激戰十數日（即豫東會戰），共軍雖敗退，但國軍傷亡亦重。黃泛區共軍雖未得逞，卻於 7 月 9 日奪取湖北襄樊，武漢爲之震動。[49]更爲重要的，共軍在這半年多的攻勢中，已逐漸養成對大城市與堅固陣地的攻堅能力，爲 1948 下半年與國軍進行的「大決戰」奠定勝基。[50]

　　政府爲了應付華中戰局的逆轉，統一指揮華中各省軍事，於 1948 年5 月 31 日，在漢口設立「華中剿匪總司令部」，特任白崇禧爲華中剿匪總司令。稍後，政府又於 6 月 9 日，將位於徐州的「陸軍總司令部徐州指揮部」改組擴編爲「徐州剿匪總司令部」，鄭州前進指揮所改隸之，特任劉峙爲徐州剿匪總司令。[51]

　　中共方面爲了整合日益擴大的部隊，也進行了整編。1948 年 9 月，中共中央政治局決定，將各區共軍改爲「野戰軍」：東北野戰軍司令員林彪，政委羅榮桓；華北野戰軍司令員聶榮臻，政委徐向前；西北野戰軍司

---

[48] 張玉法，《中國現代史》，九版（臺北：臺灣東華書局股份有限公司，1988 年），頁707-708。

[49] 李雲漢，《中國近代史》，增訂三版（臺北：三民書局股份有限公司，2014 年），頁520-521。

[50] 南京軍區《第三野戰軍戰史》編輯室編著，《中國人民解放軍第三野戰軍戰史》（北京：解放軍出版社，1996 年），頁 222。按：中共所謂「大決戰」，若無特別所指，即一般所稱與國軍在 1948 年 10 月至 1949 年 1 月間進行之遼瀋戰役、徐蚌會戰（中共稱淮海戰役）、平津戰役等「三大戰役」，而其前哨戰則爲 1948 年 9 月進行之濟南戰役。

[51] 國防部史政局，《戡亂戰史》，第二冊（臺北：國防部史政局，1962 年），插表第十一；秦孝儀主編，《中國國民黨九十年大事年表》（臺北：中國國民黨中央委員會黨史委員會，1984 年），頁 430。

令員彭德懷，政委習仲勛；中原野戰軍司令員劉伯承，政委鄧小平；華東野戰軍司令員陳毅，政委饒漱石。[52] 稍後，中共中央軍委於 11 月決定將原西北、中原、華東、東北野戰軍分別改編為第一、第二、第三、第四野戰軍；華北野戰軍三個兵團直屬中共中央軍委；各地方部隊分別隸屬東北、華北、西北、中原、華東五個軍區。[53]

　　1948 年秋，中共進入奪取全中國政權的決定性階段，戰略決戰的序幕則是從 9 月 16 日開始的濟南戰役。這場戰役中共華東野戰軍在代司令兼代政委粟裕指揮下，經八個晝夜的激戰，終於 9 月 24 日奪取山東省會濟南。濟南攻克後，共軍接著陷臨沂、煙臺，進而控制山東全境。山東戰場的勝利，使中共華北、華東兩大「解放區」連成一片，大大改善了支援前線的便利性，也使華東野戰軍能夠全部南下，協同中原野戰軍在隴海鐵路以南和國軍進行大規模的決戰。[54]

　　從 1948 年 9 月到 1949 年 1 月是國共雙方決戰的時刻，除了上述的濟南戰役之外，國共間還進行了所謂的「三大戰役」，即 1948 年 9 月 12 日至 11 月 2 日的遼瀋戰役，1948 年 11 月 6 日至 1949 年 1 月 10 日的徐蚌會戰（淮海戰役）（如圖 12-1），以及 1948 年 11 月 29 日至 1949 年 1 月 31 日的平津戰役。三大戰役共軍以全勝告終，國軍則遭受建軍以來最大的慘敗，最能作戰的部隊幾乎喪失殆盡，長江以北半壁江山，除青島、太原、西安等少數據點外，也盡數落入中共之手。

　　當中共奪取東北，並在平津、徐蚌與國軍激戰之際，中共急需蘇俄進一步的武器援助，乃於 1948 年 12 月派員到莫斯科，與蘇俄簽訂〈莫斯科協定〉，其要點如下：

1. 中國領土內的礦權，應優先給予蘇俄開採。
2. 蘇俄有權在東北與新疆駐紮軍隊。

---

[52] 王健民，《中國共產黨史》，第三編（臺北：漢京文化事業有限公司，1988 年），頁 569。

[53] 〈中國共產黨成立六十年大事誌〉，《一九八一年中國百科年鑑》（北京：中國大百科全書出版社，1981 年），頁 559。

[54] 胡繩主編，《中國共產黨的七十年》（北京：中共黨史出版社，1991 年），頁 290-293。

圖12-1　徐蚌會戰：中共稱淮海戰役，此役國軍精銳盡毀，照片中被俘者為「徐州剿總」副總司令兼前敵總指揮杜聿明，他後來的女婿即為赫赫有名的諾貝爾物理學獎得主楊振寧

3. 如第三次世界大戰爆發時，中共紅軍應依靠蘇俄軍隊作戰，並由蘇俄軍官擔任此一聯軍總司令，中共軍官任副總司令。
4. 蘇俄承擔建立中共與蘇俄聯合的空軍力量。
5. 中國共產黨擴大組織，遠東共黨情報局設於中國。
6. 如果歐洲發生包含蘇俄在內之戰爭，中共應派遣遠征軍十萬人及勞工一百萬人，支援蘇俄從事戰爭。
7. 蘇俄允諾儘速裝備並訓練中共紅軍十一個師。[55]

　　這個協定雖然喪權辱國，深為國人所不齒與痛恨，但中共卻因而得到了它渴望已久的東西——美國援助蘇俄的武器，以推進其「槍桿子出政權」的政策。這個協定簽訂後，蘇俄即將美國在第二次世界大戰中援助它的一百零三億美元武器中的三分之一運入東北，林彪因此而有整師的砲兵和坦克部隊，一衝而入關。[56]

四、共軍渡江與大陸淪陷

　　中共於席捲江北半壁河山後，再度利用國內充斥一片和談氣氛之機會，施展其和談伎倆，以瓦解國軍的士氣與鬥志，並方便共軍在江北進行

---

[55] 劉珍，《中共史綱》（臺北：自由太平洋文化事業公司，1965年），頁126-127。
[56] 劉珍，《中共史綱》（臺北：自由太平洋文化事業公司，1965年），頁127。

整補。共軍經 1948 年底及 1949 年初的冬季整補後，中共於 1949 年 3 月 5 日至 13 日在河北省平山縣西柏坡村召開「七屆二中全會」，決定抽調共軍渡江作戰部隊如下：

1. 第一野戰軍兵力六十萬人（司令員彭德懷）。
2. 第二野戰軍兵力七十萬人（司令員劉伯承）。
3. 第三野戰軍兵力八十萬人（司令員陳毅）。
4. 第四野戰軍兵力一百萬人（司令員林彪）。
5. 華北野戰軍兵力二十萬人（司令員聶榮臻）。

合計：五個野戰軍，總兵力三百三十萬人。[57]

1949 年 3 月 31 日，中共擬定〈京滬杭戰役實施綱要〉，決定以第二野戰軍所轄之第三、四、五兵團共二十八萬人組成「西作戰集團」；第三野戰軍所轄之第七、九兵團共三十萬人組成「中作戰集團」，第八、十兵團共三十五萬人組成「東作戰集團」。第四野戰軍先遣兵團（第十二兵團）南下，由二野指揮。[58]

4 月 20 日，國、共間最後一次和談破裂，是日夜，共軍「中作戰集團」即在無為、樅陽地區起渡。其先頭部隊登陸後，搶佔渡口，擴大灘頭陣地，突破安慶、蕪湖線，佔據繁昌、銅陵、青陽等地，將國軍之江防攔腰截斷。21 日，中共「中國人民革命軍事委員會主席」毛澤東和「中國人民解放軍總司令」朱德，共同署名發佈〈向全國進軍的命令〉，命令共軍要「奮勇前進，堅決、徹底、乾淨、全部地殲滅中國境內一切敢於抵抗的國民黨反動派，解放全國人民，保衛中國領土主權的獨立和完整。」[59]之後，共軍即在西起九江東北的湖口，東至江陰，長達五百餘公里的戰線上，強渡長江，展開渡江戰役。

4 月 23 日，共軍攻陷南京。25 日，毛澤東和朱德再度共同署名發佈

---

[57] 王健民，《中國共產黨史》，第三編（臺北：漢京文化事業有限公司，1988 年），頁 591。
[58] 路秀華，〈渡江戰役〉，《中共黨史主要事件簡介（1919-1949）》（成都：四川人民出版社，1982 年），頁 487。
[59] 毛澤東、朱德，〈向全國進軍的命令〉（1949 年 4 月 21 日），《毛澤東選集》，第四卷，第二版（北京：人民出版社，1991 年），頁 1451。

〈中國人民解放軍佈告〉，宣佈所謂「約法八章」，其內容類似中國歷代新政權對新統治地區百姓的「安民告示」和對前朝官員的「招降文告」，文末還特別強調「人民解放軍紀律嚴明，公買公賣，不許妄取民間一針一線。希望我全體人民，一律安居樂業，切勿輕信謠言，自相驚擾。」[60]

淞滬之戰是共軍渡江後另一關係全局的戰役，共軍在中共上海地下黨組織的配合和支援下，於 5 月 12 日由太倉、崑山進犯，先攻佔嘉定、羅店，迫使國軍退守南翔及上海市郊。5 月 14 日至 20 日，共軍續向月浦、楊行、劉行國軍陣地猛撲。另沿滬杭鐵路及公路向浦東、滬南進犯之共軍，於 5 月 13 日陷奉賢、松江，14 日陷南匯，15 日陷川沙、周浦，18 日陷東溝。5 月 21 日起，共軍增援部隊猛撲高橋，戰況激烈。滬西方面，共軍於 5 月 23 日攻陷虹橋、徐家匯、龍華機場等地。24 日，共軍向上海市區發動總攻擊；25 日午後，共軍攻佔市區，並突破蘇州河防線北上。25 日晚，共軍陷浦東、高橋；翌晨，又陷獅子林砲臺、寶山、吳淞鎮等地。至 27 日，共軍已控制淞、滬全境；6 月 1 日，並攻佔崇明島。

當中共發動渡江戰役的同時，在華北方面，聶榮臻領導的華北野戰軍於 4 月 23 日攻陷太原，太原守軍梁敦厚等五百人集體自殺，舉火同爐，壯烈成仁，史稱「太原五百完人」。彭德懷領導的第一野戰軍，於 5 月 20 日攻佔西安。另山東共軍於 6 月 2 日攻佔青島。至此，整個華北遂陷入中共之手。

當南京陷落之前，政府已遷廣州辦公。10 月 12 日，廣州危急，政府又遷重慶辦公。11 月 29 日，共軍逼近重慶，政府再遷成都；30 日，重慶陷落。12 月 7 日，政府決定自成都遷往臺北。8 日，行政院長閻錫山抵臺，宣佈行政院於 9 日起在臺北辦公，並召開首次院會。10 日，國民黨總裁蔣中正自成都鳳凰山機場搭專機飛返臺北。12 月 27 日，中共軍隊進入成都，國軍退守西康。1950 年 1 月，共軍入滇，部分國軍進入緬境，在滇緬邊區打游擊，成為「孤軍」。3 月 28 日，共軍佔領西昌，川康國軍完全瓦解。

---

[60] 毛澤東、朱德，〈中國人民解放軍佈告〉（1949 年 4 月 25 日），《毛澤東選集》，第四卷，第二版（北京：人民出版社，1991 年），頁 1457-1459。

　　1950 年 10 月 7 日，共軍分兵四路從青海、西康、南疆及雲南進攻西藏，19 日陷昌都，11 月 1 日陷太昭。1951 年 5 月 23 日，西藏被迫與中共簽訂〈關於和平解放西藏辦法的協議〉十七條；10 月 26 日，中共以第十八軍為主力，在張國華、譚冠三的率領下，進駐拉薩；同年底，共軍又分駐黑河、日喀則、噶大克等重要據點，全面控制了西藏。至此，除臺灣、澎湖及金門、馬祖等若干島嶼外，整個中國大陸被中共奪取，中國歷史進入兩岸分治時代。

　　而當政府仍在廣州辦公時，由中共主導的「中國人民政治協商會議第一屆全體會議」，於 9 月 21 日至 30 日在北平舉行。會議決定成立中華人民共和國中央人民政府，國都定於北平，並將北平改名為北京；採用公元紀年；以〈義勇軍進行曲〉為代國歌；國旗為五星紅旗。1949 年 10 月 1 日，中共在北京天安門廣場舉行隆重的「開國大典」，毛澤東在典禮中正式宣告：「中華人民共和國中央人民政府成立了。」中華人民共和國成立後，以毛澤東為中央人民政府主席、中國人民革命軍事委員會主席，朱德為中國人民解放軍總司令，周恩來為中央人民政府政務院（按：1954 年 9 月制憲後，改稱國務院）總理兼外交部部長，林伯渠（林祖涵）為中央人民政府委員會祕書長，沈鈞儒為最高人民法院院長，羅榮桓為最高人民檢察署檢察長。

　　中共認為：中華人民共和國的成立，標誌著中國「新民主主義革命」已經取得「偉大的勝利」，標誌著中國人民受奴役受壓迫的半殖民地半封建時代已經結束。中國歷史從此進入一個新時代，中華民族的發展從此開啟了新的歷史紀元。[61] 但事實上，自中華人民共和國建立迄今（2019 年），剛好滿七〇年的歲月中，有很長的一段時間，卻將中國大陸治理成世界上最貧窮、最動亂的地區之一；近年來經濟發展雖然突飛猛進，但在政治上仍屬於一黨專政的威權政府體制，對人民的思想、以及人身自由控管甚嚴，與其革命時期所高喊之自由、民主口號實不相襯。這是中共在發展經濟之餘，更應努力改善之處，讓中國大陸有朝一日成為真正自由民主的社會，則兩岸之和平統一才有前景。

---

61 楊鳳城主編，《中國共產黨歷史》（北京：中國人民大學出版社，2010 年），頁 209。

第三節　大陸淪陷前的和談

當 1948 年底徐蚌會戰轉趨劣勢時，政府內外即發生一片和談之聲。政府中的和議發於時任「華中剿匪總司令」的白崇禧和湖南省主席程潛，他們於 1948 年 12 月 25 日電請政府與中共和談，程潛並要求蔣總統中正下野。[62] 是時，副總統李宗仁及其私人代表甘介侯等亦主張和談，並提出五項要求：㈠ 蔣總統下野；㈡ 釋放政治犯；㈢ 言論集會自由；㈣ 兩軍各自撤退三十里；㈤ 上海爲自由市，政府撤退駐軍，並任命各黨派人士組織上海市聯合政府，政府與黨代表在上海舉行和談。[63] 接著，河南省主席張軫，暨湖南、湖北、河南、廣西四省參議會議長也通電要求蔣中正下野，俾便政府與中共進行和談。

面對此一局勢，蔣中正對其個人之進退出處，作如下之分析：㈠ 進之原因：勉強支持危局，維繫統一局勢；等待國際形勢之轉變；靜觀中共內部之變化。㈡ 退之原因：黨政軍積重難返，非退無法徹底整頓與改造；打破半死不活之環境；另起爐灶，重定革命基礎。故此時蔣中正考慮引退，並非欲在惡劣環境之下，脫卸革命的仔肩，逃避自己的責任，而是要「另起爐灶」，重建革命基礎。此時，蔣中正雖在原則上已決定引退，但仍須考慮引退之技術、方式，以及時間問題。蓋引退必須出之主動，且不過於突然，否則將打擊士氣，震撼人心，更不利於國家及軍事。[64]

一、蔣中正的和平原則與中共所提和談條件

1949 年 1 月 1 日，蔣總統中正發表元旦文告，闡明政府和戰方針，並表示不計個人進退，促成國內和平。蔣中正在該文告中首先指出：「三年以來，政治商談之目的，固在於和平；即動員戡亂之目的，亦在於和

---

[62] 張玉法，《中國現代史》，九版（臺北：臺灣東華書局股份有限公司，1988 年），頁711。

[63] 蔣經國，〈危急存亡之秋〉，《風雨中的寧靜》，第十一版（臺北：黎明文化事業股份有限公司，1982 年），頁 125。

[64] 蔣經國，〈危急存亡之秋〉，《風雨中的寧靜》，第十一版（臺北：黎明文化事業股份有限公司，1982 年），頁 125。

平。但是今日時局為和為戰，人民為禍為福，其關鍵不在於政府，亦非我同胞同政府的片面的希望所能達成。須知這個問題的決定完全在共產黨。國家能否轉危為安，人民能否轉禍為福，乃在於共產黨一轉念之間。」蔣中正接著說：「只要中共有和平誠意，能作確切表示，政府必開誠相見，願與商討停止戰爭恢復和平的具體方法；只要和議無害於國家的獨立完整，而有助於人民的休養生息；只要神聖的憲法不由我而違反，民主憲政不因此而破壞，中華民國的國體能夠確保，中華民國的法統不致中斷；軍隊有確實的保障，人民能夠維持其自由的生活方式與目前最低生活水準，則我個人更無復他求。」倘若中共能夠接受並遵守這些原則，蔣中正表示「我個人更無復他求」。

蔣中正在文告最後鄭重表示：「中正畢生革命，早置生死於度外，只望和平能早日實現，則個人進退出處，絕不縈懷，而一惟國民公意是從。」[65] 蔣中正的這句話正暗示他將按既定計畫，主動引退，希全國軍民預作心理上之準備。

2 日，蔣中正更電覆張軫與白崇禧，表示自己出處及對和平之態度，並望其齊一意志，鞏固基礎，以期可戰可和，而不為中共所算計。[66] 然則，張、白二人看了電文之後，並未能改變初衷，而國內主和的聲浪甚且愈演愈烈。

8 日，蔣中正接見行政院長孫科、政務委員張羣、西北綏靖公署主任張治中，商討和議問題。會後，蔣即派張羣偕立法委員黃紹竑赴漢口訪白崇禧，赴長沙訪程潛，交換和平意見。12 日，張羣在行政院會議報告備戰謀和之方針。14 日，蔣召集陸海空軍將領會議，指示以戰求和之方針，應提高警覺，勿為共黨所乘。

中共方面，對於蔣中正呼籲和平之苦心與誠意，以及為國為民的胸懷與氣度，不但不為所動，相反的，毛澤東卻於 1 月 4 日發表〈評戰犯求和〉

---

[65]〈蔣總統一九四九年元旦文告〉，《中央日報》，廣州，1949 年 1 月 1 日。
[66] 該兩篇覆電全文，請參閱蔣經國，〈危急存亡之秋〉，《風雨中的寧靜》，第十一版（臺北：黎明文化事業股份有限公司，1982 年），頁 126-127。

一文，以歪曲的言論批駁蔣中正在元旦文告中所提的幾點重要原則。[67]嗣後，毛澤東又於 1 月 14 日發表〈關於時局的聲明〉，提出和談的八個條件爲：

1. 懲辦戰爭罪犯。
2. 廢除僞憲法。
3. 廢除僞法統。
4. 依據民主原則改編一切反動軍隊。
5. 沒收官僚資本。
6. 改革土地制度。
7. 廢除賣國條約。
8. 召開沒有反動分子參加的政治協商會議，成立民主聯合政府，接收南京國民黨反動政府及其所屬各級政府的一切權力。[68]

　　蔣中正於中共發表〈關於時局的聲明〉提出和談八條件的次日，即 1 月 15 日下午召集會議，討論中共所提的八條件，與會人員僉認中共絕無謀和誠意，但政府爲求內部團結起見，決定暫不置答，同時並徵求各省黨政人員之意見。16 日晚，蔣中正再邀民、青兩黨代表及有關人員討論時局，並對中共的和談條件交換意見，會中邵力子竟公然主張「無條件投降」。[69]

　　1 月 19 日上午，行政院舉行政務會議，就中共所提和談八條件進行廣泛討論，歷五小時之久，最後作出如下決議：「政府爲遵從全國人民之願望，蘄求和平之早日實現，特鄭重表示，願與中共雙方立即先行無條件停戰，並各指定代表進行和平商談。」[70]同日，蔣中正並邀約孫科、張羣、張治中、邵力子、吳鐵城、陳立夫等人交換有關和平問題的意見。

---

[67] 毛澤東，〈評戰犯求和〉（1949 年 1 月 4 日），《毛澤東選集》，第四卷，第二版（北京：人民出版社，1991 年），頁 1381-1384。

[68] 毛澤東，〈中共中央毛澤東主席關於時局的聲明〉（1949 年 1 月 14 日），《毛澤東選集》，第四卷，第二版（北京：人民出版社，1991 年），頁 1389。

[69] 蔣經國，〈危急存亡之秋〉，《風雨中的寧靜》，第十一版（臺北：黎明文化事業股份有限公司，1982 年），頁 132-133。

[70] 中央社，1949 年 1 月 19 日電訊。

　　1月21日，蔣中正基於元旦文告所揭示的幾點重要原則，發表〈引退聲明〉，宣佈身先引退，爰依據中華民國憲法第四十九條：「總統因故不能視事時，由副總統代行其職權」之規定，即日起由副總統李宗仁代行總統職權。[71]

　　蔣中正基於其二十多年的反共經驗，對和談並無信心，只是戰事既不利，副總統主和，地方大吏及民間亦主和，不得不屈從眾議。但在引退之後，蔣對於時局仍非常關心。他不斷的計劃軍事，並時常拍電報給代總統和行政院長，表示竭盡全力支持他們。尤其在引退之前，蔣總統為國家預留地步，首先將空軍、國庫資財及軍火轉移臺灣，以鞏固後方基地；其次就是於重要地方安排防務，免得共軍乘虛而入，如於宣佈引退之前，特任命余漢謀為廣州綏靖公署主任，張發奎為海南特別行政區行政長官，朱紹良為福州綏靖公署主任，張羣為重慶綏靖公署主任，湯恩伯為京滬警備總司令，這些都是為假若和議不成而預留地步的。[72]

　　蔣中正宣佈引退後，副總統李宗仁隨即發表代行總統職權文告，表示：「宗仁依據中華民國憲法第四十九條之規定代行職權，自揣庸愚，膺此重任，曷勝惶恐。」[73]次（22）日，李宗仁正式代行總統職權，並發佈「弭戰謀和」之〈謀求和平文告〉，[74]積極展開與中共的謀和工作。然而，由於中共態度強橫，缺乏和平誠意，往後的三個月中，完全在屈辱的情況下覓求和平，而整個中華民國政府的局勢，亦在和談聲中愈趨惡化。

二、正式談判前國共雙方的折衝與反應

　　李宗仁在22日發表〈謀求和平文告〉之後，即電邀李濟深（原名：

---

[71]〈蔣總統引退聲明〉（1949年1月21日），《中華民國重要史料初編，第七編：戰後中國（二）》（臺北：中國國民黨中央委員會黨史委員會，1981年），頁939。

[72] 張玉法，《中國現代史》，九版（臺北：臺灣東華書局股份有限公司，1988年），頁713。

[73]〈李代總統發表奉命代行總統職權文告〉，收錄於總統府編，《革命文獻－戡亂時期》，第二十八冊（蔣中正總統檔案，台北：國史館藏）。

[74] 李宗仁，〈謀求和平文告〉（1949年1月22日），請參閱教育部編，《中華民國建國史－第五篇戡亂與復國（二）》（台北：國立編譯館，1991年），頁620。

李濟琛）、章伯鈞、張東蓀等人共同策進和平運動。同日，行政院會議通過派邵力子、張治中、黃紹竑、彭昭賢、鍾天心等人為和談代表，並指定邵力子為首席代表，等候中共代表，於雙方同意之地點，進行和談。23日，李宗仁更令飭行政院辦理下列各項事宜：撤銷戡亂總動員令；停止戒嚴法之實施（接近前線者，俟雙方下令停止軍事行動後再行取消）；改各地「剿匪總部」為「長官公署」；裁撤戡建大隊，交由國防部另行安置；釋放政治犯；啟封一切在戡亂期間因抵觸戡亂法令，而被查封之報紙、雜誌；撤銷特種刑事法庭，廢止特種刑事條例。李宗仁還下令釋放張學良和楊虎城。[75] 以上措施，都是他就任後，立即向中共表達的「和談」誠意。

對於李宗仁的「求和」及所派定的和談代表，中共的態度卻十分冷漠。1 月 25 日，中共發言人為此發表關於和平談判的談話，其中對政府肆意侮謾，語多乖戾。該談話的主要內容如下：

我們允許南京反動政府派出代表和我們進行談判，不是承認這個政府還有代表中國人民的資格，而是因為這個政府手裡還有一部分反動的殘餘軍事力量。如果這個政府感於自己已經完全喪失人民的信任，感於它手裡的殘餘反動軍事力量已經無法抵抗強大的人民解放軍，而願意接受中共的八個和平條件的話，那末，用談判的方法去解決問題，使人民少受痛苦，當然是比較好的和有利於人民解放事業的。

關於談判地點，該談話中說：「要待北平完全解放後才能確定，大約將在北平。」關於談判代表，談話中說：「彭昭賢是主戰最力的國民黨CC 派的主要幹部之一，人們認為是一個戰爭罪犯，中共方面不能接待這樣的代表。」[76]

---

[75]《中央日報》，南京，1949 年 1 月 25 日；王健民，《中國共產黨史》，第三編（臺北：漢京文化事業有限公司，1988 年），頁 602。

[76]〈中共發言人就和平談判問題發表談話〉（1949 年 1 月 25 日），《毛澤東文集》，第五卷（北京：人民出版社，1996 年），頁 243-244。

政府於中共發言人發表談話後的次日，即 1 月 26 日特發表聲明：

　　政府為提早結束戰爭，以減輕人民痛苦，一月以來已作種種措施與步驟。本月二十二日更正式派定和談代表。日來只待中共方面指派代表，約定地點，以便進行商談。惟據新華社陝北二十五日廣播中共發言人談話，一面雖聲明願與政府商談和平解決，一面則肆意侮謾，語多乖戾。且謂談判地點要待北平完全解放後才能確定。試問中共方面如不即時指派代表，約定地點，又不停止軍事行動，而竟諉諸所謂北平完全解放以後，豈非拖延時間，延長戰禍？須知全國人民希望消弭戰禍，已屬迫不及待。政府為表示絕大之誠意，仍盼中共認清：今日之事，應以拯救人民為前提，從速指派代表進行商談，使和平得以早日實現。[77]

李宗仁於政府發表聲明後的次日，即 1 月 27 日，親自署名致電毛澤東，表示政府已承認可以用毛澤東所提和談八條件為基礎，與中共進行和談。李宗仁在電文中表示：

　　先生以往曾一再宣示，願意尋求和平解決。現政府方面已從言論與行動上，表明和平之誠意，所有以往全國各方人士所要求者，如釋放政治犯、開放言論、保障人民自由等，均在逐步實施，事實俱在，何得謂虛。務望先生號召貴黨同志，共同迅速促成和談，即日派遣代表，商定地點，開始談判。……貴方所提八項條件，政府方面已承認可以此作為基礎，進行和談，各項問題，自均可在談判中商討決定。[78]

李宗仁自代行總統職權以來，對中共的態度已非常溫和，但其所得到

---

[77] 中央社，1949 年 1 月 26 日電訊。
[78] 李宗仁口述，唐德剛撰寫，《李宗仁回憶錄》，下冊（臺北：遠流出版事業股份有限公司，2010 年），頁 832-834。

的，並不是「和平」，而是中共的冷嘲熱諷。中共於得知政府 1 月 26 日的聲明，並接獲李宗仁 1 月 27 日的電文後，隨即於 1 月 28 日，由「新華社」發表一篇中共發言人的談話指稱：

> 我們老實告訴南京的先生們：你們是戰爭罪犯，你們是要受審判的人們。你們口中的所謂「和平」、「民意」，我們是不相信的。……你們必須立即動手逮捕一批內戰罪犯，首先逮捕去年十二月二十五日中共權威人士聲明中所提四十三個戰犯之在南京、上海、奉化、臺灣等處者。……特別重要的是蔣介石，……你們務必迅即逮捕該犯，毋令逃逸。此事你們要負完全責任，倘有逃逸情事，必以縱匪論處，決不姑寬，勿謂言之不預。[79]

中共在這篇發言人的談話中，不但把他們自己所發動的「和平」攻勢推得一乾二淨，反而譏諷中國國民黨和國民政府向他們「迫切求和」；不但不承認國民政府，而稱之為「南京的先生們」，並且要「迅即逮捕一批內戰罪犯」。那些在蔣中正引退之初，躊躇滿志的人，以為只要中共所稱之「第一號戰犯」下野，即可換取「和平」，且可以彈冠相慶；不料中共決不留情，竟直從李宗仁頭上澆了一大盆冷水，連李宗仁自己及其親信左右，都要「迅即逮捕」、「毋令逃逸」，這倒是給那些幻想「和平」，熱中「和談」的人士，上了最有教訓意義的一課。[80]

中共發言人在上述 1 月 28 日的談話中，除譏諷和恫嚇所謂「南京的先生們」之外，還技巧地附帶一句話：「談是一定要談的，誰要中途翻了不肯談，那是決不許可的，因此你們的代表一定得準備來。但是我們還得一些時間做準備工作，不容許戰爭罪犯們替我們規定談判的時間。」[81]

---

[79] 〈中共發言人關於命令國民黨反動政府重新逮捕前日本侵華軍總司令岡村寧次和逮捕國民黨內戰罪犯的談話〉（1949 年 1 月 28 日），《毛澤東選集》，第四卷，第二版（北京：人民出版社，1991 年），頁 1393-1397。

[80] 蔣經國，〈危急存亡之秋〉，《風雨中的寧靜》，第十一版（臺北：黎明文化事業股份有限公司，1982 年），頁 142-143。

[81] 〈中共發言人關於命令國民黨反動政府重新逮捕前日本侵華軍總司令岡村寧次和逮捕國

李宗仁對中共發言人談話中的冷嘲熱諷與恫嚇無動於衷，而對談話中關於
「和談」問題附帶的一句話卻充滿了幻想。

　　是時，李宗仁曾派甘介侯，以其私人代表身分，前往上海與顏惠慶、
章士釗、江庸、淩憲揚、歐元懷、侯德榜等人磋商，請他們組成代表團赴
北平試探和談。其後，李宗仁本人亦於 1 月 31 日與邵力子同往上海，親
自邀訪顏惠慶等人。中共於獲悉李宗仁將派顏惠慶等人組一代表團赴北平
試探和平談判後，突於 2 月 7 日廣播稱：李宗仁之私人代表只許以私人資
格赴北平參觀，並指甘介侯爲「販賣和平」之販子，拒其赴平。顏惠慶等
人原定 2 月 8 日赴平，因中共之阻撓，延至 2 月 13 日方始成行。[82]

　　李宗仁的和談代表團在北平的時間共計兩週，中共方面派林彪、董必
武、葉劍英等人與之商談。2 月 22 日，顏惠慶等人飛往石家莊會晤毛澤
東、周恩來二人，對「和平」及通航問題，廣泛交換意見。25 日，顏惠
慶等人由石家莊飛回北平，同機者有業已投共的傅作義。27 日，顏惠慶
等人飛返南京。

　　顏惠慶等人返回南京後，即向李宗仁口頭報告：「對共和談，雙方並
不是沒有誠意，所以和平前途是可以樂觀的。」並對外發表書面談話稱：
「和談前途，困難尚多，而希望甚大。」但當時識者多已料到和談前途暗
淡，希望不大了。[83]

　　自顏惠慶等一行人返回南京後，中共復廣播表示願與南京方面進行和
談。李宗仁乃與各方人士商討政府對於和談應遵循的原則與途徑。是時，
李宗仁原以爲可以在「精神方面互相尊重，權責方面對等分擔」的氣氛下
進行和談，故曾決定和談三項原則如下：

1. 爲求和平談判能真正成功，國、共雙方應本互相尊重、彼此平等的精
　神立場，進行協商；中共不能以戰勝者自居，迫我接受任何屈辱條件。

　　民黨內戰罪犯的談話〉（1949 年 1 月 28 日），《毛澤東選集》，第四卷，第二版（北
　　京：人民出版社，1991 年），頁 1396。

82 國立政治大學國際關係研究中心編印，《國共關係簡史》（臺北：國立政治大學國際關
　　係研究中心，1983 年），頁 306。

83 桂崇基著、沈世平譯，《中國國民黨與中國共產黨》（臺北：臺灣中華書局，1973
　　年），頁 109。

2. 鑒於鐵幕後附庸國家的過去經驗，我們決不同意以中共爲中心的聯合政府，主張採取劃江分治的制度。

3. 關於中共方面所提八條件，我們僅能同意在分治基礎上從事商談，達成協議，而非全部接受。[84]

　　這三項原則的中心點，也就是「劃江分治」。

　　3月3日，李宗仁指定吳鐵成、邵力子等十人，研討與中共和談方案。3月25日，李宗仁指派邵力子、張治中、黃紹竑、章士釗、李蒸等五人爲和談代表，正式成立代表團，並推邵力子爲首席代表。至和談開始前兩天，即3月30日，李宗仁又增派劉斐爲代表，並發表盧郁文爲和談代表團祕書長，李俊龍、屈武、劉仲華等人爲顧問。

　　3月26日，中共中央爲與南京方面舉行和平談判，作出如下四點決定，同日並將四點決定對外廣播：

1. 談判開始時間：4月1日。

2. 談判地點：北平。

3. 派周恩來、林伯渠（林祖涵）、林彪、葉劍英、李維漢爲代表（4月1日中共中央決定加派聶榮臻爲代表），周恩來爲首席代表，與南京方面的代表團舉行談判，按照1月14日毛澤東〈關於時局的聲明〉及其所提八項條件爲雙方談判的基礎。

4. 將上列各項經廣播電台即日通知南京國民黨「反動」政府，按照上述時間地點，派遣其代表團，攜帶爲八項條件所需的必要材料，以利舉行談判。[85]

　　從中共中央的這個決定來看，中共既要與政府和談，還對政府百般污辱，斥之爲「南京國民黨反動政府」。非但如此，中共還要政府代表按照中共所指定的時間，前往中共所指定的地點與中共代表舉行談判，並強迫政府代表接受毛澤東〈關於時局的聲明〉及其所提八項條件爲雙方談判的

---

84 桂崇基著、沈世平譯，《中國國民黨與中國共產黨》（臺北：臺灣中華書局，1973年），頁109。

85 中共中央文獻研究室編，《毛澤東年譜》，下卷（北京：人民出版社，1996年），頁470。

基礎。如此的和談條件，真的是再屈辱也沒有了。而李宗仁政府竟然全盤接受這些條件，如期派出代表團飛抵北平。

　　3 月 30 日，中國國民黨中央執行及監察常務委員暨中央政治委員會委員在廣州舉行聯席會議，討論有關和談事宜，會中獲致以下幾點共同意見：

1. 和談代表抵平後，應先提出雙方立刻無條件停戰。
2. 和談一切報導公開。
3. 和談進行詳情，應隨時報告黨的中央，談判結果並應對黨完成法定程序。
4. 和談內容應堅持下列原則：(1) 國體不容變更。(2) 人民之自由生活方式必須保障。(3) 憲法之修改必須依法定程序。(4) 土地改革應首先遵行，但反對以暴力實行土地革命。(5) 戰爭責任問題，應毋庸議。[86]

　　出席是項聯席會議的諸委員一致認爲，即將進行的和談，波折必多，和談代表請示文電日必數起，必須有一機動之指導機構，常川駐京，以便與各代表及總統府、行政院保持密切聯繫，隨時集會，隨時處理各項複雜問題，隨時指示各和談代表，俾其有所秉承。故而提議於黨中央設置和談問題特種委員會，由李宗仁、何應欽、于右任、居正、孫科、張羣、吳鐵城、吳忠信、朱家驊、徐永昌、童冠賢等十一人組成之，並由李宗仁、何應欽二人召集，專負處理和談問題之責。是項提議後經中國國民黨第六屆中央常務委員會第一百八十一次會議（1949 年 4 月 7 日召開）決議通過。[87]

三、和談的經過與終告破裂

　　政府和談代表團邵力子等一行人，於 1949 年 4 月 1 日由南京飛往北平，到場送行者達三百人以上，其中有政府高級官員，也有各級民意代

---

[86] 〈在穗中央執監常委及中央政治委員對於和談意見〉（1949 年 3 月 30 日），《中華民國重要史料初編，第七編：戰後中國（二）》（臺北：中國國民黨中央委員會黨史委員會，1981 年），頁 941。

[87] 〈中央設置和談特種委員會案〉（1949 年 4 月 7 日第六屆中央常務委員會第一百八十一次會議通過），《中華民國重要史料初編，第七編：戰後中國（二）》（臺北：中國國民黨中央委員會黨史委員會，1981 年），頁 944-945。

表，都懷著一顆希望的心情。代表團在離京前，曾發表書面談話指出：
「我們也知道在和談進程中當不免遭遇若干困難，但是我們相信雙方均以
國家利益和人民幸福爲前提，並在互信、互讓、互諒的精神下，進行商
談，似無不可克服的難題。」[88]

　　專機飛抵北平，代表們走下飛機，並不見中共要人蒞臨歡迎，場面冷
淡。等到周恩來晚上到六國飯店設宴款待代表團時，劈頭就對張治中說：
「我本來要到機場來迎接的，老實說，因爲你未來之先，到過奉化一趟，
可見你們還是要請示蔣介石，不見得有和平誠意。」張治中當即加以解釋
說：「蔣先生是中國國民黨總裁，我們代表團，除章行老（按：即章士
釗）一人以外，全是國民黨黨員，當然行前應該向黨的總裁請示。蔣總裁
已經明白表示，和談悉聽李、何二先生（按：即李宗仁、何應欽）主持。
他光明磊落，毫無成見。」[89]張治中隨即將李宗仁致毛澤東手書請周恩來
轉致，其全文如下：

　　今者和平伊始，政府既接納以貴方八條件爲談判基礎，宗仁懷於
戰禍之慘烈，蒼生之塗炭，深慮過去之歷史，轉成今後歷史之錯誤。
兹本己飢己溺之微誠，敢作進一步之表示。凡過去種種足以妨礙和平
所謂戰犯云云者，果或罪有應得，宗仁願身受之，縱就湯鑊之誅，宗
仁甘自當之。至於立國大計，決遵本黨總理遺囑精神，與貴黨暨各民
主人士相與攜手策進之。總期化干戈爲玉帛，導乖戾爲祥和。耿耿於
心，有如白水。[90]

　　4月2日，政府代表團先向周恩來建議：「和談之前，雙方軍隊固守
原防。」中共不但不允，反要政府將江南之憲警全部撤退，並著李宗仁、
白崇禧、何應欽、顧祝同、于右任、居正等要人皆去北平，如此則中共同

---

88 《中央日報》，廣州，1949 年 4 月 2 日。
89 桂崇基著、沈世平譯，《中國國民黨與中國共產黨》（臺北：臺灣中華書局，1973
　年），頁 110。
90 桂崇基著、沈世平譯，《中國國民黨與中國共產黨》（臺北：臺灣中華書局，1973
　年），頁 110-111。

意政府可暫維現狀。[91]

　　4月3日，政府代表團會見毛澤東時，毛再度強調，要以他在1月14日所提的八項條件作為此次談判的基礎。中共方面遵照毛的指示，遂將雙方代表分為五個小組分別討論該八項條件，其中「懲辦戰犯」、「廢除憲法」、「廢除法統」及「召開政協會議」等四項歸政治小組商談；「廢除賣國條約」歸外交小組商談；「改編軍隊」歸軍事小組商談；「沒收官僚資本」和「改革土地制度」歸經濟小組商談；另設綜合小組討論綜合事項。[92] 是時，政府代表團曾向中共提出五項意見，希望中共能改變對和談的態度。這五項意見為：

1. 互相認錯，毋互相敵視。
2. 互相批評，毋意氣自用。
3. 互相商量，毋一意孤行。
4. 互相讓步，毋有我無人。
5. 互相競賽，毋互相破壞。[93]

　　可惜，政府代表團這些勸告的話，對中共起不了任何作用。4月5日，中共竟然經由所謂「第三方面」代表，對李宗仁發出最後通牒，迫其在12日限期內投降，並提出所謂「聯合委員會」的組織，由毛澤東擔任主席，而李宗仁副之；惟李宗仁須前往北平，共同管理國、共軍隊之移交。[94]

　　4月7日，李宗仁再度向中共提出「隔長江而分治」的建議，但遭中共拒絕，中共堅持「無論和、戰，均須過江」。是日，中共《新華日報》更以〈要求南京政府投降〉為題，發表其狂妄的社論。[95]

---

[91] 蔣經國，〈危急存亡之秋〉，《風雨中的寧靜》，第十一版（臺北：黎明文化事業股份有限公司，1982年），頁172。

[92]《中央日報》，廣州，1949年4月4日。

[93]《中央日報》，廣州，1949年4月5日。

[94] 蔣經國，〈危急存亡之秋〉，《風雨中的寧靜》，第十一版（臺北：黎明文化事業股份有限公司，1982年），頁173-174。

[95] 蔣經國，〈危急存亡之秋〉，《風雨中的寧靜》，第十一版（臺北：黎明文化事業股份有限公司，1982年），頁174-175。

　　同（7）日，中國國民黨在廣州召開第六屆中央常務委員會第一百八十一次會議。會議於聽取行政院長何應欽所作關於和談之報告後，通過〈關於和談問題之決議案〉，提示和談五項原則，希從政同志予以堅持：

1. 為表示謀和誠意，昭信國人，在和談進行開始時，雙方應即下令停戰，部隊各守原防。共軍在和談進行期間，如實行渡江，即表示其無謀和誠意，政府應即召回代表，並宣告和談破裂之責任歸於共黨。

2. 為保持國家獨立自主之精神，以踐履聯合國憲章所賦予之責任，對於向以促進國際合作、維護世界和平為目的之外交政策應予維持。

3. 為切實維護人民之自由生活方式，應停止所有施用暴力之政策，對人民之自由權利及其生命財產，應依法予以保障。

4. 雙方軍隊應在平等條件之下，各就防區自行整編，其整編方案必須有雙方互相尊重、同時實行之保證。

5. 政府之組織形式及其構成分子，以確能保證上列第二、三、四各項原則之實施為條件。[96]

　　4月8日，毛澤東對政府代表團諸代表發表談話，談話內容有如下五個要點：

1.「戰犯」在條約中，不舉其名，但仍要有追究責任的字樣。

2. 簽約時須李宗仁、何應欽、于右任、居正、童冠賢、吳忠信等皆到北平參加。

3. 改編軍隊，可緩談。

4. 共軍必須過江，其時期在簽字後實施，或經過若干時日後再渡江。

5. 聯合政府之成立，必須有相當時間，甚至須經四、五個月之久；在此期間，南京政府仍可維持現狀，行使職權，免致社會秩序紊亂。[97]

　　毛澤東於此時向政府代表團提出這五點意見，其主要企圖是：一則讓

---

[96] 〈關於和談問題之決議案〉（1949年4月7日中國國民黨第六屆中央常務委員會第一百八十一次會議通過），《中華民國重要史料初編，第七編：戰後中國（二）》（臺北：中國國民黨中央委員會黨史委員會，1981年），頁943-944。

[97] 蔣經國，〈危急存亡之秋〉，《風雨中的寧靜》，第十一版（臺北：黎明文化事業股份有限公司，1982年），頁175。

政府代表認爲似乎還有討價還價之餘地；二則誘騙代總統及五院院長到北平，任其要脅擺佈，組織「聯合政府」。如此，即可不費吹灰之力，將中華民國政府摧毀。

　　爲了對政府代表團諸代表進行心理作戰，毛澤東於 4 月 9 日突然宣佈約請政府代表個別見面談話，以各個擊破其心防。9 日當天首先會見張治中，毛澤東表示，彼此推誠相與、平等互讓，和平一定會成功，將來和平協定簽字，盼望李（宗仁）、何（應欽）都能親來參加典禮。翌日，約見邵力子，以邵曾任駐蘇大使，毛乃大談外交問題，表示將來在外交方面，仍有借重長才之意。11 日又約見章士釗，毛除與之談敘舊情外，並大談北平氣候如何宜於老政人居住，將來如和談成功，必請長居京師，俾便隨時領教。12 日又約見黃紹竑，毛對黃紹竑的政治關係非常清楚，即首先對李宗仁誠意謀和，表示欽佩，再對黃在軍、政兩方面的工作，頗多嘉許。毛的約見與談話，使這幾位代表各個受寵若驚，大有此間樂，不思蜀了。[98]

　　4 月 13 日，和談正式開始，周恩來將〈國內和平協定草案〉面交張治中，計八條二十四款。雖稱爲「草案」，但周恩來當面對政府代表表示：「不許討論，不許修改，那就是定案。」後經政府代表委婉要求，周始應允：「要討論也可以，請你們各位趕快研究，我明日上午九時半再來，跟大家舉行會議談談也好。」周說完就離開了。

　　當天，政府代表團一面宣讀該〈協定草案〉，一面共商對策。代表們於聽完〈協定〉草案全文後，均搖頭嘆氣，李蒸首先氣憤地說：「我們到底是不是和平談判，中共假定真的想和平解決國事，雙方總應該有些對等的樣子，這樣一面倒的協議，如何協議得下去？」代表們議論了一番，幾有無從修改之感，只是避重就輕，先從文字上稍微變動一下，如：將前言中的「背叛」字樣改爲「違反」；將二十四款子目去掉。並對軍隊改編、聯合政府組織，以及倉庫物資移交等，逐條推敲，提出對案，其要點有：國軍爲共黨接收改編時，須由國、共雙方代表到場，以免完全出諸受降方

---

98 桂崇基著、沈世平譯，《中國國民黨與中國共產黨》（臺北：臺灣中華書局，1973年），頁 111。

式；聯合政府之籌備，國民政府亦得派代表參加，惟人選須先得共黨同意；倉庫物資之移交，凡為原軍隊所必需者，亦得酌量留用。

14 日上午九點半，周恩來按時到了，政府代表把政府的對案交給周，並作了大要說明。周匆匆攜走對案，臨走時，周只說也要讓他們自己研究一下。15 日，周將該份〈國內和平協定〉的最後修正案提交政府代表時說：「這個定本是我們就你們代表團所提出的對案，詳加研究修改而提出，期待彼此正式簽字。如果還要請示你們政府，你們也趕快去辦，我們一定予你們以方便，但期限至遲不能超過四月二十日，過期不答覆，或答覆不圓滿，我們就認為和談破裂。」政府代表知茲事體大，緊接著向周表示：「我們非向政府請示不可，政府方面還得再詳加研究，四月二十日距今還不到一個星期，不免太嫌侷促，能否多遲延兩天，讓彼此從長計議。」周聽後，斬釘截鐵地說：「絕對不能延遲，如果你們政府有和平誠意，這個定案已經公平合理了，儘可照案簽字。不然，再遲延反會僨事。所以，絕對不可以再遲延。」說罷，便不再多談，揚長而去。

政府代表接了這份中共所謂的最後定案，以與政府代表所提修正對案相對照，除前言內同意修改了義同而字異的幾個字外，其餘各條文，除一至二十四款不再列明子目，可以說原文全未修改。政府代表遂電請政府急派飛機來平，以便代表團派人攜帶中共所提的〈協定〉全文返回南京，面報兩星期以來在平交涉經過。同時，並推派代表黃紹竑、顧問屈武兩人南返。黃、屈二人於 4 月 16 日飛返南京。[99]

中共所提〈國內和平協定〉（最後修正案），除前言及結語外，計八條二十四款，其主要內容為：

1. 南京國民政府應負發動及執行此次國內戰爭的責任，戰爭罪犯原則上必須予以懲辦。
2. 民國三十五年十一月召開的「國民代表大會」所通過的〈中華民國憲法〉應予廢除。〈中華民國憲法〉廢除後，中國國家及人民所當遵循的

---

[99] 請參閱桂崇基著、沈世平譯，《中國國民黨與中國共產黨》（臺北：臺灣中華書局，1973 年），頁 111-114；蔣經國，〈危急存亡之秋〉，《風雨中的寧靜》，第十一版（臺北：黎明文化事業股份有限公司，1982 年），頁 178-180。

根本法，應依新的政治協商會議及民主聯合政府的決議處理之。

3. 南京國民政府的一切法統，應予廢除。在人民解放軍到達和接收的地區及在民主聯合政府成立以後，應即建立人民的民主的法統，並廢止一切反動法令。

4. 南京國民政府所屬的一切武裝力量，均應依照民主原則實行改編爲人民解放軍。在國內和平協定簽字之後，應立即成立一個全國性的整編委員會，負責此項改編工作。

5. 凡屬南京國民政府統治時期，依仗政治特權及豪門勢力而獲得或侵佔的官僚資本企業及財產，應沒收爲國家所有。

6. 全中國農村中的封建的土地所有權制度，應有步驟地實行改革。在人民解放軍到達後，一般地先行減租減息，後行分配土地。

7. 在南京國民政府統治時期所訂立的一切外交條約、協定及其他公開的或祕密的外交文件及檔案，均應由南京國民政府交給民主聯合政府，並由民主聯合政府予以審查。

8. 在國內和平協定簽字之後，民主聯合政府成立之前，南京國民政府及其院、部、會等項機構，應暫行使職權，但必須與中國人民革命軍事委員會協商處理，並協助人民解放軍辦理各地的接收和移交事項。待民主聯合政府成立之後，南京國民政府即向民主聯合政府移交，並宣告自己的結束。[100]

　　當和談代表黃紹竑及顧問屈武攜回中共所提〈國內和平協定〉（最後修正案）原文抵京後，中樞於 4 月 18 日舉行最高會議，出席者有代總統李宗仁、行政院院長何應欽、太原綏靖主任閻錫山、華中軍政長官白崇禧，以及中央和談問題特種委員會委員等。經過與會人員充分討論後，最後大家一致主張，拒絕中共的無理要求與苛刻條件。[101]

　　4 月 20 日，代總統李宗仁及行政院院長何應欽聯名致電給在北平的

---

[100]〈國內和平協定〉（最後修正案），全文請參閱〈向全國進軍的命令〉（1949 年 4 月 21 日），《毛澤東選集》，第四卷，第二版（北京：人民出版社，1991 年），註釋 1，頁 1451-1456。

[101] 桂崇基著、沈世平譯，《中國國民黨與中國共產黨》（臺北：臺灣中華書局，1973 年），頁 114-115。

政府和談代表團，轉達政府對中共所提〈國內和平協定〉（最後修正案）之意見，並令飭代表團拒絕中共的要求，迅即南返。[102]

　　李、何二人在電文中指出：「綜觀中共所提之協定全文，其基本精神所在，不啻爲征服者對被征服者之處置，以解除兄弟鬩牆之爭端者，竟甚於敵國受降之形勢，且復限期答復，形同最後通牒，則又視和談之開端爲戰爭之前夕。政府方面縱令甘心屈辱予以簽署，竊恐由於此種狹隘與威壓作風，刺激士氣民心，同深悲憤，不特各項條款非政府之能力所能保證執行，而由此引起惡劣影響與後果，亦決非政府能力所能挽救。良以此種協定果一旦訂定，則給予人民者，將非真正之和平，而爲更殘酷、更大規模之長期戰爭。」繼以堅定而委婉的語氣，對該〈協定〉各款表示原則上不能接受之意見，但仍希望中共方面能「確認人民利益高於一切之原則，對此項協定之基本精神與內容重新予以考慮」。又說：「爲培育祥和空氣，極盼能即日成立臨時停戰協定，藉以表示雙方謀取真正和平之決心與誠意，俾和談得以順利進行。」[103]

　　同日，中國國民黨中央執行委員會對中共所提〈國內和平協定〉（最後修正案）發表鄭重聲明，指斥中共在該〈協定〉中歪曲事實，企圖一手掩盡天下耳目；強調中國國民黨爲正義計，爲真理計，爲天下後世歷史計，決不能接受這個完全違反事實真相的〈協定〉。

　　〈聲明〉指出：「中共所提八條二十四款，按其內容，完全失去協議和平條款的性質，直是對我中華民國全國人民與政府爲殘酷之處分與宰割。」又說：「中共此次提案，其目的只在樹立一黨專政的共產黨政權，對本黨歷年來所致力促成之民主憲政，既摧毀無遺，對於目前人民和平之要求，及自由生活與安全之保障，復絲毫未曾顧及，徒使中國整個國家與人民緊閉於其鐵幕之中，爲波蘭、捷克之續。」因此，〈聲明〉呼籲：「爲維護國家之獨立與人民之自由計，中共實應依照本黨本月十八日聲明

---

[102] 張玉法，《中國現代史》，九版（臺北：臺灣東華書局股份有限公司，1988 年），頁716。

[103] 全文請參見何應欽將軍九五紀事長編編輯委員會，《何應欽將軍九五紀事長編》，下冊（台北：黎明文化事業股份有限公司，1984 年），頁 1013-1016。

中提出之原則，商議修正和平條款」；「當此和平關鍵千鈞一髮之時，本黨仍盼中共懸崖勒馬，立即頒發停戰命令，庶全國人民殷切企望之和談，不致中斷，全面永久之和平，能獲實現」。[104]

　　中共方面，對政府及中國國民黨再度呼籲立即停戰之聲明，不但置之不理，且於4月20日當天晚間即在無為、樅陽地區開始渡江。21日，毛澤東和朱德共同署名發佈〈向全國進軍的命令〉，共軍隨即大舉渡江，戰後國、共間的最後一次和談終告破裂。22日，國民政府派專機前往北平，不意代表團已向中共投降，均留平拒返，[105] 也可堪稱為人類談判史上的一絕。

　　此後，中共更在華東、中南、西北、西南各地相繼發動全面攻勢，數月之間，除少數地區（如海南島延至1950年4月才淪陷；舟山群島1950年5月自行撤守；西藏1951年5月始被迫簽定〈關於和平解放西藏辦法的協議〉，10月共軍進駐西藏；大陳島1955年2月自行撤守）外，整個中國大陸逐淪陷變色。中共於1949年10月1日在北平建立中華人民共和國，改北平為北京，並定為首都；中華民國政府於1949年12月7日決定播遷來臺，以臺、澎、金、馬、東沙、南沙等大小島嶼為基地，與中共繼續對峙與競爭，開啟兩岸分治的新頁。

　　從抗日戰爭勝利，到整個大陸的淪陷，其間僅只四年多。中共之所以能在這短短四年多的期間佔據大陸，究其原因，雖屬多端，但戰後國內外形勢的演變，使中共得以因利乘便，擴展勢力；尤其蘇俄於戰後全力支援中共，包括大批軍官、技術人員和現代化的武器裝備，增強了中共的武裝力量；至於中共在這期間所運用的和戰兩手策略，即將和平談判與武裝鬥爭交互使用，造成一弛一張的局勢，或將兩者同時並用，造成邊談邊打的局勢，藉以延緩國軍對彼之攻擊，打擊國軍前方之士氣，阻礙政府後方之

[104] 〈中國國民黨對於中國共產黨所謂「國內和平協定」之聲明〉（1949年4月20日），《中華民國重要史料初編，第七編：戰後中國（二）》（臺北：中國國民黨中央委員會黨史委員會，1981年），頁948-950。

[105] 張玉法，《中國現代史》，九版（臺北：臺灣東華書局股份有限公司，1988年），頁716。另據張治中祕書余湛邦的回憶，國民政府專機飛抵北平的時間為23日。見余湛邦，《我所親歷的三次國共談判》（北京：中國社會科學出版社，2004年），頁120。

動員，動搖政府內部的穩定，增強中立主義的聲勢，擴張其外衛的後備力量，混亂國際社會的視聽，掩蔽其發動全面軍事攻勢等等，均為其主要原因。

前事不忘，後事之師。中華民國政府遷臺後記取大陸淪陷的慘痛教訓，在臺、澎、金、馬復興基地，整軍經武，勵精圖治，以自由、民主、均富為目標，與大陸持續進行對抗、競爭與交流。期望中華民國堅持的價值與努力的成果，成為全球華人的共同驕傲；期望中華民國的光輝，成為照亮中國歷史長河的最耀眼之星。

國家圖書館出版品預行編目資料

中共黨史(1921-1949)／蔡國裕、蕭譽著.
－－初版.－－臺北市：五南，2020.10
　面；　公分
ISBN 978-986-522-051-8（平裝）

1.中國共產黨　2.歷史

576.25　　　　　　　　　　109007739

1W1G　中國史系列

中共黨史(1921-1949)

作　　者 — 蔡國裕、蕭譽

發 行 人 — 楊榮川

總 經 理 — 楊士清

總 編 輯 — 楊秀麗

副總編輯 — 黃惠娟

責任編輯 — 高雅婷

封面設計 — 王麗娟

校　　對 — 張耘榕

出 版 者 — 五南圖書出版股份有限公司

地　　址：106台北市大安區和平東路二段339號4樓

電　　話：(02)2705-5066　　傳　　真：(02)2706-6100

網　　址：http://www.wunan.com.tw

電子郵件：wunan@wunan.com.tw

劃撥帳號：19628053

戶　　名：五南圖書出版股份有限公司

法律顧問　林勝安律師事務所 林勝安律師

出版日期　2020年10月初版一刷

定　　價　新臺幣580元

經典永恆・名著常在

五十週年的獻禮——經典名著文庫

五南，五十年了，半個世紀，人生旅程的一大半，走過來了。

思索著，邁向百年的未來歷程，能為知識界、文化學術界作些什麼？

在速食文化的生態下，有什麼值得讓人雋永品味的？

歷代經典・當今名著，經過時間的洗禮，千錘百鍊，流傳至今，光芒耀人；

不僅使我們能領悟前人的智慧，同時也增深加廣我們思考的深度與視野。

我們決心投入巨資，有計畫的系統梳選，成立「經典名著文庫」，

希望收入古今中外思想性的、充滿睿智與獨見的經典、名著。

這是一項理想性的、永續性的巨大出版工程。

不在意讀者的眾寡，只考慮它的學術價值，力求完整展現先哲思想的軌跡；

為知識界開啟一片智慧之窗，營造一座百花綻放的世界文明公園，

任君遨遊、取菁吸蜜、嘉惠學子！